Dea-A-IX-6-78
(Vesv. VA)

LANDESENTWICKLUNGSPLAN 1983   BADEN-WÜRTTEMBERG

Landesentwicklungsplan Baden-Württemberg vom 12. Dezember 1983

mit Begründung und Anlagen

Herausgegeben
vom
Innenministerium Baden-Württemberg

VUD VERLAG UND DRUCK GMBH FREUDENSTADT-GRÜNTAL

CIP-Kurztitelaufnahme der Deutschen Bibliothek

Landesentwicklungsplan Baden-Württemberg:
vom 12. Dezember 1983; mit Begründung u. Anl./
[Innenministerium Baden-Württemberg]. –
Freudenstadt: VUD, Verlag u. Dr., 1984.
ISBN 3-923719-02-7
NE: Baden-Württemberg/Innenministerium

ISBN 3-923719-02-7

© 1984 VUD Verlag und Druck GmbH

Herausgegeben vom
Innenministerium Baden-Württemberg

Gesamtherstellung:
VUD Verlag und Druck GmbH
Forchenkopfstraße 62
Postfach 306 · 7290 Freudenstadt-Grüntal

Vorwort

Der vorliegende Landesentwicklungsplan 1983, den das Innenministerium im Einvernehmen mit den anderen Ministerien aufgestellt hat, schreibt den Landesentwicklungsplan 1971 fort. Diese Fortschreibung war notwendig geworden, weil sich seither die wichtigsten Rahmenbedingungen wie Bevölkerungsentwicklung, wirtschaftliche Lage, Arbeitsmarkt und Energiesituation grundlegend verändert haben. Darüber hinaus haben sich aber auch die gesellschaftlichen Wertvorstellungen stark gewandelt: Neben der Bekämpfung der Arbeitslosigkeit erhält heute der Umweltschutz immer größere Bedeutung. Dies war in einer staatlichen Globalschau wie dem Landesentwicklungsplan entsprechend stärker zu berücksichtigen. So rücken der Schutz des Waldes, die Schonung der Landschaft und der Grundsatz „Ausbau vor Neubau" in den Vordergrund; die raumbedeutsamen Teile des Landschaftsrahmenprogramms erhalten jetzt über den Landesentwicklungsplan verbindlichen Charakter.

Ist die Ausgangslage des Landes im Vergleich zu anderen Ländern dank einer anpassungsfähigen Bevölkerung, einem dicht gefügten Netz von Versorgungszentren verschiedener Größe und einer breit gestreuten Wirtschaftsstruktur auch relativ günstig, so war doch die Entwicklung seit 1971 in den einzelnen Teilräumen unterschiedlich. Die Bevölkerung wanderte aus den peripheren ländlichen Räumen wie aus den Zentren der Verdichtungen ab in die Randzonen um die großen Verdichtungsräume und in den angrenzenden ländlichen Raum. Die Kerne der Verdichtungsräume wandeln sich mehr und mehr von Produktions- zu Dienstleistungszentren. Die Wirtschaft profitierte vor allem an den EG-Binnengrenzen vom allmählichen Zusammenwachsen Europas; insgesamt wirkte sich die zentrale Lage des Landes in der EG positiv aus.

Der Landesentwicklungsplan 1983 konnte weitgehend auf den Zielen des Landesentwicklungsplans 1971 aufbauen: Die großen Verdichtungsräume als die Motoren der Entwicklung gesund zu erhalten und vor Überlastungen zu bewahren, die strukturschwachen Teile des ländlichen Raums dagegen nach Möglichkeit zu kräftigen. Ein wesentlicher Unterschied ergibt sich allerdings daraus, daß – anders als vor 12 Jahren – nicht mehr eine überbordende Entwicklung zu steuern, sondern den Folgen einer Stagnation entgegenzuwirken ist.

Bei der Formulierung der Plansätze hat das Innenministerium alle Beschlüsse des Landtags zur Strukturpolitik berücksichtigt.

Der Landesentwicklungsplan 1983 ist, wie sein Vorgänger, unter breiter Beteiligung der Planungsträger von Bund, Land und Gemeinden aufgestellt worden; vor allem die Regionalverbände haben wichtige regionalpolitische Akzente beigesteuert. Bei der Anhörung gingen über 1000 Stellungnahmen ein. Die Vorschläge der Kommission Land-Kommunen 1981 führten dazu, den angestrebten rahmenhaften Charakter des Landesentwicklungsplans stärker herauszuarbeiten.

Der Plan bindet nach Maßgabe des Raumordnungsgesetzes und des Landesplanungsgesetzes die öffentlichen Planungsträger von Bund, Land und Gemeinden. Das Innenministerium würde es begrüßen, wenn – über diese rechtliche Bindung hinaus – die Mitwirkung aller berührten Stellen bei der Aufstellung des Landesentwicklungsplans zu einem breiten Konsens darüber führte, wie unser Land die Herausforderungen der Zukunft bestehen kann.

Stuttgart, den 27. März 1984

Innenminister des Landes Baden-Württemberg

Inhaltsverzeichnis

	Seite	
Verordnung der Landesregierung über die Verbindlicherklärung des Landesentwicklungsplans	1	
Landesentwicklungsplan Baden-Württemberg vom 12. Dezember 1983	5	

		Plansätze	(Begründung)
1. Teil:	**Allgemeine Grundsätze und Ziele der Raumordnung und Landesplanung für das ganze Land**	7	(82)
Plankapitel 1.1	Präambel	7	(82)
Plankapitel 1.2	Das Land im europäischen Raum	7	(83)
Plankapitel 1.3	Ziele für das ganze Land	7	(85)
Plankapitel 1.4	Ziele für Landesteile	8	(88)
Plankapitel 1.5	Zentrale Orte und Verflechtungsbereiche	8	(90)
Plankapitel 1.6	Entwicklungsachsen	10	(99)
Plankapitel 1.7	Freiräume	10	(102)
Plankapitel 1.8	Verdichtungsräume	11	(104)
Plankapitel 1.9	Randzonen um die Verdichtungsräume	12	(110)
Plankapitel 1.10	Ländlicher Raum	12	(113)
Plankapitel 1.11	Räume mit Strukturschwächen	13	(119)
2. Teil:	**Grundsätze und Ziele der Raumordnung und Landesplanung für Sachbereiche**	14	(123)
Plankapitel 2.1	Landschaftsordnung; Umweltschutz	14	(123)
Plankapitel 2.2	Siedlungsstruktur, Städte- und Wohnungsbau, Denkmalschutz; Verteidigungseinrichtungen	15	(139)
Plankapitel 2.3	Wirtschaftsentwicklung, Arbeitsmarkt und Rohstoffsicherung	18	(161)
Plankapitel 2.4	Land- und Forstwirtschaft	20	(171)
Plankapitel 2.5	Verkehrswesen	21	(183)
Plankapitel 2.6	Energieversorgung	25	(202)
Plankapitel 2.7	Wasser- und Abfallwirtschaft	26	(214)
Plankapitel 2.8	Bildungswesen und allgemeine Kulturpflege	28	(227)
Plankapitel 2.9	Erholung und Fremdenverkehr; Sportstätten	29	(234)
Plankapitel 2.10	Sozialwesen und Gesundheitswesen	30	(241)
3. Teil:	**Ziele der Raumordnung und Landesplanung für die Regionen**	32	(247)
Plankapitel 3.1	Region Mittlerer Neckar	32	(247)
Plankapitel 3.2	Region Franken	33	(251)
Plankapitel 3.3	Region Ostwürttemberg	34	(254)
Plankapitel 3.4	Region Mittlerer Oberrhein	34	(257)
Plankapitel 3.5	Region Unterer Neckar	35	(261)
Plankapitel 3.6	Region Nordschwarzwald	36	(266)
Plankapitel 3.7	Region Südlicher Oberrhein	37	(269)
Plankapitel 3.8	Region Schwarzwald–Baar–Heuberg	38	(274)
Plankapitel 3.9	Region Hochrhein–Bodensee	39	(278)
Plankapitel 3.10	Region Neckar–Alb	40	(283)
Plankapitel 3.11	Region Donau–Iller	41	(287)
Plankapitel 3.12	Region Bodensee–Oberschwaben	42	(290)

Inhaltsverzeichnis

	Seite
Anhang	
zu Plansatz 1.5.21: Mittelbereiche	43
zu Plansatz 1.8.1: Verdichtungsräume	50
zu Plansatz 1.9.1: Randzonen um die Verdichtungsräume	51
zu Plansatz 1.10.1: Ländlicher Raum	53
zu Plansatz 1.11.3: Räume mit Strukturschwächen	56
zu Plansatz 3.9.15: Uferbereich des Bodensees [und 3.12.15]	59

	Seite
Begründung zum Landesentwicklungsplan	61
A. Einleitung	63
1. Der Landesentwicklungsplan als Leitbild der Raumentwicklung	63
2. Die räumliche Entwicklungskonzeption des Landesentwicklungsplans	64
2.1 Raumordnung und Gesellschaftspolitik	64
2.2 Spezifische Entwicklungsaufgaben im ländlichen Raum und im Verdichtungsraum	65
2.3 Zentrale Orte und Entwicklungsachsen als Gestaltungselemente der Siedlungsstruktur	67
2.4 Mittelbereiche und Nahbereiche als zentralörtliche Verflechtungsbereiche	69
2.5 Freiräume und Landschaftsplanung	70
3. Tendenzen der Raumentwicklung	70
3.1 Entwicklung des Landes und seiner Teilräume (Raumkategorien)	70
3.2 Tendenzen der künftigen Bevölkerungsentwicklung	74
3.3 Ökonomische Rahmenbedingungen für die Landesentwicklung	76
4. Landesentwicklungsplan 1971 und Fortschreibung	77
5. Aufbau und Umsetzung des Landesentwicklungsplans	78
5.1 Aufbau des Landesentwicklungsplans	78
5.2 Rechtswirkungen des Landesentwicklungsplans	78
5.3 Umsetzung des Landesentwicklungsplans	79
5.4 Verhältnis der Raumordnung und Landesplanung zur kommunalen Selbstverwaltungshoheit	80
B. Begründung der einzelnen Plansätze	82
(Seitenzahlen siehe Seite VII bei den Plansätzen in Klammern)	
Anlagen	297
Stellungnahme des Landesplanungsrats zum Entwurf der Fortschreibung des Landesentwicklungsplans vom 11. Dezember 1981	299
Sachregister	303
Karten	

Tabellenverzeichnis

Seite

I. Land

1. Bevölkerungsentwicklung 1961–1983 — 71
2. Altersstrukturen 1970 und 1983 — 71
3. Versicherungspflichtig Beschäftigte 1974–1982 — 72
4. Bruttoinlandsprodukt 1970–1982 — 73
5. Siedlungsfläche nach Nutzungsarten 1950–1982 — 73
6. Modellrechnung der Wohnbevölkerung und Erwerbspersonen bis 2015 — 74
7. Primärenergieverbrauch 1972, 1979 und 1982 — 203
8. Endenergieverbrauch 1972, 1979 und 1982 — 203

II. Regionen

9. Bevölkerungsentwicklung 1961–1983 – Mittlerer Neckar — 247
10. Altersstruktur 1970 und 1983 – Mittlerer Neckar — 247
11. Versicherungspflichtig Beschäftigte 1974–1982 – Mittlerer Neckar — 247
12. Bevölkerungsentwicklung 1961–1983 – Franken — 252
13. Altersstruktur 1970 und 1983 – Franken — 252
14. Versicherungspflichtig Beschäftigte 1974–1982 – Franken — 252
15. Bevölkerungsentwicklung 1961–1983 – Ostwürttemberg — 255
16. Altersstruktur 1970 und 1983 – Ostwürttemberg — 255
17. Versicherungspflichtig Beschäftigte 1974–1982 – Ostwürttemberg — 255
18. Bevölkerungsentwicklung 1961–1983 – Mittlerer Oberrhein — 258
19. Altersstruktur 1970 und 1983 – Mittlerer Oberrhein — 258
20. Versicherungspflichtig Beschäftigte 1974–1982 – Mittlerer Oberrhein — 258
21. Bevölkerungsentwicklung 1961–1983 – Unterer Neckar — 261
22. Altersstruktur 1970 und 1983 – Unterer Neckar — 261
23. Versicherungspflichtig Beschäftigte 1974–1982 – Unterer Neckar — 261
24. Bevölkerungsentwicklung 1961–1983 – Nordschwarzwald — 266
25. Altersstruktur 1970 und 1983 – Nordschwarzwald — 266
26. Versicherungspflichtig Beschäftigte 1974–1982 – Nordschwarzwald — 267
27. Bevölkerungsentwicklung 1961–1983 – Südlicher Oberrhein — 270
28. Altersstruktur 1970 und 1983 – Südlicher Oberrhein — 270
29. Versicherungspflichtig Beschäftigte 1974–1982 – Südlicher Oberrhein — 270
30. Bevölkerungsentwicklung 1961–1983 – Schwarzwald–Baar–Heuberg — 275
31. Altersstruktur 1970 und 1983 – Schwarzwald–Baar–Heuberg — 275
32. Versicherungspflichtig Beschäftigte 1974–1982 – Schwarzwald–Baar–Heuberg — 275
33. Bevölkerungsentwicklung 1961–1983 – Hochrhein–Bodensee — 278
34. Altersstruktur 1970 und 1983 – Hochrhein–Bodensee — 278
35. Versicherungspflichtig Beschäftigte 1974–1982 – Hochrhein–Bodensee — 279
36. Bevölkerungsentwicklung 1961–1983 – Neckar–Alb — 284
37. Altersstruktur 1970 und 1983 – Neckar–Alb — 284
38. Versicherungspflichtig Beschäftigte 1974–1982 – Neckar–Alb — 284
39. Bevölkerungsentwicklung 1961–1983 – Donau–Iller — 287
40. Altersstruktur 1970 und 1983 – Donau–Iller — 287
41. Versicherungspflichtig Beschäftigte 1974–1982 – Donau–Iller — 287
42. Bevölkerungsentwicklung 1961–1983 – Bodensee–Oberschwaben — 291
43. Altersstruktur 1970 und 1983 – Bodensee–Oberschwaben — 291
44. Versicherungspflichtig Beschäftigte 1974–1982 – Bodensee–Oberschwaben — 291

Kartenverzeichnis

1. Raumkategorien (Verdichtungsräume, Randzonen um die Verdichtungsräume, Ländlicher Raum und Verdichtungsbereiche im ländlichen Raum); Zentrale Orte und Entwicklungsachsen
2. Räume mit Strukturschwächen
3. Regionen und Kreise
4. Zentralörtliche Verflechtungsbereiche mittlerer Stufe (Mittelbereiche)
5. Erholungsräume
6. Verflechtung der Verkehrsnetze
7. Bevölkerungsdichte 1983
8. Siedlungsflächenanteile 1981
9. Elektrizitätsversorgung (Kraftwerkstandorte und Höchstspannungsleitungen)
10. Gasversorgung und Mineralölversorgung
11. Fernwasserversorgung
12. Naturschutz- und Landschaftsschutzgebiete
13. Standorte des verarbeitenden Gewerbes
14. Übersichtskarte des Landes

Abkürzungsverzeichnis

BAnZ	Bundesanzeiger
BauNVO	Baunutzungsverordung
BBauG	Bundesbaugesetz
BROP	Bundesraumordnungsprogramm v. 14. 2. 1975, BT-DS 7/3584
BT-DS	Bundestags-Drucksache
DÖV	Die öffentliche Verwaltung
EnWG	Energiewirtschaftsgesetz v. 13. 12. 1935 (RGBl. I S. 1451)
GABl.	Gemeinsames Amtsblatt des Landes Baden-Württemberg
GBl.	Gesetzblatt für Baden-Württemberg
GG	Grundgesetz
GMBl.	Gemeinsames Minsterialblatt (des Bundes)
GVP	Generalverkehrsplan Baden-Württemberg
GVS	Gasversorgung Süddeutschland GmbH
LAO	Landesausbauort
LEB	Landesentwicklungsbericht für Baden-Württemberg
LEP 1971	Landesentwicklungsplan Baden-Württemberg v. 22. 6. 1971 (GBl. 1972 S. 169)
LEP 1983	Landesentwicklungsplan Baden-Württemberg v. 12. 12. 1983 (GBl. 1984 S. 37)
LIP	Landesprogramm zur Stärkung der Infrastruktur in wirtschaftsschwachen ländlichen Räumen v. 25. 2. 1984 (GABl. S. 1201) – „Landesinfrastrukturprogramm" –
LLG	Landwirtschafts- und Landeskulturgesetz v. 14. 3. 1972 (GBl. S. 74)
LPlaG 1972	Landesplanungsgesetz i. d. F. v. 25. 7. 1972 (GBl. S. 460)
LplG 1983	Landesplanungsgesetz v. 10. 10. 1983 (GBl. S. 621)
LT-DS	Landtags-Drucksache
LWaldG	Landeswaldgesetz v. 10. 2. 1976 (GBl. S. 99)
MKRO	Ministerkonferenz für Raumordnung
MNB	Modellnahbereich
MUP I, II, III	Erstes, Zweites und Drittes Mittelfristiges Umweltschutzprogramm
NatSchG	Landesnaturschutzgesetz v. 21. 10. 1975 (GBl. S. 564)
NJW	Neue Juristische Wochenschrift
ÖPNV	Öffentlicher Personennahverkehr
PS	Plansatz
ROB	Raumordnungsbericht (des Bundes)
ROG	Raumordnungsgesetz (des Bundes) v. 8. 4. 1965 (BGBl. I S. 306), zuletzt geändert durch G. v. 1. 6. 1980 (BGBl. I S. 649)
RV	Regionalverband
SPO	Schwerpunktort
StAnz	Staatsanzeiger für Baden-Württemberg
StBauFG	Städtebauförderungsgesetz i.d.F. v. 18. 8. 1976 (BGBl. I S. 2318), zuletzt geändert durch G. v. 17. 12. 1982 (BGBl. I S. 1777)
WIP	Wirtschaftsförderungsprogramm Baden-Württemberg
ZIP	Zukunftsinvestitionsprogramm

Verordnung der Landesregierung über die Verbindlicherklärung des Landesentwicklungsplans vom 12. Dezember 1983

Verordnung

Auf Grund von § 6 Abs. 1 des Landesplanungsgesetzes (LplG) vom 10. Oktober 1983 (GBl. S. 621) wird verordnet:

§ 1

(1) Der Landesentwicklungsplan 1983 (Anlage zu dieser Verordnung)* wird für verbindlich erklärt.

(2) Der Plan ist bei den Raumordnungsbehörden – Innenministerium und Regierungspräsidien – sowie bei den Regionalverbänden niedergelegt; dort kann ihn jedermann während der Sprechzeiten kostenlos einsehen.

§ 2

Der Plan gilt, auch wenn bei seiner Aufstellung Verfahrens- oder Formvorschriften des Landesplanungsgesetzes verletzt worden sein sollten, gemäß § 7 LplG als von Anfang an gültig zustande gekommen, wenn die Verletzung dieser Vorschriften nicht binnen eines Jahres nach Verkündung dieser Verordnung schriftlich gegenüber dem Innenministerium unter Bezeichnung des Sachverhalts, der die Verletzung begründen soll, geltend gemacht worden ist.

§ 3

Diese Verordnung tritt am Tage nach ihrer Verkündung in Kraft**. Gleichzeitig treten nach § 41 Abs. 1 LplG das Gesetz über die Verbindlichkeitserklärung des Landesentwicklungsplans sowie die Verordnung der Landesregierung über die Verbindlichkeitserklärung des Landesentwicklungsplans, beide vom 11. April 1972 (GBl. S. 169), außer Kraft.

* GBl. 1984, S. 37–92
** Verkündet am 10. Februar 1984

**Landesentwicklungsplan
Baden-Württemberg
vom 12. Dezember 1983**

Landesentwicklungsplan

1. Teil:
Allgemeine Grundsätze und Ziele der Raumordnung und Landesplanung für das ganze Land

1.1 Das Land Baden-Württemberg ist in seiner räumlichen Struktur einer Entwicklung zuzuführen, die der freien Entfaltung der Persönlichkeit in der Gemeinschaft am besten dient. Dabei sind

    1.1.1 die geistige und kulturelle Individualität des Landes und seiner Teile zu pflegen und zu entfalten;

    1.1.2 die Kulturlandschaft in der Vielfalt ihrer Formen, die die heimatliche Umwelt des Menschen bestimmen, wirksam zu bewahren;

    1.1.3 die natürlichen Lebensgrundlagen zu erhalten oder wiederherzustellen;

    1.1.4 die wirtschaftlichen Entwicklungsmöglichkeiten des Landes als Voraussetzungen für die weitere Entwicklung der übrigen gesellschaftlichen Bereiche zu sichern oder zu verbessern.

Präambel

1.2 Die wirtschaftliche und kulturelle Stellung des Landes innerhalb Deutschlands und im Verhältnis zu den Staaten Europas soll weiter gefestigt und ausgebaut werden. Dabei sind die Vorteile zu nutzen, die sich aus der zentralen Lage des Landes und aus der Nachbarschaft zu Frankreich, der Schweiz und Österreich für den wirtschaftlichen und kulturellen Leistungsaustausch im europäischen Raum ergeben. Den zunehmenden internationalen Verflechtungen ist Rechnung zu tragen. Der europäische Integrationsprozeß ist zu fördern. Dazu ist insbesondere die Zusammenarbeit mit den Nachbarstaaten auf nationaler Ebene und im grenzüberschreitend-nachbarschaftlichen Bereich zu intensivieren.

Das Land im europäischen Raum

1.3 Es ist eine räumliche Entwicklung anzustreben, in der

    1.3.1 eine leistungsfähige Wirtschaftsstruktur mit ihren steigenden Standortanforderungen ausgebildet werden kann, die eine Zunahme des gesamtwirtschaftlichen Nutzens ermöglicht und vielseitige und krisenfeste Erwerbsgrundlagen für die Bevölkerung aller Teile des Landes sichert;

    1.3.2 die ökologische Leistungs- und Regenerationsfähigkeit des Naturhaushalts, die dauerhafte Nutzungsfähigkeit der Naturgüter sowie die Vielfalt, Eigenart und Schönheit der Landschaft gesichert werden;

    1.3.3 die ökologische Leistungsfähigkeit der Freiräume erhalten und gesteigert wird, um bestehende oder zu erwartende ökologische Belastungen, vor allem in den Verdichtungsräumen und ihren Randzonen, möglichst nahe am Ort der Verursachung auszugleichen;

    1.3.4 die dezentralisierte Siedlungsstruktur mit den Vorteilen der dadurch bedingten Sozialstruktur erhalten bleibt;

    1.3.5 sich eine weitere Verdichtung von Wohn- und Arbeitsstätten nicht auf die Verdichtungsräume beschränkt, sondern sich auch außerhalb der Verdichtungsräume mittlere und kleine Verdichtungen ausbilden und entwickeln können, insbesondere in den Entwicklungsachsen, außerhalb der Entwicklungsachsen im Bereich geeigneter Zentraler Orte; dabei sollen nachteilige Folgen der Verdichtung vermieden und ökologische Erfordernisse beachtet werden;

    1.3.6 sich die Orte in den Räumen außerhalb dieser Siedlungsverdichtungen so weiterentwickeln, daß sie Eigenart, Struktur und Aufgaben dieser Räume entsprechen;

    1.3.7 soziale, kulturelle und wirtschaftliche Einrichtungen zur überörtlichen Versorgung der Bevölkerung an Standorten zusammengefaßt werden, die eine günstige Erreichbarkeit und eine ausreichende Tragfähigkeit gewährleisten;

    1.3.8 in den einzelnen Raumkategorien die unterschiedliche Bedeutung der Verdichtung von Infrastruktureinrichtungen sowie von Wohn- und Arbeitsstätten für die Verwirklichung landesplanerischer Zielsetzungen berücksichtigt wird.

Ziele für das ganze Land

Landesentwicklungsplan

Ziele für Landesteile

1.4 An dieser Entwicklung sollen alle Teile des Landes angemessen teilnehmen; für alle Teile des Landes sind gleichwertige Lebensbedingungen anzustreben. In den abwanderungsgefährdeten Teilen des Landes sollen Voraussetzungen dafür geschaffen werden, daß die Bevölkerung gehalten werden kann.

1.4.1 Die räumliche Struktur in Landesteilen mit gesunden Lebens- und Arbeitsbedingungen sowie ausgewogenen sozialen, kulturellen und wirtschaftlichen Verhältnissen soll gesichert und weiterentwickelt werden.

1.4.2 Verdichtungsräume und ihre Randzonen sollen in dem Umfang weiterentwickelt werden, wie es zur Erfüllung ihrer übergeordneten Aufgaben notwendig und für eine ausgewogene Gesamtentwicklung im Lande vertretbar ist. Insbesondere in bereits stark verdichteten Räumen sollen nachteilige Verdichtungsfolgen vermieden, behoben oder gemildert werden; die weitere Zunahme von Infrastruktureinrichtungen, Arbeitsplätzen und Wohnstätten soll hier so bemessen und gelenkt werden, daß dadurch keine Überlastungen entstehen.

1.4.3 Durch Stärkung der leistungsschwachen Landesteile soll das soziale, kulturelle und wirtschaftliche Gefälle zwischen den leistungsstarken und den leistungsschwachen Teilen verringert werden; einer Entwicklung, die dieses Entwicklungsziel in Frage stellt, ist entgegenzuwirken.

1.4.4 Günstige Chancen für die weitere wirtschaftliche Entwicklung sind zu unterstützen, insbesondere wenn ausreichende Verdichtungsansätze vorliegen und wenn dadurch zusätzliche und attraktive Arbeitsplätze geschaffen werden. Dabei sollen raumwirksame Maßnahmen und Investitionen ressortübergreifend koordiniert, projektbezogen gebündelt und zeitlich aufeinander abgestimmt werden.

1.5 Zentrale Orte und Verflechtungsbereiche

Zentrale Orte

1.5.1 Zentrale Orte sind die Ober-, Mittel-, Unter- und Kleinzentren. In den Zentralen Orten sollen die Einrichtungen für die überörtliche Versorgung eines Verflechtungsbereichs mit Gütern und Dienstleistungen gebündelt angeboten werden.

Der zentralörtliche Versorgungskern eines Verflechtungsbereichs soll zentral gelegen und von den Wohnorten des Verflechtungsbereichs mit zumutbarem Zeit- und Kostenaufwand erreichbar sein.

Die Gemeinden mit der zentralörtlichen Bedeutung eines Ober-, Mittel- oder Unterzentrums sind in diesem Plan ausgewiesen. Die Gemeinden mit der zentralörtlichen Bedeutung eines Kleinzentrums sind in den Regionalplänen zu bestimmen.

Zentralörtliche Verflechtungsbereiche

1.5.2 Zentralörtliche Verflechtungsbereiche sind die Ober-, Mittel- und Nahbereiche. Grenzüberschreitende Verflechtungen sind zu berücksichtigen.

1.5.21 Mittelbereiche sind die Verflechtungsbereiche von Zentralen Orten, in denen der gehobene und spezialisierte Bedarf gedeckt und - insbesondere in den Verdichtungsräumen - die Siedlungsentwicklung auch im Hinblick auf eine günstige Verkehrsbedienung koordiniert werden soll; dabei sind die Beziehungen zum Verdichtungszentrum besonders zu berücksichtigen.

Zu den einzelnen Mittelbereichen gehören die im Anhang „Mittelbereiche" aufgeführten Gemeinden; auf grenzüberschreitende Verflechtungen ist dort jeweils hingewiesen.

1.5.22 Nahbereiche sind die Verflechtungsbereiche von Zentralen Orten für die Deckung des häufig wiederkehrenden überörtlichen Bedarfs (Grundversorgung) sowie die Bereiche, in denen die Deckung dieses Bedarfs in den einzelnen Orten auch ohne Ausweisung eines Kleinzentrums sichergestellt ist.

Zentralörtliche Einrichtungen

1.5.3 Einrichtungen für die überörtliche Versorgung eines Verflechtungsbereichs mit Gütern und Dienstleistungen (zentralörtliche Einrichtungen) sollen bevorzugt im zentralörtlichen Versorgungskern errichtet oder ausgebaut werden.

Landesentwicklungsplan

1.5.31 Die zentralörtlichen Einrichtungen sind nach Art und Reichweite so auf die Größe der Verflechtungsbereiche abzustimmen, daß die bestehende oder angestrebte Versorgung der berührten zentralörtlichen Verflechtungsbereiche gewährleistet wird.

1.5.32 Zentralörtliche Einrichtungen sind in begründeten Einzelfällen außerhalb der Zentralen Orte möglich, wenn der Standort aus planerischen Erwägungen der bessere ist.

1.5.33 Einrichtungen zur örtlichen Versorgung sollen überall dort ausgebaut werden, wo sie trotz vorhandener oder geplanter zentralörtlicher Einrichtungen ausgelastet werden können oder unentbehrlich sind.

1.5.4 Die Zentralen Orte sollen so ausgestattet sein, daß sie den überörtlichen Bedarf ihres Verflechtungsbereichs decken und zugleich die Verflechtungsbereiche nachgeordneter Zentraler Orte mit Leistungen versorgen können, die letztere nicht erbringen können.

Stufen der Zentralen Orte

1.5.41 Oberzentren sollen als Zentrale Orte mit in der Regel großstädtischer Prägung ein großes Gebiet von mehreren hunderttausend Einwohnern (Oberbereich) auch mit hochqualifizierten Leistungen versorgen können.

1.5.42 Mittelzentren sollen so ausgestattet sein, daß sie auch den gehobenen und spezialisierten Bedarf des Mittelbereichs decken können. In den Verdichtungsräumen kommen als Standorte für Einrichtungen zur Deckung dieses Bedarfs auch andere Orte in Betracht, wenn dadurch die Versorgung durch das Mittelzentrum nicht gefährdet wird und die Einrichtungen in günstiger Lage gebündelt werden.

1.5.43 Unterzentren sollen so ausgestattet sein, daß sie auch den qualifizierten, häufig wiederkehrenden überörtlichen Bedarf eines Verflechtungsbereichs der Grundversorgung mit in der Regel mehr als 10000 Einwohnern decken können.

1.5.44 Kleinzentren sollen so ausgestattet sein, daß sie den häufig wiederkehrenden überörtlichen Bedarf des Verflechtungsbereichs der Grundversorgung decken können. Hierzu soll der Ort ausgebaut werden, der sich nach Lage im Raum, Entwicklungsmöglichkeit und Ausstattung hierfür am besten eignet.

Im ländlichen Raum soll der Verflechtungsbereich in der Regel 8000 oder mehr Einwohner haben. Diese Größe kann unterschritten werden, wenn der nächste zentralörtliche Versorgungskern mit öffentlichen Verkehrsmitteln sonst nicht in einer halben Stunde (etwa 7 bis 10 km) erreichbar wäre und wenn ein Verflechtungsbereich ohne Beeinträchtigung der Tragfähigkeit benachbarter Verflechtungsbereiche gebildet werden kann; als tragfähig gilt in diesen Fällen ein Verflechtungsbereich mit etwa 5000 Einwohnern. Nur in besonders dünnbesiedelten Mittelbereichen kann in diesen Fällen die Mindesteinwohnerzahl für einen Verflechtungsbereich bis auf 3500 Einwohner herabgesetzt werden; diese Einwohnerzahl soll nicht unterschritten werden.

In den Verdichtungsräumen brauchen dort keine Kleinzentren bestimmt zu werden, wo die Deckung des häufig wiederkehrenden überörtlichen Bedarfs ausreichend sichergestellt ist; Einrichtungen für eine über die übliche Grundversorgung hinausgehende Versorgung unterhalb der Stufe des Mittelzentrums sollen aber in günstiger Lage innerhalb des Verflechtungsbereichs gebündelt werden.

1.5.5 Oberzentren sind die Landeshauptstadt Stuttgart sowie die Städte Heilbronn, Mannheim (zusammen mit Ludwigshafen), Heidelberg, Karlsruhe, Pforzheim, Freiburg i.Br., Konstanz, Reutlingen/Tübingen, Ulm (zusammen mit Neu-Ulm) und Ravensburg/Weingarten. Die Stadt Villingen-Schwenningen ist zu einem Oberzentrum auszubauen.

Oberzentren, Mittelzentren, Unterzentren

Landesentwicklungsplan

Die Mittelzentren und die Unterzentren sind im 3. Teil des Landesentwicklungsplans ausgewiesen.

Verkehrliche Anbindung 1.5.6 Eine gute verkehrliche Anbindung der Zentralen Orte untereinander, vor allem mit Zentralen Orten höherer Stufe, ist anzustreben.

1.6 Entwicklungsachsen

Aufgaben, Ausweisung 1.6.1 Das System der Entwicklungsachsen soll zur Entwicklung und Ordnung der Siedlungsstruktur beitragen und den großräumigen Leistungsaustausch fördern.

Die großräumig bedeutsamen Entwicklungsachsen sind in diesem Plan ausgewiesen; zusätzliche regionale Entwicklungsachsen können in den Regionalplänen ausgewiesen werden, wenn die im Landesentwicklungsplan angestrebte Konzentration der Siedlungsstruktur und die Bündelung von Infrastruktureinrichtungen erreicht ist oder dadurch erreicht werden kann.

Begriff 1.6.2 Die Entwicklungsachsen sind als eine gegliederte, unterschiedlich dichte Folge von Siedlungsbereichen und Orten mit Eigenentwicklung auszubilden, insbesondere auch durch Bündelung leistungsfähiger Verkehrs- und Versorgungsstränge und anderer Infrastruktureinrichtungen.

1.6.21 In den Entwicklungsachsen der Verdichtungsräume und ihrer Randzonen soll die Siedlungsentwicklung konzentriert und geordnet werden, um einer flächenhaften Ausbreitung der Verdichtung entgegenzuwirken, Überlastungserscheinungen zu vermeiden und Freiräume zu erhalten.

1.6.22 In den Entwicklungsachsen des ländlichen Raums sollen vor allem die Siedlungsbereiche weiterentwickelt und die hierzu erforderlichen Infrastruktureinrichtungen, insbesondere die Verkehrsverbindungen ausgebaut werden; bei Zentralen Orten soll außerdem eine weitere Verdichtung von Arbeitsplätzen angestrebt werden.

1.6.23 In den Entwicklungsachsen in Erholungsräumen sollen die nichtlandwirtschaftlichen Erwerbsgrundlagen durch Verbesserung der Standortvoraussetzungen vermehrt, die landschaftlichen Vorteile für das Erholungswesen und den Fremdenverkehr genutzt und bei der weiteren Siedlungsentwicklung auf die Landschaft besondere Rücksicht genommen werden.

Ausformung 1.6.3 Die Entwicklungsachsen sind in den Regionalplänen räumlich auszuformen und zu gliedern, insbesondere durch Ausweisung von Siedlungsbereichen, regionalen Grünzügen und Grünzäsuren.

1.7 Freiräume

Allgemeines Entwicklungsziel 1.7.1 In den Räumen außerhalb der Siedlungen (Freiräume) sind landschaftsbezogene Nutzungen oder ökologische Funktionen zu entwickeln. Die Freiräume sollen so genutzt werden, daß ihre Leistungsfähigkeit nachhaltig gesichert wird. Insbesondere in schutzbedürftigen Teilen von Freiräumen sind bei unvermeidbaren Nutzungsänderungen nachteilige ökologische Folgen auszugleichen oder zu mildern.

Schutzbedürftige Freiräume 1.7.2 Schutzbedürftige Teile von Freiräumen sind in den Regionalplänen als regionale Grünzüge, Grünzäsuren und Vorrangbereiche auszuweisen; dabei sind ökologische und naturräumliche Zusammenhänge zu beachten und erforderliche Mindestgrößen einzuhalten.

1.7.21 Regionale Grünzüge sind zusammenhängende Bereiche, die für unterschiedliche ökologische Funktionen oder für die Erholung gegenüber der Besiedlung oder anderen funktionswidrigen Nutzungen gesichert werden sollen.

1.7.22 Grünzäsuren sind kleinräumige Bereiche, die für siedlungsnahe Ausgleichs- und Erholungsfunktionen und zur Gliederung dicht zusammenliegender Siedlungsgebiete festzulegen sind.

Landesentwicklungsplan

1.7.23 Vorrangbereiche sind Bereiche, in denen eine bestimmte naturbezogene Nutzung oder ökologische Funktion gesichert werden soll.

1.8 Verdichtungsräume

1.8.1 Verdichtungsräume sind die Räume um Stuttgart einschließlich Reutlingen, Tübingen und Heilbronn, um Mannheim und Heidelberg, um Karlsruhe sowie um Freiburg i.Br. Zu den Verdichtungsräumen gehören die im Anhang „Verdichtungsräume" aufgeführten Gemeinden.

Im Raumordnungsplan Rhein-Neckar und im Regionalplan Unterer Neckar können der Verdichtungsraum und seine Randzone abweichend von diesem Plan festgelegt werden, damit im gesamten Rhein-Neckar-Gebiet einheitliche Kriterien zugrundegelegt werden können.

Abgrenzung

1.8.2 Die Verdichtungsräume sind in ihrer räumlichen Struktur so zu gestalten, daß sie ihre übergeordneten sozialen, kulturellen und wirtschaftlichen Aufgaben erfüllen können. In den Verdichtungsräumen sollen gesunde räumliche Lebens- und Arbeitsbedingungen sowie eine ausgewogene Wirtschafts- und Sozialstruktur gesichert und - soweit nötig - verbessert oder hergestellt werden. Wo in Verdichtungsräumen nachteilige Verdichtungsfolgen zu unzuträglichen Lebens- und Arbeitsbedingungen führen, soll eine weitere Zunahme von Infrastruktureinrichtungen, Wohn- und Arbeitsstätten so bemessen werden, daß hieraus keine neuen Überlastungen und keine weiteren Verdichtungsanreize entstehen, sowie daß weitere Beeinträchtigungen der Lebensbedingungen für die Bevölkerung oder der natürlichen Lebensgrundlagen und übermäßige Folgekosten vermieden werden.

Allgemeines Entwicklungsziel

1.8.3 Zur Verwirklichung von Plansatz 1.8.2 sind in den Verdichtungsräumen insbesondere

Siedlungsstruktur, Lebensbedingungen

1.8.31 die Funktionsfähigkeit der Verdichtungszentren zu sichern und durch Modernisierung sowie Maßnahmen zur städtebaulichen Erneuerung zu verbessern und die Verkehrsbedienung dieser Zentren zu gewährleisten;

1.8.32 ausreichend Möglichkeiten zu sichern für die Vermehrung von Dienstleistungen und für die Ausdehnung oder Ansiedlung von Betrieben des produzierenden Gewerbes, die dort auf einen Standort angewiesen sind, in den Verdichtungszentren vor allem für Dienstleistungseinrichtungen höherer Funktionen;

1.8.33 Zersiedlungen der Landschaft, auch durch ungeordnete Ausweitungen der Siedlungen und Inanspruchnahme ökologisch bedeutsamer Flächen für Siedlungszwecke, zu vermeiden und zwischen den Siedlungen ausreichend Freiräume für unterschiedliche ökologische Funktionen, für die ortsnahe Erholung und für die land- und forstwirtschaftliche Bodennutzung zu sichern;

1.8.34 Verkehrs- und Versorgungsstränge so zu bündeln und zu führen, daß eine geordnete Siedlungsentwicklung mit funktionsfähigen Freiräumen bis in die Siedlungen möglich bleibt;

1.8.35 zur Erhaltung gesunder Lebens- und Arbeitsbedingungen gesundheitliche Belastungen der Bevölkerung beim Wohnen, am Arbeitsplatz und auf den Verkehrswegen dadurch zu vermeiden oder zu vermindern, daß Wohn- und Arbeitsstätten, Infrastruktur- und Erholungseinrichtungen einander günstig zugeordnet, Umfang und Nutzungsintensität der dafür benötigten Flächen auf die Belastbarkeit des Raumes abgestellt, Überlastungen des Verkehrsnetzes möglichst gering gehalten und leicht erreichbare Erholungsräume erhalten oder geschaffen werden;

1.8.36 die Wohnverhältnisse durch Modernisierung, Maßnahmen zur städtebaulichen Erneuerung und zur Verkehrsberuhigung sowie durch Verbesserung des Wohnumfelds günstiger zu gestalten, damit das Leben in der Stadt erstrebenswert bleibt und die weitere Zersiedlung im Umland der größeren Städte gebremst wird.

Landesentwicklungsplan

1.9 Randzonen um die Verdichtungsräume

Abgrenzung

1.9.1 Zu den Randzonen um die Verdichtungsräume gehören die im Anhang Randzonen um die Verdichtungsräume aufgeführten Gemeinden.
Für die Räume um Pforzheim und Lörrach, in denen die Verdichtung von Infrastruktureinrichtungen, Wohn- und Arbeitsstätten so weit fortgeschritten ist, daß mit ihrer späteren Ausweisung als Verdichtungsraum zu rechnen ist, können in den Regionalplänen Zielsetzungen des Landesentwicklungsplans für Verdichtungsräume übernommen und ausgeformt werden.

Allgemeines Entwicklungsziel

1.9.2 In den Randzonen um die Verdichtungsräume ist das Fortschreiten des Verdichtungsprozesses so zu ordnen und zu lenken, daß die Freiräume geschont, das Versorgungsangebot vervollständigt oder besser genutzt, gesundheitliche Belastungen der Bevölkerung und Beeinträchtigungen der Wohngebiete vermieden oder verringert und Entwicklungsimpulse in den angrenzenden ländlichen Raum vermittelt werden.

Siedlungsstruktur, Lebensbedingungen

1.9.3 Zur Verwirklichung von Plansatz 1.9.2 sind in den Randzonen um die Verdichtungsräume insbesondere

1.9.31 die Funktionsfähigkeit und Eigenständigkeit der Zentralen Orte zu verbessern;

1.9.32 auf eine Konzentration der Siedlungsentwicklung in Siedlungsbereichen hinzuwirken;

1.9.33 die Voraussetzungen für die weitere wirtschaftliche Entwicklung zu sichern oder zu verbessern;

1.9.34 ausreichende Freiräume für den ökologischen Ausgleich, die Erholung und die land- und forstwirtschaftliche Bodennutzung zu erhalten.

1.10 Ländlicher Raum

Abgrenzung

1.10.1 Zum ländlichen Raum gehören die im Anhang „Ländlicher Raum" aufgeführten Gemeinden. Davon zählen die mit (V) gekennzeichneten Gemeinden zu den Verdichtungsbereichen im ländlichen Raum.

Allgemeines Entwicklungsziel

1.10.2 Der ländliche Raum ist als Lebens- und Wirtschaftsraum mit eigenständiger Entwicklung zu stärken. Hierzu ist eine Siedlungsstruktur anzustreben, die es ermöglicht, die mit dem Leben in einer weniger verstädterten Umgebung verbundenen Vorteile zu nutzen, die Versorgung der Bevölkerung zu sichern, ausreichende und attraktive Arbeitsplätze bereitzustellen sowie die wirtschaftliche Leistungskraft und die Verkehrserschließung zu verbessern. Einer Abwanderung der Bevölkerung wegen Mangels an attraktiven Arbeitsplätzen und Versorgungseinrichtungen ist entgegenzuwirken; vielmehr soll eine Bevölkerungsdichte erhalten oder erreicht werden, die den Ausbau, mindestens aber die Erhaltung einer hinreichenden Ausstattung mit Versorgungseinrichtungen rechtfertigt. Die weitere Siedlungsentwicklung ist so zu gestalten, daß die Eigenart des ländlichen Raumes gewahrt bleibt.

Siedlungsstruktur, Lebensbedingungen

1.10.3 Zur Verwirklichung von Plansatz 1.10.2 sind im ländlichen Raum insbesondere

1.10.31 Funktionsfähigkeit und Leistungskraft der Zentralen Orte zu sichern und zu verbessern sowie ihre Ausstattung mit Bildungs- und anderen kulturellen Einrichtungen sowie mit sozialen und Verwaltungseinrichtungen zu erhalten oder auszubauen; zur Versorgung der Bevölkerung mit öffentlichen Einrichtungen können auch Mindestschwellen der Kapazitätsauslastung unterschritten werden;

1.10.32 die land- und forstwirtschaftliche Bodennutzung als wesentlicher Produktionszweig der Gesamtwirtschaft zu erhalten und auf die künftigen Erfordernisse auszurichten;

1.10.33 attraktive Arbeitsmärkte für qualifizierte Arbeitsplätze zu schaffen, vor allem durch Förderung von Verdichtungsansätzen und Auflockerung einseitiger Wirtschaftsstrukturen;

Landesentwicklungsplan

1.10.34 die Erwerbsgrundlagen zu vermehren, vor allem durch Verbesserung der Standortvoraussetzungen für nichtlandwirtschaftliche Arbeitsplätze im Zuge der Entwicklungsachsen in Siedlungsbereichen, in dazu geeigneten Räumen auch durch Förderung des Fremdenverkehrs;

1.10.35 die Wohnverhältnisse durch Modernisierung sowie Maßnahmen zur städtebaulichen Erneuerung und der Dorfentwicklung zu verbessern.

1.10.4 In den Verdichtungsbereichen im ländlichen Raum sind vorhandene Verdichtungsansätze für die weitere wirtschaftliche Entwicklung durch konzentrierten Ausbau so zu nutzen, daß die Standortvoraussetzungen für vielseitige und qualifizierte Arbeitsplätze im ländlichen Raum erheblich verbessert werden. *Verdichtungsbereiche im ländlichen Raum*

Die weitere Siedlungsentwicklung ist so zu ordnen und zu lenken, daß gesundheitliche Belastungen der Bevölkerung und Beeinträchtigungen der Wohngebiete vermieden sowie ausreichend Freiräume erhalten werden.

1.11 Räume mit Strukturschwächen

1.11.1 Die Räume mit Strukturschwächen, insbesondere ihre abwanderungsgefährdeten Teile, sind so zu fördern, daß die wirtschaftlichen, sozialen und kulturellen Verhältnisse verbessert werden. *Allgemeines Entwicklungsziel*

1.11.2 Zur Verwirklichung von Plansatz 1.11.1 sollen insbesondere

1.11.21 die gewerbliche Wirtschaft, ihr gleichgestellte Dienstleistungsbereiche, der Fremdenverkehr und deren Ausbildungsstätten gefördert werden;

1.11.22 die Maßnahmen der Wirtschaftsförderung durch eine Förderung der Infrastrukturausstattung ergänzt werden.

1.11.3 Räume mit Strukturschwächen sind insbesondere die nach dem Gesetz über die Gemeinschaftsaufgabe „Verbesserung der regionalen Wirtschaftsstruktur" vom 6. Oktober 1969 (BGBl. I S. 1861) sowie die für die Landesförderung (einzelbetriebliche Regionalförderung und Infrastrukturförderung) abzugrenzenden Gebiete. *Abgrenzung*

Zu den Räumen mit Strukturschwächen gehören derzeit die im Anhang „Räume mit Strukturschwächen" aufgeführten Gemeinden.

Landesentwicklungsplan

2. Teil:
Grundsätze und Ziele der Raumordnung und Landesplanung für Sachbereiche

2.1 Landschaftsordnung; Umweltschutz

Allgemeines Entwicklungsziel

2.1.1 Die Landschaft ist so zu nutzen, zu pflegen, zu gestalten und zu schützen, daß

2.1.11 die Naturgüter Boden, Wasser, Luft und Klima sowie die Tier- und Pflanzenwelt in Bestand, Regenerationsfähigkeit, Funktion und Zusammenwirken bewahrt oder verbessert und vor Überlastung geschützt werden;

2.1.12 eine naturnahe Umwelt für das Wohlbefinden und für die Erholung des Menschen gesichert wird;

2.1.13 die Vielfalt und Eigenart der Landschaft in ihrer reichen Gliederung gewahrt bleibt.

Landschaftspflege und Naturschutz

2.1.2 Nutzungsansprüche an die Landschaft sind mit der Tragfähigkeit des Naturhaushalts und der Belastbarkeit der Umwelt sowie untereinander abzustimmen; die Inanspruchnahme von Landschaft ist auf das notwendige Maß zu beschränken. Eingriffe in die Landschaft, die den Naturhaushalt und seine Regenerationsfähigkeit schädigen oder das Landschaftsbild verunstalten, sollen vermieden werden. Bei unvermeidbaren Eingriffen sollen grundsätzlich Standorte gewählt werden, in denen nachteilige Auswirkungen möglichst gering gehalten werden können. Unvermeidbare Störungen des Naturhaushalts und Beeinträchtigungen des Landschaftsbildes sollen durch landschaftserhaltende oder gestaltende Maßnahmen ausgeglichen oder gemildert werden. Hierzu sollen insbesondere

2.1.21 Landschaftsplanungen erstellt werden, vordringlich für Bereiche in Verdichtungsräumen und ihren Randzonen, für belastete oder ungenügend erschlossene Erholungsräume und für sonstige Bereiche, in denen erhebliche Eingriffe in die Landschaft bereits stattgefunden haben oder zu erwarten sind;

2.1.22 eine Zersiedlung der Landschaft und ein Zusammenwachsen von Siedlungen vermieden sowie neue Bauflächen an bestehende Siedlungen angebunden werden;

2.1.23 Aussiedlerhöfe und andere alleinstehende bauliche Anlagen in die Landschaft eingefügt werden;

2.1.24 Verkehrs- und Versorgungsanlagen nur in dem erforderlichen Umfang neu gebaut und - wo möglich gebündelt - so geführt werden, daß sie die Landschaft nur wenig beeinträchtigen, der Flächenverbrauch gering gehalten wird und Zerschneidungen der Landschaft auf das notwendige Maß beschränkt bleiben;

2.1.25 der Abbau von Bodenschätzen und der dazu erforderliche Flächenbedarf mit den Erfordernissen des Umweltschutzes, der Wasserwirtschaft, der Land- und Forstwirtschaft, der Landschaftserhaltung und den sonstigen ökologischen Bedürfnissen abgestimmt sowie beim Abbau von Lagerstätten und bei Ablagerungen die Rekultivierung, die Eingliederung oder die Einbindung in die Landschaft gesichert und - soweit geeignet - der Ausbau für die Erholung angestrebt werden;

2.1.26 die Bodenfruchtbarkeit nachhaltig gesichert oder verbessert werden;

2.1.27 bei Flurneuordnungsmaßnahmen auch die Belange des Naturschutzes berücksichtigt und die Landschaft unter Beachtung einer funktionsgerechten Zuordnung der Flächen sowie unter Erhaltung eines leistungsfähigen Naturhaushalts und eines ausgewogenen Landschaftsbildes gestaltet und entwickelt werden;

Landesentwicklungsplan

2.1.28 Brachflächen geeigneten Nutzungen in der Landschaft zugeführt werden - vor allem durch Förderung der landwirtschaftlichen Nutzung oder durch Aufforstung - oder dem natürlichen Bewuchs überlassen bleiben.

2.1.3 Die natürlichen Lebensgrundlagen für Mensch, Tier und Pflanze sind vor schädlichen Einwirkungen zu schützen. Dazu sind insbesondere

Umweltschutz

2.1.31 die Standorte technischer Anlagen, von denen schädliche Wirkungen ausgehen können, so zu wählen, daß die Lebensgrundlagen möglichst wenig beeinträchtigt werden;

2.1.32 Wohn- und Arbeitsstätten, Verkehrsanlagen, andere Infrastruktureinrichtungen und Freiräume einander so zuzuordnen, daß schädliche oder belästigende Einwirkungen durch Lärm und Luftverunreinigungen oder sonstige Emissionen möglichst vermieden oder verringert werden;

2.1.33 zum Schutz vor Luftverunreinigung die Überwachungssysteme auszubauen, emittierende Anlagen mit Einrichtungen zur Luftreinhaltung und zum Lärmschutz auszustatten, Maßnahmen zur Verringerung der vom Verkehr herrührenden Schadstoffimmissionen und des Lärms durchzuführen und die Verwendung schadstoffärmerer Energieträger anzustreben;

2.1.34 zum Schutz von Bevölkerung und Umwelt vor Strahlen die Sicherheits- und Umweltschutzmaßnahmen mit Vorrang durchzuführen und zu überwachen sowie radioaktive Abfälle unschädlich zu beseitigen;

2.1.35 Verfahren zu entwickeln und anzuwenden, die eine Belastung der Umwelt mit schädlichen Stoffen oder Einwirkungen vermeiden oder auf lange Sicht vermindern.

2.1.4 Bei Zielkonflikten sind dem Umweltschutz und den landschaftsökologischen Erfordernissen dann Vorrang einzuräumen, wenn eine wesentliche Beeinträchtigung der Lebensverhältnisse der Bevölkerung droht oder die langfristige und nachhaltige Sicherung ihrer Lebensgrundlagen gefährdet ist.

Vorrang des Umweltschutzes

2.2 Siedlungsstruktur, Städte- und Wohnungsbau, Denkmalschutz; Verteidigungseinrichtungen

2.2.1 Die städtebauliche Entwicklung der Gemeinden soll nach den voraussehbaren Bedürfnissen geplant werden und zur Erfüllung der übergemeindlichen Aufgaben beitragen, die sich aus den Grundsätzen und Zielen der Raumordnung und Landesplanung ergeben. Hierbei ist denjenigen städtebaulichen Maßnahmen besondere Bedeutung beizumessen, die dazu beitragen, in allen Landesteilen das Wohnen, die Wohnqualität vorhandener Wohngebiete sowie die Funktionsfähigkeit der Zentralen Orte und die Standortvoraussetzungen für Industrie-, Gewerbe- und Dienstleistungsbetriebe und den Fremdenverkehr zu sichern und zu verbessern. Die Belange von Denkmalschutz und Ortsbildpflege sind zu berücksichtigen.

Allgemeines Entwicklungsziel

Zur Verwirklichung dieser Zielsetzungen ist anzustreben, daß

2.2.11 Eigenart, Erlebnis- und Erholungswert der Landschaft gewahrt, die Leistungsfähigkeit des Naturhaushalts und das Klima möglichst wenig beeinträchtigt sowie gute Böden geschont werden;

2.2.12 Bauflächen für Wohn- und Arbeitsstätten so bemessen und einander zugeordnet werden, daß gegenseitige Störungen und aufwendige Pendelwege möglichst vermieden werden und daß Einrichtungen des Gemeinbedarfs und Erholungsräume in zumutbarer Entfernung erreichbar sind;

2.2.13 vor der Erschließung neuer Baugebiete vorrangig Ortskerne und vorhandene Wohngebiete funktionsfähig gehalten oder entwickelt werden;

Landesentwicklungsplan

2.2.14 unter Beachtung der zu erwartenden Entwicklung und der örtlichen Siedlungsstruktur grundsätzlich Siedlungsformen gewählt werden, die möglichst wenig Grund und Boden beanspruchen, städtebauliche Großformen sich aber auf Siedlungsbereiche in ausgeprägt verdichteten Räumen und im ländlichen Raum auf Zentrale Orte höherer Stufe beschränken;

2.2.15 Bauflächen hauptsächlich auf Haltestellen vorhandener oder geplanter Schienenverkehrsmittel und auf leistungsfähige Zubringerstraßen ausgerichtet werden;

2.2.16 Standorte für Anlagen, von denen besondere Belastungen, gefährliche oder lästige Emissionen ausgehen, so gewählt bzw. die Anlagen so ausgelegt werden, daß sie beispielsweise Wohnstätten, Erholungsräume, Oberflächengewässer und Grundwasser nicht oder möglichst wenig beeinträchtigen;

2.2.17 zwischen den Siedlungen, auch im Zuge der Entwicklungsachsen, möglichst weite zusammenhängende Freiräume erhalten bleiben;

Siedlungstätigkeit

2.2.2 Die weitere Siedlungstätigkeit soll sich nach Umfang und Standortwahl in die vorhandene Siedlungsstruktur und in die Landschaft organisch einfügen.

Eigenentwicklung

2.2.21 Zur Eigenentwicklung einer Gemeinde gehört die Befriedigung des Bedarfs an Bauflächen für die natürliche Bevölkerungsentwicklung und für den inneren Bedarf (Eigenbedarf). Ein Bedarf für Wanderungsgewinne und für größere Gewerbeansiedlungen gehört nicht zum Eigenbedarf.

Siedlungsbereiche

2.2.22 Siedlungsbereiche sind die Bereiche, in denen sich zur Entwicklung der regionalen Siedlungsstruktur die Siedlungstätigkeit vorrangig vollziehen soll; sie umfassen einen oder mehrere Orte, in denen die Siedlungstätigkeit über die Eigenentwicklung der Gemeinde hinausgehen oder in denen die Eigenentwicklung einer Gemeinde konzentriert werden soll. Siedlungsbereiche sollen sich in das zentralörtliche System und die übergemeindlichen Verkehrs- und Versorgungsnetze einfügen.

Der Regionalplan bezeichnet die Gemeinden, in denen die Bauleitplanung Flächen ausweisen soll, auf denen sich diese Siedlungstätigkeit vorrangig vollziehen soll.

Siedlungsbereiche sind im Regionalplan nur dann auszuweisen, wenn dies für die Entwicklung der regionalen Siedlungs- und Freiraumstruktur oder zur Abstimmung auf die übergemeindlichen Verkehrs- und Versorgungsnetze erforderlich ist.

Beschränkung

2.2.23 Die Siedlungstätigkeit darf die Leistungsfähigkeit des Naturhaushalts nicht erheblich belasten und die Erholungsfunktion der Landschaft nicht wesentlich beeinträchtigen.

Siedlungsstruktur

2.2.3 Durch die städtebauliche Entwicklung ist eine Siedlungsstruktur anzustreben, die den unterschiedlichen vorrangigen Erfordernissen in den einzelnen Räumen entspricht.

Verdichtungsräume, Randzonen, Verdichtungsbereiche im ländlichen Raum

2.2.31 In den verdichteten Räumen soll die Funktionsfähigkeit der Verdichtungskerne gesichert, der Siedlungsdruck auf das Stadtumland gemildert und die zur Auslastung der vorhandenen Infrastruktur notwendige Wohnbevölkerung in den Verdichtungskernen gehalten werden. Hierzu sollen auch Maßnahmen zur städtebaulichen Erneuerung im Sinne von Plansatz 2.2.4 dienen.

Ländlicher Raum ohne Verdichtungsbereiche

2.2.32 Im ländlichen Raum sollen die Wohn- und Lebensverhältnisse verbessert und Wohnungen für den spezifischen Bedarf des ländlichen Raumes bereitgestellt werden. Hierzu sollen auch Maßnahmen zur städtebaulichen Erneuerung im Sinne von Plansatz 2.2.4 sowie Maßnahmen der Dorfentwicklung und zur Verbesserung der Agrarstruktur dienen. Neuausweisungen oder Erweiterungen bestehender Splittersiedlungen ist entgegenzuwirken.

Landesentwicklungsplan

2.2.33 Freizeitwohnungen sollen vor allem in Räumen errichtet werden, in denen sie zur Strukturverbesserung beitragen können, ohne den Erholungswert der Landschaft wesentlich zu beeinträchtigen. Hierbei ist der Verwendung oder dem Ausbau von Altbauten Vorrang vor der Ausweisung neuer Bauflächen einzuräumen. Neue Freizeitwohnungen sollen grundsätzlich innerhalb bestehender Siedlungen oder daran anschließend gebaut werden. In bevorzugten Erholungsräumen und in schützenswerten Landschaften sollen grundsätzlich nur Freizeitwohnungen errichtet werden, die einem großen, häufig wechselnden Besucherkreis zur Verfügung stehen; sie sollen so gestaltet werden, daß sie die Landbewirtschaftung, Landschaft und Ortsbilder nicht beeinträchtigen.

<small>Freizeitwohnungen</small>

2.2.34 Großflächige Einzelhandelsbetriebe und sonstige großflächige Handelsbetriebe für Endverbraucher sollen nur an solchen Standorten ausgewiesen, errichtet oder erweitert werden, wo sie sich nach Größe und Einzugsbereich in das zentralörtliche Versorgungssystem einfügen; sie dürfen weder durch ihre Lage oder Größe noch durch ihre Folgewirkungen das städtebauliche Gefüge, die Funktionsfähigkeit des zentralörtlichen Versorgungskerns oder die verbrauchernahe Versorgung der Bevölkerung im Einzugsbereich beeinträchtigen.

<small>Einzelhandelsgroßprojekte</small>

2.2.4 Die Stadterneuerung ist vorrangig auf die Verbesserung oder Erhaltung der Funktionsfähigkeit der Ortskerne und auf die Aufwertung der älteren Wohngebiete auszurichten. Städtebauliche Mißstände, insbesondere Funktionsschwächen in den Stadt- und Ortskernen und unzureichende Wohnverhältnisse, sollen durch Maßnahmen der Stadterneuerung und durch Modernisierung verbessert oder behoben werden, insbesondere wenn dadurch Abwanderungen der Bevölkerung aus den gefährdeten Gebieten verhindert werden können.

<small>Stadterneuerung</small>

2.2.41 Städtebauliche Sanierungsmaßnahmen durch Instandsetzung und Modernisierung von Gebäuden, durch Beseitigung baulicher Anlagen und Neubebauung sowie durch Verbesserung und Neugestaltung der Erschließung, der Freiflächen und der Gemeinbedarfseinrichtungen sollen vor allem in Zentralen Orten zum Ausbau ihrer Funktionsfähigkeit und in anderen Orten im Zusammenhang mit sonstigen Investitionsmaßnahmen der Gemeinden und des Landes gefördert werden.

2.2.42 Städtebauliche Maßnahmen zur Aufwertung älterer Wohngebiete und der Wohnungsausstattung durch Verbesserung des Wohnumfelds bzw. Modernisierung der Wohnungen sollen gefördert werden. Dabei ist eine Bündelung mit anderen öffentlichen und privaten Investitionen anzustreben; letztere sollten durch eine gebündelte Modernisierungsförderung unterstützt werden.

2.2.43 Nicht mehr genutzte Gewerbe- und Industrieflächen sollen, insbesondere für Wohnbebauung und Unterbringung von Dienstleistungen, umgenutzt werden.

2.2.44 Die bestehende Bausubstanz soll unter weitgehender Erhaltung der vorhandenen Nutzungsstrukturen durch Modernisierung als Einzelmaßnahme oder in Schwerpunkten verbessert werden; insbesondere in den Modernisierungsschwerpunkten ist zugleich auch eine Verbesserung des Wohnumfelds und der Infrastruktur anzustreben.

2.2.45 Städtebauliche Entwicklungsmaßnahmen durch Entwicklung vorhandener Orte zu neuen Siedlungseinheiten oder Erweiterung um neue Ortsteile sind bevorzugt in noch ungenügend entwickelten Ober- und Mittelzentren sowie - soweit notwendig - in den Entlastungsorten Backnang und Herrenberg zu fördern.

2.2.5 Der Bau neuer Wohnungen ist, soweit möglich, auf die Bedürfnisse auszurichten, die sich insbesondere aus der Entwicklung der Bevölkerung und

<small>Wohnungsbau</small>

17

Landesentwicklungsplan

ihrer Wohnvorstellungen sowie aus den Erfordernissen der vorhandenen Bausubstanz ergeben; er ist in angemessenem Umfang zu fördern.

2.2.51 Der Wohnungsneubau ist vor allem auf den Ersatzbedarf für Abgänge von Wohnungen, auf den Bedarf nach mehr und besserem Wohnraum (Auflockerungsbedarf) und auf den sonstigen Eigenbedarf der Gemeinden abzustellen. Bei der Festlegung des Auflockerungsbedarfs sollen überzogene Verringerungen der Belegungsdichte vermieden werden.

2.2.52 Der Wohnungsbau ist mit dem Ziel zu fördern, die Eigentumsbildung zu unterstützen und den Wohnungsbedarf von einkommensschwächeren, auf öffentliche Hilfe angewiesenen Bevölkerungsgruppen mit besonderen Wohnungsproblemen zu decken. Die Wohnungsbauförderung hat dabei die städtebauliche Erneuerung zu unterstützen.

Denkmalschutz

2.2.6 Bau- und Bodendenkmale, unter Schutz gestellte Gebäudegruppen und -anlagen (Gesamtanlagen) sowie andere Kulturdenkmale sind aufgrund ihrer wissenschaftlichen, künstlerischen oder heimatgeschichtlichen Bedeutung als prägende Elemente der Kulturlandschaft im Zusammenwirken öffentlicher und privater Planungsträger soweit wie möglich zu erhalten, zu pflegen und vor Beeinträchtigungen und Eingriffen zu schützen. Bei der Abwägung konkurrierender Belange des Denkmalschutzes und anderer raumbedeutsamer Belange ist zugunsten der Erhaltung von Kulturdenkmalen und Gesamtanlagen besonders zu berücksichtigen, daß Eingriffe in den Denkmalbestand unwiderruflich sind. Bei der Standortwahl öffentlicher oder von der öffentlichen Hand bezuschußter Einrichtungen ist zu prüfen, ob vorhandene Baudenkmale für eine entsprechende Nutzung vorrangig in Frage kommen.

Ortsbildpflege

2.2.7 Erhaltenswerte Ortskerne, Ortsteile, Baugruppen, Straßen und Plätze von geschichtlicher, künstlerischer oder städtebaulicher Bedeutung sowie geschichtlich wertvolle Ortsbilder von landschaftsprägender oder landschaftsgebundener Eigenart sind zu wahren. Sie sollen mit Funktionen ausgestattet werden, die ihre Erhaltung ermöglichen.

Das Erscheinungsbild baugeschichtlich wertvoller Bereiche ist in seinem städtebaulichen Gefüge und Maßstab soweit wie möglich zu erhalten, zu sichern und zur Wirkung zu bringen.

Verteidigungseinrichtungen

2.2.8 Die Erfordernisse der zivilen und militärischen Verteidigung sind zu beachten.

2.2.81 Hierbei sollen, soweit es die Belange der Verteidigung zulassen, die Verdichtungsräume, nach Möglichkeit auch ihre Randzonen und die Verdichtungsbereiche im ländlichen Raum, von militärischen Anlagen größeren Umfangs, wie Kasernen, Flugplätzen und Übungsgelände, freigehalten werden.

2.2.82 Im übrigen ländlichen Raum ist dafür bei Abwägung der verschiedenen Belange den militärischen Erfordernissen verstärkt Rechnung zu tragen. Hier, insbesondere in den Räumen mit Strukturschwächen, sollen Einrichtungen der zivilen und militärischen Verteidigung nach Möglichkeit zu Strukturverbesserungen beitragen.

2.3 Wirtschaftsentwicklung, Arbeitsmarkt und Rohstoffsicherung

Allgemeines Entwicklungsziel

2.3.1 Die Wirtschaft des Landes ist in räumlicher und sektoraler Struktur so zu fördern, daß ihre Konkurrenzfähigkeit erhalten und gestärkt wird, sie zu arbeitsplatzschaffenden und -sichernden Investitionen angeregt wird, ein stetiges und angemessenes qualitatives Wirtschaftswachstum unter Wahrung ökologischer Belange erreicht wird und daß für die Bevölkerung aller Teile des Landes vielseitige und krisenfeste Erwerbsgrundlagen erhalten oder geschaffen werden. Dazu sollen insbesondere

2.3.11 Standortvoraussetzungen, vorrangig in Schwerpunkten, so geschaffen, verbessert oder ergänzt werden, daß alle Landesteile an der wirtschaftlichen Entwicklung teilhaben;

Landesentwicklungsplan

2.3.12 durch Standortberatung und gezielte finanzielle Förderung raumordnerisch erwünschte Standortentscheidungen herbeigeführt werden;

2.3.13 in Landesteilen mit einseitiger Wirtschaftsstruktur Arbeitsplätze in gewerblichen Betrieben verschiedener Branchen und Größe sowie im Dienstleistungsbereich geschaffen werden;

2.3.14 der Bestand möglichst vieler leistungsfähiger kleiner und mittlerer Unternehmen sowie freiberuflicher Existenzen gesichert und Neugründungen erleichtert werden;

2.3.15 in landschaftlich und klimatisch begünstigten oder sonst für den Fremdenverkehr geeigneten Räumen der Fremdenverkehr wettbewerbsfähig gehalten und gefördert werden.

2.3.2 In den Verdichtungsräumen, ihren Randzonen und in den Verdichtungsbereichen im ländlichen Raum sollen

Verdichtungsräume, Randzonen, Verdichtungsbereiche im ländlichen Raum

2.3.21 zur besseren Nutzung der hier gegebenen Fühlungsvorteile und des differenzierten Arbeitsmarktes die Verkehrs- und Versorgungseinrichtungen ausgebaut werden;

2.3.22 in den Verdichtungszentren vorrangig ausreichende Entwicklungsmöglichkeiten für zentrale Dienstleistungen höherer Funktion erhalten oder geschaffen werden.

2.3.3 Im ländlichen Raum, insbesondere in den Räumen mit Strukturschwächen, sollen die Wirtschaftskraft gestärkt, ausreichende Erwerbsgrundlagen erhalten oder geschaffen und wirtschaftliche Initiativen gestärkt oder angeregt werden. Schwerpunkte bei der Vermehrung der nichtlandwirtschaftlichen Arbeitsplätze sollen geeignete Siedlungsbereiche sein, für den Fremdenverkehr dafür besonders geeignete Orte. Dazu sollen

Ländlicher Raum, Räume mit Strukturschwächen

2.3.31 die Standortvoraussetzungen für bestehende und neu anzusiedelnde Industrie-, andere Gewerbe- und Dienstleistungsbetriebe verbessert werden, insbesondere durch Erschließung von Gewerbegebieten, durch Maßnahmen des Wohnungsbaus, durch Förderung von Einrichtungen der überbetrieblichen Berufsausbildung, durch Verbesserung der Verkehrsverhältnisse und durch Ausbau der Versorgungs-, Sozial-, Bildungs- und Erholungseinrichtungen und des Nachrichtenwesens;

2.3.32 der Ausbau bestehender sowie die Ansiedlung weiterer Industrie-, anderer Gewerbe- und Dienstleistungsbetriebe durch Finanzhilfen gefördert werden.

2.3.4 Verdichtungsansätze sind so zu nutzen, daß auch im ländlichen Raum attraktive Arbeitsmärkte entstehen, die vor allem eine Auswahl an Arbeitsplätzen, beruflichen Aufstieg und angemessene Einkommen ermöglichen, Beschäftigungsrisiken mindern und zur Verbesserung der regionalen und sektoralen Wirtschaftsstruktur beitragen.

2.3.5 Der Fremdenverkehr soll im Rahmen des Plansatzes 2.3.15 vorwiegend im ländlichen Raum entwickelt und unter Berücksichtigung der Erfordernisse des Naturhaushalts in bestimmten Landesteilen ausgebaut werden. Insbesondere sollen in den im 3. Teil genannten Erholungsräumen Einrichtungen des Fremdenverkehrs und die dafür erforderlichen Voraussetzungen schwerpunktartig geschaffen werden.

Fremdenverkehr

2.3.6 Die Bodenschätze des Landes sind zu erfassen und für eine spätere Gewinnung zu sichern, soweit sie zur Rohstoffversorgung beitragen oder beitragen können. Hierzu sollen insbesondere

Rohstoffsicherung

2.3.61 im Landschaftsrahmenplan abbauwürdige Lagerstätten mineralischer Rohstoffe dargestellt werden;

2.3.62 im Regionalplan zur Sicherung und Ordnung des Rohstoffabbaus Vorranggebiete für den Rohstoffabbau sowie Bereiche ausgewiesen werden, die für die langfristige Sicherung von Rohstoffen und - wo nötig - zugleich für die Sicherung anderer schutzwürdiger Raumnutzungen freigehalten werden sollen;

Landesentwicklungsplan

2.3.63 der Abbau von Bodenschätzen und der dazu erforderliche Flächenbedarf mit anderen raumbedeutsamen Nutzungen und Vorhaben sowie mit den Erfordernissen des Umweltschutzes, der Wasserwirtschaft, der Land- und Forstwirtschaft, der Erholung, der Landschaftserhaltung und sonstigen ökologischen Bedürfnissen abgestimmt werden;

2.3.64 das Aufsuchen und die Erschließung neuer Lagerstätten ermöglicht und - soweit erforderlich - gefördert werden.

2.4 Land- und Forstwirtschaft

Allgemeines Entwicklungsziel

2.4.1 Die Land- und Forstwirtschaft ist als wesentlicher Produktionszweig der Gesamtwirtschaft und in ihren Sozialfunktionen zu erhalten und zu entwickeln. Sie soll insbesondere dazu beitragen,

2.4.11 die Ernährungsbasis und die Holzversorgung zu sichern;

2.4.12 die Kulturlandschaft zu pflegen und zu gestalten sowie die natürlichen Lebensgrundlagen zu erhalten und zu verbessern;

2.4.13 die Siedlungsdichte der dünnbesiedelten Räume zu erhalten und die Siedlungsstruktur der Verdichtungsräume, ihrer Randzonen und der Verdichtungsbereiche im ländlichen Raum aufzulockern.

2.4.2 Zur Verwirklichung des Plansatzes 2.4.1 sind

2.4.21 für die landwirtschaftlichen Betriebe im Haupt- und Nebenerwerb Unternehmens- und Organisationsformen anzustreben, die den in der Landwirtschaft Tätigen ein ausreichendes Einkommen ermöglichen;

2.4.22 für die land- und forstwirtschaftliche Nutzung gut geeignete Böden und Standorte nur in dem unausweichlich notwendigen Umfang für andere Nutzungsarten vorzusehen und in den Verdichtungsräumen und Entwicklungsachsen die Freiräume so auszuwählen und zu bemessen, daß eine rationelle Bodennutzung möglich ist.

Landwirtschaft

2.4.3 Zur Stärkung der Wettbewerbsfähigkeit der Landwirtschaft sowie zur Verbesserung der landwirtschaftlichen Arbeits- und Lebensbedingungen ist die Agrarstruktur zu verbessern. Insbesondere sind

2.4.31 die Dorf-, Betriebs- und Flurverhältnisse durch Flurbereinigung, Aussiedlung, Althofsanierung, Wirtschaftswegebau, wasserbauliche und sonstige landeskulturelle Maßnahmen unter Berücksichtigung neuzeitlicher betriebswirtschaftlicher Gesichtspunkte, der Erfordernisse des Umweltschutzes und der Landschaftspflege zu ordnen und nach den Zielen der Dorfentwicklung auszurichten;

2.4.32 in den Mittelgebirgslagen und Höhengebieten zur Wahrung, Pflege und Gestaltung bevorzugter Erholungslandschaften die erschwerten Produktionsbedingungen durch geeignete Hilfen auszugleichen;

2.4.33 die Anpassung der Erzeugung an den Markt zu unterstützen durch Bildung regionaler Schwerpunkte an den für Erzeugung und Absatz geeigneten Standorten sowie durch Bildung von betrieblichen Schwerpunkten und von Erzeugerzusammenschlüssen;

2.4.34 die Schaffung und Verbesserung von Erfassungs-, Bearbeitungs-, Verarbeitungs- und Absatzeinrichtungen zu fördern, vor allem in Zentralen Orten;

2.4.35 die Aus- und Fortbildungsmöglichkeiten für die in der Landwirtschaft tätige Bevölkerung weiter auszubauen und das Beratungswesen zu verbessern.

Forstwirtschaft

2.4.4 Der Wald ist so zu erhalten, zu bewirtschaften, zu schützen und zu pflegen, daß er als Wirtschaftsfaktor sowie als Bestandteil der Kulturlandschaft für die Erholung wirksam bleibt und dazu beiträgt, die dauernde Leistungsfähigkeit des Naturhaushalts zu sichern. Dazu sind

Landesentwicklungsplan

2.4.41 die Ertragsfähigkeit der Forstwirtschaft durch Strukturverbesserungen sowie durch Beratung, Betreuung und technische Hilfe zu sichern;

2.4.42 Eingriffe in den Bestand des Waldes in Verdichtungsräumen und in andere Wälder mit besonderen Schutz- und Erholungsfunktionen, vor allem in Schutzwälder, Waldschutzgebiete und Erholungswälder, auf das Unvermeidbare zu beschränken; Verluste sollen möglichst in der Nähe der Eingriffe durch Aufforstung von nicht landbauwürdigen Flächen ausgeglichen werden;

2.4.43 wirksame Maßnahmen zur Gesunderhaltung der Wälder zu ergreifen;

2.4.44 die Erholungseignung der Wälder zu verbessern.

2.5 Verkehrswesen

2.5.1 Das Verkehrswesen ist so zu gestalten, daß es zu der angestrebten Entwicklung des Landes, seiner Teilräume sowie zur Entwicklung des Netzes der Zentralen Orte und der Entwicklungsachsen beiträgt. Beim Ausbau der Verkehrswege sollen der Flächenverbrauch gering gehalten, die Bevölkerung und die natürlichen Lebensgrundlagen geschont sowie die Erfordernisse des Erholungswesens beachtet werden. Dazu sind

Allgemeines Entwicklungsziel

2.5.11 die großräumigen Verkehrsverflechtungen mit dem Ausland und allen Teilen Deutschlands mit dem Ziel zu verbessern, den bestehenden Verkehrsbedürfnissen zu genügen und die anzustrebende Entwicklung zu fördern;

2.5.12 ein ausgewogenes, integriertes und arbeitsteilig auf die verschiedenartigen Verkehrserfordernisse der einzelnen Landesteile abgestimmtes Verkehrssystem anzustreben;

2.5.13 ein leistungsfähiges Verkehrsnetz zu schaffen, das die Arbeitsteilung und den Leistungsaustausch innerhalb des Landes und über seine Grenzen fördert;

2.5.14 Verkehrsneubauten in die Topographie und in die Landschaft einzufügen und unvermeidbare Eingriffe soweit wie möglich landschaftsgerecht auszugleichen; dem Ausbau vorhandener Verkehrswege soweit wie möglich Vorrang vor dem Neubau einzuräumen; nicht mehr benötigte Verkehrsflächen sind zu rekultivieren.

2.5.2 In den Verdichtungsräumen, ihren Randzonen und den Verdichtungsbereichen im ländlichen Raum ist anzustreben, Verkehrsengpässe zu beseitigen und die Verkehrseinrichtungen den zu erwartenden Verkehrsbedürfnissen rechtzeitig anzupassen. Dazu sollen insbesondere

Verdichtungsräume, Randzonen, Verdichtungsbereiche im ländlichen Raum

2.5.21 das Straßennetz des überörtlichen Verkehrs und die anderen wichtigen Straßen in den großen Städten und ihrem Umland sowie die Schienenverkehrswege in gegenseitiger Abstimmung ausgebaut werden;

2.5.22 die Verkehrsströme und nach Möglichkeit auch die Verkehrsarten in den Verdichtungszentren entflochten werden, soweit erforderlich durch den Übergang auf weitere Verkehrsebenen;

2.5.23 die Einrichtungen des öffentlichen Personennahverkehrs verbessert werden;

2.5.24 der ruhende Verkehr so untergebracht werden, daß die Funktionsfähigkeit der Städte erhalten bleibt;

2.5.3 Im ländlichen Raum, insbesondere in seinen Teilen mit Strukturschwächen, soll eine Verkehrserschließung angestrebt werden, die rechtzeitig einen ausreichenden Verkehrsanschluß aller Gemeinden gewährleistet und die künftige Entwicklung fördert. Dazu sind insbesondere

Ländlicher Raum

2.5.31 die Verkehrsbedienung durch öffentliche Verkehrsmittel zu verstärken;

Landesentwicklungsplan

2.5.32 die Verkehrsverbindungen der Zentralen Orte mit ihren Verflechtungsbereichen sowie der Zentralen Orte untereinander zu verbessern;

2.5.33 die Verkehrsverbindungen in und zu den Entwicklungsachsen so auszubauen, daß sie die angestrebte Entwicklung der Siedlungsbereiche in den Entwicklungsachsen fördern, insbesondere die Verbesserung der Standortgunst für nichtlandwirtschaftliche Arbeitsplätze.

Erholungsräume

2.5.4 Für die Erholungsräume des Landes ist eine Verkehrserschließung anzustreben, die den besonderen Bedürfnissen der Erholung entspricht und den Erholungswert dieser Räume möglichst wenig beeinträchtigt. Dazu sollen insbesondere

2.5.41 die Verdichtungsräume mit den Naherholungsräumen durch gut ausgebaute Straßen verbunden, eine ausreichende Nahverkehrsbedienung der Naherholungsräume durch öffentliche Verkehrsmittel sichergestellt und für den ruhenden Verkehr ausreichender Parkraum möglichst am Rand der Naherholungsräume eingerichtet werden;

2.5.42 die Ferienerholungsräume gut an das Fernstraßennetz angeschlossen und beim Eisenbahnbetrieb berücksichtigt werden;

2.5.43 für Kur- und Erholungsorte möglichst Umgehungsstraßen für den Durchgangsverkehr angestrebt werden.

Öffentlicher Personennahverkehr

2.5.5 Der öffentliche Personennahverkehr ist so zu gestalten, daß er in Abstimmung mit dem Individualverkehr zu einem sicheren, flüssigen Gesamtverkehr beiträgt und den Bedürfnissen der Verkehrsnutzer gerecht wird; der Grundsatz der Wirtschaftlichkeit ist zu beachten. Hierzu sind insbesondere

2.5.51 in den Verdichtungsräumen, ihren Randzonen und in den Verdichtungsbereichen im ländlichen Raum abgestimmte Nahverkehrssysteme zu entwickeln; hierbei soll eine leistungsfähige Nahverkehrsbedienung durch die Deutsche Bundesbahn sichergestellt und in den Verdichtungszentren und bei der Anbindung größerer Siedlungsgebiete an diese Zentren der schienengebundene und vom Straßenverkehr unabhängige Verkehr mit Vorrang gefördert werden;

2.5.52 im ländlichen Raum, vor allem in seinen Teilen mit Strukturschwächen, das Netz des öffentlichen Personennahverkehrs unter möglichst weitgehender Einbeziehung des Schülerverkehrs bedarfsgerecht auszubauen; hierbei sind vor allem in den Entwicklungsachsen und zur Verbindung der Zentralen Orte mit ihren Verflechtungsbereichen sowie der Zentralen Orte untereinander unter Einbeziehung des Schienennetzes der Deutschen Bundesbahn und der nichtbundeseigenen Eisenbahnen durchgehende Verkehre anzustreben;

2.5.53 die Attraktivität des Leistungsangebotes im öffentlichen Personennahverkehr durch eine bessere Abstimmung der Verkehrsleistungen und eine stärkere betriebliche Kooperation zwischen den Nahverkehrsunternehmen entsprechend den Zielsetzungen des Nahverkehrsprogramms zu erhöhen; hierbei ist in den großen Verdichtungsräumen die Bildung von Verkehrsverbünden anzustreben;

Besondere Entwicklungsziele, Straßenbau

2.5.6 Das Straßennetz ist nach den vorhandenen und zu erwartenden Verkehrsbedürfnissen so auszubauen, daß es dem Fernverkehr, dem regionalen und dem örtlichen Verkehr gerecht wird und eine möglichst große Verteilung und Entflechtung des Verkehrs bewirkt. Es ist im ländlichen Raum so auszubauen, daß es den Erfordernissen eines bedarfsgerechten Linienverkehrs mit Omnibussen genügt. Das Straßennetz soll bestehen

2.5.61 aus einem Netz von Bundesfernstraßen, das so ausgebaut werden soll, daß es dem weiträumigen Verkehr innerhalb des Landes dient und dabei insbesondere die Oberzentren miteinander verbindet, und daß es die Regionen des Landes an die benachbarten Bundesländer sowie an das europäische Ausland anbindet;

2.5.62 aus einer genügenden Anzahl gut ausgebauter Straßenverbindungen im deutsch-französischen und deutsch-schweizerischen Grenzbereich, die so ausgebaut werden sollen, daß sie den Regionalverkehr mit dem Ausland verbessern;

2.5.63 aus Landesstraßen, die so ausgebaut werden sollen, daß sie im Verbund mit den Bundesfernstraßen vorwiegend den durchgehenden Verkehr innerhalb des Landes und zu benachbarten Ländern aufnehmen und dabei insbesondere die Unterzentren mit den Zentralen Orten höherer Stufe sowie die Unterzentren untereinander verbinden;

2.5.64 aus Kreisstraßen, die so ausgebaut werden sollen, daß sie den überörtlichen Verkehr zwischen benachbarten Kreisen und innerhalb der Kreise aufnehmen oder den Gemeinden den Anschluß an überörtliche Verkehrswege vermitteln und dabei insbesondere Kleinzentren untereinander und mit Zentralen Orten höherer Stufe verbinden;

2.5.65 aus Gemeindestraßen, die so ausgebaut werden sollen, daß sie den Verkehr innerhalb der Gemeinden und zu den Nachbargemeinden, insbesondere zu den Zentralen Orten, bewältigen.

2.5.7 Das Schienennetz in Baden-Württemberg soll nach den Bedürfnissen des Verkehrs und nach dem jeweiligen Stand der Technik weiter entwickelt werden. Eisenbahnstrecken, die im Zuge von Entwicklungsachsen verlaufen oder Mittelzentren, wichtige Erholungsräume oder Kurorte anbinden, sollen erhalten bleiben. Auch darüber hinaus ist die Erhaltung des Schienennetzes anzustreben. Soweit Eisenbahnstrecken wegen dauernden Rückgangs der Verkehrsnachfrage stillgelegt werden müssen, soll eine für das vorhandene und zu erwartende Verkehrsaufkommen ausreichende Ersatzbedienung auf der Straße sichergestellt sein. Zur Verbesserung des Schienenverkehrs sollen

Eisenbahnen

2.5.71 die Strecke Mannheim–Stuttgart als Neubaustrecke, die Strecke Rastatt–Offenburg–Basel als Neubau- und Ausbaustrecke sowie die Strecke Mannheim–Frankfurt als Ausbaustrecke in das Grundnetz für den Schnellverkehr der Deutschen Bundesbahn und damit in das europäische Schnellfahrnetz einbezogen werden; in das Grundnetz für den Schnellverkehr ist nach Auffassung der Landesregierung ebenfalls die Strecke Stuttgart–Ulm(–München) einzubeziehen und durch im einzelnen noch näher festzulegende Maßnahmen qualitativ und quantitativ zu verbessern;

2.5.72 die Modernisierung der Eisenbahnanlagen und die Elektrifizierung des Fernverkehrsnetzes fortgesetzt werden, insbesondere der Ausbau der Nord-Süd-Verbindungen mit der Schweiz und Österreich sowie deren Verzweigungen im Bodenseeraum;

2.5.73 der Bau und Ausbau leistungsfähiger Nahverkehrsbahnen in den Verdichtungsräumen angestrebt sowie gute Übergänge zwischen Eisenbahn und anderen öffentlichen Nahverkehrsmitteln hergestellt werden;

2.5.74 die nichtbundeseigenen Eisenbahnen vom Land weiterhin gefördert werden, soweit dies für die verkehrliche Versorgung der von ihren Strecken erschlossenen Räume notwendig ist, und das vorhandene oder in naher Zukunft zu erwartende Verkehrsaufkommen die Fortführung des Betriebs rechtfertigt;

2.5.75 kurze und bequeme Übergänge zwischen Eisenbahn und Flugzeug geschaffen werden, soweit dafür ein Verkehrsbedürfnis besteht;

2.5.76 Umschlagplätze für den kombinierten Verkehr mit Containern und Huckepackfahrzeugen mit guter Anbindung an das Schienen- und Straßennetz ausgebaut werden;

Landesentwicklungsplan

Wasserstraßen

2.5.77 für Gleisanschluß geeignete Flächen für Gewerbe und Industrieansiedlungen gesichert werden.

2.5.8 Die Leistungsfähigkeit der bestehenden Großschiffahrtsstraßen, der öffentlichen Häfen und Umschlagstellen ist zu erhalten und zu verbessern, soweit die technische Entwicklung und die Bedürfnisse des Verkehrs es erfordern. Dabei ist

2.5.81 am Oberrhein unterhalb der Staustufe Iffezheim einer Erosion des Rheinbettes durch Geschiebezugabe entgegenzuwirken und die Fahrwassertiefe dem künftigen Ausbauzustand zwischen Mannheim und St. Goar anzupassen;

2.5.82 die Leistungsfähigkeit der Neckarwasserstraße zu erhalten und zu verbessern, insbesondere durch Vertiefung der Fahrrinne auf der Strecke Mannheim–Heilbronn und Räumung des Flußbettes auf der Strecke Heilbronn–Plochingen von Ablagerungen, die die Schiffbarkeit und den Hochwasserabfluß beeinträchtigen. Zur Unterbringung des dabei anfallenden Baggerguts sind geeignete Flächen für Entwässerung und Deponierung auszuweisen, und zur Verminderung von Ablagerungen sind flankierende Maßnahmen durchzuführen. Darüber hinaus strebt die Landesregierung eine Fahrrinnenvertiefung zwischen Heilbronn und Plochingen sowie den Bau dritter Schleusenkammern bei den Staustufen Schwabenheim und Kochendorf an. Die für eine Erweiterung der Schleusenanlagen notwendigen Flächen sind durch Freihaltemaßnahmen zu sichern;

2.5.83 anzustreben, für die Hochrheinstrecke zwischen Basel und der Aaremündung gemeinsam mit der Schweiz den späteren Ausbau als Großschiffahrtsstraße offenzuhalten;

2.5.84 in den öffentlichen Häfen mit entsprechend großem Einzugsgebiet der Bau von Umschlagseinrichtungen für Container und Roll-on-Roll-off-Verkehr vorzusehen;

2.5.85 der Bau neuer Lade- und Löschplätze für den allgemeinen Güterverkehr vorzusehen, soweit Verkehrsbedürfnisse auftreten, die durch die bestehenden öffentlichen Häfen nicht befriedigt werden können.

Luftverkehr

2.5.9 Die Luftverkehrsverbindungen sind so zu verbessern und auszubauen, daß das Land für den Luftverkehr weiter erschlossen und ihm gute Anschlüsse an den innerdeutschen, den innereuropäischen und den Weltluftverkehr dauernd gesichert werden. Hierzu sind insbesondere

2.5.91 die Funktionsfähigkeit des Flughafens Stuttgart durch Ausbau und Modernisierung zu erhalten und zu verbessern;

2.5.92 leistungsfähige Verkehrslandeplätze auszubauen, die den Luftverkehr innerhalb des Landes, insbesondere mit dem Flughafen Stuttgart, sowie mit den anderen Bundesländern und mit dem benachbarten Ausland fördern;

2.5.93 im Bereich bestehender Flughäfen und Landeplätze oder solcher, die in Regionalplänen ausgewiesen sind oder für die ein Genehmigungsverfahren eingeleitet ist, alle Planungen und Maßnahmen, insbesondere die Ausweisung von Wohnbauflächen, so auszurichten, daß die Bevölkerung vor Gefahren des Luftverkehrs und Belästigungen durch Fluglärm soweit wie möglich geschützt wird.

Post- und Fernmeldewesen, Neue Medien und Kommunikationstechnologien

2.5.10 Die Post- und Fernmeldedienste einschließlich der rasch fortschreitenden Einsatzmöglichkeiten neuer Kommunikationstechnologien sind entsprechend den sich wandelnden Interessen der Bevölkerung und den wachsenden Bedürfnissen der Volkswirtschaft weiterzuentwickeln. Die Erfordernisse des Post- und Fernmeldewesens sind zu beachten; dabei sind auch die Richtfunkstrecken zu berücksichtigen.

Voranzutreiben ist der Auf- und Ausbau eines leistungsfähigen, flächendeckenden Kommunikationsnetzes unter Einsatz der neuen Informations-

Landesentwicklungsplan

und Kommunikationstechniken. Bei organisatorischen und technischen Maßnahmen der Deutschen Bundespost sollen die struktur-, wirtschafts-, verkehrs- und medienpolitischen Zielsetzungen des Landes und die Belange des Städtebaus und des Natur- und Landschaftsschutzes berücksichtigt werden.

2.6 Energieversorgung

2.6.1 Die Energieversorgung soll bei möglichst sparsamem Verbrauch und geringer Umweltbelastung sowie unter Wahrung der Sicherheit für die Bevölkerung so ausgebaut werden, daß   *Allgemeines Entwicklungsziel*

    2.6.11 der Bevölkerung und der Wirtschaft in allen Teilen des Landes ein ausreichendes, langfristig gesichertes und möglichst vielfältiges Energieangebot zu günstigen Preisen zur Verfügung steht und die angestrebte Entwicklung des Landes gefördert wird;

    2.6.12 Anlagen und Systeme, die die Umwelt weniger beeinflussen oder die zu einem rationellen Umgang mit Energie beitragen, verstärkt entwickelt werden und - mit Vorrang in stark belasteten oder schutzwürdigen Räumen - Verwendung finden.

2.6.2 Bei der Elektrizitätsversorgung ist insbesondere anzustreben, daß   *Elektrizitätsversorgung*

    2.6.21 der Bedarfszuwachs an Strom überwiegend durch im Lande zu errichtende Kraftwerke gedeckt wird, wobei für die Grundlast in erster Linie Kernkraftwerke gebaut werden sollen, die im Verbund mit Anlagen zur Spitzendeckung (Speicherkraftwerke, Gasturbinen) eingesetzt werden;

    2.6.22 große Kraftwerksblöcke gebaut und im Regelfall mehrere solcher Blöcke an einem Standort zusammengefaßt werden;

    2.6.23 über die bereits bebauten oder genehmigten Kraftwerksstandorte hinaus eine ausreichende Anzahl von Standorten für Kraftwerke gesichert wird, die - einzeln oder bei einer Gesamtbetrachtung - sich unabhängig vom jeweiligen regionalen Bedarf auf alle nach ihren Voraussetzungen geeigneten Räume verteilen, günstig zum Verbundnetz und nicht zu weit von gegenwärtigen und künftigen Verbrauchsschwerpunkten entfernt liegen, unter Einsatz geeigneter Kühlverfahren eine Kühlung mit Flußwasser ermöglichen sowie die Belange des Umweltschutzes und die Sicherheit der Bevölkerung beachten;

    2.6.24 die auf dem Gebiet der Stromversorgung tätigen Versorgungsunternehmen in Baden-Württemberg bei der Planung und dem Bau der großen Kraftwerke, besonders der Kernkraftwerke, eng zusammenarbeiten und daß diese Planungen mit denen der Unternehmen außerhalb des Landes, vor allem der deutschen und europäischen Verbundpartner, soweit wie möglich grenzüberschreitend abgestimmt werden;

    2.6.25 Energieleitungen unter Wahrung der Gesichtspunkte der Siedlungsstruktur, des Städtebaus sowie des Natur- und Landschaftsschutzes möglichst kostensparend gebaut und weitgehend mit anderen Ver- und Entsorgungsleitungen gebündelt werden;

    2.6.26 die Transportleitungen im Land und über die Landesgrenzen hinaus weiter ausgebaut werden und daß für solche Leitungen rechtzeitig Trassen gesichert werden;

    2.6.27 die baden-württembergischen Stromerzeuger auch in der Stromgroßverteilung eng zusammenwirken;

    2.6.28 Versorgungsgebiete von wirtschaftlich sinnvoller Größe und gut durchmischter Abnahmestruktur erhalten oder geschaffen werden;

    2.6.29 die Strompreise im Land nach Möglichkeit weiter angeglichen und niedrig gehalten werden und die Kostenvorteile einer Konzentration der Stromerzeugung allen Abnehmern zugute kommen.

Landesentwicklungsplan

Gasversorgung

2.6.3 Bei der Gasversorgung ist insbesondere anzustreben, daß

2.6.31 Erdgas aus verschiedenen Quellen über mehrere Einspeispunkte bezogen wird;

2.6.32 das Fernleitungsnetz nach Maßgabe des Konzepts für die Erschließung bisher nicht versorgter Räume und für den Anschluß von Inselgaswerken unter Beachtung der Belange des Umweltschutzes weiter ausgebaut wird und sein Verbund über die Landesgrenzen hinaus verstärkt wird;

2.6.33 mindestens ein großer unterirdischer Speicher zum Ausgleich von Versorgungsengpässen und Bedarfsschwankungen angelegt wird;

2.6.34 das Erdgas vorrangig in Räumen mit hoher Luftbelastung oder besonderer Schutzwürdigkeit eingesetzt wird.

Fernwärmeversorgung

2.6.4 Bei der Fernwärmeversorgung (Kraft-Wärme-Kopplung) ist insbesondere anzustreben, daß

2.6.41 in Räumen mit hoher Energieverbrauchsdichte Fernwärmenetze gebaut und - soweit möglich - nach und nach weiter ausgedehnt werden;

2.6.42 Wärme aus Kraftwerken mit Standort in der Nähe von Räumen mit hoher Energieverbrauchsdichte eingesetzt wird, soweit es technisch möglich und wirtschaftlich vertretbar ist.

Mineralölversorgung

2.6.5 Bei der Mineralölversorgung ist insbesondere anzustreben, daß

2.6.51 die Preise für Mineralölprodukte in den übrigen Teilen des Landes denen der Raffineriezentren am Oberrhein durch Senkung der Transportkosten soweit wie möglich angepaßt werden;

2.6.52 die Lagermöglichkeiten in allen Landesteilen dem künftigen Bedarf entsprechend und unter Beachtung ökologischer Belange ausgebaut werden.

2.6.53 Planungen von Rohrfernleitungen für den Transport von Rohöl und von Mineralölprodukten mit den Verkehrsplanungen abgestimmt werden. Dabei sind die Auswirkungen auf die Verkehrsstruktur und andere Belange, insbesondere der Energieversorgung und des Umweltschutzes, zu berücksichtigen.

2.7 Wasser- und Abfallwirtschaft

Allgemeines Entwicklungsziel

2.7.1 Der Wasserschatz des Landes ist als natürliche Lebensgrundlage zu erhalten, zu mehren, zu schützen und pfleglich zu behandeln. Die für die angestrebte Entwicklung des Landes erforderlichen wasser- und abfallwirtschaftlichen Voraussetzungen sind rechtzeitig zu schaffen und auf lange Sicht zu sichern. Gefährdungen des Wasserschatzes durch Transport und Lagerung wassergefährdender Wirtschaftsgüter und Abfälle sind weitestgehend zu vermeiden. Dazu sind

2.7.11 Wasserbedarf und Wasserdargebot so miteinander in Einklang zu bringen, daß für alle Landesteile in ausreichender Menge und Güte Trinkwasser, Betriebswasser und - wo möglich und nötig - Kühlwasser, Bewässerungswasser, Schleusungswasser, Wasser für Kraftwerke, Wasser für Fischzuchten und Wasser zur Erhaltung der natürlichen Funktionen fließender Gewässer zur Verfügung steht.

2.7.12 Vorkehrungen zu treffen für ausgeglichene Abflußverhältnisse, die Erhaltung der natürlichen Überschwemmungsgebiete, eine naturhafte Gestaltung der Gewässer und für die Sicherung ihrer natürlichen Funktionen;

2.7.13 Wasserschutz- und Wasserschongebiete auszuweisen.

Wasserversorgung

2.7.2 Die Wasserversorgung ist so auszubauen, daß der gegenwärtige und der durch die angestrebte Entwicklung zu erwartende Bedarf an Wasser von Trinkwasserqualität gedeckt werden kann. Zur Deckung des Bedarfs sind

Landesentwicklungsplan

2.7.21 genutzte Wasservorkommen zu erhalten und zu schützen;

2.7.22 nutzungswürdige Wasservorkommen zu schützen sowie für die örtliche Trinkwasserversorgung und für den überörtlichen Ausgleich zwischen wasserreichen Gebieten und Gebieten mit Wassermangel - soweit erforderlich - zu erschließen;

2.7.23 Grundwasser, Abflußverhältnisse und Selbstreinigungsvermögen der Gewässer bei Eingriffen in die Landschaft durch Besiedlung, Anlage von Verkehrswegen und Abbau von Rohstoffen weder zu beeinträchtigen noch zu gefährden.

2.7.3 Die ausgedehnten Wassermangelgebiete des Landes sollen durch Fernversorgung mit zusätzlichem Wasser entsprechend dem gegenwärtigen und dem nach der angestrebten Entwicklung zu erwartenden Bedarf versorgt werden. Dabei sollen für die Fernversorgung

2.7.31 Einrichtungen geschaffen werden, die eine bessere Ausnutzung der vorhandenen Abgabekapazität ermöglichen;

2.7.32 Verbundmaßnahmen - wo sinnvoll - durchgeführt werden;

2.7.33 weitere Wasservorkommen erschlossen werden, insbesondere Grundwasservorkommen im Illertal und in der Rheinebene im Raum westlich von Graben-Neudorf;

2.7.34 durch geeignete Maßnahmen vorgesorgt werden, daß künftige Wasserentnahmen aus dem Bodensee für Zwecke der Trinkwasserversorgung möglich bleiben;

2.7.35 der Bau von verbrauchsnahen Trinkwasserspeichern, insbesondere im Schwarzwald und im Mainhardter Wald, angestrebt werden.

2.7.4 Die Abwässer sind zur Vermeidung hygienischer Mißstände und zum Schutz der oberirdischen Gewässer und des Grundwassers so weitgehend wie möglich zu sammeln, zu reinigen und in einen geeigneten Vorfluter einzuleiten. Die Belastung der Gewässer ist dabei so gering wie möglich zu halten. Hierzu sind   Abwasserbeseitigung

2.7.41 die Kanalisationsnetze einschließlich der Regenwasserbehandlungsanlagen systematisch weiter so auszubauen, daß sie den hygienischen Bedürfnissen und den wasserwirtschaftlichen Erfordernissen entsprechen;

2.7.42 die Sammelkläranlagen mechanisch-biologisch auszubauen und, soweit es die Vorfluter oder die Beschaffenheit der Abwässer erfordern, durch Anlagen zur weitergehenden Abwasserreinigung zu ergänzen;

2.7.43 bei Erweiterung der Bebauung, insbesondere der Neuansiedlung von Industriebetrieben, die wasserwirtschaftlichen Gegebenheiten und die abwassertechnischen Möglichkeiten zu berücksichtigen;

2.7.44 die zur Reinhaltung des Bodensees erforderlichen Abwassermaßnahmen vorrangig weiterzuführen.

2.7.5 Es sind die Einrichtungen zu schaffen, die erforderlich sind, um die entstehenden Abfälle so zu beseitigen, daß das Wohl der Allgemeinheit nicht beeinträchtigt wird. Neben der Umweltverträglichkeit ist dabei die Sicherheit der Entsorgung bei wirtschaftlicher Zweckmäßigkeit zu beachten. Hierzu sind insbesondere   Abfallbeseitigung

2.7.51 Anlagen zur Beseitigung des Hausmülls, des Erdaushubs und des Bauschutts in ausreichender Zahl zu erstellen;

2.7.52 die erforderlichen Anlagen zur Beseitigung von Sonderabfällen zu erstellen;

2.7.53 die Rekultivierung ehemaliger Müllkippen zügig weiterzubetreiben;

Landesentwicklungsplan

2.7.54 Technologien zu fördern, die es unter Beachtung der Gesamtwirtschaftlichkeit ermöglichen, Abfälle zu vermeiden oder zu verwerten (Recycling);

2.7.55 geeignete Klärschlämme so aufzubereiten, daß sie für Bodenverbesserungen eingesetzt werden können.

Damm- und Speicherbau

2.7.6 Schwankungen des Wasserdargebots der Gewässer sind - soweit möglich - dem Wasserbedarf anzupassen. Während Zeiten niedriger Fluß- und Grundwasserstände sind nachteilige Wassernutzungen nach Möglichkeit einzuschränken und - soweit erforderlich - auszugleichen. Dabei sind insbesondere

2.7.61 wasserwirtschaftlich nachteilige Ausleitungsstrecken an Wasserläufen nach Möglichkeit zu beseitigen;

2.7.62 die Nutzungsmöglichkeiten durch geeignete Maßnahmen, vor allem den Bau von Speicherbecken und die Anreicherung des Grundwassers, zu erhalten;

2.7.63 der Grundwasserbestand in der Oberrheinebene und im Illertal zu sichern und - soweit erforderlich - anzuheben.

Flußbau, Hochwasserschutz

2.7.7 Der Schutz vor Schäden durch Hochwasser ist weiter zu verbessern. Der Erosion und der Auflandung ist - soweit erforderlich - entgegenzuwirken. Dabei sind insbesondere

2.7.71 Siedlungen und Verkehrsanlagen nur in hochwasserfreiem Gelände zu errichten;

2.7.72 Hochwasserrückhalteräume im Bereich des Rheins in ausreichender Anzahl und Größe zu sichern;

2.7.73 die Erhöhung und Verstärkung der Hochwasserdämme am Rhein weiterzuführen;

2.7.74 Rückhaltebecken zur Minderung des Hochwasserabflusses zu bauen, soweit natürliche Überschwemmungsgebiete nicht ausreichen;

2.7.75 die Gewässer auf gefährdeten Strecken auszubauen, wo natürliche Überschwemmungsgebiete und Rückhaltebecken nicht ausreichen;

2.7.76 am Oberrhein die Mündungsstrecken der Seitengewässer an die durch den Bau von Staustufen veränderten Abflußverhältnisse anzupassen;

2.7.77 der Erosion des Oberrheins, der Iller sowie der Gewässer mit Wildbachcharakter entgegenzuwirken.

2.8 Bildungswesen und allgemeine Kulturpflege

Allgemeines Entwicklungsziel

2.8.1 Der erreichte Ausbaustand und die hohe qualitative Leistungsfähigkeit des Bildungswesens sowie die fachliche Gliederung und räumliche Verteilung der Bildungseinrichtungen sind zu erhalten. Insbesondere sind

2.8.11 in allen Landesteilen jedem einzelnen die seiner Begabung entsprechenden Bildungsmöglichkeiten in zumutbarer Entfernung zum Wohnort anzubieten;

2.8.12 die Bildungseinrichtungen sowohl dem Bildungsbedarf als auch den Veränderungen der Wirtschafts- und Sozialstruktur anzupassen.

Schulwesen

2.8.2 Die verschiedenen schulischen Einrichtungen des Landes sind entsprechend ihrer Aufgabe im Rahmen der Gesamtkonzeption des Bildungswesens und ihrer Funktion im Netz der Zentralen Orte zu erhalten.

2.8.21 Durch eine bedarfsgerechte Unterhaltung von Kindergärten ist für alle kindergartenfähigen Kinder ein differenziertes Angebot im Elementarbereich sicherzustellen.

2.8.22 Im Grundschulbereich sind die vorhandenen Schulen, insbesondere im ländlichen Raum, nach dem Grundsatz der Leistungsfähigkeit und der Wohnortnähe zu erhalten.

2.8.23 Die Hauptschulen sind unter Verwirklichung ihres erweiterten Bildungsauftrags in ihrem Bestand zu sichern. Insbesondere im ländlichen Raum fallen ihnen wichtige Funktionen als weiterführende Schulen zu. Bei schwierigen örtlichen Verhältnissen, vor allem bei großen Entfernungen, insbesondere im ländlichen Raum, sind auch einzügige Hauptschulen zu erhalten.

2.8.24 Das Netz der Realschulen und Gymnasien ist zu erhalten und nur noch dann zu erweitern, wenn ein öffentliches Bedürfnis vorhanden ist. Standorte von Realschulen sind grundsätzlich Unterzentren und Zentrale Orte höherer Stufe, bei tragfähigen Einzugsbereichen auch geeignete Kleinzentren. Standorte von Gymnasien sind grundsätzlich Ober- und Mittelzentren, Unterzentren und Kleinzentren nur dann, wenn ihre Einzugsbereiche ausreichende Bildungsangebote in der Oberstufe ermöglichen.

2.8.25 Für bildungsfähige, jedoch körperlich, geistig, seelisch oder sittlich behinderte Kinder und Jugendliche ist eine angemessene Ausbildung durch die Erhaltung der bestehenden Sonderschulen sicherzustellen und - wo erforderlich - in zentraler Lage die Voraussetzung für eine solche zu schaffen.

2.8.26 Der Ausbau des beruflichen Schulwesens ist weitgehend abgeschlossen. Die noch erforderlichen Maßnahmen sollen sich auf die vorhandenen Standorte konzentrieren und insbesondere der Profilierung der beruflichen Bildungsgänge, der Sicherung des dualen Systems, der Verbesserung beruflicher Aufstiegswege und der Förderung benachteiligter und ausländischer Schüler dienen.

2.8.27 Die überbetrieblichen beruflichen Bildungszentren sind zu erhalten und bei einem unzureichenden Angebot an betrieblichen Ausbildungsplätzen zur Stärkung der Ausbildungsbereitschaft der Betriebe punktuell auszubauen.

2.8.3 Die Leistungsfähigkeit der Hochschulen und der Berufsakademien ist unter Berücksichtigung der Bildung von fachlichen und regionalen Schwerpunkten im Netz der Zentralen Orte, vor allem der Ober- und Mittelzentren, zu sichern. Die differenzierte Aufgabenstellung der einzelnen Hochschuleinrichtungen ist zu erhalten und die Zusammenarbeit zwischen den Hochschulen, Seminaren für Erziehung und Didaktik sowie den Berufsakademien zu gewährleisten. — Hochschulen und Berufsakademien

2.8.4 Die Maßnahmen der Weiterbildung und der außerschulischen Jugendbildung sowie der Ausbau des öffentlichen Büchereiwesens und des Informationswesens sind auf die sonstigen bildungspolitischen Maßnahmen abzustimmen. Hierbei ist auch für die Teile des ländlichen Raumes mit geringer Bevölkerungsdichte ein ausreichendes Bildungsangebot sicherzustellen. Als Standorte für entsprechende Einrichtungen sind vorrangig die Zentralen Orte, insbesondere die Kleinzentren und Unterzentren, zu berücksichtigen. Dabei sind insbesondere die vorhandenen Schulzentren zu nutzen. — Weiterbildung und außerschulische Jugendbildung

2.8.5 Für alle Teile des Landes sollen, möglichst in Zentralen Orten, kulturelle Einrichtungen und Voraussetzungen für kulturelle Veranstaltungen, insbesondere für Theater, Konzerte, Museen und Ausstellungen, erhalten oder geschaffen werden. Traditionelle und kulturelle Besonderheiten der einzelnen Landesteile sollen bewahrt und gepflegt werden. — Allgemeine Kulturpflege

2.9 Erholung und Fremdenverkehr; Sportstätten

2.9.1 Geeignete Räume des Landes sollen für die Erholung genutzt und mit den dazu erforderlichen Einrichtungen ausgestattet werden; dabei sind die landschaftliche Eigenart, der Freizeitwert und die Tragfähigkeit des Naturhaushalts zu wahren. Bei der Ausstattung mit Einrichtungen sind die natürliche Eignung der Räume, die Erholungsform, die Bedürfnisse aller Gruppen der Gesellschaft und der voraussichtliche Bedarf zu berücksich- — Erholung und Fremdenverkehr

Landesentwicklungsplan

tigen; ein Angebot an vielfältigen Betätigungsmöglichkeiten und eine ganzjährige Nutzung sind anzustreben.

Zur Verwirklichung von Plansatz 2.9.1 sind insbesondere

2.9.11 in der Nähe größerer Siedlungen, vor allem in den Verdichtungsräumen, ihren Randzonen und den Verdichtungsbereichen im ländlichen Raum, leicht zugängliche Räume für die ortsnahe Erholung freizuhalten und zu gestalten;

2.9.12 gut erreichbare Räume schwerpunktmäßig für die Tages- und Wochenenderholung sowie für den Ausflugsverkehr auszubauen;

2.9.13 im Bereich geeigneter natürlicher und künstlicher Gewässer größere Flächen für die überörtliche Naherholung zu erschließen; dafür und zur Unterhaltung und Entsorgung dieser Anlagen sollen überörtliche Trägervereinigungen gebildet werden;

2.9.14 landschaftlich und klimatisch begünstigte sowie sonst besonders geeignete Räume für die Ferienerholung zu entwickeln und dabei in ihrer Eigenart zu erhalten und zu pflegen;

2.9.15 Naturparke auszuweisen und zu gestalten;

2.9.16 Kurorte vor störenden Einwirkungen zu schützen;

2.9.17 eine ausreichende Verkehrserschließung der Erholungsräume anzustreben und beim Bau öffentlicher Feld- und Waldwege zu berücksichtigen, daß sie Flur und Wald auch für die Erholung erschließen;

2.9.18 weitere für Erholung und Fremdenverkehr einschließlich Städtetourismus erforderliche Voraussetzungen zu verbessern und zu schaffen.

Sportstätten

2.9.2 In allen Landesteilen ist eine ausreichende Ausstattung mit gut erreichbaren Sport- und Spielstätten anzustreben. Sportstätten sollen vielseitig nutzbar sein und der ganzen Bevölkerung, vor allem dem Schulsport und dem Vereinssport, zur Verfügung stehen. Bei größeren Einzugsbereichen sollen Sportstätten vorrangig in Zentralen Orten errichtet werden.

Sportstätten, Erholungs-, Freizeit- und Fremdenverkehrseinrichtungen sind nach überörtlichen und übergeordneten Gesichtspunkten aufeinander abzustimmen.

2.10 Sozialwesen und Gesundheitswesen

Allgemeines Entwicklungsziel

2.10.1 Dienste und Einrichtungen der Jugendhilfe, der Familienhilfe, der Altenhilfe, der Sozialhilfe, der Rehabilitation (Eingliederung) Behinderter und des Gesundheitswesens einschließlich der Ausbildungs-, Fortbildungs- und Weiterbildungseinrichtungen für das Personal sind in ihrer fachlichen Gliederung, ihren Größenordnungen und ihrer räumlichen Verteilung aufeinander und auf das Netz der Zentralen Orte abzustimmen. Sie sind so zu errichten oder auszubauen, daß in allen Landesteilen die sozialen, erzieherischen, therapeutischen und gesundheitlichen Bedürfnisse der Bevölkerung in einem breitgestreuten Angebot befriedigt werden. Dazu sollen ausreichend und differenziert Sozialmaßnahmen in Form von offenen, teilstationären oder stationären Hilfen sowie Einrichtungen und Dienste des Gesundheitswesens in zumutbarer Entfernung angeboten werden.

Die soziale und wirtschaftliche Integration der bereits länger im Lande lebenden, vor allem der hier aufgewachsenen Ausländer ist fortzusetzen und zu verbessern.

Krankenhäuser, Aufgabenteilung

2.10.2 Für alle Landesteile ist entsprechend der Krankenhausbedarfsplanung eine bedarfsgerechte, wirtschaftliche, gleichwertige und patientennahe stationäre Krankenversorgung anzustreben. Hierzu ist ein nach Aufgabe und Einzugsbereich gestuftes Netz sich ergänzender Krankenhäuser auszubauen.

Landesentwicklungsplan

2.10.21 Standorte von Krankenhäusern der Maximalversorgung mit allen Fachgebieten und ggf. Teil- und Spezialgebieten hochdifferenzierter Diagnostik und Therapie sind grundsätzlich Oberzentren.

2.10.22 Standorte von Krankenhäusern der Zentralversorgung für Behandlungen in den medizinischen Grunddisziplinen mit höherer Anforderung an die personelle und technisch-apparative Ausstattung der Krankenhäuser und Behandlungen in einer größeren Zahl von Spezialdisziplinen sind grundsätzlich Oberzentren oder größere Mittelzentren.

2.10.23 Standorte von Krankenhäusern der Regelversorgung, als Hauptträger der Breitenversorgung bei besonders häufigen Erkrankungen in den Grunddisziplinen und in verschiedenen Spezialdisziplinen sind grundsätzlich Mittelzentren.

2.10.24 Standorte von Krankenhäusern der Grundversorgung im Nahbereich sind grundsätzlich kleinere Mittelzentren oder geeignete Unterzentren, Standorte von Krankenhäusern der Ergänzungsversorgung im Nahbereich sind grundsätzlich Unterzentren oder geeignete Kleinzentren.

2.10.25 Standorte von Fachkrankenhäusern zur Versorgung von speziellen Erkrankungen, Langzeit- und Chronischkranken oder Kranken in der Nachsorge sind nach Fachrichtung und Größe entsprechend den Leistungsstufen des Krankenhausbedarfsplans Zentrale Orte in günstiger Zuordnung zu Krankenhäusern der Maximal-, Zentral- oder Regelversorgung.

Funktionsstufen und Standorte

2.10.3 Für alle Landesteile ist eine bedarfsgerechte und gleichmäßige ärztliche Versorgung der Bevölkerung in zumutbarer Entfernung anzustreben. Die pflegerische Betreuung ist durch Ausbau eines Netzes von zentralen ambulanten Pflegediensten (Sozialstationen) zu ergänzen.

Ambulante ärztliche Versorgung

2.10.4 Für alle Landesteile ist eine gleichmäßig gute Versorgung mit Rettungsdiensteinrichtungen sicherzustellen. Hierzu ist ein flächendeckendes Netz von Rettungswachen aufzubauen. Als Ergänzung zum straßengebundenen Rettungsdienst sind im erforderlichen Umfang der Einsatz von Rettungshubschraubern und Maßnahmen im Bereich der Berg- und Wasserrettung vorzusehen.

Rettungsdienst

2.10.5 Zur Integration von eingliederungswilligen Ausländern, insbesondere der im Lande aufgewachsenen zweiten Ausländergeneration, sind besondere Maßnahmen und Angebote in den Kindergärten, den Schulen, im beruflichen Bereich und im sozialen Umfeld zu fördern und auszubauen.

Integration von Ausländern

Landesentwicklungsplan

3. Teil:
Ziele der Raumordnung und Landesplanung für die Regionen

3.1 Region Mittlerer Neckar

Mittlerer Neckar

Zur Region Mittlerer Neckar gehören der Stadtkreis Stuttgart, die Landkreise Böblingen, Esslingen, Göppingen, Ludwigsburg und der Rems-Murr-Kreis.

Allgemeines Entwicklungsziel

3.1.1 Die Region Mittlerer Neckar ist in ihrer Entwicklung so zu fördern, daß

    3.1.11 ihre großräumige Bedeutung als Wirtschafts- und Kulturlandschaft im nationalen und internationalen Rahmen gesichert und gesteigert wird;

    3.1.12 die der Landesmitte zukommenden zentralen Aufgaben voll wahrgenommen werden können;

    3.1.13 ihr Leistungsaustausch mit den anderen für die Landesentwicklung bedeutsamen Räumen im Land und den benachbarten Wirtschaftsräumen außerhalb des Landes gesteigert wird;

    3.1.14 die Vielfalt ihrer räumlichen Nutzung erhalten wird und das Eigenleben ihrer Teilräume gewahrt bleibt.

Landeshauptstadt Stuttgart

3.1.2 Die Stadt Stuttgart ist so zu entwickeln, daß sie ihre Aufgabe als Landeshauptstadt und ihre Funktionen als Zentrum des Verdichtungsraumes Stuttgart wahrnehmen kann und daß dessen Rang innerhalb der europäischen Wirtschaftsräume gestärkt wird. Entsprechend sind die Voraussetzungen für eine Zunahme der Dienstleistungen und für die weitere Entwicklung standortgebundener Betriebe zu sichern.

Verdichtungsraum

3.1.3 Wo sich im Verdichtungsraum Stuttgart Verdichtungsfolgen abzeichnen, die zu unzuträglichen Lebens- und Arbeitsbedingungen führen, soll diesen entgegengewirkt werden. Die natürlichen Lebensgrundlagen sollen geschützt, die Qualität der Standorte für Wohn- und Arbeitsstätten soll, vor allem durch Maßnahmen des Umweltschutzes, des Städtebaus und des Verkehrs, verbessert werden.

Freiräume

3.1.4 In der Region Mittlerer Neckar sind ausreichend Freiräume in ihrem landschaftlichen Zusammenhang zu sichern; dabei sind wegen ihrer Bedeutung für die Erholung und das Klima insbesondere die bis zum Verdichtungszentrum reichenden Waldgebiete im Westen und Südwesten von Stuttgart sowie beiderseits der Entwicklungsachsen im Neckar-, Fils- und Remstal und die damit im Zusammenhang stehenden Landschaftsteile von Bebauung freizuhalten.

Entwicklungsachsen

3.1.5 Durch den Ausbau von Entwicklungsachsen sowie durch den Ausbau von Backnang und Herrenberg als Entlastungsorte ist die Verdichtung von Wohn- und Arbeitsstätten im Verdichtungsraum Stuttgart zu ordnen und einer ringförmigen Ausbreitung des Verdichtungsraumes entgegenzuwirken.

Die weitere großräumige Siedlungsentwicklung ist nach Maßgabe des Plankapitels 1.6 auf die Entwicklungsachsen auszurichten:

    a) Stuttgart–Böblingen/Sindelfingen–Herrenberg (–Horb),
    b) Stuttgart–Ludwigsburg/Kornwestheim–Bietigheim-Bissingen/Besigheim (–Heilbronn),
    c) Waiblingen/Fellbach–Winnenden–Backnang–Murrhardt (–Schwäbisch Hall),
    d) Stuttgart–Waiblingen/Fellbach–Schorndorf (–Schwäbisch Gmünd),
    e) Stuttgart–Esslingen–Plochingen–Göppingen–Geislingen (–Ulm/Neu-Ulm),
    f) Plochingen–Nürtingen (–Reutlingen/Tübingen),
    g) Bietigheim-Bissingen/Besigheim–Vaihingen (–Mühlacker).

Zentrale Orte

3.1.6 Im Netz der Zentralen Orte des Landes sind auszubauen

    3.1.61 als Oberzentrum die Landeshauptstadt Stuttgart;

Landesentwicklungsplan

3.1.62 als Mittelzentren die Städte Backnang, Bietigheim-Bissingen/ Besigheim, Böblingen/Sindelfingen, Esslingen am Neckar, Geislingen an der Steige, Göppingen, Herrenberg, Kirchheim unter Teck, Leonberg, Ludwigsburg/Kornwestheim, Nürtingen, Schorndorf, Vaihingen an der Enz und Waiblingen/Fellbach;

3.1.63 als Unterzentren die Städte Donzdorf, Leinfelden-Echterdingen, Marbach am Neckar, Murrhardt, Plochingen, Weil der Stadt, Welzheim und Winnenden.

3.1.7 Murrhardter und Welzheimer Wald, Löwensteiner Berge und Schwäbische Alb sind schwerpunktmäßig als Erholungsräume auszubauen. Im Schönbuch, Glemswald, Schurwald, auf der Buocher Höhe, in den Berglen, im Albvorland, im Strohgäu und am Stromberg sind vor allem Einrichtungen für die Naherholung zu fördern. Die Mineral- und Heilbäder in Stuttgart sind zu sichern. — Erholungsräume

3.1.8 Die Verkehrseinrichtungen sollen entsprechend der Bedeutung der Region Mittlerer Neckar sowie der Funktionen der Stadt Stuttgart als Landeshauptstadt ausgebaut werden. Im öffentlichen Personennahverkehr sind weitere Verbesserungen durch eine Einbeziehung der Regionalverkehre in den Verkehrs- und Tarifverbund Stuttgart anzustreben. — Verkehr

3.2 Region Franken

Zur Region Franken gehören der Stadtkreis Heilbronn und die Landkreise Heilbronn, Hohenlohekreis, Schwäbisch Hall und Main-Tauber-Kreis. — **Franken**

3.2.1 Die Region Franken, geprägt durch Neckarland und angrenzende Waldberge, Kraichgau, Bauland, Hohenloher Ebene, Tauberland und Maintal, ist in ihrer Entwicklung so zu fördern, daß — Allgemeines Entwicklungsziel

3.2.11 durch Vermehrung und Verbesserung der nichtlandwirtschaftlichen Erwerbsgrundlagen die Bevölkerung, insbesondere der natürliche Bevölkerungszuwachs, in der Region gehalten wird und Zuwanderungen aufgenommen werden können;

3.2.12 der Leistungsaustausch innerhalb der Region und mit dem Rhein-Neckar-Gebiet sowie mit den benachbarten Wirtschaftsräumen und Regionen innerhalb und außerhalb des Landes verstärkt wird;

3.2.13 sie am allgemeinen sozialen, kulturellen und wirtschaftlichen Fortschritt im Lande teilnimmt und das Gefälle zwischen den verdichteten Räumen und den übrigen Räumen der Region verringert wird.

3.2.2 Im Netz der Zentralen Orte des Landes sind auszubauen — Zentrale Orte

3.2.21 als Oberzentrum die Stadt Heilbronn in der Weise, daß die Stadt einen leistungsfähigen wirtschaftlichen und kulturellen Mittelpunkt in der Region Franken bildet;

3.2.22 als Mittelzentren die Städte Bad Mergentheim, Crailsheim, Künzelsau, Öhringen, Schwäbisch Hall, Tauberbischofsheim und Wertheim;

3.2.23 als Unterzentren die Städte und Gemeinden Bad Rappenau, Brackenheim, Bühlertann/Obersontheim, Creglingen, Eppingen, Gaildorf, Gerabronn, Lauda-Königshofen, Möckmühl, Neckarsulm, Neuenstadt am Kocher, Schrozberg und Weikersheim.

3.2.3 Die weitere großräumige Siedlungsentwicklung ist nach Maßgabe des Plankapitels 1.6 auf die Entwicklungsachsen auszurichten: — Entwicklungsachsen

a) (Stuttgart–) Lauffen–Heilbronn (–Mosbach),
b) Heilbronn–Eppingen (–Bretten),
c) (Sinsheim–) Heilbronn–Öhringen–Schwäbisch Hall–Crailsheim (–Feuchtwangen),
d) Heilbronn–Neuenstadt–Möckmühl (–Adelsheim/Osterburken),

33

Landesentwicklungsplan

e) (Lohr/Marktheidenfeld–) Wertheim–Tauberbischofsheim–
Bad Mergentheim–Crailsheim (–Aalen),
f) Schwäbisch Hall–Gaildorf (–Backnang),
g) (Buchen–) Tauberbischofsheim (–Würzburg).

Erholungsräume
3.2.4 Tauber- und Maintal, mittleres Kocher- und Jagsttal, Löwensteiner Berge, Mainhardter Wald, Waldenburger Berge, Limpurger Berge sowie die südliche Frankenhöhe sind schwerpunktmäßig als Erholungsräume auszubauen. Im Neckartal ab Bad Friedrichshall und am Heuchelberg und Stromberg sind vor allem Einrichtungen für die Naherholung zu fördern.

3.3 Region Ostwürttemberg

Ostwürttemberg
Zur Region Ostwürttemberg gehören die Landkreise Heidenheim und Ostalbkreis.

Allgemeines Entwicklungsziel
3.3.1 Die Region Ostwürttemberg, geprägt durch Ostalb mit Vorland, durch Ellwanger Berge und Frickenhofer Höhe, ist in ihrer Entwicklung so zu fördern, daß

3.3.11 durch Vermehrung und Verbesserung der nichtlandwirtschaftlichen Erwerbsgrundlagen die Bevölkerung, insbesondere der natürliche Bevölkerungszuwachs, in der Region gehalten wird und Zuwanderungen aufgenommen werden können;

3.3.12 der Leistungsaustausch innerhalb der Region und mit anderen für ihre Entwicklung bedeutsamen Räumen im Land, insbesondere mit den Regionen Mittlerer Neckar, Donau-Iller und Franken sowie mit den benachbarten bayerischen Wirtschaftsräumen und Regionen, verstärkt wird;

3.3.13 sie am allgemeinen sozialen, kulturellen und wirtschaftlichen Fortschritt im Lande teilnimmt;

3.3.14 der Mangel an Arbeitsplätzen im Dienstleistungsbereich gemildert wird.

Zentrale Orte
3.3.2 Im Netz der Zentralen Orte des Landes sind auszubauen

3.3.21 als Mittelzentren die Städte Aalen, Ellwangen (Jagst), Heidenheim an der Brenz und Schwäbisch Gmünd;

3.3.22 als Unterzentren die Städte und Gemeinden Bopfingen, Gerstetten, Giengen an der Brenz, Heubach und Neresheim.

Entwicklungsachsen
3.3.3 Die weitere großräumige Siedlungsentwicklung ist nach Maßgabe des Plankapitels 1.6 auf die Entwicklungsachsen auszurichten:

a) (Schorndorf–) Schwäbisch Gmünd–Aalen–Bopfingen (–Nördlingen),
b) (Crailsheim–) Ellwangen–Aalen–Heidenheim–Giengen (–Ulm/Neu-Ulm),
c) Giengen (–Dillingen).

Erholungsräume
3.3.4 Schwäbische Alb, Ellwanger Berge und Frickenhofer Höhe sind schwerpunktmäßig als Erholungsräume auszubauen. Im Albvorland sind vor allem Einrichtungen für die Naherholung zu fördern.

3.4 Region Mittlerer Oberrhein

Mittlerer Oberrhein
Zur Region Mittlerer Oberrhein gehören die Stadtkreise Karlsruhe und Baden-Baden sowie die Landkreise Karlsruhe und Rastatt.

Allgemeines Entwicklungsziel
3.4.1 Die Region Mittlerer Oberrhein, geprägt durch Rheinebene, Pfinzgau, Kraichgau und Schwarzwald, ist in ihrer Entwicklung so zu fördern, daß

3.4.11 ihre vielfältigen Eignungen für die Wirtschaft und als Erholungslandschaft genutzt werden und die großräumige Bedeutung des verdichteten Raumes um Karlsruhe gesichert und gesteigert wird;

3.4.12 der Leistungsaustausch mit dem in Rheinland-Pfalz gelegenen Teil des Verdichtungsraumes Karlsruhe sowie innerhalb der Region und mit den benachbarten Wirtschaftsräumen innerhalb und außerhalb des Landes und im Ausland verstärkt wird und nachteilige Auswirkungen der Grenzen behoben werden;

Landesentwicklungsplan

3.4.13 sie am allgemeinen sozialen, kulturellen und wirtschaftlichen Fortschritt im Lande teilnimmt.

3.4.2 Im Netz der Zentralen Orte des Landes sind auszubauen

Zentrale Orte

3.4.21 als Oberzentrum die Stadt Karlsruhe in der Weise, daß die überregionale Bedeutung der Stadt Karlsruhe gesichert und ausgebaut wird;

3.4.22 als Mittelzentren die Städte Baden-Baden, Bretten, Bruchsal, Bühl, Ettlingen, Gaggenau/Gernsbach und Rastatt;

3.4.23 als Unterzentren die Städte und Gemeinden Bad Schönborn, Philippsburg und Rheinmünster/Lichtenau.

3.4.3 Die weitere großräumige Siedlungsentwicklung ist nach Maßgabe des Plankapitels 1.6 auf die Entwicklungsachsen auszurichten:

Entwicklungsachsen

a) (Mannheim–) Karlsruhe–Rastatt–Bühl (–Offenburg),
b) Karlsruhe–Bruchsal (–Heidelberg),
c) Karlsruhe–Bretten (–Heilbronn),
d) (Wörth–) Karlsruhe (–Pforzheim),
e) Bruchsal–Bretten (–Mühlacker),
f) Rastatt–Gaggenau/Gernsbach (–Freudenstadt).

3.4.4 Der Schwarzwald ist schwerpunktmäßig als Erholungsraum auszubauen. In der Rheinebene, insbesondere im Bereich von geeigneten Altrheinarmen, Rheinauen, Hardtwäldern und Baggerseen, und im Kraichgau sind vor allem Einrichtungen für die Naherholung zu fördern.

Erholungsräume

3.5 Region Unterer Neckar

Zur Region Unterer Neckar gehören die Stadtkreise Mannheim und Heidelberg sowie die Landkreise Neckar-Odenwald-Kreis und Rhein-Neckar-Kreis.

Unterer Neckar

3.5.1 Die Region Unterer Neckar, geprägt durch Rheinebene, Kraichgau, Odenwald und Bauland, ist in ihrer Entwicklung so zu fördern, daß

Allgemeines Entwicklungsziel

3.5.11 die großräumige Bedeutung des Verdichtungsraumes Rhein-Neckar als Wirtschafts- und Kulturlandschaft europäischen Ranges gesichert und gesteigert wird und die Vielfalt seiner räumlichen Nutzung erhalten bleibt sowie bei Planungen und Maßnahmen, insbesondere auf den Gebieten des Verkehrs, der Wasserversorgung, der Naherholung, der Siedlungsentwicklung und der Versorgung mit Dienstleistungen die engen grenzüberschreitenden Wechselbeziehungen zu beachten sind;

3.5.12 der Leistungsaustausch mit den übrigen in Rheinland-Pfalz und Hessen gelegenen Teilen des Verdichtungsraumes sowie innerhalb der Region und mit den benachbarten Wirtschaftsräumen innerhalb und außerhalb des Landes und im Ausland gesteigert wird und nachteilige Auswirkungen der Ländergrenzen behoben werden;

3.5.13 sie am allgemeinen sozialen, kulturellen und wirtschaftlichen Fortschritt im Lande teilnimmt und das Gefälle zwischen den verdichteten Räumen und den übrigen Räumen der Region verringert wird.

3.5.2 Wo sich im Verdichtungsraum Rhein-Neckar Verdichtungsfolgen abzeichnen, die zu unzuträglichen Lebens- und Arbeitsbedingungen führen, soll diesen entgegengewirkt werden. Im Verdichtungsraum und in der Randzone sollen die natürlichen Lebensgrundlagen geschützt und die Qualität der Standorte für Wohn- und Arbeitsstätten, vor allem durch Maßnahmen des Umweltschutzes, des Städtebaus und des Verkehrs, verbessert werden. Freiräume sind in ihrem landschaftlichen Zusammenhang insbesondere dort zu sichern, wo sie der Luftregeneration und der siedlungsnahen Erholung dienen.

Verdichtungsraum, Freiräume

3.5.3 Im Netz der Zentralen Orte des Landes sind auszubauen

Zentrale Orte

Landesentwicklungsplan

    3.5.31 als Oberzentren die Städte Mannheim (zusammen mit Ludwigshafen am Rhein) und Heidelberg in der Weise, daß ihre überregionale Bedeutung gesichert und gestärkt sowie eine räumlich-funktionale Arbeitsteilung und Kooperation zur bestmöglichen Versorgung der Bevölkerung im Gesamtraum angestrebt wird;

    3.5.32 als Mittelzentren die Städte Buchen (Odenwald), Eberbach, Mosbach, Schwetzingen, Sinsheim, Weinheim und Wiesloch;

    3.5.33 als Unterzentren die Städte und Gemeinden Adelsheim/Osterburken, Hockenheim, Ladenburg und Walldürn/Hardheim.

Verdichtungszentrum im Rhein-Neckar-Raum

3.5.4 Die Städte Mannheim (zusammen mit Ludwigshafen am Rhein) und Heidelberg sind so zu entwickeln, daß sie ihre Aufgaben als Zentrum des Verdichtungsraumes voll wahrnehmen können und dieser Verdichtungsraum seine wirtschaftliche und kulturelle Stellung innerhalb der europäischen Entwicklungsachse am Rhein stärken kann. Entsprechend ist in den Oberzentren eine wesentliche Zunahme der öffentlichen Dienstleistungen anzustreben und der Raum für die weitere Entwicklung standortgebundener Betriebe zu sichern.

Entwicklungsachsen

3.5.5 Einer flächenhaften Verdichtung von Wohn- und Arbeitsstätten um das Verdichtungszentrum ist durch den Ausbau von Entwicklungsachsen entgegenzuwirken.

Die weitere großräumige Siedlungsentwicklung ist nach Maßgabe des Plankapitels 1.6 auf die Entwicklungsachsen auszurichten:

a) (Ludwigshafen/)Mannheim–Heidelberg– Meckesheim–Sinsheim (–Heilbronn),
b) (Ludwigshafen/)Mannheim–Schwetzingen–Hockenheim (–Karlsruhe),
c) (Heppenheim–) Weinheim–Heidelberg–Wiesloch (–Bruchsal),
d) Heidelberg–Eberbach–Mosbach (–Heilbronn),
e) Meckesheim–Mosbach–Adelsheim/Osterburken,
f) (Heilbronn–) Adelsheim/Osterburken–Buchen– Walldürn/Hardheim (–Tauberbischofsheim),
g) Walldürn/Hardheim (–Miltenberg).

Erholungsräume

3.5.6 Der Odenwald ist schwerpunktmäßig als Erholungsraum auszubauen. An der Bergstraße, im Kleinen Odenwald, Kraichgau, Neckartal und in der Rheinebene sind vor allem Einrichtungen für die Naherholung zu fördern, in der Rheinebene insbesondere im Bereich von geeigneten Altrheinarmen, Rheinauen und Baggerseen.

Verkehr

3.5.7 Die Verkehrseinrichtungen sollen entsprechend der Bedeutung des Verdichtungsraumes Rhein-Neckar ausgebaut werden. Im öffentlichen Personennahverkehr sind weitere Verbesserungen durch einen grenzüberschreitenden Verkehrs- und Tarifverbund anzustreben.

3.6 Region Nordschwarzwald

Nordschwarzwald

Zur Region Nordschwarzwald gehören der Stadtkreis Pforzheim und die Landkreise Calw, Enzkreis und Freudenstadt.

Allgemeines Entwicklungsziel

3.6.1 Die Region Nordschwarzwald, geprägt durch den Schwarzwald mit Heckengäu sowie durch Kraichgau und Stromberg, ist in ihrer Entwicklung so zu fördern, daß

    3.6.11 durch Vermehrung und Verbesserung der nichtlandwirtschaftlichen Erwerbsgrundlagen die Bevölkerung, insbesondere der natürliche Bevölkerungszuwachs, in der Region gehalten wird und Zuwanderungen aufgenommen werden können;

    3.6.12 ihre vielfältigen Eignungen für die Wirtschaft und als Erholungslandschaft genutzt werden und die großräumige Bedeutung des verdichteten Raumes um Pforzheim gesichert und gesteigert wird;

    3.6.13 der Leistungsaustausch innerhalb der Region und mit den benachbarten Wirtschaftsräumen innerhalb und außerhalb des Landes verstärkt wird;

Landesentwicklungsplan

3.6.14 sie am allgemeinen sozialen, kulturellen und wirtschaftlichen Fortschritt im Lande teilnimmt und das Gefälle zwischen den verdichteten Räumen und den übrigen Räumen der Region verringert wird.

3.6.2 Im Netz der Zentralen Orte des Landes sind auszubauen

Zentrale Orte

3.6.21 als Oberzentrum die Stadt Pforzheim in der Weise, daß die Stadt der Region Nordschwarzwald eine wirtschaftliche und kulturelle Eigenständigkeit verleiht;

3.6.22 als Mittelzentren die Städte Calw, Freudenstadt, Horb am Neckar, Mühlacker und Nagold;

3.6.23 als Unterzentren die Städte und Gemeinden Alpirsbach, Altensteig, Baiersbronn, Dornstetten, Königsbach-Stein/Remchingen, Neuenbürg und Wildbad im Schwarzwald.

3.6.3 Die weitere großräumige Siedlungsentwicklung ist nach Maßgabe des Plankapitels 1.6 auf die Entwicklungsachsen auszurichten:

Entwicklungsachsen

a) (Karlsruhe–) Pforzheim–Mühlacker (–Vaihingen),
b) (Bretten–) Mühlacker,
c) Pforzheim–Calw–Nagold–Horb (–Sulz),
d) (Herrenberg–) Horb–Freudenstadt,
e) (Gaggenau/Gernsbach–) Freudenstadt–Alpirsbach (–Haslach/Hausach/Wolfach).

3.6.4 Der Schwarzwald ist schwerpunktmäßig als Erholungsraum auszubauen. Am Stromberg sind vor allem Einrichtungen für die Naherholung zu fördern.

Erholungsräume

3.7 Region Südlicher Oberrhein

Zur Region Südlicher Oberrhein gehören der Stadtkreis Freiburg und die Landkreise Breisgau-Hochschwarzwald, Emmendingen und Ortenaukreis.

Südlicher Oberrhein

3.7.1 Die Region Südlicher Oberrhein, geprägt durch Rheinebene mit Kaiserstuhl, Vorberge und Schwarzwald, ist in ihrer Entwicklung so zu fördern, daß

Allgemeines Entwicklungsziel

3.7.11 durch Vermehrung und Verbesserung der nichtlandwirtschaftlichen Erwerbsgrundlagen die Bevölkerung, insbesondere der natürliche Bevölkerungszuwachs, in der Region gehalten wird und Zuwanderungen aufgenommen werden können;

3.7.12 der Leistungsaustausch innerhalb der Region und mit den benachbarten Regionen sowie mit dem Elsaß und dem Raum um Basel verstärkt wird;

3.7.13 sie am allgemeinen sozialen, kulturellen und wirtschaftlichen Fortschritt im Lande und im benachbarten Ausland teilnimmt und das Gefälle zwischen den verdichteten Räumen und den übrigen Räumen der Region verringert wird;

3.7.14 im Raum Offenburg/Kehl die räumlichen Voraussetzungen der wachsenden supranationalen Bedeutung von Straßburg entsprechen.

3.7.2 Das Gebiet des Kaiserstuhls und der anschließenden Rheinuferlandschaft (Kaiserstuhlgebiet) ist unbeschadet des Baus eines Kernkraftwerks bei Wyhl so weiterzuentwickeln, daß

Kaiserstuhl

3.7.21 die natürliche und kulturelle Eigenart dieser Landschaft erhalten bleibt,

3.7.22 die Land- und Forstwirtschaft, insbesondere der Weinbau, als prägende Bestandteile der Kulturlandschaft und als Erwerbsquelle für die Bevölkerung sowie

3.7.23 der Ausbau von Erholung und Fremdenverkehr Vorrang haben.

Landesentwicklungsplan

3.7.3 Im Rahmen dieser Zielsetzungen ist die Wirtschaftsstruktur im Kaiserstuhlgebiet durch Förderung des Dienstleistungsbereichs und einer maßvollen gewerblich-industriellen Entwicklung zu verbessern. Diese Entwicklung ist auf die Zentralen Orte zu konzentrieren.

Eine darüber hinausgehende Industrieansiedlung ist auf geeignete Standorte im Zuge der Entwicklungsachsen (Offenburg–) Lahr–Emmendingen–Freiburg (–Lörrach/Weil) (3.7.5a) und Freiburg–Breisach (3.7.5c) zu lenken.

Zentrale Orte

3.7.4 Im Netz der Zentralen Orte des Landes sind auszubauen

3.7.41 als Oberzentrum die Stadt Freiburg im Breisgau in der Weise, daß die Stadt als traditioneller kultureller und wirtschaftlicher Mittelpunkt des südlichen Oberrheingebiets sowie des südlichen Schwarzwalds und als Stätte geistigen Leistungsaustausches mit dem benachbarten Ausland steigende Bedeutung gewinnt;

3.7.42 als Mittelzentren die Städte Emmendingen, Haslach im Kinzigtal/Hausach/Wolfach, Kehl, Lahr/Schwarzwald, Müllheim, Offenburg, Titisee-Neustadt und Waldkirch;

3.7.43 als Unterzentren die Städte und Gemeinden Achern, Bad Krozingen/Staufen im Breisgau, Breisach am Rhein, Elzach, Endingen, Ettenheim, Gengenbach, Herbolzheim/Kenzingen, Kirchzarten, Oberkirch, Schwanau/Meißenheim und Zell am Harmersbach/Biberach.

Entwicklungsachsen

3.7.5 Die weitere großräumige Siedlungsentwicklung ist nach Maßgabe des Plankapitels 1.6 auf die Entwicklungsachsen auszurichten:

a) (Bühl–) Offenburg–Lahr–Emmendingen–Freiburg–Müllheim (–Lörrach/Weil),
b) Kehl–Offenburg–Haslach/Hausach/Wolfach (–Freudenstadt),
c) Freiburg–Breisach,
d) Haslach/Hausach/Wolfach–Hornberg (–Villingen-Schwenningen),
e) Freiburg–Waldkirch–Elzach–Haslach/Hausach/Wolfach,
f) Freiburg–Kirchzarten–Titisee-Neustadt (–Donaueschingen).

Erholungsräume

3.7.6 Der Schwarzwald ist schwerpunktmäßig als Erholungsraum auszubauen. In den Vorbergen, am Kaiserstuhl und in der Rheinebene sind vor allem Einrichtungen für die Naherholung zu fördern, in der Rheinebene insbesondere im Bereich von geeigneten Baggerseen und Kulturwehren.

3.8 Region Schwarzwald-Baar-Heuberg

Schwarzwald-Baar-Heuberg

Zur Region Schwarzwald-Baar-Heuberg gehören die Landkreise Rottweil, Schwarzwald-Baar-Kreis und Tuttlingen.

Allgemeines Entwicklungsziel

3.8.1 Die Region Schwarzwald-Baar-Heuberg, geprägt durch Schwarzwald, Baar, Südwestalb und oberes Neckargäu, ist in ihrer Entwicklung so zu fördern, daß

3.8.11 ihre räumliche Nutzung durch den Ausbau von vielfältigen und krisenfesten nichtlandwirtschaftlichen Erwerbsgrundlagen, vor allem im Dienstleistungsbereich, verbessert und die Bevölkerung, insbesondere der natürliche Bevölkerungszuwachs, in der Region gehalten wird und Zuwanderungen aufgenommen werden können;

3.8.12 der Leistungsaustausch innerhalb der Region und mit den benachbarten Regionen sowie mit dem Bodenseeraum verstärkt wird;

3.8.13 sie am allgemeinen sozialen, kulturellen und wirtschaftlichen Fortschritt im Lande teilnimmt.

Zentrale Orte

3.8.2 Im Netz der Zentralen Orte des Landes sind auszubauen

3.8.21 zu einem Oberzentrum die Stadt Villingen-Schwenningen in der Weise, daß die Stadt einen leistungsfähigen wirtschaftlichen und kulturellen Mittelpunkt der Region Schwarzwald-Baar-Heuberg bildet und der Mangel an Arbeitsplätzen im Dienstleistungsbereich in der Region gemildert wird;

Landesentwicklungsplan

3.8.22 als Mittelzentren die Städte Donaueschingen, Rottweil, Schramberg und Tuttlingen;

3.8.23 als Unterzentren die Städte und Gemeinden Blumberg, Furtwangen, Geisingen/Immendingen, Gosheim/Wehingen, Oberndorf am Neckar, St. Georgen im Schwarzwald, Spaichingen, Sulz am Neckar, Triberg im Schwarzwald und Trossingen.

3.8.3 Die weitere großräumige Siedlungsentwicklung ist nach Maßgabe des Plankapitels 1.6 auf die Entwicklungsachsen auszurichten: *Entwicklungsachsen*

    a) (Horb–) Sulz–Oberndorf–Rottweil–Spaichingen–Tuttlingen,
    b) (Haslach/Hausach/Wolfach–) St. Georgen–Villingen-Schwenningen–Donaueschingen–Tuttlingen (–Riedlingen),
    c) Villingen-Schwenningen–Rottweil (–Balingen),
    d) (Titisee-Neustadt–) Donaueschingen (–Engen),
    e) (Haslach/Hausach/Wolfach–) Schiltach (–Freudenstadt),
    f) Donaueschingen–Blumberg (–Zürich).

3.8.4 Der Schwarzwald, die Schwäbische Alb und das obere Donautal sind schwerpunktmäßig als Erholungsräume auszubauen. Im Bereich des Albtraufs und des oberen Neckars sind vor allem Einrichtungen für die Naherholung zu fördern.   *Erholungsräume*

3.9 Region Hochrhein-Bodensee

Zur Region Hochrhein-Bodensee gehören die Landkreise Konstanz, Lörrach und Waldshut.   **Hochrhein-Bodensee**

3.9.1 Die Region Hochrhein-Bodensee, geprägt durch Oberrheinebene mit Markgräflerland, Hochrheintal, Schwarzwald mit Hotzenwald, Klettgau, Randen, Hegau und Bodensee, ist in ihrer Entwicklung so zu fördern, daß   *Allgemeines Entwicklungsziel*

    3.9.11 ihre räumliche Nutzung durch den Ausbau von vielseitigen und krisenfesten nichtlandwirtschaftlichen Erwerbsgrundlagen verbessert und die Bevölkerung, insbesondere der natürliche Bevölkerungszuwachs, in der Region gehalten wird und Zuwanderungen aufgenommen werden können;

    3.9.12 der Leistungsaustausch innerhalb der Region und mit den benachbarten Regionen, dem Bodenseeraum sowie den benachbarten schweizerischen und elsässischen Räumen verstärkt wird und nachteilige Auswirkungen der Grenzen verringert werden;

    3.9.13 sie am allgemeinen sozialen, kulturellen und wirtschaftlichen Fortschritt im Lande und im benachbarten Ausland teilnimmt und das Gefälle zwischen den verdichteten Räumen und den übrigen Räumen der Region verringert wird;

    3.9.14 der Uferbereich des Bodensees unter Wahrung des Landschaftscharakters und Beachtung der limnologischen Erfordernisse als Erholungsraum weiter ausgebaut und - soweit ökologisch vertretbar - der Zugang zum Seeufer für die Allgemeinheit erweitert wird;

    3.9.15 die Siedlungsentwicklung auf geeignete seeabgewandte Standorte im Uferbereich, vorrangig aber in die im unmittelbar angrenzenden Hinterland gelegenen Zentralen Orte, gelenkt wird und daß dabei vor allem die unmittelbar an das Seeufer angrenzende Landschaft in ihrer natürlichen und kulturellen Eigenart weitestgehend erhalten wird.

    Zum Uferbereich gehören die im Anhang „Uferbereich des Bodensees" aufgeführten Gemeinden und Gemeindeteile.

3.9.2 Im Netz der Zentralen Orte des Landes sind auszubauen   *Zentrale Orte*

    3.9.21 als Oberzentrum die Stadt Konstanz in der Weise, daß die Stadt als kultureller Mittelpunkt und als Stätte geistigen Leistungsaustausches im Bodenseeraum steigende Bedeutung gewinnt;

Landesentwicklungsplan

3.9.22 als Mittelzentren die Städte Bad Säckingen, Lörrach/Weil am Rhein, Radolfzell am Bodensee, Schopfheim, Singen (Hohentwiel) und Waldshut-Tiengen;

3.9.23 als Unterzentren die Städte Bonndorf im Schwarzwald, Engen, Kandern, Laufenburg (Baden), Rheinfelden (Baden), St. Blasien, Stockach, Todtnau/Schönau im Schwarzwald und Wehr.

Entwicklungsachsen

3.9.3 Die weitere großräumige Siedlungsentwicklung ist nach Maßgabe des Plankapitels 1.6 auf die Entwicklungsachsen auszurichten:

a) (Müllheim-) Lörrach/Weil-Rheinfelden-Waldshut-Tiengen-Klettgau,
b) Gottmadingen-Singen-Radolfzell-Konstanz,
c) Singen-Engen (-Donaueschingen),
d) Singen-Stockach (-Überlingen).

Erholungsräume

3.9.4 Am Bodensee sind Einrichtungen für die Ferien- und Wochenenderholung zu fördern; Einrichtungen für die Wochenenderholung sind an geeigneten Standorten schwerpunktmäßig zusammenzufassen. Schwarzwald, mittleres Wutachtal, Randen und Hegau sind schwerpunktmäßig als Erholungsräume auszubauen. In den Vorbergen und im Rheintal sind vor allem Einrichtungen für die Naherholung zu fördern, im Rheintal insbesondere im Bereich geeigneter Baggerseen und Kulturwehre.

3.10 **Region Neckar-Alb**

Neckar-Alb

Zur Region Neckar-Alb gehören die Landkreise Reutlingen, Tübingen und Zollernalbkreis.

Allgemeines Entwicklungsziel

3.10.1 Die Region Neckar-Alb, geprägt durch die Landschaft am Neckar, ist in ihrer Entwicklung so zu fördern, daß

3.10.11 ihre räumliche Nutzung durch den Ausbau von vielseitigen und krisenfesten Erwerbsgrundlagen, insbesondere im Dienstleistungsbereich, und durch die Entwicklung des Fremdenverkehrs verbessert und die Bevölkerung, insbesondere der natürliche Bevölkerungszuwachs, in der Region gehalten wird und Zuwanderungen aufgenommen werden können;

3.10.12 der Leistungsaustausch innerhalb der Region sowie mit der Region Mittlerer Neckar und den anderen für die Region Neckar-Alb bedeutsamen Räumen verstärkt wird;

3.10.13 sie am allgemeinen sozialen, kulturellen und wirtschaftlichen Fortschritt im Lande teilnimmt und das Gefälle zwischen den verdichteten Räumen und den übrigen Räumen der Region verringert wird.

Zentrale Orte

3.10.2 Im Netz der Zentralen Orte des Landes sind auszubauen

3.10.21 als Oberzentrum die Städte Reutlingen/Tübingen in der Weise, daß die beiden Städte zusammen ein wirtschaftlich und kulturell leistungsfähiges Zentrum für die Region Neckar-Alb bilden;

3.10.22 als Mittelzentren die Städte Albstadt, Balingen, Hechingen und Münsingen;

3.10.23 als Unterzentren die Städte und Gemeinden Burladingen, Engstingen, Haigerloch, Metzingen, Meßstetten, Mössingen, Rottenburg am Neckar und Bad Urach.

Entwicklungsachsen

3.10.3 Die weitere großräumige Siedlungsentwicklung ist nach Maßgabe des Plankapitels 1.6 auf die Entwicklungsachsen auszurichten:

a) (Nürtingen-)Metzingen-Reutlingen/Tübingen-Hechingen-Balingen (-Rottweil),
b) Balingen-Albstadt (-Sigmaringen).

Erholungsräume

3.10.4 Die Schwäbische Alb ist schwerpunktmäßig als Erholungsraum auszubauen. Im Schönbuch, im Rammert, im Bereich des Albtraufs und des oberen Neckars sind vor allem Einrichtungen für die Naherholung zu fördern.

Landesentwicklungsplan

3.11 **Region Donau-Iller**

Zur Region Donau-Iller gehören von Baden-Württemberg der Stadtkreis Ulm und die Landkreise Alb-Donau-Kreis und Biberach.

Donau-Iller

3.11.1 Der baden-württembergische Anteil der Region Donau-Iller, geprägt durch Oberschwaben und Schwäbische Alb, ist in seiner Entwicklung so zu fördern, daß

Allgemeines Entwicklungsziel

   3.11.11 durch Vermehrung und Verbesserung der nichtlandwirtschaftlichen Erwerbsgrundlagen die Bevölkerung, insbesondere der natürliche Bevölkerungszuwachs, in der Region gehalten wird und Zuwanderungen aufgenommen werden können;

   3.11.12 der Leistungsaustausch innerhalb der Region sowie mit den Wirtschaftsräumen und Regionen innerhalb und außerhalb des Landes und im Ausland verstärkt wird und nachteilige Auswirkungen der Ländergrenze behoben werden;

   3.11.13 er am allgemeinen sozialen, kulturellen und wirtschaftlichen Fortschritt im Lande teilnimmt.

3.11.2 Im Verdichtungsbereich Ulm/Neu-Ulm ist eine räumliche Struktur anzustreben, die zur Stärkung des Verdichtungsbereichs beiträgt und die es erleichtert, die Verdichtungsansätze durch konzentrierten Ausbau für die weitere wirtschaftliche Entwicklung so auszubilden, daß die Standortvoraussetzungen für vielseitige und qualifizierte Arbeitsplätze in der Region verbessert werden.

Verdichtungsbereich Ulm/Neu-Ulm

3.11.3 Im übrigen gelten für den baden-württembergischen Teil des Verdichtungsbereichs Ulm/Neu-Ulm die Zielsetzungen für Verdichtungsbereiche im ländlichen Raum.

3.11.4 Im Netz der Zentralen Orte des Landes sind auszubauen

Zentrale Orte

   3.11.41 als Oberzentrum die Stadt Ulm (zusammen mit Neu-Ulm) in der Weise, daß die Stadt für die Region Donau-Iller ein wirtschaftliches und kulturelles Zentrum von ausreichender Leistungsfähigkeit bildet; hierzu sind insbesondere die Dienstleistungseinrichtungen auszubauen und die Funktionsfähigkeit des Oberzentrums durch Maßnahmen zur städtebaulichen Erneuerung und zur Verbesserung des öffentlichen Personennahverkehrs mit dem Umland zu sichern;

   3.11.42 als Mittelzentren die Städte Biberach an der Riß, Ehingen (Donau), Laupheim und Riedlingen;

   3.11.43 als Unterzentren die Städte Bad Schussenried, Blaubeuren, Laichingen, Langenau, Munderkingen und Ochsenhausen.

3.11.5 Die weitere großräumige Siedlungsentwicklung ist nach Maßgabe des Plankapitels 1.6 auf die Entwicklungsachsen auszurichten:

Entwicklungsachsen

   a) (Geislingen-)Ulm (/Neu-Ulm)-Laupheim-Biberach(-Bad Waldsee),
   b) (Günzburg-) Ulm (/Neu-Ulm) -Ehingen-Riedlingen (-Mengen),
   c) (Giengen-) Langenau-Ulm (/Neu-Ulm)-Dietenheim (-Memmingen);

   diese Achse ist ab Ulm (/Neu-Ulm) als einheitliche Entwicklungsachse zusammen mit der im bayerischen Landesentwicklungsprogramm festgelegten überregionalen Entwicklungsachse von Neu-Ulm (/Ulm) nach Memmingen zu sehen.

3.11.6 Die Schwäbische Alb ist schwerpunktmäßig als Erholungsraum auszubauen. In den Illerauen sind vor allem Einrichtungen für die Naherholung zu fördern. Die Entwicklung der oberschwäbischen Moorbäder ist zu fördern.

Erholungsräume

Landesentwicklungsplan

Bodensee-Oberschwaben

3.12 Region Bodensee-Oberschwaben

Zur Region Bodensee-Oberschwaben gehören die Landkreise Bodenseekreis, Ravensburg und Sigmaringen.

Allgemeines Entwicklungsziel

3.12.1 Die Region Bodensee-Oberschwaben, geprägt durch die Landschaften am Bodensee mit Schussenbecken und Linzgau, Allgäu, Oberschwaben, obere Donau und Schwäbische Alb, ist in ihrer Entwicklung so zu fördern, daß

3.12.11 durch Vermehrung und Verbesserung der nichtlandwirtschaftlichen Erwerbsgrundlagen die Bevölkerung, insbesondere der natürliche Bevölkerungszuwachs, in der Region gehalten wird und Zuwanderungen aufgenommen werden können;

3.12.12 der Leistungsaustausch innerhalb der Region sowie mit den benachbarten Regionen und Räumen im Land, in Bayern, in der Schweiz und in Österreich verstärkt wird;

3.12.13 sie am allgemeinen sozialen, kulturellen und wirtschaftlichen Fortschritt im Lande und im benachbarten Ausland teilnimmt;

3.12.14 der Uferbereich des Bodensees unter Wahrung des Landschaftscharakters und Beachtung der limnologischen Erfordernisse als Erholungsraum weiter ausgebaut und - soweit ökologisch vertretbar - der Zugang zum Seeufer für die Allgemeinheit erweitert wird;

3.12.15 die Siedlungsentwicklung auf geeignete seeabgewandte Standorte im Uferbereich, vorrangig aber in die im unmittelbar angrenzenden Hinterland gelegenen Zentralen Orte, gelenkt wird und daß dabei vor allem die unmittelbar an das Seeufer angrenzende Landschaft in ihrer natürlichen und kulturellen Eigenart weitestgehend erhalten wird.

Zum Uferbereich gehören die im Anhang „Uferbereich des Bodensees" aufgeführten Gemeinden und Gemeindeteile.

Zentrale Orte

3.12.2 Im Netz der Zentralen Orte des Landes sind auszubauen

3.12.21 als Oberzentrum die Städte Ravensburg/Weingarten in der Weise, daß es als wirtschaftliches und kulturelles Zentrum von ausreichender Leistungsfähigkeit in der Region Bodensee-Oberschwaben steigende Bedeutung gewinnt;

3.12.22 als Mittelzentren die Städte Friedrichshafen, Leutkirch im Allgäu, Überlingen, Saulgau, Sigmaringen und Wangen im Allgäu;

3.12.23 als Unterzentren die Städte Bad Waldsee, Bad Wurzach, Gammertingen, Isny im Allgäu, Markdorf, Mengen, Meßkirch, Pfullendorf und Tettnang.

Entwicklungsachsen

3.12.3 Die weitere großräumige Siedlungsentwicklung ist nach Maßgabe des Plankapitels 1.6 auf die Entwicklungsachsen auszurichten:

a) Friedrichshafen–Ravensburg/Weingarten–Bad Waldsee (–Biberach),
b) (Tuttlingen–) Meßkirch–Mengen(–Riedlingen),
c) Ravensburg/Weingarten–Saulgau–Mengen–Sigmaringen (–Albstadt),
d) (Stockach–) Überlingen–Markdorf–Friedrichshafen (–Lindau),
e) (Lindau–) Wangen–Leutkirch (–Memmingen).

Erholungsräume

3.12.4 Am Bodensee sind Einrichtungen für die Ferien- und Wochenenderholung zu fördern; Einrichtungen für die Wochenenderholung sind an geeigneten Standorten schwerpunktmäßig zusammenzufassen. Allgäu, Linzgau, obere Donau und Schwäbische Alb sind schwerpunktmäßig als Erholungsräume auszubauen. Die Entwicklung der oberschwäbischen Moorbäder ist zu fördern.

Landesentwicklungsplan

Anhang zu Plansatz 1.5.21
Mittelbereiche
Es gehören zu den **Mittelbereichen** folgende Gemeinden:
in der **Region Mittlerer Neckar**
zum

Mittelbereich Stuttgart
Ditzingen, Filderstadt, Gerlingen, Korntal-Münchingen, Leinfelden-Echterdingen, Stuttgart;

Mittelbereich Böblingen/Sindelfingen
Aidlingen, Altdorf, Böblingen, Ehningen, Gärtringen, Grafenau, Hildrizhausen, Holzgerlingen, Magstadt, Schönaich, Sindelfingen, Steinenbronn, Waldenbuch, Weil im Schönbuch;

Mittelbereich Herrenberg
Bondorf, Deckenpfronn, Gäufelden, Herrenberg, Jettingen, Mötzingen, Nufringen;

Mittelbereich Leonberg
Leonberg, Renningen, Rutesheim, Weil der Stadt, Weissach;

Mittelbereich Esslingen
Aichwald, Altbach, Baltmannsweiler, Deizisau, Denkendorf, Esslingen am Neckar, Hochdorf, Lichtenwald, Neuhausen auf den Fildern, Ostfildern, Plochingen, Reichenbach an der Fils, Wernau (Neckar);

Mittelbereich Kirchheim
Bissingen an der Teck, Dettingen unter Teck, Erkenbrechtsweiler, Holzmaden, Kirchheim unter Teck, Köngen, Lenningen, Neidlingen, Notzingen, Ohmden, Owen, Weilheim an der Teck, Wendlingen am Neckar;

Mittelbereich Nürtingen
Aichtal, Altdorf, Altenriet, Bempflingen, Beuren, Frickenhausen, Großbettlingen, Kohlberg, Neckartailfingen, Neckartenzlingen, Neuffen, Nürtingen, Oberboihingen, Schlaitdorf, Unterensingen, Wolfschlugen;

Mittelbereich Geislingen
Bad Ditzenbach, Bad Überkingen, Böhmenkirch, Deggingen, Drackenstein, Geislingen an der Steige, Gruibingen, Hohenstadt, Kuchen, Mühlhausen im Täle, Wiesensteig;

Mittelbereich Göppingen
Adelberg, Aichelberg, Albershausen, Birenbach, Börtlingen, Boll, Donzdorf, Dürnau, Ebersbach an der Fils, Eislingen/Fils, Eschenbach, Gammelshausen, Gingen an der Fils, Göppingen, Hattenhofen, Heiningen, Lauterstein, Ottenbach, Rechberghausen, Salach, Schlat, Schlierbach, Süßen, Uhingen, Wäschenbeuren, Wangen, Zell unter Aichelberg;

Mittelbereich Bietigheim-Bissingen/Besigheim
Besigheim, Bietigheim-Bissingen, Bönnigheim, Erligheim, Freudental, Gemmrigheim, Hessigheim, Ingersheim, Kirchheim am Neckar, Löchgau, Mundelsheim, Sachsenheim, Tamm, Walheim;

Mittelbereich Ludwigsburg/Kornwestheim
Affalterbach, Asperg, Benningen am Neckar, Erdmannhausen, Hemmingen, Freiberg am Neckar, Großbottwar, Kornwestheim, Ludwigsburg, Marbach am Neckar, Markgröningen, Möglingen, Murr, Oberstenfeld, Pleidelsheim, Remseck am Neckar, Schwieberdingen, Steinheim an der Murr;

Mittelbereich Vaihingen
Eberdingen, Oberriexingen, Sersheim, Vaihingen an der Enz;

Mittelbereich Backnang
Allmersbach im Tal, Althütte, Aspach, Auenwald, Backnang, Burgstetten, Großerlach, Kirchberg an der Murr, Murrhardt, Oppenweiler, Spiegelberg, Sulzbach an der Murr, Weissach im Tal;

Mittelbereich Schorndorf
Alfdorf, Kaisersbach, Plüderhausen, Remshalden, Rudersberg, Schorndorf, Urbach, Welzheim, Winterbach;

Mittelbereich Waiblingen/Fellbach
Berglen, Fellbach, Kernen im Remstal, Korb, Leutenbach, Schwaikheim, Waiblingen, Weinstadt, Winnenden;

Landesentwicklungsplan

in der **Region Franken**
zum

Mittelbereich Heilbronn
Abstatt, Bad Friedrichshall, Bad Rappenau, Bad Wimpfen, Beilstein, Brackenheim, Cleebronn, Eberstadt, Ellhofen, Eppingen, Erlenbach, Flein, Gemmingen, Güglingen, Gundelsheim, Hardthausen am Kocher, Heilbronn, Ilsfeld, Ittlingen, Jagsthausen, Kirchardt, Langenbrettach, Lauffen am Neckar, Lehrensteinsfeld, Leingarten, Löwenstein, Massenbachhausen, Möckmühl, Neckarsulm, Neckarwestheim, Neudenau, Neuenstadt am Kocher, Nordheim, Obersulm, Oedheim, Offenau, Pfaffenhofen, Roigheim, Schwaigern, Siegelsbach, Talheim, Untereisesheim, Untergruppenbach, Weinsberg, Widdern, Wüstenrot, Zaberfeld;

Mittelbereich Künzelsau
Dörzbach, Forchtenberg, Ingelfingen, Krautheim, Künzelsau, Mulfingen, Niedernhall, Schöntal, Weißbach;

Mittelbereich Öhringen
Bretzfeld, Kupferzell, Neuenstein, Öhringen, Pfedelbach, Waldenburg, Zweiflingen;

Mittelbereich Bad Mergentheim
Ahorn, Assamstadt, Bad Mergentheim, Boxberg, Creglingen, Igersheim, Niederstetten, Weikersheim;

Mittelbereich Tauberbischofsheim
Großrinderfeld, Grünsfeld, Königheim, Külsheim, Lauda-Königshofen, Tauberbischofsheim, Werbach, Wittighausen;

Mittelbereich Wertheim
Freudenberg, Wertheim;
die Verflechtungen von Gemeinden in Bayern mit dem Mittelzentrum Wertheim sind zu berücksichtigen;

Mittelbereich Crailsheim
Blaufelden, Crailsheim, Fichtenau, Frankenhardt, Gerabronn, Kirchberg an der Jagst, Kreßberg, Langenburg, Rot am See, Satteldorf, Schrozberg, Stimpfach, Wallhausen;

Mittelbereich Schwäbisch Hall
Braunsbach, Bühlertann, Bühlerzell, Fichtenberg, Gaildorf, Ilshofen, Mainhardt, Michelbach an der Bilz, Michelfeld, Oberrot, Obersontheim, Rosengarten, Schwäbisch Hall, Sulzbach-Laufen, Untermünkheim, Vellberg, Wolpertshausen;

in der **Region Ostwürttemberg**
zum

Mittelbereich Aalen
Aalen, Abtsgmünd, Bopfingen, Essingen, Hüttlingen, Kirchheim am Ries, Lauchheim, Neresheim, Oberkochen, Riesbürg, Westhausen;
die Verflechtungen von Gemeinden im Grenzraum zu Bayern zum Mittelzentrum Nördlingen sind zu berücksichtigen;

Mittelbereich Ellwangen
Adelmannsfelden, Ellenberg, Ellwangen (Jagst), Jagstzell, Neuler, Rainau, Rosenberg, Stödtlen, Tannhausen, Unterschneidheim, Wört;

Mittelbereich Schwäbisch Gmünd
Bartholomä, Böbingen an der Rems, Durlangen, Eschach, Göggingen, Gschwend, Heubach, Heuchlingen, Iggingen, Leinzell, Lorch, Mögglingen, Mutlangen, Obergröningen, Ruppertshofen, Schechingen, Schwäbisch Gmünd, Spraitbach, Täferrot, Waldstetten;

Mittelbereich Heidenheim
Dischingen, Gerstetten, Giengen an der Brenz, Heidenheim an der Brenz, Herbrechtingen, Hermaringen, Königsbronn, Nattheim, Niederstotzingen, Sontheim an der Brenz, Steinheim am Albuch;

in der **Region Mittlerer Oberrhein**
zum

Mittelbereich Bretten
Bretten, Gondelsheim, Kürnbach, Oberderdingen, Sulzfeld, Zaisenhausen;

Landesentwicklungsplan

Mittelbereich Bruchsal
Bad Schönborn, Bruchsal, Forst, Hambrücken, Karlsdorf-Neuthard, Kraichtal, Kronau, Oberhausen-Rheinhausen, Östringen, Philippsburg, Ubstadt-Weiher, Waghäusel;

Mittelbereich Ettlingen[1)]
Ettlingen, Karlsbad, Malsch, Marxzell, Waldbronn;

Mittelbereich Karlsruhe
Dettenheim, Eggenstein-Leopoldshafen, Graben-Neudorf, Karlsruhe, Linkenheim-Hochstetten, Pfinztal, Rheinstetten, Stutensee, Walzbachtal, Weingarten(Baden);
die Verflechtungen von Gemeinden in Rheinland-Pfalz mit dem Oberzentrum Karlsruhe sind zu berücksichtigen;

Mittelbereich Baden-Baden
Baden-Baden, Hügelsheim, Sinzheim;

Mittelbereich Bühl
Bühl, Bühlertal, Lichtenau, Ottersweier, Rheinmünster;

Mittelbereich Gaggenau/Gernsbach
Forbach, Gaggenau, Gernsbach, Loffenau, Weisenbach;

Mittelbereich Rastatt
Au am Rhein, Bietigheim, Bischweier, Durmersheim, Elchesheim-Illingen, Iffezheim, Kuppenheim, Muggensturm, Ötigheim, Rastatt, Steinmauern;

in der **Region Unterer Neckar**
zum

Mittelbereich Buchen
Adelsheim, Buchen(Odenwald), Hardheim, Höpfingen, Mudau, Osterburken, Ravenstein, Rosenberg, Seckach, Walldürn;

Mittelbereich Mosbach[2)]
Aglasterhausen, Billigheim, Elztal, Fahrenbach, Haßmersheim, Hüffenhardt, Limbach, Mosbach, Neckarzimmern, Neunkirchen, Obrigheim, Schefflenz, Schwarzach;

Mittelbereich Eberbach[2)]
Eberbach, Schönbrunn;
die Verflechtungen von Gemeinden in Hessen mit dem Mittelzentrum Eberbach sind zu berücksichtigen;

Mittelbereich Heidelberg
Bammental, Dossenheim, Eppelheim, Eschelbronn, Gaiberg, Heddesbach, Heidelberg, Heiligkreuzsteinach, Leimen, Lobbach, Mauer, Meckesheim, Neckargemünd, Nußloch, Sandhausen, Schönau, Schriesheim, Spechbach, Wiesenbach, Wilhelmsfeld;
die Verflechtungen von Gemeinden in Hessen mit dem Oberzentrum Heidelberg sind zu berücksichtigen;

Mittelbereich Mannheim
Edingen-Neckarhausen, Heddesheim, Ilvesheim, Ladenburg, Mannheim;
die Verflechtungen von Gemeinden in Hessen, Rheinland-Pfalz und Baden-Württemberg mit dem Oberzentrum Mannheim/Ludwigshafen sind zu berücksichtigen;

Mittelbereich Schwetzingen
Altlußheim, Brühl, Hockenheim, Ketsch, Neulußheim, Oftersheim, Plankstadt, Reilingen, Schwetzingen;

Mittelbereich Sinsheim
Angelbachtal, Epfenbach, Helmstadt-Bargen, Neckarbischofsheim, Neidenstein, Reichartshausen, Sinsheim, Waibstadt, Zuzenhausen;

[1)] Die Mittelbereichsgrenze zwischen Ettlingen und Pforzheim (Region Nordschwarzwald) ist im Bereich der Gemeinden Bad Herrenalb und Dobel offen gelassen.

[2)] Die Mittelbereichsgrenze zwischen Mosbach und Eberbach ist im Bereich der Gemeinden Binau, Neckargerach, Waldbrunn und Zwingenberg offen gelassen.

Landesentwicklungsplan

Mittelbereich Weinheim
Hemsbach, Hirschberg an der Bergstraße, Laudenbach, Weinheim;
die Verflechtungen von Gemeinden in Hessen mit dem Mittelzentrum Weinheim sind zu berücksichtigen;

Mittelbereich Wiesloch
Dielheim, Malsch, Mühlhausen, Rauenberg, St. Leon-Rot, Walldorf, Wiesloch;

in der Region Nordschwarzwald
zum

Mittelbereich Calw
Althengstett, Bad Liebenzell, Bad Teinach-Zavelstein, Calw, Gechingen, Neubulach, Neuweiler, Oberreichenbach, Ostelsheim, Simmozheim, Unterreichenbach;

Mittelbereich Nagold
Altensteig, Ebhausen, Egenhausen, Haiterbach, Nagold, Rohrdorf, Simmersfeld, Wildberg;

Mittelbereich Mühlacker
Illingen, Knittlingen, Maulbronn, Mühlacker, Ötisheim, Sternenfels;

Mittelbereich Pforzheim[1]
Birkenfeld, Eisingen, Engelsbrand, Enzklösterle, Friolzheim, Heimsheim, Höfen an der Enz, Ispringen, Kämpfelbach, Keltern, Kieselbronn, Königsbach-Stein, Mönsheim, Neuenbürg, Neuhausen, Neulingen, Niefern-Öschelbronn, Ölbronn-Dürrn, Pforzheim, Remchingen, Schömberg, Straubenhardt, Tiefenbronn, Wiernsheim, Wildbad im Schwarzwald, Wimsheim, Wurmberg;

Mittelbereich Freudenstadt
Alpirsbach, Bad Rippoldsau-Schapbach, Baiersbronn, Betzweiler-Wälde, Dornstetten, Freudenstadt, Glatten, Grömbach, Loßburg, Pfalzgrafenweiler, Schopfloch, Seewald, Waldachtal, Wörnersberg;

Mittelbereich Horb
Empfingen, Eutingen im Gäu, Horb am Neckar;

in der Region Südlicher Oberrhein
zum

Mittelbereich Freiburg
Au, Bad Krozingen, Bötzingen, Bollschweil, Breisach am Rhein, Buchenbach, Ebringen, Ehrenkirchen, Eichstetten, Freiburg im Breisgau, Glottertal, Gottenheim, Gundelfingen, Hartheim, Heuweiler, Horben, Ihringen, Kirchzarten, March, Merdingen, Merzhausen, Münstertal/Schwarzwald, Oberried, Pfaffenweiler, St. Märgen, St. Peter, Schallstadt, Sölden, Staufen im Breisgau, Stegen, Umkirch, Vogtsburg im Kaiserstuhl, Wittnau;

Mittelbereich Müllheim[3]
Auggen, Badenweiler, Ballrechten-Dottingen, Buggingen, Eschbach, Heitersheim, Müllheim, Neuenburg am Rhein, Sulzburg;

Mittelbereich Titisee-Neustadt
Breitnau, Eisenbach(Hochschwarzwald), Feldberg(Schwarzwald), Friedenweiler, Hinterzarten, Lenzkirch, Löffingen, Schluchsee, Titisee-Neustadt;

Mittelbereich Emmendingen
Bahlingen, Denzlingen, Emmendingen, Endingen, Forchheim, Freiamt, Herbolzheim, Kenzingen, Malterdingen, Reute, Rheinhausen, Riegel, Sasbach, Sexau, Teningen, Vörstetten, Weisweil, Wyhl;

Mittelbereich Waldkirch
Biederbach, Elzach, Gutach im Breisgau, Simonswald, Waldkirch, Winden im Elztal;

---

[1] Die Mittelbereichsgrenze zwischen Pforzheim und Ettlingen (Region Mittlerer Oberrhein) ist im Bereich der Gemeinden Bad Herrenalb und Dobel offen gelassen.

[3] Die Mittelbereichsgrenze zwischen Müllheim und Lörrach/Weil (Region Hochrhein-Bodensee) ist im Bereich der Gemeinden Bad Bellingen und Schliengen offen gelassen.

Landesentwicklungsplan

Mittelbereich Haslach/Hausach/Wolfach
Fischerbach, Gutach(Schwarzwaldbahn), Haslach im Kinzigtal, Hausach, Hofstetten, Hornberg, Mühlenbach, Oberwolfach, Steinach, Wolfach;

Mittelbereich Kehl
Kehl, Rheinau, Willstätt;

Mittelbereich Lahr
Ettenheim, Friesenheim, Kappel-Grafenhausen, Kippenheim, Lahr/Schwarzwald, Mahlberg, Meißenheim, Ringsheim, Rust, Schuttertal, Schwanau, Seelbach;

Mittelbereich Offenburg
Achern, Appenweier, Bad Peterstal-Griesbach, Berghaupten, Biberach, Durbach, Gengenbach, Hohberg, Kappelrodeck, Lauf, Lautenbach, Neuried, Nordrach, Oberharmersbach, Oberkirch, Offenburg, Ohlsbach, Oppenau, Ortenberg, Ottenhöfen im Schwarzwald, Renchen, Sasbach, Sasbachwalden, Schutterwald, Seebach, Zell am Harmersbach;

in der **Region Schwarzwald-Baar-Heuberg**
zum

Mittelbereich Rottweil
Bösingen, Deißlingen, Dietingen, Dornhan, Epfendorf, Fluorn-Winzeln, Oberndorf am Neckar, Rottweil, Sulz am Neckar, Villingendorf, Vöhringen, Wellendingen, Zimmern ob Rottweil;

Mittelbereich Schramberg
Aichhalden, Dunningen, Eschbronn, Hardt, Lauterbach, Schenkenzell, Schiltach, Schramberg, Tennenbronn;

Mittelbereich Donaueschingen
Blumberg, Bräunlingen, Donaueschingen, Hüfingen;

Mittelbereich Villingen-Schwenningen
Bad Dürrheim, Brigachtal, Dauchingen, Furtwangen, Gütenbach, Königsfeld im Schwarzwald, Mönchweiler, Niedereschach, St. Georgen im Schwarzwald, Schönwald im Schwarzwald, Schonach im Schwarzwald, Triberg im Schwarzwald, Tuningen, Unterkirnach, Villingen-Schwenningen, Vöhrenbach;

Mittelbereich Tuttlingen
Aldingen, Balgheim, Bärenthal, Böttingen, Bubsheim, Buchheim, Deilingen, Denkingen, Dürbheim, Durchhausen, Egesheim, Emmingen-Liptingen, Fridingen an der Donau, Frittlingen, Geisingen, Gosheim, Gunningen, Hausen ob Verena, Immendingen, Irndorf, Königsheim, Kolbingen, Mahlstetten, Mühlheim an der Donau, Neuhausen ob Eck, Reichenbach am Heuberg, Renquishausen, Rietheim-Weilheim, Seitingen-Oberflacht, Spaichingen, Talheim, Trossingen, Tuttlingen, Wehingen, Wurmlingen;

in der **Region Hochrhein-Bodensee**
zum

Mittelbereich Konstanz
Allensbach, Konstanz, Reichenau;

Mittelbereich Radolfzell
Bodman-Ludwigshafen, Eigeltingen, Gaienhofen, Hohenfels, Moos, Mühlingen, Öhningen, Orsingen-Nenzingen, Radolfzell am Bodensee, Stockach;

Mittelbereich Singen
Aach, Büsingen am Hochrhein, Engen, Gailingen, Gottmadingen, Hilzingen, Mühlhausen-Ehingen, Rielasingen-Worblingen, Singen (Hohentwiel), Steißlingen, Tengen, Volkertshausen;

Mittelbereich Lörrach/Weil[3]
Binzen, Efringen-Kirchen, Eimeldingen, Fischingen, Grenzach-Wyhlen, Inzlingen, Kandern, Lörrach, Malsburg-Marzell, Rheinfelden (Baden), Rümmingen, Schallbach, Schwörstadt, Steinen, Weil am Rhein, Wittlingen;

[3] Die Mittelbereichsgrenze zwischen Lörrach/Weil und Müllheim (Region Südlicher Oberrhein) ist im Bereich der Gemeinden Bad Bellingen und Schliengen offen gelassen.

Landesentwicklungsplan

Mittelbereich Schopfheim
Aitern, Böllen, Bürchau, Elbenschwand, Fröhnd, Häg-Ehrsberg, Hasel, Hausen im Wiesental, Maulburg, Neuenweg, Raich, Sallneck, Schönau im Schwarzwald, Schönenberg, Schopfheim, Tegernau, Todtnau, Tunau, Utzenfeld, Wembach, Wieden, Wies, Wieslet, Zell im Wiesental;

Mittelbereich Bad Säckingen
Bad Säckingen, Görwihl, Herrischried, Laufenburg(Baden), Murg, Rickenbach, Wehr;

Mittelbereich Waldshut-Tiengen
Albbruck, Bernau, Bonndorf im Schwarzwald, Dachsberg(Südschwarzwald), Dettighofen, Dogern, Eggingen, Grafenhausen, Häusern, Höchenschwand, Hohentengen am Hochrhein, Ibach, Jestetten, Klettgau, Küssaberg, Lauchringen, Lottstetten, St. Blasien, Stühlingen, Todtmoos, Ühlingen-Birkendorf, Waldshut-Tiengen, Weilheim, Wutach, Wutöschingen;

in der **Region Neckar-Alb**
zum

Mittelbereich Münsingen
Engstingen, Gomadingen, Hayingen, Hohenstein, Mehrstetten, Münsingen, Pfronstetten, St. Johann, Trochtelfingen, Zwiefalten, Gutsbezirk Münsingen;

Mittelbereich Reutlingen
Dettingen an der Erms, Eningen unter Achalm, Grabenstetten, Grafenberg, Hülben, Lichtenstein, Metzingen, Pfullingen, Pliezhausen, Reutlingen, Riederich, Römerstein, Sonnenbühl, Bad Urach, Walddorfhäslach, Wannweil;

Mittelbereich Tübingen
Ammerbuch, Bodelshausen, Dettenhausen, Dußlingen, Gomaringen, Hirrlingen, Kirchentellinsfurt, Kusterdingen, Mössingen, Nehren, Neustetten, Ofterdingen, Rottenburg am Neckar, Starzach, Tübingen;

Mittelbereich Albstadt
Albstadt, Bitz, Meßstetten, Nusplingen, Obernheim, Straßberg, Winterlingen;

Mittelbereich Balingen
Balingen, Dautmergen, Dormettingen, Dotternhausen, Geislingen, Hausen am Tann, Ratshausen, Rosenfeld, Schömberg, Weilen unter den Rinnen, Zimmern unter der Burg;

Mittelbereich Hechingen
Bisingen, Burladingen, Grosselfingen, Haigerloch, Hechingen, Jungingen, Rangendingen;

in der **Region Donau-Iller**
zum

Mittelbereich Ehingen
Allmendingen, Altheim, Ehingen(Donau), Emeringen, Emerkingen, Griesingen, Grundsheim, Hausen am Bussen, Lauterach, Munderkingen, Oberdischingen, Obermarchtal, Oberstadion, Öpfingen, Rechtenstein, Rottenacker, Schelklingen, Untermarchtal, Unterstadion, Unterwachingen;

Mittelbereich Ulm
Altheim(Alb), Amstetten, Asselfingen, Ballendorf, Balzheim, Beimerstetten, Berghülen, Bernstadt, Blaubeuren, Blaustein, Börslingen, Breitingen, Dietenheim, Dornstadt, Erbach, Heroldstatt, Holzkirch, Hüttisheim, Illerkirchberg, Illerrieden, Laichingen, Langenau, Lonsee, Merklingen, Neenstetten, Nellingen, Nerenstetten, Öllingen, Rammingen, Schnürpflingen, Setzingen, Staig, Ulm, Weidenstetten, Westerheim, Westerstetten;
die Verflechtungen von Gemeinden in Bayern zum Oberzentrum Ulm/Neu-Ulm sind zu berücksichtigen;

Mittelbereich Biberach
Alleshausen, Allmannsweiler, Attenweiler, Bad Buchau, Bad Schussenried, Berkheim, Betzenweiler, Biberach an der Riß, Dettingen an der Iller, Dürnau, Eberhardzell, Erlenmoos, Erolzheim, Gutenzell-Hürbel, Hochdorf, Ingoldingen, Kanzach, Kirchberg an der Iller, Kirchdorf an der Iller, Maselheim, Mittelbiberach, Moosburg, Ochsenhausen, Oggelshausen, Rot an der Rot, Schemmerhofen, Seekirch,

Landesentwicklungsplan

Steinhausen an der Rottum, Tannheim, Tiefenbach, Ummendorf, Warthausen;
die Verflechtungen von Gemeinden im Grenzraum zu Bayern zum möglichen Oberzentrum Memmingen sind zu berücksichtigen;

Mittelbereich Laupheim
Achstetten, Burgrieden, Laupheim, Mietingen, Schwendi, Wain;

Mittelbereich Riedlingen
Altheim, Dürmentingen, Ertingen, Langenenslingen, Riedlingen, Unlingen, Uttenweiler;

in der **Region Bodensee-Oberschwaben**
zum

Mittelbereich Friedrichshafen
Bermatingen, Deggenhausertal, Eriskirch, Friedrichshafen, Immenstaad am Bodensee, Kressbronn am Bodensee, Langenargen, Markdorf, Meckenbeuren, Neukirch, Oberteuringen, Tettnang;

Mittelbereich Überlingen
Daisendorf, Frickingen, Hagnau am Bodensee, Heiligenberg, Meersburg, Owingen, Salem, Sipplingen, Stetten, Überlingen, Uhldingen-Mühlhofen;

Mittelbereich Leutkirch
Aichstetten, Aitrach, Bad Wurzach, Isny im Allgäu, Leutkirch im Allgäu;
die Verflechtungen von Gemeinden im Grenzraum zu Bayern zum möglichen Oberzentrum Memmingen sind zu berücksichtigen;

Mittelbereich Ravensburg/Weingarten
Aulendorf, Bad Waldsee, Baienfurt, Baindt, Berg, Bergatreute, Bodnegg, Fronreute, Grünkraut, Horgenzell, Ravensburg, Schlier, Vogt, Waldburg, Weingarten, Wilhelmsdorf, Wolfegg, Wolpertswende;

Mittelbereich Wangen
Achberg, Amtzell, Argenbühl, Kißlegg, Wangen im Allgäu;
die Verflechtungen von Gemeinden in Bayern mit dem Mittelzentrum Wangen sind zu berücksichtigen;

Mittelbereich Saulgau
Altshausen, Boms, Ebenweiler, Ebersbach-Musbach, Eichstegen, Fleischwangen, Guggenhausen, Herbertingen, Hoßkirch, Königseggwald, Ostrach, Riedhausen, Saulgau, Unterwaldhausen;

Mittelbereich Sigmaringen
Beuron, Bingen, Gammertingen, Herdwangen-Schönach, Hettingen, Hohentengen, Illmensee, Inzigkofen, Krauchenwies, Leibertingen, Mengen, Meßkirch, Neufra, Pfullendorf, Sauldorf, Scheer, Schwenningen, Sigmaringen, Sigmaringendorf, Stetten am kalten Markt, Veringenstadt, Wald.

Geographisches Institut
der Universität Kiel

Landesentwicklungsplan

Anhang zu Plansatz 1.8.1
Verdichtungsräume

Verdichtungsräume im Sinne des Landesentwicklungsplans sind:

1. **der Verdichtungsraum Stuttgart**,
umfassend in der **Region Mittlerer Neckar**
den Stadtkreis Stuttgart;

vom Landkreis Böblingen die Gemeinden:
Böblingen, Grafenau, Holzgerlingen, Leonberg, Magstadt, Rutesheim, Schönaich, Sindelfingen, Steinenbronn;

vom Landkreis Esslingen die Gemeinden:
Aichwald, Altbach, Baltmannsweiler, Bempflingen, Deizisau, Denkendorf, Esslingen am Neckar, Filderstadt, Frickenhausen, Großbettlingen, Hochdorf, Kirchheim unter Teck, Köngen, Leinfelden-Echterdingen, Lichtenwald, Neckartenzlingen, Neuhausen auf den Fildern, Notzingen, Nürtingen, Oberboihingen, Ostfildern, Plochingen, Reichenbach an der Fils, Unterensingen, Wendlingen am Neckar, Wernau(Neckar), Wolfschlugen;

vom Landkreis Göppingen die Gemeinden:
Albershausen, Ebersbach an der Fils, Eislingen/Fils, Geislingen an der Steige, Gingen an der Fils, Göppingen, Kuchen, Rechberghausen, Salach, Süßen, Uhingen;

vom Landkreis Ludwigsburg die Gemeinden:
Asperg, Benningen am Neckar, Besigheim, Bietigheim-Bissingen, Ditzingen, Erdmannhausen, Freiberg am Neckar, Gemmrigheim, Gerlingen, Hemmingen, Kirchheim am Neckar, Korntal-Münchingen, Kornwestheim, Ludwigsburg, Marbach am Neckar, Markgröningen, Möglingen, Remseck am Neckar, Schwieberdingen, Tamm, Walheim;

vom Rems-Murr-Kreis die Gemeinden:
Fellbach, Kernen im Remstal, Korb, Leutenbach, Remshalden, Schorndorf, Schwaikheim, Waiblingen, Weinstadt, Winnenden, Winterbach;

in der **Region Franken**
den Stadtkreis Heilbronn;
vom Landkreis Heilbronn die Gemeinden:
Bad Friedrichshall, Erlenbach, Flein, Lauffen am Neckar, Neckarsulm, Nordheim, Untereisesheim, Weinsberg;

in der **Region Neckar-Alb**
vom Landkreis Reutlingen die Gemeinden:
Eningen unter Achalm, Grafenberg, Metzingen, Pfullingen, Reutlingen, Riederich, Wannweil;

vom Landkreis Tübingen die Gemeinden:
Kirchentellinsfurt, Kusterdingen, Tübingen;

2. **der baden-württembergische Teil des Verdichtungsraumes Rhein-Neckar**,
umfassend in der **Region Unterer Neckar**
den Stadtkreis Heidelberg,
den Stadtkreis Mannheim;

vom Rhein-Neckar-Kreis die Gemeinden:
Brühl, Dossenheim, Edingen-Neckarhausen, Eppelheim, Gaiberg, Heddesheim, Hirschberg an der Bergstraße, Ilvesheim, Ketsch, Ladenburg, Leimen, Neckargemünd, Nußloch, Oftersheim, Plankstadt, Rauenberg, Sandhausen, Schriesheim, Schwetzingen, Walldorf, Weinheim, Wiesloch, Wilhelmsfeld;

3. **der Verdichtungsraum Karlsruhe**,
umfassend in der **Region Mittlerer Oberrhein**
den Stadtkreis Karlsruhe;
vom Landkreis Karlsruhe die Gemeinden:
Ettlingen, Rheinstetten, Waldbronn;

4. **der Verdichtungsraum Freiburg**,
umfassend in der **Region Südlicher Oberrhein**
den Stadtkreis Freiburg im Breisgau;
vom Landkreis Breisgau-Hochschwarzwald die Gemeinden:
Gundelfingen, Kirchzarten, Merzhausen.

Landesentwicklungsplan

Anhang zu Plansatz 1.9.1
Randzonen um die Verdichtungsräume

Es gehören
zur **Randzone des Verdichtungsraumes Stuttgart**
in der **Region Mittlerer Neckar**
vom Landkreis Böblingen die Gemeinden:
Aidlingen, Altdorf, Bondorf, Deckenpfronn, Ehningen, Gärtringen, Gäufelden, Herrenberg, Hildrizhausen, Jettingen, Mötzingen, Nufringen, Renningen, Waldenbuch, Weil der Stadt, Weil im Schönbuch, Weissach;

vom Landkreis Esslingen die Gemeinden:
Aichtal, Altdorf, Altenriet, Beuren, Bissingen an der Teck, Dettingen unter Teck, Erkenbrechtsweiler, Holzmaden, Kohlberg, Lenningen, Neckartailfingen, Neidlingen, Neuffen, Ohmden, Owen, Schlaitdorf, Weilheim an der Teck;

vom Landkreis Göppingen die Gemeinden:
Adelberg, Aichelberg, Bad Überkingen, Birenbach, Börtlingen, Boll, Donzdorf, Dürnau, Eschenbach, Gammelshausen, Hattenhofen, Heiningen, Lauterstein, Ottenbach, Schlat, Schlierbach, Wäschenbeuren, Wangen, Zell unter Aichelberg;

vom Landkreis Ludwigsburg die Gemeinden:
Affalterbach, Bönnigheim, Eberdingen, Erligheim, Freudental, Hessigheim, Ingersheim, Löchgau, Mundelsheim, Murr, Oberriexingen, Pleidelsheim, Sachsenheim, Sersheim, Steinheim an der Murr, Vaihingen an der Enz;

vom Rems-Murr-Kreis die Gemeinden:
Allmersbach im Tal, Backnang, Berglen, Burgstetten, Kirchberg an der Murr, Plüderhausen, Urbach, Weissach im Tal;

in der **Region Franken**
vom Landkreis Heilbronn die Gemeinden:
Bad Wimpfen, Eberstadt, Ellhofen, Lehrensteinsfeld, Leingarten, Neckarwestheim, Obersulm, Oedheim, Offenau, Talheim, Untergruppenbach;

in der **Region Ostwürttemberg**
vom Ostalbkreis die Gemeinden:
Böbingen an der Rems, Heubach, Iggingen, Leinzell, Lorch, Mögglingen, Mutlangen, Schwäbisch Gmünd, Waldstetten;

in der **Region Neckar-Alb**
vom Landkreis Reutlingen die Gemeinden:
Dettingen an der Erms, Hülben, Lichtenstein, Pliezhausen, Bad Urach, Walddorfhäslach;

vom Landkreis Tübingen die Gemeinden:
Ammerbuch, Bodelshausen, Dettenhausen, Dußlingen, Gomaringen, Mössingen, Nehren, Neustetten, Ofterdingen, Rottenburg am Neckar;

zur **Randzone des Verdichtungsraumes Rhein-Neckar**
in der **Region Unterer Neckar**
vom Rhein-Neckar-Kreis die Gemeinden:
Altlußheim, Bammental, Dielheim, Eschelbronn, Heiligkreuzsteinach, Hemsbach, Hockenheim, Laudenbach, Malsch, Mauer, Meckesheim, Mühlhausen, Neulußheim, Reilingen, St. Leon-Rot, Schönau, Wiesenbach;

zur **Randzone zwischen den Verdichtungsräumen Stuttgart und Karlsruhe,**
davon mit **(VR)** gekennzeichnet zu einem **möglichen Verdichtungsraum,**
in der **Region Nordschwarzwald**
der Stadtkreis Pforzheim **(VR)**;
vom Landkreis Calw die Gemeinden:
Althengstett, Bad Herrenalb, Bad Liebenzell, Calw, Dobel, Gechingen, Höfen an der Enz, Ostelsheim, Schömberg, Simmozheim, Unterreichenbach, Wildbad im Schwarzwald;

vom Enzkreis alle Gemeinden,
darunter **(VR)**:
Birkenfeld, Ispringen, Mühlacker, Niefern-Öschelbronn, Ötisheim;

Landesentwicklungsplan

zur **Randzone des Verdichtungsraumes Karlsruhe**
in der **Region Mittlerer Oberrhein**
der Stadtkreis Baden-Baden;
vom Landkreis Karlsruhe die Gemeinden:
Bad Schönborn, Bretten, Bruchsal, Dettenheim, Eggenstein-Leopoldshafen, Forst, Gondelsheim, Graben-Neudorf, Hambrücken, Karlsbad, Karlsdorf-Neuthard, Kronau, Linkenheim-Hochstetten, Malsch, Marxzell, Oberderdingen, Oberhausen-Rheinhausen, Östringen, Pfinztal, Philippsburg, Stutensee, Ubstadt-Weiher, Waghäusel, Walzbachtal, Weingarten(Baden);

vom Landkreis Rastatt die Gemeinden:
Au am Rhein, Bietigheim, Bischweier, Bühl, Bühlertal, Durmersheim, Elchesheim-Illingen, Gaggenau, Gernsbach, Hügelsheim, Iffezheim, Kuppenheim, Loffenau, Muggensturm, Ötigheim, Ottersweier, Rastatt, Sinzheim, Steinmauern, Weisenbach;

zur **Randzone des Verdichtungsraumes Freiburg**
in der **Region Südlicher Oberrhein**
vom Landkreis Breisgau-Hochschwarzwald die Gemeinden:
Au, Bötzingen, Breisach am Rhein, Ebringen, Gottenheim, Heuweiler, Ihringen, March, Merdingen, Pfaffenweiler, Schallstadt, Umkirch;

vom Landkreis Emmendingen die Gemeinden:
Denzlingen, Emmendingen, Reute, Teningen, Vörstetten, Waldkirch;

zur **Randzone des Verdichtungsraumes Basel-Lörrach**
in Baden-Württemberg,
davon mit **(VR)** gekennzeichnet zu einem **möglichen Verdichtungsraum,**
in der **Region Hochrhein-Bodensee**
vom Landkreis Lörrach die Gemeinden:
Binzen **(VR)**, Eimeldingen **(VR)**, Fischingen, Grenzach-Wyhlen **(VR)**, Hasel, Hausen im Wiesental, Inzlingen **(VR)**, Lörrach **(VR)**, Maulburg, Rheinfelden (Baden) **(VR)**, Rümmingen, Schallbach, Schopfheim, Schwörstadt, Steinen, Weil am Rhein **(VR)**, Wittlingen;
vom Landkreis Waldshut die Gemeinden:
Bad Säckingen, Murg, Wehr.

**Anhang zu Plansatz 1.10.1
Ländlicher Raum**
Es gehören zum **ländlichen Raum,**
davon mit **(V)** gekennzeichnet zum **Verdichtungsbereich,**

in der **Region Mittlerer Neckar**
vom Landkreis Göppingen die Gemeinden:
Bad Ditzenbach, Böhmenkirch, Deggingen, Drackenstein, Gruibingen, Hohenstadt, Mühlhausen im Täle, Wiesensteig;

vom Landkreis Ludwigsburg die Gemeinden:
Großbottwar, Oberstenfeld;

vom Rems-Murr-Kreis die Gemeinden:
Alfdorf, Althütte, Aspach, Auenwald, Großerlach, Kaisersbach, Murrhardt, Oppenweiler, Rudersberg, Spiegelberg, Sulzbach an der Murr, Welzheim;

in der **Region Franken**
vom Landkreis Heilbronn die Gemeinden:
Abstatt, Bad Rappenau, Beilstein, Brackenheim, Cleebronn, Eppingen, Gemmingen, Güglingen, Gundelsheim, Hardthausen am Kocher, Ilsfeld, Ittlingen, Jagsthausen, Kirchardt, Langenbrettach, Löwenstein, Massenbachhausen, Möckmühl, Neudenau, Neuenstadt am Kocher, Pfaffenhofen, Roigheim, Schwaigern, Siegelsbach, Widdern, Wüstenrot, Zaberfeld;

vom Hohenlohekreis alle Gemeinden;

vom Main-Tauber-Kreis alle Gemeinden;

vom Landkreis Schwäbisch Hall alle Gemeinden;

in der **Region Ostwürttemberg**
vom Landkreis Heidenheim alle Gemeinden,
darunter **(V):**
Giengen an der Brenz, Heidenheim an der Brenz, Herbrechtingen, Königsbronn, Nattheim, Steinheim am Albuch;

vom Ostalbkreis die Gemeinden:
Aalen **(V)**, Abtsgmünd, Adelmannsfelden, Bartholomä, Bopfingen, Durlangen, Ellenberg, Ellwangen (Jagst), Eschach, Essingen **(V)**, Göggingen, Gschwend, Heuchlingen, Hüttlingen **(V)**, Jagstzell, Kirchheim am Ries, Lauchheim, Neresheim, Neuler, Obergröningen, Oberkochen **(V)**, Rainau, Riesbürg, Rosenberg, Ruppertshofen, Schechingen, Spraitbach, Stödtlen, Täferrot, Tannhausen, Unterschneidheim, Westhausen, Wört;

in der **Region Mittlerer Oberrhein**
vom Landkreis Karlsruhe die Gemeinden:
Kraichtal, Kürnbach, Sulzfeld, Zaisenhausen;

vom Landkreis Rastatt die Gemeinden:
Forbach, Lichtenau, Rheinmünster;

in der **Region Unterer Neckar**
vom Neckar-Odenwald-Kreis alle Gemeinden;

vom Rhein-Neckar-Kreis die Gemeinden:
Angelbachtal, Eberbach, Epfenbach, Heddesbach, Helmstadt-Bargen, Lobbach, Neckarbischofsheim, Neidenstein, Reichartshausen, Schönbrunn, Sinsheim, Spechbach, Waibstadt, Zuzenhausen;

in der **Region Nordschwarzwald**
vom Landkreis Calw die Gemeinden:
Altensteig, Bad Teinach-Zavelstein, Ebhausen, Egenhausen, Enzklösterle, Haiterbach, Nagold, Neubulach, Neuweiler, Oberreichenbach, Rohrdorf, Simmersfeld, Wildberg;

vom Landkreis Freudenstadt alle Gemeinden;

Landesentwicklungsplan

in der **Region Südlicher Oberrhein**
vom Landkreis Breisgau-Hochschwarzwald die Gemeinden:
Auggen, Bad Krozingen, Badenweiler, Ballrechten-Dottingen, Bollschweil, Breitnau, Buchenbach, Buggingen, Ehrenkirchen, Eichstetten, Eisenbach (Hochschwarzwald), Eschbach, Feldberg (Schwarzwald), Friedenweiler, Glottertal, Hartheim, Heitersheim, Hinterzarten, Horben, Lenzkirch, Löffingen, Müllheim, Münstertal/Schwarzwald, Neuenburg am Rhein, Oberried, St. Märgen, St. Peter, Schluchsee, Sölden, Staufen im Breisgau, Stegen, Sulzburg, Titisee-Neustadt, Vogtsburg im Kaiserstuhl, Wittnau;

vom Landkreis Emmendingen die Gemeinden:
Bahlingen, Biederbach, Elzach, Endingen, Forchheim, Freiamt, Gutach im Breisgau, Herbolzheim, Kenzingen, Malterdingen, Rheinhausen, Riegel, Sasbach, Sexau, Simonswald, Weisweil, Winden im Elztal, Wyhl;

vom Ortenaukreis alle Gemeinden,
darunter **(V)**:
Appenweier, Friesenheim, Hohberg, Kehl, Lahr/Schwarzwald, Offenburg, Ortenberg, Schutterwald, Willstätt;

in der **Region Schwarzwald-Baar-Heuberg**
vom Landkreis Rottweil alle Gemeinden;

vom Schwarzwald-Baar-Kreis alle Gemeinden,
darunter **(V)**:
Bad Dürrheim, Brigachtal, Dauchingen, Mönchweiler, Niedereschach, Tuningen, Unterkirnach, Villingen-Schwenningen;

vom Landkreis Tuttlingen alle Gemeinden,
darunter **(V)**:
Trossingen;

in der **Region Hochrhein-Bodensee**
vom Landkreis Konstanz alle Gemeinden,
darunter **(V)**:
Allensbach, Büsingen am Hochrhein, Gailingen, Gottmadingen, Hilzingen, Konstanz, Radolfzell am Bodensee, Reichenau, Rielasingen-Worblingen, Singen (Hohentwiel), Steißlingen, Volkertshausen;

vom Landkreis Lörrach die Gemeinden:
Aitern, Bad Bellingen, Böllen, Bürchau, Efringen-Kirchen, Elbenschwand, Fröhnd, Häg-Ehrsberg, Kandern, Malsburg-Marzell, Neuenweg, Raich, Sallneck, Schliengen, Schönau im Schwarzwald, Schönenberg, Tegernau, Todtnau, Tunau, Utzenfeld, Wembach, Wieden, Wies, Wieslet, Zell im Wiesental;

vom Landkreis Waldshut alle Gemeinden, mit Ausnahme von:
Bad Säckingen, Murg, Wehr;

in der **Region Neckar-Alb**
vom Landkreis Reutlingen die Gemeinden:
Engstingen, Gomadingen, Grabenstetten, Hayingen, Hohenstein, Mehrstetten, Münsingen, Pfronstetten, Römerstein, St. Johann, Sonnenbühl, Trochtelfingen, Zwiefalten, Gutsbezirk Münsingen;

vom Landkreis Tübingen die Gemeinden:
Hirrlingen, Starzach;

vom Zollernalbkreis alle Gemeinden,
darunter **(V)**:
Albstadt, Balingen, Bisingen, Bitz, Geislingen, Hechingen, Jungingen, Rangendingen;

in der **Region Donau-Iller**
der Stadtkreis Ulm **(V)**;

vom Alb-Donau-Kreis alle Gemeinden,
darunter **(V)**:
Blaustein, Erbach, Hüttisheim, Illerkirchberg, Schnürpflingen, Staig;

vom Landkreis Biberach alle Gemeinden;

Landesentwicklungsplan

in der **Region Bodensee-Oberschwaben**
vom Bodenseekreis alle Gemeinden,
darunter **(V)**:

Eriskirch, Friedrichshafen, Immenstaad am Bodensee, Kressbronn am Bodensee, Langenargen, Markdorf, Meckenbeuren, Oberteuringen, Tettnang;

vom Landkreis Ravensburg alle Gemeinden,
darunter **(V)**:
Baienfurt, Baindt, Ravensburg, Weingarten;

vom Landkreis Sigmaringen alle Gemeinden.

Landesentwicklungsplan

Anhang zu Plansatz 1.11.3
Räume mit Strukturschwächen*)

Es gehören derzeit (12. Dezember 1983) zu den **Räumen mit Strukturschwächen**

in der **Region Franken**
vom Landkreis Heilbronn die Gemeinden:
Bad Rappenau, Eppingen, Gemmingen, Ittlingen, Jagsthausen (L), Kirchardt, Langenbrettach, Möckmühl (L), Neudenau (L), Neuenstadt am Kocher, Roigheim (L), Siegelsbach, Widdern (L), Wüstenrot;

vom Hohenlohekreis alle Gemeinden,
darunter L: Dörzbach, Krautheim, Mulfingen, Schöntal
und ehem. SPO: Öhringen mit Neuenstein;

vom Main-Tauber-Kreis alle Gemeinden (alle L),
darunter ehem. SPO: Bad Mergentheim mit Igersheim, Tauberbischofsheim
und MNB: Lauda-Königshofen;

vom Landkreis Schwäbisch Hall alle Gemeinden,
darunter L: Blaufelden, Crailsheim, Fichtenau, Frankenhardt, Gerabronn, Kirchberg an der Jagst, Kreßberg, Langenburg, Rot am See, Satteldorf, Schrozberg, Stimpfach, Wallhausen
und ehem. SPO: Crailsheim mit Satteldorf, Gaildorf, Schrozberg, Schwäbisch Hall mit Michelbach an der Bilz;

in der **Region Ostwürttemberg**
vom Landkreis Heidenheim alle Gemeinden (alle L),
darunter ehem. SPO: Heidenheim an der Brenz;

vom Ostalbkreis die Gemeinden:
Aalen, Abtsgmünd, Adelmannsfelden, Bopfingen (ehem. SPO), Ellenberg, Ellwangen (Jagst) (ehem. SPO), Essingen, Hüttlingen, Jagstzell, Kirchheim am Ries, Lauchheim, Neresheim, Neuler, Oberkochen, Rainau, Riesbürg, Rosenberg, Stödtlen, Tannhausen, Unterschneidheim, Westhausen, Wört (alle L);

in der **Region Mittlerer Oberrhein**
vom Landkreis Karlsruhe die Gemeinden:
Bretten (L), Bruchsal (LAO), Gondelsheim (L), Kraichtal (nur Gemeindeteil Landshausen), Kürnbach (L), Oberderdingen (L), Östringen (nur Gemeindeteile Eichelberg und Tiefenbach), Sulzfeld (L), Philippsburg (LAO), Zaisenhausen (L);

vom Landkreis Rastatt die Gemeinde Rastatt (wie LAO);

*) **Räume mit Strukturschwächen** im Sinne des Landesentwicklungsplans sind die jeweiligen Gebiete der **Regionalförderung**, umfassend die Gebiete der **Gemeinschaftsaufgabe** „Verbesserung der regionalen Wirtschaftsstruktur" (GA) und die Gebiete der **einzelbetrieblichen Regionalförderung** (L = Landesfördergebiete), sowie die Gebiete der **Infrastrukturförderung** (Erschließung von Industrie- und Gewerbegebieten sowie Landesinfrastrukturprogramm - LIP -). Die Gebiete werden von Zeit zu Zeit überprüft.

Die Gebiete der Infrastrukturförderung umfassen derzeit (12. Dezember 1983) sowohl die zum 1. Januar 1983 abgegrenzten Gebiete der Gemeinschaftsaufgabe und die ebenfalls zum 1. Januar 1983 abgegrenzten Landesfördergebiete als auch die bis zu diesem Zeitpunkt anerkannten Fördergebiete (ehemalige Gebiete der Gemeinschaftsaufgabe, ehemalige Landesfördergebiete, Randgemeinden, ehemalige Landesausbauorte = LAO und bei der Infrastrukturförderung gleichgestellte Orte = wie LAO).

Soweit die aufgeführten Gemeinden nicht durch die vorstehenden Abkürzungen besonders gekennzeichnet sind, gehören sie ausschließlich zum Gebiet der Infrastrukturförderung. Zusätzlich gekennzeichnet sind außerdem die jetzigen und die ehemaligen Schwerpunktorte (SPO bzw. ehem. SPO) der Gemeinschaftsaufgabe sowie die Modellnahbereiche (MNB).

Landesentwicklungsplan

in der **Region Unterer Neckar**
vom Neckar-Odenwald-Kreis alle Gemeinden (alle GA),
darunter SPO: Adelsheim, Buchen (Odenwald) mit Walldürn, Mosbach, Osterburken
und MNB: Adelsheim, Osterburken, Ravenstein, Rosenberg, Seckach;

vom Rhein-Neckar-Kreis die Gemeinden:
Angelbachtal, Eberbach, Epfenbach, Eschelbronn, Helmstadt-Bargen, Neckarbischofsheim, Neidenstein, Reichartshausen, Schönbrunn, Sinsheim (SPO), Waibstadt, Zuzenhausen (alle GA außer Eschelbronn);

in der **Region Nordschwarzwald**
vom Landkreis Calw die Gemeinden:
Altensteig, Ebhausen, Egenhausen, Haiterbach, Nagold, Rohrdorf, Simmersfeld, Wildberg;

vom Landkreis Freudenstadt die Gemeinden:
Empfingen, Eutingen im Gäu, Horb am Neckar, Waldachtal;

in der **Region Südlicher Oberrhein**
vom Landkreis Breisgau-Hochschwarzwald die Gemeinden:
Breisach am Rhein (LAO), Breitnau, Eisenbach (Hochschwarzwald), Feldberg (Schwarzwald), Friedenweiler, Hinterzarten, Lenzkirch, Löffingen, Müllheim (LAO), Neuenburg (LAO zusammen mit Müllheim), Schluchsee, Titisee-Neustadt (ehem. SPO);

vom Landkreis Emmendingen alle Gemeinden,
darunter L: Bahlingen, Biederbach, Elzach, Endingen, Forchheim, Gutach im Breisgau, Herbolzheim, Kenzingen, Rheinhausen, Riegel, Sasbach, Simonswald, Waldkirch, Weisweil, Winden im Elztal, Wyhl;

vom Ortenaukreis die Gemeinden:
Ettenheim, Fischerbach, Friesenheim, Gutach (Schwarzwaldbahn), Haslach im Kinzigtal, Hausach, Hofstetten, Hornberg, Kappel-Grafenhausen, Kippenheim, Lahr/Schwarzwald, Mahlberg, Meißenheim, Mühlenbach, Oberwolfach, Ringsheim, Rust, Schuttertal, Schwanau, Seelbach, Steinach, Wolfach (alle L);

in der **Region Schwarzwald-Baar-Heuberg**
vom Landkreis Rottweil die Gemeinden:
Aichhalden (L), Dornhan, Dunningen (L), Eschbronn (L), Hardt (L), Lauterbach (L), Schenkenzell (L), Schiltach (L), Schramberg (L), Sulz am Neckar (LAO), Tennenbronn (L), Vöhringen;

vom Schwarzwald-Baar-Kreis alle Gemeinden,
darunter L: Blumberg, Bräunlingen, Donaueschingen (ehem. SPO), Hüfingen, Königsfeld im Schwarzwald, St. Georgen im Schwarzwald, Schönwald im Schwarzwald, Schonach im Schwarzwald, Triberg im Schwarzwald;

vom Landkreis Tuttlingen die Gemeinden:
Bärenthal, Buchheim, Durchhausen, Emmingen-Liptingen, Geisingen (L), Gunningen, Immendingen (L), Neuhausen ob Eck, Talheim, Trossingen;

in der **Region Hochrhein-Bodensee**
vom Landkreis Konstanz die Gemeinden:
Aach (MNB), Bodman-Ludwigshafen, Eigeltingen, Engen (LAO, MNB), Hohenfels, Mühlhausen-Ehingen (MNB), Mühlingen, Orsingen-Nenzingen, Radolfzell am Bodensee (nur Gemeindeteil Stahringen), Singen (Hohentwiel) (nur Gemeindeteil Beuren an der Aach), Steißlingen, Stockach (ehem. SPO), Tengen (MNB), Volkertshausen;

vom Landkreis Lörrach die Gemeinden:
Aitern, Böllen, Bürchau, Elbenschwand, Fröhnd, Häg-Ehrsberg, Hasel, Hausen im Wiesetal, Maulburg, Neuenweg, Raich, Sallneck, Schönau im Schwarzwald, Schönenberg, Schopfheim (ehem. SPO), Tegernau, Todtnau, Tunau, Utzenfeld, Wembach, Wieden, Wies, Wieslet, Zell im Wiesental (alle L), Weil am Rhein (wie LAO);

vom Landkreis Waldshut alle Gemeinden, mit Ausnahme von:
Bad Säckingen, Görwihl, Herrischried, Laufenburg (Baden), Murg, Rickenbach, Wehr,
darunter ehem. SPO: Bonndorf im Schwarzwald, Waldshut-Tiengen;

Landesentwicklungsplan

in der **Region Neckar-Alb**
vom Landkreis Reutlingen die Gemeinden:
Engstingen (L), Gomadingen (L), Hayingen (L), Hohenstein (L), Mehrstetten (L), Münsingen (L, ehem. SPO), Pfronstetten (L), Römerstein, St. Johann (L), Trochtelfingen (L), Bad Urach (nur Gemeindeteile Hengen, Seeburg, Sirchingen und Wittlingen), Zwiefalten (L), Gutsbezirk Münsingen (L);

vom Landkreis Tübingen die Gemeinden:
Rottenburg am Neckar (LAO), Starzach;

vom Zollernalbkreis die Gemeinden:
Bisingen (L), Burladingen (L), Grosselfingen (L), Haigerloch (L), Hechingen (L), Jungingen (L), Meßstetten (nur Gemeindeteile Hartheim und Heinstetten), Rangendingen (L), Straßberg, Winterlingen;

in der **Region Donau-Iller**
vom Alb-Donau-Kreis die Gemeinden:
Allmendingen (L), Altheim (L), Ehingen (Donau) (L, ehem. SPO), Emeringen (L), Emerkingen (L), Griesingen (L), Grundsheim (L), Hausen am Bussen (L), Heroldstatt, Laichingen (ehem. SPO), Langenau (LAO), Lauterach (L), Merklingen, Munderkingen (L), Nellingen, Oberdischingen (L), Obermarchtal (L), Oberstadion (L), Öpfingen (L), Rechtenstein (L), Rottenacker (L), Schelklingen (L), Untermarchtal (L), Unterstadion (L), Unterwachingen (L), Westerheim;

vom Landkreis Biberach die Gemeinden:
Achstetten, Alleshausen, Allmannsweiler, Altheim (L), Bad Buchau, Bad Schussenried (nur Gemeindeteil Reichenbach bei Schussenried), Betzenweiler, Burgrieden, Dürmentingen (L), Dürnau, Ertingen (L), Kanzach, Langenenslingen (L), Laupheim (ehem. SPO), Mietingen, Moosburg, Oggelshausen, Riedlingen (L, ehem. SPO), Schwendi, Seekirch, Tiefenbach, Unlingen (L), Uttenweiler (L), Wain;

in der **Region Bodensee-Oberschwaben**
vom Bodenseekreis die Gemeinden:
Markdorf (LAO), Tettnang (LAO);

vom Landkreis Ravensburg die Gemeinden:
Achberg, Aichstetten, Aitrach, Amtzell, Argenbühl, Bad Wurzach, Isny im Allgäu (MNB), Kißlegg, Leutkirch im Allgäu, Wangen im Allgäu (alle L);

vom Landkreis Sigmaringen alle Gemeinden (alle L),
darunter ehem. SPO: Meßkirch, Pfullendorf, Sigmaringen, Saulgau
und MNB: Herdwangen-Schönach, Illmensee, Ostrach, Pfullendorf, Wald.

Landesentwicklungsplan

**Anhang zu den Plansätzen 3.9.15 und 3.12.15
Uferbereich des Bodensees**
Zum „**Uferbereich des Bodensees**" im Sinne des Landesentwicklungsplans gehören

vom Landkreis Konstanz die Gemeinden oder Gemeindeteile:
Allensbach, Bodman-Ludwigshafen, Gaienhofen, Konstanz, Moos, Öhningen, Radolfzell (Gemeindeteile Böhringen, Güttingen, Liggeringen, Markelfingen, Möggingen, Radolfzell), Reichenau, Singen/Hohentwiel (Gemeindeteil Bohlingen), Stockach (Gemeindeteil Espasingen);

vom Bodenseekreis die Gemeinden oder Gemeindeteile:
Daisendorf, Eriskirch, Friedrichshafen (Gemeindeteile Friedrichshafen, Kluftern), Hagnau am Bodensee, Immenstaad am Bodensee, Kressbronn am Bodensee, Langenargen, Markdorf (Gemeindeteil Ittendorf), Meersburg (ohne Baitenhausen), Sipplingen, Stetten, Überlingen (Gemeindeteile Bonndorf, Deisendorf, Hödingen, Nesselwangen, Nußdorf, Überlingen), Uhldingen-Mühlhofen.

Begründung zum Landesentwicklungsplan Baden-Württemberg vom 12. Dezember 1983

Begründung
Einleitung

A. Einleitung

1. Der Landesentwicklungsplan als Leitbild der Raumentwicklung

Baden-Württemberg hat sich in den vergangenen Jahren, auch im Vergleich zu anderen Bundesländern, gut entwickelt. Die historisch gewachsene Siedlungsstruktur des Landes ist gekennzeichnet durch den Wechsel von großen Verdichtungsräumen mit mittleren und kleineren Verdichtungen im ländlichen Raum. Diese vielfältige Struktur bietet der Bevölkerung des Landes eine gute Versorgung mit Gütern und Dienstleistungen und garantiert zugleich günstige Bedingungen und zahlreiche Ansatzpunkte für die weitere wirtschaftliche Entwicklung. Baden-Württemberg weist eine reizvolle und weitgehend intakte Landschaft auf, die Erholung und Fremdenverkehr vielfältige Möglichkeiten bietet.

Gute Ausgangsposition

Aufgabe der Entwicklungspolitik des Landes ist es, diese gute Ausgangssituation zu erhalten und qualitativ zu verbessern. Sie muß dabei die Veränderungen gesellschaftlicher Prioritäten berücksichtigen und beachten, daß die Rahmenbedingungen der sozialen und wirtschaftlichen Entwicklung ständig in Fluß sind. Planungen und Maßnahmen müssen deshalb regelmäßig überprüft und, soweit es sich als notwendig erweist, den veränderten Bedingungen angepaßt werden.

Qualitative Verbesserung

Die Vielfalt der Faktoren, die auf die räumliche Entwicklung einwirken, und der große Umfang raumbezogener öffentlicher Planungen und Maßnahmen verlangen aber auch eine erhebliche Kontinuität in der Entwicklungspolitik. Vor allem in ihren grundlegenden Zielvorstellungen muß die Entwicklungspolitik langfristig ausgerichtet sein und kontinuierlich verfolgt werden, da die weitere Besiedlung und die Beanspruchung der Natur sehr weitreichende soziale, wirtschaftliche und ökologische Auswirkungen haben. Dies schließt nicht aus, daß die Einzelplanungen regelmäßig angepaßt und die Ziele der Entwicklungspolitik auch mit flexiblen Maßnahmen gefördert werden.

Langfristige Ausrichtung

Der Landesentwicklungsplan (LEP) erfüllt im System der raumwirksamen Planungen die Aufgabe, ein übergeordnetes und zusammenfassendes Leitbild vorzugeben, an dessen Rahmen sich die räumlichen und fachlichen Einzelplanungen ausrichten können. Im LEP sind grundlegende Entscheidungen getroffen für die weitere Entwicklung der Siedlungsstruktur und die Erhaltung der Freiräume, für die raumwirksamen Fachplanungen und für die besonderen Entwicklungsaufgaben der verschiedenen Landesteile.

Die Zielsetzungen der Landesentwicklung in Baden-Württemberg sollen sich einpassen in vorhandene Konzeptionen für die gesamträumliche Entwicklung des Bundesgebiets. Hierzu gibt das Raumordnungsgesetz des Bundes vom 8. April 1965 (BGBl. I S. 306) zunächst abstrakte Grundsätze der Raumordnung vor. Einen Ansatz zur räumlichen Konkretisierung dieser Grundsätze enthält das Bundesraumordnungsprogramm (BT-DS 7/3584), das auf Beschlüsse des Deutschen Bundestags von 1969 und der Ministerpräsidentenkonferenz von 1970 hin von der MKRO erarbeitet und am 14. Februar 1975 beschlossen wurde. Dieses Programm orientiert sich an dem raumordnerischen Hauptziel, in allen Teilen des Bundesgebietes gleichwertige Lebensbedingungen zu schaffen und die bestehenden strukturell oder entwicklungspolitisch bedingten räumlichen Disparitäten zu mildern. Das Bundesraumordnungsprogramm (BROP) 1975 sollte einen Orientierungsrahmen für einen raumordnungskonformen Einsatz der raumwirksamen Mittel des Bundes bieten. Vor diesem Hintergrund und auf der Grundlage von 38 Gebietseinheiten (in Baden-Württemberg: die Regierungsbezirke Stuttgart, Freiburg und Tübingen, der südliche Teil des Regierungsbezirks Karlsruhe sowie die Region Unterer Neckar zusammen mit der Region Vorderpfalz in Rheinland-Pfalz) waren auch die Ausgangslage analysiert, die Entwicklungstendenzen dargestellt und die Zielvorstellungen formuliert. Als Instrumentarien wies das BROP Problem- und Schwerpunkträume, großräumig bedeutsame Achsen und Entwicklungszentren aus (vgl. LEB 1975, Band 1, S. 22 ff., und LEB 1979, S. 92 ff.).

Einfügung in die Raumordnung im Bundesgebiet

Die Umsetzung des Programms war erheblich eingeengt und behindert dadurch, daß das Programm selbst nicht hinreichend handlungsorientiert ist und die raumbedeutsamen Fachplanungen des Bundes nicht auf das raumordnerische Leitbild koordiniert. Dieser Umstand und die veränderten Rahmenbedingungen bei Bevölkerung, Wirtschaft, Energie und Umwelt veranlaßten die MKRO, eine Fortschreibung einzuleiten (GMBl. 1982, S. 90).

Fortschreibung des Bundesraumordnungsprogramms 1975

Das bisherige Hauptziel gleichwertiger Lebensbedingungen, also der Abbau von Disparitäten, bleibt auch weiterhin gültig. Gleiches Gewicht soll aber bei der Fortschreibung die Aufgabe der Raumordnung haben, miteinander konkurrierende Raum-

Begründung
Einleitung

ansprüche auszugleichen: Die Sicherung der natürlichen Lebensgrundlagen macht es notwendig, und das gestiegene Umweltbewußtsein macht es politisch möglich, auch im BROP Orientierungshilfen für die Lösung von Konflikten bei der Flächennutzung zwischen Siedlungsentwicklung und Freiräumen, beim Schutz der natürlichen Lebensgrundlagen sowie bei der Sicherung der Ressourcen und der Energieversorgung zu geben. Bund und Länder werden in gemeinsamer Verantwortung für die räumliche Entwicklung des Bundesgebiets den veränderten Rahmenbedingungen Rechnung tragen.

Derzeit ist noch offen, ob dies letztendlich in der Form von einer umfassenden Fortschreibung des BROP 1975, von auf einzelne Probleme beschränkten Aussagen oder von Hinweisen in den Raumordnungsberichten der Bundesregierung geschehen wird. Auf jeden Fall aber sollte die Nivellierung regionaler Unterschiede, die sich beim BROP 1975 aus der Beschränkung auf nur 38 Gebietseinheiten ergeben hatte, durch die Umstellung auf 75 Raumordnungsregionen (in Baden-Württemberg die 12 Regionen) als Beurteilungsgrundlage vermieden werden. Aus der Sicht der Länder wäre außerdem eine noch stärkere Einbindung der raumbedeutsamen Maßnahmen der Fachverwaltungen des Bundes erwünscht. Ferner werden sich die Aussagen stärker auf gravierende Problembereiche, wie z.B. die regionalen Ungleichgewichte beim Arbeitsmarkt, konzentrieren und insgesamt verstärkt auf qualitative Aussagen verlagern müssen. Erste Ansätze hierzu zeigt bereits der Raumordnungsbericht 1982 der Bundesregierung (BT-DS 10/210), der bei den einzelnen Kapiteln bereits auf die notwendigen Konsequenzen hinweist.

Landesentwicklungsplan als Leitbild der Raumentwicklung

Mit dem übergeordneten, rahmenhaften Leitbild des LEP sind die im Einzelfall zu treffenden Entscheidungen nicht etwa vorweggenommen; auch Konflikte zwischen den verschiedenen Ansprüchen an den Raum (etwa zwischen Siedlungsentwicklung und Landwirtschaft, Straßenbau und Forstwirtschaft) können durch den LEP nicht ausgeschlossen werden. Der Plan gibt aber für die Entscheidungsverfahren die Grundsätze vor, die jeweils abzuwägen sind, und legt die Ziele fest, die beachtet werden müssen. Der LEP soll die Planungsträger also nicht fesseln, sondern einen Rahmen für die raumwirksamen Entscheidungen vorgeben und diese dadurch auf die angestrebte Gesamtentwicklung des Landes ausrichten.

Der LEP wird - entsprechend den jeweiligen Bedürfnissen der Landesteile - durch die Regionalplanung konkretisiert und ausgeformt. Auch auf dieser Stufe können die Ziele der Raumordnung und Landesplanung aber nicht etwa eine Dichte erreichen, die Einzelplanungen vorherbestimmen würde. Sie müssen vielmehr den Fachplanungen die erforderliche Flexibilität gewährleisten und den Handlungsspielraum der kommunalen Selbstverwaltung wahren. Die Raumordnung behält auch auf dieser Stufe Rahmencharakter. Der LEP und die Regionalpläne können und sollen die Entscheidungen über Einzelmaßnahmen nicht ersetzen; sie müssen durch die staatlichen Fachplanungen, die kommunale Selbstverwaltung und die Entscheidungen der Bürger umgesetzt werden. Die Landesentwicklungspolitik ist damit auf ein kooperatives Zusammenwirken von Staat, Kommunen und Bürgern angelegt.

Korrekturfunktion der Landesentwicklungspolitik

Die Landesentwicklungspolitik ist bei ihren Planungen und Maßnahmen sowohl an die Grundrechte (wie z.B. die Freizügigkeit) als auch an die marktwirtschaftliche Ordnung gebunden; mit dem entwicklungspolitischen Instrumentarium kann und darf auch deshalb die Raumentwicklung nur begrenzt gesteuert werden. Raumordnung und Entwicklungspolitik haben in der marktwirtschaftlichen Ordnung nur eine korrigierende Funktion: Sie tragen dazu bei, problematische Entwicklungen abzubauen und fördern Initiativen, die zur Verbesserung der räumlichen Struktur des Landes beitragen können.

2. Die räumliche Entwicklungskonzeption des Landesentwicklungsplans
2.1 Raumordnung und Gesellschaftspolitik

Raumordnung und Gesellschaftspolitik

Mit den Grundentscheidungen über die angestrebte räumliche Entwicklung des Landes, wie sie im LEP getroffen werden, sind auch wichtige gesellschaftspolitische Wertungen vorgenommen. Der LEP und die gesamte Landesentwicklungspolitik sollen dazu beitragen, die Prinzipien des freiheitlichen und sozialen Rechtsstaates zu verwirklichen: Die freie Entfaltung der Persönlichkeit, die soziale Gerechtigkeit, die Chancengleichheit, die Freizügigkeit und das Recht der Kommunen auf Selbstverwaltung. Nur in einer entwicklungspolitisch ausgewogenen Ordnung können diese Freiheitsrechte zu ihrer vollen Wirkung kommen.

Begründung
Einleitung

Die Landesregierung sieht es als Aufgaben einer ausgewogenen Entwicklungspolitik an,
- den Bürgern gutes Wohnen, berufliches Fortkommen, Eigentumsbildung und Raum zur Freizeitgestaltung zu sichern;
- für Gewerbe und Industrie Ansiedlungs- und Entwicklungsmöglichkeiten zu eröffnen;
- den Kommunen zu helfen, die Versorgung ihrer Bürger zu verbessern und sich organisch fortzuentwickeln und hierbei
- die Umwelt, die Landschaft mit ihren natürlichen Gütern, die Urbanität unserer Städte und das eigenständige Leben im Dorf zu bewahren.

Um diese Ziele zu verwirklichen, muß die Landesentwicklungspolitik korrigierend auf den Wettbewerb verschiedenster Ansprüche um die Raumnutzung Einfluß nehmen. Nicht alle Ansprüche können an den Standorten realisiert werden, die von den privaten Entscheidungsträgern oder den einzelnen öffentlichen Fachplanungen angestrebt werden; ein für den einzelnen Betrieb kostengünstiger Standort kann für die Allgemeinheit erhebliche gesamtwirtschaftliche Nachteile aufweisen. Hier muß die Entwicklungspolitik des Landes auf einen Ausgleich der legitimen Ansprüche hinwirken und Sorge tragen, daß geeignete Standorte zur Verfügung gestellt werden.

Ausgleich konkurrierender Nutzungsansprüche

Mit dem Instrumentarium der Raumplanung und den raumwirksamen fachlichen Maßnahmen muß die Landesentwicklungspolitik besonders die Gesichtspunkte berücksichtigen, die im marktwirtschaftlichen Prozeß nicht oder unvollkommen zur Geltung kommen; dazu zählen die Sicherung der natürlichen Lebensgrundlagen ebenso wie die Standortvorsorge für künftige Großanlagen, die Freihaltung von Trassen für Verkehrswege und Energieleitungen und die Sicherung von Abbaugebieten für Bodenschätze.

Eines der wichtigsten Ziele der Landesentwicklungspolitik liegt im Abbau der großräumigen Entwicklungsunterschiede zwischen den einzelnen Landesteilen: Innerhalb des Landes sollen gleichwertige Lebensbedingungen hergestellt werden, und alle Landesteile sollen an den ökonomischen, sozialen und kulturellen Fortschritten des Landes beteiligt sein. Dieses Ziel kann aber nicht durch eine Umlenkung des Entwicklungspotentials aus den verdichteten Räumen in den ländlichen Raum erreicht werden: Massive Restriktionen in den verdichteten Räumen könnten die wichtigen Aufgaben gefährden, die dort für das ganze Land erfüllt werden, ohne daß ein Erfolg für den ländlichen Raum gesichert wäre. Wenn Baden-Württemberg bundes- und weltweit konkurrenzfähig bleiben will, darf sich die Funktionsfähigkeit seiner verdichteten Räume gegenüber den Wirtschaftsräumen außerhalb des Landes nicht verschlechtern.

Gleichwertige Lebensbedingungen

Die Landesregierung verfolgt das Ziel der gleichwertigen Lebensbedingungen, indem sie die spezifischen Entwicklungsmöglichkeiten der einzelnen Landesteile mit ihren Gemeinden und ihrer Wirtschaft fördert. Sie setzt auf den Anreiz guter Lebensbedingungen, die gerade der ländliche Raum bieten kann, und unterstützt Entwicklungsansätze, die sich dort bereits ausgebildet haben.

Einen besonderen Stellenwert innerhalb der Landesentwicklungspolitik hat die gewachsene dezentrale Siedlungsstruktur Baden-Württembergs: Sie sichert die flächendeckende Versorgung der Bevölkerung und bietet vielfältige Ansatzpunkte auch für die wirtschaftliche Entwicklung ländlicher Gebiete. Die Landesregierung bejaht deshalb - auch vor dem Hintergrund einer stagnierenden Bevölkerungsentwicklung - die dezentrale Siedlungsstruktur Baden-Württembergs und trägt mit zahlreichen Programmen und Maßnahmen dazu bei, daß diese Struktur erhalten und gefestigt wird. Nur wenn in allen Landesteilen das Netz der Siedlungen und der Infrastruktureinrichtungen in einer ausreichenden Dichte erhalten bleibt, wenn qualifizierte Arbeitsplätze, kulturelle und soziale Einrichtungen bestehen, wenn die lebensnotwendigen Güter, Dienstleistungen und erträgliche Umweltverhältnisse in der Nähe vorhanden sind, kann der einzelne sein Recht auf freie Entfaltung seiner Persönlichkeit voll wahrnehmen.

Dezentrale Siedlungsstruktur

2.2 Spezifische Entwicklungsaufgaben im ländlichen Raum und im Verdichtungsraum

Die Veränderung der wirtschaftlichen und demographischen Rahmenbedingungen, die etwa seit dem Jahr 1974 besonders deutlich geworden ist (vgl. LEB 1979, S. 3 ff.), hat die Entwicklungschancen von Teilen des ländlichen Raumes deutlich verringert. Zwar hat der ländliche Raum nach 1974 insgesamt nur wenig an Einwohnern verloren; in einzelnen Teilen zeigten sich aber bereits erhebliche Abwanderungstenden-

Ländlicher Raum als Lebens- und Wirtschaftsraum

Begründung
Einleitung

zen. Die Abwanderungsgefahr vergrößert sich, wenn die geburtenstarken Jahrgänge ins Erwerbsleben treten, im ländlichen Raum aber für die zunehmende Zahl von Erwerbstätigen die Arbeitsplätze fehlen und die immer besser ausgebildeten jungen Menschen in den Verdichtungsräumen qualifiziertere Angebote finden. Der Wegzug von erheblichen aktiven Teilen der Bevölkerung würde die Lebensbedingungen und Entwicklungschancen der verbleibenden Bevölkerungsgruppen beeinträchtigen und öffentliche und private Investitionen entwerten: Ungenügend ausgelastete Einrichtungen wären in ihrem Bestand gefährdet, bei einer zu starken Konzentration der Einrichtungen müßten aber der Bevölkerung übergroße Entfernungen zugemutet werden. Eine abnehmende Bevölkerungszahl würde außerdem die Voraussetzungen für ausreichende und attraktive Arbeitsstätten verschlechtern; gerade in der Qualität des Arbeitsmarktes war der ländliche Raum den Verdichtungsräumen meist unterlegen.

Für die weitere wirtschaftliche Entwicklung des ländlichen Raumes ist auch der rasche strukturelle Wandel der Wirtschaft von erheblicher Bedeutung. Die Produktion hochwertiger und stark spezialisierter Güter tritt dabei immer mehr in den Vordergrund; infolge der starken Exportorientierung und des Bedarfs an vielfältigen Dienstleistungen steigen die Standortanforderungen der Betriebe, die eine Verlagerung oder Erweiterung beabsichtigen. Diese Entwicklungen würden sich für den ländlichen Raum ohne eine wirksame Gegensteuerung eher nachteilig auswirken; die Entwicklungspolitik muß deshalb vor allem die Vorzüge von Standorten im ländlichen Raum gezielt ausbauen.

Spezifische Standortvorteile des ländlichen Raumes

Spezifische Standortvorteile des ländlichen Raumes sind deutlich erkennbar; sie werden in Zukunft eher noch an Bedeutung gewinnen. Die im ländlichen Raum vorhandenen Flächenreserven wirken sich ebenso wie die Landschaft als Standortvorteile aus. Erweiterungsflächen werden für expandierende Unternehmen in Zukunft verstärkt außerhalb der Verdichtungsräume und ihrer Randzonen liegen müssen; hier können Entwicklungschancen besonders für solche Zentralen Orte des ländlichen Raumes entstehen, die bereits Verdichtungsansätze aufweisen. Voraussetzungen sind vielfach in den Verdichtungsbereichen und größeren Mittelzentren gegeben; ihr Wachstumspotential kann vor allem durch gebündelten und koordinierten Einsatz raumwirksamer infrastruktureller Maßnahmen und Investitionen aktiviert werden. Standorte im ländlichen Raum geben den Arbeitnehmern die Chance zum Erwerb von Wohneigentum zu vergleichsweise günstigen Preisen in der Nähe ihrer Arbeitsstätten und zum Wohnen in naturnaher Umgebung. Die natürlichen Vorzüge der Standorte bieten auch den hochtechnisierten und spezialisierten Unternehmen besondere Möglichkeiten, ihre Arbeitsplätze qualitativ auszugestalten; es ist zu erwarten, daß solche Vorteile in Zukunft auch von der Wirtschaft verstärkt angenommen werden. Um geeignete Verdichtungsansätze im ländlichen Raum in ihrer Konkurrenzfähigkeit weiter zu fördern, muß die Entwicklungspolitik des Landes eine gezielte Förderung vornehmen und das Wachstumspotential durch gebündelten und koordinierten Einsatz raumwirksamer infrastruktureller Maßnahmen und Investitionen aktivieren.

Entwicklungsaufgaben der Verdichtungsräume

In den Verdichtungsräumen des Landes stellen sich besondere Entwicklungsaufgaben durch die steigenden Belastungen, die aus der Verdichtung resultieren. Vor allem der schon längere Zeit anhaltende Wegzug deutscher Bevölkerungsteile aus den Kernen der Groß- und Mittelstädte der Verdichtungsräume ist ein Anzeichen dafür, daß die Umweltbedingungen und die Wohnverhältnisse immer weniger mit den Bedürfnissen der Wohnbevölkerung übereinstimmen; auch der Wunsch nach Wohneigentum, der in den Verdichtungskernen vielfach schwer erfüllbar ist, bildet häufig ein Motiv für den Wegzug. Da überwiegend jüngere deutsche Familien wegziehen, überaltert die deutsche Bevölkerung; es kommt zu sozialer Entmischung, Kontaktarmut und anderen negativen Folgen. Da die Arbeitsplätze aber weiterhin in diesen Städten bleiben und auch viele Infrastruktureinrichtungen von der bereits abgewanderten Bevölkerung vielfach weiter genutzt werden, erhöhen sich die Verkehrsprobleme der Verdichtungsräume; die Umwidmung von Wohngebieten für andere Nutzungen wird durch die Abwanderung erleichtert, während die private Modernisierungsbereitschaft für Wohnungen sinkt.

Die Verdichtungsräume können ihre Aufgaben für das ganze Land auf Dauer nur erfüllen, wenn die Bevölkerungsabwanderung aus den Kernen in die Randzonen gebremst wird und die Lebensbedingungen in den Verdichtungskernen gesichert werden. Allerdings ermöglicht erst der Wegzug eines Teils der Bewohner eine Auflockerung der Siedlungsdichte, wie sie notwendig ist, um Wohnraum entsprechend den gestiegenen Ansprüchen zu schaffen und Sanierungs- und Modernisierungsmaßnahmen durchzuführen. Die Verbesserung der Bausubstanz und des Wohnum-

Begründung
Einleitung

felds sind vordringliche Aufgaben in den Verdichtungskernen, die von Bund, Land und Gemeinden mit außerordentlichen Anstrengungen gefördert werden. Angesichts des Umfangs der notwendigen Investitionen können öffentliche Maßnahmen aber nur ein Anstoß sein, um private Initiativen anzuregen. Außerdem muß die Überbauung der lebensnotwendigen Freiräume und die Bedrohung der Umwelt mit restriktiv wirkenden Maßnahmen gehemmt werden.

Die Bevölkerungsgruppen, die aus den Städten und Gemeinden der Verdichtungsräume wegziehen, bemühen sich meist um Wohnungen noch innerhalb des Verdichtungsraumes oder in seiner Randzone. Da in dieselben Gebiete häufig auch Zuwanderer aus dem ländlichen Raum ziehen, entsteht durch das Zusammentreffen zweier Wanderungsströme ein starker Siedlungsdruck mit hohem Landschaftsverbrauch. Auch in den Jahren 1974 - 1978, als die Bevölkerung im Landesdurchschnitt leicht abnahm, erfolgte auf diese Weise in einigen Umlandgemeinden der größeren Städte in den Verdichtungsräumen eine außergewöhnlich hohe Bevölkerungszunahme (vgl. LEB 1979, S. 39 ff.); die Gefahr, daß die Verdichtungsräume ringförmig anwachsen, wird durch diese Entwicklung sehr groß. Damit geht nicht nur ein großer Flächenverbrauch in bereits erheblich verdichteten Gebieten einher; es stellen sich auch beträchtliche Probleme der Infrastrukturauslastung in den Abwanderungsgemeinden und der Infrastrukturversorgung in den Zuwanderungsgebieten. Die Dringlichkeit der Sanierung und Modernisierung der Innenstädte in den Verdichtungsräumen und der Stärkung der Zentren des ländlichen Raumes wird durch diese Entwicklung besonders unterstrichen; zugleich sind in den Teilen der Verdichtungsräume und der Randzonen, die unter dem Zuwanderungsdruck stehen, konsequente lenkende Maßnahmen erforderlich, die auf eine Erhaltung und Sicherung der Freiräume, auf die Verdichtung der Bauflächen und ihre günstige Zuordnung zu Verkehrs- und Infrastruktureinrichtungen hinwirken.

2.3 Zentrale Orte und Entwicklungsachsen als Gestaltungselemente der Siedlungsstruktur

Die Erhaltung und Festigung der dezentralen Siedlungsstruktur Baden-Württembergs ist ein grundlegender Bestandteil der Landesentwicklungspolitik; nur auf diesem Weg können gleichwertige Lebensbedingungen in allen Landesteilen, gute Entwicklungsmöglichkeiten für die Wirtschaft und der notwendige Schutz der Landschaft erreicht werden. Trotz Bevölkerungsstagnation und geringerer finanzieller Möglichkeiten bleiben die Ziele der Stärkung und Sicherung der wirtschaftlichen Entwicklungsmöglichkeiten sowie die Erhaltung der bestehenden Siedlungsstruktur realistisch und miteinander vereinbar. Gerade bei insgesamt stagnierender Bevölkerungsentwicklung gewinnt die Sicherung der dezentralen Siedlungsstruktur eine gegenüber der Vergangenheit eher noch steigende Bedeutung, wenn es darum geht, möglichst viele Ansatzpunkte für die wirtschaftliche Entwicklung zu schaffen und auch dort, wo die wirtschaftliche Basis nicht mehr verbessert werden kann, die Versorgung aller Bürger mit öffentlichen Einrichtungen zu erhalten.

Erhaltung der dezentralen Siedlungsstruktur

Mit der Grundentscheidung für die Erhaltung der dezentralen Siedlungsstruktur lehnt die Landesentwicklungspolitik in Baden-Württemberg Strategien ab, die auf eine extreme Konzentration setzen und großräumige Gebiete als Erholungsräume, als ökologische Ausgleichsräume oder ausschließlich für die Landwirtschaft vorsehen wollen („passive Sanierung"). Bei längerfristiger Betrachtung gibt es unter ökonomischen und ökologischen Gesichtspunkten, aber auch aus sozialer Verantwortung für die weniger mobilen Bevölkerungsgruppen, keine echte Alternative für eine dezentralisierte Siedlungspolitik.

Unter den Instrumenten des LEP, die auf eine dezentrale Siedlungsstruktur hinwirken, hat das System der Zentralen Orte besondere Bedeutung. Die Zentralen Orte sichern für die gesamte Fläche des Landes die überörtliche Versorgung der Bevölkerung mit Gütern und Dienstleistungen; sie sind damit eine wichtige Voraussetzung für eine gezielte Standortpolitik und für einen effektiven Einsatz der öffentlichen Mittel. Die Bündelung von Einrichtungen ruft „Fühlungsvorteile" hervor, die gerade auch im ländlichen Raum die Verdichtungsansätze stärken. Die Bündelung von Einrichtungen in den Zentralen Orten ist schließlich auch ein wichtiger Beitrag zur Einschränkung des Flächenverbrauchs.

Zentrale Orte

Das System der Zentralen Orte geht davon aus, daß diejenigen Einrichtungen zur Versorgung der Bevölkerung mit Gütern und Dienstleistungen, die über die örtliche Grundversorgung hinausgehen, in verschiedenen Stufen Zentraler Orte konzentriert werden. Dieses Modell wurde aus der Siedlungsstruktur des ländlichen Raumes

67

Begründung
Einleitung

heraus entwickelt; dort sind die Zentralen Orte mit ihren Verflechtungen auch heute noch am klarsten ausgeprägt. Mit der Ausweisung von Zentralen Orten sollen im LEP aber nicht allein die bestehenden Siedlungsstrukturen dargestellt werden; die Ausweisung dient vor allem dazu, die Raumstruktur zu erhalten, Fehlentwicklungen zu vermeiden und Versorgungslücken zu schließen. Die Ausweisung der Zentralen Orte konnte deshalb nicht etwa schematisch nach der derzeitigen Bevölkerungszahl und Ausstattung vorgenommen werden. Neben diesen beiden Kriterien mußte vor allem das planerische Ziel berücksichtigt werden, daß die erforderlichen Einrichtungen zur Versorgung der Bevölkerung in den Zentralen Orten zur Verfügung gestellt werden sollen und daß diese Einrichtungen für die Bevölkerung in zumutbarer Entfernung erreichbar sein müssen.

Die Ober-, Mittel- und Unterzentren wurden im LEP 1971 ausgewiesen; mit der Ausweisung der Kleinzentren in den Regionalplänen wurde das Netz der Zentralen Orte vervollständigt. Die Stufenfolge und die Kriterien für die Ausweisung der Zentralen Orte entsprachen dabei der Entschließung der MKRO über „Zentrale Orte und ihre Verflechtungsbereiche" vom 8. Februar 1968 (LEB 1975, S. 149; StAnz 1969 Nr. 10; GMBl. S. 58). Bei der Fortschreibung blieb das Netz der im LEP ausgewiesenen Zentralen Orte unverändert: Bei stagnierender Bevölkerungsentwicklung und geringem Entwicklungspotential müssen die Bemühungen vorrangig darauf gerichtet sein, die erreichte flächendeckende Versorgung zu sichern.

Entwicklungsachsen

Als zweites Instrument einer dezentralen Siedlungskonzeption werden im LEP die Entwicklungsachsen ausgewiesen; mit den Zentralen Orten bilden sie einen Netzzusammenhang und zeigen so das Grundgerüst der angestrebten räumlichen Entwicklung des Landes auf. Abstrakt läßt sich die angestrebte Struktur als „punkt-achsiale Verdichtung" beschreiben: Der LEP zielt darauf ab, die ringförmige Ausdehnung besonders der großen Verdichtungen zu verhindern und stattdessen eine Siedlungsentwicklung zu fördern, die zu einer strahlenförmigen Ausbildung von größeren und kleineren Verdichtungen entlang der Achsen und damit zu einer engeren Verknüpfung der Verdichtungsräume und Verdichtungsbereiche mit dem ländlichen Raum führt. Um dieses Ziel zu erreichen, konnten Entwicklungsachsen nur dort ausgewiesen werden, wo bereits ausreichende Voraussetzungen in der Infrastruktur vorhanden sind und wo ein Entwicklungspotential besteht, das eine wirkungsvolle Ausbildung von Siedlungsschwerpunkten erwarten läßt.

Bündelung der Infrastruktur und Siedlungsschwerpunkte

Die im LEP ausgewiesenen Entwicklungsachsen orientieren sich deshalb im wesentlichen am Verlauf der sog. „Bandinfrastruktur", deren wichtigste Bestandteile vor allem leistungsfähige Straßen- und Schienenwege sind. Entwicklungsachsen erleichtern den Austausch von Gütern und Leistungen, indem sie Verkehrs- und Versorgungsstränge und andere Infrastruktureinrichtungen bündeln; sie sind aber auch zugleich ein Gestaltungselement der großräumigen Siedlungsstruktur. Beide Funktionen bedingen sich gegenseitig: Für die Wirtschaftlichkeit der Bandinfrastruktur sind ausreichende Siedlungsschwerpunkte notwendig; umgekehrt bildet die Bandinfrastruktur eine unentbehrliche Voraussetzung für die Ansiedlung verschiedener weiterer Infrastruktureinrichtungen und für die Entwicklung der Arbeitsstätten.

Flexible Handhabung

Mit der Ausweisung der Zentralen Orte und Entwicklungsachsen im LEP und in den Regionalplänen wird kein starres Entwicklungskonzept vorgegeben; vielmehr ist im LEP eine differenzierte Handhabung vorgesehen, die insbesondere auf die unterschiedlichen Bedürfnisse der verschiedenen Landesteile je nach ihrer verdichteten oder ländlichen Struktur flexibel eingeht. Auch läßt die abstrakte Ausweisung im LEP einen weiten Spielraum für die Ausformung und Differenzierung in den Regionalplänen sowie für die Konkretisierung durch die kommunale Selbstverwaltung.

Bei einer praxisorientierten Handhabung der zentralörtlichen Konzeption können und müssen von den Trägern der Regionalplanung, der Bauleitplanung und von den Verwaltungsbehörden auch die Unterschiede in der Siedlungs- und Versorgungsstruktur, die spezifischen Standortvorteile und -anforderungen der einzelnen Einrichtungen, ihre unterschiedliche Reichweite und die fließenden Übergänge zwischen den Funktionsstufen der Zentralen Orte berücksichtigt werden.

Am stärksten sind grundsätzlich die Infrastruktureinrichtungen zu konzentrieren, um die Tragfähigkeit der Einrichtungen zu gewährleisten oder zumindest eine vertretbare Auslastung sicherzustellen. In den Verdichtungsräumen und ihren Randzonen können Einrichtungen der sozialen Infrastruktur jedoch auf eine größere Zahl von Standorten verteilt werden.

Begründung
Einleitung

Bei den Arbeitsstätten muß besonders in den Verdichtungsräumen und in den Randzonen an der Konzentration im Zuge von Entwicklungsachsen festgehalten werden. Dort ist die Verkehrserschließung günstig; an anderen Standorten würde meist auch die Landschaft unzumutbar belastet. Im ländlichen Raum ist eine breitere Streuung von Arbeitsstätten, vor allem entlang der Schienenverkehrsstränge, möglich. Während in den Verdichtungsräumen und ihren Randzonen auch die Wohnstätten auf Entwicklungsachsen konzentriert sein sollen, damit die wertvollen Freiräume geschont werden, das Angebot der bereits vorhandenen gebündelten Infrastruktur voll genutzt und z.B. der öffentliche Personennahverkehr stärker auf die Schiene verlagert werden kann, bietet der ländliche Raum für den Wohnungsbau anders gelagerte Standortvorteile. Dort müssen die Wohnstätten nicht in dem Maße konzentriert sein, solange die Versorgung durch Zentrale Orte gesichert bleibt und die Landschaft nicht zersiedelt wird. Bei der Ausweisung von Wohnbauflächen soll der ländliche Raum die ihm eigene Attraktivität nutzen und seinen Vorteil voll wahrnehmen können, der darin besteht, daß dort individueller Wohnungsbau oft zu vergleichsweise günstigen Preisen möglich ist.

2.4 Mittelbereiche und Nahbereiche als zentralörtliche Verflechtungsbereiche

Im LEP 1971 waren nur die Zentralen Orte festgelegt, nicht aber die Verflechtungsbereiche, die von den Zentralen Orten versorgt werden, abgegrenzt. Im LEP 1983 wurden nun auch die Mittelbereiche (als Verflechtungsbereiche der gehobenen Versorgung, vgl. PS 1.5.21) verbindlich ausgewiesen; die Nahbereiche (als Verflechtungsbereiche der Grundversorgung, vgl. PS 1.5.22) wurden in den Regionalplänen ausgewiesen.

Die Mittelbereiche sind die Räume, in denen sich die wesentlichen überörtlichen Lebensbeziehungen abspielen. Hierzu gehören neben einem breitgefächerten Angebot qualifizierter Einkaufsmöglichkeiten und Dienstleistungen auch die Einzugsbereiche für Schul- und Berufspendler und die Nahverkehrsbeziehungen. Die Mittelbereiche sind also nicht nur Versorgungsbereiche, sondern auch Bezugsräume für die Feststellung von Versorgungslücken und die Aufdeckung struktureller Probleme, insbesondere für die Feststellung von wirtschaftlichen Strukturschwächen und von Arbeitsmarktproblemen (Abgrenzung der Fördergebiete). Als Bezugsräume für raumbedeutsame Planungen, wie z.B. für die Gestaltung des Nahverkehrs oder die Abgrenzung der Telefonnahbereiche, werden die Mittelbereiche noch an Bedeutung gewinnen. In den Verdichtungsräumen fällt den Mittelbereichen zunehmend die Rolle von Gestaltungsräumen für die Ordnung der Siedlungsentwicklung zu, während in den Mittelbereichen des ländlichen Raumes die Versorgungsaufgabe im Vordergrund steht.

Mittelbereiche

Mit der verbindlichen Festlegung der Mittelbereiche steht somit ein weiteres Instrument zur Verfügung, um durch Strukturanalysen und über die Koordination von Fachplanungen die raumwirksamen Planungen und Maßnahmen auf die Ziele der Raumordnung und Landesplanung auszurichten.

In den Nahbereichen wird die Versorgung der Bevölkerung mit Einrichtungen für den täglichen überörtlichen Bedarf, die relativ häufig in Anspruch genommen werden und deshalb nicht zu weit von den Wohnorten entfernt sein dürfen, sichergestellt. Seit Abschluß der Gemeindereform stimmen Nahbereich und örtlicher Verwaltungsraum meist überein. Deshalb wird - wie von der Kommission Land-Kommunen vorgeschlagen - bei der Fortschreibung der Regionalpläne auf die verbindliche Ausweisung von Nahbereichen verzichtet werden. Für die Raumbeobachtung werden die Nahbereiche allerdings unentbehrlich bleiben, weil in zahlreichen Fällen ein Nahbereich mehrere örtliche Verwaltungsräume oder ein Verwaltungsraum mehrere Nahbereiche umfaßt; zur Raumbeobachtung ist jedoch landesweit ein einheitliches Raster vergleichbarer Verflechtungsräume nötig (s. auch Begründung zu PS 1.5.22).

Nahbereiche

Durch die ständige Beobachtung von zentralörtlichen Verflechtungsbereichen wird die Abstimmung zentralörtlicher Einrichtungen erleichtert. Versorgungsdefizite können so leichter erkannt werden; aber auch die Möglichkeit, zentralörtliche Einrichtungen auf die Größe der Verflechtungsbereiche abzustimmen, um so eine Gefährdung der Versorgung zu vermeiden, wird verbessert.

Begründung
Einleitung

Die Versorgung der Bevölkerung ist nämlich nicht nur dann gefährdet, wenn die Einrichtungen verstreut oder an ungeeigneten Standorten angeboten werden oder von den Wohnungen zu weit entfernt liegen; sie kann im Einzelfall auch dann gefährdet sein, wenn Einrichtungen so groß bemessen werden, daß eine entsprechende, zur Versorgung notwendige Einrichtung an einem anderen Standort nicht mehr ausgelastet ist. Die Bemessung der zentralörtlichen Einrichtungen soll deshalb mit der Größe des Verflechtungsbereichs des Zentralen Orts abgestimmt sein.

2.5 Freiräume und Landschaftsplanung

Die starke Inanspruchnahme von Landschaft in den vergangenen Jahren macht es notwendig, die verbliebenen Freiräume des Landes zu sichern und verstärkt auf einen sparsamen Umgang mit den Flächenreserven hinzuwirken. Bund, Land und Gemeinden müssen versuchen, bei ihren Planungen noch sorgfältiger als bisher die Interessen des Schutzes unvermehrbarer natürlicher Ressourcen, der Versorgung der Bevölkerung und des erforderlichen Wirtschaftswachstums auszugleichen.

Gleiche Wertigkeit für Freiräume und Siedlungen

Dieser Zielkonflikt kann nur dann angemessen gelöst werden, wenn der Erhaltung der Freiräume grundsätzlich dieselbe Wertigkeit eingeräumt wird wie der Erweiterung der Siedlungen. Freiräume sind von vornherein gleichrangig in jede Raumnutzungskonzeption einzubringen und nicht in erster Linie als Hauptreserveflächen für Siedlungszwecke anzusehen. Um dieser Konzeption in der Praxis zum Durchbruch zu verhelfen, wurden in den LEP und die Regionalpläne Instrumente zur Freiraum- und Landschaftsplanung neu aufgenommen, die nicht nur auf eine gleichrangige Bewertung von Landschaft und Siedlung hinwirken, sondern auch besonders empfindliche Bereiche vor der Besiedlung oder für besondere Nutzungen sichern.

Bei der Fortschreibung wurden deshalb in den LEP Ziele für die Erhaltung und Nutzung der Freiräume aufgenommen: Diese sollen für landschaftsbezogene Nutzungen und für ökologische Funktionen gesichert werden und möglichst nahe am Ort der Verursachung einer ökologischen Belastung vorhanden sein. Dies entspricht den Gegebenheiten in Baden-Württemberg, da hier traditionell eine Siedlungsstruktur besteht, die durch einen Wechsel von größeren und kleineren geschlossenen Siedlungseinheiten geprägt ist. Die ökologischen Funktionen der Freiräume schließen die Weiterentwicklung vorhandener Siedlungen nicht aus, wenn auf die besonderen Eignungen und Erfordernisse der Freiräume Rücksicht genommen wird.

3. Tendenzen der Raumentwicklung

3.1 Entwicklung des Landes und seiner Teilräume (Raumkategorien)

Bevölkerung

Baden-Württemberg hatte Anfang 1983 9,271 Mio Einwohner (1982: 9,288), darunter rd. 917 000 oder rd. 10% Ausländer (1982: 942 000 = 10,1%). Damit ist Baden-Württemberg nach der Bevölkerungszahl das drittgrößte Bundesland. Rund 15 % der Bundesbevölkerung leben hier. Zwischen 1961 und 1970 nahm die Bevölkerung in Baden-Württemberg von 7,759 Mio auf 8,895 Mio Einwohner sehr rasch zu; diese Zunahme war mit 14,6 % größer als in allen anderen Bundesländern. Abgeschwächt setzte sich diese Entwicklung auch noch in der ersten Hälfte der 70er Jahre fort; 1974 wurde mit 9,239 Mio die bis dahin höchste Einwohnerzahl erreicht. Bis 1978 ging dann die Bevölkerungszahl leicht zurück. Gegenüber 1978 ist zwar ein erneuter Anstieg festzustellen, der den bisherigen Einwohnerhöchststand von 1974 noch übertrifft (vgl. Tabelle 1), aber nach einem zwischenzeitlichen Höchstwert im Jahr 1982 zeigt die Entwicklungskurve erneut fallende Tendenz.

Ausländer

Die Bevölkerungsentwicklung wurde vor allem seit 1970 nur in begrenztem Umfang durch die Binnenwanderung zwischen den Bundesländern beeinflußt; stärker hat sich dagegen die Zu- und Abwanderung von Ausländern ausgewirkt. Bedingt durch seine günstige wirtschaftliche Lage erlebte Baden-Württemberg einen ungewöhnlichen Zustrom von Ausländern und erreichte bei mehr als 900 000 Ausländern bereits 1974 mit rd. 10 % den mit Abstand höchsten Ausländeranteil unter den Ländern. Die schlechtere Konjunktursituation führte danach zwar vorübergehend zu einer überdurchschnittlichen Rückwanderung von Ausländern, die jedoch nur kurze Zeit anhielt. Bis Anfang 1983 war der frühere Höchststand mit 917 000 bei zwischenzeitlichen Schwankungen bereits übertroffen (vgl. Tabelle 1).

Begründung
Einleitung

Tabelle 1   Land Baden-Württemberg
Bevölkerungsentwicklung 1961 – 1983

Jahr	Bevölkerung insgesamt	Ausländer insgesamt	in %	Bevölk. je qkm	Jahr	Veränderung abs.	in %
1961	7 759 154	167 549	2,2	217,0	61/70	1 135 894	14,6
1970	8 895 048	641 725	7,2	248,8	70/83	375 560	4,2
1974	9 239 376	907 699	9,8	258,5	70/74	344 328	3,9
1978	9 120 453	813 218	8,9	255,2	74/78	−118 923	−1,3
1983	9 270 608	916 871	9,9	259,4	78/83	150 155	1,6

1961 und 1970 VZ-Daten, alle übrigen Daten jeweils 1.1. des Jahres
Quelle: Statistisches Landesamt

Baden-Württemberg hatte als einziges Bundesland - mit Ausnahme des Jahres 1978 - Geburtenüberschüsse; der hohe Ausländeranteil und die verhältnismäßig hohe Geburtenrate der ausländischen Bevölkerung haben dazu entscheidend beigetragen und den deutschen Sterbeüberschuß mehr als ausgeglichen (vgl. LEB 1979, S. 11 ff.).   *Geburtenüberschuß*

Die Altersstruktur der Landesbevölkerung hat sich durch diese Entwicklungen in den 70er Jahren kontinuierlich verschoben. Der Anteil der unter 18 Jahre alten Einwohner sank von 28,3 % (1970) auf 23,3 % (Anfang 1983); besonders stark abgenommen hat die Gruppe der unter 6jährigen. Im gleichen Zeitraum stieg der Anteil der über 65jährigen von 11,8% auf 14,1% deutlich an. Die Bevölkerung zwischen 18 und 65 Jahren hat - insbesondere wegen des Anstiegs innerhalb der Gruppe der 18- bis 21jährigen - einen Anteil von mehr als 60 % der Gesamtbevölkerung erreicht (vgl. Tabelle 2).   *Altersstruktur*

Tabelle 2   Land Baden-Württemberg
Altersstrukturen 1970 und 1983

1970	bis unter 6	6 – unter 18	18 – unter 21	21 – unter 45	45 – unter 65	65 und älter
Insgesamt	9,7	18,6	4,1	34,5	21,2	11,8
Deutsche	9,7	19,1	4,0	32,3	22,2	12,7
Ausländer	10,3	12,1	6,2	60,9	9,2	1,3
1983	bis unter 6	6 – unter 18	18 – unter 21	21 – unter 45	45 – unter 65	65 und älter
Insgesamt	6,1	17,2	5,3	35,2	22,1	14,1
Deutsche	5,6	16,7	5,3	33,9	23,1	15,4
Ausländer	10,9	21,5	5,0	46,7	13,9	2,0

Bevölkerung nach Altersgruppen in %

VZ 1970 und 1.1.1983   Quelle: Statistisches Landesamt

Bemerkenswert sind die Strukturverschiebungen zwischen Deutschen und Ausländern. Während unter der deutschen Bevölkerung der Anteil von Kindern und Jugendlichen ständig sank, nahm unter den Ausländern der Anteil der Personen unter 18 Jahren ständig zu. 1983 war jeder dritte Ausländer jünger als 18 Jahre, unter den Deutschen nahezu nur noch jeder fünfte. Diese Entwicklung ist durch den Anwerbestop für Erwachsene, den Nachzug jugendlicher Familienangehöriger und durch die Geburtenüberschüsse des ausländischen Bevölkerungsanteils bedingt. Durch den auch für die Zukunft anzunehmenden Geburtenrückgang der deutschen Bevölkerung ist mit weiteren Veränderungen in der Altersstruktur der Bevölkerung zu rechnen.

Im Rückblick läßt sich für die räumliche Entwicklung seit der Aufstellung des LEP 1971 auch in getrennter Betrachtung der verdichteten und der ländlichen Landesteile pauschal eine positive Bilanz ziehen. Der ländliche Raum hatte insgesamt einen ausgewogenen Anteil an der Gesamtentwicklung; sowohl die Bevölkerungsentwicklung als auch die wirtschaftliche Entwicklung waren bis Anfang der 80er Jahre ohne regionale Differenzierung als durchaus günstig anzusehen.   *Entwicklung in den Raumkategorien*

Begründung
Einleitung

Anfang 1983 lebten von den rund 9,271 Mio Einwohnern Baden-Württembergs fast 40 % in den Verdichtungsräumen des Landes; bei einem Flächenanteil von nur knapp 10 % der Landesfläche ergibt sich hieraus eine Bevölkerungsdichte, die mehr als viermal so hoch liegt wie der Landesdurchschnitt. Rund ein Fünftel der Landesbevölkerung lebte zum gleichen Zeitpunkt in den Randzonen der Verdichtungsräume. Dagegen wurde der ländliche Raum, der über zwei Drittel der Landesfläche umfaßt, von etwa 40 % der Landesbevölkerung bewohnt. Die ausländische Bevölkerung lebt vor allem in den verdichteten Räumen des Landes: 70 % der Ausländer wohnten Anfang 1983 in den Verdichtungsräumen und deren Randzonen.

Die Bevölkerungszunahme von 1970 bis 1974 war in den einzelnen Raumkategorien verschieden stark: Am größten war die Zunahme in den Randzonen der Verdichtungsräume (+ 5,9 %), während sie im ländlichen Raum dem Landesdurchschnitt entsprach. Die Bevölkerungsabnahme des Landes im Zeitraum von 1974 bis 1978 erfaßte dagegen nicht alle Landesteile. In den Verdichtungsräumen war der Bevölkerungsverlust etwa doppelt so stark wie im Landesdurchschnitt; die Randzonen dagegen konnten noch eine leichte Bevölkerungszunahme aufweisen. Die Entwicklung des ländlichen Raumes entsprach auch in diesem Zeitraum dem Landesdurchschnitt (vgl. LEB 1979, S. 24). An der Zunahme der Landesbevölkerung während des Zeitraums 1978 bis 1983 (Landesdurchschnitt: + 1,6 %), die überwiegend auf die starken Ausländerzuwanderungen zurückzuführen war, haben alle Raumkategorien positiven Anteil. Am stärksten zugenommen haben mit + 3,1 % wiederum die Randzonen, dicht gefolgt vom ländlichen Raum (+ 2,7 %). Die Verdichtungsräume hingegen mußten insgesamt Bevölkerungsverluste hinnehmen. Ausschlaggebend dafür waren die anhaltenden Wegzüge der deutschen Bevölkerung in die Randzonen.

Erwerbssituation und Wirtschaftskraft

In Baden-Württemberg lebten 1980 mehr als 4 Mio Erwerbstätige, von denen über die Hälfte (51,8 %) im Produzierenden Gewerbe tätig waren; der Dienstleistungssektor beschäftigte 43,2 %, die Land- und Forstwirtschaft nur noch 4,9% der Erwerbstätigen. Allein schon diese Grobgliederung der - lediglich im Mikrozensus repräsentativ erhobenen - Erwerbstätigen nach Wirtschaftsbereichen zeigt die ausgeprägte Industriestruktur Baden-Württembergs. Eine ähnliche Gewichtung der Wirtschaftsbereiche ergeben die Anteile der im Produzierenden Gewerbe und im Dienstleistungsbereich versicherungspflichtig beschäftigten Arbeitnehmer (vgl. Tabelle 3). Obwohl die Zahl der Beschäftigten im Produzierenden Gewerbe von 1974 bis 1982 erheblich zurückgegangen ist, überwiegt dieser Bereich noch deutlich. Gleichzeitig hat aber die Beschäftigtenzahl im Dienstleistungsbereich beständig zugenommen. Trotzdem ist dieser Sektor in Baden-Württemberg noch unterrepräsentiert.

Tabelle 3 Land Baden-Württemberg
Versicherungspflichtig Beschäftigte 1974 – 1982

Jahr	Beschäftigte insgesamt	Land und Forst	Produz. Gewerbe	Dienstl. Bereich	Jahr	Veränderung insg. abs.	in %
1974	3 394 934	25 709	2 117 773	1 251 354	74/76	– 195 486	– 5,8
1976	3 199 448	25 296	1 905 045	1 268 899	76/78	62 834	2,0
1978	3 262 282	27 947	1 930 050	1 304 200	78/80	175 700	5,4
1980	3 437 982	31 937	2 005 481	1 399 259	80/82	– 50 372	– 1,5
1982	3 387 610	33 577	1 928 360	1 425 512	74/82	– 7 324	– 0,2

Alle Daten jeweils 30. 6. des Jahres. Quelle: Statistisches Landesamt

Entwicklung in den Raumkategorien

Der bereits seit 1970 feststellbare landesweite Rückgang der im industriellen Bereich Beschäftigten ist auch in allen Raumkategorien spürbar geworden. Besonders ausgeprägt war er in den Verdichtungsbereichen im ländlichen Raum, die den höchsten Industriebesatz im Land aufweisen; im übrigen ländlichen Raum war der Rückgang weitaus geringer. Insgesamt kann die Ausstattung des ländlichen Raumes mit Arbeitsplätzen in der Industrie zwar noch nicht befriedigen; vor dem Hintergrund der Gesamtentwicklung im Land verlief die Entwicklung aber nicht ungünstig. Noch deutlicher wird dies bei der Betrachtung der Erwerbsmöglichkeiten im Dienstleistungsbereich. Auch die Zahl der Dienstleistungsbeschäftigten nahm im ländlichen Raum - ohne die Verdichtungsbereiche - deutlich zu, und zwar weitaus stärker als im Landesdurchschnitt, während sie in den Verdichtungsräumen sogar leicht rückläufig war (vgl. LEB 1979, S. 28). Für die Entwicklung des ländlichen Raumes kommt es aber unverändert darauf an, dort auch neue Arbeitsplätze des Produzierenden Gewerbes anzusiedeln.

Begründung
Einleitung

Einer der Gradmesser für die Wirtschaftskraft des Landes ist das Bruttoinlandsprodukt (BIP), mit dem die Summe der im Land erbrachten wirtschaftlichen Leistungen erfaßt wird. Mit einem Bruttoinlandsprodukt von 27 310 DM je Einwohner (vgl. Tabelle 4) lag Baden-Württemberg 1982 zusammen mit Hessen an der Spitze der Flächenländer. Der hohe Leistungswert für Baden-Württemberg beruht vor allem auf dem hohen Anteil der Verdichtungsräume und anderer verdichteter Bereiche, in denen das Bruttoinlandsprodukt je Einwohner die höchsten Werte erreicht, während es mit zunehmender ländlicher Struktur eines Raumes deutlich absinkt.

Bruttoinlandsprodukt

Tabelle 4
Bruttoinlandsprodukt 1970 – 1982
Land Baden-Württemberg

Jahr	in Mio DM*)	in DM je Einw.	Veränderung je Einw.	in %
1970	105 887	11 826	70/74	40,4
1974	153 206	16 605	74/76	14,3
1976	173 035	18 975	76/78	15,2
1978	199 687	21 853	78/80	15,4
1980**)	233 497	25 219	80/82	8,3
1982**)	253 183	27 310	70/82	130,9

*) In jeweiligen Preisen; **) Vorläufige Ergebnisse Quelle: Statistisches Landesamt

Mit der wirtschaftlichen Entwicklung, der Verbesserung der Wohnungsversorgung und dem Ausbau der Infrastruktureinrichtungen hat die Raumbeanspruchung in vielen Lebensbereichen erheblich zugenommen. Der Flächenverbrauch hatte trotz verlangsamter Bevölkerungsentwicklung bis hin zur Stagnation bis weit in die 70er Jahre erhebliche Ausmaße angenommen; seither hat sich die Zunahme der Siedlungsflächen jedoch deutlich verlangsamt.

Siedlungsentwicklung und Flächenverbrauch

Die Siedlungsflächen, zu denen außer den Bebauungs- und Verkehrsflächen allerdings auch Parks, Friedhöfe, Sportplätze und anderes zählen, nahmen zu Beginn der 80er Jahre mit über 11 % mehr als ein Zehntel der Gesamtfläche des Landes ein (vgl. Tabelle 5). Die erhebliche Zunahme der Bevölkerung, die Weiterentwicklung des Gewerbes und der Ausbau der Infrastruktureinrichtungen in den Verdichtungsräumen, den Randzonen und den Verdichtungsbereichen im ländlichen Raum hat dazu geführt, daß die Anteile der Siedlungsflächen in diesen Raumkategorien besonders hohe Werte erreicht haben; in einzelnen Groß- und Mittelstädten der Verdichtungsräume waren bis zu 50 % der Markungsflächen besiedelt. Im ländlichen Raum nimmt die Siedlungsfläche dagegen noch durchschnittlich weniger als 10 % der Markungsfläche ein, obwohl die Flächeninanspruchnahme dort ebenfalls zugenommen hat.

Tabelle 5
Siedlungsfläche nach Nutzungsarten 1950 – 1982
Land Baden-Württemberg

Jahr	Siedl.-fläche insgesamt in ha	in %*)	Bebauungsfläche in ha	in %*)	Verkehrswegefläche in ha	in %*)	Sonstige Bes.-fläche in ha	in %*)
1950	215 221	6,0	82 606	2,3	114 374	3,3	18 241	0,5
1960	252 864	7,1	95 159	2,7	130 188	3,6	27 517	0,8
1970	310 509	8,7	129 663	3,6	144 847	4,1	35 999	1,0
1978	377 607	10,6	164 505	4,6	165 089	4,6	48 013	1,4
1979	401 846	11,2	202 932	5,7	169 798	4,7	29 116	0,8
1980	391 970	11,0	—		—		—	
1981	408 890	11,4	208 179	5,8	171 659	4,8	29 052	0,8
1982	401 727	11,2	—		—		—	

*) Anteil an der Landesfläche (3 575 246)
1950 + 1960 angepaßte Werte, Bodennutzungserhebung
1970, 1978, 1980 + 1982 Bodennutzungserhebung
1979 + 1981 Flächenerhebung (Belegenheitsprinzip, insofern mit Bodennutzungserhebung nicht vergleichbar)
Quelle: Statistisches Landesamt

Begründung
Einleitung

Betrachtet man die Inanspruchnahme von Flächen für Bauzwecke („Gebäude- und Hofflächen") und für den Straßenbau („Verkehrswegeflächen") getrennt, so wird erkennbar, daß in Baden-Württemberg während der letzten beiden Jahrzehnte mehr Freiflächen für die Bebauung als für Verkehrsflächen in Anspruch genommen wurden. Die Anteilwerte haben sich aber immer mehr angeglichen und waren 1978 bereits gleich groß. Bei der Bewertung dieser Veränderungen muß auch die Immissionsbelastung der Landschaft, die sich auf Streifen von erheblicher Breite parallel zu den Straßen erstreckt, und die Zerschneidung der Landschaft durch den Straßenbau in Rechnung gestellt werden.

3.2 Tendenzen der künftigen Bevölkerungsentwicklung

Allgemeine Tendenzen

Die seit Mitte der 70er Jahre insgesamt zu beobachtende Stagnation in der Bevölkerungsentwicklung, die von 1974 bis 1978 von einem leichten Absinken und danach von einem Anstieg der Bevölkerungszahl gekennzeichnet wurde, hat die Rahmenbedingungen für die Landesentwicklungspolitik erheblich verändert. Erst recht werden die Auswirkungen des Geburtenrückgangs seit Mitte der 60er Jahre und die weitere Bevölkerungsentwicklung mit dem künftig zu erwartenden Rückgang der Deutschen und einer voraussichtlich anhaltenden Zunahme der Ausländer in den kommenden Jahren starken Einfluß auf die Entwicklung des Landes und seiner Teilräume haben. Dies gilt auch unabhängig davon, welche der verschiedenen Prognosen oder Modellrechnungen der Bevölkerung man für am ehesten wahrscheinlich hält (vgl. LEB 1979, S. 59 ff.).

Bevölkerungsentwicklung

Mit den seit 1979 eingetretenen Geburtenzunahmen und den 1980 und 1981 erfolgten starken Ausländerzuwanderungen haben sich wesentliche Prämissen für die Bevölkerungsvorausschätzung verändert, wenn auch nicht mit grundlegenden Auswirkungen auf die Entwicklungstendenzen generell, so doch auf den Zeitpunkt ihres Eintretens, auf ihren zeitlichen Verlauf und auf ihre zahlenmäßigen Größenordnungen. Das Statistische Landesamt Baden-Württemberg hat unter Zugrundelegung neuester Kenndaten und unter Berücksichtigung der jüngsten Entwicklungsergebnisse in den Jahren 1980 und 1981 die vorherigen Modellrechnungen von 1979 (vgl. Statistischer und prognostischer Jahresbericht 1978/79, S. 35 ff.) und 1981 (vgl. Statistischer und prognostischer Jahresbericht 1980/81, S. 29 ff.) aktualisiert. Die Ergebnisse dieser Modellrechnung von 1982 für die Entwicklung von Bevölkerung und Erwerbspersonen bis zum Jahr 2015 (vgl. Statistische Berichte A I 8 vom 14. September 1982) sind in Tabelle 6 dargestellt.

Tabelle 6 Land Baden-Württemberg
Modellrechnung 1982 der Wohnbevölkerung und Erwerbspersonen*)

Jahr	Bevölkerung	Erwerbspersonen
1982**)	9 288	4 352
1985	9 345	4 484
1990	9 480	4 607
1995	9 585	4 575
2000	9 588	4 484
2005	9 504	4 405
2010	9 369	4 364
2015	9 202	4 256

*) Variante „Gesamtbevölkerung, jährlicher Wanderungsgewinn +15 000 Personen"
**) Ist-Ergebnis am 1.1.1982 Quelle: Statistisches Landesamt

Unter Zugrundlegung dieser Ergebnisse wird die Bevölkerungszahl - entgegen den früheren Annahmen einer rapiden Abnahme bereits bis 1990 - vorerst noch langsam ansteigen, sich dann jedoch etwa ab der Jahrtausendwende allmählich und schließlich stark verringern. Die Ursachen dafür sind in erster Linie bei der Entwicklung der deutschen Bevölkerung zu suchen, während die Zahl der Ausländer deutlich zunehmen dürfte. Je länger diese Entwicklungen anhalten, desto tiefgreifender werden die Auswirkungen auf die Raumstruktur sein.

Begründung
Einleitung

Einschneidende Änderungen sind unabhängig von der Größenordnung des künftigen Bevölkerungsrückgangs auf jeden Fall in der Altersstruktur zu erwarten, die aufgrund der z.T. gegenläufigen Entwicklung der einzelnen Altersgruppen unausgeglichen sein wird. So wird einer größeren Zahl älterer Menschen eine geringere an Kindern und Jugendlichen gegenüberstehen. Diese Verschiebungen werden sich auf zahlreiche bevölkerungsbezogene Versorgungseinrichtungen auswirken und auch das Verhältnis verändern, in dem z.B. die Jüngeren, die Älteren und die verschiedenen anderen Gruppen der Nichterwerbspersonen von den Erwerbstätigen unterhalten werden müssen (Belastungsziffern). Zusammen mit der Zunahme der Ausländer wird sich erwartungsgemäß auch die Altersstruktur der Ausländer deutlich verändern. Unter Einbeziehung aller Unsicherheiten bei der Prognose künftiger Wanderungsbewegungen bei den Ausländern dürfte sich ihr Anteil mindestens bei allen hier geborenen Jahrgängen drastisch erhöhen.

Altersstruktur

Schon aufgrund der heutigen Altersstruktur wird die Zahl der Haushalte von 3,64 Mio (1980) über 3,98 Mio (1990) und 4,07 Mio (1995) um 12 % auf 4,09 Mio (2000) zunehmen. Diese Entwicklung läßt eine erhebliche Wohnungsnachfrage erwarten.

Haushalte

Die Altersstruktur beeinflußt in starkem Maße auch den Verlauf der künftigen Erwerbspersonenentwicklung. Aufgrund der hohen Geburtenzahlen der 60er Jahre wird die Erwerbspersonenzahl bis 1990 kräftig ansteigen. Obwohl die im Wege der Familienzusammenführung ins Land gekommenen jugendlichen Ausländer am Zuwachs der Erwerbspersonen stark beteiligt sein werden und später auch die hier geborenen Ausländer noch in den Erwerbspersonenbestand eingehen werden, beruht der Anstieg insgesamt überwiegend auf der steigenden Zahl deutscher Erwerbspersonen. Diese Entwicklung wird den Arbeitsmarkt bis über das Jahr 1990 hinaus belasten. Trotz der Zunahme bei den Ausländern ist nach 1990 jedoch mit einem Rückgang der Erwerbspersonenzahl infolge einer fortschreitenden Überalterung zu rechnen. Die mit der Modellrechnung für die Wohnbevölkerung korrespondierenden Ergebnisse der Modellrechnung für die Erwerbspersonen gehen aus Tabelle 6 hervor. Die Landesregierung hat die Folgerungen aus dieser absehbaren Entwicklung der Bevölkerung und des Arbeitsmarktes ihren neueren beschäftigungs- und wirtschaftspolitischen Konzeptionen zugrundegelegt (vgl. LT-DS 8/2487 und 8/3406).

Erwerbspersonen

Die langfristig rückläufige Bevölkerungsentwicklung, die damit einhergehenden Veränderungen der Altersstruktur und der Zahl der Erwerbspersonen sowie der steigende Ausländeranteil haben weitgehende Auswirkungen auf die Struktur und die Entwicklung des Landes und seiner Teilräume. Probleme der Raumentwicklung stellen sich vor allem bei den raumordnerischen Bemühungen um die Schaffung und Erhaltung gleichwertiger Lebensverhältnisse in allen Landesteilen. Die regional unterschiedlichen Geburtenziffern der Vergangenheit wie auch die fortbestehenden regionalen Unterschiede lassen, vor allem wegen der zunehmenden Zahl der Erwerbspersonen, befürchten, daß sich die Disparitäten zwischen den verdichteten Gebieten und dem ländlichen Raum tendenziell verstärken. Diese Entwicklung unterstreicht die Notwendigkeit, die spezifischen Entwicklungsmöglichkeiten des ländlichen Raumes gezielt zu fördern und damit auch auf ein ausreichendes und qualifiziertes Arbeitsplatzangebot hinzuwirken (vgl. Nr. 2.2).

Auswirkungen auf die Raumentwicklung

Der Geburtenrückgang und die veränderte Altersstruktur machen es notwendig, die Konzeptionen und Planungen für neue Infrastruktureinrichtungen auf die veränderten Bedingungen auszurichten und vorhandene Einrichtungen, soweit möglich, anzupassen. Um den gegenwärtigen Versorgungsstand zu sichern, ist vorrangig auf eine hinreichende Auslastung der Infrastruktureinrichtungen hinzuwirken.

Auswirkungen auf die Infrastruktur

Mit der starken Verschiebung der Altersstruktur der Bevölkerung stellt sich die Frage nach der Umwidmung der vorhandenen jeweils auf bestimmte Altersgruppen bezogenen Infrastruktureinrichtungen. Teilweise kommt auch eine Mehrfachnutzung der Einrichtungen für verschiedene Zwecke in Betracht. Bei neu zu schaffenden Infrastruktureinrichtungen muß in Zukunft die Flexibilität der Nutzungsmöglichkeiten noch stärker werden. Bei allen neuen Investitionen muß in die Überlegungen noch mehr als bisher der mittel- und langfristige Bedarf einbezogen werden, der sich aus der absehbaren allgemeinen und der gemeindespezifischen Bevölkerungsentwicklung ergibt. Unter Umständen sind vorübergehend Überlastquoten in Kauf zu nehmen, damit langfristige Überkapazitäten und Fehlinvestitionen vermieden werden. In besonderen Fällen sind bei akutem Bedarf auch Provisorien in Betracht zu ziehen.

Umwidmung, Mehrfachnutzung, Überlastquoten

Begründung
Einleitung

Zentralität

Die wirtschaftliche Auslastung von Infrastruktureinrichtungen setzt einen ausreichend großen Benutzerkreis voraus; auch Einrichtungen der Grundversorgungen können deshalb, insbesondere im ländlichen Raum, nicht an jedem Ort vorhanden sein. Nur die maßvolle Konzentration der Infrastruktureinrichtungen in Zentralen Orten und an anderen geeigneten Standorten garantiert deshalb auch längerfristig eine sichere Versorgung. Vor allem im ländlichen Raum müssen Infrastruktureinrichtungen zur Versorgung der Bevölkerung in gut erreichbaren Orten konzentriert sein. Bei der Schaffung neuer Infrastruktureinrichtungen ist künftig verstärkt darauf zu achten, daß vorhandene zentralörtliche Versorgungseinrichtungen ausgelastet bleiben. Im ländlichen Raum kann allerdings oft nicht derselbe Auslastungsgrad wie im verdichteten Raum erreicht werden. Deshalb sollten im Interesse der Versorgung der Bevölkerung – falls andere Möglichkeiten ausscheiden – Mindestschwellen der Kapazitätsauslastung auch einmal unterschritten werden.

Ausländeranteil

Wie bereits mehrfach angesprochen, sind erhebliche Auswirkungen der künftigen Bevölkerungsentwicklung auf die Raumentwicklung und die regionale Raumstruktur durch den steigenden Ausländeranteil zu erwarten. Folgeprobleme resultieren insbesondere aus den veränderten Altersstrukturen und den vermehrten Erwerbspersonen im sozialen, kulturellen und wirtschaftlichen wie auch ganz allgemein im gesellschaftlichen Bereich. Dabei bleiben sogar noch einige Unsicherheiten über die wahrscheinlichste Entwicklung der Ausländerzahlen (Fragen der tatsächlichen Zuwanderungen und Geburten, generatives Verhalten, Definition der ausländischen oder von heutigen Ausländern abstammenden Bevölkerung, Eingliederungen und Einbürgerungen) außer Betracht.

Integrationsprobleme

Bereits der 1981 erreichte Ausländeranteil von mehr als 10 % wirft Fragen nach der Belastungsgrenze, der Zumutbarkeit oder der Gefahr einer Überfremdung auf; sie stellen sich um so intensiver bei Anteilwerten von 15 % oder mehr, wie sie für die Zeit nach der Jahrtausendwende angenommen werden. Die anwachsende Ausländerzahl verstärkt die im Zusammenleben von Deutschen und Ausländern auftretenden sozialen Probleme und verschärfen die Integrationsprobleme. Infolge der Konzentration der Ausländer auf die Großstädte, insbesondere in den Verdichtungsräumen, und in diesen auf Wohnviertel mit überwiegend schlecht ausgestatteter Altbausubstanz, entstehen Ansätze zu Ghettos, wenn die deutsche Bevölkerung im Gefühl der drohenden Überfremdung fortzieht und die ausländische Bevölkerung dort dominiert.

Die ohnehin schwierige Integration hat noch geringere Realisierungschancen bei ausländischen Bevölkerungsgruppen aus fremden, außereuropäischen Kulturkreisen. Vielfach ist der Integrationswille auf beiden Seiten so schwach entwickelt oder gar nicht vorhanden, oder die Ausländerfeindlichkeit ist bereits so ausgeprägt, daß Gefahren für Konflikte vorprogrammiert sind und – zumal in Krisenzeiten – kaum vermieden werden können. Trotz der Unsicherheit über sinnvolle und dauerhaft wirksame Maßnahmen zur Lösung der Eingliederungsprobleme müssen ausländerpolitische Maßnahmen auch im Interesse der raumstrukturellen Entwicklung und einer ausgewogenen Ausländerverteilung auch aus raumordnerischer Sicht als vordringlich angesehen werden (vgl. PS 2.10.5).

3.3 Ökonomische Rahmenbedingungen für die Landesentwicklungspolitik

Auch die ökonomischen Rahmenbedingungen für die Landesentwicklungspolitik stellen sich zu Beginn der 80er Jahre wesentlich anders als beim LEP 1971 dar.

Arbeitsmarkt

Die zunehmende Zahl von Erwerbspersonen (vgl. Nr. 3.2) wird die Arbeitsmarktlage voraussichtlich für das ganze Jahrzehnt beeinflussen. Die erheblich steigende Nachfrage nach Arbeitsplätzen trifft zusammen mit einem auch in Baden-Württemberg erheblich verlangsamten wirtschaftlichen Wachstum.

Wirtschaftliche Entwicklung

Für die kommenden Jahre kann nur mit einem begrenzten wirtschaftlichen Wachstum gerechnet werden. Der Übergang zu flexiblen Wechselkursen hat die Exportmöglichkeiten der deutschen Wirtschaft gedämpft und zu verstärkten Importen geführt. Zugleich sind weltweit die Exportanstrengungen gestiegen; „Billiglohn-Länder" können sich einen steigenden Anteil an der Massengüterproduktion sichern. Neben verschärften Konkurrenzbedingungen sind auch mögliche Störeinflüsse und Unwägbarkeiten im internationalen Warenverkehr, auf den die Bundesrepublik Deutschland und speziell auch Baden-Württemberg besonders angewiesen ist, erheblich gewachsen. Hierzu zählen die Risiken bei der künftigen Öl- und Rohstoffversorgung ebenso wie die Gefahr zunehmender protektionistischer Eingriffe in den freien Welthandel.

Begründung
Einleitung

Bei der Binnennachfrage sind Sättigungsgrenzen bei manchen Konsumgütern spürbar geworden. Produktionsausweitungen werden schließlich auch durch die steigende Sensibilität für Umweltbelastungen vielfach erschwert.

Ein Wachstum an Arbeitsplätzen ist unter diesen Voraussetzungen vor allem in Branchen zu erwarten, die hochwertige und stark spezialisierte Güter herstellen; die Produktion ist oft sehr eng mit dem technischen Fortschritt, vor allem mit der Anwendung moderner Technologien, verknüpft und stark auf die Exportmärkte hin orientiert. Die große Bedeutung von technischem Wissen und vielfältigen spezialisierten Dienstleistungen läßt die Standortanforderungen solcher Wachstumsbranchen erheblich steigen; gleichzeitig setzen aber die Flächenverknappung und zunehmende Umweltrestriktionen dem Wachstum in den verdichteten Gebieten immer engere Grenzen.

Unter diesen Rahmenbedingungen gewinnt die Aufgabe der Landesentwicklungspolitik, gleichwertige Lebensbedingungen in den Landesteilen zu schaffen, besondere Aktualität. Um regionale Ungleichgewichte auf den Arbeitsmärkten zu vermeiden und dem ländlichen Raum eine qualifizierte Versorgung zu sichern, muß die Entwicklungspolitik die spezifischen Vorteile des ländlichen Raumes konsequent nutzen und geeignete Standorte fördern (vgl. Nr. 2.2).

4. Landesentwicklungsplan 1971 und Fortschreibung

Der LEP wurde erstmals im Juni 1971 aufgestellt, vom Innenministerium bekanntgemacht (Sonderbeilage zum StAnz 1971 Nr. 77) und - aufgrund des Gesetzes über die Verbindlichkeitserklärung vom 11. April 1972 - mit der Verordnung der Landesregierung vom 11. April 1972 (beide GBl. S. 169) für verbindlich erklärt. Der Plan wurde 1973, nach Inkrafttreten des Regionalverbandsgesetzes und des Kreisreformgesetzes, redaktionell angepaßt.

Landesentwicklungsplan 1971

Die Aufstellung des LEP war bundesrechtlich wie landesrechtlich geboten:

Nach Bundesrecht sind die Länder gehalten, für ihr Gebiet übergeordnete und zusammenfassende Programme oder Pläne aufzustellen (§ 5 Abs. 1 Satz 1 ROG). Diese müssen (mindestens) diejenigen Ziele der Raumordnung und Landesplanung enthalten, die räumlich und sachlich zur Verwirklichung der in § 2 ROG normierten Grundsätze der Raumordnung erforderlich sind (§ 5 Abs. 2 Satz 1 ROG).

Nach Landesrecht ist der LEP für das ganze Land aufzustellen (§ 25 Abs. 2 LPlaG 1972, § 2 Abs. 2 LplG 1983). Der Landesgesetzgeber hat bei der Verabschiedung des Landesplanungsgesetzes davon abgesehen, materielle Grundsätze der Raumordnung im Gesetz selbst zu verankern. Der LEP enthält solche Grundsätze, formt sie aus und setzt sie in konkrete landesplanerische Zielsetzungen um.

Die Entwicklungspläne - das heißt, der LEP und die fachlichen Entwicklungspläne (§ 25 Abs. 1 LPlaG 1972, § 2 Abs. 1 LplG 1983) - sind entsprechend der weiteren Entwicklung fortzuschreiben (§ 27 Abs. 3 LPlaG 1972, § 5 Abs. 5 LplG 1983).

Fortschreibung

Erste Erfahrungen mit dem LEP 1971 wurden im LEB 1975 ausgewertet; dort und auch im LEB 1979 wurden auch die wesentlich veränderten wirtschaftlichen und demographischen Rahmenbedingungen dargelegt, die eine Fortschreibung des LEP erforderlich machten. Nach weiteren Untersuchungen und Vorarbeiten wurde der Entwurf zur Fortschreibung des LEP am 12. Dezember 1978 von der Landesregierung beschlossen.

Vorbereitung durch Landesentwicklungsberichte 1975 und 1979

Im Anhörungsverfahren zur Fortschreibung wurden die Gemeinden und die übrigen Träger der Bauleitplanung, die Landkreise, die Regionalverbände und zahlreiche weitere öffentliche Planungsträger und Organisationen sowie die berührten Behörden des Bundes beteiligt (StAnz 1979 Nr. 35); das Verfahren ging damit über das gesetzlich bestimmte Mindestmaß noch hinaus (§ 26 Abs. 2 LPlaG 1972). Von den beteiligten rd. 1800 öffentlichen Planungsträgern gingen über 1100 schriftliche Stellungnahmen ein, die das Innenministerium im Lauf des Jahres 1980 auf die Möglichkeit zur Berücksichtigung prüfte und gegebenenfalls mit anderen fachlich zuständigen Ministerien abstimmte. Außerdem wurden bereits die ersten, erkennbar unstreitigen Vorschläge der zwischenzeitlich eingesetzten Kommission Land-Kommunen in die fortgeschriebene Fassung des Entwurfs eingearbeitet. Der so überarbeitete Entwurf wurde dem Landesplanungsrat bei der obersten Landesplanungsbehörde gem. § 26 Abs. 3 LPlaG 1972 zur Stellungnahme zugeleitet (das LplG 1983 sieht den Landesplanungsrat nicht mehr vor). In dieser Stellungnahme vom 11. Dezember 1981 wies der Landesplanungsrat auf die grundsätzlich veränderte Aus-

Anhörungsverfahren

Begründung
Einleitung

gangssituation für die Landesplanung hin, die vor allem auf dem gestiegenen Umweltbewußtsein, veränderten wirtschaftlichen und bevölkerungsmäßigen Entwicklungsaussichten, in der weitgehenden Fertigstellung der ersten Generation der neuen Regionalpläne und der Neuordnung des Verhältnisses Land-Kommunen beruhe. Angesichts der Knappheit der Ressourcen empfahl der Landesplanungsrat eine gezielte Förderungspolitik anstelle des „Gießkannenprinzips" und regte für die Zukunft eine verstärkte Diskussion des landesentwicklungspolitischen Instrumentariums an. Das Innenministerium hat diese Stellungnahme des Landesplanungsrats bei seiner Vorlage an die Landesregierung berücksichtigt.

Die Landesregierung legte den Entwurf dem Landtag am 4. Oktober 1982 (LT-DS 8/3109) gemäß § 26 Abs. 4 LPlaG 1972 vor, „um ihm Gelegenheit zur Stellungnahme zu geben". Diese Stellungnahme gab der Landtag auf Vorschlag des Innenausschusses (LT-DS 8/4355) am 10. November 1983 ab; die Landesregierung übernahm die darin enthaltenen Empfehlungen.

Mit der Verbindlicherklärung (GBl. 1984, S. 37) erlangen die im LEP festgelegten Ziele den Charakter von „Zielen der Raumordnung und Landesplanung" im Sinne von § 5 Abs. 4 ROG (vgl. Nr. 5.2).

5. Aufbau und Umsetzung des Landesentwicklungsplans

5.1 Aufbau des Landesentwicklungsplans

Der LEP umfaßt drei Teile:

Allgemeine Grundsätze und Entwicklungsziele

Der 1. Teil (Plankapitel 1.1 - 1.11) enthält die allgemeinen Grundsätze und Entwicklungsziele, die sich aus großräumiger Sicht für das Land Baden-Württemberg ergeben. Hier werden die Grundsätze und Ziele für eine ausgewogene Entwicklung des Landes und seiner Teile formuliert; dabei werden insbesondere die Aufgaben der Zentralen Orte, der Entwicklungsachsen, der Freiräume und auch die spezifischen Entwicklungsaufgaben der Raumkategorien dargestellt.

Sachbereiche

Im 2. Teil des LEP (Plankapitel 2.1 - 2.10) werden die großräumigen Entwicklungsvorstellungen nach Sachbereichen dargestellt. Die Reihenfolge der Aufzählung bedeutet keine Rangfolge. Die Plansätze für die einzelnen Sachbereiche werden aber nicht beziehungslos aneinandergereiht; vielmehr sind die Fachplanungen auf das im 1. Teil des Plans festgelegte raumordnerische Leitbild ausgerichtet und untereinander koordiniert.

Regionen

Im 3. Teil des LEP (Plankapitel 3.1 - 3.12) wird der Rahmen für die Entwicklung der einzelnen Teile des Landes abgesteckt; dabei ist die Darstellung nach Regionen gegliedert.

Plansätze, Begründung, Karten

Von den Plansätzen des LEP sind die „Begründung" und die „Karten" zu unterscheiden. Die Rechtswirkungen des Landesplanungsgesetzes beziehen sich nur auf die Plansätze des LEP (PS 1.1 - 3.12). Bestandsaufnahmen, Strukturanalysen, Wertungen und Motive können an der Verbindlichkeit nicht teilnehmen; sie wurden deshalb - vom LEP deutlich getrennt - in diese Begründung aufgenommen. Dies gilt auch für die Karten; sie sollen die Festlegungen des LEP lediglich anschaulich machen und seine Begründung ergänzen.

Bei der Begründung konnte vielfach auf eine eingehende Bestandsaufnahme und auf die Darstellung bisheriger raumordnerischer Planungen und Maßnahmen verzichtet werden; diese Darstellungen hat die Landesregierung in den Landesentwicklungsberichten 1975 und 1979 vorgelegt. In den Begründungen zu den einzelnen Plansätzen sind auch die Änderungen erläutert, die bei der Fortschreibung des LEP vorgenommen wurden.

5.2 Rechtswirkungen des Landesentwicklungsplans

Die Rechtswirkungen des LEP ergeben sich aus dem Raumordnungsgesetz des Bundes (ROG), aus dem Landesplanungsgesetz Baden-Württemberg (LplG) sowie aus der Rechtsverordnung über die Verbindlicherklärung des LEP vom 12. Dezember 1983 (GBl. 1984, S. 37).

Grundsätze, Ziele

Die Rechtswirkungen der Plansätze sind verschieden, je nachdem ob es sich um „Grundsätze" oder um „Ziele" der Raumordnung und Landesplanung handelt. Grundsätze sind diejenigen Plansätze, die sachlich abstrakte Aussagen für raumordnerisch bedeutsame Gebietskategorien oder allgemeine Ordnungsprinzipien und Fachge-

Begründung
Einleitung

sichtspunkte enthalten. Ziele sind dagegen die räumlich konkreten Entscheidungen über die Entwicklung bestimmter Räume des Landes oder über bestimmte Maßnahmen. Die Ziele formen die Grundsätze gebietsspezifisch aus.

Die im LEP aufgestellten Grundsätze sind Grundsätze der Raumordnung im Sinne von § 2 Abs. 3 ROG und ergänzen die bereits in § 2 Abs. 1 ROG festgelegten Raumordnungsgrundsätze. Sie gelten nach § 3 Abs. 1 ROG unmittelbar für die Behörden des Bundes bei raumbedeutsamen Planungen und Maßnahmen, durch die Grund und Boden in Anspruch genommen oder die räumliche Entwicklung eines Gebiets bestimmt wird.

Grundsätze

Die Rechtsverordnung über die Verbindlicherklärung des LEP bestimmt, daß die im LEP enthaltenen Grundsätze der Raumordnung auch unmittelbar für die Behörden des Landes, die Gemeinden, die Gemeindeverbände und andere öffentliche Planungsträger bei raumbedeutsamen Planungen und Maßnahmen gelten.

Nach § 8 Abs. 1 LplG müssen die Regionalpläne mit den Grundsätzen der Raumordnung nach § 2 ROG und den Grundsätzen und Zielen der Raumordnung und Landesplanung in den Entwicklungsplänen in Einklang stehen; sie formen diese Grundsätze und Ziele räumlich aus.

Bei der Anwendung der Grundsätze unterliegen die Behörden und Stellen, für die diese gelten, keiner starren Bindung; sie haben vielmehr diese Grundsätze bei ihren raumbedeutsamen Planungen und Maßnahmen gegeneinander und untereinander abzuwägen (§ 2 Abs. 2 ROG).

Die im LEP enthaltenen Ziele, also die sachlich und räumlich konkreten Entscheidungen, sind Ziele der Raumordnung und Landesplanung im Sinne von § 5 ROG. Sie sind - vorbehaltlich § 6 ROG - unmittelbar aufgrund von § 5 Abs. 4 ROG von allen öffentlichen Planungsträgern (Bund, Land, Landkreise, Gemeinden u.a.) zu beachten; die Regionalverbände sind bei der Aufstellung der Regionalpläne durch § 8 Abs. 1 LplG gebunden. Bei der Beachtung der Ziele der Raumordnung und Landesplanung verbleibt den öffentlichen Planungsträgern, anders als bei den Grundsätzen der Raumordnung, kein Spielraum mehr für eine Abwägung mit anderen Zielen der Raumordnung und Landesplanung oder mit Grundsätzen der Raumordnung.

Ziele

Weitergehende Rechtswirkungen können sich aus spezielleren Vorschriften (sog. Raumordnungsklauseln) in Gesetzen ergeben, die sich mit raumbedeutsamen Planungen und Maßnahmen befassen. So bestimmt z.B. § 1 Abs. 4 BBauG, daß die Träger der Bauleitplanung ihre Bauleitpläne (Flächennutzungspläne und Bebauungspläne) an die Ziele der Raumordnung und Landesplanung anzupassen haben.

Raumordnungsklauseln

Für den Bürger und für private Planungsträger wie z.B. Firmen hat der LEP keine unmittelbaren Rechtswirkungen. Soweit er verbindlich ist, sind aber die Behörden und alle anderen öffentlichen Stellen verpflichtet, alle rechtlichen Möglichkeiten auszuschöpfen, die zur Verwirklichung seiner Grundsätze und Ziele erforderlich sind; er ist zugleich eine Erkenntnishilfe bei der Auslegung unbestimmter Rechtsbegriffe.

Keine direkten Rechtswirkungen für Private

5.3 Umsetzung des Landesentwicklungsplans

Der LEP als übergeordnete und zusammenfassende Planung kann nur in wenigen Fällen unmittelbar durch raumwirksame Maßnahmen umgesetzt werden, da er regelmäßig einen weiten Entscheidungsrahmen vorgibt. Damit der LEP umgesetzt werden kann, ist eine Ausformung und Konkretisierung in zweierlei Hinsicht erforderlich: In sachlicher Hinsicht erfolgt sie durch die staatlichen Fachplanungen; in räumlicher Hinsicht wird der LEP durch die Regionalplanung ergänzt. Zwischen beiden Planungsformen besteht eine enge Verbindung, die über die Mitwirkung der Regionalverbände an den staatlichen Fachplanungen institutionell geregelt ist.

Die Fachplanungen erfolgen in zwei verschiedenen rechtlichen Formen:
Fachliche Entwicklungspläne werden nach den Verfahrensvorschriften des Landesplanungsgesetzes (§§ 2-7) aufgestellt. Sie enthalten - wie der LEP und die Regionalpläne - verbindliche Ziele der Raumordnung und Landesplanung. Wegen dieser Bindungswirkungen sind fachliche Entwicklungspläne besonders geeignet, Trassen und Standorte für bestimmte Nutzungen zu sichern.

Fachplanungen

Als erster fachlicher Entwicklungsplan wurde durch die Verordnung der Landesregierung vom 6. Juli 1976 (GBl. S. 545) der Fachliche Entwicklungsplan „Kraftwerksstandorte" für verbindlich erklärt. Er sichert zunächst für die zwischen 1985 und 1994

Begründung
Einleitung

benötigten Kraftwerke 14 hauptsächlich an den größeren Flüssen gelegene Standortflächen, die weitgehend Alternativen zueinander darstellen.

Eine große Zahl anderer Fachplanungen von räumlicher Bedeutung werden nicht als fachliche Entwicklungspläne aufgestellt und enthalten damit keine verbindlichen Ziele der Raumordnung und Landesplanung. Vor allem durch Investitionen und Fördermaßnahmen tragen aber auch diese Fachplanungen entscheidend zur Verwirklichung der Ziele des LEP bei.

Regionalplanung

Die Regionalplanung konkretisiert den LEP in räumlicher Hinsicht und formt ihn weiter aus; durch ihre Einbindung in die staatliche Fachplanung schlägt die Regionalplanung auch in umfassenderem Sinn eine Brücke zwischen der staatlichen und der kommunalen Planung.

Die Regionalplanung trägt zur Umsetzung des LEP bei, indem sie die vielfältigen Raumnutzungsansprüche in eine ausgewogene Gesamtkonzeption einbindet. Die regionale Siedlungskonzeption ist eine Voraussetzung für den schonenden Umgang mit den Naturgütern, sie ist gleichzeitig ein Leitbild für Investitionsentscheidungen von Staat und Wirtschaft im Interesse einer günstigen regionalen Entwicklung.

Die Verknüpfung mit den staatlichen Fachplanungen ist für die Verwirklichung der Ziele der Regionalplanung besonders wichtig, da gerade durch die Fachplanungen eine große Zahl raumwirksamer Investitionen vorgenommen oder beeinflußt wird. Die Regionalverbände sollen deshalb möglichst frühzeitig in das Aufstellungsverfahren von Fachplanungen einbezogen werden. Die Ministerien sollen im Einzelfall prüfen, inwieweit sich die Fachplanungen auf Festlegungen beschränken können, die aus landesweiter Sicht notwendig sind; im übrigen soll die Lösung von Standortproblemen der Regionalplanung überlassen werden („Beteiligungsgrundsätze" vom 29. Oktober 1979, GABl. S. 1238 ff.)

Mit Ausnahme für die Region Donau-Iller liegen für alle Regionen des Landes verbindliche Regionalpläne vor, die im 3. Teil dieses Plans einzeln zitiert werden. Die beiden 1971 bzw. 1972 von der Landesregierung beschlossenen staatlichen Gebietsentwicklungspläne für das Südliche Oberrheingebiet und den Mittleren Neckarraum sind dadurch materiell überholt und durch Nichtaufnahme in das Gültigkeitsverzeichnis der Verwaltungsvorschriften auch formell außer Kraft getreten. (vgl. auch Plankapitel 3.1, 3.7 und 3.9).

5.4 Verhältnis der Raumordnung und Landesplanung zur kommunalen Selbstverwaltungshoheit

Die Ziele des LEP, der fachlichen Entwicklungspläne und der Regionalpläne werden durch staatliche Fachplanungen und durch private Investitionsentscheidungen, nicht zuletzt aber durch kommunale Planungen und Maßnahmen verwirklicht. Mit zunehmender Vollständigkeit des planerischen Systems gewinnt damit die verfassungsrechtliche Pflicht, die kommunale Selbstverwaltungshoheit zu wahren und zu stärken, immer mehr an Bedeutung.

Artikel 28 Abs. 2 Satz 1 GG gewährleistet den Gemeinden das Recht, alle Angelegenheiten der örtlichen Gemeinschaft im Rahmen der Gesetze in eigener Verantwortung zu regeln. Das Raumordnungsgesetz des Bundes, das Landesplanungsgesetz und die Raumordnungsklauseln in Bundes- oder Landesgesetzen, insbesondere § 1 Abs. 4 BBauG, definieren den Rahmen für die verfassungsrechtlich garantierte und - soweit die Bauleitplanung betroffen ist - im Bundesbaugesetz geregelte Planungshoheit der Gemeinden; dieser Rahmen stellt die Belange des größeren Raumes sicher. Dem Rahmencharakter der Ziele der Raumordnung und Landesplanung tragen der LEP und die Regionalpläne dadurch Rechnung, daß ihre Zielsetzungen ausschließlich überörtlich bedeutsame Regelungen enthalten; sie sind jeweils durch Gesichtspunkte für die Entwicklung des größeren Raumes bestimmt.

Landesentwicklungsplan und kommunale Selbstverwaltung

Zur Kompetenzabgrenzung zwischen Landesplanung und kommunaler Planungshoheit hat die aus Vertretern der Landesregierung und der kommunalen Landesverbände paritätisch zusammengesetzte Kommission Land-Kommunen wichtige Grundsätze erarbeitet.

Vor allem die Ausweisung der Zentralen Orte und der Entwicklungsachsen im LEP berührt die kommunale Selbstverwaltung unmittelbar. Auch diese planerischen Instrumente haben aber Rahmencharakter; sie lassen der kommunalen Planung einen weiten Spielraum.

Begründung
Einleitung

Der LEP weist - wie von der Kommission Land-Kommunen vorgeschlagen - die zentralörtlichen Versorgungskerne nicht mehr gemeindeteilscharf aus, sondern beschränkt sich darauf, die Gemeinden zu nennen, in denen der zentralörtliche Versorgungskern ausgebaut werden soll. Er gibt hierfür - wie von der Kommission vorgeschlagen - nur den Grundsatz vor, daß dort die Einrichtungen für die überörtliche Versorgung des Verflechtungsbereichs gebündelt angeboten werden sollen (vgl. PS 1.5.1), läßt also diesen Gemeinden einen weiten Spielraum bei der Erfüllung ihrer zentralörtlichen Aufgabe und legt nicht im einzelnen fest, wie die zentralörtliche Versorgung des Verflechtungsbereichs zu gewährleisten ist. Mit der Fortschreibung wurde darüber hinaus im LEP klargestellt (vgl. PS 1.5.33), daß in Ausnahmefällen zentralörtliche Einrichtungen auch außerhalb des Zentralen Orts angesiedelt werden können, wenn dort ein Standort aus planerischen Gründen der bessere ist.

Ebenso läßt die Ausweisung der Entwicklungsachsen den Gemeinden die Möglichkeit, flexibel auf die übergeordnete Aufgabenstellung zu reagieren. Entwicklungsachsen sind im LEP nur schematisch dargestellt; sie werden erst in den Regionalplänen als Teil des regionalen Siedlungs- und Freiraumkonzepts räumlich ausgeformt.

Wegen ihrer konkreten Ausgestaltung berühren die Regionalpläne die kommunale Selbstverwaltung wesentlich stärker als der LEP; insbesondere zur gemeindlichen Bauleitplanung bestehen enge Verknüpfungen. Die Regionalplanung muß sich deshalb gerade im Verhältnis zur Bauleitplanung stets auf ihren Rahmencharakter beschränken und darf nicht selbst städtebauliche Planung betreiben.

Regionalpläne und kommunale Selbstverwaltung

„Da das Gebiet einer Gemeinde immer zugleich Teil einer Region und Teil des Landesgebiets ist, ist es nicht möglich, die Kompetenzen von Regionalplanung und Bauleitplanung nach räumlichen Kriterien abzugrenzen... Richtigerweise kann es ... nur eine funktionale Abgrenzung geben, d.h. die Fragestellung lautet: Was ist Aufgabe der Bauleitplanung, und was ist Aufgabe der Regionalplanung?"*) Nach der Definition der Kommission Land-Kommunen ist es „Hauptaufgabe der Regionalplanung, ein regionales Konzept für die Siedlungsstruktur zu entwickeln und es auf ein Freiraumkonzept sowie die Verkehrs- und Versorgungsnetze abzustimmen" (Vorschlag 8.1.2 A 4).

Adressat regionalplanerischer Zielsetzungen kann zwar immer nur die Gemeinde als Ganzes sein. Sie ist jedoch vielfältig eingebunden in das Siedlungsgefüge der Region und in naturräumliche Zusammenhänge. So wird ihr Gemeindegebiet überlagert durch ökologisch wichtige Bereiche, die größtenteils im Rahmen der Landschaftsrahmenplanung zu ermitteln und dann in die Regionalpläne zu integrieren sind. Diese können sich unstreitig nicht an Gemeindegrenzen, sondern nur an den tatsächlichen naturräumlichen Sachverhalten orientieren. Hierher gehören vor allem die Vorrangbereiche und die regionalen Grünzüge.

Auch im Hinblick auf die Ordnung der regionalen Siedlungsstruktur können die Regionalpläne vorsehen, daß Gemeinden nur mit Teilen ihres Gebiets bestimmte raumordnerische Funktionen in der Region wahrnehmen (z.B. bei der Aufgliederung der Entwicklungsachsen in Siedlungsbereiche und regionale Grünzüge oder Grünzäsuren oder bei der Ausweisung von Erholungsräumen). Solche Festlegungen für die Gemeindeteile dürfen jedoch - wie die Kommission Land-Kommunen es formuliert hat - nur insoweit getroffen werden, als dies wegen regional bedeutsamer Belange unverzichtbar ist. Im Interesse der Wahrung der gemeindlichen Planungshoheit muß sich der Regionalverband bei der Festlegung solcher Ziele für Gemeindeteile außerdem bemühen, seine planerischen Vorstellungen im Einklang mit gemeindlichen Vorstellungen zu entwickeln. Bei der ersten Aufstellung der Regionalpläne wurde deshalb folgender Weg eingeschlagen: Die Funktionszuweisungen für die Gemeinden oder Gemeindeteile wurden in den Regionalplanentwürfen zunächst als Vorschläge des Regionalverbands unterbreitet. Gegenvorschläge der Gemeinden durften nur dann abgelehnt werden, wenn ihnen andere Ziele des Regionalplans oder des LEP entgegenstanden oder Grundsätze der Raumordnung nicht beachtet waren.

*) Zitat aus dem Schreiben von Innenminister Späth an den Gemeindetag Baden-Württemberg vom 14. August 1978, Nr. VII 1084/124

Begründung
Präambel

B. Begründung der einzelnen Plansätze

Zum 1. Teil:
Allgemeine Grundsätze und Ziele der Raumordnung und Landesplanung für das ganze Land

Zu 1.1 Präambel

Zu 1.1
Präambel

Das Land Baden-Württemberg ist in seiner räumlichen Struktur einer Entwicklung zuzuführen, die der freien Entfaltung der Persönlichkeit in der Gemeinschaft am besten dient.

Plankapitel 1.1 hebt hervor, daß es - über den Schutz von Leben, Freiheit und Eigentum hinaus - eine Aufgabe des Staates ist, die Daseinsvoraussetzungen seiner Bürger aktiv zu gestalten und dabei die räumlichen Voraussetzungen dafür zu schaffen, daß der einzelne seine Persönlichkeit in der Gemeinschaft frei entfalten kann. Mit dem Hinweis auf die Gemeinschaftsgebundenheit des Menschen ist zugleich die Aufgabe der Raumordnungspolitik angesprochen, die Raumansprüche des einzelnen mit den Belangen der Allgemeinheit in Einklang zu bringen und die raumbedeutsamen Planungen und Maßnahmen zu koordinieren.

Die PS 1.1.1 - 1.1.4 enthalten daher allgemeine Grundsätze und Entwicklungsziele für die Raumordnung und Landesplanung. Die Einfügung des neuen PS 1.1.4 bei der Fortschreibung des LEP macht deutlich, daß eine ausgewogene Raumordnungspolitik, die den Bürgern Chancen zur freiheitlichen Selbstverwirklichung eröffnen will, auf eine angemessene wirtschaftliche Entwicklung ebensowenig wie auf eine Sicherung der natürlichen Lebensgrundlagen verzichten kann. Die Präambel umreißt damit auch die möglichen Zielkonflikte, die durch eine planvolle Gestaltung der räumlichen Entwicklung und die Koordination der Aktivitäten auf das im LEP vorgegebene Leitbild aufgehoben oder gemildert werden sollen.

Zu 1.1.1
Keine Nivellierung

Dabei ist die geistige und kulturelle Individualität des Landes und seiner Teile zu pflegen und zu entfalten.

Die Raumstruktur des Landes und seiner Teilräume, seine geistige und seine kulturelle Individualität sind in Jahrhunderten gewachsen und durch geschichtliche und stammesmäßige Einflüsse geprägt worden, die eine reiche kulturelle Tradition der hier siedelnden Schwaben und Alemannen, Franken und Pfälzer entstehen ließen. Die Landesentwicklungspolitik muß dazu beitragen, diese ausgeprägte Vielfalt des Landes und seiner Regionen zu pflegen und zu erhalten; sie darf deshalb nicht allein auf eine strukturelle Nivellierung in wirtschaftlicher Hinsicht ausgerichtet sein.

Zu 1.1.2
Kulturlandschaft

Dabei ist die Kulturlandschaft in der Vielfalt ihrer Formen, die die heimatliche Umwelt des Menschen bestimmen, wirksam zu bewahren.

PS 1.1.2 legt den Grundsatz fest, daß bei den zahlreichen unvermeidbaren Eingriffen in die Landschaft - etwa durch städtebauliche, land- und forstwirtschaftliche, verkehrs- oder wasserwirtschaftliche Maßnahmen - die Kulturlandschaft als Grundlage der biologischen, wirtschaftlichen und kulturellen Existenz des Menschen erhalten wird. Dabei geht es nicht nur um die Sicherung von Freiflächen zur Erholung oder um den Schutz ästhetisch wertvoller Kulturdenkmale. In umfassenderem Sinn geht es vielmehr darum, den Menschen die Vielfalt der Formen einer reichen Kulturlandschaft zu sichern, Anknüpfungspunkte der kulturellen Orientierung in der heimatlichen Umgebung zu erhalten und eine schöpferische Auseinandersetzung über die Gestaltung der Zukunft zu ermöglichen.

Zu 1.1.3
Natürliche
Lebensgrundlagen

Dabei sind die natürlichen Lebensgrundlagen zu erhalten oder wiederherzustellen.

PS 1.1.3 stellt die Erhaltung und Wiederherstellung der natürlichen Lebensgrundlagen gleichwertig den anderen Entwicklungszielen der Raumordnung und Landesplanung gegenüber. Zu den natürlichen Lebensgrundlagen für den Menschen zählen sowohl die Naturgüter Boden, Wasser, Luft und Klima, also auch die Tier- und Pflanzenwelt und - damit zusammenhängend - die Vielfalt, Eigenart und Schönheit der Landschaft (vgl. § 1 Abs. 1 NatSchG). Es ist eine der wichtigsten Aufgaben der Landesentwicklungspolitik, diese natürlichen Lebensgrundlagen durch eine vorausschauende Planung und durch die Koordination raumwirksamer Maßnahmen zu erhalten und dort, wo sie durch Eingriffe beeinträchtigt sind, wiederherzustellen.

Der Koordination und dem Ausgleich der Ansprüche an die freie Landschaft dienen die Landschaftsplanungen der verschiedenen Stufen, die - soweit es erforderlich und geeignet erscheint -, in den LEP, die Regionalpläne und die Bauleitpläne zu integrieren sind (§§ 7 ff. NatSchG, vgl. auch PS 2.1.21).

Begründung
Das Land im europäischen Raum

Dabei sind die wirtschaftlichen Entwicklungsmöglichkeiten des Landes als Voraussetzungen für die weitere Entwicklung der übrigen gesellschaftlichen Bereiche zu sichern oder zu verbessern.

Zu 1.1.4
Wirtschaftliche
Entwicklung

PS 1.1.4 wurde bei der Fortschreibung des LEP eingefügt. Die Ergänzung bringt zum Ausdruck, daß ein angemessenes wirtschaftliches Wachstum eine notwendige Voraussetzung für die weitere Entwicklung des Landes auch in anderen gesellschaftlichen Bereichen ist. Nur bei wirtschaftlichem Wachstum können die vorhandenen Arbeitsplätze gesichert und neue Arbeitsplätze für die - zumindest vorübergehend - zunehmende Zahl von Erwerbspersonen geschaffen werden. Wirtschaftliches Wachstum sichert aber auch die finanziellen Grundlagen, die erforderlich sind, um die übergeordnete Zielsetzung gleichwertiger Lebensbedingungen in allen Landesteilen zu verwirklichen.

Zu 1.2 Das Land im europäischen Raum

Die wirtschaftliche und kulturelle Stellung des Landes innerhalb Deutschlands und im Verhältnis zu den Staaten Europas soll weiter gefestigt und ausgebaut werden. Dabei sind die Vorteile zu nutzen, die sich aus der zentralen Lage des Landes und aus der Nachbarschaft zu Frankreich, der Schweiz und Österreich für den wirtschaftlichen und kulturellen Leistungsaustausch im europäischen Raum ergeben. Den zunehmenden internationalen Verflechtungen ist Rechnung zu tragen. Der europäische Integrationsprozeß ist zu fördern. Dazu ist insbesondere die Zusammenarbeit mit den Nachbarstaaten auf nationaler Ebene und im grenzüberschreitend-nachbarschaftlichen Bereich zu intensivieren.

Zu 1.2
**Das Land im
europäischen Raum**

Die wirtschafts- und verkehrsgeographische Situation des Landes ist gekennzeichnet durch seine Mittellage zwischen den großen industriellen Verdichtungen in den Niederlanden, in Belgien, im Ruhrgebiet und im Rhein-Main-Gebiet einerseits und in der Schweiz und Norditalien andererseits, ferner durch seine Randlage im Südwesten der Bundesrepublik Deutschland. Baden-Württemberg nimmt damit teil an dem zu allen Zeiten bedeutsamen europäischen Nord-Süd-Verkehr, der nach dem Zweiten Weltkrieg infolge der Intensivierung der Außenhandelsbeziehungen, insbesondere im Rahmen der Europäischen Gemeinschaften, ungewöhnlich stark zugenommen hat. Mit fortschreitendem europäischen Zusammenschluß gewinnt Baden-Württemberg aber auch an Gewicht als Verbindungsglied in westöstlicher Richtung. Es ist damit zu rechnen, daß seine in der Vergangenheit oft nachteilige Randlage innerhalb des deutschen Staatswesens sich über das bereits erreichte hohe Maß hinaus noch mehr zu einer Zentrallage innerhalb des zusammenhängenden westeuropäischen Wirtschaftsraumes wandelt.

Günstige Lage des Landes

Die vielfältigen, teils historisch geprägten sozialen, kulturellen und wirtschaftlichen Beziehungen zu den benachbarten Bundesländern, zu Frankreich, der Schweiz und Österreich sind Grundlage einer guten Zusammenarbeit, die weiter auszubauen und immer enger zu gestalten ein wichtiges landespolitisches Ziel bleibt.

Auf die besonderen Anforderungen, die sich aus dem fortschreitenden europäischen Zusammenschluß für die gewerbliche Wirtschaft, die Landwirtschaft und das Verkehrswesen ergeben, wird in den Plankapiteln 2.3, 2.4 und 2.5 näher eingegangen.

Europäische
Integration

Nach § 1 Abs. 3 ROG hat die Raumordnung im Bundesgebiet die räumlichen Voraussetzungen für die Zusammenarbeit im europäischen Raum zu schaffen und sie zu fördern. Sie kann wesentlich dazu beitragen, eine Wirtschaftsstruktur zu erhalten oder neu zu schaffen, die den Anforderungen des internationalen Wettbewerbs gewachsen ist, insbesondere im Rahmen der EG. Dabei wird auch weiterhin erwartet, daß in Zukunft vor allem die in Artikel 2 des EWG-Vertrags von Rom vom 25. März 1957 (BGBl. II S. 766) festgelegten Ziele immer stärkere Auswirkungen auf die regionalpolitischen Maßnahmen der Mitglieder der Gemeinschaft haben. Es ist u.a. Aufgabe der Gemeinschaft durch den Ausbau des Gemeinsamen Marktes eine harmonische Entwicklung des Wirtschaftslebens innerhalb der Gemeinschaft, eine beständige und ausgewogene Wirtschaftsausweitung und engere Beziehungen zwischen den Staaten zu fördern.

Die von der EG-Kommission empfohlenen Gesamtprogramme für Teilgebiete jedes Mitgliedsstaates sollen dazu dienen, die auf regionaler Ebene ergriffenen Sondermaßnahmen, etwa im Bereich der Agrarstruktur, der Verkehrsinfrastruktur und des Bildungswesens, in den größeren Zusammenhang der europäischen Integration zu stellen; sie sollen vor allem berücksichtigen, daß eine vielgestaltige Wirtschaftsentwicklung mit der entsprechenden Spezialisierung der Wirtschaftstätigkeit zur Verbes-

Programme der
EG-Kommission

Begründung
Das Land im europäischen Raum

serung der Wettbewerbsfähigkeit notwendig ist. Die auch in den Programmen für die mittelfristige Wirtschaftspolitik angestrebte bessere Verteilung der Wirtschaftstätigkeit erfordert die Entwicklung von Schwerpunkten in peripheren Gebieten und von sekundären Zentren (Zentralen Orten) in den von größeren Industriezentren weniger weit entfernten Räumen, die mit der notwendigen Infrastruktur ausgestattet sind. Gleichzeitig soll einer weiteren wirtschaftlichen Konzentration in solchen Verdichtungsgebieten entgegengewirkt werden, in denen sie zu besonderen wirtschaftlichen und sozialen Schwierigkeiten führt.

Europäische Raumordnungsministerkonferenz

Eine gemeinsame europäische Raumordnungspolitik ist das Ziel der „Europäischen Raumordnungsministerkonferenz", die sich 1970 unter dem Dach des Europarats konstituiert hat. Die 21 Mitgliedsländer, darunter die Bundesrepublik Deutschland, erarbeiten derzeit den Entwurf einer „Europäischen Raumordnungscharta", die nach ihrer Verabschiedung die gemeinsam getragene Grundlage für eine darauf aufbauende „Europäische Raumordnungskonzeption" bilden soll. Das Land ist an diesen Arbeiten beteiligt und sieht in ihnen einen geeigneten Ansatz - nicht zuletzt im unmittelbar grenzüberschreitenden Bereich - für eine weitere Intensivierung der Zusammenarbeit und der Integration der Landesentwicklungspolitik in den größeren europäischen Maßstab.

Der Europarat selbst hat ein „Europäisches Rahmenübereinkommen über die grenzüberschreitende Zusammenarbeit zwischen Gebietskörperschaften" erarbeitet, das nach seiner Ratifizierung durch Dänemark, Norwegen, Schweden und die Bundesrepublik Deutschland (BGBl. II S. 965) am 22. Dezember 1981 und für die Schweiz am 4. Juni 1982 (BGBl. II S. 537) in Kraft getreten ist. Die Landesregierung hat die Ratifizierung durch die Bundesregierung unterstützt und geht davon aus, daß das Übereinkommen - nach der erwarteten Ratifizierung auch durch Frankreich - neue, zusätzliche Impulse im unmittelbaren grenzüberschreitenden Bereich auslösen wird.

Grenzüberschreitende Raumordnungspolitik

Die engen sozialen, kulturellen, ökologischen und wirtschaftlichen Verflechtungen entlang der Grenzen zum Ausland verlangen eine enge Abstimmung der Raumordnungspolitik mit den Nachbarländern. Die grenzüberschreitende Zusammenarbeit mit dem benachbarten Ausland vollzieht sich derzeit hauptsächlich in folgenden Gremien:

1. Deutsch-Französisch-Schweizerische Regierungskommission zur Prüfung und Lösung von nachbarschaftlichen Fragen;
2. Deutsch-Schweizerische Raumordnungskommission;
3. Deutsch-Österreichische Raumordnungskommission;
4. Internationale Gewässerschutzkommission für den Bodensee;
5. Internationale Schiffahrtskommission für den Bodensee;
6. Konferenz der Bevollmächtigten der Internationalen Bodenseefischerei;
7. Deutsch-Französische Kommission für Fragen der kerntechnischen Sicherheit.

Grenzüberschreitende Probleme werden auch in der Bodenseekonferenz erörtert, die in nichtrechtlicher Form durch eine Resolution von Regierungsvertretern der Bodenseeanliegerländer und -kantone begründet wurde.

Deutsch-Französisch-Schweizerische Regierungskommission

Die Deutsch-Französisch-Schweizerische Regierungskommission nimmt unter diesen Kommissionen landesweit eine Sonderstellung ein, da sie als einziges Gremium kraft Vereinbarung der beteiligten Regierungen über einen breit gefächerten, nahezu umfassenden Aufgabenkatalog in Fragen von nachbarschaftlicher Bedeutung verfügt. Deshalb können neben längerfristigen Themenstellungen nahezu sämtliche aktuellen Fragen mit grenzüberschreitendem Bezug auf Vorschlag einer Delegation behandelt werden. So wurden zum Beispiel bisher behandelt: Abstimmung der Regionalplanungen, Verkehrsplanungen, Umweltfragen, Entwurf eines dreiseitigen Abkommens über grenzüberschreitende Hilfeleistung, regionale Wirtschaftspolitik, Brückenstandort-Festlegungen, Grenzgängerfragen, Kulturaustausch (Theater, Ausstellungen), Verbesserungen der Zollabfertigung, Zusammenarbeit bei Naturparken.

Mit Ausnahme der Bodenseekonferenz behandeln die übrigen Kommissionen im wesentlichen einen Themenbereich; die beiden Raumordnungskommissionen sprechen zusätzlich unter raumordnungspolitischen Gesichtspunkten Empfehlungen zu einzelnen Fachpolitiken aus (z.B. Verkehrsempfehlung, Energieempfehlung der Deutsch-Schweizerischen Raumordnungskommission) und wirken auf eine Koordination der jeweiligen raumbedeutsamen Fachplanung aus der Sicht der Raumordnung hin.

Begründung
Ziele für das ganze Land

Zu 1.3 Ziele für das ganze Land

Plankapitel 1.3 konkretisiert die allgemeinen Grundsätze der Plankapitel 1.1 und 1.2 für die Entwicklung des ganzen Landes. Das Plankapitel wurde bei der Fortschreibung des LEP erweitert und teilweise neu gefaßt; es trifft die raumbezogenen Grundentscheidungen zur wirtschaftlichen Entwicklung, zur Sicherung von Freiräumen, zur Siedlungsstruktur und zur Versorgung der Bevölkerung in geeigneten Standorten. Diese Plansätze gelten für das ganze Land; sie werden in Plankapitel 1.4 für die Landesteile differenziert und in den Plankapiteln 1.5 ff. im einzelnen ausgeformt.

Es ist eine räumliche Entwicklung anzustreben, in der eine leistungsfähige Wirtschaftsstruktur mit ihren steigenden Standortanforderungen ausgebildet werden kann, die eine Zunahme des gesamtwirtschaftlichen Nutzens ermöglicht und vielseitige und krisenfeste Erwerbsgrundlagen für die Bevölkerung aller Teile des Landes sichert.

PS 1.3.1 wurde bei der Fortschreibung des LEP neu gefaßt. Er hebt - entsprechend zu PS 1.1.1 der Präambel - die Bedeutung einer leistungsfähigen Wirtschaft für die Gesamtentwicklung des Landes hervor und legt es als Aufgabe der Landesentwicklungspolitik fest, vielseitige und krisenfeste Erwerbsgrundlagen für die Bevölkerung zu sichern. Um dies zu erreichen, wird die Landesentwicklungspolitik insbesondere vorhandene Standortvorteile nutzen und die Ausbildung zusätzlicher Standortvorteile unterstützen, wo diese neu benötigt werden. PS 1.3.1 weist besonders auf die steigenden Standortanforderungen hin, die aus der verstärkten weltwirtschaftlichen Konkurrenz und dem damit verbundenen strukturellen Wandel der Wirtschaft resultieren (vgl. A. Einleitung Nr. 3.3). Um der Bevölkerung vielseitige und krisensichere Erwerbsgrundlagen zu schaffen, ist eine ausgewogene regionale Verteilung und eine breite Streuung der Wirtschaftsbranchen anzustreben.

PS 1.3.1 bringt aber auch zum Ausdruck, daß die wirtschaftliche Entwicklung, die in der Präambel (vgl. PS 1.1.4) postuliert wird, nicht zu einer undifferenzierten rein quantitativen Expansion führen darf. Wirtschaftliches Wachstum muß vor allem auch auf die Unvermehrbarkeit des Bodens, auf die begrenzte Nutzungsfähigkeit der Naturgüter und auf die Umweltbelastungen Rücksicht nehmen (vgl. PS 1.3.2). Daraus kann sich ergeben, daß die für das einzelne Unternehmen kostengünstigsten Standorte nicht immer die für die Allgemeinheit gesamtwirtschaftlich günstigsten sind.

Es ist eine räumliche Entwicklung anzustreben, in der die ökologische Leistungs- und Regenerationsfähigkeit des Naturhaushalts, die dauerhafte Nutzungsfähigkeit der Naturgüter sowie die Vielfalt, Eigenart und Schönheit der Landschaft gesichert werden.

PS 1.3.2, der bei der Fortschreibung ergänzend eingefügt wurde, geht davon aus, daß auch in Zukunft zusätzliche Belastungen für die natürlichen Ressourcen nicht zu vermeiden sein werden. Um ausgewogene Raumnutzungskonzepte zu erreichen, müssen aber die ökologischen Belange gleichwertig neben die Zielsetzungen zur wirtschaftlichen Entwicklung, zur Siedlungsstruktur und Versorgung der Bevölkerung gestellt werden. Der Plansatz weist auf die begrenzte Leistungsfähigkeit der natürlichen Ressourcen hin, die bei allen raumwirksamen Entscheidungen zu berücksichtigen ist.

Es ist eine räumliche Entwicklung anzustreben, in der die ökologische Leistungsfähigkeit der Freiräume erhalten und gesteigert wird, um bestehende oder zu erwartende ökologische Belastungen, vor allem in den Verdichtungsräumen und ihren Randzonen, möglichst nahe am Ort der Verursachung auszugleichen.

PS 1.3.3, der zusätzlich zu PS 1.3.2 neu in den LEP aufgenommen wurde, enthält noch eine weitere Grundentscheidung zum Ausgleich ökologischer Belastungen: Der Plansatz sieht vor, daß Belastungen möglichst nahe am Ort der Verursachung ausgeglichen werden. Damit werden Konzepte für einen großräumigen ökologischen Ausgleich, wie sie z.B. von der Kommission für wirtschaftlichen und sozialen Wandel auf Bundesebene vorgeschlagen wurden, ausdrücklich abgelehnt; solche Konzeptionen würden nämlich zwangsläufig zur „passiven Sanierung" ländlicher Räume führen.

Es ist eine räumliche Entwicklung anzustreben, in der die dezentralisierte Siedlungsstruktur mit den Vorteilen der dadurch bedingten Sozialstruktur erhalten bleibt.

Statt auf eine Konzeption der extremen Verdichtung und des großräumigen ökologischen Ausgleichs zu setzen, hält der LEP an der bewährten dezentralisierten Siedlungsstruktur des Landes fest; diese soll auch in Zukunft gefestigt werden (vgl. A. Einleitung Nr. 2.3).

Zu 1.3
Ziele für das ganze Land

Zu 1.3.1
Wirtschaftsstruktur

Zu 1.3.2
Naturhaushalt, Landschaft

Zu 1.3.3
Freiräume

Zu 1.3.4
Dezentralisierte Siedlungsstruktur

Begründung
Ziele für das ganze Land

Diese Zielsetzung wird im LEP auch vor dem Hintergrund einer veränderten Bevölkerungsentwicklung verfolgt. Die Landesregierung lehnt eine „passive Sanierung" der ländlichen Räume durch Abwanderung ab. Mit den Instrumenten der Entwicklungspolitik wird darauf hingewirkt, die bestehende Bevölkerungsverteilung zu erhalten und die Abwanderung mobiler Bevölkerungsgruppen aus dem ländlichen Raum zu vermeiden.

Zu 1.3.5
Verdichtung von Wohn- und Arbeitsstätten

Es ist eine räumliche Entwicklung anzustreben, in der sich eine weitere Verdichtung von Wohn- und Arbeitsstätten nicht auf die Verdichtungsräume beschränkt, sondern sich auch außerhalb der Verdichtungsräume mittlere und kleine Verdichtungen ausbilden und entwickeln können, insbesondere in den Entwicklungsachsen, außerhalb der Entwicklungsachsen im Bereich geeigneter Zentraler Orte; dabei sollen nachteilige Folgen der Verdichtung vermieden und ökologische Erfordernisse beachtet werden.

PS 1.3.5 steht in engem Zusammenhang mit den PS 1.3.4 und 1.3.8. Er stellt - wie § 2 Abs. 1 Nr. 2 ROG - die Verdichtung von Wohn- und Arbeitsstätten als Ordnungsprinzip und Mittel der Raumordnungspolitik heraus. Die punkt-achsiale Verdichtung kann wesentlich dazu beitragen, eine Zersiedlung des Raumes zu vermeiden; sie bewirkt, daß die zentralen Versorgungseinrichtungen auf kurzen und wirtschaftlichen Wegen erreichbar sind. Allerdings steigen mit der Größe der Verdichtungen auch ihre Folgelasten rasch an; mit übermäßiger Verdichtung werden die Vorteile geringer oder überwiegen die Nachteile. Schon deshalb darf die weitere Verdichtung sich nicht auf wenige große Verdichtungsräume beschränken; auch in den anderen Räumen müssen mittlere und kleinere Verdichtungen angestrebt werden. Nur so kann eine ausgewogene Entwicklung des Landes erreicht werden, bei der alle Landesteile ihre Chancen nutzen können.

Das Prinzip der Konzentration von Wohn- und Arbeitsstätten in geeigneten Schwerpunkten ist von besonderer Bedeutung für die Räume mit Strukturschwächen, aber auch für den ländlichen Raum insgesamt. Es sollte jedoch nicht als starre Reglementierung verstanden werden, sondern - den regionalen Gegebenheiten und der jeweiligen siedlungsstrukturellen Situation sowie planerischen Notwendigkeit angepaßt - möglichst flexibel gehandhabt werden. Das bedeutet, daß vor allem bei Arbeitsstätten eine größere Streuung gewährleistet werden sollte als bei der Standortwahl für die öffentliche Infrastruktur (vgl. PS 1.3.8 und 1.5.44). Während bei der Ansiedlung neuer Arbeitsplätze, z.B. im Wege von Betriebsneugründungen, der Konzentrationsgrundsatz voll angewendet werden sollte, könnte dieser beispielsweise bei Betriebserweiterungen gelockert werden.

Die Entwicklung des ländlichen Raumes wird auch in Zukunft entscheidend davon abhängen, in welchem Umfang es gelingt, dort nichtlandwirtschaftliche Arbeitsplätze zu erhalten und neu zu schaffen. Die im ländlichen Raum vergleichsweise günstige Arbeitsplatzentwicklung in den 70er Jahren läßt erkennen, daß es auch dort möglich ist, geeignete Standorte für die gewerbliche Wirtschaft zu entwickeln.

Durch den verstärkten Ausbau der Infrastruktur des ländlichen Raumes sind in den vergangenen Jahren wichtige Entwicklungsvoraussetzungen geschaffen worden. Sie müssen in Zukunft durch eine gezielte Unterstützung geeigneter Standorte, die bereits Verdichtungsansätze aufweisen, weiter verstärkt werden (vgl. PS 1.4.4, 1.10.4 und 2.3.4). Die tendenziell steigenden Standortanforderungen der Betriebe (vgl. PS 1.3.1) belegen die Notwendigkeit, im Interesse des ländlichen Raumes die weitere Ausbildung von Verdichtungsansätzen zu unterstützen. Insbesondere zahlreiche größere Mittelzentren des ländlichen Raumes bieten eine qualifizierte Infrastrukturausstattung und einen ausreichend differenzierten Arbeitsmarkt und können damit Ansatzpunkte für die Aktivierung des umliegenden ländlichen Raumes sein. Über der Entwicklung solcher größeren Verdichtungsansätze darf aber auch die Stabilisierung und der Ausbau kleinerer lokaler Arbeitsmärkte nicht vernachlässigt werden.

Der zweite Halbsatz wurde bei der Fortschreibung des LEP eingefügt. Die Ergänzung geht davon aus, daß die Sicherung und Weiterentwicklung gesunder räumlicher Strukturen grundsätzlich nach dem Verdichtungsprinzip erfolgen soll. Die Verdichtung als Mittel der Landesentwicklung findet dort ihre Grenzen, wo die Nachteile einer übermäßigen Verdichtung gegenüber den Vorteilen der Konzentration überwiegen. Zwar läßt sich nicht generell bestimmen, ab wann die Verdichtung gesamtwirtschaftlich unvernünftig wird; Verdichtungsnachteile lassen sich aber an zahlreichen einzelnen Merkmalen vermuten oder feststellen. Mit zunehmender Verdichtung werden vor allem die natürlichen Lebensgrundlagen bedroht und die Umwelt der Menschen beeinträchtigt.

Begründung
Ziele für das ganze Land

Es ist eine räumliche Entwicklung anzustreben, in der sich die Orte in den Räumen außerhalb dieser Siedlungsverdichtungen so weiterentwickeln, daß sie Eigenart, Struktur und Aufgaben dieser Räume entsprechen.

Zu 1.3.6
Räume außerhalb von
Siedlungsverdichtungen

PS 1.3.6, der bei der Fortschreibung des LEP eingefügt wurde, verdeutlicht, daß auch die Orte in Räumen außerhalb der Verdichtungsräume und außerhalb der in PS 1.3.5 genannten Siedlungsverdichtungen eigenständige Entwicklungsaufgaben haben. Diese Orte sollen sich entsprechend ihren spezifischen Eignungen und Vorzügen entwickeln; solche Vorzüge können etwa beim Ausbau des Fremdenverkehrs, durch die Bereitstellung attraktiven Wohnbaulandes und bei der Entwicklung des ortsansässigen Gewerbes zur Geltung gebracht werden.

Der LEP postuliert für diese Orte zumindest die Eigenentwicklung (vgl. PS 2.2.21); es ist ein landespolitisches Ziel, daß besonders im ländlichen Raum der Wohnungsbau zu günstigen Bedingungen möglich ist. Dies ist auch bei der Ausweisung von Bauflächen zu berücksichtigen.

Entsprechend ihrer besonderen Eignungen sind diese Orte auch in zahlreiche Förderprogramme des Landes einbezogen. Bei Maßnahmen zur Dorfentwicklung werden Gemeinden und Orte bevorzugt, deren Siedlungsstruktur durch die Land- und Forstwirtschaft geprägt ist (vgl. PS 2.2.32). Fördermaßnahmen nach dem Mittelstandsprogramm des Landes unterliegen keiner räumlichen Beschränkung; über dieses Programm können Entwicklungs- und Rationalisierungsmaßnahmen von kleineren mittelständischen Betrieben gefördert werden. Bei der regionalen Wirtschaftsförderung gilt zwar das Schwerpunktprinzip; es wird aber elastisch gehandhabt. Auf Standortbedürfnisse und -wünsche wird im Einzelfall Rücksicht genommen. Besondere Funktionen von Gemeinden oder Orten werden besonders unterstützt, z.B. durch die Förderung von Erholungs- und Fremdenverkehr. Im Gegensatz zu anderen Bundesländern gibt es in Baden-Württemberg keine pauschale Förderung von Zentralen Orten im Finanzausgleich; ebensowenig werden die Funktionen von Gemeinden ohne zentralörtliche Bedeutung in den Regionalplänen durchgehend festgelegt.

Es ist eine räumliche Entwicklung anzustreben, in der soziale, kulturelle und wirtschaftliche Einrichtungen zur überörtlichen Versorgung der Bevölkerung an Standorten zusammengefaßt werden, die eine günstige Erreichbarkeit und eine ausreichende Tragfähigkeit gewährleisten.

Zu 1.3.7
Standorte für
Versorgungseinrichtungen

PS 1.3.7 wurde bei der Fortschreibung des LEP eingefügt, um das Prinzip der Konzentration von Infrastruktureinrichtungen auch unter den für das ganze Land geltenden Zielsetzungen hervorzuheben. Die Konzentration der überörtlichen Versorgungseinrichtungen ist erforderlich, damit diese auf möglichst kurzen und wirtschaftlichen Wegen von vielen Menschen erreicht werden können; das Konzentrationsprinzip dient aber auch dazu, eine wirtschaftliche Auslastung der Versorgungseinrichtungen zu ermöglichen. Dieser Aspekt tritt bei einer tendenziell rückläufigen Bevölkerungsentwicklung besonders in den Vordergrund; vor allem im ländlichen Raum ist eine gebündelte Unterbringung der Einrichtungen dringlich, um eine befriedigende Auslastung und damit den dauerhaften Bestand der Versorgungseinrichtungen zu sichern. PS 1.3.7 wird insbesondere durch die Bündelung von Einrichtungen in den Zentralen Orten (vgl. Plankapitel 1.5) verwirklicht. Die Konzentration von Einrichtungen muß aber dort ihre Grenzen finden, wo die Entfernungen für die Benutzer unzumutbar würden.

Es ist eine räumliche Entwicklung anzustreben, in der in den einzelnen Raumkategorien die unterschiedliche Bedeutung der Verdichtung von Infrastruktureinrichtungen sowie von Wohn- und Arbeitsstätten für die Verwirklichung landesplanerischer Zielsetzungen berücksichtigt wird.

Zu 1.3.8
Modifiziertes
Verdichtungsprinzip

Das Verdichtungsprinzip des Raumordnungsgesetzes ist für die einzelnen Elemente der Siedlungsstruktur und in den einzelnen Raumkategorien unterschiedlich zu handhaben (vgl. PS 1.3.5); PS 1.3.8, der bei der Fortschreibung in den LEP aufgenommen wurde, stellt dies zusätzlich klar. Das Verdichtungsprinzip hat gerade wegen der hohen Flächeninanspruchnahme in den vergangenen Jahren unverändert eine große Bedeutung; vor dem Hintergrund veränderter Wachstumsaussichten ist jedoch eine differenzierte Anwendung geboten, die zwischen den verdichteten Gebieten und dem ländlichen Raum unterscheidet und die unterschiedliche Bedeutung der Konzentration von Wohnungen, Arbeitsstätten und Infrastruktureinrichtungen beachtet (vgl. A. Einleitung Nr. 2.3).

Begründung
Ziele für die Landesteile

**Zu 1.4
Ziele für die
Landesteile**

Zu 1.4 Ziele für die Landesteile

An dieser Entwicklung sollen alle Teile des Landes angemessen teilnehmen; für alle Teile des Landes sind gleichwertige Lebensbedingungen anzustreben. In den abwanderungsgefährdeten Teilen des Landes sollen Voraussetzungen dafür geschaffen werden, daß die Bevölkerung gehalten werden kann.

PS 1.4 nennt als wichtigstes Entwicklungsziel für alle Landesteile, daß gleichwertige Lebensverhältnisse anzustreben sind; dieses Ziel kann nur erreicht werden, wenn alle Landesteile angemessen an der Entwicklung teilnehmen.

Für die Bestimmung der „Gleichwertigkeit" gibt es allerdings keinen objektiven und verbindlichen Maßstab. Das Ziel der Gleichwertigkeit berücksichtigt, daß gleiche oder „gleichartige" Lebensverhältnisse in allen Landesteilen weder möglich noch erwünscht sind. Jeder Raum hat auf bestimmten Gebieten besondere Vorteile, auf anderen aber auch Nachteile. Das Ziel der Gleichwertigkeit verlangt jedoch, daß in allen Räumen ein Mindestmaß an Versorgung mit sozialen, kulturellen und wirtschaftlichen Einrichtungen und ein hinreichend differenzierter Arbeitsmarkt besteht und daß die Umweltverhältnisse zumindest erträglich sind. Wo diese Voraussetzungen fehlen, ist Chancengleichheit nicht gegeben.

PS 1.4, Satz 2 wurde bei der Fortschreibung des LEP eingefügt. Diese Ergänzung ist notwendig, da wegen der wirtschaftlichen und demographischen Entwicklung der letzten Jahre zu befürchten ist, daß die Bevölkerung aus einigen Landesteilen verstärkt abwandern könnte, und daß der Wanderungsverlust auch nicht mehr durch Geburtenüberschüsse ausgeglichen wird (vgl. A. Einleitung Nr. 3.2). Da für Baden-Württemberg die Landesregierung eine „passive Sanierung" von Landesteilen als Lösung räumlicher Probleme abgelehnt hat, müssen in den abwanderungsgefährdeten Räumen die Voraussetzungen für eine positive Entwicklung geschaffen werden. Hierfür sind die raumwirksamen Planungen und Maßnahmen gezielt einzusetzen; neue Instrumente der Entwicklungspolitik sollen hinzutreten (vgl. PS 1.4.4).

Zu den entscheidenden Voraussetzungen für eine positive Entwicklung in abwanderungsgefährdeten Landesteilen gehört die Verbesserung der Arbeitsplatzsituation. Solche Landesteile können an der Entwicklung des ganzen Landes nur angemessen teilnehmen, wenn es gelingt, die am ehesten zur Abwanderung bereite junge Generation durch ein attraktives, ihrer qualifizierten Ausbildung entsprechendes Arbeitsplatzangebot im Raum zu halten (vgl. PS 1.10.34).

Vielfach wird die Abwanderung jüngerer Erwerbspersonen aus dem ländlichen Raum durch die Zuwanderung älterer Bürger, z.B. im Wege der Altenwanderung, zahlenmäßig ausgeglichen. Erst die tiefergehende altersstrukturelle Durchleuchtung der auf diese Weise ausgeglichenen Wanderungsbilanzen vermittelt ein echtes Strukturbild. Dabei kann sich herausstellen, daß die Entwicklungschancen einiger ländlicher Räume trotz einer statistisch positiven Situation wegen übermäßiger altersspezifischer Belastungen infolge einer erhöhten Altersvorsorge für zugewanderte Nichterwerbspersonen erheblich geschmälert werden. Dies kann sich um so ungünstiger auswirken, wenn solche Räume bereits durch die Ausbildung junger Menschen belastet sind und diese später wegen fehlender qualifizierter Beschäftigungsmöglichkeiten durch Abwanderung verlieren.

Auch die Kerne der Verdichtungsräume sind - allerdings aus völlig anderen Gründen - durch die Abwanderung mobiler Bevölkerungsgruppen erheblich belastet. Zwar ist dort der Wegzug eines Teils der Bevölkerung eine Voraussetzung für die erforderlichen Sanierungs- und Modernisierungsmaßnahmen; eine weitergehende Bevölkerungsabwanderung muß aber durch eine Verbesserung der Wohn- und Umweltbedingungen in den Innenstädten vermieden werden.

**Zu 1.4.1
Sicherung der
räumlichen Struktur**

Die räumliche Struktur in Landesteilen mit gesunden Lebens- und Arbeitsbedingungen sowie ausgewogenen sozialen, kulturellen und wirtschaftlichen Verhältnissen soll gesichert und weiterentwickelt werden.

PS 1.4.1 übernimmt Grundsätze des Raumordnungsgesetzes. Der LEP konkretisiert diese Grundsätze in zahlreichen Einzelzielen, er kann sie aber dadurch nicht voll ausschöpfen. Wann in einem Landesteil „gesunde Lebens- und Arbeitsbedingungen sowie ausgewogene soziale, kulturelle und wirtschaftliche Verhältnisse" herrschen, kann nicht generell und abstrakt bestimmt, sondern nur für den konkreten Einzelfall entschieden werden. Von erheblicher Bedeutung sind

- eine ausgewogene wirtschaftliche Struktur durch angemessene Erwerbs- und Verdienstmöglichkeiten bei täglicher Erreichbarkeit der Arbeitsstätten mit zumutbarem Aufwand;
- ein ausgeglichenes Verhältnis zwischen Bevölkerungszahl und regionaler Tragfähigkeit;
- eine ausreichende und gut ausgelastete Infrastrukturausstattung;
- die Übereinstimmung der Umweltverhältnisse mit den menschlichen Lebensbedürfnissen (z.B. familiengerechte Wohnweise, leichte Erreichbarkeit von Erholungsräumen, gesicherter Wasserhaushalt, reine Luft, geringe Lärmbelästigung).

Verdichtungsräume und ihre Randzonen sollen in dem Umfang weiterentwickelt werden, wie es zur Erfüllung ihrer übergeordneten Aufgaben notwendig und für eine ausgewogene Gesamtentwicklung im Lande vertretbar ist. Insbesondere in bereits stark verdichteten Räumen sollen nachteilige Verdichtungsfolgen vermieden, behoben oder gemildert werden; die weitere Zunahme von Infrastruktureinrichtungen, Arbeitsplätzen und Wohnstätten soll hier so bemessen und gelenkt werden, daß dadurch keine Überlastungen entstehen.

Zu 1.4.2
Verdichtungsräume und Randzonen

PS 1.4.2, der bei der Fortschreibung neu formuliert wurde, übernimmt die Zielsetzungen des PS 1.4.1 für die Räume, in denen der Verdichtungsprozeß am weitesten fortgeschritten ist, also für die Verdichtungsräume und ihre Randzonen. Diese Räume nehmen wichtige Aufgaben auch für das ganze Land wahr; ihre Leistungsfähigkeit muß deshalb, auch im Interesse der Entwicklung des ländlichen Raumes, gesichert werden.

Erforderlich sind auch Maßnahmen, durch die bereits eingetretene Verdichtungsnachteile beseitigt oder gemildert werden. Durch solche Maßnahmen wird zwangsläufig auch die Standortgunst der Verdichtungsräume und ihrer Randzonen vergrößert; dies darf aber nicht dazu führen, daß die Dynamik dieser Räume die Entwicklungschancen der übrigen Landesteile schmälert. Bei Standortentscheidungen, insbesondere der öffentlichen Hand, ist deshalb zu prüfen, ob eine Einrichtung unbedingt im Verdichtungsraum oder der Randzone angesiedelt werden muß, oder ob in anderen Landesteilen Impulse gegeben und neue Entwicklungen initiiert werden können. In diesen Fällen ist eine Ansiedlung im ländlichen Raum anzustreben.

PS 1.4.2 spricht die Verdichtungsräume und ihre Randzonen - unter dem Blickwinkel der Gesamtentwicklung im Lande - gemeinsam an. Allerdings ist die Verdichtung innerhalb dieser Räume unterschiedlich fortgeschritten; daraus ergeben sich unterschiedliche Probleme und Entwicklungsaufgaben, die in den Plankapiteln 1.8 und 1.9 dargelegt sind.

Durch Stärkung der leistungsschwachen Landesteile soll das soziale, kulturelle und wirtschaftliche Gefälle zwischen den leistungsstarken und den leistungsschwachen Teilen verringert werden; einer Entwicklung, die dieses Entwicklungsziel in Frage stellt, ist entgegenzuwirken.

Zu 1.4.3
Regionales Leistungsgefälle

PS 1.4.3, der den früheren PS 1.4.1 übernimmt, ergänzt PS 1.4.2: Die leistungsschwachen Landesteile sollen gestärkt und damit das regionale Leistungsgefälle verringert werden. Die Landesentwicklungspolitik muß noch immer davon ausgehen, daß zwischen den Landesteilen ein erhebliches Leistungsgefälle besteht. Die Infrastrukturausstattung des ländlichen Raumes ist in den vergangenen Jahren zwar erheblich verbessert worden; damit ist eine wichtige Grundlage für die künftige Entwicklung gelegt worden. Auch die Gesamtentwicklung des ländlichen Raumes war nicht ungünstig (vgl. LEB 1979, S. 22 ff). Die positiven Ergebnisse, die für den ländlichen Raum als Ganzes sichtbar geworden sind, sollen aber nicht verdecken, daß in Teilen des ländlichen Raumes weiterhin strukturelle Probleme bestehen.

Insbesondere die Abwanderung mobiler Bevölkerungsgruppen stellt für Teile des ländlichen Raumes eine erhebliche Gefahr dar. So fördern die wesentlich verbesserten Bildungsmöglichkeiten die Abwanderung, wenn es nicht gelingt, für die ausgebildeten Arbeitnehmer auch die entsprechenden qualifizierten Arbeitsplätze zu schaffen. Auch die stark verbesserte Verkehrserschließung des ländlichen Raumes schafft nicht nur neue Standortvorteile; sie erleichtert auch das Auspendeln der Arbeitnehmer über größere Entfernungen in die Verdichtungsräume und die Randzonen. Dies ist häufig die Vorstufe zur Abwanderung.

PS 1.4.3 fordert die Verringerung des Leistungsgefälles; die Zielsetzung berücksichtigt jedoch, daß ein völliger Abbau des Gefälles nicht zu erwarten ist. Auch eine radikale „Umlenkung" von Entwicklungspotentialen könnte dies - selbst wenn sie

Begründung
Zentrale Orte und Verflechtungsbereiche

rechtlich zulässig wäre - nicht erreichen. Massive Restriktionen für die Verdichtungsräume würden deren Funktionsfähigkeit gefährden und auch die Erfüllung der Aufgaben in Frage stellen, die von den Verdichtungsräumen für das ganze Land erfüllt werden.

Zu 1.4.4
Förderung von Verdichtungsansätzen

Günstige Chancen für die weitere wirtschaftliche Entwicklung sind zu unterstützen, insbesondere wenn ausreichende Verdichtungsansätze vorliegen und wenn dadurch zusätzliche und attraktive Arbeitsplätze geschaffen werden; dabei sollen raumwirksame Maßnahmen und Investitionen ressortübergreifend koordiniert, projektbezogen gebündelt und zeitlich aufeinander abgestimmt werden.

PS 1.4.4, der bei der Fortschreibung neu in den LEP aufgenommen wurde, zeigt einen Weg auf, durch gezielte Förderung die Entwicklung von Landesteilen zu aktivieren. Entsprechend der Zielsetzung in PS 1.3.5 soll die Entwicklung besonders dort gefördert werden, wo bereits ausreichende Verdichtungsansätze vorliegen und durch Förderungen verschiedener Art zusätzliche und attraktive Arbeitsplätze geschaffen werden können. Der LEP greift damit eine Forderung des Landesplanungsrats auf, die dieser in seiner Entschließung vom 24. September 1976 zur Fortschreibung ausgesprochen hatte (vgl. LEB 1979, S. 197). Ausbaufähige Verdichtungsansätze liegen in der Regel in den Verdichtungsbereichen im ländlichen Raum (vgl. PS 1.10.4 und 2.3.4) und in den größeren Mittelzentren des ländlichen Raumes vor.

Die Landesentwicklungspolitik muß sich dabei verstärkt einer projektbezogenen Koordination zuwenden, die in partnerschaftlicher Zusammenarbeit zwischen Land, Kommunen und Bürgern erfolgen soll. Die einzelnen Fördermaßnahmen sollen ressortübergreifend abgestimmt und nach Möglichkeit in Schwerpunkten durchgeführt werden.

Zu 1.5 Zentrale Orte und Verflechtungsbereiche

Zu 1.5
Zentrale Orte und Verflechtungsbereiche

Der weitere Ausbau von Zentralen Orten ist eines der wichtigsten Mittel der Raumordnungspolitik, um auf eine dezentralisierte Siedlungsstruktur hinzuwirken, die Versorgung der Bevölkerung in allen Landesteilen zu sichern und eine ökonomische Flächennutzung zu bewirken (vgl. A. Einleitung Nr. 2.3).

Das System der Zentralen Orte baut auf der vorhandenen Siedlungsstruktur auf, wie sie sich historisch entwickelt hat. Besonders im ländlichen Raum haben sich Standorte mit zentraler Bedeutung (Zentrale Orte) herausgebildet, die mit ihren Versorgungskernen über ihren eigenen Bedarf hinaus die Bevölkerung eines größeren Bereichs (Verflechtungsbereichs) versorgen.

Durch die Ausweisung solcher Standorte als Zentrale Orte wird darauf hingewirkt, daß soziale, kulturelle und wirtschaftliche Einrichtungen insbesondere in den Versorgungskernen angesiedelt werden und im erforderlichen Umfang für die Bevölkerung des Zentralen Orts und seines Verflechtungsbereichs zur Verfügung stehen. Mit der Entwicklung des Zentralen Orts und seiner Einrichtungen werden so die Voraussetzungen dafür geschaffen, daß der gesamte Verflechtungsbereich seine Entwicklungsmöglichkeiten wahren kann.

Damit diese Aufgaben erfüllt werden können, müssen bei der Ausweisung der Gemeinden mit zentralörtlicher Bedeutung und der Abgrenzung der Verflechtungsbereiche deren Bevölkerungszahlen, die vorhandene und die geplante Ausstattung sowie die Erreichbarkeit der Einrichtungen in zumutbarer Entfernung berücksichtigt werden; die notwendige Kapazitätsauslastung für die zentralörtlichen Einrichtungen muß ebenso wie die besonderen siedlungsstrukturellen Bedingungen in den einzelnen Landesteilen mit in Rechnung gestellt werden.

Doppelzentren

Die Zuordnung des Verflechtungsbereichs zum Zentralen Ort resultiert aus der überwiegenden Orientierung der Bevölkerung zu in der Regel einem unbestrittenen Zentrum. In Einzelfällen gibt es jedoch auch Verflechtungsbereiche, bei denen sich zwei Gemeinden oder zwei Orte in die Funktion eines Zentralen Orts teilen (Doppelzentrum). Solche Doppelzentren wurden im allgemeinen dort ausgewiesen, wo zentralörtliche Einrichtungen einer bestimmten Funktionsstufe von der Bevölkerung eines Verflechtungsbereichs in zwei in ihrer Größe oder Bedeutung etwa gleich großen Zentren in etwa gleichem Umfang - meist in Funktionsteilung - in Anspruch genommen werden. Von einem Doppelzentrum kann allerdings nicht schon dann die Rede sein, wenn ausnahmsweise nur einzelne zentralörtliche Einrichtungen nicht im Zentralen Ort selbst liegen, sondern außerhalb des Zentralen Orts den besseren Standort haben (vgl. PS 1.5.32).

Begründung
Zentrale Orte und Verflechtungsbereiche

Doppelzentren sind fast immer Kompromißlösungen, bei denen zwischen rivalisierenden, häufig gleichgewichtigen Zentralen Orten innerhalb des gleichen Verflechtungsbereichs zugunsten nur eines Zentrums keine Entscheidung getroffen worden ist. Die Versorgung des Verflechtungsbereichs leidet meist darunter, daß die zentralörtlichen Einrichtungen hier räumlich zu wenig gebündelt sind. Dies wirkt sich um so negativer aus, je größer die Entfernung zwischen beiden zentralörtlichen Partnern ist. Vielfach führt die kommunalpolitische Rivalität der doppelzentralen Partner aber auch zu Überkapazitäten im Versorgungsangebot, weil in beiden Zentren die gleiche zentralörtliche Ausstattung vorgehalten wird, jedoch mangels ausreichender Benutzerzahlen nicht ausgelastet werden kann. Zwangsläufig kommt in solchen Fällen auch eine sinnvolle Funktionsteilung kaum noch zustande.

Eine wissenschaftliche Untersuchung der Akademie für Raumforschung und Landesplanung, die bereits in den 70er Jahren insbesondere zur Aufhellung derartiger Fragen durchgeführt worden ist, kam zu dem Ergebnis, daß die zentralörtlichen Einrichtungen eines Verflechtungsbereichs um so stärker konzentriert werden müssen, je niedriger die Funktionsstufe ist. Eine enge räumliche Nachbarschaft zentralörtlicher Einrichtungen ist daher besonders in Unter- und Kleinzentren notwendig, erst recht wenn die Auslastung der Einrichtungen infolge zu geringer Tragfähigkeit des Verflechtungsbereichs gefährdet ist. Das bedeutet, daß die Ausweisung von Doppelzentren auf der Stufe der Grundversorgung in dünnbesiedelten ländlichen Räumen nicht einmal mehr als Notlösung erwogen werden sollte.

Bereits im Jahr 1965 wurden in einem Forschungsauftrag des Innenministeriums Baden-Württemberg die Grundlagen für die Ausweisung der Zentralen Orte gelegt. Darauf aufbauend hat das Innenministerium 1968 den „Entwurf einer Denkschrift über die Zentralen Orte und Verflechtungsbereiche in Baden-Württemberg" als Diskussionsgrundlage herausgegeben. Nach eingehenden Erörterungen wurde aus dem Entwurf die zentralörtliche Konzeption der Ober-, Mittel- und Unterzentren entwickelt, die in den LEP 1971 aufgenommen wurde. Der Entwurf der o.a. Denkschrift bildete aber auch die Grundlage für die Beratungen der Träger der Regionalplanung über die Ausweisung von Kleinzentren.

Grundlagen

Im LEP 1971 wurden die Ober-, Mittel-und Unterzentren ausgewiesen; die Ausweisung der Kleinzentren erfolgte in den Regionalplänen. Die Stufenfolge und die Kriterien für die Ausweisung der Zentralen Orte entsprachen dabei der Entschließung der MKRO vom 8. Februar 1968 über „Zentrale Orte und ihre Verflechtungsbereiche" (StAnz 1969 Nr. 10; GMBl. S. 58; BAnz 1968 Nr. 234).

Landesentwicklungsplan 1971

Die ausgewiesenen Zentralen Orte blieben bei der Fortschreibung des LEP unverändert bestehen (vgl. Karte 1). Für die Entwicklungspolitik des Landes ist es eine vorrangige Aufgabe, das Netz der Zentralen Orte mit einer relativ engen „Maschenweite" landesweit zu erhalten und qualitativ auszubauen. Allein schon dies wird in den kommenden Jahren - vor allem wegen der stagnierenden Bevölkerungsentwicklung und dem geringeren ökonomischen Entwicklungspotential - erhebliche Anstrengungen erfordern; Veränderungen am Netz der Zentralen Orte wurden daher zurückgestellt.

Fortschreibung des Landesentwicklungsplans

Bei der Fortschreibung des LEP wurden aber verschiedene Klarstellungen und Modifizierungen vorgenommen, um Mißverständnissen entgegenzuwirken, die bei der Anwendung der zentralörtlichen Konzeption aufgetreten sind. So wurde - wie auch bereits bisher in der Begründung zum LEP dargelegt war - in PS 1.5.1 deutlich gemacht, daß auch für die nach der Gebietsreform vergrößerten Gemeinden das Prinzip gültig bleibt, zentralörtliche Einrichtungen im zentralörtlichen Versorgungskern des Verflechtungsbereichs weitgehend zu bündeln. Der LEP verzichtet aber - wie von der Kommission Land-Kommunen vorgeschlagen - darauf, den zentralörtlichen Versorgungskern gemeindeteilscharf festzulegen, sondern nennt lediglich die Gemeinden, die zentralörtliche Aufgaben zu erfüllen haben und bestimmt ihre Funktionsstufe als Ober-, Mittel- und Unterzentrum (vgl. A. Einleitung Nr. 5.4). Es ist eine Aufgabe der Gemeinden und der übrigen Träger der Bauleitplanung, den Standort für die einzelne zentralörtliche Einrichtung zu bestimmen und die städtebaulichen Voraussetzungen dafür zu schaffen, daß diese Einrichtungen an den für die Versorgung des Verflechtungsbereichs günstigsten Standorten angesiedelt werden können. Der zentralörtliche Konzentrationsgrundsatz kann dabei flexibel gehandhabt werden; dies läßt es zu, daß Standorte auch einmal außerhalb von Zentralen Orten gewählt werden, wenn solche Standorte ausnahmsweise aus planerischen Gründen geeigneter erscheinen.

Begründung
Zentrale Orte und Verflechtungsbereiche

Teilzentren	Dieser flexiblen Handhabung bei der Standortwahl zentralörtlicher Einrichtungen entspricht es, daß der LEP eine Ausweisung von Teilzentren, die bisher in den Regionalplänen erfolgen konnte, nicht mehr vorsieht. Teilzentralitäten können sich aber aufgrund tatsächlicher Standortentscheidungen ergeben; deshalb soll auch in Zukunft die Darstellung bestimmter Funktionsteilungen in den Regionalplänen möglich sein, nicht aber die pauschale Ausweisung von Teilzentren.*)
Zu 1.5.1 Zentrale Orte	*Zentrale Orte sind die Ober-, Mittel-, Unter- und Kleinzentren. In den Zentralen Orten sollen die Einrichtungen für die überörtliche Versorgung eines Verflechtungsbereichs mit Gütern und Dienstleistungen gebündelt angeboten werden.*
Stufen und Aufgaben	PS 1.5.1 Abs. 1 legt die Stufen der Zentralen Orte fest und bestimmt die Aufgaben der Zentralen Orte. Der LEP sieht im Gegensatz zu den drei Stufen der zentralörtlichen Versorgung (Grundversorgung, gehobene Versorgung, großstädtische Versorgung) vier Stufen von Zentralen Orten vor; er unterscheidet also bei der Grundversorgung zwischen Klein- und Unterzentren (vgl. PS 1.5.43 und 1.5.44). Die Stufen der Zentralen Orte entsprechen damit der o.a. Entschließung der MKRO „Zentrale Orte und ihre Verflechtungsbereiche" vom 8. Februar 1968.
Konzentrationsgrundsatz	Satz 2 enthält den Grundsatz der zentralörtlichen Konzentration (vgl. PS 1.3.7). Die Bündelung der Versorgungseinrichtungen in den zentralörtlichen Versorgungskernen führt erfahrungsgemäß zu verschiedenen raumwirtschaftlichen Vorteilen. Sie erleichtert die Erschließung und Erreichbarkeit, dient dem sparsamen Flächenverbrauch und schafft durch die Nachbarschaft verschiedener Einrichtungen „Fühlungsvorteile", die für die Entwicklung von Standorten von entscheidender Bedeutung sind.
	Bei der Fortschreibung des LEP wurde klargestellt, daß der Konzentrationsgrundsatz nicht nur für Einrichtungen gilt, die der überörtlichen Versorgung mit Dienstleistungen dienen, sondern auch für die Versorgung mit Gütern. Der Konzentrationsgrundsatz ist aber auf die überörtliche Versorgung beschränkt; PS 1.5.33 stellt klar, daß Einrichtungen der örtlichen Versorgung auch an anderen Orten ausgebaut werden sollen. PS 1.5.3, insbesondere 1.5.32, legt fest, daß auch bei der überörtlichen Versorgung im Einzelfall einmal Ausnahmen vom Grundsatz der zentralörtlichen Konzentration möglich sind.
Versorgungskern	*Der zentralörtliche Versorgungskern eines Verflechtungsbereichs soll zentral gelegen und von den Orten des Verflechtungsbereichs mit zumutbarem Zeit- und Kostenaufwand erreichbar sein.*
	Seit der Gemeindereform umfassen viele Gemeinden außer dem Hauptort noch zahlreiche Ortschaften. Deshalb kann der Grundsatz, daß die zentralörtlichen Einrichtungen gebündelt angeboten werden sollen, nicht auf die ganze Gemeinde bezogen werden; vielmehr muß der LEP klarstellen, daß diese Einrichtungen in einem Versorgungskern konzentriert werden sollen, der von den Orten des Verflechtungsbereichs gut erreichbar ist. Meist ist dieser zentralörtliche Versorgungskern bereits vorhanden und empirisch feststellbar. Wenn die örtliche Siedlungsstruktur dies erfordert, können sich zwei Versorgungskerne die Aufgabe der zentralörtlichen Versorgung teilen („Doppelzentrum").
Ausweisung	*Die Gemeinden mit der zentralörtlichen Bedeutung eines Ober-, Mittel- oder Unterzentrums sind in diesem Plan ausgewiesen. Die Gemeinden mit der zentralörtlichen Bedeutung eines Kleinzentrums sind in den Regionalplänen zu bestimmen.*
Karte 1	Die Oberzentren sind in PS 1.5.5, die Mittel- und Unterzentren im 3. Teil des LEP ausgewiesen. Alle im LEP ausgewiesenen Zentralen Orte sind in Karte 1 dargestellt; sie werden nachrichtlich in die Regionalpläne übernommen (vgl. § 8 Abs. 5 Nr. 2 LplG). Die Gemeinden mit der zentralörtlichen Bedeutung eines Kleinzentrums - seit der Novellierung des Landesplanungsgesetzes 1983 auch die Gemeinden mit der zentralörtlichen Bedeutung eines Unterzentrums - werden von den Regionalverbänden in den Regionalplänen benannt (vgl. § 8 Abs. 2 Nr. 1 LplG). Abweichend davon wurden die Unterzentren zunächst noch im LEP festgelegt. Die Festlegung gilt solange, bis Regionalpläne, die Unterzentren ausweisen, verbindlich werden (vgl. § 40 LplG). Für die Verdichtungsräume besteht in PS 1.5.44 eine Sonderregelung.

*) Von der Ausweisung von Teilzentren wurde nur im Regionalplan Neckar-Alb (Pfullingen) Gebrauch gemacht. Am zentralörtlichen Status von Pfullingen ändert sich jedoch nichts.

Begründung
Zentrale Orte und Verflechtungsbereiche

Zentralörtliche Verflechtungsbereiche sind die Ober-, Mittel- und Nahbereiche. Grenzüberschreitende Verflechtungen sind zu berücksichtigen.

Die o.a. Entschließung der MKRO vom 8. Februar 1968 sieht entsprechend zu den Stufen der Zentralen Orte auch zentralörtliche Verflechtungsbereiche vor. Allerdings stehen den vier zentralörtlichen Stufen nur drei Stufen von Verflechtungsbereichen gegenüber; es sind dies die Ober-, Mittel- und Nahbereiche. Da sowohl die Unterzentren wie die Kleinzentren als untere zentralörtliche Versorgungsstufe zu verstehen sind und auch die überörtliche Grundversorgung sicherstellen, können die Verflechtungsbereiche auf diesen beiden Stufen einheitlich als Nahbereiche bezeichnet werden; nur einzelne zentralörtliche Einrichtungen eines Unterzentrums haben einen Einzugsbereich, der über seinen Nahbereich hinausreicht.

Die zentralörtlichen Verflechtungen reichen teilweise über die Landesgrenze hinweg. Trotzdem hat der LEP auch in diesen Fällen keine grenzüberschreitenden Mittelbereiche ausgewiesen, weil die Nachteile für Verwaltung und Statistik überwiegen würden. PS 1.5.2, Satz 2 fordert aber allgemein, daß grenzüberschreitende Verflechtungen bei den verschiedenen Planungen und raumwirksamen Maßnahmen zu berücksichtigen sind.

In Baden-Württemberg entsprechen die Verflechtungsbereiche der Oberzentren weitgehend den Regionen (vgl. Karte 3), da bei der Gebietsreform die Landkreise und Regionen grundsätzlich nach zentralörtlichen Verflechtungsbereichen abgegrenzt wurden. Der LEP verzichtet deshalb auf die Ausweisung von Oberbereichen. Für die Randgebiete der Regionen ist jedoch kennzeichnend, daß sich hier Verflechtungsbereiche infolge der unterschiedlichen Reichweite der Einrichtungen der Oberzentren vielfach überlagern. Dies gilt vor allem für Randgebiete an der Landesgrenze.

Die Mittelbereiche werden durch den LEP verbindlich abgegrenzt (vgl. Anhang zu PS 1.5.21); da auf der Stufe der Mittelzentren die grenzüberschreitenden Verflechtungen besonders deutlich sind, wird im Anhang „Mittelbereiche" auf besonders enge grenzüberschreitende Verflechtungen hingewiesen. Die Bedeutung der Landesgrenze für die Verwaltungsorganisation ist jedoch so groß, daß grenzüberschreitende Mittelbereiche nicht förmlich ausgewiesen werden.

Die Nahbereiche sind in den Regionalplänen ausgewiesen worden; bei deren Fortschreibung wird - wie von der Kommission Land-Kommunen vorgeschlagen - die verbindliche Ausweisung von Nahbereichen jedoch entfallen (vgl. A. Einleitung Nr. 2.4).

Mittelbereiche sind die Verflechtungsbereiche von Zentralen Orten, in denen der gehobene und spezialisierte Bedarf gedeckt und - insbesondere in den Verdichtungsräumen - die Siedlungsentwicklung auch im Hinblick auf eine günstige Verkehrsbedienung koordiniert werden soll; dabei sind die Beziehungen zum Verdichtungszentrum besonders zu berücksichtigen.

Zu den einzelnen Mittelbereichen gehören die im Anhang „Mittelbereiche" aufgeführten Gemeinden; auf grenzüberschreitende Verflechtungen ist dort jeweils hingewiesen.

PS 1.5.21 definiert die Mittelbereiche und umschreibt die wichtigsten Aufgaben dieser Raumeinheiten. Sie sind die Verflechtungsbereiche, in denen der gehobene und spezialisierte Bedarf gedeckt werden soll. Sie sind aber darüber hinaus auch Räume, in denen wesentliche überörtliche Lebensbeziehungen der Bevölkerung und besonders enge wirtschaftliche Verflechtungen bestehen. Auch ohne verbindliche Abgrenzung im LEP dienten die Mittelbereiche deshalb schon bisher als Analyse- und Planungsräume, z.B. bei der Neuabgrenzung der Kreise im Rahmen der Verwaltungsreform oder bei der Abgrenzung von Fördergebieten.

Die in § 3 Abs. 2 Nr. 2 LplG vorgeschriebene Abgrenzung der Mittelbereiche im LEP (vgl. Karte 4) war sachlich deshalb notwendig, weil diese für die praktische Raumordnungspolitik auf Bundes- und Landesebene und für die Fachplanungen zunehmend an Bedeutung gewinnen. Die Mittelbereiche sind nach § 8 Abs. 5 Nr. 2 LplG auch in den Regionalplänen darzustellen.

Die Abgrenzung im Anhang zu PS 1.5.21 erfolgt auf einer Analyse der Ausstattung der Gemeinden mit Dienstleistungseinrichtungen und deren Einzugsbereichen. Sie berücksichtigt u.a. planerische Vorstellungen, die Ergebnisse der Verwaltungsreform und Korrekturwünsche der Regionalplanung. Bei der Abgrenzung wurden stets ganze Gemeinden und örtliche Verwaltungsräume einbezogen. Die mittelzentrale Zuordnung erfolgte nach der vorherrschenden Orientierung; Überschneidungen der Einzugsbereiche der einzelnen Versorgungseinrichtungen wie auch Überlagerungen der Einzugsbereiche von Versorgungs- und Verwaltungseinrichtungen lassen sich dabei nicht vollständig vermeiden.

Marginalien:

Zu 1.5.2
Zentralörtliche Verflechtungsbereiche

Stufen

Zu 1.5.21
Mittelbereiche

Aufgaben

Abgrenzung
Karte 4

Begründung
Zentrale Orte und Verflechtungsbereiche

Als Richtgröße für die Tragfähigkeit eines Mittelbereichs wurden etwa 35 000 Einwohner zugrundegelegt. In den dichter besiedelten Landesteilen wurde dieser Schwellenwert in der Regel weit überschritten. Dagegen mußten in einigen Mittelbereichen in den dünner besiedelten Teilen des ländlichen Raumes unterhalb dieser Schwelle liegende Einwohnerzahlen in Kauf genommen werden, um eine mittelzentrale Versorgung in zumutbarer Entfernung nicht zu gefährden.

Bei der Abgrenzung der Mittelbereiche in den Verdichtungsräumen tritt neben die Versorgungsfunktion verstärkt die Rolle der Mittelbereiche als Bezugsräume für die Siedlungsentwicklung. Hier bestehen sehr enge Arbeits- und Pendlerbeziehungen zum Zentrum des jeweiligen Verdichtungsraumes; vor allem suchen sich die meisten der aus dem Zentrum abwandernden Einwohner ihren neuen Wohnsitz im gleichen Mittelbereich oder in den benachbarten Mittelbereichen. Daher eignen sich die Mittelbereiche der Verdichtungsräume auch als Planungsräume für die Ordnung der hier besonders dynamischen Siedlungsentwicklung und für die Gestaltung des Nahverkehrs.

Zu 1.5.22
Nahbereiche

Nahbereiche sind die Verflechtungsbereiche von Zentralen Orten für die Deckung des häufig wiederkehrenden überörtlichen Bedarfs (Grundversorgung) sowie die Bereiche, in denen die Deckung dieses Bedarfs in den einzelnen Orten auch ohne Ausweisung eines Kleinzentrums sichergestellt ist.

Aufgaben

Nahbereiche sind die Räume, in denen die überörtliche Grundversorgung der Bevölkerung mit öffentlichen und privaten Gütern und Dienstleistungen, die häufig in Anspruch genommen werden, bereitgestellt werden soll. Die Versorgungseinrichtungen sollen in der Regel in den Klein- und Unterzentren gebündelt werden (vgl. PS 1.5.43 und 1.5.44).

Der zweite Halbsatz dieses Plansatzes spricht jene Bereiche an, für die kein Zentraler Ort ausgewiesen wurde, die aber dennoch als Nahbereiche zu verstehen sind, weil innerhalb ihrer Grenzen typische zentralörtliche Verflechtungsbeziehungen bestehen. Die zentralörtlichen Versorgungsaufgaben werden hier gleichermaßen von mehreren oder sogar allen Orten wahrgenommen. Diese Situation ist vor allem in den Verdichtungsräumen anzutreffen, wo ein zentralörtlicher Versorgungskern sich auf der Stufe der Grundversorgung nicht ausbilden kann, weil die Siedlungen so dicht beieinander liegen und so viele Einwohner haben, daß fast alle eine sehr gute Ausstattung tragen können (vgl. PS 1.5.32). Vielfach werden hier innerhalb der Nahbereichsgrenzen sogar gehobene Versorgungsaufgaben wahrgenommen, die über die übliche Grundversorgung hinausgehen (vgl. PS 1.5.44).

Nahbereiche
und örtliche
Verwaltungsräume

Die Nahbereiche sind gemäß § 29 Abs. 2 Nr. 2 LPlaG 1972 in den von 1979 - 1981 verbindlich gewordenen Regionalplänen flächendeckend und verbindlich ausgewiesen worden. Wegen des Nebeneinanders der beiden Systeme der Raumgliederung, nämlich zum einen der zentralörtlichen Nahbereiche und zum anderen der örtlichen Verwaltungsräume, hat die Kommission Land-Kommunen vorgeschlagen, bei der Fortschreibung der Regionalpläne auf die Ausweisung der Nahbereiche zu verzichten (vgl. A. Einleitung Nr. 2.4). Derartige Überlegungen sind darauf zurückzuführen, daß bereits bei der Abgrenzung der örtlichen Verwaltungsräume bei der Gemeindereform die zentralörtlichen Verflechtungsbeziehungen auf der Stufe der Grundversorgung berücksichtigt worden sind und die Nahbereiche und die Verwaltungsräume weitgehend übereinstimmen: Von den 461 örtlichen Verwaltungsräumen sind 319 mit dem Nahbereich deckungsgleich (als Einheitsgemeinde oder Verwaltungsgemeinschaft); allerdings umfassen 141 örtliche Verwaltungsräume jeweils 2 oder 3 Nahbereiche oder sind kleiner als der Nahbereich.

In den verdichteten Gebieten dagegen, vor allem in den Verdichtungsräumen, wäre ein einfacher Austausch der Nahbereiche gegen die örtlichen Verwaltungsräume als räumliches Raster für landes- und regionalplanerische Aussagen nicht möglich, weil dort Verwaltungseinheit und Nahbereichsverflechtungen deutlich auseinanderklaffen. Dort wird die Regionalplanung - auch wenn sie im Regionalplan die Nahbereiche nicht mehr verbindlich ausweist - die über die Grenzen der örtlichen Verwaltungsräume nachweislich hinausreichenden zentralörtlichen Verflechtungen festhalten und bei der Fixierung ihrer Zielaussagen berücksichtigen müssen.

Somit kann die Regionalplanung zwar - wie es die Kommission Land-Kommunen vorschlägt - auf die <u>verbindliche</u> Ausweisung der Nahbereiche in den künftigen Regionalplänen verzichten; den Begriff des Nahbereichs als planerisches Instrument und als landesweit ausgewogenes Darstellungsraster für die Raumbeobachtung aber kann die Raumordnung nicht entbehren.

Begründung
Zentrale Orte und Verflechtungsbereiche

Einrichtungen für die überörtliche Versorgung eines Verflechtungsbereichs mit Gütern und Dienstleistungen (zentralörtliche Einrichtungen) sollen bevorzugt im zentralörtlichen Versorgungskern errichtet oder ausgebaut werden.

Zu 1.5.3
Zentralörtliche
Einrichtungen

PS 1.5.3 greift den Grundsatz der zentralörtlichen Konzentration des PS 1.5.1, Satz 2 nochmals auf. Der Plansatz verdeutlicht, daß der zentralörtliche Versorgungskern einen Vorzug, aber kein Monopol bei Standortentscheidungen für zentralörtliche Einrichtungen besitzen soll. Dies wird im einzelnen durch die PS 1.5.31 und 1.5.32 ausgeführt. Ein besonderer Aspekt liegt vor allem in der Erhaltung von zentralörtlichen Einrichtungen, wenn einzelne Einrichtungen infolge rückläufiger Bevölkerungsentwicklung und Unterschreitung bestimmter Tragfähigkeitsschwellen gefährdet sind (vgl. PS 1.3.7 sowie LEB 1979, S. 67 ff.).

Die zentralörtlichen Einrichtungen sind nach Art und Reichweite so auf die Größe der Verflechtungsbereiche abzustimmen, daß die bestehende oder angestrebte Versorgung der berührten zentralörtlichen Verflechtungsbereiche gewährleistet wird.

Zu 1.5.31
Obergrenze

PS 1.5.31 legt eine Obergrenze für zentralörtliche Einrichtungen fest; er schließt damit eine Lücke, die der Verwaltungsgerichtshof Baden-Württemberg in seinem Beschluß vom 21.12.1976 (NJW 1977, 1465) festgestellt hatte. Die zentralörtliche Versorgung kann im Einzelfall nämlich dadurch gefährdet werden, daß eine zentralörtliche Einrichtung so groß bemessen wird, daß eine entsprechende Einrichtung in benachbarten Zentralen Orten nicht mehr ausgelastet werden kann, obwohl eine solche Einrichtung dort zur Versorgung der Bevölkerung im Verflechtungsbereich notwendig ist. Deswegen wird für diese Fälle festgelegt, daß zentralörtliche Einrichtungen nach Art und Reichweite auf die Größe der Verflechtungsbereiche der Zentralen Orte abzustimmen sind. Dies gilt insbesondere auch für Einkaufszentren (vgl. PS 2.2.34).

Diese Abstimmung zentralörtlicher Einrichtungen ist aber nur dann notwendig, wenn eine Gefährdung der bestehenden oder angestrebten Versorgung der berührten zentralörtlichen Verflechtungsbereiche zu befürchten ist. Zur „angestrebten Versorgung" zählen Zielvorstellungen, die in den Regionalplänen dargestellt sind. Zu den „berührten Verflechtungsbereichen" können z.B. nachgeordnete zentralörtliche Verflechtungsbereiche zählen; je nach Art der zentralörtlichen Einrichtung und ihrem vorgesehenen Standort können aber auch ein oder mehrere benachbarte Verflechtungsbereiche „berührt" sein. Eine zentralörtliche Einrichtung gefährdet dann die Versorgung, wenn sie z.B. eine vielseitige und wohnortnahe Versorgung ernstlich bedroht; auch Gesichtspunkte der Erreichbarkeit mit den öffentlichen Verkehrsmitteln können dabei eine Rolle spielen. In einer freiheitlichen Marktordnung kann es dagegen nicht Aufgabe der Raumordnung sein, bestehende Betriebe vor Konkurrenz zu schützen.

Zentralörtliche Einrichtungen sind in begründeten Fällen außerhalb der Zentralen Orte möglich, wenn der Standort aus planerischen Erwägungen der bessere ist.

Zu 1.5.32
Standorte außerhalb
von Zentralen Orten

Der zentralörtliche Konzentrationsgrundsatz kann nicht schematisch angewandt werden; Unterschiede in der regionalen Siedlungs- und Versorgungsstruktur können Abweichungen ebenso erfordern wie die spezifischen Standortvorteile und -anforderungen der einzelnen Einrichtungen. Zu berücksichtigen ist auch, daß der Konzentrationsgrundsatz in den einzelnen Raumkategorien differenziert zu handhaben ist (vgl. PS 1.3.8). Vor allem in den verdichteten Räumen können neben den Zentralen Orten auch andere Orte oder Gemeinden zentralörtliche Einrichtungen besitzen oder anstreben. Diese flexible Handhabung ist in der Praxis gerechtfertigt, wenn dadurch die Versorgung der Bevölkerung verbessert wird. Der Standort für eine zentralörtliche Einrichtung außerhalb des Zentralen Orts oder abweichend vom zentralörtlichen Stufenschema muß aber aus planerischen Erwägungen der bessere sein. Standorte außerhalb eines Zentralen Orts können nämlich nur dann in Betracht kommen, wenn die zentralörtliche Einrichtung am anderen Standort oder die Verteilung einzelner zentralörtlicher Einrichtungen auf mehrere Orte oder Gemeinden die Funktionsfähigkeit des Zentralen Orts nicht beeinträchtigt.

Einrichtungen zur örtlichen Versorgung sollen überall dort ausgebaut werden, wo sie trotz vorhandener oder geplanter zentralörtlicher Einrichtungen ausgelastet werden können oder unentbehrlich sind.

Zu 1.5.33
Örtliche Versorgung

PS 1.5.33 stellt klar, daß die Ziele zur Entwicklung der Zentralen Orte dem Ausbau örtlich tragfähiger Einrichtungen nicht entgegenstehen sollen. Die Nicht-Zentralen-Orte haben auch darüber hinaus ihre spezifischen Entwicklungsaufgaben, z.B. im Fremdenverkehr, in der Entwicklung des ortsansässigen Gewerbes oder bei der Dorfentwicklung (vgl. PS 1.3.6).

Begründung
Zentrale Orte und Verflechtungsbereiche

Zu 1.5.4
Stufen der
Zentralen Orte

Die Zentralen Orte sollen so ausgestattet sein, daß sie den überörtlichen Bedarf ihres Verflechtungsbereichs decken und zugleich die Verflechtungsbereiche nachgeordneter Zentraler Orte mit Leistungen versorgen können, die letztere nicht erbringen können.

In PS 1.5.4 ist der Gedanke der „hierarchischen" Bedarfsdeckung festgehalten, der dem zentralörtlichen System zugrunde liegt. Die Zentralen Orte sollen so (mit zentralörtlichen Einrichtungen) ausgestattet werden, daß sie den Bedarf ihres Verflechtungsbereichs decken können. In den Klein- und Unterzentren sollen also die Einrichtungen für die überörtliche Versorgung der jeweiligen Verflechtungsbereiche der Grundversorgung angesiedelt werden. Mittelzentren haben dagegen eine doppelte Aufgabenstellung: sie sollen ihren engeren Verflechtungsbereich in der überörtlichen Grundversorgung und zugleich den gesamten Mittelbereich mit seinen nachgeordneten Verflechtungsbereichen der Grundversorgung im gehobenen und spezialisierten Bedarf versorgen. Entsprechend verhält es sich bei den Oberzentren.

Zu 1.5.41
Oberzentren

Oberzentren sollen als Zentrale Orte mit in der Regel großstädtischer Prägung ein großes Gebiet von mehreren hunderttausend Einwohnern (Oberbereich) auch mit hochqualifizierten Leistungen versorgen können.

Aufgaben

Die Oberzentren versorgen jeweils etwa das Gebiet einer Region mit hochqualifizierten Leistungen; mit Ausnahme von Ostwürttemberg besitzt jede Region ein funktionsfähiges Oberzentrum. Die Verflechtungen typischer oberzentraler Einrichtungen sind generell schwächer ausgeprägt als bei anderen Zentralen Orten, weil es sich um selten auftretenden Bedarf handelt.

Die Versorgungsaufgabe ist in verschiedenen Regionen durch die überdurchschnittliche Entfernung des Oberzentrums zu weiten Teilen der Region erschwert. In diesen Regionen verfügen teilweise schon größere, überdurchschnittlich ausgebaute Mittelzentren über einzelne oberzentrale Einrichtungen. Diese Ausstattung kann weiter ergänzt werden, auch wenn ein voller Ausbau zum Oberzentrum nicht möglich ist. Auch kann es sinnvoll sein, daß statt einer Mehrfachausstattung des Oberzentrums ein Mittelzentrum einzelne oberzentrale Funktionen übernimmt. Es ist eine Aufgabe der Regionalplanung, den jeweiligen regionalen Verhältnissen entsprechende Funktionsteilungen vorzusehen und Vorschläge für besondere Ausstattungen von Mittelzentren auszuarbeiten.

Zu 1.5.42
Mittelzentren

Mittelzentren sollen so ausgestattet sein, daß sie den gehobenen und spezialisierten Bedarf des Mittelbereichs decken können. In den Verdichtungsräumen kommen als Standorte für Einrichtungen zur Deckung dieses Bedarfs auch andere Orte in Betracht, wenn dadurch die Versorgung durch das Mittelzentrum nicht gefährdet wird und die Einrichtungen in günstiger Lage gebündelt werden.

Die Mittelzentren unterscheiden sich von den Unterzentren durch eine deutliche Steigerung in Umfang und Qualität der zentralörtlichen Einrichtungen. Auch im ländlichen Raum haben die größeren Mittelzentren vielfach eine qualifizierte Infrastrukturausstattung und einen differenzierten Arbeitsmarkt; von ihnen können deshalb vielfach Impulse für die weitere Entwicklung ihres Verflechtungsbereichs ausgehen.

Wegen der besonderen Bedeutung der Mittelzentren für die Raumordnung hat die MKRO in der Entschließung „Zentralörtliche Verflechtungsbereiche mittlerer Stufe in der Bundesrepublik Deutschland" vom 15. Juni 1972 (LEB 1975, S. 153; GABl. 1973, S. 151) bundeseinheitliche Grundsätze und Maßstäbe für die Aufgaben und die anzustrebende Ausstattung der Mittelzentren sowie für die Größenordnung ihrer Verflechtungsbereiche aufgestellt. Die Ausweisung der Mittelzentren stimmt mit diesen Grundsätzen und Maßstäben weitgehend überein.

Ausweisung

Die Mittelzentren sind im 3. Teil des LEP ausgewiesen; die Mittelbereiche wurden wegen ihrer steigenden Bedeutung bei der Fortschreibung des LEP verbindlich abgegrenzt (vgl. Anhang zu PS 1.5.21 und Karte 4).

Bei der Fortschreibung wurde auch PS 1.5.42, Satz 2 eingefügt. Diese Ergänzung berücksichtigt, daß in den Verdichtungsräumen wegen der günstigen Tragfähigkeit und Erreichbarkeit auch die mittelzentrale Versorgung nicht ausschließlich durch das Mittelzentrum wahrgenommen wird; sie ist ebenfalls von anderen Standorten aus möglich, solange dadurch die Funktionsfähigkeit des Mittelzentrums und die mittelzentrale Versorgung insgesamt nicht gefährdet werden.

Zu 1.5.43
Unterzentren

Unterzentren sollen so ausgestattet sein, daß sie auch den qualifizierten, häufig wiederkehrenden überörtlichen Bedarf eines Verflechtungsbereichs der Grundversorgung mit in der Regel mehr als 10 000 Einwohnern decken können.

Begründung
Zentrale Orte und Verflechtungsbereiche

Die Unterzentren dienen der Grundversorgung zur Deckung des häufig wiederkehrenden überörtlichen Bedarfs. Ein Unterzentrum muß aber eine gewisse Vielfalt in der Ausstattung mit überörtlichen Einrichtungen und im Angebot von Dienstleistungen und Arbeitsplätzen aufweisen. Von den Kleinzentren unterscheiden sich die Unterzentren vor allem durch die qualifiziertere Ausstattung in der Grundversorgung und durch die damit verbundenen Ergänzungsfunktionen in Teilbereichen der mittelzentralen Versorgung.

Aufgaben

Die Unterzentren sind im 3. Teil des LEP ausgewiesen. Die Festlegung der Unterzentren im LEP gilt solange, bis Regionalpläne, die gemäß § 8 Abs. 2 Nr. 1 LplG Unterzentren ausweisen, verbindlich werden (vgl. § 40 LplG). Im ländlichen Raum ist regelmäßig eine Einwohnerzahl von mehr als 10 000 Einwohnern im Verflechtungsbereich erforderlich, um die Tragfähigkeit für die Ausstattung eines Unterzentrums zu gewährleisten. Im Verdichtungsraum muß die Einwohnerzahl entsprechend höher liegen.

Ausweisung

Kleinzentren sollen so ausgestattet sein, daß sie den häufig wiederkehrenden überörtlichen Bedarf des Verflechtungsbereichs der Grundversorgung decken können. Hierzu soll der Ort ausgebaut werden, der sich nach Lage im Raum, Entwicklungsmöglichkeit und Ausstattung hierfür am besten eignet.

Zu 1.5.44
Kleinzentren

Im ländlichen Raum soll der Verflechtungsbereich in der Regel 8000 oder mehr Einwohner haben. Diese Größe kann unterschritten werden, wenn der nächste zentralörtliche Versorgungskern mit öffentlichen Verkehrsmitteln sonst nicht in einer halben Stunde (etwa 7 - 10 km) erreichbar wäre und wenn ein Verflechtungsbereich ohne Beeinträchtigung der Tragfähigkeit benachbarter Verflechtungsbereiche gebildet werden kann; als tragfähig gilt in diesen Fällen ein Verflechtungsbereich mit etwa 5000 Einwohnern. Nur in besonders dünn besiedelten Mittelbereichen kann in diesen Fällen die Mindesteinwohnerzahl für einen Verflechtungsbereich bis auf 3 500 Einwohner herabgesetzt werden; diese Einwohnerzahl soll nicht unterschritten werden.

In den Verdichtungsräumen brauchen dort keine Kleinzentren bestimmt zu werden, wo die Deckung des häufig wiederkehrenden überörtlichen Bedarfs ausreichend sichergestellt ist; Einrichtungen für eine über die übliche Grundversorgung hinausgehende Versorgung unterhalb der Stufe des Mittelzentrums sollen aber in günstiger Lage innerhalb des Verflechtungsbereichs gebündelt werden.

Kleinzentren sind die unterste zentralörtliche Versorgungsstufe. Sie sind die Standorte von Versorgungseinrichtungen zur Deckung des häufig wiederkehrenden Bedarfs der Grundversorgung der Bevölkerung. Dazu gehören u.a. schulische Einrichtungen bis zur Realschule, Einkaufsmöglichkeiten in Fachgeschäften, Einrichtungen der medizinischen Versorgung und die üblichen Dienstleistungsbetriebe wie Banken, des Handwerks u.a.m. Es handelt sich grundsätzlich um Einrichtungen, die mehr als die tägliche örtliche Versorgung übernehmen, einen größeren Benutzerkreis voraussetzen und deshalb nicht in jeder Gemeinde vorhanden sein können.

Aufgaben:
Versorgungsfunktionen

Infolge hoher Siedlungsverdichtung, großer Angebotspalette auf engstem Raum und guter Auslastung ist die zentralörtliche Versorgung in den Verdichtungsräumen im allgemeinen gesichert. Die Ausweisung der Kleinzentren ist deshalb besonders für den ländlichen Raum von erheblicher Bedeutung, da dort die überörtliche Versorgung der Bevölkerung in der Regel nur durch eine Konzentration der Einrichtungen in einem zentralörtlichen Versorgungskern gesichert werden kann. Erfahrungsgemäß erhöhen sich Wirtschaftlichkeit und Effizienz der einzelnen Versorgungseinrichtungen dann, wenn sie am gleichen Standort mit anderen Einrichtungen gebündelt werden („Fühlungsvorteile"). Dies gilt um so mehr, als für die Zukunft eine tendenziell rückläufige Bevölkerungsentwicklung zu erwarten ist (vgl. A. Einleitung Nr. 3.4).

Zahlreiche Einrichtungen der Grundversorgung erfordern aber gewisse Mindestgrößen, um leistungsfähig zu sein und technischen und organisatorischen Voraussetzungen zu genügen. Ihre wirtschaftliche Auslastung setzt deshalb einen größeren Benutzerkreis voraus. Gerade im ländlichen Raum bestünde ohne die Ausweisung Zentraler Orte die Gefahr, daß einige dieser Einrichtungen nur noch in den entfernteren Zentralen Orten höherer Stufe vorgehalten würden; dies sollte - auch auf die Gefahr von Minderauslastungen - aber unbedingt vermieden werden. Der effektive Einsatz staatlicher und kommunaler Mittel und eine erfolgreiche Sicherung von Standorten für private Investitionen kann auch nur gewährleistet werden, wenn das zentralörtliche Konzentrationsprinzip bereits auf der unteren Versorgungsstufe angewandt wird.

Begründung
Zentrale Orte und Verflechtungsbereiche

Ansätze für die Siedlungsentwickung

Der LEP geht davon aus, daß - vor allem im ländlichen Raum - die Zentralen Orte geeignete Ansätze für die weitere Siedlungsentwicklung sind. Entscheidend ist aber, daß das zentralörtliche Konzentrationsprinzip in der Praxis nicht als bürokratische Reglementierung, sondern als flexibel und praxisnah zu handhabendes Gestaltungsprinzip für die kommunale Planung zu verstehen ist. Deshalb wird bei seiner Anwendung wie folgt differenziert: Am dringlichsten ist die zentralörtliche Bündelung bei Dienstleistungseinrichtungen; bereits deutlich abgeschwächt gilt das Konzentrationsprinzip hingegen für Arbeitsstätten und noch schwächer für die Ausweisung von Wohnbauflächen (vgl. PS 1.3.5 und 1.3.8).

Darüber hinaus wird gewährleistet, daß dieses Prinzip nicht „zu Tode geritten" wird, indem die Errichtung von zentralörtlichen Einrichtungen ausdrücklich auch außerhalb eines Zentralen Orts zugelassen wird, wenn der Standort planerisch der bessere ist (vgl. PS 1.5.32). Einrichtungen zur örtlichen Versorgung sollen schließlich auch überall dort ausgewiesen werden, wo sie trotz vorhandener oder geplanter zentralörtlicher Einrichtungen ausgelastet werden können oder unentbehrlich sind (vgl. PS 1.5.33).

Kein pauschaler „Zentrale-Orte-Zuschlag"

Aus der Bündelung zentralörtlicher Einrichtungen resultiert auch eine Belastung des Zentralen Orts, weil dieser zentralörtliche Leistungen auch für andere Gemeinden erbringt. Trotzdem enthält der kommunale Finanzausgleich keinen pauschalen „Zentrale-Orte-Zuschlag". Ein solcher ist auch nicht beabsichtigt; vielmehr will die Landesregierung auch künftig die einzelne zentralörtliche Einrichtung objektbezogen fördern. Die Nicht-Zentralen-Orte sind infolge der garantierten Eigenentwicklung nicht „abgehängt" und auch nicht von einer Förderung ausgeschlossen.

Auch private Versorgungseinrichtungen konzentrieren sich - vor allem im ländlichen Raum - mehr und mehr in Zentralen Orten. Private Dienstleistungen und Fachgeschäfte suchen ihren Standort oftmals dort, wo bereits ein gebündeltes Angebot an Versorgungseinrichtungen besteht. Es hat sich immer wieder gezeigt, daß sich die private Wirtschaft, z.B. bei der Planung und Ausgestaltung der Vertriebsnetze von Einzelhandelsketten oder Großfirmen mit Filialen, an landesplanerischen Ausweisungen orientiert, weil private Investitionen auf Dauer vor allem dort Rentabilität versprechen, wo auch andere zentralörtliche Einrichtungen gebündelt angeboten werden.

Verzicht auf Kleinzentren?

Sowohl ein falsches Verständnis vom zentralörtlichen System generell als auch ein übermäßiges hierarchisches Denken und daraus resultierende Rivalitäten zwischen Zentralen Orten und Nicht-Zentralen-Orten haben in der kommunalpolitischen Praxis mehrfach die Forderung nach der Abschaffung der Kleinzentren laut werden lassen. Der Verzicht auf Kleinzentren würde das Netz der Zentralen Orte jedoch erheblich verzerren: Die verdichteten Landesteile, in denen es nur wenige Kleinzentren gibt, behielten ihr dichtes Netz von Mittelzentren und Unterzentren, während in den ländlichen Räumen mehr als die Hälfte aller Zentralen Orte entfiele. Dort würde der Verzicht auf Kleinzentren zur Zersplitterung des Angebots und damit langfristig zur Verschlechterung der Versorgungslage der Bevölkerung führen.

Wenn Grundversorgungseinrichtungen mehr und mehr zersplittert und gebündelt nur noch in Zentralen Orten höherer Stufe angeboten würden, würden die Zersiedlung der ländlichen Räume und eine Konzentration auf wenige Schwerpunkte begünstigt; damit wäre eine Förderung der Fläche gefährdet. Die Abschaffung der Kleinzentren würde als Aufgeben der Förderung ländlicher Entwicklungsschwerpunkte und sogar als Rückzug aus der Fläche verstanden werden. Das Kleinzentrum würde als Stützpunkt der Struktur- und Standortpolitik verloren gehen.

Festlegung in den Regionalplänen

Aufgabe der Regionalplanung ist es, eine sinnvolle Verteilung der zentralörtlichen Versorgungsstandorte durch die Ausweisung von Kleinzentren sicherzustellen. Hierbei ist ein enges Zusammenwirken mit der Bauleitplanung notwendig. Die Kleinzentren sind nach § 8 Abs. 2 Nr. 1 LplG in den Regionalplänen festzulegen. PS 1.5.44, der bei der Fortschreibung des LEP neu gefaßt wurde, gibt die dabei maßgebenden Kriterien an. Die erforderliche Bevölkerungszahl im Verflechtungsbereich eines Kleinzentrums kann - je nach der vorherrschenden Siedlungsweise, Bevölkerungsverteilung und Bevölkerungsdichte - erheblich schwanken.

PS 1.5.44 sieht für die Kleinzentren im ländlichen Raum vor, daß sie im Regelfall einen Verflechtungsbereich von 8000 Einwohnern oder mehr haben sollen; dies gilt auch für die Verdichtungsbereiche im ländlichen Raum. Diese Größe kann in Ausnahmefällen bis zu einer Einwohnerschwelle von 5000 unterschritten werden, wenn der nächste zentralörtliche Versorgungskern unzumutbar entfernt ist. In dünnbesiedelten Mittelbereichen (Bevölkerungsdichte weniger als die Hälfte des Landesdurchschnitts) kann in diesen Fällen die Mindesteinwohnerzahl für einen Verflechtungsbereich bis auf 3 500 Einwohner herabgesetzt werden.

Begründung
Entwicklungsachsen

PS 1.5.44 läßt es zu, daß in den Regionalplänen in den Verdichtungsräumen dort keine Kleinzentren bestimmt werden, wo die Deckung des häufig wiederkehrenden Bedarfs ausreichend sichergestellt ist. Die hohe Bevölkerungsdichte, die dadurch verursachte bessere Auslastung der Infrastruktur und die gute Erreichbarkeit tragen dazu bei, daß in den Verdichtungsräumen die Grundversorgung regelmäßig gut gewährleistet ist. Versorgungseinrichtungen, die über die übliche Grundversorgung hinausgehen, aber noch unterhalb der Stufe des Mittelzentrums liegen, sollen in günstiger Lage gebündelt werden. Auch ohne die Bestimmung von Kleinzentren soll also im Verdichtungsraum eine Bündelung der Einrichtungen erreicht werden; dabei sollen Standorte gewählt werden, die den Wohnorten günstig zugeordnet und im öffentlichen Personennahverkehr erschlossen sind.

Soweit im Verdichtungsraum Kleinzentren festgelegt werden, ist regelmäßig ein Verflechtungsbereich von 15 000 bis 20 000 Einwohnern erforderlich, damit sich dort ein zentralörtlicher Versorgungskern bilden oder halten kann.

In der Randzone um den Verdichtungsraum bestehen oft ähnliche Verhältnisse wie im Verdichtungsraum; für die Festlegung eines Kleinzentrums ist dann dieselbe Einwohnerzahl wie im Verdichtungsraum erforderlich. Allerdings muß berücksichtigt werden, daß die Verdichtung innerhalb der Randzone mit wachsender Entfernung vom Verdichtungsraum regelmäßig stark abnimmt; deshalb ist vielfach eine größere Flexibilität bei der Abgrenzung der Verflechtungsbereiche nötig. Dort, wo die Randzone an den ländlichen Raum angrenzt, sind deshalb ähnliche Einwohnerzahlen wie im ländlichen Raum ausreichend.

Oberzentren sind die Landeshauptstadt Stuttgart sowie die Städte Heilbronn, Mannheim (zusammen mit Ludwigshafen), Heidelberg, Karlsruhe, Pforzheim, Freiburg i.Br., Konstanz, Reutlingen/Tübingen, Ulm (zusammen mit Neu-Ulm) und Ravensburg/Weingarten. Die Stadt Villingen-Schwenningen ist zu einem Oberzentrum auszubauen.

Die Mittelzentren und die Unterzentren sind im 3. Teil des Landesentwicklungsplans ausgewiesen.

Zu 1.5.5
Oberzentren,
Mittelzentren,
Unterzentren

Die Oberzentren des Landes liegen schon nach ihren Merkmalen als großstädtische Zentren seit langem fest. Dies besagt aber noch nicht, daß die oberzentralen Einrichtungen schon auf allen Bereichen dem Bedarf des Verflechtungsbereichs entsprechen; insoweit muß die Entwicklungspolitik des Landes fördernd eingreifen. Dies gilt insbesondere für das in Villingen-Schwenningen auszubauende Oberzentrum. PS 1.5.5 benennt die Gemeinden, die als Oberzentren ausgewiesen sind (vgl. PS 1.5.1). Diese Nennung wird in den einzelnen Regionalkapiteln des 3. Teils in Verbindung mit einer das jeweilige Oberzentrum kennzeichnenden Zielaussage zu dessen Funktion und weiterer Entwicklung wiederholt. Anschließend daran werden die Mittelzentren und Unterzentren einer jeden Region aufgezählt. Zur künftigen Ausweisung der Unterzentren durch die Regionalverbände in den Regionalplänen gemäß § 8 Abs. 2 Nr. 1 LplG wird auf die Begründung zu den PS 1.5.1 und 1.5.43 verwiesen.

Eine gute verkehrliche Anbindung der Zentralen Orte untereinander, vor allem mit Zentralen Orten höherer Stufe, ist anzustreben.

Zu 1.5.6
Verkehrliche Anbindung

PS 1.5.6 wurde bei der Fortschreibung neu in den LEP aufgenommen; er fordert eine ausreichende Verkehrsinfrastruktur und -bedienung zwischen den Zentralen Orten. Sie sind nicht nur wesentliche Voraussetzungen der guten Erreichbarkeit der Zentralen Orte für die Bevölkerung aus den Verflechtungsbereichen zwecks Inanspruchnahme der zentralörtlichen Einrichtungen, sondern Grundvoraussetzungen für Kontakte und Aufgabenteilungen zwischen den Zentren. Darüber hinaus trägt eine gesicherte verkehrliche Anbindung der Zentralen Orte untereinander zur Intensivierung des Leistungsaustausches bei und vermittelt zugleich Entwicklungsimpulse. Dieser Grundsatz wird in Zielsetzungen für das Verkehrswesen (vgl. Plankapitel 2.5) sachlich und räumlich ausgeformt. Seine Erwähnung in Plankapitel 1.5 ist notwendig, um klarzustellen, daß beim Ausbau der Verkehrsinfrastruktur die Entwicklungsachsen nicht ausschließlich bevorzugt werden dürfen.

Zu 1.6 Entwicklungsachsen

Neben den Zentralen Orten sind die Entwicklungsachsen das zweite Instrument einer dezentralen Siedlungsentwicklungskonzeption. Zusammen mit diesen bilden sie im Sinne eines punkt-achsialen Systems einen Netzzusammenhang, der das Grundgerüst der räumlichen Verflechtungen und der darauf basierenden angestrebten räumlichen Entwicklung des Landes darstellt.

Zu 1.6
Entwicklungsachsen

Begründung
Entwicklungsachsen

Zu 1.6.1
Aufgaben,
Ausweisung

Das System der Entwicklungsachsen soll zur Entwicklung und Ordnung der Siedlungsstruktur beitragen und den großräumigen Leistungsaustausch fördern.
Die großräumig bedeutsamen Entwicklungsachsen sind in diesem Plan ausgewiesen; zusätzliche regionale Entwicklungsachsen können in den Regionalplänen ausgewiesen werden, wenn die im Landesentwicklungsplan angestrebte Konzentration der Siedlungsstruktur und die Bündelung von Infrastruktureinrichtungen erreicht ist oder dadurch erreicht werden kann.

Aufgaben

Die Entwicklungsachsen haben in der Konzeption des LEP eine doppelte Funktion. Sie sollen auf der einen Seite den großräumigen Leistungsaustausch fördern; deshalb sollen in ihnen die Verkehrs- und Versorgungsstränge gebündelt werden (Straßen- und Schienenwege, Wasserstraßen u.a.). Zugleich sollen die Entwicklungsachsen aber auch zur Entwicklung und Ordnung der Siedlungsstruktur beitragen (vgl. PS 1.6.2). Beide Funktionen bedingen sich gegenseitig: Für die Wirtschaftlichkeit der Bandinfrastruktur sind ausreichende Siedlungsschwerpunkte notwendig; umgekehrt bildet die Bandinfrastruktur aber auch eine unentbehrliche Voraussetzung für die Ansiedlung verschiedener weiterer Infrastruktureinrichtungen und für die Entwicklung der Arbeitsstätten. PS 1.6.1, der durch die Fortschreibung des LEP neu gefaßt wurde, betont diese doppelte Aufgabenstellung.

Aus dieser Konzeption der Entwicklungsachsen ergibt sich, daß der LEP und die Regionalpläne dort keine Achsen ausweisen, wo zwar der Ausbau von Verkehrsverbindungen erforderlich erscheint, aber eine verstärkte Siedlungsentwicklung nicht zu erwarten ist. Unter verkehrs- und regionalpolitischen Gesichtspunkten ist der Ausbau zahlreicher Straßenverbindungen auch außerhalb ausgewiesener Entwicklungsachsen erforderlich, insbesondere um Zentrale Orte untereinander oder mit Zentralen Orten höherer Stufen zu verbinden.

Ausweisung
Karte 1

Die großräumig bedeutsamen Entwicklungsachsen sind im 3. Teil des LEP ausgewiesen und in Karte 1 dargestellt. Bei der Fortschreibung blieb das Netz der Entwicklungsachsen unverändert; Ausnahmen bildeten lediglich die Ergänzungen Mannheim-Heidelberg und Walldürn (-Miltenberg), die bereits im LEB 1975 (S. 63) angekündigt waren, sowie die Ergänzung Blumberg (-Zürich). In allen drei Fällen ging es lediglich darum, kleinere Lücken im Netz der großräumig bedeutsamen Entwicklungsachsen des Landes zu schließen, nicht aber gänzlich neue Entwicklungsachsen auszuweisen. Bei stagnierender Bevölkerungszahl und rückläufigem Entwicklungspotential konnten zusätzliche Entwicklungsachsen schon deshalb nicht ausgewiesen werden, weil eine ausreichende Verdichtung der Siedlungsstruktur nicht zu erwarten wäre. Kleinräumige Ergänzungen und Ausformungen der Entwicklungsachsen durch die Regionalpläne sind damit nicht ausgeschlossen.

In den Regionalplänen können außerdem zusätzliche regionale Entwicklungsachsen ausgewiesen werden, soweit das Entwicklungspotential ausreichend ist. Das Planungskonzept der Entwicklungsachsen setzt voraus, daß eine hinreichende Konzentration des Siedlungsgefüges und die Bündelung von Infrastruktureinrichtungen bereits erreicht ist oder durch die Ausweisung erreicht werden kann; dies ist vor allem im ländlichen Raum genau zu prüfen. In den verdichteten Räumen können regionale Entwicklungsachsen dann nötig sein, wenn bereits vorhandene Siedlungsverdichtungen und Umweltbelastungen eine Ordnung des Siedlungsgefüges erfordern. Die regionalen Entwicklungsachsen sind für die praktische Förderpolitik den im LEP ausgewiesenen Achsen gleichgestellt; entscheidend für Fördermaßnahmen sind die raumordnerischen und planerischen Aufgaben, die jeweils im Einzelfall beurteilt werden müssen.

Zu 1.6.2
Begriff

Die Entwicklungsachsen sind als eine gegliederte, unterschiedlich dichte Folge von Siedlungsbereichen und Orten mit Eigenentwicklung auszubilden, insbesondere auch durch Bündelung leistungsfähiger Verkehrs- und Versorgungsstränge und anderer Infrastruktureinrichtungen.

PS 1.6.2 definiert die Entwicklungsachsen und beschreibt zugleich ihre Aufgaben und Funktionen im einzelnen; die PS 1.6.21 bis 1.6.23 differenzieren diese dann weiter für die Verdichtungsräume und die Randzonen, für den ländlichen Raum sowie für die Erholungsräume.

Dieser PS 1.6.2 stellt klar, daß die Entwicklungsachsen keine ununterbrochenen Siedlungsbänder werden dürfen, sondern daß die Besiedlung auch im Zuge der Entwicklungsachsen durch Freiräume gegliedert sein muß. Dies kann erreicht werden, wenn die Siedlungstätigkeit innerhalb der Entwicklungsachsen auf Siedlungsbereiche gelenkt wird, in denen eine über die örtliche Eigenentwicklung hinausgehende

Begründung
Entwicklungsachsen

Siedlungsentwicklung erfolgen oder die Eigenentwicklung einer Gemeinde konzentriert werden soll (vgl. PS 2.2.22). Durch diese Konzentration der Siedlungsentwicklung können noch freie Landschaftsteile vor Beeinträchtigungen durch Siedlungen und ihre Folgen verschont werden. Die Ausweisung von Siedlungsschwerpunkten wird durch die Freiraumplanungen ergänzt (vgl. Plankapitel 1.7); beide Ausweisungen sind in den Regionalplänen vorzunehmen.

In den Entwicklungsachsen der Verdichtungsräume und ihrer Randzonen soll die Siedlungsentwicklung konzentriert und geordnet werden, um einer flächenhaften Ausbreitung der Verdichtung entgegenzuwirken, Überlastungserscheinungen zu vermeiden und Freiräume zu erhalten.

Zu 1.6.21
Entwicklungsachsen in den Verdichtungsräumen und Randzonen

PS 1.6.21 legt für die Abschnitte der Entwicklungsachsen, die durch Verdichtungsräume und ihre Randzonen verlaufen, als besondere Zielsetzung fest, daß sie zur Ordnung der Siedlungsentwicklung und zur Vermeidung von Überlastungen beitragen sollen. Allerdings wurde auch bei der Fortschreibung des LEP darauf verzichtet, Ordnungsmaßnahmen näher zu bestimmen; dies kann nur durch konkrete Festlegung in der Regional- und in der Bauleitplanung geschehen.

In den Verdichtungsräumen und ihren Randzonen gehört dazu auf jeden Fall, ausreichende Freiräume zu sichern und den Wohnwert in bereits stark verdichteten Entwicklungsachsen zu verbessern. Hier kommt der enge Zusammenhang zwischen Siedlungsschwerpunkten und Freiräumen besonders deutlich zum Tragen. Bei der Ausformung und Gliederung der Entwicklungsachsen der Verdichtungsräume und der Randzonen übernehmen die Freiräume außer den auf bestimmte Schutzbedürftigkeiten ausgerichteten Reservefunktionen (z.B. zur Sicherung des ökologischen Ausgleichs) vor allem Gliederungsfunktionen bei der Siedlungsentwicklung. Die Gliederung der Entwicklungsachsen kann sowohl durch die meist quer zum Achsenverlauf angelegten Grünzäsuren (vgl. PS 1.7.22), die zu der unterschiedlich dichten Abfolge von Siedlungen führen, als auch durch die parallel zu den Achsen ausgewiesenen regionalen Grünzüge (vgl. PS 1.7.21) erfolgen.

Die Ausweisung der Entwicklungsachsen soll in den Verdichtungsräumen und ihren Randzonen auch zur Erhaltung der Freiräume zwischen den Achsen beitragen. Dieses Ziel konnte in der Vergangenheit insbesondere dort nicht erreicht werden, wo in den Entwicklungsachsen kaum noch Möglichkeiten oder gar kein Platz mehr für eine weitere Bebauung mit Wohnstätten vorhanden waren. Hinzu kamen außerdem durch Verdichtungsfolgen so stark beeinträchtigte Lebensverhältnisse, daß die Bevölkerung die Achsengemeinden oder Teile von diesen als Standorte für Wohnplätze nicht mehr angenommen hat. Vielfach wurden die Wohnungen deshalb vor allem in Baugebieten außerhalb der Zentralen Orte und in den Räumen zwischen den Entwicklungsachsen errichtet, während die Infrastruktur und auch die Arbeitsstätten weiterhin in den Achsen konzentriert wurden. Dabei kam es zwangsläufig zu Beeinträchtigungen der Siedlungs- und der Freiraumstruktur. Daraus resultiert die besonders wichtige Aufgabe der Regional- und der Bauleitplanung, bei der Ausformung und Gliederung der Entwicklungsachsen neue Wohnstandorte vor allem den Infrastruktureinrichtungen günstig zuzuordnen. Zugleich sind aber auch Maßnahmen der Sanierung und Wohnumfeldverbesserung erforderlich, um den Wohnwert älterer Baugebiete in den Achsen wieder zu heben.

In den Entwicklungsachsen des ländlichen Raumes sollen vor allem die Siedlungsbereiche weiterentwickelt und die hierzu erforderlichen Infrastruktureinrichtungen, insbesondere die Verkehrsverbindungen, ausgebaut werden; bei Zentralen Orten soll außerdem eine weitere Verdichtung von Arbeitsplätzen angestrebt werden.

Zu 1.6.22
Entwicklungsachsen im ländlichen Raum

Im ländlichen Raum ist das Planungskonzept der Entwicklungsachsen stärker auf den Ausbau von Zentralen Orten und anderen geeigneten Siedlungsschwerpunkten ausgerichtet, weil häufig nur dort die Konzentration erreicht werden kann, die für die weitere wirtschaftliche Entwicklung und die Auslastung spezialisierter Infrastruktureinrichtungen erforderlich ist. Außer den Zentralen Orten kommen als Schwerpunkte vor allem die Siedlungsbereiche in Betracht, in denen sich vorrangig die über die Eigenentwicklung hinausgehende Siedlungstätigkeit vollziehen soll (vgl. PS 2.2.22).

In den Entwicklungsachsen in Erholungsräumen sollen die nichtlandwirtschaftlichen Erwerbsgrundlagen durch Verbesserung der Standortvoraussetzungen vermehrt, die landschaftlichen Vorteile für das Erholungswesen und den Fremdenverkehr genutzt und bei der weiteren Siedlungsentwicklung auf die Landschaft besondere Rücksicht genommen werden.

Zu 1.6.23
Entwicklungsachsen in Erholungsräumen

Begründung
Freiräume

Mit PS 1.6.23 werden die besonderen Aufgaben der Entwicklungsachsen in Erholungsräumen festgelegt. Der Plansatz geht davon aus, daß in den Erholungsräumen Fremdenverkehr, Land- und Forstwirtschaft in der Regel als Existenzgrundlagen für die Bevölkerung nicht ausreichen; es müssen auch in anderen Bereichen Arbeitsplätze vorhanden sein und neu geschaffen werden. Die Voraussetzungen hierfür sind in den Entwicklungsachsen am günstigsten. Die wirtschaftliche Entwicklung und die Siedlungstätigkeit in den Achsen müssen hier aber besondere Rücksicht auf die spezielle Eignung dieser Räume für Erholung und Fremdenverkehr nehmen; das gilt vor allem bei der Auswahl von Betrieben und ihren Standorten sowie für die städtebauliche Gestaltung. Eine vorrangige Bündelung ausgesprochener Erholungseinrichtungen in den Entwicklungsachsen ist dagegen nicht beabsichtigt.

Zu 1.6.3
Ausformung,
Ergänzung

Die Entwicklungsachsen sind in den Regionalplänen räumlich auszuformen und zu gliedern, insbesondere durch Ausweisung von Siedlungsbereichen, regionalen Grünzügen und Grünzäsuren.

Der LEP beschränkt sich wegen seines Rahmencharakters auf die schematische Festlegung der großräumig bedeutsamen Entwicklungsachsen; diese sind im 3. Teil ausgewiesen. PS 1.6.3 enthält den Auftrag an die Regionalplanung, diese großräumigen Achsen in den Regionalplänen entsprechend den regionalen Bedürfnissen auszuformen und zu gliedern; wichtige Kriterien hierzu können u.a. aus den PS 1.6.2 und 1.6.21 bis 1.6.23 abgeleitet werden. Die wichtigsten Gliederungselemente der Entwicklungsachsen sind die Siedlungsbereiche (vgl. PS 2.2.22), die regionalen Grünzüge (vgl. PS 1.7.21) und die Grünzäsuren (vgl. PS 1.7.22).

Zu 1.7 **Freiräume**

Zu 1.7
Freiräume
Freiraumpolitik

Dieses Plankapitel wurde bei der Fortschreibung in den LEP aufgenommen, weil der Freiraum als gleichwertiges, korrespondierendes Element gegenüber der Siedlungsstruktur in eine Raumnutzungskonzeption einbezogen werden muß. Die Siedlungsstruktur wird in hohem Maße durch Funktion, Dimension und Nutzungsart der die Siedlungen umgebenden oder gliedernden Freiräume mitbestimmt. Das bedeutet, daß die Freiräume als Raumbestandteile angesehen werden müssen, die nicht auf ergänzende Funktionen im Sinne von Reservefunktionen beschränkt bleiben, sondern vielmehr ökologische und sozialpsychologische Funktionen im Sinne einer gleichwertigen und unverzichtbaren Gliederungsfunktion im Rahmen der Siedlungsentwicklung übernehmen sollen. Eine aktive Freiraumpolitik ist vor allem wegen des Konflikts notwendig, der sich aus dem anhaltenden Flächenbedarf und der begrenzten Verfügbarkeit an Naturgütern ergibt.

Zu 1.7.1
Allgemeines
Entwicklungsziel

In den Räumen außerhalb der Siedlungen (Freiräume) sind landschaftsbezogene Nutzungen oder ökologische Funktionen zu entwickeln. Die Freiräume sollen so genutzt werden, daß ihre Leistungsfähigkeit nachhaltig gesichert wird. Insbesondere in schutzbedürftigen Teilen von Freiräumen sind bei unvermeidbaren Nutzungsänderungen nachteilige ökologische Folgen auszugleichen oder zu mildern.

Begriff

Der LEP 1971 sprach von „Freiräumen" nur im Zusammenhang mit Verdichtungsräumen, ihren Randzonen und Verdichtungsbereichen: Dort „soll durch die Konzentration der Siedlungsentwicklung in Entwicklungsachsen einer flächenhaften Ausbreitung der Verdichtung um den Verdichtungskern entgegengewirkt und die Erhaltung von Freiräumen zwischen den Entwicklungsachsen ermöglicht werden." Der LEP 1983 verwendet den Begriff „Freiraum" nun auch für den ländlichen Raum, weil auch dort die Wechselbeziehungen zwischen besiedelten und unbesiedelten Flächen im größeren räumlichen Zusammenhang gesehen werden müssen.

Der LEP versteht die Freiräume als Oberbegriff für großräumige Gebiete außerhalb der Siedlungen. Damit soll vor allem zum Ausdruck gebracht werden, daß der Freiraum nicht zu einer parzellenscharfen Raumkategorie erhoben wird, sondern daß in den Freiräumen zusammenhängende Gebiete zur Entwicklung landschaftsbezogener Nutzungen oder ökologischer Funktionen gesehen werden, die von dem Verhältnis zwischen bebauten und nicht bebauten Flächen ausgehen.

Landschaftsbezogene
Nutzungen

Eine wichtige Voraussetzung, um die in PS 1.7.1 verankerte Entwicklung landschaftsbezogener Nutzungen oder ökologischer Funktionen in Freiräumen zu gewährleisten und die Leistungsfähigkeit der Freiräume zu sichern, besteht darin, daß Freiräume zunächst einmal relativ frei sind von belastenden oder schädigenden Nutzungen oder Funktionen. Freiraumfunktionen dürfen durch andere - möglicherweise sogar belastende - Raumelemente nicht in Frage gestellt werden, obwohl jeder Freiraum in

Begründung
Freiräume

mehrfachem Bezug zu den Ansprüchen und Bedürfnissen des Menschen steht. Aus diesem Grunde sind für die Erfüllung ökologischer Funktionen durch Freiräume und für den Ausgleich ökologischer Belastungen, die durch die Siedlungsentwicklung hervorgerufen werden, entsprechend große, zusammenhängende Gebiete als Freiräume auszuweisen.

Die Freiräume werden ihre Aufgaben aber kaum erfüllen können, wenn sie nur als „Restflächen" erhalten blieben. Deshalb sind zur Sicherung der Freiraumfunktionen in schutzbedürftigen Teilen landschaftsbezogene Planungsinstrumente gezielt einzusetzen (vgl. PS 1.7.2). Sofern in schutzbedürftigen Teilen von Freiräumen trotz Festlegung vorrangiger Nutzungen andere Nutzungen zugelassen würden oder eine Nutzungsänderung sogar unvermeidbar wäre und zwangsläufig Beeinträchtigungen verursachte, müßten die daraus resultierenden nachteiligen Folgen ökologisch ausgeglichen, mindestens aber gemildert werden. Grundsätzlich muß dabei der ökologische Ausgleich so nahe wie möglich an der Quelle der zu erwartenden Belastungen oder Regenerationsbedürfnisse herbeigeführt werden. Entfernt gelegene ökologische Ausgleichsräume sind kein Ersatz für die notwendigen siedlungs- und wohnungsnahen Erholungsflächen oder Klimaschutzzonen.

Ökologischer Ausgleich

Schutzbedürftige Teile von Freiräumen sind in den Regionalplänen als regionale Grünzüge, Grünzäsuren und Vorrangbereiche auszuweisen; dabei sind ökologische und naturräumliche Zusammenhänge zu beachten und erforderliche Mindestgrößen einzuhalten.

Zu 1.7.2
Schutzbedürftige Freiräume

PS 1.7.2 benennt die zur Freiraumsicherung einzusetzenden konkretisierenden Planungsinstrumente, die in den Regionalplänen als Ziele der Raumordnung und Landesplanung ausgewiesen werden. Es sind dies im einzelnen: Regionale Grünzüge (vgl. PS 1.7.21), Grünzäsuren (vgl. PS 1.7.22) und Vorrangbereiche (vgl. PS 1.7.23). Die Ausweisung durch die Regionalplanung erfolgt unter Beachtung der jeweiligen ökologischen Situation der Räume und der naturräumlichen Zusammenhänge. Regionale Grünzüge, Grünzäsuren und Vorrangbereiche können sich dabei durchaus einander überlagern, so daß Vorhaben im Einzelfall abgestimmt werden müssen. Um aber den Rahmencharakter der Ziele der Raumordnung und Landesplanung zu wahren, werden die Freiräume im Regionalplan nicht parzellenscharf abgegrenzt; dies nimmt im einzelnen die kommunale Bauleitplanung vor.

Zur Sicherung der Freiräume werden über die schutzbedürftigen Teile hinaus, wie sie der LEP vorsieht, auch die nach den Fachgesetzen mit jeweils spezifischen Schutzrechten ausgestatteten fachplanerischen Schutzgebiete herangezogen, z.B. Naturschutzgebiete oder Wasserschutzgebiete. Diese Schutzgebiete werden zum Teil nachrichtlich in die Regionalpläne aufgenommen; sie sind in der Regel kleinräumiger und parzellenscharf abgegrenzt. Der Umfang des Schutzes bestimmt sich bei diesen Gebieten allein nach den Fachgesetzen. Fachplanerische Schutzgebiete können jedoch auch von raumordnerischen Freiräumen überlagert und in deren Abgrenzung mit einbezogen werden, ohne daß ihre fachspezifische Funktion dadurch gestört würde. Das bedeutet, daß für das gleiche Gebiet auch Ziele der Raumordnung und Landesplanung bestehen können, sofern diese mit dem Zweck des Schutzgebiets vereinbar sind; diese Ziele sind dann zusätzlich zu beachten.

Fachplanerische Schutzgebiete

Regionale Grünzüge sind zusammenhängende Bereiche, die für unterschiedliche ökologische Funktionen oder für die Erholung gegenüber der Besiedlung oder anderen funktionswidrigen Nutzungen gesichert werden sollen.

Zu 1.7.21
Regionale Grünzüge

Die Ausweisung von regionalen Grünzügen in Regionalplänen soll dazu dienen, bestimmte landschaftsräumlich zusammenhängende Bereiche für unterschiedliche ökologische Funktionen oder für die Erholung gegenüber der Besiedlung oder gegenüber anderen Nutzungen zu sichern, die diese Funktionen auf Dauer beeinträchtigen würden. Aus räumlicher Sicht müssen die Anforderungen an regionale Grünzüge deshalb insbesondere darin bestehen, daß sie größere zusammenhängende - meist gemeindeübergreifende - Teile freier Landschaft darstellen, die keinerlei weiteren Belastungen ausgesetzt werden sollen. Damit sollen die vielfältigen Wohlfahrtswirkungen und Ausgleichsfunktionen der Freiräume für die in der Nähe dieser Grünzüge lebenden Menschen erhalten und sichergestellt werden.

Die Ausweisung regionaler Grünzüge dient auch dem Ziel, bestehende oder zu erwartende ökologische Belastungen möglichst nahe am Ort der Verursachung auszugleichen und den Bedarf nach Erholungsmöglichkeiten in der Nähe der Siedlungen zu befriedigen. Hier kommt zugleich der siedlungsbegrenzende Charakter der

Begründung
Verdichtungsräume

regionalen Grünzüge zum Ausdruck, ohne daß im Regionalplan parzellenscharfe Abgrenzungen vorgenommen würden. Diese Aufgaben machen es notwendig, regionale Grünzüge namentlich in den stärker verdichteten Räumen und in Gebieten mit stark konkurrierenden Nutzungsinteressen auszuweisen. In den übrigen Räumen sollen regionale Grünzüge insbesondere im Zuge von Entwicklungsachsen dort ausgewiesen werden, wo wichtige ökologische Funktionen oder Naherholungsgebiete durch die weitere Siedlungsentwicklung gefährdet sind. Auch in diesen Räumen dienen die regionalen Grünzüge damit der Erhaltung gesunder Lebens- und Umweltbedingungen und der Gliederung der Siedlungsstruktur.

Zu 1.7.22
Grünzäsuren

Grünzäsuren sind kleinräumige Bereiche, die für siedlungsnahe Ausgleichs- und Erholungsfunktionen und zur Gliederung dicht zusammenliegender Siedlungsgebiete festzulegen sind.

Unter Grünzäsuren sind kleinräumige, siedlungsnahe Bereiche zu verstehen, die neben ihren Funktionen des ökologischen Ausgleichs, der Klimaverbesserung und der Erhaltung wertvoller landschaftlicher Gegebenheiten vor allem auch die Aufgabe haben, größere Siedlungsbereiche zu gliedern und die Entstehung bandartiger Siedlungsstrukturen zu verhindern. Mit der Ausweisung der Grünzäsuren werden in erster Linie Ziele der Freiraumsicherung zwischen dicht aufeinander folgenden Siedlungskörpern - meist im Zuge von Entwicklungsachsen - verfolgt. Grünzäsuren erreichen in der Regel nur geringe räumliche Ausdehnung. Um so wichtiger ist hier die Freihaltung von einer weiteren Besiedlung im Interesse der von den Grünzäsuren zu erfüllenden Freiraumfunktionen, insbesondere hinsichtlich der Erhaltung oder Verbesserung der klimatischen und hydrologischen Verhältnisse. Daraus resultiert auch ein größeres Schutzbedürfnis der Grünzäsuren gegenüber den regionalen Grünzügen. Wie die regionalen Grünzüge werden auch die Grünzäsuren in den Regionalplänen nicht parzellenscharf abgegrenzt, sondern schematisch - meist durch Balkensymbole - dargestellt.

Zu 1.7.23
Vorrangbereiche

Vorrangbereiche sind Bereiche, in denen eine bestimmte naturbezogene Nutzung oder ökologische Funktion gesichert werden soll.

PS 1.7.23 erläutert den Begriff „Vorrangbereich" als einen schutzbedürftigen Teil von Freiräumen, der aufgrund seiner besonderen Eignung für die Sicherung landschaftsbezogener Nutzungen oder ökologischer Funktionen ausgewiesen wird.

Das heißt, daß Vorrangbereiche in den Regionalplänen jeweils für eine ganz bestimmte Funktion oder für eine spezifische landschaftsbezogene Nutzung festgelegt werden sollen. Dabei kann sich ein absoluter Vorrang herausstellen. Dazu gehören Bereiche mit besonderen Funktionen für Boden, Wasserhaushalt, land- und forstwirtschaftliche Nutzungen, Luftregeneration, Klima sowie für Erholung und Biotopschutz, die man im weiteren Sinne unter dem Oberbegriff der ökologischen Vorränge zusammenfassen könnte. Ein solcher Vorrang kann meist nur für kleinräumige Gebiete mit besonderen naturabhängigen Eignungen und Funktionen festgelegt werden. Auch dann wird es aber nicht immer möglich sein, andere Nutzungen generell auszuschließen, so daß ein Vorrang bereits wieder abgeschwächt wird oder sich Vorränge überlagern. Die meisten Räume haben Eignungen für mehrere Funktionen. Mit der Festlegung von Vorrangbereichen soll erreicht werden, daß andere Nutzungen nur zugelassen werden, wenn sie die vorrangige Nutzung nicht beeinträchtigen oder wenn sie unvermeidbar sind. Die nachteiligen Folgen sind auszugleichen oder wenigstens zu mildern (vgl. PS 1.7.2).

Zu 1.8 Verdichtungsräume

Zu 1.8
Verdichtungsräume

Die Verdichtungsräume des Landes haben unter den Räumen mit gleichartiger Struktur, wie sie im LEP für planerische und analytische Zwecke abgegrenzt werden (vgl. Plankapitel 1.8 bis 1.11), den weitaus größten Bevölkerungsanteil: Auf weniger als 10 % der Landesfläche leben hier etwa 40 % der Landesbevölkerung. Nicht nur wegen dieser starken Bevölkerungskonzentration, sondern vor allem wegen ihrer hohen wirtschaftlichen Leistungskraft und ihrer wichtigen kulturellen und sozialen Einrichtungen sind die Verdichtungsräume und ihre weitere Entwicklung für das ganze Land von entscheidender Bedeutung. Bei der internationalen Konkurrenz um die Ansiedlung von Wachstumsunternehmen haben die Verdichtungsräume einen besonderen Standortvorteil, da dort vielfältige Kontaktmöglichkeiten („Fühlungsvorteile") bestehen, die im Hinblick auf Innovationen, Exportchancen und Marktübersicht von Bedeutung sind.

Begründung
Verdichtungsräume

Mit der Ausdehnung der Siedlungsflächen und der zunehmenden Verdichtung sind aber auch erhebliche Folgeprobleme, z.B. der Bevölkerungsabwanderung aus den Verdichtungskernen, deutlich geworden.

Der Verdichtungsprozeß greift inzwischen über die Verdichtungsräume, wie sie 1968 bundeseinheitlich abgegrenzt wurden (vgl. PS 1.8.1), erheblich hinaus. In den angrenzenden Randzonen besteht vielfach bereits eine erhebliche Verdichtung, die dann mit steigender Entfernung vom Verdichtungszentrum allmählich abnimmt; die Wechselbeziehungen zwischen den Verdichtungsräumen und den Randzonen sind an ihren Nahtstellen sehr eng. Der LEP bezieht deshalb die Randzonen (vgl. Plankapitel 1.9) in die raumordnerische Betrachtung der Verdichtungsräume ein und formuliert für sie gleichartige Zielsetzungen.

Der LEP geht davon aus, daß die Eigendynamik der Verdichtungsräume einer weiteren Förderung nicht bedarf. Schon die Beseitigung von Engpässen, die zur Erhaltung der Leistungsfähigkeit der Verdichtungsräume erforderlich ist, schafft erfahrungsgemäß neue Verdichtungsanreize, erhöht ihre Aufnahmefähigkeit und verstärkt den Sog auf andere Räume. Eine Förderung dieser Entwicklung würde somit die Chancen der übrigen Landesteile schmälern und längerfristig die Probleme in den Verdichtungsräumen vergrößern oder neue Probleme schaffen.

Das insgesamt geringer gewordene Entwicklungspotential, das abgeflachte Wachstum und der Trend zur Abwanderung aus den Innenstädten der Verdichtungsräume (vgl. PS 1.8.36) machen die generelle Festlegung von Entlastungsmöglichkeiten und Entlastungsorten entbehrlich. Die darauf bezogenen Zielsetzungen sind bei der Fortschreibung des LEP entfallen; eine Ausnahme bildet die Ausweisung von Backnang und Herrenberg als Entlastungsorte, die im 3. Teil des LEP unverändert enthalten ist. Durch diese Entlastungsorte kann die Siedlungsentwicklung im Umland des Verdichtungszentrums Stuttgart günstig beeinflußt werden (vgl. PS 3.1.5).

Bei der Fortschreibung wurden auch neue Zielsetzungen in den LEP aufgenommen, die der weiterhin hohen Inanspruchnahme von Flächen entgegenwirken sollen. Für die Sicherung der Lebensbedingungen in den Verdichtungsräumen ist es besonders wichtig, daß diese Inanspruchnahme nicht nur verringert, sondern unter voller Ausnutzung des Siedlungsraumes so gelenkt wird, daß vor allem die ökologisch bedeutsamen Flächen geschont werden.

Um den Abwanderungstrend zu bremsen, den Flächenbedarf für Wohnbauzwecke zu verringern und eine günstige Sozialstruktur der Bevölkerung in den Städten und Gemeinden der Verdichtungsräume - in erster Linie in den Innenstädten - zu erhalten, haben die Modernisierung der Wohnungen, die städtebauliche Erneuerung und die Verbesserung des Wohnumfelds besondere Priorität.

Plankapitel 1.8 formt die Grundsätze des § 2 Abs. 1 Nr. 6 ROG für die Verdichtungsräume des Landes aus. Jener enthält Grundsätze für Verdichtungsräume mit „gesunden Lebens- und Arbeitsbedingungen sowie ausgewogener Wirtschafts- und Sozialstruktur" und Grundsätze für Verdichtungsräume, in denen diese Bedingungen oder Strukturen bedroht sind oder nicht bestehen. Letztere zählen - wie die strukturschwachen Räume - zu den „Problemgebieten", die die Länder nach § 5 Abs. 1 Satz 3 ROG zu bezeichnen haben, deren Merkmale und Abgrenzung aber von Bund und Ländern gemeinsam beraten werden sollen (§ 8 Abs. 1 Nr. 1 ROG). Die Beratungen von Bund und Ländern führten zur Entschließung der MKRO zu „Fragen der Verdichtungsräume" vom 21. November 1968 (StAnz 1969 Nr. 10; GMBl. S. 431; BAnz 1968 Nr. 234), in der eine Ausweisung von „Problemgebieten" nicht vorgesehen ist. Auch der LEP stellt keine „Problemgebiete" innerhalb der Verdichtungsräume dar: Von den Verdichtungsräumen des Landes kann kein Teil insgesamt als „Problemgebiet" bezeichnet werden, obwohl in einzelnen Bereichen bereits nachteilige Verdichtungsfolgen vorliegen.

Verdichtungsräume sind die Räume um Stuttgart einschließlich Reutlingen/Tübingen und Heilbronn, um Mannheim und Heidelberg, um Karlsruhe sowie um Freiburg i.Br. Zu den Verdichtungsräumen gehören die im Anhang „Verdichtungsräume" aufgeführten Gemeinden.

Im Raumordnungsplan Rhein-Neckar und im Regionalplan Unterer Neckar können der Verdichtungsraum und seine Randzone abweichend von diesem Plan festgelegt werden, damit im gesamten Rhein-Neckar-Gebiet einheitliche Kriterien zugrunde gelegt werden können.

Zu 1.8.1
Abgrenzung

Begründung
Verdichtungsräume

Karte 1

Die Abgrenzung der Verdichtungsräume (vgl. Karte 1) beruht auf der o.a. Entschließung der MKRO vom 21. November 1968. In dieser Entschließung wurde eine bundeseinheitliche Abgrenzung vorgenommen, die dann auch in den LEP 1971 übernommen wurde.

Bei der Fortschreibung des LEP wurde diese Abgrenzung nur geringfügig verändert: Im Interesse der Planungskonstanz wurde insbesondere darauf verzichtet, anhand einer neuen Berechnung der - zwischenzeitlich fortgeschrittenen - Verdichtung von Einwohnern und Arbeitsplätzen die Verdichtungsräume umfassend neu abzugrenzen. Im Anhörungsverfahren zeigte sich aber, daß die Grenzen der Verdichtungsräume an die Ergebnisse der Gemeindereform angepaßt werden sollten, um die Verwirklichung der Ziele der Raumordnung und Landesplanung durch die Gemeinden zu erleichtern. Die Abgrenzung der Verdichtungsräume geht zwar von der bisherigen Gebietskulisse aus, folgt jetzt aber den neuen Gemeindegrenzen. Sie wurde weitgehend nur auf Gemeindebasis arrondiert, gleichzeitig aber auch mit Hilfe der zwischenzeitlich erreichten Einwohner/Arbeitsplatzdichte überprüft. Diese Dichtewerte mußten hilfsweise aus der Einwohnerzahl vom 1.1.1979 und der Zahl der nichtlandwirtschaftlichen Beschäftigten aus der Arbeitsstättenzählung vom 27.5.1970 errechnet werden, weil neueres geeignetes Datenmaterial fehlte.

Die arrondierten Gemeinden, die in den Verdichtungsraum einbezogen wurden, weisen eine Dichte von mehr als 360 Einwohnern und Arbeitsplätzen/qkm auf. Nur in wenigen Fällen wird diese Grenze unterschritten; diese Gemeinden mußten aber wegen ihrer engen funktionalen Verflechtungen und ihrer vergleichbaren Struktur in den Verdichtungsraum einbezogen werden. Gemeinden, die den Schwellenwert unterschritten hatten, wurden dennoch in den Verdichtungsraum einbezogen, wenn sie zwischen 1970 und 1979 einen starken Bevölkerungszuwachs aufwiesen. Diese Voraussetzung wurde als erfüllt angesehen, wenn die Einwohnerzahl der jeweiligen Gemeinde im gesamten Zeitraum von 1970 bis 1979 um ein Mehrfaches des langjährigen Landesdurchschnitts (+ 2,7%) und in den Jahren 1974 bis 1978 (Landesdurchschnitt −1,3 %) außerdem deutlich zugenommen hatte.

PS 1.8.1 läßt für den Verdichtungsraum in der Region Unterer Neckar eine vom LEP abweichende Abgrenzung zu. Diese Region gehört mit dem Gebiet des Rhein-Neckar-Kreises und der Stadtkreise Mannheim und Heidelberg zum grenzüberschreitenden Raumordnungsverband Rhein-Neckar, dem auch von der rheinland-pfälzischen Region Rheinpfalz die frühere Region Vorderpfalz und von der hessischen Region Starkenburg der Landkreis Bergstraße angehören. Um eine einheitliche Abgrenzung des Verdichtungsraumes in dem wirtschaftlich und sozial eng verflochtenen Rhein-Neckar-Gebiet zu erreichen, mußte die Möglichkeit eröffnet werden, dort eine vom LEP abweichende Abgrenzung vorzunehmen.

Eine Sonderregelung ist in PS 1.9.1 auch für die bereits stark verdichteten Räume um Pforzheim und Lörrach vorgesehen; in den Regionalplänen können dort die Zielsetzungen des LEP für Verdichtungsräume übernommen werden. Die Abgrenzung dieser Räume erfolgte in Anlehnung an die oben beschriebenen Schwellenwerte.

„Ordnungsräume"

Der fortschreitende Verdichtungsprozeß in den Randzonen um die Verdichtungsräume und die intensiven Verflechtungen der Randgebiete mit den Kernen der Verdichtungsräume haben bei der Fortschreibung des LEP eine gemeinsame Betrachtung dieser beiden Raumkategorien nahegelegt. Dieser Betrachtungsweise hat sich auch die MKRO in einer Entschließung zur „Gestaltung der Ordnungsräume (Verdichtungsräume und ihre Randgebiete)" vom 31. Oktober 1977 (LEB 1979, S. 205; GABl. 1978, S. 218) angenommen. Ausgehend von den 1968 bundeseinheitlich abgegrenzten Verdichtungsräumen wollte die Ministerkonferenz die sichtbaren Ergebnisse der Verdichtung aufgreifen und gleichzeitig ihre frühere Entschließung über die Verdichtungsräume konkretisieren und weiterführen. Da jedoch die Abgrenzung der Ordnungsräume abweichend von der bisherigen Abgrenzung des LEP nach Dichtewerten auf funktionalen Verflechtungen (Pendlerbeziehungen) zwischen den Randgebieten und den als Bezugsräumen vorgegebenen Verdichtungsräumen beruht, wurde die Entschließung über die Ordnungsräume bei der Fortschreibung des LEP noch nicht verwirklicht.

Zu 1.8.2
Allgemeines
Entwicklungsziel

Die Verdichtungsräume sind in ihrer räumlichen Struktur so zu gestalten, daß sie ihre übergeordneten sozialen, kulturellen und wirtschaftlichen Aufgaben erfüllen können. In den Verdichtungsräumen sollen gesunde räumliche Lebens- und Arbeitsbedingungen sowie eine ausgewogene Wirtschafts- und Sozialstruktur gesichert und - soweit nötig - verbessert oder hergestellt werden. Wo in Verdichtungsräumen nachteilige Verdich-

Begründung
Verdichtungsräume

tungsfolgen zu unzuträglichen Lebens- und Arbeitsbedingungen führen, soll eine weitere Zunahme von Infrastruktureinrichtungen, Wohn- und Arbeitsstätten so bemessen werden, daß hieraus keine neuen Überlastungen und keine weiteren Verdichtungsanreize entstehen, sowie daß weitere Beeinträchtigungen der Lebensbedingungen für die Bevölkerung oder der natürlichen Lebensgrundlagen und übermäßige Folgekosten vermieden werden.

Die Verdichtungsräume bieten vielfältige Standortvorteile, die in einer hochspezialisierten und arbeitsteiligen Gesellschaft für viele Unternehmungen und Einrichtungen unentbehrlich sind. Durch die hohe Bevölkerungsdichte und die große Zahl von wirtschaftlichen, kulturellen und sozialen Einrichtungen in einem begrenzten Gebiet entsteht ein breiter und qualifizierter Arbeitsmarkt, Kontakte und Verflechtungen zwischen den Unternehmen und Institutionen werden erleichtert, das Angebot an Gütern und Dienstleistungen verbreitert und die Auslese verschärft. Trotz der landesweiten Verbesserung der Infrastruktur, insbesondere der Verkehrserschließung, und trotz der Entwicklung neuer Nachrichtenmedien sind solche Fühlungsvorteile nach wie vor von erheblicher Bedeutung, für viele Unternehmen oder Unternehmensteile sogar unentbehrlich. Die Verdichtungsräume erfüllen damit Aufgaben für das ganze Land; sie müssen

- Spitzenleistungen in den verschiedensten Bereichen des kulturellen Lebens durch räumliche Konzentration und Zuordnung kultureller Einrichtungen ermöglichen;
- zur Gestaltung des gesellschaftlichen und politischen Lebens und seiner staatlichen Ordnung beitragen, in dem sie eine räumliche Konzentration und Zuordnung zentraler Einrichtungen des politischen Lebens, der Rechtssprechung und der Verwaltung aller Zweige ermöglichen;
- Führungszentren der Wirtschaft sein, indem sie wirtschaftspolitisch wichtige zentrale Einrichtungen und andere zentrale Einrichtungen auf dem Dienstleistungssektor räumlich zusammenfassen;
- funktionsfähig bleiben für oft bedeutende Produktionsstätten.

Die Konzentration von Einrichtungen in den Verdichtungsräumen darf aber nicht zu Lasten der übrigen Landesteile gehen. Insbesondere bei Standortentscheidungen der öffentlichen Hand muß deshalb jeweils sorgfältig geprüft werden, ob tatsächlich ein Standort im Verdichtungsraum unbedingt erforderlich ist (vgl. z.B. Entschließung der MKRO zur „Standortpolitik für Behörden bei Bund und Ländern" vom 12. November 1981 - GMBl. 1982, S. 91; DÖV 1982, S. 318).

Die Folgeprobleme, die durch eine übermäßige Verdichtung entstehen können, sind offenkundig; sie sind in den vergangenen Jahren vor allem in steigenden Umweltbelastungen, hohen Bodenpreisen und Wohnungsknappheit zum Ausdruck gekommen und haben zu erheblichen Bevölkerungsabwanderungen aus den Verdichtungsräumen geführt. PS 1.8.1, Satz 2 hebt deshalb die Aufgabe hervor, „gesunde Lebens- und Arbeitsbedingungen" und eine „ausgewogene Wirtschafts- und Sozialstruktur" zu sichern und, soweit es nötig ist, diese zu verbessern oder herzustellen (vgl. § 2 Abs. 1 Nr. 6 ROG). Mit PS 1.8.1, Satz 3, der bei der Fortschreibung neu in den LEP eingefügt wurde, werden die Grenzen der Verdichtung angesprochen. Diese Grenzen sind erreicht, wenn überproportional steigende ökonomische und ökologische Folgelasten der Verdichtung zu unzuträglichen Lebens- und Arbeitsbedingungen führen.

Zur Verwirklichung von Plansatz 1.8.2 ist in den Verdichtungsräumen insbesondere die Funktionsfähigkeit der Verdichtungszentren zu sichern und durch Modernisierung sowie Maßnahmen zur städtebaulichen Erneuerung zu verbessern und die Verkehrsbedienung dieser Zentren zu gewährleisten.

Zu 1.8.31
Sanierung,
Modernisierung,
Verkehrsbedienung

Jeder Verdichtungsraum in Baden-Württemberg hat in der Regel ein großstädtisches Zentrum als unbestrittene Mitte und Bezugspunkt, welches als Verdichtungszentrum bezeichnet wird. Um dieses Verdichtungszentrum herum ordnen sich die den Verdichtungsraum bildenden Städte und Gemeinden, die ihrerseits dem übergeordneten Verdichtungszentrum vergleichbare nachgeordnete Kristallisationspunkte enthalten, sog. Verdichtungskerne.

Verdichtungszentren im Sinne dieses Plansatzes sind also diejenigen Bereiche der oberzentralen Gemeinden der Verdichtungsräume, in denen die wichtigsten zentralen Einrichtungen einschließlich der privaten Dienste höherer Ordnung konzentriert sind, in der Regel die Innenstädte. Sie sind durch den Individualverkehr besonders stark belastet; häufig ist auch ihre Wohnbausubstanz überaltert und verbesserungsbedürftig. Diese Situation trifft man auch in nahezu allen Verdichtungskernen der Verdichtungsräume an; ebenso in den vergleichbaren Städten und Gemeinden der

Begründung
Verdichtungsräume

Randzonen um die Verdichtungsräume sowie in den Verdichtungsbereichen im ländlichen Raum (vgl. PS 2.2.31).

Die Verdichtungszentren erfüllen in besonderem Maße die Aufgaben des Verdichtungsraumes; von ihrer Funktionsfähigkeit hängt es ab, ob der Verdichtungsraum als Ganzes funktionsfähig sein kann. Deshalb sind die Verdichtungszentren besonders auf eine gute Verkehrserschließung angewiesen; ihre zentralörtlichen Einrichtungen müssen für Besucher aus dem ganzen Land gut erreichbar sein. Die besondere Problematik der Verdichtungszentren liegt darin, daß diese Verkehrserschließung die Wohnmöglichkeiten vielfach beeinträchtigt. Die Urbanität der Verdichtungszentren kann aber nur erhalten, und übergroße Pendlerwege und Pendlerzahlen können nur vermieden werden, wenn es möglich bleibt, in den Verdichtungszentren und ihrer unmittelbaren Umgebung bei erträglichen Bedingungen zu wohnen. Soweit diese Voraussetzungen nicht mehr gegeben sind, muß durch Sanierungs- und Modernisierungsmaßnahmen die Wohnsubstanz verbessert und durch Maßnahmen der Wohnumfeldverbesserung die Lebensqualität in den Städten angehoben werden (vgl. PS 2.2.4).

Zu 1.8.32
Dienstleistungseinrichtungen,
produzierendes Gewerbe

Zur Verwirklichung von Plansatz 1.8.2 sind in den Verdichtungsräumen insbesondere ausreichend Möglichkeiten zu sichern für die Vermehrung von Dienstleistungen und für die Ausdehnung oder Ansiedlung von Betrieben des produzierenden Gewerbes, die dort auf einen Standort angewiesen sind, in den Verdichtungszentren vor allem für Dienstleistungseinrichtungen höherer Funktionen.

In den Verdichtungsräumen sind die Flächenreserven sehr gering, die - auch im Hinblick auf die begrenzte ökologische Belastbarkeit dieser Räume - für die weitere Entwicklung des produzierenden Gewerbes und der Dienstleistungseinrichtungen zur Verfügung stehen. Auch in Zukunft muß aber in den Verdichtungsräumen noch die Ansiedlung und Ausdehnung von solchen Produktionsstätten möglich bleiben, die dort auf einen Standort angewiesen sind. Erst recht gilt dies für Dienstleistungseinrichtungen (vgl. PS 2.3.22). Für Dienstleistungseinrichtungen höherer Funktionen kommen vielfach besonders die Verdichtungszentren in Betracht; Baden-Württemberg hat - im Vergleich mit anderen Bundesländern - bei solchen Einrichtungen noch einen Nachholbedarf. Durch eine vorausschauende Standortpolitik müssen deshalb Reserveflächen für die weitere Entwicklung, evtl. auch freiwerdende bisherige Fabrikgelände (vgl. PS 2.2.43), gesichert werden; bei konkreten Standortentscheidungen ist dann aber jeweils sorgfältig zu prüfen, ob nicht auch eine Ansiedlung außerhalb des Verdichtungsraumes möglich ist (vgl. PS 1.8.2).

Zu 1.8.33
Landschaftsverbrauch

Zur Verwirklichung von Plansatz 1.8.2 sind in den Verdichtungsräumen insbesondere Zersiedlungen der Landschaft, auch durch ungeordnete Ausweitungen der Siedlungen und Inanspruchnahme ökologisch bedeutsamer Flächen für Siedlungszwecke, zu vermeiden und zwischen den Siedlungen ausreichend Freiräume für unterschiedliche ökologische Funktionen, für die ortsnahe Erholung und für die land- und forstwirtschaftliche Bodennutzung zu sichern.

In den Verdichtungsräumen nimmt die bebaute Fläche inzwischen einen so großen Anteil ein, daß es unbedingt notwendig ist, die weitere Siedlungsentwicklung sehr sorgfältig zu planen und auf Bereiche zu lenken, die noch belastbar erscheinen. Im Landesdurchschnitt waren 1977 bereits über 20 % der Fläche der Verdichtungsräume für Wohnbebauung und Gewerbe und für Verkehr in Anspruch genommen; rechnet man die sonstigen Siedlungsflächen hinzu, zu denen auch Parks, Sport- und Militärübungsplätze zählen, waren schon nahezu 25 % der Fläche erreicht. In den Kernen der Verdichtungsräume liegt der Anteil der bebauten Flächen noch wesentlich höher. Bedenklich ist aber vor allem, daß trotz stagnierender Bevölkerungszahl die Siedlungsflächen in den Verdichtungsräumen von 1971 bis 1977 noch um über 13 % ausgeweitet wurden (vgl. im einzelnen LEB 1979, S. 21 ff).

PS 1.8.33 hebt die Gesichtspunkte hervor, die im Interesse einer geordneten Siedlungs- und Landschaftsentwicklung in den Verdichtungsräumen besonders beachtet werden müssen. Mit der „Zersiedlung der Landschaft" und der „ungeordneten Ausweitung der Siedlungen" ist die Gefahr angesprochen, daß sich die Verdichtungsräume ringförmig ausdehnen und dabei ungegliederte Stadtlandschaften ohne ausreichende Freiräume entstehen. Dieser Gefahr muß mit den Instrumenten der Regionalplanung und der Bauleitplanung sowie der Landschaftsplanung gegengesteuert werden.

Begründung
Verdichtungsräume

Ebenso wichtig ist es, ökologisch wertvolle Flächen von Bebauung freizuhalten, die z.B. für das Klima der Verdichtungsräume, für die Grundwasserbildung oder als natürliche Lebensräume für die Tier- und Pflanzenwelt von besonderer Bedeutung sind (vgl. Plankapitel 1.7).

Die Entwicklungskonzeption des LEP zielt darauf ab, auch innerhalb der Verdichtungsräume ein System von größeren und kleineren Frei- und Erholungsräumen zu sichern, das eine ortsnahe Erholung möglich macht. Auch die landwirtschaftliche Nutzung muß in den Verdichtungsräumen weiterhin erhalten bleiben, da gerade dort vielfach besonders geeignete Böden vorherrschen.

Zur Verwirklichung von Plansatz 1.8.2 sind in den Verdichtungsräumen insbesondere Verkehrs- und Versorgungsstränge so zu bündeln und zu führen, daß eine geordnete Siedlungsentwicklung mit funktionsfähigen Freiräumen bis in die Siedlungen möglich bleibt.

Zu 1.8.34
Verkehrs- und Versorgungsstränge

Auf die Siedlungsentwicklung innerhalb der Verdichtungsräume hat die Linienführung der Verkehrsstränge einen bestimmenden Einfluß: Entlang der neu- und ausgebauten Verkehrswege wird die Erreichbarkeit verbessert und damit vielfach die Ausbildung von neuen Siedlungsschwerpunkten unterstützt. PS 1.8.34 sieht deshalb den Neu- und Ausbau der Verkehrseinrichtungen als Mittel an, das zur Ordnung der Siedlungsentwicklung und zur Sicherung von Freiflächen beitragen kann. Dabei ist vor allem an eine strahlenförmige Ausdehnung der Verdichtungen vom Verdichtungszentrum aus gedacht, die es möglich macht, daß die zusammenhängenden Freiflächen in die Siedlungen hineinreichen.

Zur Verwirklichung von Plansatz 1.8.2 sind in den Verdichtungsräumen insbesondere zur Erhaltung gesunder Lebens- und Arbeitsbedingungen gesundheitliche Belastungen der Bevölkerung beim Wohnen, am Arbeitsplatz und auf den Verkehrswegen dadurch zu vermeiden oder zu vermindern, daß Wohn- und Arbeitsstätten, Infrastruktur- und Erholungseinrichtungen einander günstig zugeordnet, Umfang und Nutzungsintensität der dafür benötigten Flächen auf die Belastbarkeit des Raumes abgestellt, Überlastungen des Verkehrsnetzes möglichst gering gehalten und leicht erreichbare Erholungsräume erhalten oder geschaffen werden.

Zu 1.8.35
Belastbarkeit

Die Umweltbelastungen in den Verdichtungsräumen sind wegen der Dichte der Bebauung und des Verkehrs bereits teilweise so erheblich, daß jedes Raumnutzungskonzept die restliche Belastbarkeit des berührten Raumes berücksichtigen muß. Die Systemanalyse zur Landesentwicklung in Baden-Württemberg hat für den Mittleren Neckarraum, aber auch für die übrigen Verdichtungsräume Baden-Württembergs deutlich gezeigt, daß die Grenzen für weitere Belastungen eng gezogen sind. Vor allem die Belastbarkeit der Luft und der Vorfluter, die begrenzten Möglichkeiten der Wasserversorgung, die Grenzen der Lärmbelastung und die Auswirkungen für das Klima müssen berücksichtigt werden, wenn die weitere Siedlungsentwicklung im Verdichtungsraum geplant wird.

Zur Verwirklichung von Plansatz 1.8.2 sind in den Verdichtungsräumen insbesondere die Wohnverhältnisse durch Modernisierung, Maßnahmen zur städtebaulichen Erneuerung und zur Verkehrsberuhigung sowie durch Verbesserung des Wohnumfelds günstiger zu gestalten, damit das Leben in der Stadt erstrebenswert bleibt und die weitere Zersiedlung im Umland der größeren Städte gebremst wird.

Zu 1.8.36
Wohnverhältnisse

Nicht nur in den Verdichtungszentren (vgl. PS 1.8.31), sondern auch in den Verdichtungsräumen insgesamt sind vielfach umfangreiche Maßnahmen zur Verbesserung der Wohnverhältnisse erforderlich. In den größeren Städten der Verdichtungsräume gibt es zahlreiche city-nahe Wohngebiete des 19. Jahrhunderts, die besonders stark von der Abwanderung der deutschen Bevölkerung und einer ungünstigen Entwicklung der Bevölkerungsstruktur betroffen sind. In diesen Wohngebieten geht es darum, die Wohn- und Lebensverhältnisse der vorhandenen Bewohner zu verbessern, die Bevölkerungsabwanderung zu verringern und durch besondere Anreize den Zuzug neuer Bewohner und vor allem die private Bereitschaft zu Investitionen im Wohnungsbau zu verstärken.

PS 1.8.36 nennt die wichtigsten Aufgabenbereiche: Die Modernisierung des Altbaubestands ist gerade in den Verdichtungsräumen in großem Umfang erforderlich. Die Erneuerung der Wohngebäude ist nicht nur billiger als der Neubau; vor allem überzeugen auch die bisherigen Ergebnisse des Abrisses und der Neuerrichtung einzelner Gebäude oder ganzer Wohnquartiere nur teilweise.

Begründung
Randzonen um die Verdichtungsräume

Mit städtebaulichen Erneuerungsmaßnahmen, z.B. Sanierungen nach dem Städtebauförderungsgesetz (vgl. PS 2.2.41), können Bebauungsdichten aufgelockert und nachteilige Durchmischungen von Wohnungen und Gewerbebetrieben verändert werden. Ein wichtiges Ziel ist bei den Sanierungsmaßnahmen auch, die Wohnungen an den heutigen Standard anzupassen und das Wohnumfeld zu verbessern (vgl. PS 2.2.42). Modernisierungs- und Sanierungsmaßnahmen können aber nur dann erfolgreich sein, wenn es gelingt, die gerade in den Verdichtungsräumen erheblichen Belastungen durch den Individualverkehr zu verringern und damit auch zur Verbesserung des Wohnumfelds insgesamt beizutragen.

Zu 1.9 Randzonen um die Verdichtungsräume

Zu 1.9
Randzonen um die Verdichtungsräume

Unter den Raumkategorien des LEP weisen die Randzonen um die Verdichtungsräume die stärkste Bevölkerungszunahme auf. In den Jahren 1970 bis 1974 nahm hier die Bevölkerung um 5,9 %, von 1974 bis 1978 um 0,3 % (vgl. im einzelnen LEB 1979, S. 21 ff.) und von 1978 bis 1983 um 3,1% zu. Diese Bevölkerungszunahme ist durch die doppelte Zuwanderung aus den Kernstädten der Verdichtungsräume und aus dem ländlichen Raum bedingt; sie zeigt, wie stark die Randzonen in den fortschreitenden Verdichtungsprozeß einbezogen wurden. Dem entspricht, daß die Siedlungsfläche in den Randzonen relativ am stärksten ausgeweitet wurde; sie nahm von 1971 bis 1977 um 17,4% zu (Landesdurchschnitt: 14,7 %).

Der Verdichtungsprozeß ist besonders in den Teilen der Randzone weit fortgeschritten, die unmittelbar an den Verdichtungsraum angrenzen; mit zunehmender Entfernung von den Oberzentren wird dann die Bevölkerungs- und Arbeitsplatzdichte geringer.

Wegen dieser Gesamtentwicklung geht der LEP davon aus, daß die Randzonen keiner Entwicklungsförderung bedürfen; wegen ihrer engen Verflechtungen mit den Verdichtungsräumen haben sie erhebliche Kontaktvorteile und günstige Entwicklungsvoraussetzungen. Im Vordergrund steht daher nicht die Entwicklungsförderung, sondern die Verbesserung der Arbeits-, Lebens- und Umweltbedingungen; dazu gehören auch Hilfen zur Beseitigung struktureller Probleme.

Der LEP 1971 hatte für die Randzonen die doppelte Aufgabenstellung vorgesehen, die Verdichtungsräume zu entlasten und zur Verbesserung der Verhältnisse im angrenzenden ländlichen Raum beizutragen. Die Entlastung der Verdichtungsräume ist nach dem derzeitigen Trend weniger vordringlich geworden. Der LEP 1983 verzichtet deshalb darauf, zusätzliche Entlastungsmaßnahmen vorzusehen. Jedoch sind die Entlastungsorte Backnang und Herrenberg im 3. Teil des LEP unverändert enthalten, da sie die Siedlungsentwicklung im Umland des Verdichtungszentrums Stuttgart günstig beeinflussen können.

Die Aufgabe der Randzonen, Entwicklungsimpulse im angrenzenden ländlichen Raum zu entfalten, bedarf auch in Zukunft weiterer Unterstützung. Diese Aufgabe können vor allem die größeren Zentralen Orte der Randzonen erfüllen. Sie sollen in ihrer Eigenständigkeit gefördert werden, damit sie mit den - in der Regel vielfältigeren - Angeboten der Verdichtungsräume konkurrieren und so auch die Entwicklung des angrenzenden ländlichen Raumes fördern können.

Zu 1.9.1
Abgrenzung

Zu den Randzonen um die Verdichtungsräume gehören die im Anhang „Randzonen um die Verdichtungsräume" aufgeführten Gemeinden.

Für die Räume um Pforzheim und Lörrach, in denen die Verdichtung von Infrastruktureinrichtungen, Wohn- und Arbeitsstätten so weit fortgeschritten ist, daß mit ihrer späteren Ausweisung als Verdichtungsraum zu rechnen ist, können in den Regionalplänen Zielsetzungen des Landesentwicklungsplans für Verdichtungsräume übernommen und ausgeformt werden.

Die Randzonen wurden erstmals im LEP 1971 abgegrenzt; die Methode war an Arbeiten der MKRO angelehnt. Es wurden weitgehend dieselben Kriterien wie bei der Abgrenzung der Verdichtungsräume, allerdings mit entsprechend niedrigeren Schwellenwerten, angewandt.

Bei der Fortschreibung des LEP wurde, wie auch bei den übrigen Raumkategorien, darauf verzichtet, eine grundlegende Neuabgrenzung mit Hilfe neuer Berechnungen vorzunehmen; im Interesse der Planungsbeständigkeit wurde die Gebietskulisse möglichst weitgehend beibehalten.

Begründung
Randzonen um die Verdichtungsräume

Allerdings mußte die Abgrenzung schon zur Anpassung an die neuen Verwaltungsgrenzen modifiziert werden; auf diese Weise wurde sichergestellt, daß die planerischen Zielsetzungen leichter in die Verwaltungspraxis einfließen können.

Im Anhörungsverfahren zum Entwurf der Fortschreibung des LEP wurde deutlich, daß die Abgrenzung nach Nahbereichen nicht überall befriedigen konnte; sie wurde deshalb nach Gemeinden vorgenommen. Bei einer Abgrenzung der Randzonen, die jeweils ganze Nahbereiche (und damit in der Regel auch geschlossene örtliche Verwaltungsräume) einbezogen hätte, wären die teilweise erheblichen Strukturunterschiede innerhalb der Nahbereiche verdeckt und die Randzonen teilweise zu stark ausgedehnt worden. Diese Methode der endgültigen Abgrenzung entsprach dem Vorgehen bei den Verdichtungsräumen (vgl. PS 1.8.1), allerdings mit niedrigeren Schwellenwerten.

In die Randzonen sind nunmehr regelmäßig die Gemeinden einbezogen, die eine Dichte von mehr als 230 Einwohnern und Arbeitsplätzen/qkm aufweisen (und damit etwa den Landesdurchschnitt der Gebiete außerhalb der Verdichtungsräume überschreiten). Aufgrund der regionalen Verhältnisse wurden Abrundungen vorgenommen; ergänzend wurde, wie bei den Verdichtungsräumen auch, bei der Abgrenzung der Randzonen die Bevölkerungsentwicklung in den Jahren 1970 bis 1979 und 1974 bis 1978 berücksichtigt.

Eine Sonderregelung ist für die Räume um Pforzheim und Lörrach vorgesehen, da dort der Verdichtungsprozeß schon relativ weit fortgeschritten ist. Zwar weist der LEP dort auch in dieser Fortschreibung noch keine neuen Verdichtungsräume aus. Im Anhang „Randzonen um die Verdichtungsräume" sind jedoch diejenigen Gemeinden besonders gekennzeichnet, die bei einer Abgrenzung neuer Verdichtungsräume um die Zentren Pforzheim bzw. Lörrach mindestens in Betracht zu ziehen wären. Diese Gemeinden sind außerdem in der Karte der Raumkategorien zu verdichteten Räumen um Pforzheim und um Lörrach zusammengefaßt und besonders kenntlich gemacht. Die Regionalpläne können für diese Räume Zielsetzungen des LEP für Verdichtungsräume übernehmen.

Pforzheim, Lörrach

Die Abgrenzung der Randzonen im LEP (vgl. Karte 1) entspricht weitgehend den Vorschlägen der Regionalverbände.

Karte 1

Der LEP und die Rechtsverordnung über dessen Verbindlicherklärung sehen deshalb - mit Ausnahme der Sonderfälle Pforzheim und Lörrach - nicht mehr die Möglichkeit vor, daß die Regionalverbände von der Abgrenzung der Randzonen abweichen können.

Die Abgrenzung von Randzonen um die Verdichtungsräume und deren Einbeziehung in eine gemeinsame raumordnerische Betrachtung mit dem Verdichtungsraum hat auch die MKRO aufgegriffen und in ihrer Entschließung zur „Gestaltung der Ordnungsräume (Verdichtungsräume und ihre Randgebiete)" vom 31. Oktober 1977 (LEB 1979, S. 205; GABl. 1978, S. 218) verankert. Diese Entschließung wurde bei der Fortschreibung des LEP jedoch nicht verwirklicht, weil die Entschließung auf die Pendlerverflechtungen abstellt, die Abgrenzung im LEP dagegen in erster Linie auf Dichtewerten (Bevölkerungs- und Arbeitsplatzdichte) beruht. Dadurch ergeben sich zum Teil wesentliche Abweichungen gegenüber den Ordnungsräumen. Die Randzone des Verdichtungsraumes kann ihre doppelte Funktion, den Verdichtungsraum zu entlasten und gleichzeitig Entwicklungsimpulse für den angrenzenden ländlichen Raum zu geben, am besten dort erfüllen, wo bereits eine ausreichende Verdichtung vorhanden ist. Die Zielsetzungen im LEP sind auf diese Problemstellung ausgerichtet; dem entspricht auch die neue Abgrenzung.

„Ordnungsräume"

In den Randzonen um die Verdichtungsräume ist das Fortschreiten des Verdichtungsprozesses so zu ordnen und zu lenken, daß die Freiräume geschont, das Versorgungsangebot vervollständigt oder besser genutzt, gesundheitliche Belastungen der Bevölkerung und Beeinträchtigungen der Wohngebiete vermieden oder verringert und Entwicklungsimpulse in den angrenzenden ländlichen Raum vermittelt werden.

Zu 1.9.2
Allgemeines
Entwicklungsziel

PS 1.9.2 faßt die allgemeinen Entwicklungsziele für die Randzonen der Verdichtungsräume zusammen. Die Entlastung der Verdichtungsräume, die noch im LEP 1971 als Aufgabe der Randzonen benannt war, bedarf nach dem bisherigen Entwicklungstrend und den für die Zukunft absehbaren Entwicklungstendenzen keiner zusätzlichen Maßnahmen; deshalb ist es jetzt die wichtigste raumordnerische Zielsetzung, den rasch fortschreitenden Verdichtungsprozeß zu ordnen und zu lenken.

Begründung
Randzonen um die Verdichtungsräume

PS 1.9.2 nennt dabei die wichtigsten Gesichtspunkte. Die Siedlungsentwicklung in den Randzonen hat besonders dort, wo sie an den Verdichtungsraum unmittelbar angrenzen, schon in erheblichem Umfang Freiräume in Anspruch genommen. Zwar lag der Anteil der Siedlungsflächen an der Gesamtfläche der Randzonen 1977 noch bei 12,2 % (gegenüber 24,5 % in den Verdichtungsräumen; vgl. im einzelnen LEB 1979, S. 21 ff.); jedoch nivelliert dieser Wert die teilweise erheblichen Unterschiede innerhalb der Randzonen. Mit der Sicherung ausreichender Freiräume wird insbesondere auch einer ringförmigen Ausdehnung der Verdichtung entgegengewirkt.

Mit der erheblichen Bevölkerungszunahme in den Randzonen (1970 bis 1978: + 6,3 %, Landesdurchschnitt: + 2,5 %; 1978 bis 1983: + 3,1 %, Landesdurchschnitt: + 1,6 %) hat der Ausbau der Versorgungseinrichtungen in den Randzonen nicht immer Schritt gehalten; vielfach pendeln die Einwohner zu den Einrichtungen der Verdichtungsräume. Umgekehrt ist es in Teilen der Randzonen aber auch zu einem raschen Ausbau der Infrastruktur gekommen, der zu Überkapazitäten führte. Entsprechend den jeweiligen Bedingungen soll deshalb das Versorgungsangebot vervollständigt oder besser genutzt werden.

Mit der Ordnung des Verdichtungsprozesses kann auch verhindert werden, daß durch übermäßige Verdichtung oder falsche Lokalisierung von Einrichtungen gesundheitliche Belastungen für die Bevölkerung entstehen und Wohngebiete beeinträchtigt werden.

Die Randzonen haben in der Konzeption des LEP die Aufgabe, Entwicklungsimpulse in den ländlichen Raum zu vermitteln. Dies kann vor allem dadurch geschehen, daß in den Randzonen solche Arbeitsstätten angesiedelt werden, die nicht auf einen ständigen Kontakt zu den Einrichtungen des Verdichtungsraumes angewiesen sind, aber auch nicht für eine Ansiedlung im ländlichen Raum in Betracht kommen. Durch die Ausbildung eigenständiger Zentren (vgl. PS 1.9.31) und qualifizierter Arbeitsmärkte wird auch die Entwicklung angrenzender Gebiete des ländlichen Raumes gefördert; der Ausbau günstiger Verkehrsverbindungen in den ländlichen Raum, insbesondere auch im öffentlichen Nahverkehr, ist dabei von besonderer Bedeutung.

Zu 1.9.3
Siedlungsstruktur, Lebensbedingungen

Zur Verwirklichung von Plansatz 1.9.2 sind in den Randzonen um die Verdichtungsräume insbesondere

1.9.31 die Funktionsfähigkeit und Eigenständigkeit der Zentralen Orte zu verbessern;

1.9.32 auf eine Konzentration der Siedlungsentwicklung in Siedlungsbereichen hinzuwirken;

1.9.33 die Voraussetzungen für die weitere wirtschaftliche Entwicklung zu sichern oder zu verbessern;

1.9.34 ausreichende Freiräume für den ökologischen Ausgleich, die Erholung und die land- und forstwirtschaftliche Bodennutzung zu erhalten.

PS 1.9.3 nennt die planerischen Maßnahmen, um die Entwicklungsziele für die Randzonen zu erfüllen. Bei der Fortschreibung des LEP wurde PS 1.9.31 ergänzt und deutlich gemacht, daß die Eigenständigkeit der Zentralen Orte der Randzone verbessert werden soll, damit diese Zentralen Orte mit den Verdichtungszentren und den Zentralen Orten der Verdichtungsräume konkurrieren können. Die PS 1.9.32 und 1.9.34 stehen im Zusammenhang: Der mit der Fortschreibung ergänzte PS 1.9.34 schreibt auch für die Randzonen trotz ihrer noch größeren Flächenreserven vor, schon jetzt ausreichend ökologisch leistungsfähige Freiräume zu sichern. Dies kann durch die Konzentration der Siedlungsentwicklung auf die Flächenangebote in den Siedlungsbereichen erfolgen, die von PS 1.9.32 gefordert wird.

Auch in den Randzonen haben in verschiedenen Teilräumen in den Jahren 1974 bis 1977 erhebliche Beschäftigungseinbrüche, insbesondere im produzierenden Gewerbe, stattgefunden; über dem Landesdurchschnitt lag in den Randzonen der Rückgang der Industriebeschäftigten (1974 bis 1976: –10,5 %; Land: –9,1 %) und der sozialversicherungspflichtig Beschäftigten (1974 bis 1977: –6,7 %; Land: –5,4 %; vgl. im einzelnen LEB 1979, S. 21 ff.). Die trotz wiederholter jährlicher Schwankungen zwischen 1977 und 1982 insgesamt angestiegene Zahl der sozialversicherungspflichtig Beschäftigten um mehr als 6 % (Land: –5,4%) geht zum größten Teil auf die Zunahmen im Dienstleistungsbereich zurück. Teile der Randzonen weisen Strukturschwächen auf, insbesondere durch einseitige Branchenstruktur. PS 1.9.33 fordert deshalb, die Voraussetzungen für die weitere wirtschaftliche Entwicklung zu sichern oder zu verbessern; dies bezieht sich insbesondere auf Teilräume mit Strukturproblemen.

Begründung
Ländlicher Raum

Zu 1.10 Ländlicher Raum

Zum ländlichen Raum werden fast drei Viertel des Landes Baden-Württemberg gerechnet; etwa 40 % der Landesbevölkerung leben in diesem Raum. Der LEP 1983 schließt dabei aber - anders als der LEP 1971 - die Verdichtungsbereiche als Teil des ländlichen Raumes ein; sie haben einen Anteil von nicht ganz 10 % der Landesfläche, aber fast 12 % der Landesbevölkerung (vgl. im einzelnen LEB 1979, S. 21 ff.).

Die Verdichtungsbereiche wurden jetzt dem sie umgebenden ländlichen Raum zugeordnet, da sie mit diesem Raum eng verflochten sind und deshalb - ebenso wie die größeren Mittelzentren im übrigen ländlichen Raum - wichtige Impulse für die Entwicklung des ländlichen Raumes insgesamt geben können.

Der LEP versteht den ländlichen Raum als Lebens- und Wirtschaftsraum mit eigenständiger Bedeutung und spezifischen Entwicklungsmöglichkeiten. Auch vor dem Hintergrund veränderter Rahmenbedingungen lehnt die Landesregierung eine Strategie der „passiven Sanierung", die eine Abwanderung der Bevölkerung in Kauf nehmen würde, entschieden ab. Es ist das planerische Ziel, durch verstärkte wirtschaftsfördernde und andere staatliche Maßnahmen Investitionen anzuregen, die das wirtschaftliche Ungleichgewicht zu den Verdichtungsräumen und ihren Randzonen vermindern und so der Abwanderungsgefahr entgegenwirken können. Die Voraussetzungen dafür sind keineswegs ungünstig (vgl. A. Einleitung Nr. 2.2). Die Infrastrukturausstattung des ländlichen Raumes ist in den vergangenen Jahren erheblich verbessert worden; die hier reichlicher vorhandenen Flächenreserven, die günstigen Möglichkeiten, Wohneigentum in reizvoller Umgebung zu erwerben, die landschaftlichen Vorzüge sind für zahlreiche Branchen ein durchaus erheblicher Standortvorteil. Auch im ländlichen Raum haben sich Verdichtungsansätze herausgebildet, die eine gewisse Branchenvielfalt und einen breiten und qualifizierten Arbeitsmarkt aufweisen; solche Standorte können vielfach die Träger der weiteren Entwicklung sein.

Die Entwicklungspolitik des Landes muß die Chancen geeigneter Standorte im ländlichen Raum gezielt fördern und so darauf hinwirken, daß die regionale Bevölkerungsverteilung erhalten bleibt; kleinerräumige Abwanderungen werden allerdings nicht völlig verhindert werden können.

Die Bedeutung des ländlichen Raumes hat die MKRO durch eine eigens für den ländlichen Raum gefaßte Entschließung vom 12. November 1979 hervorgehoben (GABl. 1981, S. 660). In dieser Entschließung werden sowohl die Vorzüge als auch die Probleme des ländlichen Raumes dargestellt, die wiederum Grundlagen sind für die Formulierung entsprechender Entwicklungsziele und für die Benennung von Instrumenten und Maßnahmen. Kernaussage der Entschließung ist es in erster Linie, den ländlichen Raum als eigenständigen Lebens- und Wirtschaftsraum zu erhalten und zu entwickeln. Dies entspricht der im LEP enthaltenen Definition des ländlichen Raumes und der vor diesem Hintergrund formulierten Zielsetzung für seine generelle wie auch spezifische räumliche Entwicklung in Baden-Württemberg.

Zum ländlichen Raum gehören die im Anhang „Ländlicher Raum" aufgeführten Gemeinden. Davon zählen die mit (V) gekennzeichneten Gemeinden zu den Verdichtungsbereichen im ländlichen Raum.

Zu 1.10.1 Abgrenzung

Der ländliche Raum wurde bei der Fortschreibung des LEP nach Gemeinden - statt nach Nahbereichen - abgegrenzt (vgl. Anhang zu PS 1.10.1 und Karte 1); auch damit wird zum Ausdruck gebracht, daß der ländliche Raum nicht etwa als „Restraum" verstanden werden darf.

Karte 1

Die Verdichtungsbereiche im ländlichen Raum wurden erstmals im LEP 1971 abgegrenzt; die Methode war an Arbeiten der MKRO angelehnt. Die Schwellenwerte entsprachen der Abgrenzung, die für die Randzonen der Verdichtungsräume vorgenommen wurde; die Abgrenzung entsprach den damaligen Gemeindegrenzen.

Verdichtungsbereiche

Schon deshalb mußte bei der Fortschreibung des LEP die Abgrenzung der Verdichtungsbereiche analog der Abgrenzung der Randzonen modifiziert werden. Zwar wurde darauf verzichtet, eine grundlegende Neuabgrenzung mit Hilfe neuer Berechnungen vorzunehmen; dennoch wurden die Verdichtungsbereiche, um auch regionalen Zielvorstellungen zu entsprechen, teilweise erheblich verändert. Im Anhörungsverfahren zum Entwurf der Fortschreibung zeigte sich, daß die Abgrenzung nach Nahbereichen - wie bei den Randzonen um die Verdichtungsräume - nicht befriedigen konnte und deshalb nach Gemeinden vorgenommen werden mußte; wie auch bei den Randzonen der Verdichtungsräume hätte eine Abgrenzung auf der Basis ganzer Nahbereiche die teilweise erheblichen Strukturunterschiede innerhalb der

Begründung
Ländlicher Raum

Nahbereiche verdeckt und damit die Verdichtungsbereiche zu stark ausgedehnt. Methode und Schwellenwerte der endgültigen Abgrenzung entsprechen weitgehend dem Vorgehen bei den Randzonen um die Verdichtungsräume.

In die Verdichtungsbereiche sind nunmehr regelmäßig die Gemeinden einbezogen, die eine Dichte von mehr als 230 Einwohnern und Arbeitsplätzen/qkm aufweisen (und damit etwa den Landesdurchschnitt der Gebiete außerhalb der Verdichtungsräume überschreiten). Aufgrund der regionalen Verhältnisse wurden Abrundungen vorgenommen; als Hilfskriterium wurde wie bei den Verdichtungsräumen und den Randzonen ein überdurchschnittliches Bevölkerungswachstum in den Jahren 1970 bis 1979 und 1974 bis 1978 berücksichtigt. Die Abgrenzung wurde so gewählt, daß die einzelnen Verdichtungsbereiche eine Mindestgröße von etwa 100 000 Einwohnern aufweisen. Da die Abgrenzung die regionalen Verhältnisse berücksichtigt und weitgehend den Vorschlägen der Regionalverbände Rechnung trägt, wird den Regionalverbänden nicht mehr die Möglichkeit eingeräumt, von der Abgrenzung im LEP abzuweichen.

Zu 1.10.2
Allgemeines
Entwicklungsziel

Der ländliche Raum ist als Lebens- und Wirtschaftsraum mit eigenständiger Entwicklung zu stärken. Hierzu ist eine Siedlungsstruktur anzustreben, die es ermöglicht, die mit dem Leben in einer weniger verstädterten Umgebung verbundenen Vorteile zu nutzen, die Versorgung der Bevölkerung zu sichern, ausreichende und attraktive Arbeitsplätze bereitzustellen sowie die wirtschaftliche Leistungskraft und die Verkehrserschließung zu verbessern. Einer Abwanderung der Bevölkerung wegen Mangels an attraktiven Arbeitsplätzen und Versorgungseinrichtungen ist entgegenzuwirken; vielmehr soll eine Bevölkerungsdichte erhalten oder erreicht werden, die den Ausbau, mindestens aber die Erhaltung einer hinreichenden Ausstattung mit Versorgungseinrichtungen rechtfertigt. Die weitere Siedlungsentwicklung ist so zu gestalten, daß die Eigenart des ländlichen Raumes gewahrt bleibt.

PS 1.10.2 faßt die allgemeinen Entwicklungsziele für den ländlichen Raum zusammen. Er mußte gegenüber dem LEP 1971 neu gefaßt werden, weil dem ländlichen Raum ein anderes planerisches Gewicht beigemessen und überdies die Probleme der strukturschwachen Räume in einem eigenen Plankapitel „Räume mit Strukturschwächen" (vgl. Plankapitel 1.11) behandelt werden sollten. Im Vordergrund steht nunmehr die eigenständige Bedeutung des ländlichen Raumes aufgrund seiner spezifischen Vorteile und Möglichkeiten hinsichtlich seiner Flächenreserven, der insgesamt noch weniger in Anspruch genommenen Landschaft, seiner aufgelockerten Siedlungsstruktur oder der günstigen Umweltbedingungen, die in Zukunft noch an Bedeutung gewinnen werden.

Eigenständiger Lebens- und Wirtschaftsraum

Der ländliche Raum wird nicht als bloßer Ergänzungs- und Ausgleichsraum der Verdichtungsräume gesehen, sondern als Lebens- und Wirtschaftsraum für eine große Zahl von Menschen. Damit wird die Rolle des ländlichen Raumes im Rahmen der Gesamtentwicklung des Landes hervorgehoben. Die Struktur des ländlichen Raumes bildet eine gute Basis für seine weitere siedlungs- und wirtschaftsstrukturelle Entwicklung; sie ermöglicht aber gleichwohl auch seine gesamträumlichen Funktionen, Erholungsgebiete bereitzustellen oder auch erhebliche Leistungen für die Sicherung der natürlichen Lebensgrundlagen zu erbringen.

Die Neuformulierung von PS 1.10.2 soll klarstellen, daß der ländliche Raum nicht nur ein „Restraum" ist. Eine solche Fehleinstellung würde weiten Teilen des ländlichen Raumes nur noch die Funktion als ökologischer Ausgleichsraum für die verdichteten Räume zugestehen, in welchem die Bevölkerungsdichte auf das Minimum absinken dürfte, das für die Aufrechterhaltung der spezifischen Funktionen gerade noch erforderlich wäre. Im Interesse einer gezielten Entwicklung des ländlichen Raumes und einer erfolgreichen Lösung seiner strukturellen Probleme lehnt der LEP aber ein Sichselbstüberlassen des ländlichen Raumes und eine passive Sanierung ausdrücklich ab.

Keine passive Sanierung

Der ländliche Raum muß unter Ausnutzung seiner spezifischen Vorzüge und Möglichkeiten weiter entwickelt werden. Hierbei ist es wichtiger, eine langfristig angelegte Dauerlösung zu verfolgen, als auf die kurzfristig wirtschaftlichste Lösung abzustellen. Eine anhaltende Bevölkerungsabwanderung aus dem ländlichen Raum würde z.B. die Lebensbedingungen und Entwicklungschancen der zurückbleibenden, wenig mobilen Bevölkerungsgruppen erheblich mindern und öffentliche wie auch private Investitionen im ländlichen Raum entwerten. Umso notwendiger sind im ländlichen Raum deshalb verstärkte Bemühungen, der Gefahr einer Abwanderung in die verdichteten Räume entgegenzuwirken. Dies muß in erster Linie durch Maßnahmen gesche-

Begründung
Ländlicher Raum

hen, die zu Investitionen seitens der Wirtschaft anregen, um ausreichende Existenzgrundlagen für die im ländlichen Raum lebende Bevölkerung zu schaffen. Andererseits ist dafür auch wiederum ein vorhandenes Bevölkerungsminimum notwendig.

Der bisherige Bevölkerungsrückgang im ländlichen Raum resultierte überwiegend aus Abwanderungen wegen fehlender Arbeitsplätze. Diese Tendenz wird anhalten, wenn sich das Ungleichgewicht zwischen Angebot und Nachfrage nach Arbeitsplätzen durch die Zunahme der Zahl der Erwerbspersonen aus den geburtenstarken Jahrgängen verschärft. Der Bevölkerungsrückgang verstärkt sich nun auch noch durch Geburtendefizite.

In PS 1.10.2 wird deshalb darauf abgehoben, die ohnehin schon geringe Bevölkerungsdichte mindestens zu erhalten und ein weiteres „Gesundschrumpfen" der Bevölkerung auf das vorhandene Angebot an Arbeitsplätzen und Versorgungseinrichtungen zu vermeiden. Dies soll hauptsächlich durch Bereitstellung qualifizierter Arbeitsplätze geschehen und durch die gleichzeitige Sicherung der Versorgungssituation und der Verkehrsbedienung unterstützt werden. Letzteres ist nicht nur im Interesse der Versorgung der im ländlichen Raum lebenden Bevölkerung notwendig, sondern eine grundlegende Voraussetzung für einen attraktiven und hinreichend differenzierten Arbeitsmarkt. Mit der Abwehr der „passiven Sanierung" soll aber nicht nur eine Minderung der Lebensbedingungen im ländlichen Raum vermieden, sondern gleichzeitig die potentiellen Zielgebiete der aus dem ländlichen Raum Abwandernden vor neuen Belastungen in Form von zusätzlichen finanziellen Aufwendungen, erhöhtem Flächenverbrauch oder sich verschlechternden Umweltbedingungen bewahrt werden.

Wesentliche Ansatzpunkte für die Entwicklung des ländlichen Raumes liegen in seinen Vorzügen selbst. Diese Vorteile sind so vielgestaltig, daß eine eigenständige Entwicklung ohne Nachahmung städtischer Lebensverhältnisse möglich ist; sie ermöglichen es, den ländlichen Raum nicht zum bloßen Naturreservat erklären zu müssen. Bei allen Bemühungen um einen gleichwertigen, eigenständigen ländlichen Raum soll seine Eigenart erhalten bleiben. Das heißt, daß eine vorwiegend wirtschaftlich orientierte Entwicklungspolitik für den ländlichen Raum das Beharrungsvermögen und das Heimatgefühl der Bevölkerung nicht außer Acht lassen darf, weil deren Verhalten nicht nur durch ökonomische Werte bestimmt ist. Der ländliche Raum muß durch die Bewahrung der ihm gemäßen Lebensformen und -inhalte in die Lage versetzt werden, seine vielfältigen Funktionen leichter zu erfüllen. Dazu gehört vor allem auch, daß die regional sehr unterschiedlichen landsmannschaftlichen oder kulturellen Besonderheiten enger eingegrenzter Teilräume gebührend berücksichtigt werden.

Bewahrung der Eigenart des ländlichen Raumes

Die in PS 1.10.2 zusammengefaßten Ziele stehen auch in Einklang mit dem in der Entschließung der MKRO „Über den ländlichen Raum" vom 12. November 1979 (GABl. 1981, S. 660) empfohlenen Entwicklungskonzept, den ländlichen Raum als eigenständigen Lebens- und Wirtschaftsraum zu erhalten und weiterzuentwickeln. Die in dieser Entschließung enthaltene, dort auf das gesamte Bundesgebiet bezogene Aussage, den ländlichen Raum mit einem angemessenen Anteil an der wirtschaftlichen Gesamtentwicklung zu beteiligen, ist ebenso auf das Land Baden-Württemberg übertragbar. Dies kann auch nach Auffassung der Ministerkonferenz aber nur gewährleistet werden, wenn die Wirtschaftskraft des ländlichen Raumes gestärkt, die Tragfähigkeit für leistungsfähige Infrastruktureinrichtungen nicht verringert und die Standortbedingungen gegenüber den verdichteten Gebieten nicht verschlechtert werden.

Entschließung der Ministerkonferenz für Raumordnung

Zur Verwirklichung von Plansatz 1.10.2 sind im ländlichen Raum insbesondere Funktionsfähigkeit und Leistungskraft der Zentralen Orte zu sichern und zu verbessern sowie ihre Ausstattung mit Bildungs- und anderen kulturellen Einrichtungen sowie mit sozialen und Verwaltungseinrichtungen zu erhalten oder auszubauen; zur Versorgung der Bevölkerung mit öffentlichen Einrichtungen können auch Mindestschwellen der Kapazitätsauslastung unterschritten werden.

Zu 1.10.31
Funktionsfähige
und leistungsstarke
Zentrale Orte

Zu den Grundvoraussetzungen für eine eigenständige und gleichwertige Entwicklung des ländlichen Raumes gehört ein ausreichendes, in Zentralen Orten gebündeltes Angebot von überörtlichen Infrastruktureinrichtungen. Es kann davon ausgegangen werden, daß das bestehende zentralörtliche Netz dank der vorhandenen öffentlichen Dienstleistungs- und sonstigen Versorgungseinrichtungen auch im ländlichen Raum die Versorgung der Bevölkerung gewährleistet. Das bisher im LEP enthaltene generelle Ziel, im ländlichen Raum die Zentralen Orte vorrangig auszubauen im Sinne einer Schaffung von neuen zentralörtlichen Einrichtungen, kann als weitge-

Begründung
Ländlicher Raum

hend erreicht angesehen werden. Das bedeutet zugleich auch, daß von einer Schlechterstellung oder Benachteiligung des ländlichen Raumes gegenüber den verdichteten Gebieten im Prinzip nicht mehr die Rede sein kann.

Sicherung der zentralörtlichen Ausstattung

Bei der Fortschreibung des LEP wird nunmehr der planerische Akzent verfolgt, die vorhandenen Infrastruktureinrichtungen in den Zentralen Orten zunächst einmal zu erhalten und qualitativ zu verbessern, um die Funktionsfähigkeit und die Leistungskraft der Zentralen Orte auf Dauer zu sichern (vgl. Plankapitel 1.5). PS 1.10.31 ist deshalb dahingehend ergänzt worden, daß die Versorgung der Bevölkerung im ländlichen Raum nur durch funktionsfähige und leistungsstarke Zentrale Orte sichergestellt werden kann.

Mindestschwellen der Kapazitätsauslastung

Ein wichtiger Grundsatz bei der Ausweisung von Zentralen Orten und bei der Abgrenzung von Versorgungsbereichen ist die Sicherstellung einer wirtschaftlichen Auslastung der zentralörtlichen Infrastruktur sowie ihrer Erreichbarkeit durch ihre Benutzer in zumutbarer Entfernung (vgl. PS 1.5.31). Da der Umfang der vorhandenen Infrastruktur infolge der hier ohnehin schon geringeren Besiedlungsdichte und wegen eines zu befürchtenden weiteren Bevölkerungsrückgangs durch Geburtendefizite und Abwanderungen vielfach von der Tragfähigkeit des Raumes her nicht gerechtfertigt ist, muß im ländlichen Raum zwischen wirtschaftlicher Auslastung und zumutbarer Entfernung der zentralörtlichen Einrichtungen mehr und mehr ein Kompromiß geschlossen werden. Das führt so weit, daß hier im Interesse einer angemessenen Versorgung der Bevölkerung mit öffentlichen Einrichtungen eine Unterauslastung dieser Einrichtungen bewußt in Kauf genommen werden muß. Eine Unterschreitung der Mindestschwellen der Kapazitätsauslastung als Ausnahme vom Grundsatz der Tragfähigkeit von Versorgungseinrichtungen (vgl. PS 1.3.7) wird deshalb ausdrücklich zugelassen und im zweiten Halbsatz von PS 1.10.31 entsprechend hervorgehoben. Hiermit wird auch eine Forderung des Landesplanungsrats vom 24. September 1976 übernommen, im Interesse einer zumutbaren Erreichbarkeit öffentlicher Einrichtungen auf deren optimale Auslastung zu verzichten.

Zu 1.10.32
Land- und forstwirtschaftliche Bodennutzung

Zur Verwirklichung von Plansatz 1.10.2 ist im ländlichen Raum insbesondere die land- und forstwirtschaftliche Bodennutzung als wesentlicher Produktionszweig der Gesamtwirtschaft zu erhalten und auf die künftigen Erfordernisse auszurichten.

Trotz der bereits weit fortgeschrittenen Durchmischung des ländlichen Raumes mit nichtlandwirtschaftlichen Strukturelementen und des bisherigen Vordringens von Gewerbe und Industrie in weite Teile des ländlichen Raumes und trotz der in PS 1.10.2 besonders herausgehobenen entwicklungspolitischen Zielsetzungen zur Schaffung von zusätzlichen nichtlandwirtschaftlichen Arbeitsplätzen bleibt die Land- und Forstwirtschaft ein wesentlicher Wirtschaftsfaktor im ländlichen Raum. Sie nimmt vielfältige, den ländlichen Raum in weiten Teilen prägende Funktionen wahr. Die Bodennutzung wird vorherrschend von ihr bestimmt. Daneben erfüllt sie bedeutende Aufgaben für die Sicherung der Versorgung von Bevölkerung und Wirtschaft mit Nahrungsmitteln und Rohstoffen (vgl. PS 2.4.1 und 2.4.11), stellt schließlich auch Arbeitsplätze bereit und übernimmt den Hauptanteil der immer wichtiger werdenden landschaftspflegerischen Aufgaben (vgl. PS 2.4.12). Aus volkswirtschaftlichen und gesellschaftspolitischen Gründen ist daher die Erhaltung einer wettbewerbsfähigen Land- und Forstwirtschaft ein wichtiges Ziel, um diesen Aufgaben auch künftig gerecht werden zu können.

Damit der ländliche Raum seinen Anteil an der Gesamtentwicklung des Landes seiner Aufgabenstellung gemäß erbringen kann, ist es notwendig, die rein agrarstrukturellen und forstwirtschaftlichen Maßnahmen durch solche der regionalen Wirtschaftspolitik zu ergänzen und aufeinander abzustimmen. Der ländliche Raum ist aufgrund seiner Prägung als Bereich der Land- und Forstwirtschaft, aber auch als Standort von Industrie und Gewerbe sowie als Erholungsraum so unterschiedlich strukturiert, daß sich seine künftige Entwicklung als eigenständiger Lebens- und Wirtschaftsraum nur über eine entsprechend differenzierte Aufgabenerfüllung vollziehen kann. PS 1.10.32 sollte deshalb keinesfalls dahingehend mißverstanden werden, als käme der Land- und Forstwirtschaft ausschließlich im ländlichen Raum Bedeutung zu, nicht jedoch in den Verdichtungsräumen oder in deren Randzonen. Die Hervorhebung der land- und forstwirtschaftlichen Bodennutzung an dieser Stelle entspricht ihrer Bedeutung als ein im ländlichen Raum besonders wesentlicher Produktionszweig der Gesamtwirtschaft, der hier einen höheren Stellenwert besitzt als in den verdichteten Räumen.

Begründung
Ländlicher Raum

Zur Verwirklichung von Plansatz 1.10.2 sind im ländlichen Raum insbesondere attraktive Arbeitsmärkte für qualifizierte Arbeitsplätze zu schaffen, vor allem durch Förderung von Verdichtungsansätzen und Auflockerung einseitiger Wirtschaftsstrukturen.

Zu 1.10.33
Schaffung von Arbeitsmärkten

PS 1.10.33 ist neu in den LEP aufgenommen worden. Er bezieht sich darauf, daß der entscheidende Nachteil des ländlichen Raumes sein Mangel an ausreichend qualifizierten nichtlandwirtschaftlichen Arbeitsplätzen ist. Voraussetzung für qualifizierte Arbeitsplätze ist ein attraktiver Arbeitsmarkt. Voraussetzungen dafür sind gegeben oder lassen sich schaffen, wo zumindest schon Ansätze für Verdichtungen von Wohnstätten, Arbeitsstätten und Infrastruktureinrichtungen vorliegen. Diese Ansätze gilt es auszubauen (vgl. PS 1.4.4). Die dafür in Betracht kommenden Bereiche werden im LEP jedoch nicht räumlich festgelegt, um eine möglichst große Flexibilität bei der Förderung zu ermöglichen. Auf jeden Fall kommen dafür aber die Verdichtungsbereiche im ländlichen Raum (vgl. PS 1.10.4) und die Mittelzentren in Betracht. Ansatzpunkte können aber auch andere Räume sein, in denen konkrete Investitionsabsichten landesplanerisch aufgegriffen und in Form von Entwicklungsprojekten unterstützt werden, um die von ihnen ausgehenden Impulse für wirtschaftliches Wachstum zu verstärken und die Chancen zur Ausweitung des Arbeitsplatzangebots zu nutzen.

Zur Verwirklichung von Plansatz 1.10.2 sind im ländlichen Raum insbesondere die Erwerbsgrundlagen zu vermehren, vor allem durch Verbesserung der Standortvoraussetzungen für nichtlandwirtschaftliche Arbeitsplätze im Zuge der Entwicklungsachsen in Siedlungsbereichen, in dazu geeigneten Räumen auch durch Förderung des Fremdenverkehrs.

Zu 1.10.34
Schaffung und Vermehrung von nichtlandwirtschaftlichen Arbeitsplätzen

Das Motiv für die Bevölkerungsabwanderung aus dem ländlichen Raum ist in der Hauptsache der Mangel an nichtlandwirtschaftlichen Arbeitsplätzen, der trotz regionalpolitischer Maßnahmen zur Stärkung der Wirtschaftskraft des ländlichen Raumes bisher nicht behoben werden konnte. Das Arbeitsplatzangebot wird auch künftig nicht ausreichend sein, wenn mehr Erwerbspersonen aus den geburtenstarken Jahrgängen auf den Arbeitsmarkt kommen und infolge einer qualifizierten Ausbildung entsprechende Arbeitsplätze suchen. Das bedeutet, daß die nichtlandwirtschaftlichen Erwerbsgrundlagen im ländlichen Raum weiterhin verbreitert werden müssen. Im Vorteil sind zweifellos jene Teile des ländlichen Raumes, die bereits über entwickelte Arbeitsmärkte, über eine ausgeprägte industriell-gewerbliche Basis oder wenigstens über entwicklungsfähige und standortgünstige Ansatzpunkte verfügen. Die Chancen des ländlichen Raumes steigen außerdem immer dann erheblich, wenn die wachsenden Ansprüche der Industriebetriebe an die natürliche Umgebung in den Verdichtungsräumen nicht mehr erfüllt werden können. Allerdings müssen gleichzeitig auch gute sonstige Standortvoraussetzungen gegeben sein, von denen industrielle Neuansiedlungen oder Betriebserweiterungen abhängig gemacht werden. Dazu gehören gute öffentliche Einrichtungen, Bildungseinrichtungen, ein ausreichendes Energieangebot, vor allem günstige Verkehrsanbindungen und auch ausreichende private Versorgungseinrichtungen und Dienstleistungen.

Der LEP verfolgt deshalb den Grundsatz, bei der Schaffung oder Vermehrung der nichtlandwirtschaftlichen Arbeitsplätze von jenen Standorten im ländlichen Raum auszugehen, die bereits ein konzentriertes und gebündeltes Angebot an Einrichtungen und damit günstige Standortvoraussetzungen aufweisen. Hier gilt es die Erfahrung zu beachten, daß die Standortwahl von einer guten Infrastrukturausstattung - neben unmittelbaren Investitionsanreizen - sehr wesentlich beeinflußt wird. Dies trifft sowohl auf die bereits gut entwickelten als auch auf die noch zu entwickelnden Siedlungsbereiche zu (vgl. PS 2.2.2), die in den Regionalplänen u.a. unter Beachtung des regionalen Siedlungsgefüges und des zentralörtlichen Versorgungssystems ausgewiesen werden. Zu diesen Siedlungsbereichen, die im wesentlichen eine räumliche Ausformung der Entwicklungsachsen darstellen, zählen in der Regel die Zentralen Orte. Damit bleibt die Zielsetzung, nichtlandwirtschaftliche Arbeitsplätze auf Standorte mit gebündelten Vorteilen zu konzentrieren, erhalten. Die ausdrückliche Benennung der Siedlungsbereiche in PS 1.10.34 als für die Vermehrung nichtlandwirtschaftlicher Arbeitsplätze geeignete Standorte korrespondiert mit anderen Zielsetzungen über die Entwicklung der Siedlungsbereiche (vgl. PS 1.6.22 und 2.3.3).

Siedlungsbereiche als günstige Standorte

In Räumen, die landschaftlich und klimatisch begünstigt sind, lassen sich auch durch Förderung des Fremdenverkehrs neue Arbeitsplätze und Zuerwerbsmöglichkeiten schaffen. Fremdenverkehr und Erholungswesen werden dank der starken Zunahme der Freizeit und ihrer Gestaltungsmöglichkeiten, möglicherweise auch infolge einer Verteuerung von Auslandsreisen, in Zukunft voraussichtlich noch an Bedeutung gewinnen (vgl. PS 2.3.15, 2.3.5 und 2.9.1). Als Wirtschaftsfaktor aber kommt der

Arbeitsplätze durch Fremdenverkehr

Begründung
Ländlicher Raum

Fremdenverkehr letztlich nur in dafür geeigneten Teilen des ländlichen Raumes in Betracht. Wo die Grundvoraussetzungen für den Fremdenverkehr fehlen, kann er keinen Ersatz für industrie-gewerbliche Arbeitsplätze bieten. Die Eignung eines Raumes für den Fremdenverkehr hängt nicht zuletzt davon ab, daß die Erfordernisse der Landschaftspflege und der Ökologie rechtzeitig beachtet werden.

Förderungsmaßnahmen als Hilfen

Die Verwirklichung dieser arbeitsmarktpolitischen Zielsetzungen für den ländlichen Raum wird durch die Förderungsprogramme von Land und Bund unterstützt. Sie enthalten insbesondere Förderungsmaßnahmen für die Schaffung und Sicherung nichtlandwirtschaftlicher Arbeitsplätze und für die Erhaltung und den Ausbau der Infrastruktur sowie Förderungsmaßnahmen für den Fremdenverkehr (vgl. Plankapitel 1.11). Diese Instrumentarien können aus der Sicht einer gesamträumlichen Entwicklung des ländlichen Raumes darüber hinaus durch andere Programme der Ressorts ergänzt und mit diesen koordiniert werden.

Zu 1.10.35
Verbesserung der Wohnverhältnisse

Zur Verwirklichung von Plansatz 1.10.2 sind im ländlichen Raum insbesondere die Wohnverhältnisse durch Modernisierung sowie Maßnahmen zur städtebaulichen Erneuerung und der Dorfentwicklung zu verbessern.

Zu den Möglichkeiten, günstige Voraussetzungen für die Entwicklung des ländlichen Raumes zu schaffen, gehören auch die städtebaulichen Aufgaben in den ländlichen Gemeinden; sie können - zusammen mit anderen Vorteilen des ländlichen Raumes als Wohnort wie z.B. leichterem Erwerb von Hauseigentum, familiengünstigen Wohn- und Lebensformen oder der Verbindung zur Natur - zur Abschwächung der Abwanderungstendenzen beitragen. Neben der Ausweisung neuer Wohngebiete liegen die Aufgaben vor allem in der städtebaulichen Neuordnung mit zum Teil sehr umfangreichen Modernisierungs- und Sanierungsmaßnahmen. Die städtebauliche Sanierung geschieht am zweckmäßigsten im Rahmen einer umfassenden Erneuerung von Dörfern und Städten. Sie sollte vor allem eine Auflockerung von beengten Ortskernen, eine Ausstattung mit öffentlichen Anlagen und einen Ausbau der Ortsdurchfahrten vorsehen und dabei die künftigen funktionellen und strukturellen Verhältnisse der einzelnen Orte berücksichtigen.

Dorfentwicklung

PS 1.10.35 ist im Hinblick auf die Verbesserung der Wohnverhältnisse im ländlichen Raum ergänzt worden. Er präzisiert die dafür notwendigen Maßnahmen und trägt der wachsenden Bedeutung der Dorfentwicklung Rechnung, durch die die Bemühungen unterstützt werden, den eigenständigen Charakter der ländlich geprägten Gemeinden und Orte zu erhalten und neuzeitlichen Erfordernissen behutsam anzupassen. Dabei wird es oftmals darauf ankommen, Entwicklungskonzepte nach regionalspezifischen strukturpolitischen Gesichtspunkten unter Einbeziehung lokaler Ansprüche und Vorstellungen der Menschen zu entwickeln und alle Maßnahmen der Dorfentwicklung (vgl. PS 2.2.32 und 2.4.31) von Anfang an mit jenen zur Verbesserung der Agrar- und Wirtschaftsstruktur zu koordinieren. Die Verwirklichung der Ziele der Dorfentwicklung ist durch das „Mittelfristige Programm für Stadt- und Dorfentwicklung" zunächst bis zum Jahr 1985 sichergestellt. Dieses Programm ist jedoch ein als Daueraufgabe angelegtes Langzeitprogramm, welches über das vorläufig festgelegte Zieljahr hinaus fortgesetzt werden soll.

Zu 1.10.4
Verdichtungsbereiche im ländlichen Raum

In den Verdichtungsbereichen im ländlichen Raum sind vorhandene Verdichtungsansätze für die weitere wirtschaftliche Entwicklung durch konzentrierten Ausbau so zu nutzen, daß die Standortvoraussetzungen für vielseitige und qualifizierte Arbeitsplätze im ländlichen Raum erheblich verbessert werden.

Die weitere Siedlungsentwicklung ist so zu ordnen und zu lenken, daß gesundheitliche Belastungen der Bevölkerung und Beeinträchtigungen der Wohngebiete vermieden sowie ausreichend Freiräume erhalten werden.

PS 1.10.4 ist bei der Fortschreibung neu in den LEP aufgenommen worden; er übernimmt Zielsetzungen für Verdichtungsbereiche aus dem früheren Plankapitel 1.8, in welchem die Randzonen um die Verdichtungsräume und die Verdichtungsbereiche zusammengefaßt waren. Die Verdichtungsbereiche wurden dem ländlichen Raum zugeordnet, in den sie räumlich wie entwicklungspolitisch eingebunden sind. Trotz ihrer vom ländlichem Raum durchaus abweichenden Strukturen sind sie mit diesem doch so eng verflochten, daß eine planerische Konzeption für den ländlichen Raum nur unter Einbeziehung seiner Verdichtungsbereiche sinnvoll erscheint. Von den Verdichtungsbereichen gehen wesentliche Impulse für die Entwicklung des ländlichen Raumes aus. Ihre Bedeutung für eine eigenständige Entwicklung des ländlichen Raumes liegt zum einen darin, daß sie als vorhandene Verdichtungsan-

Begründung
Räume mit Strukturschwächen

sätze diejenigen Standorte darstellen, in denen bereits günstige Voraussetzungen für die wirtschaftliche Entwicklung des ländlichen Raumes gegeben sind und eine Weiterentwicklung am ehesten möglich scheint. Zum anderen sind die Verdichtungsbereiche zugleich auch diejenigen Räume, die allein schon aus der räumlichen Nähe Entwicklungsimpulse in den sie umgebenden ländlichen Raum auszustrahlen vermögen und dadurch die Standortvoraussetzungen dort verbessern.

Die Verdichtungsbereiche gehören zu jenen Räumen, die in den PS 1.10.33 und 1.10.34 als jene geeigneten Standorte angesprochen werden, an denen durch Förderungsmaßnahmen zusätzliche attraktive, vor allem qualifizierte Arbeitsplätze geschaffen werden können. Sie sind durch ihre räumliche Ausdehnung meistens sogar bereits mehr als die in den PS 1.3.5, 1.4.4 oder 2.3.4 genannten Verdichtungsansätze und deshalb für den ländlichen Raum von besonderer Bedeutung.

Die vorgenommene Zuordnung der Verdichtungsbereiche zum ländlichen Raum begründet sich auch mit den Maßnahmen und Zielen der weiteren Siedlungsentwicklung in den Verdichtungsbereichen, wie sie im zweiten Satz von PS 1.10.4 angesprochen werden. Ordnungsaufgaben stehen in den Verdichtungsbereichen nicht so sehr im Vordergrund, daß wie bisher eine gleiche Behandlung der Verdichtungsbereiche mit den Randzonen um die Verdichtungsräume gerechtfertigt wäre, obwohl eine strukturelle Vergleichbarkeit dieser beiden noch in den Abgrenzungskriterien zum Ausdruck kommt (vgl. PS 1.9.1 und 1.10.1). Dennoch ist auch in den Verdichtungsbereichen notwendig, neben der besonderen Entwicklungsförderung bereits vorhandene siedlungsstrukturelle Probleme zu beseitigen und zu erwartende zu vermeiden. In PS 1.10.4 wird deshalb im besonderen auf die Vermeidung von gesundheitlichen Belastungen der Bevölkerung und von Beeinträchtigungen der Wohngebiete sowie auf die Erhaltung von Freiräumen abgehoben, die durch übermäßige Verdichtung oder falsche Lokalisierung von Einrichtungen hervorgerufen werden können.

Siedlungsentwicklung

Zu 1.11 Räume mit Strukturschwächen

Das Raumordnungsgesetz fordert, für den ländlichen Raum außer einer Verbesserung der allgemeinen wirtschaftlichen und sozialen Verhältnisse „eine angemessene wirtschaftliche Leistungsfähigkeit sowie ausreichende Erwerbsmöglichkeiten, auch außerhalb der Land- und Forstwirtschaft, anzustreben" (§ 2 Abs. 1 Nr. 5 Satz 5 ROG). Aus diesem Grundsatz der aktiven Sanierung leitet sich die landesentwicklungspolitische Zielsetzung ab, die ländlichen Räume, insbesondere deren strukturschwache Teile, wirtschaftlich zu stärken sowie gleichwertige Lebensverhältnisse zu schaffen und zu erhalten.

Obwohl dieses raumordnerische Oberziel in der Entwicklungspolitik weiterhin Vorrang genießt, haben sich die strukturpolitischen Gewichte in letzter Zeit verschoben. Der Ausbau der Infrastruktur hat infolge des erreichten hohen Standards vielerorts an Bedeutung verloren. Vor dem Hintergrund der rückläufigen Bevölkerungsentwicklung und der daraus resultierenden geringeren Inanspruchnahme der Infrastruktureinrichtungen ist nunmehr die Sicherung und Erhaltung der vorhandenen Einrichtungen in den Mittelpunkt der raumordnungspolitischen Bemühungen getreten. Daneben gilt es, zur Stärkung der regionalen Wirtschaftsentwicklung weiterhin die wirtschaftsnahe Infrastruktur, vor allem die Verkehrsinfrastruktur und die regionale Energieversorgung, zu ergänzen und zu modernisieren. Priorität bei den Fördermaßnahmen in strukturschwachen Räumen genießt auch künftig die Schaffung und Sicherung von Arbeitsplätzen.

Da dem ländlichen Raum für die Zukunft ein stärkeres planerisches Gewicht beigemessen wird (vgl. Plankapitel 1.10), wurde den Problemen der strukturschwachen Räume ein eigenes Plankapitel gewidmet. Dem Ersuchen des Landtags, „bei der Fortschreibung des Landesentwicklungsplans die strukturschwachen Räume und die Fördergebiete räumlich in Einklang zu bringen" (vgl. LT-DS 7/1730), wurde dabei durch den Verzicht auf eine räumliche Abgrenzung der Räume mit Strukturschwächen und die Gleichsetzung dieser Gebiete mit den Fördergebieten Rechnung getragen (vgl. Karte 2).

Zu 1.11
Räume mit Strukturschwächen

Die Räume mit Strukturschwächen, insbesondere ihre abwanderungsgefährdeten Teile, sind so zu fördern, daß die wirtschaftlichen, sozialen und kulturellen Verhältnisse verbessert werden.

PS 1.11.1 faßt die für die strukturschwachen Räume vorrangigen förderpolitischen Maßnahmenbereiche in einem allgemeinen Entwicklungsziel zusammen. Dieses kor-

Zu 1.11.1
Allgemeines
Entwicklungsziel

Begründung
Räume mit Strukturschwächen

respondiert sowohl mit den Aussagen zur Entwicklung des ländlichen Raumes in PS 1.10.2 als auch mit den wirtschaftspolitischen Zielsetzungen in den PS 2.3.1 und 2.3.3.

Qualifizierte Arbeitsplätze

Im Vordergrund der Regionalförderung steht die für die strukturschwachen Räume vordringliche Verbesserung der wirtschaftlichen Verhältnisse durch die Schaffung und Sicherung dauerhafter, qualifizierter nichtlandwirtschaftlicher Arbeitsplätze (vgl. PS 1.11.21). Eng verbunden damit sind die Bemühungen um eine größere strukturelle Vielfalt der Beschäftigungsmöglichkeiten und um die Vermittlung moderner Technologien in die ländlichen Räume. Nachdem durch die auf vielen Gebieten deutlich verbesserte Infrastrukturausstattung, insbesondere das vielschichtige Angebot an Bildungsmöglichkeiten, ein wesentlicher Schritt zur Anhebung der Lebensverhältnisse im ländlichen Raum getan wurde, gilt es nunmehr, durch ein der Ausbildung entsprechendes Arbeitsplatzangebot die Voraussetzungen dafür zu schaffen, daß die Bevölkerung, insbesondere die junge Generation, in den ländlichen Räumen gehalten werden kann. Nur entsprechende Beschäftigungsmöglichkeiten in zumutbarer Entfernung zum Wohnort schaffen das notwendige Gegengewicht zur Sogwirkung der attraktiveren Arbeitsmärkte der Verdichtungsräume.

Voraussetzung für eine dauerhafte Verbesserung der sozialen und kulturellen Verhältnisse bleiben vorrangig die Sicherung der vorhandenen Infrastrukturausstattung auf dem erreichten hohen Niveau (vgl. PS 1.11.22).

Zu 1.11.2 Regionalförderung

Das allgemeine Entwicklungsziel für die strukturschwachen Räume (vgl. PS 1.11.1) wird durch die in den PS 1.11.21 und 1.11.22 genannten Förderbereiche konkretisiert. Diese Bereiche sind Bestandteile des Wirtschaftsförderungsprogramms (WIP) von 1983, in dem die strukturpolitischen Maßnahmen des Landes zusammengefaßt sind (vgl. PS 2.3.1). Einer der Schwerpunkte dieses Programms ist es, durch Stärkung der regionalen Wirtschaftskraft die „passive Sanierung" der ländlichen Räume zu verhindern.

Zu 1.11.21 Einzelbetriebliche Regionalförderung

Zur Verwirklichung von Plansatz 1.11.1 sollen insbesondere die gewerbliche Wirtschaft, ihr gleichgestellte Dienstleistungsbereiche, der Fremdenverkehr und deren Ausbildungsstätten gefördert werden.

In PS 1.11.21 werden die bevorzugten Förderbereiche der einzelbetrieblichen Regionalförderung in Anlehnung an die Bund-Länder-Gemeinschaftsaufgabe „Verbesserung der regionalen Wirtschaftsstruktur" und an die Programme der Landesförderung genannt. Mit diesem Maßnahmenpaket wird vorrangig das Ziel verfolgt, in den strukturschwachen Räumen qualifizierte Arbeits- und Ausbildungsplätze zu schaffen und zu sichern, die Wirtschaftskraft zu stärken und die Einkommenssituation der Bevölkerung zu verbessern (vgl. PS 2.3.13). Gefördert werden insbesondere mittelständische Unternehmen des verarbeitenden Gewerbes (gewerbliche Produktionsbetriebe) und Dienstleistungsunternehmen. Zu den Fördertatbeständen gehören dabei vor allem Neuansiedlungen und Erweiterungen von Betrieben, das heißt, Investitionen, die mit der Schaffung zusätzlicher Arbeits- und Ausbildungsplätze verbunden sind. Zudem werden mittelständische Betriebe des Fremdenverkehrsgewerbes zur Verbesserung der Konkurrenzfähigkeit dieses Wirtschaftszweigs gezielt gefördert (vgl. PS 2.3.15 und 2.3.5). Da dem Fremdenverkehr in weiten Teilen des Landes als Erwerbsgrundlage ein besonderes Gewicht zukommt, stellt seine Förderung insbesondere in den strukturschwachen ländlichen Räumen einen wichtigen Beitrag zur Verbesserung der Arbeitsplatzsituation dar.

Verkleinerung der Gebiete

Vor dem Hintergrund knapper gewordener Haushaltsmittel wurden im Interesse einer größeren Wirksamkeit der Bund-Länder-Förderung 1981 die Gebiete der Gemeinschaftsaufgabe bundesweit stark verkleinert. Für Baden-Württemberg hat dies zur Folge, daß künftig nur noch die Arbeitsmarktregion Buchen als regionales Aktionsprogramm „Neckar-Odenwald" in der Bund-Länder-Förderung verbleibt. Ein großer Teil der bisherigen Fördergebiete der Gemeinschaftsaufgabe wurde in die Landesförderung übernommen, die 1983 im Rahmen des WIP weitgehend neu geordnet wurde. Das Gebiet für die einzelbetriebliche Regionalförderung ist jedoch im Sinne eines schwerpunktmäßigen Mitteleinsatzes auf insgesamt etwa 16 % der Bevölkerung reduziert worden.

Gewerbeförderung nach dem Städtebauförderungsgesetz

Unabhängig von der Gewerbeförderung im Rahmen der obengenannten Programme wurde 1978 entsprechend dem Städtebauförderungsgesetz ein eigenständiges Darlehensprogramm zur Förderung gewerblicher Investitionen in Sanierungsgebieten ins Leben gerufen. Bei diesem rein städtebaulich motivierten Programm (vgl. PS 2.2.4 und 2.2.41) steht jedoch der Gedanke der Gewerbeförderung nicht im Vordergrund.

Begründung
Räume mit Strukturschwächen

In der Regel ist dieses Programm als Aufstockungsprogramm angelegt, in vielen Fällen ersetzt es jedoch als alleiniges Förderprogramm inzwischen aufgegebene Grundprogramme der bisherigen Wirtschaftsförderung.

Zur Verwirklichung von Plansatz 1.11.1 sollen insbesondere die Maßnahmen der Wirtschaftsförderung durch eine Förderung der Infrastrukturausstattung ergänzt werden.

PS 1.11.22 fordert die Ergänzung der einzelbetrieblichen Förderung durch den Ausbau und die Erhaltung der Infrastruktur (vgl. PS 2.3.31). Die strukturpolitische Bedeutung dieses Teils der Regionalförderung liegt aufgrund der teils unmittelbaren, teils mittelbaren Auswirkungen auf die gewerbliche Wirtschaft in der wirtschaftlichen Entwicklung der strukturschwachen Räume und der Verbesserung der Siedlungsstruktur. Insofern lag es nahe, die im WIP verankerte Infrastrukturförderung mit den Zielsetzungen des LEP für die Räume mit Strukturschwächen in Einklang zu bringen und von einer identischen Gebietskulisse auszugehen (vgl. PS 1.11.3). Die Parallelität raumordnungspolitischer und förderungspolitischer Interessen kommt auch in der Längerfristigkeit landesplanerischer Zielsetzungen und strukturpolitischer Fördermaßnahmen zum Ausdruck.

Zu 1.11.22
Infrastrukturförderung

Bei der Infrastrukturförderung ist die Landesregierung davon ausgegangen, daß diese Art der Förderung im bisherigen Umfang fortgesetzt werden sollte und daß ihr im System der Regionalförderung ein Vorrang zukommt. Für diese längerfristig wirkenden Maßnahmen erscheint der Landesregierung der Gesichtspunkt der Kontinuität und Nachhaltigkeit der Förderung ausschlaggebend. Daher sollen diese Maßnahmen in den bisherigen Fördergebieten fortgeführt werden.

Ein Grundsatz der Infrastrukturförderung als Begleitmaßnahme zur Wirtschaftsförderung besteht darin, daß vor allem Vorhaben der wirtschaftsnahen Infrastruktur, die also unmittelbar der gewerblichen Wirtschaft dienen, gefördert werden. Dazu gehört neben der großen Palette der infrastrukturellen Vorhaben des Landesinfrastrukturprogramms (LIP) vor allem die Erschließung von Industrie- und Gewerbegebieten zur Verbesserung der Standortverhältnisse für gewerbliche Unternehmen. Die Fördertatbestände reichen von der Geländeerschließung und der Verbesserung der technischen Infrastruktur (Wasserversorgung, Abwasserbeseitigung, Straßenbau, Energieversorgung u.a.) bis zu Vorhaben des Wohnungsbaus und Städtebaus sowie des Fremdenverkehrs.

Wirtschaftsnahe Infrastruktur

Räume mit Strukturschwächen sind insbesondere die nach dem Gesetz über die Gemeinschaftsaufgabe „Verbesserung der regionalen Wirtschaftsstruktur" vom 6. Oktober 1969 (BGBl. I S. 1861) sowie die für die Landesförderung (einzelbetriebliche Regionalförderung und Infrastrukturförderung) abzugrenzenden Gebiete.

Zu 1.11.3
Abgrenzung der Fördergebiete

Zu den Räumen mit Strukturschwächen gehören derzeit die im Anhang „Räume mit Strukturschwächen" aufgeführten Gemeinden.

Wegen der räumlichen Deckungsgleichheit zwischen den Räumen mit Strukturschwächen und den Fördergebieten konnte auf eine eigene Abgrenzung der Räume mit Strukturschwächen verzichtet werden. Dies hat den Vorteil, daß die für die förderungspolitische Konzeption und Praxis sinnvolle Gleichräumigkeit gewährleistet wird und Überlappungen, wie sie im LEP 1971 bestanden, ausgeschlossen werden. Gleichzeitig wird damit auch dem o.a. Ersuchen des Landtags hinsichtlich der Deckungsgleichheit der strukturschwachen Räume mit den Fördergebieten Rechnung getragen.

Die zu den Räumen mit Strukturschwächen gehörenden Gemeinden sind im Anhang zu diesem Plansatz namentlich aufgeführt. Das Fördergebiet, das etwa 25 % der Landesbevölkerung umfaßt und dem Geltungsraum des LIP entspricht, ist zudem in Karte 2 dargestellt. Der strukturschwache ländliche Raum umfaßt danach:

Karte 2

– das zum 1. Januar 1983 neu abgegrenzte Gebiet der Gemeinschaftsaufgabe;
– die zum 1. Januar 1983 neu abgegrenzten Landesfördergebiete;
– die bis zu diesem Zeitpunkt anerkannten Fördergebiete (ehemalige Gebiete der Gemeinschaftsaufgabe, ehemalige Landesfördergebiete, Randgemeinden aus der Abrundung der Gebietskulisse im Zuge der Verwaltungsreform, ehemalige Landesausbauorte und diesen gleichgestellte Orte sowie die Modellnahbereiche).

Innerhalb dieser Abgrenzung liegt der enger gefaßte Gebietszuschnitt für die einzelbetriebliche Regionalförderung. Er umfaßt das Aktionsprogramm „Neckar-Odenwald" der Gemeinschaftsaufgabe „Verbesserung der regionalen Wirtschaftsstruktur" mit der Arbeitsmarktregion Buchen, bestehend aus den Mittelbereichen Sinsheim, Eber-

Begründung
Räume mit Strukturschwächen

bach, Mosbach und Buchen und den Landesfördergebieten. In diesen Gebieten, die etwa 16 % der Landesbevölkerung umfassen, werden wegen ihrer besonders großen Strukturprobleme über die Infrastrukturförderung und die landesweit durchgeführten Maßnahmen hinaus besondere Investitionsanreize in Form von Finanzhilfen für die gewerbliche Wirtschaft gewährt.

Als Gebietsraster dienen Mittelbereiche, die in besonders begründeten Einzelfällen durch angrenzende örtliche Verwaltungsräume ergänzt wurden. Das dem LEP zugrundeliegende Fördergebiet entspricht der zum 1. Januar 1983 vorgenommenen Abgrenzung. Der PS 1.11.3 schließt jedoch eine Aktualisierung oder spätere Neuabgrenzung nicht aus.

Begründung
Landschaftsordnung; Umweltschutz

Zum 2. Teil:
Grundsätze und Ziele der Raumordnung und Landesplanung für Sachbereiche
Zu 2.1 Landschaftsordnung; Umweltschutz

In Baden-Württemberg sind in den letzten Jahrzehnten große Teile der freien Landschaft durch Ausweitung der Flächen für Siedlung, Industrie und Verkehr verlorengegangen. Konkurrierende Nutzungsansprüche wurden meist zu Lasten der natürlichen Ressourcen entschieden mit der Konsequenz, daß der Raum für Kompromisse zwischen ökologischen und ökonomischen Erfordernissen immer enger wurde. Trotz Stagnation in der Bevölkerungsentwicklung und trotz des erreichten Standes im Ausbau der Infrastruktur ist damit zu rechnen, daß weiterhin neue Flächen für Siedlungszwecke und Infrastrukturmaßnahmen in Anspruch genommen werden. Dieser Flächenanspruch ist aber mit allen Mitteln auf das Unerläßliche einzuschränken, vor allem aber auf die ökologischen Erfordernisse abzustimmen, um einen funktionsfähigen Naturhaushalt auf Dauer zu gewährleisten. Eine ökologisch angepaßte Entwicklungsplanung muß diese Gesichtspunkte wesentlich deutlicher und nachhaltiger als bisher berücksichtigen.

Zu 2.1 Landschaftsordnung; Umweltschutz

Mit dem Gesetz zum Schutz der Natur, zur Pflege der Landschaft und über die Erholungsvorsorge in der freien Landschaft (NatSchG) vom 21. Oktober 1975 (GBl. S. 654) wird diesem Aspekt Rechnung getragen. Es ist das Ziel des Naturschutzes und der Landschaftspflege, die Leistungsfähigkeit des Naturhaushalts zu erhalten oder gegebenenfalls wiederherzustellen, Belastungen zu mindern und den Naturhaushalt vor einer Überforderung zu bewahren. Durch aktiven und präventiven Naturschutz werden nicht nur weiterhin wertvolle Bereiche von Natur und Landschaft in ihrem Bestand erhalten, vielmehr sollen nachteilige Einwirkungen auf den Naturhaushalt verhindert, Landschaftspflege sichergestellt, Landschaftsschäden ausgeglichen und, soweit wie möglich, der Entstehung neuer Schäden entgegengewirkt werden. Eines der wichtigsten Instrumente, dieses Ziel zu erreichen, ist die Landschaftsplanung (vgl. PS 2.1.21).

Landschaftspolitik und Landschaftsplanung

Das Landschaftsrahmenprogramm ist der landschaftsökologische Beitrag zum LEP. Es ist vom Ministerium für Ernährung, Landwirtschaft, Umwelt und Forsten als Orientierungsrahmen für die ökologische Entwicklung des Landes 1983 veröffentlicht worden. Die für eine Aufnahme in den LEP erforderlichen und geeigneten Zielsetzungen wurden - auch entsprechend einem Vorschlag der Kommission Land-Kommunen - im Rahmen der Fortschreibung berücksichtigt und damit verbindlich. Von daher werden sich die Grundlagen verbessern, die eine vorausschauende Verwirklichung der Ziele des Natur-, Landschafts- und Umweltschutzes gegenüber anderen Raumnutzungsansprüchen ermöglichen. Der inhaltliche Schwerpunkt liegt im Plankapitel 2.1 des LEP mit den einschlägigen fachübergreifenden Grundsätzen und Zielsetzungen der Landschaftsordnung und des Umweltschutzes; daneben finden sich weitere Aussagen in den Fachkapiteln 2.2 bis 2.7.

Landschaftsrahmenprogramm

Die Landschaft ist so zu nutzen, zu pflegen, zu gestalten und zu schützen, daß die Naturgüter Boden, Wasser, Luft und Klima sowie die Tier- und Pflanzenwelt in Bestand, Regenerationsfähigkeit, Funktion und Zusammenwirken bewahrt oder verbessert und vor Überlastung geschützt werden.

Zu 2.1.1 Allgemeines Entwicklungsziel
Zu 2.1.11 Sicherung der Naturgüter

Die Sicherung der Naturgüter wie Boden, Wasser, Luft, Klima sowie Tier- und Pflanzenwelt ist die unabdingbare Voraussetzung für einen leistungsfähigen Naturhaushalt, für das Zusammenwirken aller abiotischen und biotischen Faktoren. Die Funktionsfähigkeit des Naturhaushalts ist nur dann nachhaltig gesichert, wenn sein Beziehungsgefüge nicht durch die übermäßige Beanspruchung eines Naturguts gestört wird. Die dauerhafte Nutzungsfähigkeit der Naturgüter ist deshalb zu gewährleisten. Soweit sich Naturgüter nicht erneuern und ihre Inanspruchnahme nicht zu umgehen ist, sollen sie so sparsam und pfleglich wie möglich genutzt werden; der Verbrauch sich regenerierender Naturgüter soll so gesteuert werden, daß sie auch in Zukunft zur Verfügung stehen.

Landschaftsplanung ist der landschaftsökologische Beitrag zur Raumplanung auf den entsprechenden Planungsebenen. Auf allen Planungsebenen des Landes sollen die natürlichen Gegebenheiten des Naturhaushalts, seine Belastung und die weitere Belastbarkeit untersucht werden, um darauf aufbauend zu erkennen und festzulegen, welche Entwicklungsmöglichkeiten vorhanden sind oder wo die Grenzen gezogen werden müssen, um nicht wiedergutzumachende Schäden von Natur und Landschaft abzuwenden. Die Nutzungsansprüche an die Landschaft müssen sich an

Landschaftsrahmenprogramm

Begründung
Landschaftsordnung; Umweltschutz

deren Leistungsfähigkeit orientieren. Einer Überlastung des Naturhaushalts muß vorgebeugt und ihr, wo eine solche festgestellt wird, entgegengewirkt werden. Auf der jeweiligen Planungsebene ist das Ergebnis der Landschaftsplanung, soweit geeignet und erforderlich, in die Raumplanung zu übernehmen, das heißt, vom Landschaftsrahmenprogramm in den Landesentwicklungsplan, vom Landschaftsrahmenplan in den Regionalplan, vom Landschaftsplan in den Flächennutzungsplan und vom Grünordnungsplan in den Bebauungsplan. Die raumwirksamen Planungsfestlegungen dürfen nicht mehr vorwiegend an ökonomischen Forderungen und Bedürfnissen ausgerichtet werden, sie sollen vielmehr dem nur begrenzt vorhandenen Leistungsvermögen des Naturhaushalts angemessen und auf Dauer Rechnung tragen.

Ökologische Grundlagenforschung und Öffentlichkeitsarbeit

Wenn die Bewußtseinsbildung die erste Voraussetzung ist für die Durchsetzung ökologischer Belange, so ist die Verbesserung der Beweislage die zweite. Es ist eine allgemene Erfahrung, daß sich Belange von Natur- und Umweltschutz in der Vergangenheit oft deshalb nicht durchsetzen konnten, weil sie mangels fundierter nachprüfbarer Fakten und Daten nicht objektiv beweisbar waren. Das zu Anfang der Landschaftsplanung in weiten Bereichen bestehende Datendefizit konnte zwischenzeitlich in Schwerpunktbereichen aufgeholt werden. Zu erwähnen sind insbesondere

- die Systemanalyse für das Land Baden-Württemberg;
- die ökologisch-biologische Grunddatenerhebung (Landschaftsdatenbank);
- die standortökologische Kartierung zur Ermittlung von Nutzungseignungen;
- die landesweite Biotopkartierung;
- die Waldfunktionenkartierung;
- die Flurbilanz zur Erfassung und Bewertung landwirtschaftlich genutzter Flächen unter dem Gesichtspunkt der Sicherung der biologischen Leistungskraft der Böden;
- die Ergebnisse des Forschungsvorhabens „Freiräume in Stadtlandschaften".

Zum weiteren Abbau des Forschungsdefizits im ökologischen Bereich hat die Landesregierung im Rahmen ihrer verstärkten Umweltaktivitäten den „Mittelfristigen Forschungsplan Ökologie 1981 - 85" aufgestellt.

Der Informationsstand der Bürger über Probleme des Natur- und Umweltschutzes konnte in den letzten Jahren verbessert werden. Die Bemühungen des Landes, mit Broschüren zu einzelnen Fachbereichen (Wasser, Abfall, Ökologie, Naturschutz, Biotopschutz, Landwirtschaft, Lärm) das Gedankengut des Umweltschutzes in weite Kreise der Bevölkerung, insbesondere in die Schulen, hineinzutragen, haben sich positiv bemerkbar gemacht und werden fortgesetzt.

Zu 2.1.12 Naturnahe Umwelt

Die Landschaft ist so zu nutzen, zu pflegen, zu gestalten und zu schützen, daß eine naturnahe Umwelt für das Wohlbefinden und für die Erholung des Menschen gesichert wird.

Die Erholung insgesamt gewinnt als Ausgleich zu den Belastungen in der heutigen Arbeitswelt, im Wohnumfeld und allgemein in der Umwelt zunehmend an Bedeutung. Es sollen deshalb geeignete Räume des Landes für die Erholung weiterhin zur Verfügung stehen und mit den dazu erforderlichen Einrichtungen ausgestattet werden. Dabei sind die landschaftliche Eigenart, ihr Freizeitwert und die Leistungsfähigkeit des Naturhaushalts zu wahren. In der Nähe größerer Siedlungen, vor allem in den Verdichtungsräumen, ihren Randzonen und den Verdichtungsbereichen im ländlichen Raum, sollen leicht zugängliche Räume für ortsnahe Erholung freigehalten werden.

Zu 2.1.13 Landschaftsbild

Die Landschaft ist so zu nutzen, zu pflegen, zu gestalten und zu schützen, daß die Vielfalt und Eigenart der Landschaft in ihrer reichen Gliederung gewahrt bleibt.

Natur und Landschaft sollen nicht nur in ihrer Funktion für einen ausgeglichenen Naturhaushalt und für die an sie gebundene Tier- und Pflanzenwelt, sondern auch in ihrem Erscheinungsbild erhalten und vor vermeidbaren Beeinträchtigungen geschützt werden. Landschaftsteile, die sich durch ihre Schönheit, Eigenart und Seltenheit auszeichnen, sind in ihrem Charakter und Erlebniswert zu erhalten. Sie sollen insbesondere von baulichen Anlagen, Straßen wie überhaupt von flächenbeanspruchenden Infrastrukturmaßnahmen freigehalten werden.

Zu 2.1.2 Landschaftspflege und Naturschutz

Nutzungsansprüche an die Landschaft sind mit der Tragfähigkeit des Naturhaushalts und der Belastbarkeit der Umwelt sowie untereinander abzustimmen; die Inanspruchnahme von Landschaft ist auf das notwendige Maß zu beschränken. Eingriffe in die Landschaft, die den Naturhaushalt und seine Regenerationsfähigkeit schädigen oder das Landschaftsbild verunstalten, sollen vermieden werden. Bei unvermeidbaren Ein-

Begründung
Landschaftsordnung; Umweltschutz

griffen sollen grundsätzlich Standorte gewählt werden, in denen nachteilige Auswirkungen möglichst gering gehalten werden können. Unvermeidbare Störungen des Naturhaushalts und Beeinträchtigungen des Landschaftsbildes sollen durch landschaftserhaltende oder -gestaltende Maßnahmen ausgeglichen oder gemildert werden.

Dieser Plansatz ist bei der Fortschreibung des LEP inhaltlich um Aussagen zum Fragenkomplex des Landschaftsverbrauchs erheblich erweitert worden. Der Verbrauch an freier Landschaft für bauliche Maßnahmen aller Art hat in den letzten Jahrzehnten ein Ausmaß erreicht, das zu grundsätzlichen Überlegungen über die Flächeninanspruchnahme, nicht zuletzt im Hinblick auf kommende Generationen, Anlaß gibt. Der Vorrat an nutzbaren Flächen und die Belastbarkeit der Landschaft sind begrenzt. Auch in Zukunft müssen

– landwirtschaftliche Nutzflächen für ein unverzichtbares Mindestmaß an Selbstversorgung, insbesondere in der Ernährung;
– Waldflächen mit besonderen Schutzfunktionen oder als Rohstoffbasis;
– Wasserschutz- und Schongebiete;
– ökologische Ausgleichsflächen, insbesondere in den Verdichtungsräumen;
– ausreichende Lebensräume für die Tier- und Pflanzenwelt

erhalten bleiben. Deshalb bedürfen die anstehenden Entscheidungen über weiteren Landschaftsverbrauch einer kritischen Prüfung. Der Rückgang von Arten- und Biotopvielfalt ist ein Indikator des ökologischen Zustands der Kulturlandschaft.

Die Inanspruchnahme von Landschaft kann jedoch auch künftig nicht ausgeschlossen werden, weil wirtschaftliche und technische Erfordernisse dies nötig machen werden und der Schutz der Landschaft nicht zu einem grundsätzlichen Verbot für Eingriffe und Veränderungen führen kann. Dennoch muß auch eine technisch-industriell geprägte Wirtschaft die Grenzen der Belastbarkeit des Naturhaushalts beachten, um selbst die auch für ihre weitere Entwicklung unersetzbaren natürlichen Grundlagen nicht zu zerstören.

PS 2.1.2 fordert eine Abstimmung und Abwägung der verschiedenen Nutzungsansprüche an die Landschaft mit dem Ziel eines Interessenausgleichs. Vor allem Zielkonflikte zwischen wirtschaftlichen und ökologischen Belangen bedürfen eines Ausgleichs. So dürfen wirtschaftliche Gesichtspunkte vor denen des Umweltschutzes keinen Vorrang haben, wenn Umweltbelastungen durch technische Lösungen oder Maßnahmen der Landschaftspflege durch eine andere Standortwahl oder eine andere Trasse mit zumutbarem Mehraufwand vermieden werden können (vgl. PS 2.1.4). „Dies kann auch bedeuten, daß in Gebieten, in denen unzumutbare Umweltbedingungen nicht verbessert oder vermieden werden können, Nutzungsbeschränkungen oder Begrenzungen des Bevölkerungs- und Wirtschaftswachstums in Kauf genommen werden müssen" (vgl. Entschließung der MKRO „Raumordnung und Umweltschutz" vom 15. Juni 1972 - GABl. 1973, S. 150). Maßnahmen gegen hohen Landschaftsverbrauch werden zwangsläufig, wenn auch in unterschiedlichem Ausmaß, Einschränkungen im wirtschaftlichen Bereich mit sich bringen, die als Folge einer langzeitorientierten Abwägung zwischen ökologischen, sozialen und wirtschaftlichen Belangen nicht zu umgehen sind.

PS 2.1.2 fordert, die weitere Inanspruchnahme von Landschaft zu beschränken. Einen abrupten und absoluten Stop des Landschaftsverbrauchs kann es allerdings nicht geben. Vielmehr muß eine Beschränkung des Landschaftsverbrauchs auf das unumgängliche Maß unter besonderer Berücksichtigung der ökologischen Erfordernisse erreicht werden. Dies hat die Landesregierung bereits in ihrer Antwort auf die Große Anfrage der Fraktion der CDU betr. „Naturhaushalt und Landschaftsverbrauch" (LT-DS 7/1873) sowie u.a. in der Regierungserklärung vom 24. Juni 1980 bekräftigt.

Im Rahmen der Stadterneuerung und Dorfentwicklung sollen die vorhandenen Möglichkeiten ausgenutzt werden, bereits beanspruchte Flächen besser zu nutzen. Ausgewiesene, aber noch nicht beanspruchte Baugebiete sollen ebenfalls aufgrund neuester ökologischer Erkenntnisse überprüft werden. Durch die Bauleitplanung ist darauf hinzuwirken, daß insbesondere durch angemessen verdichtete Bauweise Freiflächen nur im unbedingt notwendigen Umfang in Anspruch genommen werden. Einen wesentlichen Beitrag zur Einschränkung des Landschaftsverbrauchs kann die Verwendung nicht mehr genutzter Siedlungsflächen leisten; dieser Maßnahme kommt grundsätzlich der Vorrang vor einer neuen Inanspruchnahme der Landschaft zu (vgl. PS 2.2.13).

Marginalien:
Inanspruchnahme und Pflege der Landschaft

Zielkonflikt und Abwägungsgebot

Eindämmung der Flächeninanspruchnahme

„Ausbau vor Neubau"

Begründung
Landschaftsordnung; Umweltschutz

In der Verkehrswegeplanung soll den berechtigten Forderungen nach einer sparsameren Erschließung Rechnung getragen werden. Hier gilt vor allem der Grundsatz „Ausbau vor Neubau", damit noch relativ unbelastete Landschaftsräume nicht durch neue Verkehrswege zerschnitten werden (vgl. PS 2.5.14).

Als Maßnahmen gegen den Landschaftsverbrauch durch Erholungsübernutzung (Massentourismus) kommen beispielsweise in Betracht: Die Verbesserung der Wohnqualität in Städten, Erhaltung und Schaffung stadtnaher Erholungsmöglichkeiten, Ausschöpfung gegebener Rekultivierungsmöglichkeiten in Stadtnähe, Ausweisung von Zonen der Ruhe im Rahmen der Schutzgebiets- und Naturparkplanung.

Ausgleich von Eingriffen in die Landschaft

Mit einer zunehmenden Flächeninanspruchnahme sind Natur und Landschaft der Gefahr von Dauerschäden und nicht wiedergutzumachenden Störungen des Naturhaushalts ausgesetzt. § 11 in Verbindung mit § 10 NatSchG trägt diesem Gesichtspunkt Rechnung. Ein Eingriff ist danach unzulässig, wenn er mit den Zielen der Raumordnung und Landesplanung nicht vereinbar ist, vermeidbare erhebliche Beeinträchtigungen nicht unterlassen werden oder unvermeidbare erhebliche Beeinträchtigungen nicht oder nicht innerhalb angemessener Frist ausgeglichen werden können und wesentliche Belange des Naturschutzes, der Landschaftspflege oder der Erholungsvorsorge entgegenstehen. Wenn aber Landschaft in Anspruch genommen werden muß, insbesondere aufgrund überwiegend öffentlicher Belange und raumordnerischer sowie landschaftspflegerischer Zielsetzungen, so soll der Eingriff den natürlichen Gegebenheiten so angepaßt werden, daß dessen Folgen soweit als möglich landschaftsgerecht ausgeglichen sind. Ist dies nicht möglich, ist vom Verursacher der Ausgleich im Wege von Ersatzmaßnahmen vorzunehmen. Unvermeidbare Landschaftsbeeinträchtigungen sollen danach soweit wie möglich an anderer Stelle in Natur oder schließlich ersatzweise in Geld (Ausgleichsabgabe) ausgeglichen werden, das zweckgebunden für einschlägige Maßnahmen des Natur- und Landschaftsschutzes zu verwenden ist. Die Möglichkeit eines Ausgleichs in der Natur hat jedoch in jedem Fall Vorrang.

Landschaftsplanung

Die mit dem voranschreitenden Nutzungswandel der Landschaft zunehmende Belastung des Naturhaushalts hat deutlich gemacht, daß zur Abstimmung der Nutzungsansprüche an die Landschaft auf die Belastbarkeit des Naturhaushalts der bisher geübte Ausgleich der Interessen im Rahmen der Abwägung im Einzelfall nicht mehr genügt. Wegen des komplexen Wirkungsgefüges aller natürlichen Faktoren müssen die Auswirkungen der verschiedenen Nutzungsansprüche umfassend und möglichst vorausschauend untersucht und beurteilt werden. Das Naturschutzrecht bietet hierfür das Instrument der Landschaftsplanung. Landschaftsplanungen sind nicht auf allen Ebenen flächendeckend für das ganze Land erforderlich. Sie sind vordringlich in solchen Räumen, in denen konkurrierende Ansprüche an den Raum entweder bereits zu erheblichen Eingriffen in die Landschaft und zu Beeinträchtigungen der Umwelt geführt haben oder solche erwarten lassen. Vordringlich sind demnach Landschaftsplanungen in den verdichteten Räumen, in Entwicklungsachsen, Zentralen Orten und in stark beanbspruchten Erholungsräumen (vgl. PS 2.1.21). Im übrigen ist von Fall zu Fall zu prüfen, ob der vorbeugende Schutz von Natur und Landschaft auch für andere Bereiche eine Landschaftsplanung - etwa auf bestimmten örtlichen oder fachlichen Gebieten - erforderlich macht.

Landschaftspflegerischer Begleitplan

Wenn Fachplanungen oder Einzelvorhaben zu erheblichen Beeinträchtigungen des Naturhaushalts und der Landschaft führen, sind die erforderlichen Ausgleichs- und Gestaltungsmaßnahmen in den Fachplan zu integrieren und mit ihm förmlich festzustellen. Die entsprechende Ausgleichsanordnung soll sich primär auf landschaftspflegerische Ersatzmaßnahmen erstrecken und dabei auch aktive Landschaftsgestaltung zum Ziel haben. Die für erforderlich gehaltenen Maßnahmen können aber auch in einem landschaftspflegerischen Begleitplan dargestellt werden, der zusammen mit dem Fachplan planfestgestellt wird.

Natur- und Landschaftsschutz

Landschaften und Landschaftsteile, die sich durch ihre Vielfalt, Eigenart und Schönheit, ihre Bedeutung für einen ausgeglichenen Naturhaushalt und für die Nutzungsfähigkeit der Naturgüter oder durch ihre besondere Erholungseignung auszeichnen, sollen unter dauerhaften Schutz gestellt werden. Hierzu ist ein integriertes System von unterschiedlichen Schutzgebieten zu schaffen, das neben Schutzgebietsarten nach dem Naturschutzgesetz auch Schutzgebiete nach anderen Fachgesetzen, z.B. dem Landeswaldgesetz, einbezieht.

Begründung
Landschaftsordnung; Umweltschutz

Die bis Mai 1982 in Baden-Württemberg ausgewiesenen 337 Naturschutzgebiete und 1333 Landschaftsschutzgebiete (vgl. Karte 12) umfassen ca. 17 % der Landesfläche. Trotz dieses bereits sehr beachtlichen Anteils von Schutzgebietsflächen werden zur Erhaltung ökologischer Werte weitere Gebiete hinzukommen müssen, namentlich in den Verdichtungsräumen um dort eine ausreichende Anzahl von Biotopen für die Tier- und Pflanzenwelt und als ökologische Ausgleichsräume zu erhalten.

Karte 12

Mit der Neuregelung des bisherigen Naturschutzrechts durch das Bundesnaturschutzgesetz vom 20. Dezember 1976 (BGBl. I S. 3574) und das Landesnaturschutzgesetz vom 21. Oktober 1975 (GBl. S. 654) ist insbesondere das Ziel verbunden, durch aktiven und präventiven Naturschutz nicht nur wertvolle Bereiche von Natur und Landschaft in ihrem Bestand zu erhalten, vielmehr mit dem neuen Recht nachteiligen Einwirkungen auf den Naturhaushalt vorzubeugen, aktive Landschaftspflege sicherzustellen, Landschaftsschäden auszugleichen und, soweit wie möglich, der Entstehung neuer Schäden entgegenzuwirken. Als wichtigste Neuerungen gegenüber dem bisherigen Recht sind zu nennen

Naturschutzgesetz

- Landschaftsplanung;
- Einführung eines konsequenten Verursacherprinzips auch im Bereich des Naturschutzes mit voller Ausgleichspflicht, notfalls durch Ausgleichsabgabe (vgl. Ausgleichsabgabeverordnung vom 1. Dezember 1977 - GBl. S. 704);
- neue Schutzkategorien der Naturparke und der geschützten Grünbestände;
- wirksamer Schutz von Freiräumen in Verdichtungsgebieten;
- Verbesserung des Artenschutzes durch Berücksichtigung der internationalen Beziehungen;
- Regelung des Rechts auf Erholung in der freien Landschaft mit Instrumenten zur Freimachung und Freihaltung der Erholungsschwerpunkte;
- Verstärkung der Mitwirkung des ehrenamtlichen Naturschutzes, insbesondere durch Einführung des qualifizierten Anhörungsrechts eines anerkannten Landesnaturschutzverbands.

Bei der Rechtsanwendung ist in erster Linie das Landesnaturschutzgesetz maßgebend; die Vorschriften des Bundesnaturschutzgesetzes haben meist nur Rahmencharakter.

Hierzu sollen insbesondere Landschaftsplanungen erstellt werden, vordringlich für Bereiche in Verdichtungsräumen und ihren Randzonen, für belastete oder ungenügend erschlossene Erholungsräume und für sonstige Bereiche, in denen erhebliche Eingriffe in die Landschaft bereits stattgefunden haben oder zu erwarten sind.

Zu 2.1.21
Instrument
Landschaftsplanung

Dieser Plansatz ist bei der Fortschreibung neu in den LEP aufgenommen worden. Er nennt die räumlichen Schwerpunkte für die Erstellung von Landschaftsplanungen in Form von Landschaftsrahmenplänen, Landschaftsplänen und Grünordnungsplänen. Landschaftsplanungen sind notwendig, um eine umfassende und vorausschauende Untersuchung und Beurteilung der Auswirkungen der verschiedenen Nutzungsansprüche an die Landschaft und ihre Abstimmung zu ermöglichen.

Der Landschaftsplan der Gemeinde ist der Beitrag des Naturschutzes, der Landschaftspflege und der Erholungsvorsorge zum Flächennutzungsplan. Auf der Grundlage einer umfassenden Landschaftsanalyse ist die Leistungsfähigkeit der Landschaft im örtlichen Bereich zu untersuchen und ein Konzept für die Verwirklichung der Ziele der Landschaftsentwicklung im Planungsgebiet zu erarbeiten, das zu einer ökologisch abgestimmten Raumgliederung führt und sich mit Vorschlägen für künftige Flächennutzungen auseinandersetzt. Im Landschaftsplan sind insbesondere auch die im Regionalplan ausgewiesenen regionalen Grünzüge, Grünzäsuren und Vorrangbereiche (vgl. PS 1.7.1) auszuformen und für eine Übernahme in den Flächennutzungsplan abzugrenzen. Es sind auch Aussagen über Freiräume aufzunehmen, die für Freizeit und Erholung, für das örtliche Klima sowie für die Gliederung und Gestaltung des Orts- und Landschaftsbildes von Bedeutung sind.

Landschaftsplan und Grünordnungsplan

Der Grünordnungsplan ist der ökologische Beitrag zum Bebauungsplan. Er soll die räumliche und funktionale Ordnung der Grünflächen und Grünbestände im Ortsbereich zueinander und zu den baulichen Anlagen sichern.

Begründung
Landschaftsordnung; Umweltschutz

Zu 2.1.22
Zersiedlung,
Anbindung neuer
Bauflächen

Hierzu sollen insbesondere eine Zersiedlung der Landschaft und ein Zusammenwachsen von Siedlungen vermieden sowie neue Bauflächen an bestehende Siedlungen angebunden werden.

Zu einem sparsamen Umgang mit der noch freien Landschaft trägt ganz entscheidend eine geordnete Siedlungsentwicklung bei, die sich an ökologischen Erfordernissen orientieren und auf die natürlichen Lebensgrundlagen des Menschen Rücksicht nehmen soll. Dieser Zielsetzung trägt PS 2.1.22 Rechnung mit seiner Forderung, die Zersiedlung der Landschaft und das Zusammenwachsen von Siedlungen zu Bandstädten zu vermeiden und neue Bauflächen an bestehende Siedlungen anzubinden.

Neue Baugebiete und einzelne größere Bauvorhaben sollen sich nach Art und Maß der baulichen Nutzung in die vorhandene Siedlungsstruktur und in die Landschaft einfügen und auf ihre ökologischen Auswirkungen geprüft werden (Klima, Immissionen usw.). Die landschaftsgerechte Einbindung neuer Baugebiete, die Abrundung von Ortslagen, insbesondere aber die Vermeidung von Splittersiedlungen sind dabei zu beachtende Grundsätze. Neben der Koordinierung der weiteren Entwicklung muß auch die Milderung von Schäden und Nachteilen der zurückliegenden Entwicklung als Aufgabe verstanden werden, insbesondere in den Verdichtungsräumen.

Zu 2.1.23
Aussiedlung

Hierzu sollen insbesondere Aussiedlerhöfe und andere alleinstehende bauliche Anlagen in die Landschaft eingefügt werden.

Die Aussiedlung landwirtschaftlicher Betriebe in die Feldmark ist eine wichtige Maßnahme zur Verbesserung der Agrarstruktur (vgl. PS 2.4.31). Sie sollte jedoch nur noch dann erwogen werden, wenn die betriebswirtschaftlichen, räumlichen und rechtlichen Verhältnisse dies notwendig erscheinen lassen. Da Aussiedlungen zu einer erheblichen Umgestaltung des Landschaftsbildes führen können, sollen sie durch Zusammenfassung an geeigneten Standorten und durch entsprechende bauliche Gestaltung sowie Eingrünung harmonisch in die Landschaft eingefügt werden. Auf diese Weise soll gewährleistet werden, daß die natürliche Eigenart der Landschaft nicht beeinträchtigt und die freie Landschaft vor einer Zersiedlung (vgl. PS 2.1.22) geschützt wird. Dies gilt ebenso für alle anderen nach § 35 BBauG bevorrechtigten Bauvorhaben im Außenbereich.

Zu 2.1.24
Verkehrs- und
Versorgungsanlagen

Hierzu sollen insbesondere Verkehrs- und Versorgungsanlagen nur in dem erforderlichen Umfang neu gebaut und - wo möglich gebündelt - so geführt werden, daß sie die Landschaft nur wenig beeinträchtigen, der Flächenverbrauch gering gehalten wird und Zerschneidungen der Landschaft auf das notwendige Maß beschränkt bleiben.

In der Verkehrsplanung und bei der Planung von Versorgungsleitungen zeigt die Erfahrung, daß es zur Verhinderung vermeidbaren Landschaftsverbrauchs immer weniger genügt, den Maßstab ökologischer Vertretbarkeit nur bei einzelnen Trassen anzulegen. So muß ein konkret geplantes Straßennetz in seiner Gesamtheit unter Berücksichtigung der schon bestehenden Straßen und Siedlungsflächen sowie der Abstimmung mit den öffentlichen Verkehrsmitteln auf seine Umweltverträglichkeit überprüft werden. Dabei ist jeweils die Frage zu entscheiden, ob der Bedarf für neue Trassen so dringend und so eindeutig nachgewiesen ist, daß die ökologischen Nachteile in Kauf genommen werden müssen, oder ob ggf. der unabweisbare Bedarf durch Bündelung von Verkehrswegen oder durch Ausbau vorhandener Straßen anstelle von Neubauten gedeckt werden kann. Durch Neubauten entbehrlich gewordene Verkehrseinrichtungen sollen aufgehoben und ihre Flächen wieder einem natürlichen Zustand zugeführt werden. Mit den so erzielbaren Einsparungen kann das vorhandene Verkehrsnetz umweltfreundlicher ausgebaut werden. Über die Erforderlichkeit von Leitungstrassen wird im Verfahren nach § 4 EnWG entschieden.

Der gleichzeitige und gleichrangige Ausbau der verschiedenen Verkehrs- und Versorgungsanlagen führt zu einem vermehrten Landschaftsverbrauch. Um die Verluste für die Landschaft so gering wie möglich zu halten, müssen die Aufgaben der einzelnen Verkehrs- und Versorgungssysteme und damit die Ausbauplanungen aufeinander abgestimmt werden (vgl. PS 2.5.1 und 2.5.14, 2.6.25, 2.6.32, 2.6.52 und 2.6.53).

Zu 2.1.25
Abbau von Rohstoffen

Hierzu sollen insbesondere der Abbau von Bodenschätzen und der dazu erforderliche Flächenbedarf mit den Erfordernissen des Umweltschutzes, der Wasserwirtschaft, der Land- und Forstwirtschaft, der Landschaftserhaltung und den sonstigen ökologischen Bedürfnissen abgestimmt sowie beim Abbau von Rohstoffen und bei Ablagerungen die Rekultivierung, die Eingliederung oder die Einbindung in die Landschaft gesichert und - soweit geeignet - der Ausbau für die Erholung angestrebt werden.

Begründung
Landschaftsordnung; Umweltschutz

Der Abbau von oberflächennahen Bodenschätzen, vor allem der zahlreichen Stein-, Kies-, Sand- und Lehmvorkommen, kann neben seiner wirtschaftlichen Bedeutung für die Rohstoffversorgung (vgl. PS 2.3.63) Auswirkungen auf das Bild und das ökologische Gefüge der Landschaft haben. Er kann, wie auch die Ablagerung fester Abfallstoffe, zu Veränderungen der Landschaft führen. Etwaige Beeinträchtigungen können gemildert werden, wenn die Abbau- und Ablagerungsstätten landschaftsgerecht ausgeformt und gestaltet und der Umgebung angepaßt sowie später rekultiviert und in die Landschaft wieder eingefügt werden. Der PS 2.1.25 hat deshalb eine umweltverträgliche Gewinnung der oberflächennahen Rohstoffe zum Ziel, die in Abstimmung mit den landschaftspflegerischen und ökologischen Erfordernissen, aber auch mit den wasserwirtschaftlichen sowie land- und forstwirtschaftlichen Belangen erfolgen soll.

Infolge der großen Bedeutung von Kies und Sand als wichtigste und unersetzliche Rohstoffe für die gesamte Bauwirtschaft und infolge der aus der regen Bautätigkeit resultierenden gestiegenen Flächeninanspruchnahme beim Kies- und Sandabbau mußten die bisherigen Zielaussagen bei der Fortschreibung des LEP ergänzt werden. Die erweiterten und ergänzten Planaussagen richten sich vor allem gegen einen ungeordneten Abbau, wie er zum Teil in der Vergangenheit in der Oberrheinebene und in Oberschwaben, zwei baden-württembergischen Schwerpunktgebieten des Kies- und Sandabbaus, beobachtet worden ist. Der Abbau soll künftig auf jene Gebiete beschränkt werden, in denen die Beeinträchtigungen von Natur und Landschaft am geringsten sind. Ein räumlich konzentrierter Abbau könnte zudem den Flächenbedarf einschränken. Vor der Ausweisung neuer Abbaustätten muß geprüft werden, inwieweit in Betrieb befindliche und stillgelegte Abbaustätten - z.B. durch Vertiefung oder Erweiterung - weiter ausgeschöpft werden können. Dies setzt allerdings voraus, daß die für einen Abbau in Betracht kommenden Lagerstätten umfassend ermittelt werden.

Kiesabbau

Bei Abbaumaßnahmen ist nicht nur darauf zu achten, daß die Eingriffe in die Landschaft möglichst gering gehalten werden, sondern es müssen auch die Möglichkeiten der nach dem Abbau folgenden Nutzung der Flächen geprüft werden. Hierzu gehört u.a. die landschaftgerechte Gestaltung der veränderten Oberfläche durch Rekultivierung, zu der die Verursacher des Abbaus verpflichtet sind. Während trocken abgebaute Flächen fast jede Art von Folgenutzung erlauben, kann der Naßabbau, z.B. bei der Kiesgewinnung, zu einer bleibenden Grundwasserfreilegung, die die einstige Nutzungsart nicht mehr zuläßt, führen. So entstandene Baggerseen können bei richtiger Ausgestaltung trotz des nicht zu übersehenden Eingriffs in die Fläche das Landschaftsbild positiv beeinflussen, ökologisch arme Landschaftsräume bereichern und Erholungsmöglichkeiten eröffnen.

Folgenutzungen, Rekultivierung

Die nach dem Abbau vorgesehenen Nutzungen sind außerdem von den örtlichen Gegebenheiten und der Größe der Abbauflächen abhängig. Im wesentlichen werden sie jedoch darauf ausgerichtet, ökologische Ausgleichsflächen entstehen zu lassen, Erholungsfunktionen zu ermöglichen (vgl. PS 2.9.13) und der Land- und Forstwirtschaft sowie der Fischerei zu dienen. Für ein und dieselbe Abbaustelle kommen auch mehrere Nutzungen in Betracht, sofern sie sich nicht gegenseitig ausschließen, wie es z.B. bei den Funktionen eines ökologischen Ausgleichs und der Erholung der Fall sein kann. Nutzungskonflikte können zwischen beinahe allen Arten von Folgenutzungen auftreten. Deshalb ist es wichtig, die Folgenutzung bereits bei Beginn der Abbaumaßnahmen festzulegen, um sowohl den Abbau als auch die Rekultivierung zielgerecht und kostensparend ausrichten zu können. Der in diesem Plansatz besonders angesprochenen Sicherung des Naturhaushalts dienen vor allem ökologische Ausgleichsflächen. Dies können im weitesten Sinne auch Wälder sein, in erster Linie aber sog. ökologische Zellen, die in stark belasteten Gebieten die ökologische Vielfalt verbessern sollen und zur Entwicklung schutzwürdiger Sekundärbiotope beitragen.

Ein geordneter Abbau setzt eine genaue Erfassung und Kartierung der abbauwürdigen Bodenschätze sowie eine Darstellung der Lagerstätten und ihrer Abbauflächen voraus. Nach dem Naturschutzgesetz ist die Sicherung der Bodenschätze als Naturgüter und die Ordnung ihres Abbaus ein Teil der Landschaftsplanung (vgl. Rohstoffsicherungskonzept in PS 2.3.6). Die abbauwürdigen Lagerstätten sowie die ökologisch schutzwürdigen Flächen, unter denen Rohstoffvorkommen liegen, werden durch die Landschaftsplanung aufgezeigt und im Landschaftsrahmenplan dargestellt (vgl. PS 2.3.61). Nach Abwägung mit anderen Belangen und Raumnutzungsansprüchen werden in den Regionalplänen Vorrangbereiche für den Rohstoffabbau ausgewiesen (vgl. PS 2.3.62).

Rohstoffsicherung

129

Begründung
Landschaftsordnung; Umweltschutz

Zu 2.1.26
Bodenfruchtbarkeit

Hierzu soll insbesondere die Bodenfruchtbarkeit nachhaltig gesichert oder verbessert werden.

Der Boden ist neben Wasser, Luft und Sonnenlicht die natürliche Lebensgrundlage für Menschen, Tiere und Pflanzen. Er dient als Naturgut im wesentlichen der Erzeugung von Nahrungsmitteln und Rohstoffen, als Speicher und Filter für das Regen- und Oberflächenwasser und für die Grundwasservorhaltung und -erneuerung, dem biologischen und chemischen Abbau organischer und anorganischer Abfälle sowie als Faktor für das Klima durch Wärmespeicherung und Verdunstung. Durch die mit der jeweiligen Bodennutzung verbundene Vegetation kommt dem Boden ebenfalls seine Bedeutung für den Naturhaushalt, für die Luftregeneration und für die Erholung zu.

Der Boden ist durch vielfältige Nutzung in immer stärkerem Maße gefährdet. Gefahren resultieren aus seiner Überbauung und Versiegelung im Rahmen der Siedlungsentwicklung im weitesten Sinne, vor allem aus der Belastung durch Abfälle und durch Luftverunreinigung sowie aus einer unsachgemäß betriebenen landwirtschaftlichen Nutzung. Die ordnungsgemäße Nutzung des Bodens durch Land- und Forstwirtschaft gewährleistet in der Regel die Erhaltung der Bodeneigenschaften.

Da nahezu die Hälfte der Landesoberfläche landwirtschaftlich genutzt wird, muß die Landwirtschaft sowohl im eigenen Interesse als auch im Interesse des Umweltschutzes beim Einsatz moderner Produktionsverfahren und -mittel ihre natürlichen Produktionsgrundlagen langfristig erhalten und sichern sowie gleichzeitig auf die Auswirkungen auf die Umwelt achten. Besonderes Augenmerk erfordert deshalb der Einsatz von Pflanzenbehandlungs- und Düngemitteln (vgl. PS 2.1.35).

Schutz vor
Überdüngung

Gefahren können vor allem darin bestehen, daß bestimmte Wirkstoffe von Pflanzenbehandlungsmitteln im Boden oder in Pflanzen nicht vollständig abgebaut werden oder daß unsachgemäße Düngung eine Überdüngung verursachen und darüber hinaus die Gewässer, vor allem aber das Grundwasser (vgl. PS 2.7.23), belasten kann. Derartige Gefahren können sowohl von wirtschaftseigenen organischen als auch von mineralogischen Handelsdüngern ausgehen. Der Grad der Gewässerbelastung ist jedoch auch von der Art der Bodennutzung abhängig. Zur Vermeidung von Gefahren für den Naturhaushalt ist deshalb eine auf den Bedarf der jeweiligen Kulturen zeitlich wie mengenmäßig abgestimmte Nährstoffversorgung angezeigt (vgl. Antrag der CDU betr. „Umweltbewußte Bewirtschaftung landwirtschaftlicher Nutzflächen" - insbesondere in Grundwassereinzugsgebieten, LT-DS 8/3566).

Zu 2.1.27
Flurbereinigung

Hierzu sollen insbesondere bei Flurneuordnungsmaßnahmen auch die Belange des Naturschutzes berücksichtigt und die Landschaft unter Beachtung einer funktionsgerechten Zuordnung der Flächen sowie unter Erhaltung eines leistungsfähigen Naturhaushalts und eines ausgewogenen Landschaftsbildes gestaltet und entwickelt werden.

Der Auftrag der Flurbereinigung besteht sowohl in einer Verbesserung der Agrarstruktur als auch in der Wahrnehmung landschaftspflegerischer Aufgaben. Flurbereinigungen können daher durchaus mit einer vorwiegend landschaftspflegerischen Zielsetzung, wie z.B. der Erhaltung oder Schaffung von Ausgleichsflächen mit Biotopcharakter in den waldärmeren Agrarlandschaften, angeordnet werden und beispielsweise durch Schutzpflanzungen das Landschaftsbild bereichern und den Erholungswert steigern. In Verbindung mit Flurbereinigungsmaßnahmen können deshalb erhaltungswürdige Landschaftsbestandteile ausgewiesen, Erholungs- und Freizeiteinrichtungen ausgebaut und die hierzu nötigen Zufahrten und Parkmöglichkeiten geschaffen werden. Die Zusammenarbeit zwischen Flurbereinigung und Naturschutz ist durch Erlaß vom 23. Oktober 1978 (GABl. S. 1224) geregelt.

Zu 2.1.28
Brachflächen

Hierzu sollen insbesondere Brachflächen geeigneten Nutzungen in der Landschaft zugeführt werden - vor allem durch Förderung der landwirtschaftlichen Nutzung oder durch Aufforstung - oder dem natürlichen Bewuchs überlassen bleiben.

Der Strukturwandel in der Landwirtschaft kann zu Verödungserscheinungen in der Landschaft führen. In Räumen mit ungünstigen Produktionsverhältnissen und Grenzertragsböden, aber auch in Räumen mit ungenügenden Betriebsgrößenverhältnissen haben Sozialbrache und Ödland zugenommen. Aus der Vernachlässigung dieser Flächen resultieren oft empfindliche Störungen des Landschaftsbildes. Dem kann durch geeignete land- oder forstwirtschaftliche Nutzungen entgegengewirkt werden. Brachflächen können im Rahmen der Bewirtschaftungspflicht nach dem Landwirtschafts- und Landeskulturgesetz durch neuartige Wirtschaftsformen einer weiteren landwirtschaftlichen Bewirtschaftung zugeführt oder zu einem nach Baumbestand

Begründung
Landschaftsordnung; Umweltschutz

und Aufbauform standortgemäßen Wald aufgeforstet werden (vgl. PS 2.4.12 und 2.4.43). Hinsichtlich der Erhaltung der Landschaft leistet die Land- und Forstwirtschaft auch einen wichtigen Beitrag für die Allgemeinheit. Auf lange Sicht ist die Pflege der Landschaft aber nur möglich, wenn auch die Land- und Forstwirtschaft durch weitere Rationalisierung leistungsfähig bleibt oder für ihre landschaftspflegerischen Aufgaben honoriert wird.

Es sollte jedoch vermieden werden, für Brachflächen unter allen Umständen eine Bewirtschaftung vorzusehen. Sie können durchaus auch dem natürlichen Bewuchs überlassen werden, denn Flächen mit einer natürlichen Sukzession können ökologisch wertvoll sein und zudem die Landschaft bereichern. Gerade diesem Gedanken trägt die inhaltliche Ergänzung des PS 2.1.28 bei der Fortschreibung des LEP Rechnung. Läßt eine einseitige Bewirtschaftung von Brachflächen eine biologische Verarmung oder sogar den Verlust des naturnahen Charakters der Landschaft befürchten, so kann es sogar notwendig werden, derartige Brachflächen dem natürlichen Bewuchs zu überlassen. Eine natürliche Sukzession bedarf andererseits der Beobachtung und Lenkung, wenn z.B. eine zu erwartende Wiederbewaldung unerwünscht ist. Die Beispiele zeigen, daß von Fall zu Fall entschieden werden muß, ob Brachflächen landwirtschaftlich genutzt, aufgeforstet oder dem natürlichen Bewuchs überlassen werden sollen.

Die natürlichen Lebensgrundlagen für Mensch, Tier und Pflanze sind vor schädlichen Einwirkungen zu schützen.
Zu 2.1.3 Umweltschutz

Die Beanspruchung des natürlichen Lebensraumes des Menschen hat im Laufe der letzten Jahrzehnte in einem besorgniserregenden Ausmaß zugenommen; dazu tragen u.a. die rasche technisch-industrielle Entwicklung und der gewachsene Wohlstand sowie die räumliche Mobilität der Bevölkerung und auch ihre Konzentration in großen Verdichtungsräumen bei. Die unerwünschten Nebenerscheinungen dieser Entwicklung führen nicht nur zu einer angespannten ökologischen Lage durch Störungen in Landschaft und Naturhaushalt (vgl. PS 2.1.2), sie sind teilweise schon zu einer direkten und ernsten Gefahr für die Gesundheit und das Wohlbefinden der Menschen geworden. Solche Belastungen ergeben sich vor allem durch Verschmutzung von Luft und Wasser, durch wachsende Abfallmengen und durch ständige Lärmbelästigung. Weitere Umweltgefahren entstehen aus einer übermäßigen und unkontrollierten Anwendung von Chemikalien und Bioziden. Auch die Tier- und Pflanzenwelt reagierten negativ auf nachteilige Veränderungen ihrer natürlichen Lebensgrundlagen. Rund 30 % der heimischen Tier- und Pflanzenarten sind bereits als mehr oder weniger gefährdet anzusehen, in den Verdichtungsräumen zum Teil sogar mehr als 60 %.

Aufgabe des Umweltschutzes ist es zunächst, dem Menschen den für seine Gesundheit, sein Wohlbefinden und ein menschenwürdiges Leben erforderlichen Zustand seiner nächsten Umgebung zu sichern. Darüber hinaus aber soll der Umweltschutz die Naturgüter Boden, Luft, Wasser, Klima sowie die Tier- und Pflanzenwelt vor Einwirkungen schützen, die zu dauernden Schädigungen oder Beeinträchtigungen führen; er soll Schäden, Belästigungen, Gefahren oder sonstige nachteilige Wirkungen, die durch unvermeidbare Einwirkungen entstanden sind, durch geeignete Maßnahmen verschiedener Sachbereiche beseitigen, ausgleichen oder mildern. Hierzu gehört auch die vorausschauende Planung zur Verbesserung der Umweltqualität.
Aufgabe

Zur Durchsetzung des Umweltschutzes gibt es inzwischen eine Vielzahl von Rechtsvorschriften, welche allerdings über viele Fachgesetze verteilt sind. Dies verursacht zwangsläufig Kompetenzstreitigkeiten und Zielkonflikte zwischen den einzelnen Fachbereichen und beeinträchtigt zum Teil auch die Anwendung der den Umweltschutz betreffenden Vorschriften. Erschwerend wirkt außerdem das teilweise auch heute noch zu beklagende Fehlen objektiver Kriterien für die Beurteilung von Umweltbelastungen.
Rechtsgrundlagen

Im Rahmen des im LEP verankerten Beitrags der Raumordnung zum Umweltschutz sind vor allem die Rechtsgrundlagen auf dem Gebiet der Wasserwirtschaft, der Abfallbeseitigung, der Luftreinhaltung und der Lärmbekämpfung von Bedeutung. Zusammenstellungen der wichtigsten für den Umweltschutz maßgebenden Rechtsvorschriften sind in den Mittelfristigen Umweltschutzprogrammen enthalten.

Begründung
Landschaftsordnung; Umweltschutz

Umweltpolitik

In der Erkenntnis einer zunehmenden Bedeutung des Umweltschutzes wurden die Aktivitäten auf Bundes- wie Länderebene seit Beginn der 70er Jahre durch Programme und Maßnahmenkataloge sowie durch ständige Verbesserung und Erweiterung der gesetzlichen Grundlagen kontinuierlich verstärkt. Die Landesregierung hat ihre Entschlossenheit, der Gefährdung unserer Umwelt zu begegnen und die vordringlichen Aufgaben des Umweltschutzes bis an die Grenzen des finanzwirtschaftlich Vertretbaren zu erfüllen, in allen Regierungserklärungen der letzten Jahre erneut bekundet. So wurde die Umweltpolitik in der Regierungserklärung vom 24. Juni 1980 als eine für die 80er Jahre bleibende vordringliche Schwerpunktaufgabe hervorgehoben, die in Fortsetzung der bisherigen umweltpolitischen Bemühungen noch enger mit den anderen Fachpolitiken verzahnt werden soll.

Integration
in Fachpolitik

Nachdem im Vordergrund des Umweltschutzes zunächst die Beseitigung bereits entstandener Schäden stand, traten in einer zweiten Phase die vorbeugenden Umweltschutzmaßnahmen stärker in Erscheinung. Die Vorsorge wird auch bis auf weiteres eine schwerpunktmäßige Aufgabe bleiben, da beispielsweise Schwermetalle und andere Stoffe in der Biosphäre nicht abgebaut werden und sich deshalb im Boden und in der Nahrungskette anreichern können. Eine dritte Phase des Umweltschutzes wird mit der Integration der Umweltpolitik in andere Fachpolitiken eingeleitet und voraussichtlich die 80er Jahre beherrschen. Dies bedeutet eine erhebliche Weiterentwicklung der Umweltpolitik, weil schon am Anfang fachpolitischer Überlegungen und Planungen Umweltverträglichkeitsprüfungen vorgenommen werden und damit der Grundstein für eine umweltfreundliche Fachpolitik gelegt werden kann.

Einen ganz besonderen Stellenwert erreicht die Umweltpolitik dabei in ihrem Verhältnis zur Wirtschaftspolitik. Die Hauptaufgabe besteht darin, die wirtschaftspolitischen Ziele der Sicherung der Arbeitsplätze, der Vollbeschäftigung und der Geldwertstabilität mit der umweltpolitischen Zielsetzung einer ökologischen Stabilität zu vereinbaren. Beides muß sich nicht gegenseitig ausschließen, sondern kann durchaus im Interesse wirtschaftlich-technischen Fortschritts einerseits und biologisch-ökologischer Stabilität andererseits gleichzeitig möglich sein. Eine wissenschaftliche Durchleuchtung dieses Fragenkreises findet sich im Gutachten „Wirtschaft und Umwelt - Möglichkeiten einer ökologieverträglichen Wirtschaftspolitik (1980)". Die Landesregierung hat sich zu diesen Zusammenhängen in ihrer Antwort auf die Große Anfrage der Fraktion der CDU betr. „Umweltvorsorge und langfristige Stabilität der wirtschaftlichen Entwicklung"; LT-DS 8/701 geäußert.

Umweltpolitische
Prinzipien

Die Verwirklichung der umweltpolitischen Grundsätze und Ziele ist von vier Prinzipien gekennzeichnet:
Eine entscheidende Rolle wird auch weiterhin das Verursacherprinzip spielen, welches davon ausgeht, daß der Verursacher die Kosten für die Vermeidung oder Beseitigung von Umweltschäden trägt. Anwendungsfälle dieses Prinzips sind z.B. die Abgaben nach dem Abwasserabgabegesetz oder die Ausgleichsabgabe für schädigende Eingriffe in Natur und Landschaft nach § 11 NatSchG. Ergänzt werden kann das Verursacherprinzip durch das Gemeinlastprinzip, wenn der Verursacher die entsprechenden Investitionen erwiesenermaßen nicht tragen kann und öffentliche finanzielle Hilfen gewährt werden müssen. Bedingt durch die Notwendigkeit, bereits im Vorstadium von planerischen und politischen Entscheidungen den vorbeugenden Umweltschutz zur Geltung zu bringen, hat in der Umweltpolitik in zunehmendem Maße das Vorsorgeprinzip Platz gegriffen. Seine Anwendung führt zu einer frühzeitigen Lösung von Zielkonflikten zwischen unterschiedlichen Fachbereichen. Zu den gravierendsten Zielkonflikten zählt zweifellos die Abstimmung zwischen dem Wirtschaftswachstum und dem Umweltschutz, die zum Ziel hat, den Druck auf die natürliche Umwelt abzuschwächen, ohne die wirtschaftspolitischen Ziele entscheidend zu beeinträchtigen. Voraussetzungen für die Abwägung der unterschiedlichen Belange sind allerdings ausreichende Erkenntnisse über die jeweiligen Sachverhalte durch Analysen und Untersuchungen, ein vorhandenes Grundkonzept und ein entsprechendes Instrumentarium. Schließlich soll im Wege des Beteiligungsprinzips gewährleistet werden, daß alle an den Entscheidungen interessierten Gruppierungen der Gesellschaft kooperativ beteiligt werden.

Umweltschutzprogramme

Zum Vollzug der rechtlichen Regelungen des Umweltschutzes beschließt die Landesregierung mittelfristig angelegte Umweltschutzprogramme, in denen die Ziele und Aufgaben des Umweltschutzes konkretisiert und zeitlich fixiert werden. Diese Mittelfristigen Umweltschutzprogramme (MUP) sind Maßnahmenprogramme, für die Vollzugsberichte erstattet werden. Im MUP I für die Jahre 1974 bis 1976 wurden die Grundsätze, Ziele und Maßnahmen des öffentlichen Umweltschutzes dargestellt, die

Begründung
Landschaftsordnung; Umweltschutz

Verantwortlichkeiten bestimmt und Maßstäbe für die Entscheidung von Zielkonflikten gesetzt. Darauf aufbauend brachte das MUP II für die Jahre 1977 bis 1980 eine Fortsetzung des vorausgegangenen nach Aufgabengruppen gegliederten Maßnahmenkatalogs. Als Fortschreibung des zweiten Programms setzt inzwischen das MUP III für die Jahre 1981 bis 1984 Schwerpunkte u.a. in den Bereichen der Abwasserreinigung und der Trinkwasserversorgung, des Hochwasserschutzes, der Abfallbeseitigung, der Überwachung der Luftreinhaltung und der Lärmbekämpfung sowie in der Verringerung der Inanspruchnahme von Landschaft (vgl. PS 2.1.2). Hinsichtlich der umweltpolitischen Aktivitäten der Landesregierung wird auf die ausführlichen Darstellungen in den Antworten der Landesregierung auf die Großen Anfragen der Fraktion der SPD betr. „Umweltpolitik in Baden-Württemberg" (LT- DS 8/351) und der Fraktion der CDU betr. „Ökologisch bedenkliche Veränderungen der Umwelt und ihre Folgen" (LT-DS 7/4820) verwiesen.

Die Landesregierung hat im MUP II festgestellt, daß die Veränderungen der natürlichen Umwelt zum Besseren oder Schlechteren noch nicht hinreichend deutlich werden. Das heißt, daß die Entscheidungsgrundlagen für die politisch verantwortlichen Instanzen noch lückenhaft sind. Um diesen Mangel zu beheben, wurde die Landesanstalt für Umweltschutz beauftragt, alle umweltspezifischen Meßdaten und sonstigen Erhebungen laufend systematisch und bereichsübergreifend zu erfassen und in bestimmten Zeitabständen in einem Bericht über die Umweltqualität zusammenzufassen. Diese periodischen Berichte (der erste wurde 1979 vorgelegt, der zweite 1983) sollen zugleich die Funktion einer ökologischen Erfolgskontrolle beim Vollzug der Mittelfristigen Umweltprogramme wie überhaupt der ökologischen Maßnahmen ausüben. Dabei sollen auch Vorschläge für erforderliche Untersuchungs- und Forschungsvorhaben unterbreitet werden.

Umweltqualitätsberichte

Wie die Landschaftspolitik kann auch die Umweltpolitik nicht ohne wissenschaftliche Umweltforschung auskommen. Dies gilt insbesondere für den vorbeugenden Umweltschutz, der auf weitreichende Erkenntnisse aus der Ermittlung des Umweltzustands, der Feststellung der Umweltbelastungen und der Entwicklung von Methoden zur Verringerung der Belastungen angewiesen ist. Die Landesregierung beschloß daher 1979 ein Umweltforschungsprogramm (vgl. Abschnitt 1.3 des MUP II), das durch aktuelle Forschungsarbeiten laufend ergänzt wird. 1981 legte sie einen bis 1985 befristeten „Mittelfristigen Forschungsplan Ökologie" vor.

Umweltforschung

Der erste größere Versuch einer grundlegenden Untersuchung über die natürlichen Umweltverhältnisse, die Wirkungszusammenhänge zwischen den verschiedenen Umweltfaktoren und die wechselseitigen Abhängigkeiten zwischen Bevölkerung, Wirtschaft, Infrastruktur und Umwelt war die im Auftrag der Landesregierung durchgeführte und 1975 vorgelegte „Systemanalyse zur Landesentwicklung Baden-Württemberg". Ihr folgten 1977, 1979 und 1981 die Forschungsprojekte „Freiräume in Stadtlandschaften", welche sich der Umweltqualität und den Flächenansprüchen in den Verdichtungsräumen gewidmet haben. Die bereits abgeschlossenen Forschungsvorhaben wurden außerdem durch Beiträge zur landschaftsökologischen Grundlagenforschung ergänzt (vgl. Abschnitt 1.4.4 MUP II).

Das Verhältnis zwischen Raumordnung und Umweltschutz hat die MKRO in ihrer Entschließung „Raumordnung und Umweltschutz" vom 15. Juni 1972 (GABl. 1973, S. 150; LEP 1975, Band Informationen S. 155) aufgezeigt. In der Entschließung ist dargestellt, daß die Raumordnung wichtige Voraussetzungen für einen wirksamen Umweltschutz schafft. Raumordnung und Landesplanung haben in langfristiger Vorausschau überörtliche und überfachliche Entwicklungsziele auch im Interesse des Umweltschutzes festzulegen und dabei alle raumbedeutsamen Planungen und Maßnahmen vor dem Hintergrund dieser Ziele zu koordinieren. Die bereits 1972 in dieser Entschließung verankerten raumordnerischen Zielvorstellungen sind auch für den inzwischen weiterentwickelten Umweltschutz von Bedeutung. Sie beinhalten z.B. die Vermeidung der Zersiedlung der Landschaft und die Erhaltung von ökologischen Ausgleichsräumen und von Erholungsräumen durch eine geordnete Siedlungsentwicklung und damit eine noch heute aktuelle Forderung der Landschaftsordnung und des Umweltschutzes. Ebenso sind die Erhaltung und Verbesserung der Umweltbedingungen der Verdichtungsräume und ihrer Randgebiete im Interesse ihrer Funktionsfähigkeit, die Erhaltung ausreichender Freiräume sowie die funktionsgerechte Zuordnung von Wohnstätten, Arbeitsstätten, Infrastruktureinrichtungen und Freiräumen bereits damals erkannte und heute immer noch gültige, sogar vorrangige gemein-

Ministerkonferenz für Raumordnung

Begründung
Landschaftsordnung; Umweltschutz

same Ziele von Raumordnung und Umweltschutz. Die Ausführungen in der Entschließung der MKRO „Raumordnung und Umweltschutz" wurden in der gleichbenannten Denkschrift des Hauptausschusses der MKRO vom 9. August 1972 vertieft und ergänzt.

Landesentwicklungsplan

Der LEP 1971 ist der vorgenannten Entschließung der MKRO weitgehend gerecht geworden. Die Fortschreibung des LEP hat jedoch die in der Zwischenzeit gestiegene Bedeutung des Umweltschutzes berücksichtigt, vor allem aber die gesteigerten umweltpolitischen Aktivitäten. Die Zielsetzungen zum Umweltschutz wurden aus diesem Grunde erweitert (vgl. PS 2.1.32 bis 2.1.34). Dies war auch deshalb nötig, weil Umweltziele nicht in jedes einzelne Fachkapitel eingebaut werden sollten. Von besonderer Bedeutung ist der in PS 2.1.4 verankerte Grundsatz, bei Zielkonflikten dem Umweltschutz unter bestimmten Voraussetzungen den Vorrang einzuräumen.

Wesentliche Grundlagen konnten aus den Mittelfristigen Umweltschutzprogrammen der Landesregierung übernommen werden. Wie bei den Zielen zur Landschaftsordnung, Landschaftsplanung und Landschaftspflege hat auch beim Umweltschutz das Landschaftsrahmenprogramm als ökologischer Beitrag zum LEP eine entscheidende Rolle gespielt. Der LEP mußte sich allerdings auf diejenigen Ziele und Grundsätze der Landschaftsentwicklung beschränken, die raumwirksam sind; insofern konnte das Landschaftsrahmenprogramm nur begrenzt in den LEP integriert werden.

Zu 2.1.31
Funktionsgerechte räumliche Zuordnung

Dazu sind insbesondere die Standorte technischer Anlagen, von denen schädliche Wirkungen ausgehen können, so zu wählen, daß die Lebensgrundlagen möglichst wenig beeinträchtigt werden.

Manche technischen Anlagen können schädliche Wirkungen auf ihre Umgebung haben; diese Beeinträchtigungen verstärken sich insbesondere dann, wenn die Standorte solcher Anlagen ungünstig ausgewählt worden sind. Dies ist einer der wichtigsten Gründe für die Zielkonflikte zwischen unterschiedlichen Sachbereichen bei der Raumnutzung. Die Raumordnungspolitik muß einen Ausgleich derartiger konkurrierender Ansprüche an den Raum herbeiführen. Der PS 2.1.31, der den eigentlichen raumordnerischen Beitrag zum Umweltschutz enthält, geht daher von der Erkenntnis aus, daß - neben Maßnahmen zur Beseitigung bereits eingetretener Umweltschäden - vor allem eine wirkungsvolle Raumplanung mit zunehmender Konkretisierung vom LEP über Regionalpläne bis zu Bauleitplänen vorbeugend zur Verbesserung der Umweltverhältnisse beiträgt, wenn sie eine sinnvolle räumliche Zuordnung der Funktionen Arbeit, Wohnen und Erholung anstrebt und in ihren Plänen verbindlich festlegt (vgl. PS 2.1.32).

Standortwahl

Deshalb ist eine wichtige Aufgabe der Regionalplanung und der Bauleitplanung, für umweltschädigende Anlagen und Einrichtungen solche Standorte auszuweisen, bei denen schädliche Wirkungen am wenigsten stören und bei denen der menschliche Lebensraum nicht beeinträchtigt wird. Dabei sind die vorhandenen oder möglichen technischen Voraussetzungen in die Planungsüberlegungen einzubeziehen und mit den räumlichen und ökologischen Gegebenheiten abzustimmen. Eine vorausschauende Planung ist nötig, weil die Nachteile einer unzweckmäßigen Standortwahl später auch durch technische Maßnahmen - wenn überhaupt - nur noch schwer und zudem meist sehr kostspielig beseitigt werden können. Lassen sich aber Umweltbelastungen nicht vermeiden, so sind deren Wirkungen durch technische, natürliche oder bauliche Schutzmaßnahmen zu mildern (vgl. PS 2.1.33).

Verdichtete Räume

Die richtige Standortwahl und eine funktionsgerechte räumliche Zuordnung sind wesentliche Voraussetzungen dafür, daß die Menschen in ihrem Wohn- und Arbeitsbereich auch in Zukunft eine lebenswerte Umwelt vorfinden. Zwar hängen schädliche Umwelteinwirkungen wesentlich von den jeweiligen naturräumlichen Gegebenheiten (Topographie, Klima u.a.) ab, durch die Konzentration von Verursachern und durch die räumliche Einengung und Verknappung der Freiräume in den dichtbesiedelten Gebieten, insbesondere in den großen Verdichtungsräumen, ist die Umweltgefährdung hier aber am größten. Eine Hauptaufgabe der Raumordnung besteht vor allem darin, die Ordnung dieser Räume durch konsequente Anwendung des landesplanerischen Instrumentariums zu gewährleisten und die Umweltverhältnisse zu verbessern.

Ländlicher Raum

Bei pauschaler Betrachtung bieten sich im ländlichen Raum Standortmöglichkeiten für neue Betriebe und Anlagen; aber auch hier sind die Standorte so zu wählen, daß weder der Lebensbereich der Bevölkerung noch die vielfältigen Aufgaben des ländlichen Raumes für die Erhaltung und Verbesserung der natürlichen Lebensgrundlagen beeinträchtigt werden. Eine wichtige Voraussetzung für die Entwicklung des ländlichen Raumes als eigenständiger Lebens- und Wirtschaftsraum ist außerdem,

Begründung
Landschaftsordnung; Umweltschutz

daß - wie in den Verdichtungsräumen - auch in den Verdichtungsbereichen und in den übrigen Verdichtungsansätzen im ländlichen Raum durch Abstimmung der unterschiedlichen Nutzungsansprüche an den Raum genügend Freiräume erhalten und Umweltbelastungen vermieden werden.

In den Erholungsräumen ist die Erhaltung einer die Erholung und die Gesundheit fördernden Umwelt vorrangig und bei der Standortwahl von zusätzlichen Wohn- und Arbeitsstätten, insbesondere aber von technischen Anlagen, zu beachten.

Dazu sind insbesondere Wohn- und Arbeitsstätten, Verkehrsanlagen, andere Infrastruktureinrichtungen und Freiräume einander so zuzuordnen, daß schädliche oder belästigende Einwirkungen durch Lärm und Luftverunreinigungen oder sonstige Emissionen möglichst vermieden oder verringert werden.

Zu 2.1.32
Vermeidung
und Verringerung
von Emissionen

Was bereits der vorangehende Plansatz als raumordnerischen Beitrag zum Umweltschutz vom Grundsatz her enthält, wird in PS 2.1.32 - bei der Fortschreibung neu in den LEP aufgenommen - vertieft. In diesem Plansatz wird die Forderung nach einer den Umweltschutz berücksichtigenden Zuordnung von Wohn- und Arbeitsstätten, Verkehrsanlagen, Infrastruktureinrichtungen sowie Freiräumen zueinander konkret angesprochen (vgl. PS 2.2.16). Diese Zielsetzung geht davon aus, daß sich die meisten umweltbelastenden Auswirkungen der modernen Zivilisation nicht völlig vermeiden lassen. Sie fordert daher, daß durch eine sinnvolle Zuordnung Umfang und Intensität der Belastungen im täglichen Lebensbereich der Bevölkerung möglichst gering gehalten werden. Dies erfordert den Kompromiß zwischen einer funktionsgerechten Zuordnung von räumlichen Nutzungen, einer Sicherung des notwendigen Bestands an Freiräumen und einer Verbesserung der Umweltverhältnisse, insbesondere in den stark belasteten Verdichtungsräumen, in denen vor allem Luftverunreinigungen und Lärm die Lebensbedingungen beeinträchtigen. Der Plansatz beschränkt sich deshalb nicht allein auf die räumliche Zuordnung, sondern nennt auch gleichzeitig die möglichst zu vermeidenden, wenigstens aber zu verringernden schädigenden Emissionen (vgl. auch PS 2.1.33 und 2.1.35). Die schädlichen Einwirkungen durch Lärm und Luftverunreinigungen haben gerade im letzten Jahrzehnt stark zugenommen (vgl. PS 2.4.43). Die Lärmbelästigung betraf 1976 rund 40 % der Bürger; dieser Prozentsatz kann an Hauptverkehrsstraßen und Flugplätzen auf über 70 % ansteigen (vgl. Umweltqualitätsbericht 1979, S. 146).

Die dem Bundesimmissionsschutzgesetz entsprechende raumordnerische Zielsetzung des Umweltschutzes richtet sich an alle Verursacher von Lärm und Luftverunreinigungen sowie sonstigen die Umwelt belastenden Emissionen. Dazu gehören im Zuge des steigenden Energieverbrauchs insbesondere alle Endverbraucher der sog. „schmutzigen" Energien Kohle und Öl, die vor allem bei den technischen Prozessen und in den Feuerungsanlagen der Industrie sowie seitens der privaten Haushalte noch sehr stark eingesetzt werden (vgl. PS 2.6.12). In den Verdichtungsräumen bietet sich neben dem Einsatz von Rauchgasentschwefelungsanlagen als langfristige Alternative zu der vorhandenen Vielzahl großer und kleiner Feuerungsanlagen ein Ausbau der Fernwärmenetze an (vgl. PS 2.6.4).

Schadstoff- und
Lärmbelastungen

Eine weitere Hauptursache und Quelle der Luftverunreinigungen ist der Straßenverkehr. Die Schadstoffemissionen dieses Sektors sind in den verdichteten Gebieten und größeren Städten am größten und belasten daher in erster Linie diese Räume. Dies trifft ebenso für die Lärmbelastungen zu, deren Ursachen ebenfalls vor allem in der Zunahme des Straßenverkehrs, daneben aber auch im vermehrten Einsatz technischer Geräte beim Bau, im Gewerbe und in der Industrie zu suchen sind. Erschwerend für eine wirksame Lärmbekämpfung wirkt sich aus, daß die Zumutbarkeitsgrenzen für Einwirkungen durch Verkehrsgeräusche infolge der vorrangigen öffentlichen Zweckbestimmung der Verkehrswege und wegen des damit verbundenen hohen gesellschaftspolitischen Stellenwerts des Straßenverkehrs relativ hoch angesetzt werden. Aus diesem Grunde ist bereits im ersten Stadium von Verkehrswege- und Trassenplanungen eine sinnvolle Zuordnung zu Wohngebieten die Grundvoraussetzung für den Schutz der Wohnbereiche, will man - falls überhaupt noch möglich - den Bau nachträglicher, meist technisch komplizierter und kostspieliger Schutzmaßnahmen vermeiden.

Die verschiedenartigen Flächennutzungen und die Ausweisung von Freiräumen müssen daher im Hinblick auf die Luftreinhaltung, Lufterneuerung und den Luftaustausch sowie zur Lärmverminderung unter Berücksichtigung der landschaftlichen Strukturen sowie der topographischen und klimatischen Verhältnisse sorgfältig aufeinander abgestimmt werden.

Begründung
Landschaftsordnung; Umweltschutz

Das Landschaftsrahmenprogramm widmet sich diesem Fragen- und Aufgabenkreis vor allem in seinen sachlichen Teilbereichen 2.11 Luftreinhaltung und 2.7 Verkehr sowie im Abschnitt 1.1.1.4 Luft, Klima.

Zu 2.1.33
Schutzmaßnahmen

Dazu sind insbesondere zum Schutz vor Luftverunreinigung die Überwachungssysteme auszubauen, emittierende Anlagen mit Einrichtungen zur Luftreinhaltung und zum Lärmschutz auszustatten, Maßnahmen zur Verringerung der vom Verkehr herrührenden Schadstoffimmissionen und des Lärms durchzuführen und die Verwendung schadstoffarmer Energieträger anzustreben.

Nachdem in den beiden voranstehenden Plansätzen die Akzente schwerpunktmäßig auf den raumordnerischen Zielsetzungen liegen, spricht PS 2.1.33 die notwendigen Schutzmaßnahmen an. Die Wirkung der raumordnerischen Zielsetzungen wird verstärkt, wenn der technische Umweltschutz verbessert und die technischen Überwachungssysteme sowie Schutzvorrichtungen ausgebaut werden. Sowohl Luftverunreinigungen als auch Lärmbeeinträchtigungen lassen sich trotz strengster Auflagen und größtmöglicher Vorkehrungen nicht vollständig vermeiden. Es wird deshalb das Ziel angestrebt, technisch vermeidbare Emissionen zu verhindern und unvermeidbare zu vermindern.

Luftreinhaltung und
Lärmbekämpfung

Die bisher bereits ergriffenen Maßnahmen zur Luftreinhaltung müssen fortgeführt, vervollständigt und intensiviert werden, insbesondere weil sich einige industrielle Produktionsbereiche voraussichtlich noch weiter ausweiten und die Zahl der Emittenten und damit auch die Emissionen zunehmen werden. Ein wichtiger Grundsatz besteht dabei darin, die Luftverunreinigungen bereits an ihrer Quelle so gering wie möglich zu halten. Außerdem ist eine frühzeitige Abstimmung der technischen Maßnahmen mit den raumordnerischen, z.B. städtebaulichen Maßnahmen dringend geboten (vgl. PS 2.1.32 und 2.2.16). Dies gilt ebenso für die Lärmbekämpfung, deren Anliegen es sein muß, ein weiteres Anwachsen der Lärmimmissionen zu verhindern und die Lärmbelastungen in den Wohngebieten der Verdichtungsräume zu senken.

Verringerung von
Schadstoff- und
Lärmimmissionen

Schutzmaßnahmen zur Bekämpfung von Luftverunreinigung und Lärm beziehen sich allgemein zwar auf alle emittierenden Anlagen, konzentrieren sich neben Industrie, Gewerbe und Haushalt jedoch in starkem Maße auf den Verkehr und die Energieversorgung. Ausgangspunkt für das Eingreifen einer Maßnahme ist die genaue Kenntnis der Emittenten, der Emissionen und ihrer Wirkungen sowie die bisherigen Auswirkungen und die gebietlich verschiedenen Belastungen. Dies setzt umfangreiche Messungen und Erfassungen und ein System von aufeinander abgestimmten Überwachungseinrichtungen voraus.

Luftmeßnetz

Im Rahmen der bisherigen Umweltschutzprogramme hat das Land ein vollautomatisches Luftmeßnetz aufgebaut; es umfaßt derzeit 23 ständige Meßstationen. Mit der Errichtung von fünf weiteren Meßstationen in den nächsten Jahren wird der Ausbau des Meßnetzes im Lande abgeschlossen sein. Die registrierten Meßergebnisse der Schadstoffemissionen werden durch die Gewerbeaufsichtsämter kontrolliert.

Nach der neuen Großfeuerungsanlagen-Verordnung von 1983 sind außerdem die Betreiber von Großfeuerungsanlagen in verstärktem Maße zu kontinuierlichen Messungen von Schwefeldioxid- und Staubemissionen sowie von Kohlenmonoxid und Stickstoffoxiden verpflichtet. Dies ermöglicht eine lückenlose Überprüfung des Emissionsverhaltens dieser Anlagen. Nur so wird es überhaupt möglich sein, z.B. Belastungsgebiete abzugrenzen und Emissionskataster für stark belastete Verdichtungsgebiete anzulegen, für die dann konkrete Maßnahmen zu ergreifen sind.

Verkehrsbedingte
Immissionen

Da der Verkehrslärm unter den anderen Lärmquellen die erste Stelle einnimmt, erlangen Schutzmaßnahmen im Sektor Verkehr einen besonders hohen Stellenwert. Sie reichen von Schallschutzmaßnahmen an Fahrzeugen auf Straße und Schiene wie auch in der Luft bis zu Einzelmaßnahmen an Verkehrsanlagen (Schallschutzwände, Immissionsschutzwälder u.a.). Je nach örtlichen Gegebenheiten trägt der Verkehr auch erheblich zur Luftverschmutzung bei. In den Innenstädten nähern sich die verkehrsbedingten Immissionskonzentrationen zum Teil bereits den Grenzwerten. Gezielte Schutzmaßnahmen sollen z.B. die Kraftfahrzeug-Abgasschadstoffe unmittelbar einschränken. Hierzu ist u.a. die Entwicklung schadstoffarmer Motoren, der Einsatz von Katalysatoren und eine verstärkte Förderung des Diesels notwendig (vgl. PS 2.5.1).

Begründung
Landschaftsordnung; Umweltschutz

Darüber hinaus betont PS 2.1.33 die Notwendigkeit einer Verbesserung der Luftverhältnisse durch Maßnahmen bei der Energieversorgung, die sowohl in Energieeinsparungen als auch im Einsatz schadstoffarmer Energieträger, in erster Linie aber in der Verwendung bereits vorhandener „sauberer" Technologien bestehen (vgl. PS 2.6.12). Das Energiesparprogramm der Landesregierung macht dazu weitergehende Ausführungen.

Außerdem enthält das MUP III einen umfangreichen Maßnahmenkatalog mit entsprechenden Erläuterungen. Aufschlüsse über die Luftverhältnisse und die Verlärmung und die daraus zu ziehenden Konsequenzen vermitteln die Umweltqualitätsberichte 1979 und 1983. Darauf aufbauend widmet auch das MUP III den Maßnahmen der Luftreinhaltung und Lärmbekämpfung breiten Raum.

Seitdem es als wissenschaftlich abgesichert gilt, daß Luftverunreinigungen eine der wesentlichen Ursachen für die Walderkrankungen sind, kommt allen Zielsetzungen und Maßnahmen zur Reinhaltung der Luft vor dem Hintergrund des Waldsterbens besonders große Bedeutung zu (vgl. PS 2.4.43). Die im August 1983 beschlossenen Leitsätze der Landesregierung zur Luftreinhaltung beinhalten ein umfangreiches Maßnahmenbündel. Dieses reicht von einer Verschärfung der Rechtsvorschriften bis zur Reduzierung der Schwefeldioxidemissionen aus baden-württembergischen Kraftwerken auf freiwilliger Basis. Außerdem sehen die Leitsätze auch eine rasche Reduzierung der Kraftfahrzeug-Emissionen durch eine schlüssige Konzeption der Landesregierung vor.

Leitsätze zur Luftreinhaltung

Dazu sind insbesondere zum Schutz von Bevölkerung und Umwelt vor Strahlen die Sicherheits- und Umweltschutzmaßnahmen mit Vorrang durchzuführen und zu überwachen sowie radioaktive Abfälle unschädlich zu beseitigen.

Zu 2.1.34 Strahlenschutz

Besondere Aufmerksamkeit gilt den Maßnahmen des Strahlenschutzes und zur Beseitigung radioaktiver Abfälle. Zu der schon immer auf den Menschen und seine Umwelt wirkenden natürlichen kosmischen und terrestrischen Strahlung kommt eine künstliche Belastung aus der Anwendung von Strahlen in Medizin und Technik, bei Kernwaffenversuchen und bei der friedlichen Nutzung der Kernenergie. Obwohl die durchschnittliche Strahlenbelastung aus der medizinischen Anwendung weniger als die Hälfte, aus der friedlichen Nutzung der Kernenergie weniger als ein Hundertstel der durchschnittlichen gesamten Strahlenbelastung im Bundesgebiet beträgt, bleibt es das oberste Ziel, die künstliche Strahlenbelastung so gering wie möglich zu halten. Hierzu ist eine sorgfältige Überwachung aller Stoffe, Gegenstände und Einrichtungen erforderlich, die über ein bestimmtes Maß hinaus ionisierende Strahlen oder radioaktive Stoffe emittieren können. Die im Bereich von radioaktiven Strahlenquellen und Röntgenanlagen tätigen Personen werden aufgrund der Strahlenschutzverordnung bzw. der Röntgenverordnung im Rahmen des Arbeitsschutzes überwacht. Trotz aller Schutzmaßnahmen, Vorrichtungen und Vorkehrungen bleibt jedoch ein absoluter Schutz des Menschen gegenüber ionisierender Strahlung unmöglich.

Die vom Land wahrzunehmenden Schwerpunktaufgaben des Strahlenschutzes und der kerntechnischen Sicherheit werden im wesentlichen im MUP III beschrieben. Dazu gehört generell die staatliche Genehmigungs- und Überwachungstätigkeit. Von raumordnerischer Bedeutung ist hierbei eine längerfristige Standortvorsorgeplanung, wie sie das Land mit dem Fachlichen Entwicklungsplan „Kraftwerksstandorte" vorgelegt hat (vgl. PS 2.6.23), der neben möglichen Standorten für Kohlekraftwerke auch solche für Kernkraftwerke reserviert.

In engem Zusammenhang damit stehen die Umweltschutzmaßnahmen bei Kernenergieanlagen, die überwiegend präventiver Natur sind. Diese beginnen bereits vor dem Bau von Kernkraftwerken mit umfangreichen Meßprogrammen und reichen bis zu den Schutzmaßnahmen beim Umgang mit radioaktiven Stoffen außerhalb von Kernenergieanlagen. Bei der Randlage Baden-Württembergs im Bundesgebiet ist nicht unwesentlich, daß auch im benachbarten Ausland weitgehend gleiche Schutzvorschriften und Sicherheitsanforderungen für die friedliche Nutzung der Kernenergie und für Tätigkeiten mit Strahlenbelastungen existieren, aus denen zwangsläufig auch grenzüberschreitend wirksame Maßnahmen resultieren. Dies ist auf die Empfehlungen der Internationalen Strahlenschutzkommission zurückzuführen.

Infolge der Zunahme der radioaktiven Abfallmengen im letzten Jahrzehnt durch den Anstieg der Zahlen der kerntechnischen Anlagen und der Verwender radioaktiver Substanzen kommt dem Problem der Beseitigung der radioaktiven Abfälle große Bedeutung zu. Nach den Bestimmungen des Atomgesetzes und der Strahlenschutz-

Radioaktive Abfälle

137

Begründung
Landschaftsordnung; Umweltschutz

verordnung müssen radioaktive Abfälle - soweit sie nicht aus Kernkraftwerken stammen - grundsätzlich an eine Landessammelstelle - in Baden-Württemberg die Landesanstalt für Umweltschutz - oder an eine behördlich zugelassene Einrichtung abgeliefert werden. Die Endlagerung radioaktiver Abfälle hat überregionale Bedeutung und gehört daher in den Aufgabenbereich des Bundes.

Zu 2.1.35
„Saubere" Technologien

Dazu sind insbesondere Verfahren zu entwickeln und anzuwenden, die eine Belastung der Umwelt mit schädlichen Stoffen oder Einwirkungen vermeiden oder auf lange Sicht vermindern.

Die bereits in vorangehenden Plansätzen angeklungene Forderung nach der Entwicklung von umweltfreundlichen, „sauberen" Technologien wird in PS 2.1.35 zusätzlich untermauert. Die wirksamste Form des Umweltschutzes sind Erzeugnisse und technische Verfahren, die die Umwelt erst gar nicht belasten oder gefährden. Deshalb wird die bereits eingeleitete Entwicklung von wirtschaftlich vertretbaren umweltfreundlichen Technologien in Zukunft entscheidende Bedeutung gewinnen. Die Leistungen der verschiedenen Wirtschaftsbereiche können nicht mehr ausschließlich nach ihrem Anteil am Sozialprodukt gemessen werden; sie müssen ebenso nach dem Umfang der von ihnen verursachten Umweltbelastung beurteilt werden. Für die Beseitigung oder Milderung der Umweltbelastung muß das Verursacherprinzip konsequent angewendet werden. Ein Verzicht auf Erzeugnisse, deren Herstellung, Verbrauch oder unschädliche Beseitigung die Umwelt unverhältnismäßig stark gefährden oder zu hohe Kosten verursachen würde, darf daher grundsätzlich nicht ausgeschlossen werden.

Die Anwendung umweltfreundlicher Technologien ist auf vielen Gebieten nötig und auch wirtschaftlich möglich. Die bisher schon entwickelten und erfolgreich angewendeten Verfahren zur Reinigung von Industrie-, Hausbrand- und Motorabgasen sind vorrangig weiterzuentwickeln und zu vervollkommnen (vgl. PS 2.1.33). Einen hohen Stellenwert haben vor allem die Verfahren und die aus aktuellem Anlaß eingeleiteten und noch beabsichtigten Maßnahmen gegen das Waldsterben erreicht (vgl. PS 2.4.43).

Ein besonderes Interesse muß den Problemen der Abfallbeseitigung gewidmet werden, die durch den gestiegenen und weiter steigenden Anteil an unverrottbaren Kunststoffen und sonstigen Materialien in zunehmendem Maße erschwert wird. Hier wird das Augenmerk auf der Entwicklung neuer Verfahren liegen, die eine Erzeugung von leichter abbaubaren Kunststoffen ermöglichen und die Abfallmengen durch teilweise Wiederverwendung oder schadlose Beseitigung reduzieren. Zur Sicherstellung ungefährlicher Nahrungsmittel ist eine Eindämmung des Einsatzes von Pflanzenbehandlungsmitteln unabdingbar, um den Boden vor übermäßigen Schadstoffanteilen zu schützen und seine Leistungsfähigkeit zu erhalten (vgl. PS 2.1.26). Dabei gilt - wie neuere Untersuchungen ergeben haben - die besondere Aufmerksamkeit dem Schwermetallgehalt der Böden, der sich über die Nahrungskette auf den Menschen auswirkt.

Sowohl die Bundesregierung als auch die Landesregierung sehen in ihren Umweltprogrammen vor, die Wirkungen einzelner Schadstoffe und ihre Auswirkungen auf den Menschen und seine Umwelt zu erforschen. Die darauf aufbauende Erforschung und Entwicklung neuer Produktionstechniken sind ebenso wesentliche Beiträge der Umweltforschung (vgl. MUP III) wie auch die Suche nach verbesserten Verfahren und Methoden zur ständigen Überwachung der Umweltverhältnisse und zum Nachweis schädlicher Wirkungen.

Zu 2.1.4
Vorrang des
Umweltschutzes

Bei Zielkonflikten sind dem Umweltschutz und den landschaftsökologischen Erfordernissen dann Vorrang einzuräumen, wenn eine wesentliche Beeinträchtigung der Lebensverhältnisse der Bevölkerung droht oder die langfristige und nachhaltige Sicherung ihrer Lebensgrundlagen gefährdet ist.

Mit dem neuen PS 2.1.4 wird den Belangen des Umweltschutzes und den landschaftsökologischen Erfordernissen bei der Abwägung einander widersprechender öffentlicher Belange unter gewissen Voraussetzungen erstmals ein Vorrang eingeräumt. Damit wird der Erkenntnis Rechnung getragen, daß die unbestreitbaren Vorteile von industrieller Entwicklung, Technisierung und Verstädterung nicht dadurch aufgewogen werden dürfen, daß sich die Lebensverhältnisse des Menschen wesentlich verschlechtern oder sogar die Lebensgrundlagen langfristig nicht mehr gesichert wären. Der Plansatz ist gleichzeitig Ausdruck des gestiegenen Umweltbewußtseins und berücksichtigt, daß die Bedürfnisse des Menschen sehr subjektiv und in einem bestimmten Umfang auch veränderbar, die Naturgüter dagegen unvermehrbar sind.

Begründung
Siedlungsstruktur, Städte- und Wohnungsbau, Denkmalschutz; Verteidigungseinrichtungen

Der Vorrang für den Umweltschutz darf allerdings nicht als einseitige Verabsolutierung ökologischer Gesichtspunkte mißverstanden oder fehlinterpretiert werden. Auch wenn es nicht immer leicht fallen sollte, im Abwägungsprozeß einen befriedigenden Ausgleich zwischen widerstreitenden fachlichen Interessen zu finden, weil eine objektive Messung und Beurteilung einer Beeinträchtigung oder einer Gefährdung der Lebensverhältnisse oder der Lebensgrundlagen vielfach mangels exakter Kriterien nicht unproblematisch ist, ist eine sorgfältige Abwägung nach Maßgabe der Zielsetzung von PS 2.1.4 selbstverständlich. Diese Zielsetzung beinhaltet weder einen generellen Vorrang des Umweltschutzes noch einen automatischen Vorrang irgendwelcher anderer Interessen, falls der geforderte hohe Grad einer langfristigen und nachhaltigen Gefährdung nicht nachgewiesen werden kann. Vielmehr muß im konkreten Konfliktfall die Belastbarkeit des Naturhaushalts auf der Grundlage der verfügbaren Indikatoren beurteilt werden. Eine wichtige Aufgabe liegt ferner darin, exakt meßbare Kriterien zur Erfassung und Quantifizierung des Wirkungsgefüges des Naturhaushalts und der Abhängigkeiten von bestimmten Nutzungen zu entwickeln und in ökologischen Datensammlungen aufzubereiten.

Zu 2.2 Siedlungsstruktur, Städte- und Wohnungsbau, Denkmalschutz; Verteidigungseinrichtungen

Die Siedlungsstruktur des Landes variiert je nach räumlichen, historischen, sozialen und wirtschaftlichen Gegebenheiten von stärker verdichteten Siedlungsformen über die verschiedenartigen dörflichen Siedlungsformen bis zu den Sonderformen der Einzelhof- und Weilersiedlungen. Diese gewachsene Vielfalt auf relativ engem Raum ist ein besonderes Merkmal der dezentralen Siedlungsstruktur Baden-Württembergs und zugleich ein Vorzug, der entscheidend zur Erreichung einer flächendeckenden Versorgung der Bevölkerung, einer guten wirtschaftlichen Entwicklung und somit zur Gewährleistung gleichwertiger Lebensbedingungen in allen Landesteilen unter Berücksichtigung des notwendigen Schutzes der Landschaft beiträgt. Zu den Grundzügen der Landesentwicklungspolitik gehört deshalb in erster Linie, diese dezentrale Siedlungsstruktur zu bejahen, zu erhalten und zu festigen. Dies gewinnt dadurch an zusätzlicher Bedeutung, daß in allen Landesteilen bereits Folgen eines tiefgreifenden Wandlungsprozesses im Rahmen der Siedlungsentwicklung sichtbar geworden sind. In den stark verstädterten Verdichtungsräumen hat die Verdichtung in erheblichem Umfang zu einer Beeinträchtigung der Wohnverhältnisse und der räumlichen Entfaltungsmöglichkeiten der Besiedlung geführt. Die demographisch, wirtschaftlich wie auch baulich bedingte und während der zurückliegenden zwei Jahrzehnte noch gestiegene Belastung dieser Räume hat sich bis zu bedenklichen Überlastungserscheinungen gesteigert. Die bereits seit längerem festgestellten Gegenbewegungen aus den Kernen der Verdichtungsräume heraus in die sie umgebenden Randzonen haben dort neuen Siedlungsdruck erzeugt und die räumlichen Belastungen und Siedlungsprobleme ausgeweitet und verlagert.

In den Kernen der mittleren und kleinen Verdichtungen - meist sind es Zentrale Orte - beeinträchtigen trotz der bereits durchgeführten städtebaulichen Erneuerungsmaßnahmen vielfach noch städtebauliche Mißstände und Mängel die Lebens- und Arbeitsbedingungen. Die bauliche Struktur der Dörfer entspricht nicht mehr überall den veränderten Wohnbedürfnissen und Arbeitsmethoden ihrer Bewohner. Mit den Grundsätzen und Zielen für Siedlungsstruktur, Städte- und Wohnungsbau sowie Denkmalschutz wird deshalb angestrebt, die noch bestehenden räumlichen Möglichkeiten für die weitere Besiedlung sinnvoll und flächensparend zu nutzen und bestehende Mißstände und Mängel zu beseitigen. Die Entwicklung der Siedlungsstruktur ist auch eine wesentliche Voraussetzung zur Verwirklichung der anderen Grundsätze und Ziele des LEP. Plankapitel 2.2 enthält allerdings keineswegs alle Vorstellungen, die für die Gestaltung des Siedlungs- und Wohnungswesens erforderlich sind. Die Aussagen des LEP müssen sich vielmehr auf die besonderen Anforderungen beschränken, die sich für Städtebau und Wohnungswesen aus der übergeordneten, rahmenhaften Sicht der Landesplanung ergeben.

Der LEP wird zu einem wesentlichen Teil über die Bauleitplanung umgesetzt. Dazu bedarf es allerdings der Ausformung seiner Rahmenziele durch die Regionalpläne. Die durch die Verbindlicherklärungen des LEP und der Regionalpläne eingetretenen Rechtswirkungen sind für die Bauleitplanung von weitreichender Bedeutung. Sowohl der LEP als auch die Regionalpläne enthalten Ziele der Raumordnung und Landesplanung, an die die Bauleitpläne (Flächennutzungspläne und Bebauungspläne) der Gemeinden, Verwaltungsgemeinschaften und sonstigen Träger der Bauleitplanung nach § 1 Abs. 4 BBauG anzupassen sind. Im LEP werden außerdem - zusätzlich zu

---

Zu 2.2
Siedlungsstruktur, Städte- und Wohnungsbau, Denkmalschutz; Verteidigungseinrichtungen

Allgemeines

Bauleitplanung, Regionalplanung

Begründung
Siedlungsstruktur, Städte- und Wohnungsbau, Denkmalschutz; Verteidigungseinrichtungen

den Raumordnungsgrundsätzen im Raumordnungsgesetz - weitere Raumordnungsgrundsätze aufgestellt, die auch unmittelbar für die Träger der Bauleitplanung gelten. Solange noch keine verbindlichen Regionalpläne vorlagen, war die Umsetzung des LEP über die Bauleitplanung infolge der recht abstrakten, weitgehend auf das ganze Land bezogenen Rahmenziele erschwert. Eine wesentliche Erleichterung, wie die Siedlungsentwicklung mit den im LEP enthaltenen Zielen in Einklang gebracht werden kann, setzte mit der Aufstellung der Regionalpläne ein. Jene enthalten mit den weitaus detaillierteren Zielaussagen zur Konzeption der Siedlungsentwicklung für die Bauleitplanung wesentlich konkretere Vorgaben als der LEP 1971, z.B. die Siedlungsbereiche, welche von der Bauleitplanung dann im einzelnen ausgestaltet werden. Hier wird die Verzahnung von Regionalplanung und Bauleitplanung besonders deutlich.

Zu 2.2.1
Allgemeines
Entwicklungsziel

Die städtebauliche Entwicklung der Gemeinden soll nach den voraussehbaren Bedürfnissen geplant werden und zur Erfüllung der übergemeindlichen Aufgaben beitragen, die sich aus den Grundsätzen und Zielen der Raumordnung und Landesplanung ergeben. Hierbei ist denjenigen städtebaulichen Maßnahmen besondere Bedeutung beizumessen, die dazu beitragen, in allen Landesteilen das Wohnen, die Wohnqualität vorhandener Wohngebiete sowie die Funktionsfähigkeit der Zentralen Orte und die Standortvoraussetzungen für Industrie-, Gewerbe- und Dienstleistungsbetriebe und den Fremdenverkehr zu sichern und zu verbessern. Die Belange von Denkmalschutz und Ortsbildpflege sind zu berücksichtigen.

PS 2.2.1 enthält in Form eines allgemeinen Entwicklungsziels die wesentlichen Aufgabenverknüpfungen zwischen der städtebaulichen Entwicklung der Gemeinden und der Erfüllung von deren übergemeindlichen Aufgaben. Diese können sich etwa aus der Funktion einer Gemeinde im Netz der Zentralen Orte und Entwicklungsachsen ergeben oder aus den landesplanerischen Grundsätzen und Zielen, die für Sachbereiche, für die einzelnen Regionen und für Teilräume des Landes im LEP und in den Regionalplänen, unter Umständen auch in fachlichen Entwicklungsplänen enthalten sind. Die Siedlungsentwicklung hat diesen übergemeindlichen Aufgaben Rechnung zu tragen und muß sich an diesen landes- und regionalplanerischen Vorgaben ausrichten.

Bauflächenbedarf

Bei der Fortschreibung des LEP wurde PS 2.2.1 dahingehend ergänzt, daß die voraussehbaren Bedürfnisse bei der städtebaulichen Entwicklung der Gemeinden vor dem Hintergrund der übergemeindlichen Aufgaben bereits in einem Ziel der Raumordnung und Landesplanung generell verankert und ihre Berechtigung damit auch im Rahmen der Landesplanung anerkannt wird. Das Bundesbaugesetz verlangt den Nachweis des Bedarfs an Bauflächen; dieses Erfordernis wirkt generell beschränkend. Allerdings gibt das Bundesbaugesetz keine quantifizierenden Maßstäbe vor. Eine solche Quantifizierung ist jedoch über landesplanerische Vorgaben in den Regionalplänen möglich, z.B. über planerische Richtwerte, die angeben, welche Entwicklungen erwünscht sind. Die Regionalplanung beschränkt sich hierbei darauf, der Bauleitplanung lediglich den Rahmen für eine ausgewogene regionale Siedlungsentwicklung zu setzen. Die Richtwerte haben ohnehin nur Bedeutung für den Bauflächenbedarf, der aus Wanderungsgewinnen resultiert. Deshalb bleibt der Eigeninitiative der Gemeinden noch genügend Raum (vgl. PS 2.2.21), denn der Umfang der Bauflächen aus der Eigenentwicklung wird von der Regionalplanung nicht geregelt. Auch muß die gesellschaftspolitische Bedeutung der Eigentumsbildung beachtet werden.

Bauflächenerlaß

Eine Handhabe zur Umsetzung der von der Regionalplanung an die Bauleitplanung adressierten Vorgaben von planerischen Richtwerten ist der Bauflächenerlaß vom 17. April 1978 (GABl. S. 406). Er soll den Trägern der Bauleitplanung den Nachweis des Bauflächenbedarfs erleichtern und kann gleichzeitig zur Umsetzung landesplanerischer Zielsetzungen gegen die Abwanderung der Bevölkerung aus den davon bedrohten Gebieten und für die Schonung der Landschaft beitragen. Ausgenommen von der Regelung des Erlasses sind inzwischen der ländliche Raum und die strukturschwachen Teile der Randzone (vgl. § 37 LplG).

Stadterneuerung

Für die Siedlungsentwicklung der Gemeinden gewinnen zunehmend städtebauliche Erneuerungsmaßnahmen verschiedenster Art an Bedeutung. Gesetzliche Grundlage sind das Städtebauförderungsgesetz (StBauFG) in der Fassung vom 18. August 1976 (BGBl. I S. 2318), zuletzt geändert durch das Gesetz vom 17. Dezember 1982 (BGBl. I S. 1777). Im Rahmen des „Mittelfristigen Programms für Stadt- und Dorfentwicklung" hat das Land die Förderung von Maßnahmen der Stadterneuerung für die Zeit von 1980 bis 1985 in einer Reihe von Teilprogrammen (vor allem: Bund-Länder-Programm,

Begründung
Siedlungsstruktur, Städte- und Wohnungsbau, Denkmalschutz; Verteidigungseinrichtungen

Landessanierungsprogramm und Wohnumfeldprogramm) abgesichert, nachdem Stadterneuerung zu einer zentralen Schwerpunktaufgabe des Landes geworden ist (vgl. die Ausführungen zu PS 2.2.4). Wegen der unmittelbaren Bezüge zueinander ist die Stadterneuerung seit 1979 mit der Wohnungsbauförderung verknüpft worden (vgl. PS 2.2.3 und 2.2.4). Die Bedeutung dieser landesentwicklungspolitischen Aufgaben kommt zum Ausdruck in PS 2.2.1 durch die Ergänzung des Katalogs derjenigen Sachbereiche, deren Entwicklung durch städtebauliche Maßnahmen wesentlich beeinflußt ist, um Aussagen zur Erhaltung der Wohnfunktionen sowie zur Sicherung und Verbesserung der Wohngebiete. Dazu gehören auch die Sachbereiche Denkmalschutz und Ortsbildpflege, deren Belangen wegen ihrer gestiegenen Bedeutung im Rahmen der neuorientierten Städtebaupolitik unter Berücksichtigung des Ziels, der erhaltenden Erneuerung vorhandener Strukturen in geeigneten städtebaulichen Situationen den Vorrang vor Neubauten oder Erschließung neuer Wohngebiete einzuräumen, schwerpunktmäßig nunmehr in Plankapitel 2.2 Rechnung getragen wird (vgl. PS 2.2.6 und 2.2.7). Vorhandene Siedlungsgebiete werden durch städtebauliche Entwicklungsmaßnahmen zur qualitativen Verbesserung der bebauten Gebiete im Ganzen oder in Teilen erhalten und ausgebaut sowie abgerundet oder erweitert, zum Teil aber auch zu neuen Siedlungseinheiten entwickelt.

Zur Verwirklichung dieser Zielsetzungen ist anzustreben, daß Eigenart, Erlebnis- und Erholungswert der Landschaft gewahrt, die Leistungsfähigkeit des Naturhaushalts und das Klima möglichst wenig beeinträchtigt sowie gute Böden geschont werden.

Zu 2.2.11
Landschaft und Naturhaushalt

PS 2.2.11 strebt an, bei der Siedlungsentwicklung die Eigenart der Landschaft und die in ihr verkörperten Werte wirksam zu erhalten. Siedlungsgebiete sollen daher so ausgewiesen werden, daß die Landschaft als wichtigster Faktor für die tägliche Erholung des Menschen gestalterisch in das Siedlungsbild einbezogen, der überkommene Landschaftscharakter und die Leistungsfähigkeit des Naturhaushalts erhalten wird. Wo dieser durch landschaftsfremde Eingriffe bereits gestört ist, kann er oft durch landschaftspflegerische und städtebauliche Maßnahmen wiederhergestellt oder neu geprägt werden. Siedlungsgebiete sind aber grundsätzlich so auszuweisen, daß Eingriffe in die Landschaft entweder überhaupt nicht notwendig oder doch so gering gehalten werden, daß sie die Landschaft nicht durch Veränderungen ihres Bildes oder durch Beeinträchtigungen der natürlichen Faktoren stören. Das gilt insbesondere für Erholungsräume; hier sollen die Siedlungsvorhaben - vor allem solche mit großer Höhenentwicklung oder Ausdehnung - nach Standort, Gestaltung und Maß der baulichen Verdichtung dem Landschaftscharakter nicht widersprechen und dessen Erholungswert nicht mindern.

Für die Fortentwicklung der Kulturlandschaft kann keine starre Regel aufgestellt werden. Sie richtet sich einerseits nach dem Charakter des örtlichen Landschaftsraumes und der örtlichen Siedlungsstruktur. Andererseits soll sie auch den steigenden Ansprüchen der Bevölkerung an Wohn- und Arbeitsstätten, Wohnumfeld, Freizeit- und Erholungseinrichtungen sowie an die Infrastruktur Rechnung tragen. Vor allem ist aber in zunehmendem Maße auf die natürlichen Lebensgrundlagen Rücksicht zu nehmen (vgl. PS 2.2.23). Im übrigen wird auf die weitergehenden Ausführungen über die Schonung und Erhaltung der Landschaft und der natürlichen Lebensgrundlagen in Plankapitel 2.1 verwiesen, besonders auf die PS 2.1.11, 2.1.13, 2.1.2 und 2.1.26.

Zur Verwirklichung dieser Zielsetzungen ist anzustreben, daß Bauflächen für Wohn- und Arbeitsstätten so bemessen und einander zugeordnet werden, daß gegenseitige Störungen und aufwendige Pendelwege möglichst vermieden werden und daß Einrichtungen des Gemeinbedarfs und Erholungsräume in zumutbarer Entfernung erreichbar sind.

Zu 2.2.12
Zuordnung der Bauflächen

Trotz insgesamt ausgewogener sozialer, kultureller und wirtschaftlicher Verhältnisse in den einzelnen Landesteilen kann überall dort nicht von gesunden Lebens- und Arbeitsbedingungen die Rede sein, wo Wohnstätten, Arbeitsstätten und Einrichtungen für den Gemeinbedarf nicht in ausgewogenem Verhältnis und in günstiger räumlicher Zuordnung zueinander stehen. Besonders wichtig ist, daß sich Wohn- und Gewerbegebiete gegenseitig nicht stören (vgl. auch PS 2.2.16). Außerdem sollten keine Gewerbegebiete ausgewiesen werden, wenn den Beschäftigten im Bereich zumutbarer Pendelentfernungen kein ausreichender Wohnraum zur Verfügung steht. Ebenso sollte auf die Ausweisung von Wohngebieten verzichtet werden, wenn sie verkehrsungünstig oder von den Arbeitsstätten zu weit entfernt liegen würden. Eine weitere Abstimmung der Bauleitplanung ergibt sich aus der Notwendigkeit, die Bauflächen für Wohn- und Arbeitsstätten nach Größe und Lage den Flächen für Gemeinbedarf günstig zuzuordnen. Dabei ist sicherzustellen, daß ausreichende Erholungs-

Begründung
Siedlungsstruktur, Städte- und Wohnungsbau, Denkmalschutz; Verteidigungseinrichtungen

räume in zumutbarer Entfernung erreichbar sind. Infolge der Gemeindereform kann die Abstimmung der verschiedenen Flächennutzungsarten durch die Träger der Bauleitplanung in der Regel in den Grenzen der örtlichen Verwaltungsräume der mit der Zuständigkeit der Flächennutzungsplanung ausgestatteten Gemeinden und Verwaltungsgemeinschaften erfolgen. Das schließt andererseits nicht aus, daß solche Abstimmungen auch über die Grenzen dieser Zuständigkeitsbereiche hinaus vorgenommen werden müssen, wenn Siedlungsgebiete von diesen Grenzen durchschnitten werden.

Zu 2.2.13
„Ausbau vor Neubau"

Zur Verwirklichung dieser Zielsetzungen ist anzustreben, daß vor der Erschließung neuer Baugebiete vorrangig Ortskerne und vorhandene Wohngebiete funktionsfähig gehalten oder entwickelt werden.

Dieser Plansatz ist bei der Fortschreibung neu in den LEP aufgenommen worden; er übernimmt als Zielsetzung die Konzeption der Landesregierung, der Stadterneuerung den Vorrang vor der Erschließung neuer Wohngebiete zu geben, ohne jedoch gänzlich auf Neubaumaßnahmen zu verzichten. Hinter dieser Konzeption steht die bei der Fortschreibung des LEP in den Vordergrund gerückte und in Verbindung mit anderen fachplanerischen Zielsetzungen mehrfach zum Ausdruck gebrachte Generalformel „Erneuerung und Ausbau vor Neubau" oder „Erhaltung vor Erschließung" (vgl. PS 2.1.2 oder 2.5.14). Zu den städtebaulichen Maßnahmen, die bereits vor einigen Jahren eine Neuorientierung zur Erhaltung und Verbesserung vorhandener Wohngebiete eingeleitet haben, gehört in erster Linie die Erneuerung der vorhandenen Bausubstanz durch Modernisierung (vgl. PS 2.2.4). Hier kann ein Grundstein für die Erhaltung der Funktionsfähigkeit von geschlossenen, bereits vorhandenen und noch ausbaufähigen Wohngebieten gelegt werden. Dies betrifft sowohl die Siedlungsentwicklung in den Verdichtungsräumen, deren Randzonen und den Verdichtungsbereichen (vgl. PS 2.2.31) als auch jene im übrigen ländlichen Raum (vgl. PS 2.2.32).

Die Konzeption vom Vorrang der Erhaltung vorhandener Bausubstanz gegenüber einer Erschließung neuer Baugebiete beinhaltet außerdem den Gedanken einer möglichst sparsamen Inanspruchnahme von Flächen durch eine sinnvoll geordnete Bebauung. Damit verbinden sich gleichermaßen die Anstrengungen zur Verhinderung einer Zersiedlung der Landschaft wie auch zur Schonung der natürlichen Lebensgrundlagen des Menschen (vgl. PS 2.1.22).

Zu 2.2.14
Siedlungsflächen,
Siedlungsformen

Zur Verwirklichung dieser Zielsetzungen ist anzustreben, daß unter Beachtung der zu erwartenden Entwicklung und der örtlichen Siedlungsstruktur grundsätzlich Siedlungsformen gewählt werden, die möglichst wenig Grund und Boden beanspruchen, städtebauliche Großformen sich aber auf Siedlungsbereiche in ausgeprägt verdichteten Räumen und im ländlichen Raum auf Zentrale Orte höherer Stufe beschränken.

Karten 7 und 8

Das starke Bevölkerungswachstum und die überdurchschnittliche wirtschaftliche Entwicklung haben in der Nachkriegszeit in allen Landesteilen zu einer erheblichen Ausweitung der Siedlungsflächen geführt (vgl. Karten 7 und 8). Für Wohnungen und Arbeitsplätze und die soziale und verkehrliche Infrastruktur wurden von 1950 mit einem Bestand von insgesamt 215 000 ha Siedlungsfläche (= 6 % der Landesfläche) bis 1982 mit einem Bestand von nunmehr 402 000 ha Siedlungsfläche (= 11 % der Landesfläche) weitere 187 000 ha in Anspruch genommen (vgl. Tabelle 5 in A. Einleitung Nr. 3.1). Dies entspricht einer Zunahme um rd. 87 % (vgl. auch LEB 1979, S. 15 ff.). Der absolute Zuwachs an Siedlungsfläche betrug somit durchschnittlich rd. 6 000 ha pro Jahr, das sind täglich 16 ha oder die Fläche eines mittleren Bauernhofs.

Diesem Siedlungsflächenzuwachs um 87 % stand im gleichen Zeitraum ein Zuwachs an Wohnungen um 152 % (von 1,51 auf 3,81 Mio) und eine Zunahme der Zahl der Erwerbstätigen um 32 % (von 3,24 auf 4,28 Mio) gegenüber. Das waren jährlich im Durchschnitt 77 400 oder täglich 212 Wohnungen und - wegen des Umstrukturierungsbedarfs - weit mehr als 33 000 oder täglich mehr als 90 zusätzliche Arbeitsplätze einschließlich der zugehörigen sozialen und verkehrlichen Infrastruktur. Der jährliche Siedlungsflächenzuwachs verteilt sich über den Gesamtzeitraum von 1950 bis 1982 nicht gleichmäßig, sondern erreichte in den Jahren 1969–73 mit täglich 25 ha einen Höhepunkt und sank bis Anfang der 80er Jahre wieder auf die Hälfte jenes Höhepunkts ab.

Eindämmung des
Flächenverbrauchs

Für den Wohnungsbau, für neue Arbeitsplätze und für Verbesserungen der sozialen und verkehrlichen Infrastruktur werden auch in den 80er und 90er Jahren weitere Siedlungsflächen benötigt werden. In Anbetracht des erreichten Versorgungsgrades mit Wohnungen und eines bis 1995 schwächeren und danach etwas stärkeren Bevölkerungsrückgangs ist jedoch in den nächsten Jahren eine deutlich geringere

Begründung
Siedlungsstruktur, Städte- und Wohnungsbau, Denkmalschutz; Verteidigungseinrichtungen

Inanspruchnahme neuer Siedlungsflächen zu erwarten als in den 70er Jahren. Die nach wie vor große Attraktivität der Umlandgemeinden der größeren Städte wird aber voraussichtlich dazu führen, daß sich ein erheblicher Siedlungsdruck auch weiterhin vor allem auf die bereits jetzt stark beanspruchten Verdichtungsräume und ihre Randzonen konzentrieren wird. Hier besteht in besonderem Maße die Gefahr, daß verstärkt auf schutz- und schonbedürftige Flächen zurückgegriffen wird. Steuernde Maßnahmen zur Eindämmung des Flächenverbrauchs sind deshalb in diesen Räumen zur Erhaltung der notwendigen ökologischen Ausgleichsflächen auch weiterhin unerläßlich.

Die Notwendigkeit einer sparsamen Inanspruchnahme von Flächen liegt auch dem PS 2.2.14 zugrunde, der die grundsätzliche Forderung nach flächensparenden Siedlungsformen ausspricht. Der hiermit zum Ausdruck gebrachte allgemeine Grundsatz einer intensiven baulichen Nutzung der Siedlungsflächen beinhaltet, unter Beachtung der örtlichen Siedlungsstruktur vor allem auf städtebauliche Großformen zurückzugreifen; er gilt aber auch für den Bau von Familienheimen. Durch die Ergänzung dieses Plansatzes im Zuge der Fortschreibung des LEP wird andererseits auch klargestellt, daß die Verringerung des Flächenverbrauchs für Siedlungszwecke nicht nur durch Hochhäuser oder andere Gebäude von auffälliger Baumasse erreicht werden soll. Sie sind vor allem dort nicht vorzusehen, wo sie das Orts- und Landschaftsbild stören. In Bereichen mit städtischer Bebauung können sie sogar erwünscht sein. Das Wohnen in städtebaulichen Großformen, zu denen in erster Linie Hochhäuser gehören, ist hier eine von vielen Wohnmöglichkeiten. In PS 2.2.14 werden sowohl die von der Regionalplanung ausgewiesenen Siedlungsbereiche in ausgeprägt verdichteten Räumen (Verdichtungsräume, deren Randzonen und Verdichtungsbereiche im ländlichen Raum) als auch die Zentralen Orte höherer Stufe im ländlichen Raum als diejenigen Bereiche mit städtischer Bebauung genannt, auf die sich städtebauliche Großformen beschränken sollen. Jene müssen aber auch hier mit den örtlichen Gegebenheiten und Voraussetzungen sorgfältig abgestimmt werden.

Zur Verwirklichung dieser Zielsetzungen ist anzustreben, daß Bauflächen hauptsächlich auf Haltestellen vorhandener oder geplanter Schienenverkehrsmittel und auf leistungsfähige Zubringerstraßen ausgerichtet werden.

PS 2.2.15 will die wirtschaftliche Gestaltung und die bessere Ausnutzung des Verkehrsnetzes erleichtern. Die Bebauung soll - unter Berücksichtigung von PS 2.2.16 - dort verdichtet werden, wo die Verkehrswege zusammenlaufen und wo die öffentlichen Verkehrsmittel für möglichst viele Benutzer zu Fuß erreichbar sind. Eine solche bauliche Verdichtung wird vor allem in den Zentralen Orten möglich sein, die die Verkehrsknoten ihres Verflechtungsbereichs und oft auch Knotenpunkte im übergeordneten Verkehrsnetz sind. In den Entwicklungsachsen werden aber auch andere Orte eine Verkehrsgunst aufweisen, die eine angemessene bauliche Verdichtung ermöglicht und erstrebenswert macht.

Zur Verwirklichung dieser Zielsetzungen ist anzustreben, daß Standorte für Anlagen, von denen besondere Belastungen, gefährliche oder lästige Emissionen ausgehen, so gewählt bzw. die Anlagen so ausgelegt werden, daß sie beispielsweise Wohnstätten, Erholungsräume, Oberflächengewässer und Grundwasser nicht oder möglichst wenig beeinträchtigen.

Nach § 2 Abs. 1 Nr. 7 Satz 2 ROG ist für die Reinhaltung des Wassers und der Luft und den Schutz der Allgemeinheit vor Lärmbelästigungen ausreichend Sorge zu tragen. Verunreinigungen von Luft und Wasser sowie Lärm können - zumal bei dauernden Belastungen - die Gesundheit des Menschen unter Umständen schwer schädigen. Dauernde Belastungen für den Menschen und seinen Lebensraum resultieren z.B. in sehr starkem Maße aus den Emissionen des Straßenverkehrs. Das Bundesbaugesetz enthält bereits eine Reihe von Sicherungen, daß Wohnungsbaugebiete nicht in Immissions- oder Lärmzonen ausgewiesen werden. Weitere bedeutsame Rechtsvorschriften zum Schutz der Luft und zur Bekämpfung des Lärms, die besonders bei der Siedlungsentwicklung zu beachten sind, enthalten das Bundesimmissionsschutzgesetz sowie zahlreiche Fachgesetze. PS 2.2.16 fordert ergänzend, daß Anlagen, von denen gefährliche oder lästige Emissionen ausgehen, dort errichtet werden, wo sie Wohnstätten, Erholungsräume und Gewässer möglichst wenig beeinträchtigen. Gleiches soll für technische Anlagen gelten, die selbst stärkere Emissionen verursachen und außerdem einen besonders intensiven Verkehr auslösen, wie Betriebe der Schwerindustrie, Raffinerien, Kieswerke, Zementwerke (vgl. PS 2.1.31, 2.1.32 und 2.1.33).

Siedlungsformen

Zu 2.2.15
Verkehrsknotenpunkte

Zu 2.2.16
Emissionen

Begründung
Siedlungsstruktur, Städte- und Wohnungsbau, Denkmalschutz; Verteidigungseinrichtungen

Zu 2.2.17 Gliederung in Siedlungen und Freiräume	*Zur Verwirklichung dieser Zielsetzungen ist anzustreben, daß zwischen den Siedlungen, auch im Zuge der Entwicklungsachsen, möglichst weite zusammenhängende Freiräume erhalten bleiben.*

PS 2.2.17 knüpft an die Zielsetzungen zur Freiraumpolitik in Plankapitel 1.7 an.

Ein enger Zusammenhang besteht mit PS 2.2.15. Die Ausnutzung der Gunst der Lage an den Verkehrssträngen darf nicht dazu führen, daß die Siedlungen dort bandartig zusammenwachsen. PS 2.2.17 hebt das für die Entwicklungsachsen, in denen diese Gefahr mit zunehmender Verdichtung von Wohn- und Arbeitsstätten in erster Linie droht, deshalb besonders hervor. Auch in den Entwicklungsachsen sollen so viele Flächen unbebaut bleiben, daß die Besiedlung in überschaubare und deutlich voneinander abgesetzte Siedlungseinheiten gegliedert wird. Auf lange Sicht werden Freiräume nur dadurch zu erhalten sein, daß schon bei ihrer Festlegung, insbesondere bei ihrer Bemessung, die Möglichkeit einer bestimmten Nutzung berücksichtigt wird. Dazu kann die in PS 2.2.15 geforderte Verdichtung der Bebauung an verkehrsgünstigen Punkten wesentlich beitragen, bei der z.B. Grünzäsuren angelegt oder erhalten werden, die sowohl klimatische, ökologische und soziale Funktionen übernehmen als auch zum Schutz von Wohngebieten beitragen.

Zu 2.2.2 Siedlungstätigkeit	*Die weitere Siedlungstätigkeit soll sich nach Umfang und Standortwahl in die vorhandene Siedlungsstruktur und in die Landschaft organisch einfügen.*

Dieser Plansatz - wie auch die ihn konkretisierenden nachfolgenden Plansätze über die Eigenentwicklung und die Siedlungsbereiche sowie die ökologisch bedingten Beschränkungen der Siedlungsentwicklung - ist bei der Fortschreibung neu in den LEP aufgenommen worden. Er betont, daß die Gestaltung der Siedlungsentwicklung nicht zu einem weitgehenden Umbau der vorhandenen Siedlungsstruktur führen darf, sondern auch eine Erhaltung des Bewährten im Auge haben muß. Darin ist eine grundlegende Forderung der Landesentwicklungspolitik in Baden-Württemberg zu sehen, vor allem wenn es darum geht, bei stagnierender oder gar rückläufiger Bevölkerungsentwicklung gleichzeitig die gewachsene dezentrale Siedlungsstruktur, die Versorgung der Bevölkerung sowie wirtschaftliche Entwicklungsmöglichkeiten zu sichern. Als Instrumente einer solchen Siedlungspolitik, die in der Praxis bereits erprobt sind, nennt der LEP die Zentralen Orte und die Entwicklungsachsen (vgl. Plankapitel 1.5 und 1.6). Beide sind einerseits stabilisierende Elemente der großräumigen Siedlungsstruktur und bewirken andererseits durch die Bündelung von Infrastruktur und die Konzentration der Siedlungstätigkeit einen sparsamen und effizienten Einsatz von Investitionen und Flächen. Diese Konzeption fordert außerdem die Beachtung der naturräumlichen Voraussetzungen; jede weitere Siedlungstätigkeit soll mit den landschaftlichen Gegebenheiten vereinbar sein, sich dem Landschaftsbild anpassen, Zersiedlungen der Landschaft vermeiden und die Inanspruchnahme von Landschaft so gering wie möglich halten (vgl. PS 2.1.22 und 2.2.23).

Zu 2.2.21 Eigenentwicklung	*Zur Eigenentwicklung einer Gemeinde gehört die Befriedigung des Bedarfs an Bauflächen für die natürliche Bevölkerungsentwicklung und für den inneren Bedarf (Eigenbedarf). Ein Bedarf für Wanderungsgewinne und für größere Gewerbeansiedlungen gehört nicht zum Eigenbedarf.*

Die Gemeinden und die übrigen Träger der Bauleitplanung können im Rahmen des voraussehbaren Bedarfs nach § 5 Abs. 1 BBauG und der Erforderlichkeit nach § 1 Abs. 3 BBauG in eigener Zuständigkeit Bauflächen und Baugebiete ausweisen. Den voraussehbaren Bedarf bestimmen zwei grundlegende Faktoren: Einmal der Bedarf aus Eigenentwicklung, den die Gemeinde als „Angelegenheit der örtlichen Gemeinschaft im Rahmen der Gesetze in eigener Verantwortung zu regeln" hat (Art. 28 Abs. 2 GG), zum anderen der Bedarf an Bauflächen für Wanderungsgewinn und eine gewerbliche Entwicklung, die über die Eigenentwicklung hinausgeht. Den Bedarf aus Eigenentwicklung kann <u>jede</u> Gemeinde im Rahmen des BBauG geltend machen; an welchen Schwerpunkten der darüber hinausgehende Bedarf zu konzentrieren ist, soll der Regionalplan aus der Sicht eines regionalen Siedlungskonzepts vorgeben.

Natürliche Bevölkerungsentwicklung und innerer Bedarf	PS 2.2.21 nennt die beiden Komponenten des aus der Eigenentwicklung abgeleiteten Bedarfs der Gemeinden an Bauflächen: natürliche Bevölkerungsentwicklung und innerer Bedarf. Der innere Bedarf ergibt sich aus der Verringerung der Belegungsdichte durch den üblichen Umnutzungsbedarf und durch die Verbesserung der Wohnverhältnisse, aus dem Ersatzbedarf durch sanierungsbedingten Abbruch und sonstigen Wegfall von Wohnungen und dem Bedarf der örtlichen gewerblichen Wirtschaft und der Landwirtschaft. Der innere Bedarf bewirkt den weitaus größten Teil des Bauflächenbedarfs einer Gemeinde.

Begründung
Siedlungsstruktur, Städte- und Wohnungsbau, Denkmalschutz; Verteidigungseinrichtungen

Im Rahmen der Eigenentwicklung kann jede Gemeinde ihre gewachsene Gemeindestruktur erhalten und organisch weiterentwickeln; deshalb rechnet auch der Flächenbedarf für Erweiterungen von Industrie-, Gewerbe-, Handwerks-, Handels- oder Dienstleistungsbetrieben in der Gemeinde zur Eigenentwicklung. Im Rahmen der Eigenentwicklung können auch kleinere Betriebe angesiedelt werden, wenn sie für die Erhaltung und organische Weiterentwicklung der Gemeindestruktur nötig sind. Ein Bedarf für Wanderungsgewinne und für größere Gewerbeansiedlungen gehört dagegen nicht zum inneren Bedarf.

Der Umfang der Bauflächen für den Eigenbedarf wird von den Trägern der Bauleitplanung im Rahmen des vorhersehbaren Bedürfnisses in eigener Zuständigkeit errechnet und bemessen. Er unterliegt aber der Nachprüfung bei der Genehmigung der Bauleitpläne (§§ 6 und 11 BBauG). Die räumliche Verteilung künftiger Wanderungsgewinne wurde von den Regionalverbänden bei der Aufstellung der Regionalpläne im Rahmen der Verteilung der ihnen vom Land vorgegebenen Richtwerte als Ziel der Raumordnung und Landesplanung vorgenommen; diese Richtwerte gelten nach § 37 LplG allerdings nur noch in den Verdichtungsräumen (vgl. Plankapitel 1.8) und den Randzonen (vgl. Plankapitel 1.9) ohne deren strukturschwachen Teile. Der Bauflächenbedarf für die Aufnahme von Wanderungsgewinnen ergibt sich somit aus den Bevölkerungsrichtwerten des Regionalplans.

Siedlungsbereiche sind die Bereiche, in denen sich zur Entwicklung der regionalen Siedlungsstruktur die Siedlungstätigkeit vorrangig vollziehen soll; sie umfassen einen oder mehrere Orte, in denen die Siedlungstätigkeit über die Eigenentwicklung der Gemeinde hinausgehen oder in denen die Eigenentwicklung einer Gemeinde konzentriert werden soll. Siedlungsbereiche sollen sich in das zentralörtliche System und die übergemeindlichen Verkehrs- und Versorgungsnetze einfügen.

Der Regionalplan bezeichnet die Gemeinden, in denen die Bauleitplanung Flächen ausweisen soll, auf denen sich diese Siedlungstätigkeit vorrangig vollziehen soll. Siedlungsbereiche sind im Regionalplan nur dann auszuweisen, wenn dies für die Entwicklung der regionalen Siedlungs- und Freiraumstruktur oder zur Abstimmung auf die übergemeindlichen Verkehrs- und Versorgungsnetze erforderlich ist.

Definition und Kompetenzregelung bei der Festlegung der Siedlungsbereiche entsprechen den Vorschlägen der Kommission Land-Kommunen.

Siedlungsbereiche sind die Bereiche vorrangiger Siedlungstätigkeit, in denen vor dem Hintergrund der angestrebten Entwicklung der regionalen Siedlungsstruktur verstärkt Flächen auszuweisen sind, weil die Siedlungstätigkeit dort über die Eigenentwicklung (vgl. PS 2.2.21) hinausgehen soll. Welche Gemeinden die dafür notwendigen Wanderungsgewinne aufnehmen sollen oder für größere Gewerbeansiedlungen in Betracht kommen, ergibt sich aus der regionalen Siedlungskonzeption des Regionalplans. Siedlungsbereiche sind aber auch bevorzugte Standorte für Bauflächen, die benötigt werden, wenn die Eigenentwicklung einer Gemeinde, zum Beispiel einer großen Flächengemeinde mit mehreren Teilorten, nicht im jeweiligen Teilort selbst, sondern zusammengefaßt nur am Zentralort oder auch an mehreren Orten verwirklicht werden.

Die innergemeindliche Verteilung der Bauflächen ist grundsätzlich Sache der Bauleitplanung. Nach § 1 Abs. 4 BBauG müssen die Bauleitpläne jedoch den Zielen der Raumordnung und Landesplanung angepaßt werden. Deshalb kann sowohl der LEP mit seinen generellen Zielen, vor allem aber der Regionalplan, die Zuordnung der Bauflächen beeinflussen. Eine konzentrierte Flächenausweisung ist somit nicht an beliebig gewählten Standorten möglich, sondern muß in Einklang mit der regionalen Raumnutzungskonzeption stehen. Diese Konzeption ergibt sich im wesentlichen aus dem angestrebten Nebeneinander von Siedlung und Freiraum und ihrer jeweiligen Zuordnung zueinander. Darüber hinaus wird sie entscheidend durch das punkt-achsiale System der Zentralen Orte und der Entwicklungsachsen geprägt, welches mit seinen vielfachen gegenseitigen Verflechtungen und übergemeindlichen wechselseitigen Versorgungsbeziehungen ein Grundgerüst für die Ausweisung der Siedlungsbereiche abbildet.

Häufig kann sich die Regionalplanung darauf beschränken, lediglich die Gemeinde zu bezeichnen, in der ein Siedlungsbereich vorzusehen ist; die Bauleitplanung bestimmt dann, in welchem Teil der Gemeinde der Siedlungsbereich liegen soll, und weist die erforderliche Baufläche aus. Nur wo dies von überörtlicher Bedeutung für die Siedlungs- und Freiraumstruktur der Region ist - vor allem also bei der Aufgliede-

Seitenanmerkungen:
- Bauflächenbedarf
- Zu 2.2.22 Siedlungsbereiche
- Begriff
- Vorgabe der regionalen Raumnutzungskonzeption

Begründung
Siedlungsstruktur, Städte- und Wohnungsbau, Denkmalschutz; Verteidigungseinrichtungen

rung der Entwicklungsachsen -, darf die Regionalplanung den Ort vorgeben, der die Funktion des Siedlungsbereichs übernehmen soll. Diese Festlegung darf der Regionalplan aber nicht parzellenscharf wie ein Flächennutzungsplan treffen, sondern nur durch eine Schraffur oder ein anderes Symbol in der Raumnutzungskarte. Dies und der kleine Maßstab der Raumnutzungskarte gewährleisten, daß der Regionalplan die Siedlungsbereiche nur als Funktionszuweisung festlegt und nicht in die Kompetenz der Bauleitplanung eingreift.

Die wichtigsten Funktionen resultieren aus der zentralörtlichen Einstufung einer Gemeinde zwecks Wahrnehmung von Versorgungsaufgaben durch ihren zentralörtlichen Versorgungskern oder aus der Bestimmung von überörtlich bedeutsamen Industrie- und Gewerbestandorten sowie von Standorten für Erholungsfunktionen. Derartige Funktionszuweisungen sind schon deshalb notwendig, um im Regionalplan überhaupt eine Siedlungskonzeption ausweisen zu können, die räumlich genauer ist als die rahmenhaften Festlegungen des LEP. Dies gilt vor allem für die Aufgliederung der im LEP ausgewiesenen Entwicklungsachsen.

Zu 2.2.23 Beschränkung

Die Siedlungstätigkeit darf die Leistungsfähigkeit des Naturhaushalts nicht erheblich belasten und die Erholungsfunktion der Landschaft nicht wesentlich beeinträchtigen.

Wie bereits mehrfach zum Ausdruck gebracht, unterliegt jede Siedlungstätigkeit auch Beschränkungen, die sich zwangsläufig aus den vielfältigen räumlichen Gegebenheiten und den unterschiedlichen Nutzungsansprüchen an den Raum ergeben.

PS 2.2.23 nennt als wichtigste Beschränkung die generelle Rücksichtnahme auf die natürlichen Ressourcen (vgl. PS 2.2.11 und Plankapitel 2.1, insbesondere PS 2.1.2). Die Verwirklichung dieser Zielsetzung setzt aber auch voraus, daß in den Regionalplänen die schutzwürdigen Flächen und ihre unterschiedliche Schutzbedürftigkeit dargestellt werden, etwa als Natur- und Landschaftsschutzgebiete, regionale Grünzüge oder Vorrangbereiche (vgl. Plankapitel 1.7), sowie als natürliche Überschwemmungsgebiete (vgl. PS 2.7.12 und 2.7.71).

Zu 2.2.3 Siedlungsstruktur

Durch die städtebauliche Entwicklung ist eine Siedlungsstruktur anzustreben, die den unterschiedlichen vorrangigen Erfordernissen in den einzelnen Räumen entspricht.

Die in PS 2.2.1 als allgemeines Entwicklungsziel zusammengefaßten Zielsetzungen über die städtebauliche Entwicklung werden in PS 2.2.3 konkretisiert und nach verdichteten und ländlichen Räumen differenziert. Dieser wie auch die folgenden Plansätze über die Siedlungsstruktur sind in den LEP neu aufgenommen worden.

Zu 2.2.31 Verdichtungsräume, Randzonen, Verdichtungsbereiche im ländlichen Raum

In den verdichteten Räumen soll die Funktionsfähigkeit der Verdichtungskerne gesichert, der Siedlungsdruck auf das Stadtumland gemildert und die zur Auslastung der vorhandenen Infrastruktur notwendige Wohnbevölkerung in den Verdichtungskernen gehalten werden. Hierzu sollen auch Maßnahmen zur städtebaulichen Erneuerung im Sinne von Plansatz 2.2.4 dienen.

PS 2.2.31 faßt die bereits in den Plankapiteln 1.8 (vgl. PS 1.8.31 und 1.8.36) und 1.9 (vgl. PS 1.9.31 und 1.9.32) sowie in PS 1.10.4 verankerten Zielsetzungen zur Siedlungsentwicklung nunmehr unter dem Oberbegriff der Siedlungsstruktur zusammen. Er berücksichtigt, daß sich die Wohnsituation in den verdichteten Räumen (vgl. Karte 1), insbesondere in ihren Verdichtungskernen, ständig verschlechtert und in der vergangenen Zeit zu größeren Abwanderungen in die Randgebiete geführt hat, vor allem von jüngeren Bevölkerungsschichten (vgl. LEB 1979, S. 32). Diese sog. Randwanderung blieb nicht auf die Verdichtungsräume beschränkt, sondern erfaßte auch Städte in den Randzonen um die Verdichtungsräume, die Verdichtungskerne in den Verdichtungsbereichen im ländlichen Raum sowie die Verdichtungsansätze einzelner Mittelzentren. In PS 2.2.31 wurden diese Differenzierungen deshalb unter der Bezeichnung der „verdichteten Räume" zusammengefaßt. Ebenso wird für alle diejenigen Städte und Gemeinden oder für deren Innenstadtbereiche, welche die Kristallisationspunkte dieser verdichteten Räume sind, der Sammelbegriff der „Verdichtungskerne" verwendet. Dazu gehören auch die großstädtischen Verdichtungszentren im Sinne von PS 1.8.31.

Abwanderung aus Verdichtungskernen

Die Folgen dieser Bevölkerungsumverteilung spiegeln sich in einer zunehmenden Verschlechterung der Wohnsituation und der Funktionsfähigkeit der Verdichtungskerne einerseits und in einem Siedlungsdruck auf die Zuwanderungsgebiete - verbunden mit hohen Flächenansprüchen und teilweisen Versorgungsengpässen und demzufolge auch mit erheblichem zusätzlichem Finanzbedarf - andererseits wider.

Begründung
Siedlungsstruktur, Städte- und Wohnungsbau, Denkmalschutz; Verteidigungseinrichtungen

Angesichts dieser Entwicklung, die hier nur pauschal betrachtet werden kann, fordert der Plansatz deshalb, daß das Wohnen in der Stadt wieder attraktiv gemacht wird. Das setzt zunächst voraus, daß das Wohnen in der Stadt als echte Alternative zum derzeit bevorzugten Wohnen in ihrem Umland angeboten und empfunden wird. Erst wenn diese Grundvoraussetzungen geschaffen sind, können der weiteren Abwanderung der deutschen Bevölkerung, einer sozialen Entmischung und einem einseitigen Vordringen ausländischer Bevölkerungsteile in die Innenstädte sowie der damit drohenden Gefahr der Ghettobildung Einhalt geboten werden. Gleichzeitig würde dem baulichen Verfall in den Städten entgegengewirkt werden können. Mit der Verhinderung einer weiteren Abwanderung aus den Verdichtungskernen könnten dort vor allem auch Infrastrukturüberhänge vermieden und die Funktionsfähigkeit der Verdichtungskerne und der Zentralen Orte gesichert werden. Raumordnerisch von besonderer Bedeutung ist schließlich, daß die Vermeidung von Abwanderungen aus den Verdichtungskernen mit einer Verringerung der Inanspruchnahme von Landschaft in denjenigen Räumen verbunden ist, welche die abgewanderte Bevölkerung in der Regel aufnehmen, aber meist nur noch über beschränkte Freiraumreserven verfügen und somit einer ungesunden Verdichtung ausgesetzt würden.

Mit dem zweiten Satz dieses Plansatzes wird pauschal auf die Maßnahmen zur Stadterneuerung hingewiesen, die entscheidend zur Verbesserung der Wohnsituation in den Verdichtungskernen im besonderen und im allgemeinen auch in allen übrigen Städten und Gemeinden beitragen können. Dazu gehören einerseits private Maßnahmen zur Verbesserung der Wohnungen durch Modernisierung und andererseits kommunale Maßnahmen der Wohnumfeldverbesserung in älteren Wohngebieten (vgl. PS 2.2.4).

Stadterneuerung

Im ländlichen Raum sollen die Wohn- und Lebensverhältnisse verbessert und Wohnungen für den spezifischen Bedarf des ländlichen Raumes bereitgestellt werden. Hierzu sollen auch Maßnahmen zur städtebaulichen Erneuerung im Sinne von Plansatz 2.2.4 sowie Maßnahmen der Dorfentwicklung und zur Verbesserung der Agrarstruktur dienen. Neuausweisungen oder Erweiterungen bestehender Splittersiedlungen ist entgegenzuwirken.

Zu 2.2.32
Ländlicher Raum ohne Verdichtungsbereiche

PS 2.2.32 knüpft an die allgemeinen Zielsetzungen für den ländlichen Raum in PS 1.10.2 an, wonach dieser neben den Verdichtungsräumen als eigenständiger Lebens- und Wirtschaftsraum entwickelt und gestärkt werden soll. Eine wichtige Voraussetzung dafür ist die Verbesserung der Wohnverhältnisse und die Schaffung neuer Wohnmöglichkeiten (vgl. PS 1.10.35). Besonderes Augenmerk ist auf die Unterstützung einer breiten Eigentumsbildung zu lenken, worin ein besonderer Vorteil des ländlichen Raumes besteht. Der ländliche Raum kann die ihm eigene Attraktivität nur dann nutzen, wenn hier ausreichend Bauflächen für den Wohnungsbau ausgewiesen werden. Auch im ländlichen Raum hat die städtebauliche Erneuerung einen hohen Stellenwert erreicht, weil die Gemeinden hier wie in den verdichteten Räumen aufgrund städtebaulicher Mißstände und Mängel Funktionsschwächen und Bevölkerungsabwanderung verzeichnen. Insofern greifen auch im ländlichen Raum die in PS 2.2.4 dargestellten einzelnen städtebaulichen Erneuerungsmaßnahmen.

Die städtebauliche Entwicklung im ländlichen Raum umfaßt neben der Verbesserung der Wohnverhältnisse im Wege des Wohnungsneubaus, der städtebaulichen Erneuerung und der Innenmodernisierung auch Außenrenovierungen der Altbausubstanz in den alten Ortslagen. Die Pflege und Verbesserung der Bausubstanz ist notwendig, damit die Dörfer weder den Anschluß an neuzeitliche Entwicklungen verpassen noch ihre Eigenart verlieren. Die Maßnahmen der städtebaulichen Neuordnung sind deshalb auch durch Dorfentwicklungsmaßnahmen zu ergänzen, welche in dem bereits seit Jahren vom Land durchgeführten und auf Dauer angelegten Dorfentwicklungsprogramm festgelegt sind.

Dorfentwicklung

Die in diesem Programm zusammengefaßten Maßnahmen sollen möglichst im Rahmen einer ganzheitlichen Dorfentwicklung durchgeführt werden, damit sich ein Dorf sowohl baulich-technisch und wirtschaftlich als auch gesellschaftlich den sich wandelnden Ansprüchen seiner Einwohner und der Gesellschaft anpassen kann. Dies bedeutet, daß mit den Modernisierungs- und Sanierungsarbeiten zur Verbesserung der Wohn- und Arbeitsbedingungen in den Dörfern Maßnahmen zur Erhaltung und Gestaltung eines dorfgemäßen Wohnumfelds durch Einbeziehung von Straßenraum, Plätzen und privaten Vorhofbereichen einhergehen. Gleichzeitig können die Verkehrsverhältnisse durch Straßengestaltung, Parkplätze und Fußwege verbessert und in Abstimmung damit Einrichtungen für Freizeit und Erholung geschaffen werden. Im

Begründung
Siedlungsstruktur, Städte- und Wohnungsbau, Denkmalschutz; Verteidigungseinrichtungen

Rahmen der Erhaltung der das Ortsbild prägenden Bausubstanz bieten sich funktionslos gewordene Gebäude nach ihrer Instandsetzung für die Unterbringung von Gemeinschaftseinrichtungen an.

Dorfentwicklungsmaßnahmen sind allerdings auch auf landschaftsgerechte und wirtschaftliche Lösungen auszurichten. So gilt auch im ländlichen Raum das Gebot eines sorgsamen Umgangs mit der Fläche und der Schonung der Landschaft. Deshalb soll z.B. der Wohnungsbau überall dort beschränkt werden, wo er zur Ausweitung von bestehenden oder sogar zur Entstehung von neuen Splittersiedlungen führen würde, abgesehen davon, daß unwirtschaftliche Erschließungskosten vermieden werden sollten. Ein weiterer wichtiger Aspekt der Dorfentwicklung ist vor allem in der Erhaltung der historisch überkommenen Vielfalt der Siedlungsstruktur im gesamten ländlichen Raum zu sehen. Gleichzeitig wird damit auch ein bedeutsamer Beitrag für die Strukturpolitik im ländlichen Raum geleistet.

Zu 2.2.33
Freizeitwohnungen

Freizeitwohnungen sollen vor allem in Räumen errichtet werden, in denen sie zur Strukturverbesserung beitragen können, ohne den Erholungswert der Landschaft wesentlich zu beeinträchtigen. Hierbei ist der Verwendung oder dem Ausbau von Altbauten Vorrang vor der Ausweisung neuer Bauflächen einzuräumen. Neue Freizeitwohnungen sollen grundsätzlich innerhalb bestehender Siedlungen oder daran anschließend gebaut werden. In bevorzugten Erholungsräumen und in schützenswerten Landschaften sollen grundsätzlich nur Freizeitwohnungen errichtet werden, die einem großen, häufig wechselnden Besucherkreis zur Verfügung stehen; sie sollen so gestaltet werden, daß sie die Landbewirtschaftung, Landschaft und Ortsbilder nicht beeinträchtigen.

Die Zunahme der Freizeit und auch der Möglichkeiten ihrer Ausgestaltung hat in den vergangenen zwei Jahrzehnten die Bedeutung von Fremdenverkehr und Erholungswesen erheblich angehoben. Entsprechend haben sich parallel dazu auch die Bedürfnisse der Erholungsuchenden nach Fremdenverkehrseinrichtungen und Unterkünften gesteigert, die u.a. durch die Errichtung von Freizeitwohnungen der verschiedensten Formen befriedigt worden sind. Unter Ausnutzung landschaftlicher Vorzüge sowie förderpolitischer Hilfen vom Land bestand für zahlreiche Gemeinden eine günstige Gelegenheit, ihre wirtschaftliche Situation durch Fremdenverkehrseinnahmen zu verbessern oder durch eine gezielte Entwicklung zur ausgesprochenen Fremdenverkehrsgemeinde total zu verändern. Gleichzeitig konnten mit einer solchen Entwicklung wertvolle Beiträge zur regionalen Strukturpolitik aus größerräumiger Sicht geleistet werden. Die Wirtschaft, insbesondere die Bauindustrie einerseits und die Tourismusunternehmen und die Werbung andererseits, haben diese kommunal- und strukturpolitischen Bemühungen zusätzlich unterstützt.

Keine Beeinträchtigung der Erholungsräume

Der LEP fordert die Erschließung und die Sicherung von Erholungsräumen unter Wahrung ihrer landschaftlichen Eigenart und unter Schonung der Fläche. Das heißt, daß hier alle Maßnahmen auf die vorrangigen Erholungsfunktionen Rücksicht nehmen sollen. Die zurückliegende Entwicklung hat jedoch zu einem Konflikt zwischen diesen Zielsetzungen und der tatsächlich erfolgten Siedlungstätigkeit in diesen Räumen geführt. Die starke Zunahme von Freizeitwohnungen hat gerade in den Erholungsräumen sowohl zu Beeinträchtigungen der Landschaft (Flächeninanspruchnahme, Errichtung überdimensionaler architektonischer Fremdkörper, „Zubetonierung" der Landschaft) als auch zu Belastungen (Schaffung von Infrastruktur, z.B. Wasser- und Abwassereinrichtungen, Ausbau und Unterhalt des Straßennetzes) und Problemen der Gemeinden geführt (kaum Steuereinnahmen von Zweitwohnungsbesitzern). Diese Probleme entstanden in allen Erholungsräumen des Landes gleichermaßen, konzentriert und massiv jedoch besonders in den klassischen Fremdenverkehrslandschaften im Schwarzwald und am Bodensee. Das Innenministerium ist dieser Entwicklung für den Schwarzwald und den Uferbereich des Bodensees mit dem Schwarzwald-Erlaß vom 18. Mai 1973 (GABl. S. 654) und dem Bodensee-Erlaß vom 26. Juli 1971 (GABl. S. 988) deshalb bereits vor Jahren entgegengetreten. Beide Erlasse regeln die Einschränkungen des eigengenutzten Freizeitwohnungsbaus.

Maßvoller Ausbau

PS 2.2.33 behandelt Probleme, die sich aus den steigenden Bedürfnissen an Freizeitwohnungen ergeben. Der LEP enthält zwar keine großräumige Standortfestlegung, er gibt aber Hinweise für eine raumordnerisch unbedenkliche und landesentwicklungspolitisch erwünschte Standortwahl für Freizeitwohnungen in bestimmten Räumen. In Erholungsräumen sind Freizeitwohnungen grundsätzlich vertretbar, wenn sie den Erholungscharakter der Landschaft und die Ortsbilder nicht stören. Sie können der Erholung der Allgemeinheit und dem Fremdenverkehr allerdings nur förderlich sein, wenn sie hauptsächlich und auf Dauer einem häufig wechselnden Benutzerkreis zur Erholung dienen. Insofern sollen Freizeitwohnungen in bevorzugten Erholungsräu-

Begründung
Siedlungsstruktur, Städte- und Wohnungsbau, Denkmalschutz; Verteidigungseinrichtungen

men sogar errichtet werden. Strukturpolitisch besonders erwünscht ist die Errichtung von Freizeitwohnungen außerdem in strukturschwachen Räumen, wo sie einen Beitrag zur Strukturverbesserung leisten können (vgl. PS 1.10.34).

Ein weiterer Grundsatz besteht darin, daß bei der Errichtung von Freizeitwohnungen die Verwendung und der Ausbau von Altbauten Vorrang vor neuen Siedlungen haben und innerhalb bebauter Ortslagen vielfach auch Baulücken genutzt werden sollen. Hier bieten sich Möglichkeiten einer Zusammenarbeit mit Maßnahmenträgern der Dorfentwicklung an, die sich auch günstig auf die Entwicklung der Dörfer und ländlichen Siedlungen auswirken (vgl. PS 2.2.31). Der Tendenz, Freizeitwohnungen im Außenbereich oder in kleinen Splittersiedlungen zu errichten, ist entgegenzuwirken. Bauvorhaben von Freizeitwohnungen sind raumordnerisch immer dann nicht vertretbar, wenn sie als Großprojekte oder in gehäufter Form entstehen.

Da auch Campingplätze unter regional- und bauleitplanerischen Gesichtspunkten geplant werden wie Freizeitwohnungen und Wochenendhäuser, gelten im Prinzip auch für diese die vorgenannten Grundsätze und Beschränkungen hinsichtlich ihrer Standortfestlegung und ihres Ausbaus. Insbesondere Dauercampingplätze sind wegen ihrer Raumansprüche vielfach mit immobilen Freizeitwohnungen vergleichbar, so daß sie den gleichen planerischen Auflagen unterliegen (vgl. Campingplatzverordnung vom 21. Februar 1975 - GBl. S. 229). Zwecks besserer Auslastung der für Campingplätze ohnehin erforderlichen Einrichtungen empfiehlt sich, Dauercampingplätze möglichst im Zusammenhang mit solchen Campingplätzen zu erstellen, die für das eigentliche Wohnwandern bestimmt sind.

Campingplätze

Großflächige Einzelhandelsbetriebe und sonstige großflächige Handelsbetriebe für Endverbraucher sollen nur an solchen Standorten ausgewiesen, errichtet oder erweitert werden, wo sie sich nach Größe und Einzugsbereich in das zentralörtliche Versorgungssystem einfügen; sie dürfen weder durch ihre Lage oder Größe noch durch ihre Folgewirkungen das städtebauliche Gefüge, die Funktionsfähigkeit des zentralörtlichen Versorgungskernes oder die verbrauchernahe Versorgung der Bevölkerung im Einzugsbereich beeinträchtigen.

Zu 2.2.34
Einzelhandelsgroßprojekte

Zur Versorgung der Bevölkerung mit Waren und Gütern des täglichen und nichttäglichen Bedarfs gehört die Bereitstellung und Gewährleistung von entsprechenden Einkaufsmöglichkeiten in zumutbarer Entfernung. Eine bedarfsgerechte Warenversorgung der Bevölkerung wird am ehesten durch einen differenzierten und breitgefächerten Einzelhandel erreicht. In den letzten Jahrzehnten hat sich im Einzelhandel ein grundlegender Strukturwandel vollzogen, weil sich der Einzelhandel im Zuge der wirtschaftlichen Entwicklung den sich ständig ändernden Marktanforderungen anpassen mußte. Die Zahl der Einzelhandelsunternehmen ist seit 1960 um rd. ein Fünftel zurückgegangen; im Lebensmittelbereich hat sich die Zahl der Betriebe allein während der 70er Jahre bundesweit sogar um 40 % verringert. Auf der anderen Seite hat die Zahl der großflächigen Einzelhandelsbetriebe, insbesondere der SB-Warenhäuser und Verbrauchermärkte, stark zugenommen.

Strukturwandel
im Einzelhandel

Diese Änderung der Einzelhandelsstruktur kann sich auf die räumlichen Verflechtungen, insbesondere auf das Netz der Zentralen Orte, und auf die städtebauliche Entwicklung und Ordnung der Standortgemeinden auswirken. Wesentliche Auswirkungen können vor allem von Einzelhandelsgroßprojekten ausgehen, weil jene Großbetriebsformen das Funktionsgefüge der Zentralen Orte und das äußere Bild der Städte und Gemeinden wie auch deren Umlandstrukturen empfindlich beeinflussen. Um zu verhindern, daß von solchen Einrichtungen an falsch gewählten Standorten nachteilige Auswirkungen ausgehen, insbesondere auf die Siedlungsstruktur und die verbrauchernahe Versorgung der Bevölkerung, müssen derartige Vorhaben anhand von landes- und regionalplanerischen sowie von städtebaulichen Kriterien geprüft werden.

Auswirkungen auf
die Raumstruktur

Aus diesen Problemen und Folgewirkungen bei der Ausweisung, Errichtung und Erweiterung von Einzelhandelsgroßprojekten resultierte die Notwendigkeit einer Verankerung entsprechender Zielsetzungen im LEP (vgl. LEB 1975, Band 1, S. 69), was mit der Formulierung von PS 2.2.34 im Zuge der Fortschreibung erfolgt ist. Damit wird in Verbindung mit PS 1.5.31 einem Landtagsbeschluß vom 13. Dezember 1974 Rechnung getragen, in dem die Landesregierung ersucht worden ist, „in den Landesentwicklungsplan Regelungen über Standorte von Verbrauchermärkten und Einkaufszentren aufzunehmen, nach welchem verhindert wird, daß durch Einkaufszentren die Funktionsfähigkeit der Innenstädte und die Verwirklichung eines zentralörtlichen Systems, wie es die Landesplanung vorsieht, beeinträchtigt werden"

Begründung
Siedlungsstruktur, Städte- und Wohnungsbau, Denkmalschutz; Verteidigungseinrichtungen

(vgl. LT-DS 6/6490). Mit diesen Plansätzen wird auch den Tendenzen in den der Regierung durch Landtagsbeschluß vom 20. Februar 1976 als Material überwiesenen Anträgen von Abgeordneten der SPD „Einzelhandelsstandorte in Regionalplänen und Entwicklungsprogrammen" vom 2. September 1975 (LT-DS 6/8121), der Fraktion der FDP/DVP „Verbrauchermärkte und Einkaufszentren" vom 23. September 1975 (LT-DS 6/8206) und der Fraktion der CDU „Beurteilung von Handelsgroßprojekten" vom 1. Oktober 1975 (LT-DS 6/8283) entsprochen.

Erlaß über Einzelhandelsgroßprojekte

Bevor entsprechende einschränkende Zielsetzungen in den LEP aufgenommen werden konnten, wurden für die Planung und Beurteilung von Einzelhandelsgroßprojekten mit dem gemeinsamen Erlaß des Innenministeriums und des Wirtschaftsministeriums über Verbrauchermärkte, Einkaufszentren und andere Einzelhandelsgroßprojekte vom 8. September 1976 (GABl. S.1135) bereits vorab einige Hinweise an die Träger der Bauleitplanung gegeben. Dieser Erlaß sollte einerseits Orientierungshilfen für die Ausübung des Planungsermessens der Bauleitplanungsträger geben und andererseits den Regionalverbänden und den Genehmigungsbehörden die bei der Planung und Errichtung von Einzelhandelsgroßprojekten zu beachtenden planerischen und rechtlichen Gesichtspunkte aufzeigen. Die materielle Erweiterung des Anwendungsbereichs der Baunutzungsverordnung durch ihre Neufassung im Jahre 1977 und die Diskussion der damit zusammenhängenden planerischen Fragen und raumordnerischen Auswirkungen in der MKRO (vgl. Stellungnahme des Hauptausschusses über „Einzelhandelsgroßprojekte im Verhältnis zur Landesplanung" vom 17. März 1983) werden die Grundlagen für einen überarbeiteten Erlaß zu den Einzelhandelsgroßprojekten bilden.

Baunutzungsverordnung (BauNOV)

Die in PS 2.2.34 angesprochenen großflächigen Einzelhandelsbetriebe und sonstigen großflächigen Handelsbetriebe für Letztverbraucher entsprechen den in § 11 Abs. 3 Satz 1 BauNVO in der Fassung der Bekanntmachung vom 15. September 1977 (BGBl. I S.1763) aufgeführten Vorhaben. Danach sind großflächige Einzelhandelsbetriebe Betriebe mit einer Geschoßfläche von in der Regel mehr als 1 500 qm, die ausschließlich oder überwiegend an Letztverbraucher verkaufen. Bei den sonstigen großflächigen Handelsbetrieben überwiegt der Warenverkauf an Letztverbraucher zwar nicht mehr, weil jene in der Regel eine Mischform zwischen Groß- und Einzelhandel darstellen; ihre Einzelhandelsfunktionen nehmen aber einen solchen Umfang an, daß sie im Hinblick auf ihre Auswirkungen mit den vorgenannten großflächigen Einzelhandelsbetrieben vergleichbar sind.

Mit der Neufassung der BauNVO 1977 wurde der Anwendungsbereich über die bisher schon angesprochenen Einkaufszentren und Verbrauchermärkte hinaus auf die o.a. großflächigen Betriebe erweitert. Ausschlaggebend dafür war, daß die Frage in den Vordergrund gerückt wurde, ob und inwieweit sich die großflächigen Einzelhandels- und sonstigen großflächigen Handelsbetriebe nach Art, Lage oder Umfang auf die Verwirklichung der Ziele der Raumordnung und Landesplanung oder auf die städtebauliche Entwicklung und Ordnung auswirken würden. Solche Auswirkungen liegen nahe, wenn die Geschoßflächen großflächiger Einzelhandelsbetriebe 1 500 qm überschreiten. PS 2.2.34 spricht deshalb ganz bewußt nur diejenigen Betriebe an, die vor dem Hintergrund ihrer Auswirkungen landesplanerisch relevant sind.

Überprüfung alter Bebauungspläne

Der zitierte § 11 Abs. 3 BauNVO 1977 gilt nur für Bebauungspläne, die nach dem 1. Oktober 1977 aufgestellt wurden. Für alte Bebauungspläne, die unter der Geltung der BauNVO 1968 oder der BauNVO 1962 aufgestellt worden sind, gelten jene früheren Fassungen der BauNVO weiter. Danach sind Einkaufszentren und Verbrauchermärkte, großflächige Einzelhandelsbetriebe sowie sonstige großflächige Handelsbetriebe in Industriegebieten, Gewerbegebieten und ggf. Mischgebieten nach der BauNVO 1962 generell nicht ausgeschlossen, nach der BauNVO 1968 nur dann, wenn sie der übergemeindlichen Versorgung dienen sollen.

In dem zitierten Gemeinsamen Erlaß vom 8. September 1976 (Ziff. 3) sowie in den Baunutzungshinweisen des Innenministeriums vom 3. April 1978 (Ziff. 3.6, GABl. S. 399) wie auch in der o.a. Stellungnahme des Hauptausschusses der MKRO wurden daher die Gemeinden aufgefordert, alte Bebauungspläne den Vorschriften der BauNVO 1977 anzupassen, sofern derartige Handelsbetriebe dort landesplanerisch oder städtebaulich nicht vertretbar sind.

Bebauungsplanänderungen können zwar zu Entschädigungsansprüchen nach § 44 BBauG führen. Voraussetzung hierfür ist jedoch, daß die durch die Änderung ausgeschlossene Nutzung bisher zulässig, insbesondere ihre Erschließung gesichert war und durch die Änderung der zulässigen Nutzung eine nicht nur unwesentliche

Wertminderung des Grundstücks eintritt. Von einer wesentlichen Wertminderung ist nur dann auszugehen, wenn in dem Gebiet bereits ein Verkehrswert entstanden ist, der erheblich über dem Verkehrswert vergleichbarer Gewerbe- und Industriegebiete liegt, in denen die Ansiedlung eines Handelsbetriebs im Sinne von § 11 Abs. 3 BauNVO 1977 nicht möglich ist.

Entschädigt wird grundsätzlich nur die Bodenwertminderung, nicht aber z.B. ein entgangener Gewinn. Betrifft die Änderung der zulässigen Nutzung ein noch nicht bebautes Grundstück, so entfällt der Entschädigungsanspruch dann, wenn die Bebauung mehr als sieben Jahre zulässig war, aber nicht ausgeübt wurde (§ 44 Abs. 2 BBauG). Außerdem werden bei Änderung eines rechtsverbindlichen Bebauungsplans, auch wenn die Erschließung noch nicht gesichert war, etwaige Aufwendungen entschädigt, die der Eigentümer im berechtigten Vertrauen auf den Bestand des Plans erbracht hat (§ 39 j BBauG); hierzu gehört nicht der Kaufpreis.

Muß eine Gemeinde einen Dritten hiernach entschädigen, weil sie einen in Kraft getretenen Bebauungsplan aufgrund der Ziele der Raumordnung und Landesplanung geändert oder aufgehoben hat, so ist ihr gemäß § 16 LplG vom Land Baden-Württemberg Ersatz zu leisten, sofern die Gemeinde dem Regierungspräsidium als höherer Raumordnungsbehörde vor der Verbindlicherklärung des LEP oder des Regionalplans von der erforderlichen Änderung oder Aufhebung Kenntnis gegeben hat.

Im Hinblick auf die gegenwärtige Entwicklung im Einzelhandel - als Folge der strengeren neuen Vorschriften verlegen sich die Unternehmen auf die Übernahme vorhandener Betriebsgebäude, z.B. stillgelegte Fabriken - sind die Gemeinden aufgefordert, von dem ihnen zur Verfügung stehenden Rechtsinstrumentarium den erforderlichen Gebrauch zu machen.

Die Errichtung von Einzelhandelsgroßprojekten an falsch gewählten Standorten würde sich insbesondere auf das Netz der Zentralen Orte auswirken. Im Vordergrund von PS 2.2.34 steht deshalb, daß sich derartige Einrichtungen nach Standort, Größe und Einzugsbereich in das zentralörtliche Versorgungssystem einfügen sollen (vgl. PS 1.5.3 und folgende). Nachhaltig untermauert wird diese Forderung durch den zusätzlichen Akzent einer stringenten Standortbestimmung („nur an solchen Standorten"), die eine Einfügung in das zentralörtliche Versorgungssystem gewährleistet.

Abstimmung mit dem zentralörtlichen Versorgungssystem

Zwischen den Einzelhandelsgroßprojekten muß allerdings auch differenziert werden. Handelt es sich um Einrichtungen zur überörtlichen Versorgung eines Verflechtungsbereichs, sollen sie bevorzugt im zentralörtlichen Versorgungskern errichtet oder ausgebaut werden. Als solche sind sie sowohl mit der Größe der Verflechtungsbereiche der Zentralen Orte als auch untereinander nach Art und Reichweite abzustimmen, damit die bestehende oder angestrebte zentralörtliche Versorgung nicht gefährdet wird (vgl. PS 1.5.31). So könnte beispielsweise ein großflächiger Einzelhandelsbetrieb oberzentralen Zuschnitts in Warenangebot und Reichweite an einem kleinzentralen Standort eine Gefährdung des zentralörtlichen Versorgungssystems bedeuten.

Einzelhandelsgroßprojekte sind raumordnerisch vor allem aber immer dann problematisch, wenn sie zentralörtliche Versorgungsfunktionen übernehmen, jedoch außerhalb des zentralörtlichen Versorgungskerns angesiedelt sind. Funktionsfähigkeit und weiterer Ausbau des Zentralen Orts könnten in solchen Fällen erheblich beeinträchtigt und die Urbanität des Innenstadtbereichs gleichzeitig empfindlich gestört werden, wenn im Dienstleistungsbereich der wichtige Sektor „Einkauf" vom zentralörtlichen Versorgungskern abgezogen würde.

Im Interesse einer verbrauchernahen Versorgung der Bevölkerung sind Einzelhandelsgroßprojekte im Ausnahmefall auch außerhalb Zentraler Orte möglich, wenn die Versorgungssituation im gesamten Verflechtungsbereich durch das Vorhaben nicht verschlechtert wird (vgl. PS 1.5.32). Sind die Vorhaben in ihrer Größe so bemessen, daß sie überwiegend der örtlichen Versorgung dienen, gilt PS 1.5.33.

Als zweiten Schwerpunkt sieht PS 2.2.34 vor, die Ausweisung, Errichtung und Erweiterung von Einzelhandelsgroßprojekten mit der städtebaulichen Entwicklung und Ordnung der Standortgemeinden in Einklang zu bringen, weil derartige Projekte oftmals funktionsgerechte städtebauliche Strukturen stören und deren Erhaltung oder Weiterentwicklung behindern. Zahlreiche Beispiele aus der Praxis belegen, daß „auf der grünen Wiese" errichtete Einzelhandelsgroßprojekte in der Regel zu Urbanitätsverlusten der Innenstädte geführt haben. Meist konnten diese in der Folge ihre Funktionen als Stadtzentren nicht mehr oder nur noch eingeschränkt erfüllen. Gerade Stadtzentren sollen aber die Mittelpunkte des kulturellen und sozialen Lebens bleiben.

Erhaltung des städtebaulichen Gefüges

Begründung
Siedlungsstruktur, Städte- und Wohnungsbau, Denkmalschutz; Verteidigungseinrichtungen

Einzelhandelsgroßprojekte können aber auch das gewachsene städtebauliche Gefüge sprengen, wenn sie sich nach Art und Umfang in den Ort nicht einfügen. Eng verbunden damit wiederum sind Auswirkungen der Betriebe auf den Verkehr einerseits sowie verkehrsbedingte Folgewirkungen andererseits. Somit ist es besonders wichtig, sowohl für die Abwicklung des fließenden und ruhenden Verkehrs als auch für die Abstimmung des Verkehrs mit Belangen benachbarter Wohngebiete hinsichtlich Sicherheit und Lärmentwicklung die Anbindung der Standorte von Einzelhandelsgroßprojekten an das bestehende oder geplante Verkehrsnetz rechtzeitig zu untersuchen. Nicht unbedeutend sind auch mögliche Auswirkungen auf das Ortsbild, dessen Geschlossenheit durch überdimensionierte Anlagen gestört würde, weil sie sich beispielsweise mit denkmalgeschützten oder das Ortsbild prägenden Einzelbauten und Ensembles nicht vertragen. Schließlich steht hinter PS 2.2.34 die Absicht, außerhalb der vorhandenen Bebauung die Errichtung von Einzelhandelsgroßprojekten nicht mehr zuzulassen, um eine Zersiedlung der Landschaft, eine Beeinträchtigung des Orts- und Landschaftsbildes und die relativ große Inanspruchnahme von Flächen zu vermeiden.

Beachtung mittelständischer Betriebe

Die Überprüfung von Vorhaben von Einzelhandelsgroßprojekten nach landesplanerischen und nach städtebaulichen Kriterien dient nicht dem Schutz bestehender Einzelhandelsunternehmen vor Konkurrenz. Dennoch ist von Seiten der Planungsträger und Genehmigungsbehörde außer den landesplanerischen und den städtebaulichen Gesichtspunkten auch den Bedürfnissen der Wirtschaft Rechnung zu tragen. In erster Linie geht es hier um die Berücksichtigung der Belange der mittelständischen Betriebe nach Maßgabe des Mittelstandsförderungsgesetzes vom 16. Dezember 1975 (GBl. S. 861). Danach ist eine ausgewogene Wirtschaftsstruktur sicherzustellen, die von einem angemessenen Verhältnis zwischen kleinen und mittleren Unternehmen des Einzelhandels, des handeltreibenden Handwerks sowie freien Berufen und großen Unternehmen gekennzeichnet sein sollte.

Zu 2.2.4
Stadterneuerung

Die Stadterneuerung ist vorrangig auf die Verbesserung oder Erhaltung der Funktionsfähigkeit der Ortskerne und auf die Aufwertung der älteren Wohngebiete auszurichten. Städtebauliche Mißstände, insbesondere Funktionsschwächen in den Stadt- und Ortskernen und unzureichende Wohnverhältnisse, sollen durch Maßnahmen der Stadterneuerung und durch Modernisierung verbessert oder behoben werden, insbesondere wenn dadurch Abwanderungen der Bevölkerung aus den gefährdeten Gebieten verhindert werden können.

Die bisherigen Zielsetzungen zum Wohnungswesen wurden bei der Fortschreibung des LEP erheblich umgestaltet, weil sich die Grundlagen und die Rahmenbedingungen der Städtebau- und Wohnungspolitik in den zurückliegenden Jahren tiefgreifend gewandelt haben (vgl. LEB 1979, S. 119 ff.):

Neuorientierung
der Städtebau- und
Wohnungspolitik

Nachdem im Wohnungsbau durch eine langjährige Förderpolitik eine gute Wohnungsversorgung erreicht werden konnte und der Wohnungsmarkt trotz einiger Engpässe insgesamt relativ ausgeglichen ist, gewann die städtebauliche Erneuerung in Verbindung mit dem Wohnungsbau zunehmend Bedeutung für die Lösung der aktuellen Siedlungs- und Strukturprobleme in den Städten und Gemeinden. Als zunächst besonders problematisch stellte sich in den Kernbereichen vieler Städte und Gemeinden eine einseitige Entwicklung der Bevölkerungsstruktur heraus mit der Folge, daß sich nach Abwanderung vieler junger Deutscher die Anteile der zurückbleibenden älteren Bevölkerung sowie der zuziehenden ausländischen Bevölkerung drastisch erhöhten. Nachdem die Randwanderung nunmehr weithin zum Stehen kam, geben die schlechten Wohnverhältnisse in den Altstadtquartieren Anlaß zu verstärkten Aktivitäten in der Stadt- und Dorfentwicklung. Im übrigen trägt die Stadterneuerung heute verstärkt zum Wohnungsneubau in der Innenstadt bei (vgl. insbesondere PS 2.2.43). Obwohl diese in wechselseitiger Verknüpfung mit dem Wohnungsbau erfolgen, wurden bei der Fortschreibung des LEP Städte- und Wohnungsbau als getrennte Sachbereiche mit spezifischen Zielsetzungen in jeweils eigenen Plansätzen ausgesprochen.

„Mittelfristiges Programm
für Stadt- und
Dorfentwicklung"

Die Landesregierung hat auf die veränderten Rahmenbedingungen bereits frühzeitig mit einer Neuorientierung ihrer Städtebau- und Wohnungsbaupolitik reagiert (vgl. Antwort der Landesregierung auf die Große Anfrage der Fraktion der CDU betr. „Städte- und Wohnungsbau", LT-DS 7/2538). Bereits 1976 wurde im Land eine

Begründung
Siedlungsstruktur, Städte- und Wohnungsbau, Denkmalschutz; Verteidigungseinrichtungen

Städtebauaktion gestartet, mit der ein erster bedeutender Akzent der Stadterneuerung gesetzt wurde. Schwerpunkte waren

- ein landeseigenes Programm zur Förderung städtebaulicher Sanierungsmaßnahmen nach dem Städtebauförderungsgesetz (Landessanierungsprogramm - LSP);
- das 14-Städte-Programm zur Verbesserung der Wohnverhältnisse in älteren Wohngebieten der großen Städte;
- ein Darlehensprogramm zur Förderung gewerblicher Investitionen in Sanierungsgebieten.

Ab dem Landeswohnungsbauprogramm 1979 wurde die Wohnungsbauförderung mit den Aufgaben der Stadterneuerung verknüpft. Wie im „Mittelfristigen Programm für Stadt- und Dorfentwicklung" im einzelnen dargestellt, erhielten Wohnungsbauvorhaben in Stadterneuerungsgebieten z.T. Fördervorrang, teilweise wurden die Regelfördersätze für Vorhaben dieser Art angehoben. Schließlich enthalten die Landeswohnungsbauprogramme seit 1979 Förderangebote, die nur in Stadterneuerungsgebieten gelten. Damit hat die Landesregierung die Weichen für die künftige Stadterneuerung gestellt.

Ein bedeutender Grundgedanke der Stadt- und Dorfentwicklung ist in der Generalformel „Erneuerung hat Vorrang vor Neubau" verankert, die aber einer angemessenen Interpretation bedarf. Jene Formel bedeutet nämlich nicht, daß die Ausweisung von Bauflächen um jeden Preis unterbunden werden soll, sondern sie soll in erster Linie ein Zeichen gegen das grenzenlose Ausufern der Bebauung und der damit verbundenen Landschaftsinanspruchnahme setzen und eine deutliche Hinwendung zur bedrohten Altbausubstanz anzeigen. Zur Auflockerung älterer Baugebiete ist es andererseits sogar sinnvoll und notwendig, daß neben Maßnahmen zur Erhaltung und Wiederbelebung der vorhandenen städtebaulichen Substanz im ausgewogenen Verhältnis und in maßvoller Begrenzung neue Bauflächen bereitgestellt werden. Insofern sind sowohl Erneuerungs- als auch Neubaumaßnahmen als gleichrangig nebeneinander zu betrachten und in einem ausgewogenen Verhältnis zueinander durchzuführen.

„Ausbau vor Neubau"

Der hohe Stellenwert der Stadt- und Dorfentwicklung als Kernstück der neuen Städtebau- und Wohnungspolitik beruht auf der Vielschichtigkeit ihrer Auswirkungen auf andere Politikbereiche. Gemeinsames Ziel aller Erneuerungsbemühungen ist es, die Wohn- und Lebensverhältnisse der Menschen zu verbessern oder mindestens zu erhalten. Ansatzpunkte dafür sind zunächst die unmittelbaren städtebaulichen Erneuerungsmaßnahmen, die zur Erhaltung oder Verbesserung der Funktionsfähigkeit, zur Verbesserung der Wohnverhältnisse und zur Erhaltung von Gestalt und Eigenart der Städte und Gemeinden ergriffen werden. Hiermit verbindet sich auch das raumordnerische Anliegen, die Funktionen der Zentralen Orte durch Verbesserung der Einkaufsmöglichkeiten und Dienstleistungsangebote sowie der Verkehrsverhältnisse zu erhalten oder anzuheben. Mit der Weiterverfolgung der bewährten Zielvorstellung in der bisherigen Städtebau- und Wohnungspolitik, einer Verödung der Stadtkerne und einer Entleerung des ländlichen Raumes entgegenzuwirken, ist vor allem ein bedeutender strukturpolitischer Effekt verbunden. Dieser wird durch die wirtschafts- und beschäftigungspolitische Bedeutung des Städte- und Wohnungsbaus aufgewertet und ergänzt, weil Städte- und Wohnungsbau wegen der veränderten Wirtschafts- und Finanzlage eine tragende Rolle im Bereich der Investitionspolitik des Landes übernehmen.

Beitrag zur Strukturpolitik

PS 2.2.4 trägt der unterschiedlichen Aufgabenstellung der städtebaulichen Erneuerung Rechnung. Ein Schwerpunkt liegt in der Verbesserung und Erhaltung der Funktionsfähigkeit der Stadt- und Ortskerne. Um deren Attraktivität und Urbanität zu steigern und für ein Leben in der Stadt wieder interessant zu machen und zu reaktivieren, ist ein Bündel privater und öffentlicher Maßnahmen erforderlich. Entscheidend ist deshalb ein koordinierter Einsatz der verschiedenen städtebaulichen Mittel und eine Abstimmung mit flankierenden Maßnahmen. Im Vordergrund steht vor allem die Sanierung der Stadt- und Ortskerne nach dem Städtebauförderungsgesetz (vgl. PS 2.2.41). Die Probleme der Ortskernsanierungen konzentrieren sich künftig vornehmlich auf kleinere Städte und Gemeinden.

Aufgabenstellung der Stadterneuerung

Den anderen Schwerpunkt bildet die Aufwertung der älteren meist city-nahen Wohngebiete, in denen sich die Abwanderung der Bevölkerung und die ungünstige Veränderung der Bevölkerungsstruktur besonders stark auswirken. Besonders davon betroffen sind die Großstädte und größeren Mittelstädte. Das Gewicht der Erneuerungsmaßnahmen wird hier - im Gegensatz zu den Sanierungsmaßnahmen in den

Begründung
Siedlungsstruktur, Städte- und Wohnungsbau, Denkmalschutz; Verteidigungseinrichtungen

Altstadtkernen - stärker auf die Verbesserung der Wohnverhältnisse verlagert, um das Wohnen in der Stadt als Mittel gegen eine fortgesetzte Abwanderung und einen meist nur noch von ausländischen Bevölkerungsteilen geprägten Zuzug einsetzen zu können. Die raumordnerisch bedeutsame Folgewirkung einer solchen Städtebaupolitik ist u.a., daß mit dem Verbleiben in der Stadt der Siedlungsdruck auf die Zuwanderungsgebiete im Stadtumland durch einen geringeren Neubaubedarf gemindert und die Flächeninanspruchnahme gleichzeitig reduziert werden kann.

Komplexität der Stadterneuerung

Die Bedeutung der Stadterneuerung liegt in der umfassenden Wirkung ihrer ineinandergreifenden Maßnahmen zur Sanierung und Modernisierung wie auch des Um- und Ausbaus sowie des Neubaus von Wohnungen. Die Beseitigung städtebaulicher Mißstände umfaßt die gesamte Palette der Maßnahmen zur Erhaltung oder Wiederherstellung der Funktionsfähigkeit der innerstädtischen Bereiche, zur Anhebung der Wohnqualität durch Modernisierung von Wohnungen und zur Aufwertung der Wohnverhältnisse durch Verbesserung des Wohnumfelds.

Zu 2.2.41
Sanierung nach dem Städtebauförderungsgesetz

Städtebauliche Sanierungsmaßnahmen durch Instandsetzung und Modernisierung von Gebäuden, durch Beseitigung baulicher Anlagen und Neubebauung sowie durch Verbesserung und Neugestaltung der Erschließung, der Freiflächen und der Gemeinbedarfseinrichtungen sollen vor allem in Zentralen Orten zum Ausbau ihrer Funktionsfähigkeit und in anderen Orten im Zusammenhang mit sonstigen Investitionsmaßnahmen der Gemeinden und des Landes gefördert werden.

Die Stadterneuerung wird bereits seit Jahren mit Hilfe umfangreicher Sanierungsmaßnahmen nach dem Städtebauförderungsgesetz durchgeführt. Dabei steht im Gegensatz zu früheren Jahren die erhaltende Erneuerung im Vordergrund. Soweit allerdings die vorhandene Bausubstanz nicht erhalten werden kann, weil eine Sanierung zu aufwendig wäre und sich verschiedene Nutzungen gegenseitig stören, werden in der Regel nicht nur einzelne Gebäude, sondern Gebäudegruppen in sog. Flächensanierung abgerissen und durch neue Bauten ersetzt.

Die Behebung städtebaulicher Mißstände und Mängel ist stets gebietsbezogen konzipiert, um die erforderlichen Einzelmaßnahmen unter Berücksichtigung der unterschiedlichen Nutzungen aufeinander und mit den Gesichtspunkten einer Verbesserung der gesamten Erschließung und Neugestaltung des Sanierungsgebiets abzustimmen. Das setzt weiter voraus, daß auch die Maßnahmen anderer Träger in einer städtebaulichen Gesamtkonzeption zeitlich und finanziell koordiniert werden, die auch den Denkmalschutz (vgl. PS 2.2.6) und die Ortspflege (vgl. PS 2.2.7) einbezieht. Ebenso sind Maßnahmen, welche von den Gemeinden oder vom Land außerhalb von Förderprogrammen geplant sind, zu berücksichtigen.

Funktionsfähigkeit der Zentralen Orte

Ein besonderes Augenmerk ist vor allem auf alle Maßnahmen zu lenken, die zentralörtliche Einrichtungen berühren und die Funktionsfähigkeit der Zentralen Orte erhalten oder verbessern können. Dazu ist bei städtebaulichen Erneuerungs- oder Neubaumaßnahmen parallel zur Modernisierung oder Schaffung von Wohnraum gleichzeitig erforderlich, die Versorgung der Bevölkerung durch Einzelhandel, Handwerk, freie Berufe und alle sonstigen Dienstleistungen sicherzustellen. Eng verzahnt damit ist wiederum die Verbesserung oder Neuschaffung von gewerblichen Existenzmöglichkeiten, was bis zur Ausweisung neuer, auf die Bedürfnisse von Wirtschaft, Raumordnung und Umweltschutz abgestimmter Gewerbestandorte reichen kann.

Die Hervorhebung, städtebauliche Erneuerungsmaßnahmen vor allem in Zentralen Orten durchzuführen, schließt deren Durchführung in anderen Gemeinden keineswegs aus. Das Städtebauförderungsgesetz ist eine gesetzliche Grundlage und Handhabe für städtebauliche Maßnahmen in allen Gemeinden. Ebenso ist PS 2.2.41 auch nicht dahingehend zu verstehen, daß städtebauliche Erneuerungsmaßnahmen nach dem Städtebauförderungsgesetz auf den Ausbau der zentralörtlichen Funktionsfähigkeit eingeschränkt werden. Sie haben eine zweifellos wesentlich größere Reichweite in ihren Zielsetzungen und Auswirkungen, sind aber ein bedeutender Beitrag zur Erhaltung oder zur Verbesserung der Funktionsfähigkeit der Zentralen Orte. Jene wird darüber hinaus auch noch durch andere Maßnahmen bewirkt.

Bund-Land-Programm

Schon seit 1971 werden Stadterneuerungsmaßnahmen vor allem in Groß- und Mittelstädten auf der Grundlage des Bund-Land-Programms nach § 72 StBauFG (SE- Programm) gefördert. Die maßnahmenbezogenen Sanierungsfördermittel werden vom Bund, vom Land und von den Gemeinden aufgebracht.

Begründung
Siedlungsstruktur, Städte- und Wohnungsbau, Denkmalschutz; Verteidigungseinrichtungen

Das SE-Programm wurde 1976 in der Städtebauaktion durch das ausschließlich aus Landesmitteln finanzierte Landessanierungsprogramm ergänzt. Dieses wendet sich vorwiegend an kleinere Städte und Gemeinden, weil auch hier eine städtebauliche Erneuerung geboten und nicht nur in Groß- und Mittelstädten vordringlich ist. Die städtebauliche Erneuerung ist insbesondere im ländlichen Raum ein wichtiges strukturpolitisches Instrument, mit dessen Hilfe über die Erhöhung der Attraktivität der Ortskerne die Verbundenheit der Bürger mit ihrer Wohngemeinde verstärkt und der Bevölkerungsabwanderung und somit der Entleerung der ländlichen Räume entgegengewirkt wird. Auch für die Industrieansiedlung werden damit günstige Rahmenbedingungen geschaffen.	Landessanierungsprogramm
Da Hochbaumaßnahmen im Gegensatz zu Erschließungs- und Neuordnungsmaßnahmen in Sanierungsgebieten gemäß Städtebauförderungsgesetz in der Regel nicht förderfähig sind, wird manche Sanierung durch einen verzögerten Einstieg in die eigentlichen Baumaßnahmen beeinträchtigt oder sogar in ihrem Erfolg gefährdet. Vornehmlich bei kleineren mittelständischen Unternehmen und Handwerksbetrieben sind eine begrenzte Investitionsbereitschaft und geringes Investitionsvermögen festzustellen. Diese Lücke konnte jedoch 1978 durch ein spezielles Darlehensprogramm zur Förderung gewerblicher Investitionen in Sanierungsgebieten nach dem Städtebauförderungsgesetz geschlossen werden. Die Förderung nach diesem Programm erfolgt - in Anknüpfung an die allgemeine Gewerbeförderung - grundsätzlich durch Aufstockung der herkömmlichen Programme zur Förderung der mittelständischen gewerblichen Wirtschaft durch zinsgünstige Darlehen.	Darlehensprogramm zur Gewerbeförderung
Mit dem Ziel, Schwerpunkte der Stadterneuerung genauer zu untersuchen und Erfahrungen bei der Verwirklichung städtebaulich neuartiger Zielsetzungen zu sammeln, werden von Bund und Land gemeinsam Modellvorhaben durchgeführt. In der laufenden Förderung befinden sich das Gebiet „Dörfle" in Karlsruhe, das Gebiet „Bohnenviertel" in Stuttgart, der Ortskern von Niederstetten (Main-Tauber-Kreis) und die Oberstadt von Wildberg - Landkreis Calw (ausfinanziert).	Modellvorhaben
Städtebauliche Maßnahmen zur Aufwertung älterer Wohngebiete und der Wohnungsausstattung durch Verbesserung des Wohnumfelds bzw. Modernisierung der Wohnungen sollen gefördert werden. Dabei ist eine Bündelung mit anderen öffentlichen und privaten Investitionen anzustreben; letztere sollten durch eine gebündelte Modernisierungsförderung unterstützt werden.	Zu 2.2.42 Wohnumfeldverbesserung
Die Analysen der Abwanderungsmotive haben ergeben, daß nicht allein die unzureichenden Wohnungsausstattungen, sondern in starkem Maße das verbesserungsbedürftige Wohnumfeld ein Hauptgrund des Fortzugs ist. Es zeigte sich als sinnvoll, der Verbesserung des Wohnumfelds mehr Beachtung zu schenken, weil erst die Verknüpfung eines verbesserten und weitgefächerten Wohnungsangebots unter Einbeziehung stadtspezifischer Eigentumsformen mit den Maßnahmen der Wohnumfeldverbesserung entsprechende Früchte trägt. So geht es beispielsweise darum, durch das Halten der vorhandenen Bevölkerung und durch die Neugewinnung junger Bewohner und wirtschaftlich besser gestellter Bevölkerungsgruppen die gewünschte soziale Mischung und Altersstruktur der Bevölkerung zu erreichen. Das kann nur mit Hilfe einer Wertsteigerung der Wohnung durch Qualität in der Ausstattung, gute Lage und gesundes Wohnumfeld gelingen. Im Mittelpunkt der Bemühungen um die Verbesserung älterer Wohngebiete stehen deshalb neben den reinen Modernisierungsmaßnahmen vor allem Maßnahmen zur Verkehrsberuhigung und zur Umgestaltung des Straßenraumes. Die wohnumfeldverbessernden Maßnahmen im einzelnen ergeben sich aus den Richtlinien für deren Förderung (vgl. GABl. 1980, S. 1213).	Probleme und Aufgaben

Das von 1976 bis 1980 durchgeführte 14-Städte-Programm war ein erster größerer Schritt, um die drängendsten Probleme der Stadterneuerung in den city-nahen älteren Wohngebieten der Großstädte und der großen Mittelstädte in Angriff zu nehmen. An dieses knüpft das 1981 angelaufene Wohnumfeldprogramm an und führt es in erweitertem Umfang mit breiterer Zielsetzung fort; es ist auch kleineren Städten und Gemeinden zugänglich. Im Gegensatz zu den Sanierungsgebieten der Stadt- und Ortskerne kommt die Erneuerung älterer Wohngebiete ohne das Städtebauförderungsgesetz aus. Zur Verkehrsberuhigung, zur Schaffung fehlender Parkplätze und Grünflächen o.ä. genügen rechtlich und finanziell Maßnahmen „mittlerer Intensität".

Das Wohnumfeldprogramm baut auf die Impuls- und Multiplikatorwirkung wohnumfeldverbessernder Maßnahmen für weitere private Investitionsentscheidungen. Aus diesem Grund ist eine Bündelung der Maßnahmen zur Wohnumfeldverbesserung mit anderen kommunalen Aktivitäten notwendig. Eine Verknüpfung mit der Förderung von Modernisierungsmaßnahmen ist sichergestellt (vgl. PS 2.2.44).

Begründung
Siedlungsstruktur, Städte- und Wohnungsbau, Denkmalschutz; Verteidigungseinrichtungen

Zu 2.2.43
Umnutzung von
Industriebrache

Nicht mehr genutzte Gewerbe- und Industrieflächen sollen, insbesondere für Wohnbebauung und Unterbringung von Dienstleistungen, umgenutzt werden.

Einen wichtigen Beitrag zur Wiederbelebung innerstädtischer Wohngebiete leisten die verstärkten Bemühungen um eine Umwidmung von brachliegenden, früher industriell-gewerblich genutzten Flächen in Innenstadtbereichen, der sog. Industriebrache. Vielfach müssen größere Industriebetriebe wegen fehlender Ausdehnungsmöglichkeiten aus den Innenbereichen der Städte und Gemeinden wegziehen. Sofern solche ehemaligen Industriegelände sich nicht für eine Umwandlung in Wohnbauland eignen, kommt auf diesen auch die Errichtung von Infrastruktureinrichtungen zur Stärkung der Versorgungssituation und der allgemeinen Zentralität der Städte und Gemeinden in Betracht. Maßnahmen zur Umwidmung von Industriebrache finden in der Regel im Rahmen von städtebaulichen Sanierungen der Stadt- und Ortskerne oder der Verbesserung des Wohnumfelds statt.

Zu 2.2.44
Modernisierung

Die bestehende Bausubstanz soll unter weitgehender Erhaltung der vorhandenen Nutzungsstrukturen durch Modernisierung als Einzelmaßnahme oder in Schwerpunkten verbessert werden; insbesondere in den Modernisierungsschwerpunkten ist zugleich auch eine Verbesserung des Wohnumfelds und der Infrastruktur anzustreben.

Ein weiterer Schwerpunkt der Städtebau- und Wohnungspolitik ist die Modernisierung und Instandsetzung von Wohnungen. Die Modernisierung bildet einen Teil der Stadterneuerung; sie ist mit allen städtebaulichen Sanierungsmaßnahmen auf das engste verknüpft. Der Akzent der Stadterneuerung durch Modernisierung liegt in der Hauptsache auf der Verbesserung bestehender Bausubstanzen unter weitgehender Erhaltung der vorhandenen Nutzungsstrukturen. Im Vordergrund stehen wiederum die meist city-nahen älteren Wohngebiete, die besonders von der Abwanderung betroffen sind und am ehesten einer Modernisierung bedürfen, um als Wohnstandorte erhalten zu bleiben und als solche wieder attraktiv zu werden. Modernisierungsmaßnahmen werden hier durch Um- und Ausbauten sowie durch den Wohnungsneubau ergänzt.

Modernisierungs-
schwerpunkte

Modernisierungsmaßnahmen werden in Schwerpunkten gefördert. Hierbei handelt es sich um zusammenhängende abgegrenzte Gemeindegebiete mit besonderen städtebaulichen und wohnungsbezogenen Problemen. Eine sinnvolle und vor allem auch erfolgreiche Modernisierungsförderung setzt meist eine Verknüpfung mit Maßnahmen zur Verbesserung der Wohnumfeldverhältnisse nach dem Wohnumfeldprogramm voraus (vgl. PS 2.2.42). So kann eine gebündelte Modernisierungsförderung oftmals erst durch eine Verknüpfung etwa mit gleichzeitig zu treffenden Maßnahmen zur Verkehrsberuhigung voll wirksam werden.

Zu 2.2.45
Städtebauliche
Entwicklung

Städtebauliche Entwicklungsmaßnahmen durch Entwicklung vorhandener Orte zu neuen Siedlungseinheiten oder Erweiterung um neue Ortsteile sind bevorzugt in noch ungenügend entwickelten Ober- und Mittelzentren sowie - soweit notwendig - in den Entlastungsorten Backnang und Herrenberg zu fördern.

Mehrfach sind bereits die unmittelbaren und mittelbaren strukturpolitischen Wirkungen der Städtebau- und Wohnungspolitik im Zusammenhang mit den Maßnahmen zur Stadterneuerung und Dorfentwicklung angesprochen und herausgestellt worden. Mit PS 2.2.45 werden im LEP 1983 nunmehr ergänzend die strukturpolitischen Ziele städtebaulicher Entwicklungsmaßnahmen verankert. Als Orte entsprechender Vorhaben kommen vorrangig noch ungenügend entwickelte Ober- und Mittelzentren sowie - soweit notwendig - die Entlastungsorte Backnang und Herrenberg in Betracht (vgl. PS 3.1.5). Backnang hat neben Herrenberg sein Stadtentwicklungsprogramm und den Flächennutzungsplan seit Jahren auf die Funktion als Entlastungsort ausgerichtet. Durch eine Reihe konkreter Maßnahmen in den Bereichen Wohnungsbau, Arbeitsplätze, Infrastruktur- und Freizeiteinrichtungen konnten diese Funktionen zum Teil mit Leben erfüllt werden. Das Land hat durch Landesmittel zur Förderung der beiden Städte erheblich beigetragen, u.a. für Maßnahmen nach dem Städtebauförderungsgesetz und für die Wohnungsbauförderung (vgl. LEB 1975, Band 1, S. 148 ff.).

Entwicklungsbereich
Backnang

Einen deutlichen Akzent hat die Landesregierung mit ihrer Verordnung vom 20. Dezember 1982 (GBl. 1983, S. 7) über die Festlegung des städtebaulichen Entwicklungsbereichs Backnang nach § 53 Abs. 1 StBauFG gesetzt. Im Rahmen einer auf zwölf Jahre angelegten räumlichen, zeitlichen und finanziellen Gesamtkonzeption ist dort eine größerflächige Überbauung von Wohnbau- und Gewerbeflächen vorgesehen. Ziel dieser Maßnahme ist die in wechselseitiger Abhängigkeit voneinander vorgesehene Errichtung eines ganz neuen Wohngebiets und eines größeren Gewerbegebiets, das sich jeweils an die bereits vorhandene Bebauung anschließt.

Begründung
Siedlungsstruktur, Städte- und Wohnungsbau, Denkmalschutz; Verteidigungseinrichtungen

Andererseits kann nicht verschwiegen werden, daß die bisherigen Entlastungseffekte in Backnang und Herrenberg bei einer so starken Konkurrenz wie der des Oberzentrums Stuttgart und der ihnen vorgelagerten starken Mittelzentren Waiblingen/Fellbach bzw. Böblingen/Sindelfingen hinter den Zielsetzungen des LEP und den Erwartungen zurückgeblieben sind.

Der Bau neuer Wohnungen ist, soweit möglich, auf die Bedürfnisse auszurichten, die sich insbesondere aus der Entwicklung der Bevölkerung und ihrer Wohnvorstellungen sowie aus den Erfordernissen der vorhandenen Bausubstanz ergeben; er ist in angemessenem Umfang zu fördern.

Zu 2.2.5
Wohnungsbau

Nachdem der Wiederaufbau der im Krieg zerstörten Gebäude und die Wohnungsbauaktivitäten zur Versorgung der zugewanderten Bevölkerung sowie zur Befriedigung des Bedarfs an höherer Wohnqualität zu einem rechnerisch annähernd ausgeglichenen Wohnungsmarkt geführt hat, wurde ein Kurswechsel in der Wohnungspolitik vorgenommen. Der Wohnungsbau und seine Förderung stehen nunmehr stärker vor der Lösung vermögens-, sozial- und sturkturpolitischer Aufgaben (vgl. PS 2.2.51 und 2.2.52). Ein wesentlicher Grund dafür ist in der Bevölkerungsentwicklung zu sehen, die trotz Stagnation oder allenfalls geringfügiger Zunahmen von einigen markanten Bewegungen gekennzeichnet ist. Als Nachfrager nach Wohnraum treten zum einen verstärkt die geburtenstarken Jahrgänge infolge von Haushaltsgründungen auf; zum anderen benötigt der Personenkreis der Zuwanderer (deutsche Aussiedler, Asylanten und andere Ausländer) in erhöhtem Maße Wohnraum. Eng damit verknüpft ist außerdem die Befriedigung jener Wohnraumbedürfnisse, die sich aus dem Wunsch nach einem qualitativ gehobenen Wohnkomfort (Größe der Wohnungen, Wohnumfeld u.a.) ergeben.

Eine andere Schwerpunktverlagerung hat sich aus der stärkeren Betonung der Stadterneuerungsabsichten und -maßnahmen ergeben, die in der intensiveren Verknüpfung der Städtebau- mit der Wohnungsbaupolitik zum Ausdruck kommt. So trägt der Wohnungsbau in erheblichem Umfang zur Erhaltung und Erneuerung vorhandener Bausubstanzen bei. Er unterstützt die Stadterneuerungs- und Modernisierungsmaßnahmen (vgl. PS 2.2.4), die er durch ein ausgewogenes Maß an Neubaumaßnahmen ergänzt und abrundet. Wohnungsbaupolitische Maßnahmen werden auch weiterhin durch öffentliche Finanzförderung unterstützt werden müssen, um eine größtmögliche Bedarfsdeckung und gesicherte Versorgung auf dem Wohnungsmarkt zu erreichen und neue Wohnungsbauaktivitäten und Investitionen zu initiieren.

Verknüpfung mit Stadterneuerung

Der Wohnungsneubau ist vor allem auf den Ersatzbedarf für Abgänge von Wohnungen, auf den Bedarf nach mehr und besserem Wohnraum (Auflockerungsbedarf) und auf den sonstigen Eigenbedarf der Gemeinden abzustellen. Bei der Festlegung des Auflockerungsbedarfs sollen überzogene Verringerungen der Belegungsdichte vermieden werden.

Zu 2.2.51
Wohnungsneubau

Die relativ gute Wohnungsversorgung im Land hat den Wohnungsmarkt insgesamt rein rechnerisch so gut wie ausgeglichen. Dennoch bestehen in der Wohnungsversorgung bestimmte Engpässe, die zum einen regional wirksam werden, zum anderen aber bestimmte Personengruppen betreffen, welche die schärfer gewordene Nachfragekonkurrenz vor allem trifft. Der künftige Wohnungsbedarf wird sowohl von quantitativen als auch von qualitativen Gesichtspunkten geprägt; PS 2.2.51 nennt die wichtigsten Faktoren für diesen Bedarf. Dieser wird wesentlich durch steigende Ansprüche an Wohnfläche und -qualität, durch das Streben nach Wohneigentum und durch den Abbruch älterer Wohnungen bestimmt. Neben den Maßnahmen zur Erhaltung der städtebaulichen Substanz müssen auch in den Städten neue Bauflächen in ausgewogenem Verhältnis bereitgestellt werden, um ältere Baugebiete aufzulockern und weiten Bevölkerungskreisen ein Familienheim zu ermöglichen. Allerdings ist eine überzogene Verringerung der Belegungsdichten bei der Festlegung des Auflockerungsbedarfs zu vermeiden, da sich dadurch die Einwohnerzahl größerer Städte in einem unerwünschten Ausmaß verringern und der Landschaftsverbrauch erhöhen könnte.

Namentlich in den großen Städten verstärken sich wechselseitig die sich überschneidenden regionalen und sektoralen Wohnungslücken. Hier werden zunehmend quantitative Lücken spürbar, weil eine steigende Wohnungsnachfrage mit einem geringeren Neubauangebot zusammentrifft. Auf der Nachfrageseite wirken sich insbesondere die auf den Wohnungsmarkt drängenden geburtenstarken Jahrgänge, die Zunahme der Ein-Personen-Haushalte, der frühe Auszug Jugendlicher aus dem Elternhaus und die absinkende Bevölkerungsdichte aus. Zu den Nachfragern gehören aber

Quantitative Engpässe

Begründung
Siedlungsstruktur, Städte- und Wohnungsbau, Denkmalschutz; Verteidigungseinrichtungen

auch verstärkt deutsche Aussiedler, ausländische Arbeitnehmer (Familienzusammenführung), Asylbewerber, Studenten u.a. (vgl. Antwort der Landesregierung auf die Große Anfrage der Fraktion der CDU betr. „Wohnungsbau, LT-DS 8/485).

Qualitative Engpässe

Die Nachfrage nach Wohnungen ist zudem von qualitativen Gesichtspunkten gekennzeichnet, weil zahlreiche Haushalte nicht in der „richtigen" Wohnung untergebracht sind und deshalb auf den Wohnungsmarkt drängen. Der Wunsch nach Wohneigentum ist unverändert groß. Zunehmend werden höhere Wohnqualitäten und auch ein menschenfreundlicheres Wohnumfeld gesucht. Altbauten und ältere Wohnquartiere entsprechen vielfach nicht mehr dem heute gewohnten Wohnstandard. Damit einher geht ein Verlust an Funktionsfähigkeit bei innerstädtischen Wohngebieten größerer Städte, aber auch bei Ortskernen anderer Siedlungen.

Zu 2.2.52 Wohnungsbauförderung

Der Wohnungsbau ist mit dem Ziel zu fördern, die Eigentumsbildung zu unterstützen und den Wohnungsbedarf von einkommensschwächeren, auf öffentliche Hilfe angewiesenen Bevölkerungsgruppen mit besonderen Wohnungsproblemen zu decken. Die Wohnungsbauförderung hat dabei die städtebauliche Erneuerung zu unterstützen.

Auch die Wohnungsbauförderung ist auf die neue wohnpolitische Aufgabenstellung auszurichten, um in erster Linie den Wohnungsbedarf für bestimmte soziale Gruppen zu decken. Dazu gehören insbesondere Familien mit mehreren Kindern, Alte, Behinderte und Aussiedler. Neben diesen sozialpolitischen Aspekt der Wohnungsbauförderung tritt ihr vermögens- und eigentumspolitischer Aspekt mit der Zielsetzung, weiterhin und möglichst noch verstärkt die Bildung von Wohneigentum zu begünstigen. Wohneigentum bietet größere Sicherheit für das Wohnen, gewährleistet größere persönliche Entfaltungsmöglichkeiten und schafft einen auch gegen Geldentwertung geschützten Sachwert.

Strukturpolitische Aspekte

An die Begünstigung der Eigentumsbildung knüpfen sich weitere Aspekte der Wohnungsbauförderung, so z.B. strukturpolitische und städtebauliche. Im ländlichen Raum soll vor allem eine weitere Bevölkerungsabwanderung verhindert werden; günstige Voraussetzungen bietet dieser mit seinen erheblich niedrigeren Bauplatzpreisen (vgl. PS 1.10.35 und 2.2.32). Dagegen sind in den ebenfalls abwanderungsbedrohten Innenstadtgebieten zusätzliche Anreize für die Bildung von Wohneigentum geboten (vgl. PS 2.2.31). Ansatzpunkte sind hier wiederum die städtebaulichen Maßnahmen zur Stadterneuerung, die sowohl den Wohnungsneubau, den Um- und Ausbau als auch die Modernisierung umfassen (vgl. PS 2.2.4). Aus strukturpolitischen Gründen sollte sich deshalb die Wohnungsbautätigkeit gerade im ländlichen Raum und in den Innenstadtbereichen verstärken. Das Land hat eine Reihe von Förderangeboten entwickelt, um den im Zusammenhang mit der Stadterneuerung stehenden Wohnungsbau voranzubringen. Dazu gehören die Förderung von Sozialmietwohnungen und des Zwischenerwerbs von Industriebrache sowie höhere Sätze und Einkommensgrenzen bei der Eigentumsförderung.

Zu 2.2.6 Denkmalschutz

Bau- und Bodendenkmale, unter Schutz gestellte Gebäudegruppen und -anlagen (Gesamtanlagen) sowie andere Kulturdenkmale sind aufgrund ihrer wissenschaftlichen, künstlerischen oder heimatgeschichtlichen Bedeutung als prägende Elemente der Kulturlandschaft im Zusammenwirken öffentlicher und privater Planungsträger soweit wie möglich zu erhalten, zu pflegen und vor Beeinträchtigungen und Eingriffen zu schützen. Bei der Abwägung konkurrierender Belange des Denkmalschutzes und anderer raumbedeutsamer Belange ist zugunsten der Erhaltung von Kulturdenkmalen und Gesamtanlagen besonders zu berücksichtigen, daß Eingriffe in den Denkmalbestand unwiderruflich sind. Bei der Standortwahl öffentlicher oder von der öffentlichen Hand bezuschußter Einrichtungen ist zu prüfen, ob vorhandene Baudenkmale für eine entsprechende Nutzung vorrangig in Frage kommen.

Der steigenden Bedeutung des Denkmalschutzes wird im LEP mit diesem neuen Plansatz Rechnung getragen. Kulturdenkmale prägen den Charakter vieler Siedlungen, vor allem in ihrem Kern und in ihrem Erscheinungsbild in der Landschaft. Bei der Siedlungsentwicklung ist deshalb verstärkt auf sie Rücksicht zu nehmen. Es sind Siedlungsstrukturen zu entwickeln, die es ermöglichen, die Erhaltung der überkommenen Werte mit den Erfordernissen der neuzeitlichen Entwicklung in Einklang zu bringen. Das Denkmalschutzgesetz vom 25. Mai 1971 (GBl. S. 209) leistet dabei wertvolle Hilfe.

Begründung
Siedlungsstruktur, Städte- und Wohnungsbau, Denkmalschutz; Verteidigungseinrichtungen

Diese enge Verbindung der Denkmalpflege mit der Siedlungsentwicklung, vor allem mit der Stadterneuerung und der Dorfentwicklung, haben es nahegelegt, den Denkmalschutz in jenem Fachkapitel zu behandeln, welches auch die allgemeinen Zielsetzungen zur Siedlungsentwicklung sowie zum Städte- und Wohnungsbau enthält. Die Denkmalpflege betreibt vorrangig die Erhaltung von Baudenkmalen und deren sinnvolle Einbindung in ihre Umgebung. Mit diesen Aufgaben berührt sie unmittelbar die Ziele einer gebietsbezogenen Stadterneuerung und Dorfentwicklung, so daß Maßnahmen aus beiden Aufgabenbereichen miteinander verknüpft und günstig gebündelt werden können. Darüber hinaus ist die Denkmalpflege aber auch aus Sicht der Raumordnung ein wirksames Instrument zur Erhaltung und Verbesserung der Lebens- und Standortqualität und trägt gleichzeitig zur Erhaltung der kulturellen Infrastruktur bei.

Verknüpfung mit Siedlungsentwicklung

Baden-Württemberg ist eine alte Kulturlandschaft mit einem reichen Schatz an Bau- und Bodendenkmalen, die das unverwechselbare Erscheinungsbild unterschiedlichster Landschaftstypen prägen. Die in PS 2.2.6 aufgezählten einzelnen Sammelbegriffe für bestimmte Arten von Denkmalen umfassen nicht nur die herausragenden Kulturdenkmale, wie z.B. Kirchen, Burgen, Schlösser oder Straßenbilder, sondern auch alle jenen unscheinbaren Objekte, die den Städten und Dörfern Baden-Württembergs ihr historisch bedingtes, unverwechselbares Gepräge geben. Art und Umfang der Verluste an Kulturdenkmalen in der Vergangenheit wie auch in der Gegenwart verdeutlichen, daß die rechtzeitige Einbindung denkmalpflegerischer Belange in raumbedeutsame Planungen und Maßnahmen unverzichtbar ist.

Die Erhaltung von Baudenkmalen kann beispielsweise dadurch begünstigt werden, daß sie für Zwecke genutzt werden, die ihrer Eigenart und Bedeutung entsprechen. Unter Denkmalschutz gestellte Gesamtanlagen werden deshalb vielfach mit Funktionen ausgestattet, die ihre Erhaltung durch neue Nutzungen und heutige Ausstattungsstandards ermöglichen. Bevor beträchtliche Finanzmittel für den Neubau bestimmter Einrichtungen aufgebracht werden, empfiehlt sich die Prüfung, ob für den gleichen Zweck geeignete leerstehende Gebäude von geschichtlicher, künstlerischer oder städtebaulicher Bedeutung verwendet und vor dem Verfall bewahrt werden sollten. Dies kommt u.a. bei der Standortwahl öffentlicher oder von der öffentlichen Hand bezuschußter Einrichtungen wie Stadtbüchereien, Museen, Bürgerhäusern o.ä. in Betracht.

Nutzung von Baudenkmalen

Erhaltenswerte Ortskerne, Ortsteile, Baugruppen, Straßen und Plätze von geschichtlicher, künstlerischer oder städtebaulicher Bedeutung sowie geschichtlich wertvolle Ortsbilder von landschaftsprägender oder landschaftsgebundener Eigenart sind zu wahren. Sie sollen mit Funktionen ausgestattet werden, die ihre Erhaltung ermöglichen.

Zu 2.2.7 Ortsbildpflege

Das Erscheinungsbild baugeschichtlich wertvoller Bereiche ist in seinem städtebaulichen Gefüge und Maßstab soweit wie möglich zu erhalten, zu sichern und zur Wirkung zu bringen.

Der enge Zusammenhang des Denkmalschutzes mit der Städtebaupolitik kommt ganz besonders im Teilbereich der Ortsbildpflege zum Ausdruck, weil die Ortsbildpflege bei den Maßnahmen zur Stadterneuerung (vgl. PS 2.2.4) von Bedeutung ist. Bei der künftigen Siedlungsentwicklung sind erhaltenswerte bauliche Strukturen zu berücksichtigen, um den baulichen Ausdruck der Vergangenheit und die Eigenart gewachsener Strukturen zu wahren. Die Bewahrung erhaltenswerter Baustrukturen stärkt zudem die Verbundenheit der Bewohner mit ihrer sozialen Umwelt.

Es gibt eine Vielzahl regionaltypischer erhaltenswerter Ortskerne in örtlich eigengeprägter Ausformung. Die Verpflichtung zu deren Erhaltung ergibt sich jedoch nicht aus dem Denkmalschutzgesetz, sondern aus § 1 Abs. 6 BBauG, der ein wesentlich breiteres Spektrum erhaltenswerter Strukturen erfaßt. Der Schutz der historischen Baulandschaft wird danach bereits auf einer Ebene angesiedelt, die unterhalb des rechtlich per Denkmalschutzgesetz faßbaren Begriffs „Kulturdenkmal" liegt. Dieser Aspekt hat u.a. dazu beigetragen, daß der Ortsbildpflege ein eigenständiger Plansatz eingeräumt worden ist.

Die Ortsbildpflege hat insbesondere im Rahmen der Stadterneuerung einen hohen Stellenwert erhalten, weil im Zuge von Flächensanierungen (vgl. PS 2.2.41) und Gebäudemodernisierungen (vgl. PS 2.2.44) die Belange der Ortsbildpflege stark tangiert werden und berücksichtigt werden sollten. Auch hier werden die Anliegen des Denkmalschutzes mit denen der städtebaulichen Erneuerung mit dem Ziel der Verbesserung der Funktionsfähigkeit der Ortskerne und der Verbesserung der Wohnverhältnisse unmittelbar verknüpft. Darüber hinaus sind die Belange der Ortsbild-

Einbindung in die Stadterneuerung

Begründung
Siedlungsstruktur, Städte- und Wohnungsbau, Denkmalschutz; Verteidigungseinrichtungen

pflege auch bei städtebaulichen Entwicklungsmaßnahmen, z.B. bei Industrie- und Gewerbeansiedlungen oder bei Wohnbaumaßnahmen und daraus resultierendem Ausbau der Infrastruktur zu berücksichtigen, wenn diese historisch bedeutsame Ortskerne oder Altstädte beeinträchtigen oder gefährden würden. Entsprechendes gilt auch für die mögliche spätere Erweiterung von Projekten und deren absehbare Folgen, die bereits bei der Standortwahl zu prüfen sind.

Zu 2.2.8
Verteidigungseinrichtungen

Die Erfordernisse der zivilen und militärischen Verteidigung sind zu beachten.

PS 2.2.8 entspricht dem Raumordnungsgrundsatz in § 2 Abs. 1 Nr. 9 ROG, wonach die Erfordernisse der zivilen und militärischen Verteidigung zu beachten sind. Der LEP behandelt diese Erfordernisse wegen ihres Sachzusammenhangs mit Fragen der Siedlungsstruktur im Anschluß an die diesbezüglichen Plansätze. Die Erfordernisse der Verteidigung wirken sich aber darüber hinaus auf viele Sachbereiche aus, vor allem auf die gewerbliche Wirtschaft (2.3), die Land- und Forstwirtschaft (2.4), den Verkehr (2.5), die Energieversorgung (2.6) und die Krankenhausplanung (2.10). Das gilt insbesondere bei der Errichtung von Anlagen und Einrichtungen für zivile und militärische Einheiten, der Bereitstellung von Übungsgelände, der Anlage von Vorratslagern sowie bei der Vorbereitung von Ausweich- und Hilfskrankenhäusern.

Eine generelle Entscheidung für das ganze Land, ob die Erfordernisse der Verteidigung oder andere Belange vorrangig sind, kann der LEP nicht treffen; eine Abwägung von kollidierenden Zielen ist nur im konkreten Einzelfall möglich. Auch das Raumordnungsgesetz sieht keine Rangordnung für seine z.T. konkurrierenden Grundsätze vor. Es sind deshalb bei allen raumbedeutsamen Planungen und Maßnahmen die Erfordernisse der militärischen und zivilen Verteidigung zu beachten; umgekehrt ist darauf Bedacht zu nehmen, daß auch die Planungen und Maßnahmen der Verteidigung den Grundsätzen und Zielen der Raumordnung und Landesplanung entsprechen. Im Konfliktfall ist nach den räumlichen Verhältnissen und den Gesamtumständen des konkreten Einzelfalls zu entscheiden.

Zu 2.2.81
Verdichtete Räume

Hierbei sollen, soweit es die Belange der Verteidigung zulassen, die Verdichtungsräume, nach Möglichkeit auch ihre Randzonen und die Verdichtungsbereiche im ländlichen Raum, von militärischen Anlagen größeren Umfangs, wie Kasernen, Flugplätzen und Übungsgelände, freigehalten werden.

PS 2.2.81 geht davon aus, daß militärische Anlagen grundsätzlich in Räumen errichtet werden, die im Verteidigungsfall möglichst wenig empfindlich sind. Die Konzentration von Wohn- und Arbeitsstätten in den Verdichtungsräumen steigert aber im Verteidigungsfall die Verletzbarkeit von Bevölkerung und Industrie, insbesondere bei Luftangriffen.

PS 2.2.81 geht auch davon aus, daß die in Verdichtungsräumen verfügbaren Flächen in erster Linie solchen Zwecken zugeführt werden sollen, die der Funktion dieser Räume im Siedlungsgefüge des ganzen Landes entsprechen. Hierzu können auch Zwecke der Verteidigung zählen. Verteidigungseinrichtungen in Verdichtungsräumen bringen aber wegen der dort bestehenden räumlichen Enge für die Benutzer oftmals auch Behinderungen mit sich, die im ländlichen Raum nicht bestehen. In den Verdichtungsräumen stehen militärische Anlagen, insbesondere größeren Umfangs, zum Teil der räumlichen einschließlich der städtebaulichen Entwicklung entgegen. Ein bindender Plansatz, solche Anlagen, soweit sie nicht standortgebunden sind, aus den Verdichtungsräumen zu verlegen, kann in den LEP nicht aufgenommen werden. Im Einzelfall soll jedoch, soweit möglich, eine Verlegung angestrebt werden, wobei über die Bereitstellung von erforderlichem Ersatzgelände und über die Verlegungskosten Einvernehmen erzielt werden muß.

Das Ausgeführte gilt - eingeschränkt - auch für die Randzonen der Verdichtungsräume und für die Verdichtungsbereiche im ländlichen Raum.

Auch aus Gründen des Verkehrs und wegen ihrer wirtschaftlichen Bedeutung für den ländlichen Raum sollten militärische Anlagen, soweit möglich, außerhalb der verdichteten Räume errichtet werden, insbesondere in Zentralen Orten strukturschwacher Räume.

Der ganze Plansatz, der auch bei der Fortschreibung des LEP unverändert geblieben ist, steht, wie auch der PS 2.2.82 unter dem Vorbehalt, daß Belange der Verteidigung die Zielsetzungen zulassen. Das Bundesministerium der Verteidigung hatte zu PS 2.2.81 (im LEP 1971 noch PS 2.2.41) für bestimmte Verteidigungseinrichtungen gemäß § 6 ROG Widerspruch erhoben. Obwohl bei der Fortschreibung des LEP

Begründung
Wirtschaftsentwicklung, Arbeitsmarkt und Rohstoffsicherung

durch eine textliche Ergänzung von PS 2.2.82 ein Ausgleich für die Einschränkungen in den verdichteten Räumen geschaffen wurde, der die Anregungen der Bundeswehr aufgriff, wurde die neue Formulierung im Rahmen des Anhörungsverfahrens erneut abgelehnt; mit einem erneuten förmlichen Widerspruch muß gerechnet werden. Unberührt bleibt die Geltendmachung landesplanerischer Gesichtspunkte in Verwaltungsverfahren, die zur Verwirklichung konkreter Einzelvorhaben durchgeführt werden. Generell gilt, daß bei der Beurteilung des Einzelfalls auch weiterhin abgewogen werden muß zwischen wichtigen Belangen anderer Sachbereiche und denen der Verteidigung.

Im übrigen ländlichen Raum ist dafür bei Abwägung der verschiedenen Belange den militärischen Erfordernissen verstärkt Rechnung zu tragen. Hier, insbesondere in den Räumen mit Strukturschwächen, sollen Einrichtungen der zivilen und militärischen Verteidigung nach Möglichkeit zu Strukturverbesserungen beitragen.

Zu 2.2.82
Ländlicher Raum

Dieser Plansatz wurde bei der Fortschreibung des LEP um den ersten Satz ergänzt, um dem Anliegen der Bundeswehr nach verstärkter Berücksichtigung der militärischen Erfordernisse Rechnung tragen zu können. Dies kommt darin zum Ausdruck, daß den militärischen Erfordernissen nun im ganzen übrigen ländlichen Raum Rechnung getragen werden soll und auf diese Weise ein Ausgleich für die Regelung in PS 2.2.81 geschaffen worden ist. Beide Regelungen sind sachgerecht, weil der ländliche Raum für die Aufnahme militärischer Einrichtungen größeren Umfangs besser geeignet ist als die verdichteten Räume.

Außerdem bewirken Einrichtungen der Verteidigung für den ländlichen Raum, vor allem für dessen strukturschwache Teilräume, unter Umständen eine nicht unwesentliche Strukturverbesserung und wirtschaftliche Belebung. Neben einer vorübergehenden Belebung der Bauwirtschaft können durch Verteidigungsanlagen auch dauernde zivile Arbeitsplätze geschaffen werden; durch Reparaturen wird das örtliche Gewerbe beschäftigt; Einzelhandel, Gaststätten, Verkehrs- und sonstige Dienstleistungen werden für den dienstlichen und persönlichen Bedarf in Anspruch genommen, der im Zusammenhang mit Verteidigungseinrichtungen entsteht. Allerdings müssen im ländlichen Raum auch Verteidigungseinrichtungen untergebracht werden, die verhältnismäßig wenig zur wirtschaftlichen Belebung beitragen.

Zu 2.3 Wirtschaftsentwicklung, Arbeitsmarkt und Rohstoffsicherung

Seit Mitte des vorigen Jahrhunderts hat sich in der Wirtschaft des Landes ein grundlegender Wandel vollzogen. Aus der ursprünglich weit überwiegenden Agrarwirtschaft ist mit der Zeit eine arbeits- und kapitalintensive, sich immer stärker differenzierende gewerbliche Wirtschaft geworden. Als Folge dieser Entwicklung hat sich auch der Dienstleistungsbereich stark ausgeweitet und Anfang der 70er Jahre eine weitere strukturelle Verschiebung in der Wirtschaft des Landes eingeleitet. Am deutlichsten kommt dies in der Veränderung der Anteile der Erwerbstätigen in den einzelnen Wirtschaftsbereichen zum Ausdruck. Während der Anteil der Land- und Forstwirtschaft an den Erwerbstätigen von 1970 bis 1982 von 8 % auf 5 % kontinuierlich weiter zurückging und sich der Dienstleistungsbereich von 37 % auf 45 % deutlich weiter ausdehnte, nahm der Anteil des produzierenden Gewerbes nach einer langen Phase kontinuierlichen Anstiegs erstmals von 55 % auf 50 % ab.

Zu 2.3
Wirtschaftsentwicklung, Arbeitsmarkt und Rohstoffsicherung
Entwicklungstendenzen

Der im Vergleich zu allen anderen Bundesländern immer noch sehr hohe Anteil des produzierenden Gewerbes und ein weit über dem Bundesdurchschnitt liegender Industriebesatz kennzeichnen Baden-Württemberg jedoch weiterhin als führendes Industrieland der Bundesrepublik Deutschland. Der industrielle Schwerpunkt liegt in der Verarbeitung und Veredelung, da das Land kaum über Bodenschätze verfügt. Die vielseitige und stark mittelständisch geprägte Industriestruktur und das lange Vorherrschen damals zukunftsträchtiger Industriezweige wie Fahrzeug- und Maschinenbau sowie Elektrotechnik und Feinmechanik begründeten eine höhere Krisenfestigkeit und Entwicklungsfähigkeit als in anderen Bundesländern. Baden-Württemberg hat sich aus diesen Gründen in den vergangenen Jahrzehnten eine wirtschaftliche und soziale Spitzenstellung in der Bundesrepublik Deutschland erworben. Es verfügt heute unter den Flächenländern über die höchsten Reallöhne und das höchste Sozialprodukt je Einwohner und weist unter allen Bundesländern die geringste Arbeitslosigkeit auf.

Wirtschaftliche und soziale Spitzenstellung

Begründung
Wirtschaftsentwicklung, Arbeitsmarkt und Rohstoffsicherung

Arbeitsmarkt

Die vergleichsweise günstige Arbeitsmarktsituation kann jedoch nicht darüber hinwegtäuschen, daß die allgemeine Wirtschaftsschwäche auch Baden-Württemberg erheblich in Mitleidenschaft gezogen hat. Die Arbeitslosigkeit ist auch hier zum wirtschaftlichen Problem Nr. 1 geworden. Insolvenzen bisher unbekannten Ausmaßes haben zu starken Einbrüchen auf dem Arbeitsmarkt geführt.

Wirtschaftswachstum

Es ist zu erwarten, daß die Industriestruktur des Landes auch weiterhin die wirtschaftliche Entwicklung stark mitbestimmen wird, wenn auch der Dienstleistungsbereich dem allgemeinen Trend folgend noch an Bedeutung gewinnen wird. Insgesamt gesehen dürften die längerfristigen Wachstumsaussichten des Landes trotz der derzeitigen allgemeinen Wirtschaftsschwäche nicht ungünstig sein. Das Land wird seinen Spitzenplatz bei dem sich beschleunigenden Strukturwandel der Wirtschaft jedoch nur halten können, wenn eine kontinuierliche Modernisierung seiner Wirtschaftsstruktur gelingt, insbesondere eine flexible Anpassung und Umstellung auf neue Technologien und internationale Marktstrukturen.

Zu 2.3.1
Allgemeines
Entwicklungsziel

Die Wirtschaft des Landes ist in räumlicher und sektoraler Struktur so zu fördern, daß ihre Konkurrenzfähigkeit erhalten und gestärkt wird, sie zu arbeitsplatzschaffenden und -sichernden Investitionen angeregt wird, ein stetiges und angemessenes qualitatives Wirtschaftswachstum unter Wahrung ökologischer Belange erreicht wird und daß für die Bevölkerung aller Teile des Landes vielseitige und krisenfeste Erwerbsgrundlagen erhalten oder geschaffen werden.

Der Plansatz unterstreicht die Bedeutung, die der Erhaltung und Stärkung der Leistungkraft der Wirtschaft des Landes für die soziale Sicherheit, den Lebensstandard der Bevölkerung und die Möglichkeiten der öffentlichen Investitionspolitik zukommt. Der Plansatz berücksichtigt auch die engen Beziehungen zwischen der gesamtwirtschaftlichen Entwicklung und der Lage auf dem Arbeitsmarkt. Er macht deutlich, daß in einer Zeit hoher Arbeitslosigkeit und steigender Absolventenzahlen ausreichende und attraktive regionale Arbeitsmärkte (vgl. PS 1.4.4 und 1.10.33) die wichtigste Voraussetzung für gleichwertige Lebensbedingungen einerseits und eine räumlich und strukturell ausgewogene Entwicklung mit vielseitigen krisensicheren Erwerbsgrundlagen in allen Landesteilen andererseits bedeuten (vgl. PS 1.3.1).

Die regionale Strukturpolitik fällt nach Artikel 30 GG grundsätzlich in den Aufgabenbereich der Länder. Artikel 91 a GG räumt dem Bund aber bei der Erfüllung dieser Länderaufgabe eine Mitwirkung ein. Das Zusammenwirken bestimmt sich seit 1969 weitgehend nach dem Gesetz über die Gemeinschaftsaufgabe „Verbesserung der regionalen Wirtschaftsstruktur" (BGBl. I S. 1861). Ziel dieses Gesetzes ist es, in Übereinstimmung mit den Grundsätzen der allgemeinen Wirtschaftspolitik und den Zielen und Erfordernissen der Raumordnung und Landesplanung mitzuhelfen, in wirtschaftsschwachen Teilen des Bundesgebiets die wirtschaftlichen Verhältnisse zu verbessern.

Rahmenkonzept
zur Wirtschafts- und
Arbeitsmarktpolitik

Im Rahmen der Mittelstands- und Regionalförderung des Landes wurden in den letzten Jahren zahlreiche Maßnahmen des Landes eingeleitet. Als Fortschreibung des 1977 unter primär konjunkturpolitischen Gesichtspunkten aufgelegten Programms für Wachstum und Vollbeschäftigung beschloß die Landesregierung 1981 ein Rahmenkonzept zur Wirtschafts- und Arbeitsmarktpolitik in den 80er Jahren (LT-DS 8/1150). Sie trug mit diesem wachstums- und beschäftigungspolitischen Gesamtkonzept vor allem den strukturpolitischen Problemen Rechnung, die sich aus der Verschärfung des internationalen Verteilungskampfes, der Beschleunigung des technischen Fortschritts, der Verknappung und Verteuerung der Rohstoffe, insbesondere des Mineralöls, sowie dem Eintritt der geburtenstarken Jahrgänge in das Erwerbsleben ergeben haben.

Wirtschaftsförderungsprogramm (WIP)

Die veränderte Problemstellung sowie der Wegfall der meisten Fördergebiete der Gemeinschaftsaufgabe „Verbesserung der regionalen Wirtschaftsstruktur" aufgrund der 1981 beschlossenen Neuordnung dieser Bund-Länder-Förderung und die angespannte Haushaltssituation haben die Landesregierung veranlaßt, ihre Förderpolitik neu zu akzentuieren und die Förderung selbst zu konzentrieren. Ausdruck dieser Neuordnung ist das 1982 beschlossene Wirtschaftsförderungsprogramm (WIP). Dieses Programm, das die Strukturpolitik des Landes zusammenfaßt, soll einen Beitrag zur Bewältigung der strukturellen und wirtschaftlichen Herausforderungen der 80er Jahre leisten. Die Landesregierung verfolgt dabei vor allem das Ziel, die Modernisierung der mittelständischen Wirtschaft (vgl. PS 2.3.14) des Landes durch Förderung der notwendigen Anpassungen und Umstellungen auf neue Technologien und veränderte internationale Marktgegebenheiten zu unterstützen und damit zur Sicherung

Mittelstandsförderung

Begründung
Wirtschaftsentwicklung, Arbeitsmarkt und Rohstoffsicherung

bestehender und Schaffung zukunftssicherer Arbeitsplätze beizutragen. Die Wirtschafts- und Strukturförderung des Landes wird dabei auch in Zukunft dem marktwirtschaftlichen Grundsatz der Hilfe zur Selbsthilfe entsprechen. Sie greift nur dort ein, wo es gilt, unterschiedliche Voraussetzungen und Benachteiligungen im freien Wettbewerb auszugleichen. Ordnungspolitisch kommt daher der überbetrieblichen Förderung ein besonderes Gewicht zu.

Von raumordnerischer Bedeutung ist vor allem das Ziel, die nach wie vor zwischen einzelnen Landesteilen bestehenden Disparitäten in der Beschäftigung, der Wirtschaftskraft und im Einkommensniveau zu beseitigen. Damit sollen die von den Verdichtungsräumen ausgehenden Sogwirkungen auf den ländlichen Raum verringert und Abwanderungstendenzen bei gut ausgebildeten potentiellen Erwerbstätigen aus den geburtenstarken Jahrgängen durch ein Angebot von qualifizierten Arbeitsplätzen möglichst rechtzeitig vorgebeugt werden. Daneben wird die Förderpolitik zur Auflockerung einseitig strukturierter Gebiete (vgl. PS 1.3.1) sowie zur Stärkung des Fremdenverkehrs (vgl. PS 2.3.15 und 2.3.5 sowie Plankapitel 2.9) beitragen.

Regionalförderung

Schwerpunkt des WIP ist neben der Mittelstands- und Regionalförderung (vgl. Plankapitel 1.11 und Karte 2) vor allem die Technologieförderung. Sie soll die wirtschaftliche Forschung, die Technologieberatung und die Technologievermittlung unterstützen und Anreize schaffen für die Entwicklung und den Einsatz moderner Technologien sowie für die Gründung technologieorientierter Unternehmen. Die Berufung eines Regierungsbeauftragten für Technologietransfer, die Intensivierung der interdisziplinären Forschung und der Zusammenarbeit zwischen Wissenschaft und Wirtschaft sowie die geplante Einrichtung von Technologiezentren unterstreichen den hohen wirtschafts- und strukturpolitischen Stellenwert der neuen Technologien für die weitere Entwicklung des Landes.

Technologieförderung

PS 2.3.1 weist aber auch auf die Begrenztheit der Ressourcen und auf die Gefahren einer zunehmenden Umweltbelastung und sich hieraus ergebenden entwicklungspolitischen Aufgaben im Sinne eines qualitativen Wirtschaftswachstums hin (vgl. PS 1.3.2).

Wirtschaftsentwicklung und Umweltpolitik

Ein großer Teil der Umweltbelastung ist auf die Luftverschmutzung zurückzuführen. Insbesondere angesichts des immer schneller um sich greifenden Waldsterbens (vgl. PS 2.4.43) und der maßgeblichen Rolle, welche die Luftschadstoffe hierbei spielen, ist eine schnelle und nachhaltige Absenkung der schädlichen Immissionen dringend erforderlich (vgl. PS 2.1.33). Da u.a. auch die Industrie- und Gewerbebetriebe zu dieser Entwicklung beigetragen haben, sind im Rahmen der weiteren wirtschaftlichen und technischen Entwicklung die notwendigen wissenschaftlichen Grundlagen, technischen Möglichkeiten und rechtlichen Voraussetzungen für eine wirkungsvolle Verringerung der Schadstoffbelastung der Luft zu schaffen.

Als Maßnahmen zur Verbesserung der Luftqualität kommen insbesondere eine Intensivierung der Emissions- und Immissionsüberwachung durch die Gewerbeaufsichtsbehörden, die zielstrebige Anwendung und die Verbesserung des immissionsschutzrechtlichen Instrumentariums sowie die Förderung der Entwicklung der Rauchgasentschwefelungs- und -entstickungstechnologie für Feuerungsanlagen in Betracht.

Zur Verbreiterung der Entscheidungsbasis hat die Landesregierung in den letzten Jahren zahlreiche wissenschaftliche Untersuchungen zur gründlichen Durchleuchtung des Landes in räumlicher und struktureller Hinsicht durchführen lassen, wie z.B. die Systemanalyse zur Landesentwicklung Baden-Württemberg (1975), das Battelle-Gutachten zur Arbeitsmarktentwicklung bis 1995 (1979) und das Professorengutachten über Möglichkeiten einer ökologieverträglichen Wirtschaftspolitik (1981).

Wissenschaftliche Untersuchungen

Dazu sollen insbesondere Standortvoraussetzungen, vorrangig in Schwerpunkten, so geschaffen, verbessert oder ergänzt werden, daß alle Landesteile an der wirtschaftlichen Entwicklung teilhaben.

Zu 2.3.11
Standortvoraussetzungen

Ein kontinuierliches und harmonisches Wirtschaftswachstum und eine gleichwertige Entwicklung der Lebenschancen der Bevölkerung setzen nicht nur die ständige Anpassung an den Strukturwandel der Wirtschaft und eine entsprechende Verteilung der Arbeitskräfte voraus, sie verlangen vor allem auch die Bereitstellung der notwendigen Infrastruktur, die oft als Vorleistung der öffentlichen Hand für die weitere Entfaltung der Erwerbstätigen erbracht werden muß, besonders in Räumen, die der Wirtschaft weniger gute Standortvoraussetzungen bieten. Baden-Württemberg hat zwar eine relativ ausgewogene regionale Wirtschaftsstruktur, sie wird aber nur aufrecht erhalten und verbessert werden können, wenn die Infrastruktur den steigenden

Begründung
Wirtschaftsentwicklung, Arbeitsmarkt und Rohstoffsicherung

Anforderungen angepaßt und auf Dauer gesichert wird. Wo Standortvoraussetzungen durch Infrastrukturmaßnahmen geschaffen, ergänzt oder verbessert werden, muß aber auf die gesamten Belange des Landes Rücksicht genommen werden. Dies bedeutet u.a., daß sich die Förderung im Hinblick auf die beschränkten Haushaltsmittel auf räumliche und sachliche Schwerpunkte konzentrieren muß. Dazu gehören in erster Linie die im Rahmen der Förderpolitik ausgewiesenen Schwerpunktorte (vgl. Karte 2), ebenso aber die übrigen Zentralen Orte, in denen die Infrastruktureinrichtungen nach dem Konzentrationsprinzip gebündelt werden (vgl. PS 1.3.5 und 1.3.8). Die Anwendung des zentralörtlichen Konzentrationsprinzips schließt allerdings auch eine flexible Handhabung nicht aus, wenn dies aus planerischen Gründen geboten erscheint (vgl. PS 1.5.32). Sinngemäß gilt dies auch für die Anwendung des Begriffs „Schwerpunkt", der im Interesse flexibler Lösungen auch im Sinne von „schwerpunktartig" interpretiert werden kann.

Zu 2.3.12
Standortberatung

Dazu sollen insbesondere durch Standortberatung und gezielte finanzielle Förderung raumordnerisch erwünschte Standortentscheidungen herbeigeführt werden.

Infrastrukturelle Investitionen bewirken erst dann die gewünschten Effekte, wenn sie von Wirtschaft und Bevölkerung „angenommen" werden. Da die Unternehmen nach der Wirtschaftsordnung der Bundesrepublik Deutschland in ihrer Standortwahl frei sind und bei der Entscheidung viele Faktoren eine Rolle spielen, ergeben sich gerade in einer Marktwirtschaft große Möglichkeiten für eine fachlich fundierte Standortberatung. Sie kann bei der Ansiedlung neuer und bei Verlagerungen bestehender Industrie- und anderer Gewerbebetriebe örtliche Standortgegebenheiten, die den betrieblichen Standortanforderungen entsprechen, nachweisen und so dazu beitragen, die richtigen Betriebe an den richtigen Standort zu bringen. Dabei kann sie gleichzeitig durch die Schonung von landwirtschaftlich wertvollen Böden und von Waldflächen sowie durch den Schutz des Landschaftsbildes und des biologischen Gleichgewichts raumordnerische Belange fördern.

Dem standortsuchenden Unternehmen sollen durch entsprechende Beratung die raumordnerische und wirtschaftsstrukturelle Gesamtsituation des Landes offengelegt und die erwünschten Standorte mitgeteilt werden. Eine die Beratung ergänzende gezielte finanzielle Förderung kann raumordnerisch wünschenswerte Standortentscheidungen unterstützen.

Zu 2.3.13
Regionale und sektorale
Wirtschaftsstruktur

Dazu sollen insbesondere in Landesteilen mit einseitiger Wirtschaftsstruktur Arbeitsplätze in gewerblichen Betrieben verschiedener Branchen und Größe sowie im Dienstleistungsbereich geschaffen werden.

Die Stärkung der Wirtschaftskraft Baden-Württembergs setzt neben einer Steigerung der Produktivität eine Verbesserung der regionalen und sektoralen Wirtschaftsstruktur voraus (vgl. PS 1.11.21). In Gebieten, die einseitig auf einzelne Branchen ausgerichtet und deshalb besonders krisenanfällig sind, soll die Stabilität der wirtschaftlichen und sozialen Verhältnisse (§ 2 Abs. 1 Nr. 1 ROG) durch die Ansiedlung anderer Industriezweige verbessert werden. Hierbei wird besonderes Gewicht auf Produktionszweige mit guten Zukunftsaussichten und relativ hoher Wertschöpfung sowie auf den Dienstleistungsbereich zu legen sein. Durch bessere Differenzierung in Branchen- und Betriebsgrößen soll einer wirtschaftlichen Stagnation von bisher einseitig strukturierten Räumen vorgebeugt werden. Um die Krisenanfälligkeit der Wirtschaft infolge der gestiegenen internationalen Konkurrenz zu mildern und Struktureinbrüchen entgegenzuwirken, kommt der verstärkten Technologieförderung, vor allem dem Einsatz moderner Technologien in der mittelständischen Wirtschaft, besondere Bedeutung zu.

In PS 2.3.13 wurde bei der Fortschreibung des LEP auch der Dienstleistungsbereich einbezogen. Er wird künftig für die Vergrößerung des Arbeitsplatzangebots von steigendem Gewicht sein, doch wird er zukünftig wesentlich geringer wachsen als in der Vergangenheit. Dennoch dürfte die Entwicklung der Arbeitsplätze in diesem Bereich dynamischer verlaufen als im produzierenden Gewerbe. Die Einbeziehung des Dienstleistungsbereichs war auch deswegen erforderlich, weil bei der Wirtschaftsförderung Betriebe des tertiären Sektors mit sog. „Primäreffekt" den gewerblichen Produktionsbetrieben gleichgestellt worden sind (vgl. BT-DS 8/2014).

Begründung
Wirtschaftsentwicklung, Arbeitsmarkt und Rohstoffsicherung

Dazu sollen insbesondere der Bestand möglichst vieler leistungsfähiger kleiner und mittlerer Unternehmen sowie freiberuflicher Existenzen gesichert und Neugründungen erleichtert werden.

Zu 2.3.14
Mittelständische
Wirtschaft

PS 2.3.14 ist neu. Er trägt der für Baden-Württemberg charakteristischen Bedeutung der mittelständischen Wirtschaft und den spezifischen Nachteilen kleinerer und mittlerer Betriebe Rechnung (Erschwernisse bei der Eigenkapitalbildung, Nachteile in der Marktstellung und durch die geringere Spezialisierungsmöglichkeit der Unternehmensführung). Die mittelständische Strukturpolitik muß diesen Nachteilen gezielt entgegenwirken und die mittelständische Wirtschaft darin unterstützen, das technische Niveau zu erreichen, das zur Erhaltung ihrer Konkurrenzfähigkeit erforderlich ist. Mit dem Mittelstandsförderungsgesetz, den Programmen und Richtlinien hierzu besteht ein geschlossenes System der Mittelstandsförderung, die als wesentlicher Teil auch im WIP verankert ist.

Dazu sollen insbesondere in landwirtschaftlich und klimatisch begünstigten oder sonst für den Fremdenverkehr geeigneten Räumen der Fremdenverkehr wettbewerbsfähig gehalten und gefördert werden.

Zu 2.3.15
Fremdenverkehr

Der Fremdenverkehr stellt einen bedeutsamen Wirtschaftsfaktor des Landes dar. Mit seiner Beherbergungskapazität und der Zahl der Übernachtungen steht Baden-Württemberg als Reise- und Bäderland im Bundesgebiet nach Bayern nach wie vor an zweiter Stelle. Grundlage des Fremdenverkehrs bilden die klimatischen und landschaftlichen Vorzüge sowie die zahlreichen Heilquellen des Landes (vgl. Karte 5). Die Förderung des Fremdenverkehrs im Rahmen der Gemeinschaftsaufgabe „Verbesserung der regionalen Wirtschaftsstruktur" und des Fremdenverkehrsentwicklungsprogramms des Landes soll einerseits dazu beitragen, in geeigneten Räumen das Wirtschaftswachstum zu kräftigen und zusätzliche Erwerbsgrundlagen zu schaffen, andererseits die durch strukturelle Probleme gesunkene Wettbewerbsfähigkeit vor allem der Kurorte zu verbessern (vgl. Plankapitel 2.9). Dabei liegt die Bedeutung des Fremdenverkehrs nicht nur in der Bildung von Primäreinkommen, sondern in noch stärkerem Maße in seiner Ausstrahlung auf andere Wirtschaftsbereiche und in der damit verbundenen Multiplikatorwirkung. Er gewinnt damit für die wirtschaftliche Anregung und die Ergänzung der Erwerbsgrundlagen im ländlichen Raum, vor allem in den strukturschwachen Räumen des Landes, eine nicht zu unterschätzende Bedeutung (vgl. PS 1.10.34, 1.11.21 und 2.3.5).

Die Verdichtungsräume haben wegen ihrer Fühlungsvorteile, ihrer relativ guten Infrastruktur, der besseren Versorgung mit öffentlichen und privaten Dienstleistungen und ihres umfassenden Angebots an Arbeitsplätzen für die moderne Industriegesellschaft eine besondere Anziehungskraft. Die Konzentration von Arbeitsstätten und Arbeitskräften führt ihrerseits zu einer besseren Ausnutzung der öffentlichen Einrichtungen. Obwohl z.T. einzelne Branchen überwiegen, sind die Verdichtungsräume des Landes im Vergleich zu anderen Verdichtungsräumen im Bundesgebiet relativ ausgewogen strukturiert. Aufgrund der beschleunigten technischen Entwicklung, der damit verbundenen ständigen Substitution bisheriger durch neue Produkte, durch die engeren europäischen und weltwirtschaftlichen Verflechtungen, aber auch durch die sich schneller verändernde Verbrauchernachfrage muß jedoch damit gerechnet werden, daß künftig häufiger strukturelle Veränderungen auftreten werden und damit auch in den Verdichtungsräumen Baden-Württembergs Probleme entstehen können.

Zu 2.3.2
Verdichtungsräume,
Randzonen,
Verdichtungsbereiche
im ländlichen Raum

In den Plankapiteln 1.8 und 1.9 sowie in PS 1.10.4 wurden die allgemeinen Entwicklungsziele zusammengefaßt, die anzustreben sind, um die Verdichtungsräume funktionsfähig zu erhalten sowie die Randzonen um die Verdichtungsräume und die Verdichtungsbereiche im ländlichen Raum für die gewerblichen Unternehmungen attraktiv zu machen. Dabei gilt es zu verhindern, daß Verdichtungsvorteile wegen eines Übergewichts an Reibungsverlusten in Standortnachteile umschlagen. In den Kerngebieten der Verdichtung hat eine überhöhte bauliche Nutzung und Konzentration der Wirtschaftstätigkeit vielfach bereits zu Überlastungen, z.B. im Verkehrsbereich, und zu bedrohlichen Beeinträchtigungen der Umwelt (Luftverschmutzung, Lärmbelästigung) geführt. Es gibt zwar trotz Intensivierung der Forschung (noch) kein Maß, anhand dessen die Vor- und Nachteile einer Verdichtung objektiv gegeneinander abgewogen werden können, bei fortschreitender Verdichtung kann aber an einzelnen Symptomen erkannt werden, wann die Nachteile die Vorteile zu übersteigen beginnen. Für die gewerbliche Wirtschaft in Verdichtungsräumen gilt daher der Raumordnungsgrundsatz, unter Wahrung gesunder räumlicher Lebens- und Arbeitsbedingungen ausgewogene Wirtschaftsstrukturen zu sichern und unausgewogene

Begründung
Wirtschaftsentwicklung, Arbeitsmarkt und Rohstoffsicherung

zu verbessern. Führt die Verdichtung von Wohn- und Arbeitsstätten zu einer ungesunden und unausgewogenen Struktur, so soll dieser Entwicklung insbesondere durch Infrastrukturmaßnahmen entgegengewirkt werden (§ 2 Abs. 1 Nr. 6 ROG). Ist die Beseitigung von Verdichtungsnachteilen aber nur noch durch kostspielige Infrastruktursysteme möglich, so kann dies allerdings an einem nicht mehr vertretbaren Nutzen-Kosten-Verhältnis scheitern.

Während in den Verdichtungsräumen die gewerbliche Wirtschaft stark durch die besonderen Aufgaben beeinflußt wird, die die Ordnung dieser Räume stellen, sind die Entfaltungsmöglichkeiten der gewerblichen Wirtschaft in den Randzonen der Verdichtungsräume und insbesondere in den Verdichtungsbereichen im ländlichen Raum weit unproblematischer. Hinzu kommt, daß Gemeinden im ländlichen Raum die Ausweisung von Bauland flexibler gestalten können. Auch bieten diese Räume vielfach schon heute genügend Agglomerationsvorteile und günstige Anbindungen an das überregionale Verkehrsnetz.

Zu 2.3.21
Infrastruktur

In den Verdichtungsräumen, ihren Randzonen und in den Verdichtungsbereichen im ländlichen Raum sollen zur besseren Nutzung der hier gegebenen Fühlungsvorteile und des differenzierten Arbeitsmarktes die Verkehrs- und Versorgungseinrichtungen ausgebaut werden.

PS 2.3.21 nennt die wichtigsten Infrastrukturmaßnahmen, die für die Leistungsfähigkeit der gewerblichen Wirtschaft in den Verdichtungsräumen, ihren Randzonen und in den Verdichtungsbereichen im ländlichen Raum erforderlich sind und die ihr die volle Nutzung der Agglomerationsvorteile sichern sollen. Die Grundsätze und Ziele, die sich daraus im einzelnen für die Wasserversorgung und die Abwasserbeseitigung ergeben, sind in Plankapitel 2.7, die Grundsätze und Ziele für das Verkehrswesen in den verdichteten Räumen in PS 2.5.2 ausgeführt.

Zu 2.3.22
Zentrale
Dienstleistungen

In den Verdichtungsräumen, ihren Randzonen und in den Verdichtungsbereichen im ländlichen Raum sollen in den Verdichtungszentren vorrangig ausreichende Entwicklungsmöglichkeiten für zentrale Dienstleistungen höherer Funktion erhalten oder geschaffen werden.

Der Plansatz geht davon aus, daß sich zwischen den Zentren und den anderen Teilen der verdichteten Räume eine Funktionsteilung einspielen muß. Die weitere Differenzierung der Wirtschafts- und Sozialstruktur und die sich mit steigendem Lebensstandard wandelnden Lebensgewohnheiten der Bevölkerung führen hier zu einer erheblichen absoluten und relativen Zunahme der Erwerbstätigen im Dienstleistungsbereich. Diese Dienstleistungen haben vor allem im Verdichtungszentrum ihren günstigsten Standort (vgl. PS 1.8.32); besonders die zentralen Dienstleistungen - im Handel, im Kredit- und Versicherungswesen, in den Verwaltungen und Verbänden, im Verkehrs-, Nachrichten-, Hotel- und Gaststättenwesen - sind auf die Fühlungsvorteile des Verdichtungszentrums angewiesen. Entsprechend sollen den Produktionsstätten, die meist einen wesentlich höheren Flächenbedarf je Arbeitsplatz haben, Standorte in den äußeren Bereichen der verdichteten Räume geboten werden.

Zu 2.3.3
Ländlicher Raum

Im ländlichen Raum, insbesondere in den Räumen mit Strukturschwächen, sollen die Wirtschaftskraft gestärkt, ausreichende Erwerbsgrundlagen erhalten oder geschaffen und wirtschaftliche Initiativen gestärkt oder angeregt werden. Schwerpunkte bei der Vermehrung der nichtlandwirtschaftlichen Arbeitsplätze sollen geeignete Siedlungsbereiche sein, für den Fremdenverkehr dafür besonders geeignete Orte.

Auch wenn die Lage der wirtschaftsschwächeren Gebiete Baden-Württembergs im Verhältnis zum Bundesdurchschnitt noch relativ günstig ist, bestehen doch innerhalb des Landes nach wie vor erhebliche Disparitäten hinsichtlich Beschäftigung, Wirtschaftskraft und Einkommensniveau. Als Folge davon üben die Verdichtungsräume eine Sogwirkung auf den ländlichen Raum aus, in dem zudem die geburtenstarken Jahrgänge überdurchschnittlich stark vertreten sind. Die Wirtschaftskrise vergrößert die Gefahr, daß in den kommenden Jahren jugendliche Erwerbstätige, insbesondere solche mit guter Ausbildung, aus den strukturschwachen Gebieten abwandern, wenn sie in der Nähe ihres Wohnorts keinen Arbeitsplatz finden.

PS 2.3.3 entspricht daher dem landespolitischen Ziel, die ländlichen Räume wirtschaftlich zu kräftigen und in ihnen gleichwertige Lebensverhältnisse zu schaffen. Dieses Ziel entspricht damit auch dem Grundsatz der aktiven Sanierung, wie er im Raumordnungsgesetz festgelegt ist (vgl. Plankapitel 1.10 und 1.11). So fordert das Raumordnungsgesetz für den ländlichen Raum außer einer Verbesserung der allgemeinen wirtschaftlichen und sozialen Verhältnisse „eine angemessene wirtschaftliche Leistungsfähigkeit sowie ausreichende Erwerbsmöglichkeiten, auch außerhalb der Land- und Forstwirtschaft, anzustreben" (§ 2 Abs. 1 Nr. 5 Satz 5 ROG). PS 2.3.3 geht davon aus, daß es nicht möglich ist und schon im Hinblick auf die Erschließungs- und Folgekosten volkswirtschaftlich auch wenig sinnvoll wäre, durch eine weite Streuung in möglichst vielen Orten Industriebetriebe anzusiedeln (vgl. PS 1.3.4 und 2.3.11). Zur Erreichung einer optimalen Abstimmung und Auslastung im Bereich der Infrastruktur muß deshalb auf die Bildung von gewerblich-industriellen Schwerpunkten hingewirkt werden. Die besten Ansatzpunkte hierfür bieten die in den Regionalplänen ausgewiesenen Siedlungsbereiche. Die Gemeinden haben insbesondere im ländlichen Raum die Möglichkeit, gesunde Entwicklungen durch eine flexiblere Ausweisung von Bauland zu unterstützen (vgl. auch zu 2.3.2). Das hier allmählich entstehende „Industrieklima", das insbesondere auch dadurch geschaffen wird, daß hier Dienstleistungen schon geboten oder nachgezogen werden, kann weitere Betriebe zur Ansiedlung veranlassen.

Es ist das Ziel, auch im ländlichen Raum dauerhafte Arbeitsplätze höherer Qualifikation zu schaffen und zu sichern und damit insbesondere die Anfälligkeit der strukturschwachen ländlichen Wirtschaftsräume abzubauen (vgl. PS 1.11.1). Die Bildungswilligkeit und ein verbessertes Angebot an Bildungsmöglichkeiten können sich in diesen Räumen raumordnerisch nur dann positiv auswirken, wenn der Bevölkerung in ihrer engeren Heimat sichere Arbeitsplätze geboten werden, die ihrer besseren Ausbildung entsprechen. Sonst würde der Abbau des Bildungsgefälles die Abwanderung sogar noch unterstützen. In dafür besonders geeigneten Orten ist die Vermehrung der nichtlandwirtschaftlichen Arbeitsplätze durch eine Intensivierung des Fremdenverkehrs anzustreben (vgl. PS 2.3.15).

Räume mit Strukturschwächen

In den strukturschwachen Teilen des ländlichen Raumes im Sinne von PS 1.11.3 (vgl. Karte 2) werden wirtschaftliche Initiativen im Rahmen der Bund-Länder-Gemeinschaftsaufgabe „Verbesserung der regionalen Wirtschaftsstruktur" und der regionalen Förderprogramme des Landes unterstützt. Die Landesregierung nahm dabei die 1981 erfolgte Neuabgrenzung der Fördergebiete der Gemeinschaftsaufgabe, nach der von den bisherigen baden-württembergischen Fördergebieten künftig nur noch die Arbeitsmarktregion Buchen (Aktionsprogramm „Neckar-Odenwald") in der Bund-Länder-Förderung verbleibt (vgl. PS 1.11.3 mit Anhang), zum Anlaß, die Gewerbeförderung des Landes der veränderten gesamtwirtschaftlichen Situation entsprechend neu zu akzentuieren. Existenzgründungen sowie Technologie- und Exportfördermaßnahmen werden künftig vorrangig finanziell unterstützt werden. Die Regionalförderung wird sich dabei weiterhin auf den Ausbau der Infrastruktur und die einzelbetriebliche Förderung mittlerer und kleinerer Unternehmen konzentrieren (vgl. PS 2.3.1).

Förderprogramme
Karte 2

Dazu sollen die Standortvoraussetzungen für bestehende und neu anzusiedelnde Industrie-, andere Gewerbe- und Dienstleistungsbetriebe verbessert werden, insbesondere durch Erschließung von Gewerbegebieten, durch Maßnahmen des Wohnungsbaus, durch Förderung von Einrichtungen der überbetrieblichen Berufsausbildung, durch Verbesserung der Verkehrsverhältnisse und durch Ausbau der Versorgungs-, Sozial-, Bildungs- und Erholungseinrichtungen und des Nachrichtenwesens.

Zu 2.3.31
Standortvoraussetzungen

Die Standortwahl der Unternehmen wird in starkem Maße von der Infrastrukturausstattung eines Raumes bestimmt. Die weitere Entfaltung der Erwerbstätigkeit in manchen wirtschaftlich bisher wenig attraktiven Teilen des ländlichen Raumes setzt daher vor allem die Bereitstellung notwendiger Infrastruktureinrichtungen voraus (vgl. PS 2.3.11). PS 2.3.31 unterstreicht das ordnungspolitische Gewicht der Infrastrukturförderung. Ziel des Plansatzes ist es, durch eine Verbesserung der Standortverhältnisse sowie des Wohn- und Freizeitwerts die Entwicklungschancen des ländlichen Raumes zu steigern und die Wirtschaftskraft und sektorale Wirtschaftsstruktur zu stärken. Die Landesregierung trägt dieser Zielsetzung durch ihr Wirtschaftsförderungsprogramm Rechnung. Im Rahmen der Fortführung des Landesinfrastrukturprogramms und der zusätzlichen Förderung der Erschließung von Industrie- und Gewerbegebieten sollen künftig in den strukturschwachen Teilen des ländlichen Raumes verstärkt Maßnahmen zur Verbesserung der wirtschaftsnahen Infrastruktur unterstützt werden (vgl. PS 1.11.22).

Dazu sollen der Ausbau bestehender sowie die Ansiedlung weiterer Industrie-, anderer Gewerbe- und Dienstleistungsbetriebe durch Finanzhilfen gefördert werden.

Zu 2.3.32
Finanzhilfen

Die unternehmerische Standortwahl kann außer durch Infrastrukturverbesserungen zugunsten weniger attraktiver Räume auch durch gezielte staatliche Finanzhilfen, soweit nach EG-Recht zulässig, beeinflußt werden. Das Wirtschaftsförderungspro-

Begründung
Wirtschaftsentwicklung, Arbeitsmarkt und Rohstoffsicherung

gramm des Landes sieht in den anerkannten Fördergebieten eine solche einzelbetriebliche Regionalförderung vor (vgl. PS 1.11.21 und 1.11.3). Sie gilt vorrangig für mittelständische Unternehmen, insbesondere des verarbeitenden Gewerbes und des Dienstleistungsbereichs mit jeweils überregionalem Absatz- oder Einzugsgebiet und für kleinere Unternehmen der mittelständischen Wirtschaft. Die Finanzhilfen, die vor allem Zuschüsse, zinsgünstige Darlehen und Bürgschaften umfassen, sollen in Übereinstimmung mit den Zielen und Grundsätzen der Raumordnung und Landesplanung der Schaffung und Sicherung von dauerhaften, insbesondere qualifizierten Arbeitsplätzen dienen sowie die Einkommenssituation und Wirtschaftskraft dieser Räume verbessern (vgl. PS 1.11.1).

Zu 2.3.4
Verdichtungsansätze

Verdichtungsansätze sind so zu nutzen, daß auch im ländlichen Raum attraktive Arbeitsmärkte entstehen, die vor allem eine Auswahl an Arbeitsplätzen, beruflichen Aufstieg und angemessene Einkommen ermöglichen, Beschäftigungsrisiken mindern und zur Verbesserung der regionalen und sektoralen Wirtschaftsstruktur beitragen.

PS 2.3.4 trägt der Erkenntnis Rechnung, daß die bisherige Förderpolitik durch das Aufgreifen chancenreicher Entwicklungsansätze ergänzt werden muß; er übernimmt deshalb die Aussagen der PS 1.4.4 und 1.10.33 in den fachlichen Teil des LEP. Ziel der Landesregierung ist es, zur Entwicklung des ländlichen Raumes gute Ausgangspositionen einzelner Räume für die weitere wirtschaftliche Entwicklung und für die Verbesserung des Arbeitsmarktes auszubauen. Diese flexible Strategie der dezentralen Konzentration (vgl. PS 2.3.11) soll dort ansetzen, wo sich private oder öffentliche Investitionen an chancenreichen Orten abzeichnen.

Zu 2.3.5
Fremdenverkehr

Der Fremdenverkehr soll im Rahmen des Plansatzes 2.3.15 vorwiegend im ländlichen Raum entwickelt und unter Berücksichtigung der Erfordernisse des Naturhaushalts in bestimmten Landesteilen ausgebaut werden. Insbesondere sollen in den im 3. Teil genannten Erholungsräumen Einrichtungen des Fremdenverkehrs und die dafür erforderlichen Voraussetzungen schwerpunktartig geschaffen werden.

PS 2.3.5 ergänzt PS 2.3.15. Er nennt die Räume, in denen Einrichtungen des Fremdenverkehrs und die dafür erforderlichen Voraussetzungen geschaffen werden sollen, und setzt für die Förderung des Fremdenverkehrs räumliche Prioritäten. Dies beinhaltet u.a., daß nicht alle im 3. Teil des LEP aufgeführten Erholungsräume für den Fremdenverkehr auszubauen sind. Im Hinblick auf den gestiegenen Wettbewerb und die nur noch geringen Zuwachsraten in diesem Wirtschaftszweig sollen weitere Fremdenverkehrsinvestitionen jedoch sorgfältig an den Erfolgsaussichten geprüft werden. Der Plansatz sieht daher auch keinen generellen, sondern vorrangig einen schwerpunktartigen Ausbau vor.

Die Fremdenverkehrsförderung in den strukturschwachen Gebieten des Landes (vgl. PS 1.11.21) umfaßt neben Zuschüssen für den Ausbau der Infrastruktur auch die Förderung von Unternehmen des Fremdenverkehrsgewerbes durch zinsgünstige Darlehen.

Zu 2.3.6
Rohstoffsicherung

Die Bodenschätze des Landes sind zu erfassen und für eine spätere Gewinnung zu sichern, soweit sie zur Rohstoffversorgung beitragen oder beitragen können.

Rohstoffe bilden eine wichtige Grundlage für die wirtschaftliche Produktion im Lande. Da in einigen Gebieten die Rohstoffvorräte bereits in erheblichem Umfang abgebaut sind oder ihr Abbau wegen konkurrierender Flächennutzungen nicht mehr möglich ist, zielt PS 2.3.6 darauf ab, die Bodenschätze des Landes planmäßig zu erfassen und für die künftige Versorgung in Abwägung mit anderen raumbedeutsamen Nutzungen und mit Erfordernissen des Umweltschutzes für einen späteren Abbau zu sichern. Insbesondere ist eine vorausschauende Planung für Rohstoffe wie Kies, Sand, Natursteine, Ton und Gips wichtig, die wegen ihres oberflächennahen Vorkommens im Tagebau gewonnen werden. Da die zunehmenden Flächenansprüche, vor allem für Siedlungs- und Verkehrszwecke, sowie die Schutzbedürftigkeit lebenswichtiger Naturgüter den Spielraum für unternehmerische Entscheidungen immer mehr einengen, ist der öffentlichen Hand die Aufgabe gestellt, für die Versorgung des Landes mit einheimischen Rohstoffen Vorsorge zu treffen und die miteinander konkurrierenden Raumansprüche abzustimmen.

Begründung
Wirtschaftsentwicklung, Arbeitsmarkt und Rohstoffsicherung

Zur Erfüllung dieser Aufgabe will sich die Landesregierung, wie gegenüber dem Landtag mehrfach zum Ausdruck gebracht, auf das Instrumentarium der Regionalpläne und Landschaftsrahmenpläne stützen. Eine zentralistische Planung über ein Rohstoffsicherungsgesetz hingegen wird abgelehnt. Deshalb wurde zur Sicherung oberflächennaher Rohstoffe und zur Ordnung des Rohstoffabbaus in Baden-Württemberg ein Konzept erarbeitet, dem die Landesregierung am 24. November 1982 zugestimmt hat. Dieses Rohstoffsicherungskonzept beinhaltet sowohl den kurzfristigen Ordnungsaspekt als auch den langfristigen Sicherungsaspekt für die verschiedenen Rohstoffe. Es zielt darauf ab, in den Regionalplänen Bereiche auszuweisen (vgl. PS 2.3.62), in denen der Rohstoffabbau unter Berücksichtigung anderer Raumnutzungsansprüche kurz- oder längerfristig gesichert werden soll (vgl. PS 2.3.63).

Rohstoffsicherungskonzept

Wesentliche Voraussetzungen für die Rohstoffsicherung sind die landesweite Rohstofferfassung und Lagerstättenkartierungen. Die Erfassung der Rohstoffe beginnt bei den bestehenden Abbaustätten einschließlich der Erhebung der Reserven in vorhandenen Zulassungen und der dort in zulässigem Umfang durch Erweiterung und Vertiefung aktivierbaren Reserven; zu erfassen sind daneben vor allem die noch nicht im Abbau befindlichen Vorkommen, um eine flächendeckende langfristig angelegte Rohstoffsicherungsplanung überhaupt zu ermöglichen.

Rohstofferfassung

Schon bei der Rohstofferfassung ist in Rechnung zu stellen, daß für die Rohstoffsicherung nur regional bedeutsame Vorkommen in Betracht zu ziehen sind. Bisher bestehen Kenntnisse über Lagerstätten und Vorkommen naturgemäß vor allem in Räumen, in denen bereits seit längerem Rohstoffe intensiv abgebaut werden und Nutzungskonflikte akut sind. Bei mehreren Regionalverbänden liegen bereits umfangreiche Vorarbeiten und konkrete Planungsansätze vor, z.B. in den Regionen Unterer Neckar, Mittlerer Oberrhein, Südlicher Oberrhein und Bodensee-Oberschwaben. Für die weitere Zusammenarbeit zwischen dem Geologischen Landesamt und den Regionalverbänden sind deshalb Prioritäten und Schwerpunkte zu setzen.

Hierzu sollen insbesondere im Landschaftsrahmenplan abbauwürdige Lagerstätten mineralischer Rohstoffe dargestellt werden.

Zu 2.3.61 Darstellung von Lagerstätten

Zu den Voraussetzungen für die Sicherung und Ordnung des Rohstoffabbaus gehört nach der Rohstofferfassung die Darstellung der abbauwürdigen Lagerstätten durch die Regionalverbände im Landschaftsrahmenplan. Dies wird lückenlos erst möglich sein, wenn die Ergebnisse der landesweiten geologischen lagerstättenkundlichen Untersuchungen vorliegen. Zunächst muß sich die Darstellung deshalb auf die insbesondere bei den Regionalverbänden und anderen Stellen verfügbaren Erkenntnisse über Rohstofflagerstätten beschränken. Im Landschaftsrahmenplan kann zugleich auch die ökologische Schutzwürdigkeit von Flächen, unter denen Rohstoffvorkommen liegen, aufgezeigt werden. Verbindliche Aussagen zur Sicherung dieser Rohstoffe und zur Ordnung ihres Abbaus sind dagegen erst Gegenstand der fortzuschreibenden Regionalpläne.

Hierzu sollen insbesondere im Regionalplan zur Sicherung und Ordnung des Rohstoffabbaus Vorrangbereiche für den Rohstoffabbau sowie Bereiche ausgewiesen werden, die für die langfristige Sicherung von Rohstoffen und - wo nötig - zugleich für die Sicherung anderer schutzwürdiger Raumnutzungen freigehalten werden sollen.

Zu 2.3.62 Lagerstättenschutz

PS 2.3.62 enthält das raumordnerische Instrumentarium zum Schutz der Lagerstätten. In den Regionalplänen sind Bereiche auszuweisen, die den Rohstoffabbau unter Berücksichtigung anderer Raumnutzungen und Nutzungsansprüche sowie vor dem Hintergrund des Bedarfs ordnen und kurz- oder längerfristig sichern sollen. Dabei wird zwischen Vorrangbereichen für den Abbau oberflächennaher Rohstoffe und Bereichen für die langfristige Sicherung oberflächennaher Rohstoffvorkommen unterschieden.

Vorrangbereiche für den Abbau oberflächennaher Rohstoffe sind Bereiche, in denen der Rohstoffabbau aus raumordnerischer Sicht möglich ist und weitestgehend konzentriert werden sollte. Der Nutzungsvorrang für den Rohstoffabbau bedeutet, daß dieser hier durch konkurrierende Raumnutzungen nicht ausgeschlossen oder nicht wesentlich beeinträchtigt werden soll. Aus diesem Grund kommen vor allem solche Bereiche in Betracht, bei denen die Konkurrenz zu anderen Ansprüchen gering ist. Soweit die vorhandenen Abbaustätten oder deren zulässige Vertiefung bzw. Erweiterung ausreichend sind, soll sich die Ausweisung von Vorrangbereichen im wesentlichen auf die Abbaustätten beschränken. Hierbei gilt der Grundsatz, einem dispersen Abbau entgegenzuwirken. Der Umfang der Ausweisungen soll sich an der groben Bedarfsschätzung orientieren, die allerdings wegen der Abhängigkeit des Gesamtbe-

Vorrangbereiche für den Rohstoffabbau

Begründung
Wirtschaftsentwicklung, Arbeitsmarkt und Rohstoffsicherung

darfs an oberflächennahen Rohstoffen von der nicht vorhersehbaren Wirtschaftsentwicklung und des Bedarfs an einzelnen Rohstoffen von Substitutionsvorgängen recht schwierig ist.

Rohstoffsicherungsbereiche

Die Ausweisung von Bereichen zur langfristigen Sicherung oberflächennaher Rohstoffe beinhaltet sowohl die Freihaltung von Nutzungen, die einem späteren Rohstoffabbau entgegenstehen, als auch zunächst den Ausschluß des Rohstoffabbaus selbst. Deshalb können sich Rohstoffsicherungsbereiche auch mit anderen schutzwürdigen Bereichen überlagern, wenn erst zu einem späteren Zeitpunkt zu entscheiden ist, welcher Nutzung, z.B. dem Rohstoffabbau oder der Grundwassernutzung, der Vorrang eingeräumt werden soll. Die Ausweisung der Rohstoffsicherungsbereiche in den Regionalplänen soll sich vor allem an der Nutzungswürdigkeit und der regionalen Bedeutsamkeit der Rohstoffvorkommen orientieren. Die Frage, unter welchen Voraussetzungen ein Vorkommen als regional bedeutsam anzusehen ist, kann kaum landeseinheitlich, sondern nur regionalspezifisch unter Berücksichtigung der Kriterien Abbauwürdigkeit, Seltenheit und Gefährdung durch konkurrierende Nutzungsansprüche beurteilt werden.

Zu 2.3.63
Abstimmung mit konkurrierenden Nutzungen

Hierzu sollen insbesondere der Abbau von Bodenschätzen und der dazu erforderliche Flächenbedarf mit anderen raumbedeutsamen Nutzungen und Vorhaben sowie mit den Erfordernissen des Umweltschutzes, der Wasserwirtschaft, der Land- und Forstwirtschaft, der Erholung, der Landschaftserhaltung und sonstigen ökologischen Bedürfnissen abgestimmt werden.

PS 2.3.63 weist auf die Zielkonflikte hin, die beim Abbau von Lagerstätten entstehen können. Er verpflichtet zur Abstimmung mit konkurrierenden Nutzungen, Vorhaben oder Erfordernissen (vgl. PS 2.1.25).

Die Gefährdung des Abbaus von Rohstoffvorkommen durch konkurrierende Nutzungen bedarf der Differenzierung nach einen Rohstoffabbau dauerhaft ausschließenden Nutzungen und einen Rohstoffabbau einschränkenden Nutzungen. Unwiderruflich unterbunden wird ein Abbau durch Besiedlung und Verkehrsanlagen sowie durch Deponien, Wasserschutzgebiete oder Naturschutzgebiete. Grundsätzlich ist auch in Landschaftsschutzgebieten, Naturparken, in land- und forstwirtschaftlich oder sonstigen ökologisch wertvollen Bereichen ein Rohstoffabbau zu vermeiden.

Angesichts der Auswirkungen des Abbaus von oberflächennahen Bodenschätzen auf das Bild und das ökologische Gefüge der Landschaft sollte der Abbau von vornherein auf Bereiche konzentriert werden, in denen die Belange des Umweltschutzes und der Landschaftserhaltung möglichst wenig beeinträchtigt werden. Konkurrierende Nutzungen schließen andererseits eine Abstimmung mit Abbauvorhaben nicht aus, wenn von Anfang an eine umweltverträgliche Rohstoffgewinnung und Folgenutzung im Anschluß an eine entsprechende Rekultivierung, z.B. für die Land- und Forstwirtschaft oder für die Erholung, verfolgt wird.

Zu 2.3.64
Aufsuchen und Erschließen von Lagerstätten

Hierzu sollen insbesondere das Aufsuchen und die Erschließung neuer Lagerstätten ermöglicht und - soweit erforderlich - gefördert werden.

PS 2.3.64 stellt klar, daß die Rohstoffversorgung erst dann gesichert ist, wenn die Rohstoffvorkommen nicht nur planerisch ausgewiesen, sondern auch tatsächlich aufgesucht und erschlossen werden können. Aufsuchen und Erschließen von Lagerstätten gehören in einer marktwirtschaftlichen Ordnung zur Aufgabe und zum Risiko der Unternehmer; wenn jedoch an der Sicherung oder am Abbau eines bestimmten Rohstoffvorkommens ein besonderes öffentliches Interesse besteht, ist unter Umständen auch eine besondere staatliche Unterstützung notwendig. Hierüber kann allerdings nicht generell, sondern nur in konkreten Fällen entschieden werden.

Begründung
Land- und Forstwirtschaft

Zu 2.4 Land- und Forstwirtschaft

Die Land- und Forstwirtschaft stellt trotz ihres weiter sinkenden prozentualen Anteils auch heute noch einen volkswirtschaftlich wichtigen Produktionszweig der Gesamtwirtschaft dar. Sie leistet darüber hinaus aber vor allem wesentliche Beiträge zum ökologischen Ausgleich und zur Erhaltung der Erholungslandschaft. Die bei der Flächenerhebung 1981 festgestellten rd. 1,8 Mio ha Landwirtschaftsfläche (einschließlich Moor-, Heide- und Brachflächen), die 50,7 % der Landesfläche ausmachen, und die 1,3 Mio ha Waldfläche (36,4 % der Landesfläche) verleihen diesen Aufgaben entsprechendes Gewicht. Erschwert wurden insbesondere die Aufgaben der Landwirtschaft durch die erhebliche Inanspruchnahme landwirtschaftlich genutzter Flächen für Siedlungszwecke während der vergangenen drei Jahrzehnte um rd. 300 000 ha oder 17 %, vornehmlich in den verdichteten Gebieten.

Zu 2.4
Land- und Forstwirtschaft

Die Zahl der land- und forstwirtschaftlichen Betriebe ab 1 ha landwirtschaftlich genutzter Fläche betrug 1982 rd. 132 000 mit einer durchschnittlichen Betriebsgröße von 11,4 ha. Seit 1949 (5,6 ha) hat sich die durchschnittliche Betriebsgröße nahezu verdoppelt. Die Umschichtung im Strukturgefüge der land- und forstwirtschaftlichen Betriebe vollzog sich vor allem zugunsten der Größenklassen über 20 ha, die bereits einen Anteil von 17,6 % (1949: 2,8 %) haben und auf die mehr als die Hälfte der landwirtschaftlich genutzten Fläche entfällt (1949: 17,1 %). Kennzeichnend für das Strukturbild Baden-Württembergs ist dennoch ein zahlenmäßiges Übergewicht der klein- und mittelbäuerlichen Betriebe. Dieser Strukturwandel, der einen Konzentrationsprozeß bei den Betriebsgrößen ausgelöst hat, beruht sowohl auf der Anpassung an veränderte agrarstrukturelle Rahmenbedingungen als auch auf einer permanenten Einkommensdisparität. Auslösende Momente sind im wesentlichen die altersbedingte Betriebsaufgabe im Generationenwechsel und das Wechseln in den außerlandwirtschaftlichen Arbeitsmarktbereich, das meist mit einem Übergang in die nebenberufliche Landwirtschaft verbunden ist, zum Teil aber auch zur gänzlichen Aufgabe landwirtschaftlicher Tätigkeiten führt. Auch in der Zukunft wird sich in der Landwirtschaft der Strukturwandel fortsetzen. Sein Ausmaß jedoch dürfte in starkem Maße von den jeweiligen gesamtwirtschaftlichen und arbeitsmarktpolitischen Verhältnissen, insbesondere vom Angebot nichtlandwirtschaftlicher Arbeitsplätze im ländlichen Raum, abhängen.

Strukturwandel
in der Landwirtschaft

Der landwirtschaftliche Strukturwandel hat sich - bedingt durch die Erbgewohnheiten - regional recht unterschiedlich vollzogen. Er war in den Realteilungsgebieten (mehr als 30 % der Landesfläche) und in den Gebieten mit Misch- und Übergangsformen (rd. 25 % der Landesfläche), die durch die traditionelle Kleinbetriebsstruktur und Grundstückszersplitterung gekennzeichnet sind, besonders stark. In diesen Gebieten, die zugleich auch überwiegend industriell geprägt und vielfach mit den Verdichtungsräumen und ihren Randzonen identisch sind, waren die Konkurrenz um die menschliche Arbeitskraft, das vielfältige Angebot nichtlandwirtschaftlicher Arbeitsplätze und die Wettbewerbsunterschiede gegenüber der gewerblichen Wirtschaft besonders offenkundig. Im Gegensatz dazu hat sich die Struktur in den Gebieten mit der traditionellen Anerbensitte (etwa 43 % der Landesfläche) mit mittel- und großbäuerlichen Betriebsverhältnissen und einer weniger elastischen Betriebsstruktur deutlich weniger gewandelt.

Regionale
Unterschiede

Der Wandel in der Betriebsstruktur ist eng mit einschneidenden Verschiebungen im landwirtschaftlichen Arbeitskräftepotential verknüpft. Die Zahl der in den landwirtschaftlichen Betrieben tätigen Personen hat sich während der vergangenen zwei Jahrzehnte halbiert; 1982 waren in sämtlichen Betrieben mit 1 und mehr ha landwirtschaftlich genutzter Fläche sowie der kleineren Betriebe mit Markterzeugung nur noch rd. 350 000 Personen tätig. Nahezu alle waren Familienarbeitskräfte, fast vier Fünftel davon teilbeschäftigt, und mehr als die Hälfte der Gesamtzahl der Arbeitskräfte gehörte überdies nur noch zum Bereich der Nebenerwerbslandwirtschaft.

Schrumpfender
Arbeitskräftebestand

Im Laufe der verschiedenen Rodungsperioden im Mittelalter wurde der Wald immer mehr auf die für die landwirtschaftliche Produktion ungünstigen Lagen zurückgedrängt. Die großen zusammenhängenden Waldgebiete, der Schwarzwald, die Schwäbische Alb, die Schwäbisch-Fränkischen Waldberge, der Odenwald und der Schönbuch liegen in den Mittelgebirgen des Landes. In der Nachkriegszeit konnte die Waldfläche des Landes durch systematische Aufforstungen ausgeweitet werden. Den Aufforstungen stehen aber auch erhebliche Waldverluste infolge von Ausstokkungen für andere Nutzungsarten gegenüber. Die Entwicklung der Waldflächen ist regional sehr unterschiedlich verlaufen. Während die Waldfläche in den ländlichen Räumen beträchtlich und in den Randzonen der Verdichtungsräume leicht angestie-

Forstwirtschaft

Begründung
Land- und Forstwirtschaft

gen ist, hat sie in den Verdichtungsräumen mehr und mehr abgenommen. Daraus resultiert das besondere Schutzbedürfnis des Waldes in den Verdichtungsräumen, aber auch die Notwendigkeit einer gesteuerten Aufforstung in den ohnehin waldreicheren Mittelgebirgslagen.

Die Forstwirtschaft ist in Baden-Württemberg ein bedeutender Wirtschaftsfaktor. Die Landesforstverwaltung bewirtschaftet etwa ein Viertel der Waldfläche; sie ist der größte Wirtschaftsbetrieb des Landes. Weitere 41 % der Forstfläche sind Körperschaftswald. Für viele Gemeinden bilden die Einnahmen aus der Forstwirtschaft noch heute einen wichtigen Beitrag für die ordentlichen Haushalte und für die Bewältigung besonderer Investitionsvorhaben. Die Privatwaldfläche hat einen Anteil von etwa 35 %. Zahlreichen Landwirten, insbesondere in Räumen mit ungünstigen landwirtschaftlichen Erzeugungsbedingungen, gewährt der eigene Waldbesitz oder die Nebenbeschäftigung im Wald eine gewisse Ergänzung des Einkommens.

Zu 2.4.1
Allgemeines Entwicklungsziel

Die Land- und Forstwirtschaft ist als wesentlicher Produktionszweig der Gesamtwirtschaft und in ihren Sozialfunktionen zu erhalten und zu entwickeln.

PS 2.4.1 übernimmt den Raumordnungsgrundsatz des § 2 Abs. 1 Nr. 5 Satz 1 ROG. Die Land- und Forstwirtschaft soll aus gesellschaftspolitischen wie aus volkswirtschaftlichen Gründen erhalten bleiben und gezielt entwickelt werden. Außer ihrer Funktion als wirtschaftlicher Produktionszweig (vgl. PS 2.4.11) leistet sie gerade in der Industriegesellschaft einen wesentlichen Beitrag zur Sicherung der natürlichen Lebensgrundlagen und zur Erhaltung und Gestaltung einer lebenswerten Umwelt (vgl. PS 2.4.12 und Plankapitel 2.1).

Die der Landwirtschaft aus landespolitischer Sicht gewidmete Aufmerksamkeit kommt in der Antwort der Landesregierung auf die Große Anfrage der Fraktion der CDU betr. „Entwicklungschancen der Landwirtschaft in Baden-Württemberg" (LT-DS 8/1167) zum Ausdruck. Danach soll die Landwirtschaft zur Erfüllung ihrer vielfältigen Aufgaben weiterhin gefördert werden. Bei begrenzten Haushaltsmitteln bleiben vor allem die strukturelle Anpassung in der Landwirtschaft und der abgestimmte Einsatz struktur- und raumordnungspolitischer Maßnahmen bedeutsam, die zugleich zur Verbesserung der Lebensverhältnisse im ländlichen Raum (vgl. Plankapitel 1.10) beitragen. Die privatwirtschaftliche Weiterentwicklung muß jedoch Grundlage für eine funktionsfähige Landwirtschaft sein, auf deren Erhaltung alle Industriestaaten der Welt besonderen Wert legen. Die Landesregierung steht deshalb nach wie vor zum agrarpolitischen Leitbild des Familienbetriebs. Es ist das Ziel der Agrarpolitik des Landes, den Familienbetrieb in seinen vielfältigen Erscheinungsformen zu stärken.

Die gesellschaftspolitischen Leistungen der Land- und Forstwirtschaft für die Allgemeinheit wurden bisher wie selbstverständlich hingenommen; sie sind bisher auch wie selbstverständlich erbracht worden. In manchen Landesteilen ist dies bei einer Landnutzung nach streng wirtschaftlichen Grundsätzen nicht mehr möglich (vgl. PS 2.4.32); deshalb ist es dort besonders geboten, die von Bund und Land angebotenen förderpolitischen Mittel anzunehmen und auszuschöpfen.

Zu 2.4.11
Ernährungsbasis

Sie soll insbesondere dazu beitragen, die Ernährungsbasis und die Holzversorgung zu sichern.

Die Agrar- und Ernährungspolitik ist wesentlicher Bestandteil der Wirtschafts- und Gesellschaftspolitik. Nach wie vor steht die sichere Versorgung unserer Bevölkerung und der Wirtschaft mit einem vielfältigen Angebot hochwertiger Nahrungsgüter und Rohstoffe zu angemessenen Preisen im Vordergrund der agrar- und ernährungspolitischen Bemühungen. Zunehmende Bedeutung gewinnt die Verbesserung der Qualität der landwirtschaftlichen Produkte, vor allem der Nahrungsmittel. Ein vielfältiges und sicheres Angebot an Nahrungsmitteln und Rohstoffen erfordert eine leistungsfähige eigene Agrarwirtschaft und als Voraussetzung dazu funktionsfähige Agrarmärkte.

PS 2.4.11 betont als eine Aufgabe der Landwirtschaft, die Ernährungsbasis der Bevölkerung zu sichern. Im Bundesgebiet kann ein großer Teil des Nahrungsmittelverbrauchs aus der Inlanderzeugung gedeckt werden, obwohl die Produktionsfläche für Nahrungsmittel abgenommen hat. Die heimische Ernährungsbasis ist nicht nur in politischen und wirtschaftlichen Krisenzeiten wichtig. Bei dem starken Wachstum und der ungenügenden Ernährung vieler Völker der Erde ist nicht abzusehen, wieviel Nahrungsmittel auf lange Sicht importiert werden können; ebensowenig gesicherte Vorstellungen bestehen darüber, wieviele Ertragsreserven noch erschlossen werden können. Der Ertragssteigerung sind auch durch den Umweltschutz Grenzen gesetzt, da die Erzeugung von Nahrungsmitteln auf die Gesundheit der Menschen und die

Begründung
Land- und Forstwirtschaft

Erhaltung einer nachhaltigen Bodenfruchtbarkeit auszurichten ist (vgl. PS 2.1.26). Die - kontrollierbare - Eigenproduktion von Nahrungsmitteln wird daher an Bedeutung nicht verlieren. Nicht zu unterschätzen ist außerdem die Bedeutung der Landwirtschaft für die anderen Wirtschaftsbereiche, vor allem für die Ernährungsindustrie, das Ernährungshandwerk, die landwirtschaftliche Betriebsindustrie und den Landhandel.

In der Bundesrepublik beträgt der Holzverbrauch jährlich rd. 64 Mio fm, das Rohholzaufkommen dagegen nur etwa 30 Mio fm; die Differenz muß durch Einfuhren gedeckt werden. In Baden-Württemberg beträgt der jährliche Einschlag 7,6 Mio fm. Holz ist als Rohstoff die Grundlage für die Holzindustrie, einen in Baden-Württemberg bedeutenden Wirtschaftszweig mit beachtlicher Wertschöpfung.

Holzversorgung

Sie soll insbesondere dazu beitragen, die Kulturlandschaft zu pflegen und zu gestalten sowie die natürlichen Lebensgrundlagen zu erhalten und zu verbessern.

Zu 2.4.12
Landschaftspflege

Boden, Wasser, Luft, Klima, Pflanzen und die freilebende Tierwelt sind die vorgegebenen Elemente der Kulturlandschaft und die natürlichen Grundlagen des Lebens (vgl. PS 1.1.3). Sie können nur durch eine nachhaltige land- und forstwirtschaftliche Bodennutzung erhalten werden. Die Erhaltung und Pflege der Kulturlandschaft kann deshalb nicht losgelöst von der heutigen Land- und Forstwirtschaft gesehen werden. Das Bild der Kulturlandschaft wird sich mit dem Strukturwandel der Landwirtschaft zwar ändern, aber immer durch die land- und forstwirtschaftliche Bodennutzung geprägt werden. 87 % der Gesamtfläche des Landes werden durch die Land- und Forstwirtschaft im Kulturzustand gehalten.

Die modernen Wirtschaftsformen und Produktionsmethoden können zwar gelegentlich zu Zielkonflikten mit dem Naturschutz führen. Im allgemeinen aber stehen die Interessen der Land- und Forstwirtschaft denen des Naturschutzes nicht entgegen, sondern decken sich in der Zielrichtung. Dies gilt insbesondere für die intensiven gemeinsamen Bemühungen um die Einschränkungen des Landschaftsverbrauchs, die Pflege der Landschaft (vgl. Plankapitel 2.1) und die Sicherung der Erholungsfunktion der Kulturlandschaft. Durch entsprechende Regionalprogramme (Albprogramm, Schwarzwaldprogramm, Wälderprogramm) hat die Landesregierung rechtzeitig sowohl den Zielen der Land- und Forstwirtschaft als auch denen des Natur- und Landschaftsschutzes Rechnung getragen. Die aus diesen regionalen Strukturprogrammen resultierenden Maßnahmen sind vielschichtig und auf die Förderung von Land- und Forstwirtschaft, Naturschutz und Landschaftspflege, Flurneuordnung, Wasserwirtschaft sowie Fremdenverkehr abgestellt.

Im Wechsel mit dem Wald bietet die Feldflur wirksame Voraussetzungen für die Erholung. Sie gestattet einen freien Blick in die offene Landschaft und bereichert den Erlebniswert durch das mit den Jahreszeiten wechselnde Bild der landwirtschaftlichen Kulturen. Die Waldnutzung ist naturnah; wegen der langen Produktionszeiträume von bis zu 100 Jahren trägt sie vor allem als stabilisierender Faktor zur Erhaltung der Kulturlandschaft, zur Sicherung der natürlichen Lebensgrundlagen und zur Gestaltung von Erholungsräumen bei.

Feld und Wald

Zunehmende Bedeutung gewinnt vor allem die Aufgabe der Land- und Forstwirtschaft, die natürlichen Lebensgrundlagen zu erhalten und zu verbessern (vgl. PS 2.1.11 und 2.1.3). Im engsten Zusammenhang damit stehen die Aufgaben der Land- und Forstwirtschaft, durch die land- und forstwirtschaftliche Bodennutzung die Kulturlandschaft zu erhalten und zu pflegen sowie die Erholungsräume zum Wohl der Allgemeinheit zu pflegen. Hinzu kommt, daß die Umweltbelastungen, die sich aus den steigenden Ansprüchen der Gesellschaft ergeben, immer notwendiger eine intakte Landschaft und einen leistungsfähigen Naturhaushalt erfordern. Auf die Dauer kann aber nur eine nachhaltig land- und forstwirtschaftlich genutzte Landschaft die vielfältigen Aufgaben erfüllen, die der Umweltschutz erfordert, vor allem als Wasserspeicher und Lärmschutz, für Luftreinhaltung und Sauerstoffproduktion oder für die Verbesserung der klimatischen Verhältnisse. Wo beispielsweise die Landbewirtschaftung vernachlässigt wird, droht die Gefahr, daß die Landschaft verwildert. Zur Vermeidung derartiger Entwicklungen und zur Erfüllung der land- und forstwirtschaftlichen Aufgaben sind im Landwirtschafts- und Landeskulturgesetz eine Reihe der dafür notwendigen Maßnahmen verankert. Zusätzliche Hinweise auf die spezifische Aufgabenstellung der Land- und Forstwirtschaft im Bereich von Naturschutz und Landschaftspflege enthalten die beiden Fachkapitel 2.3 Landwirtschaft und 2.4 Forstwirtschaft im Landschaftsrahmenprogramm.

Erhaltung
der natürlichen
Lebensgrundlagen

Begründung
Land- und Forstwirtschaft

Zu 2.4.13
Siedlungsstruktur

Sie soll insbesondere dazu beitragen, die Siedlungsdichte der dünnbesiedelten Räume zu erhalten und die Siedlungsstruktur der Verdichtungsräume, ihrer Randzonen und der Verdichtungsbereiche im ländlichen Raum aufzulockern.

PS 2.4.13 steht in engem Zusammenhang mit PS 2.4.12. Gerade die Landschaften mit ungünstigen landwirtschaftlichen Produktionsbedingungen sind oft für die Erholung besonders geeignet. Sie sind aber meist dünn besiedelt und von Abwanderung bedroht. Wenn diese Landschaften von der Landwirtschaft aus wirtschaftlichen Gründen aufgegeben würden, drohte ihnen Verödung; sie könnten dann nicht mehr als Erholungslandschaft erhalten werden. Dem läßt sich auch durch die vollständige Aufforstung der Grenzertragsböden nicht begegnen, da die Erholungsuchenden erfahrungsgemäß abwechslungsreiche Landschaften völlig geschlossenen Waldgebieten vorziehen (vgl. PS 2.4.44).

In den verdichteten Räumen ist die Erhaltung der land- und forstwirtschaftlichen Bodennutzung ein wesentlicher Bestandteil der städtebaulichen Ordnung (vgl. PS 2.2.17). Durch die Ausweisung von Entwicklungsachsen soll auch zur Freihaltung größerer zusammenhängender Räume für eine land- und forstwirtschaftliche Nutzung bis an die Verdichtungskerne heran beigetragen werden. Dadurch und durch ausreichende land- und forstwirtschaftlich genutzte Freiräume im Zuge der Entwicklungsachsen kann die Siedlungsstruktur der verdichteten Räume aufgelockert, ein ungeordnetes Zusammenwachsen der Siedlungen und ein ringförmiges Ausbreiten der Verdichtungsräume vermieden werden. Die Land- und Forstwirtschaft ist hier ein gestaltendes Element des modernen Städtebaues, das städtische Dichte und ländliche Weite zu vereinigen sucht. Von besonderer Bedeutung als Naherholungsräume sind land- und forstwirtschaftlich genutzte Flächen am Rande der Städte. Die Land- und Forstwirtschaft kann ihre Aufgaben in den Verdichtungsräumen nur dann erfüllen, wenn hier bei der Zweckentfremdung der land- und forstwirtschaftlich genutzten Flächen besonders strenge Maßstäbe angelegt werden (vgl. PS 2.4.42).

Zu 2.4.2

PS 2.4.2 nennt die wichtigsten Voraussetzungen zur Verwirklichung von PS 2.4.1.

Zu 2.4.21
Agrarverfassung

Zur Verwirklichung des Plansatzes 2.4.1 sind für die landwirtschaftlichen Betriebe im Haupt- und Nebenerwerb Unternehmens- und Organisationsformen anzustreben, die den in der Landwirtschaft Tätigen ein ausreichendes Einkommen ermöglichen.

Betriebsgrößen

Die Agrarstruktur des Landes wird trotz der Strukturumschichtungen während der zurückliegenden drei Jahrzehnte noch überwiegend von klein- und mittelbäuerlichen Merkmalen gekennzeichnet. Bei der Betriebsstruktur überwiegen die Nebenerwerbsbetriebe etwa zu zwei Drittel. Die durchschnittliche Betriebsgröße aller Betriebe über 1 ha landwirtschaftlich genutzter Flächen (1982: 132 000) betrug nur 11,4 ha (Bundesdurchschnitt: 15,3 ha); sie ist zugleich die niedrigste unter den Flächenländern der Bundesrepublik (Schleswig-Holstein: 32 ha). Bei den Vollerwerbsbetrieben liegt die durchschnittliche Betriebsgröße in Baden-Württemberg bei rd. 25 ha.

Einkommen

Die vielfältigen Aufgaben der Landwirtschaft können am zweckmäßigsten und billigsten von Betrieben erfüllt werden, die für ihre landwirtschaftliche Tätigkeit ein ausreichendes Arbeitseinkommen erzielen. Die landwirtschaftlichen Einkommen sind insgesamt zwar gestiegen, die Einkommensunterschiede zum außerlandwirtschaftlichen Bereich konnten aber nicht abgebaut werden, sondern haben sich sogar vergrößert. Für die Betriebe des Landes ergab sich 1980/81 eine globale Disparität von über 40 %, die sich 1981/82 nur unwesentlich vermindern wird. Die in Baden-Württemberg in der Landwirtschaft erzielten Reineinkommen betrugen 1980/81 bei den Vollerwerbsbetrieben knapp 19 000 DM pro Familienarbeitskraft (Bundesgebiet: ca. 21 000 DM lt. Agrarbericht der Bundesregierung). Die Ursachen für das Zurückbleiben hinter dem Bundesdurchschnitt sind in erster Linie in dem hohen Anteil der von der Natur benachteiligten Gebiete und in den unterdurchschnittlichen Betriebsgrößen bei den Vollerwerbsbetrieben zu sehen. Langfristig wird für einen erheblichen Teil der Vollerwerbsbetriebe die Landbewirtschaftung als alleinige Existenzgrundlage nicht mehr ausreichend sein. Weniger gefährdet dagegen erscheint die im Nebenerwerb betriebene Landwirtschaft, insbesondere wenn die Einkommensbasis des Nebenerwerbsbetriebs vom nichtlandwirtschaftlichen Hauptberuf her als gesichert erscheint. Für die Zukunft muß für die hauptberuflichen Betriebe deshalb eine stetige Erhöhung des Arbeitseinkommens angestrebt werden. Dieses Ziel läßt sich allerdings nur für einen Teil der heute noch hauptberuflich tätigen Landwirte erreichen (vgl. PS 2.4.31), vor allem durch Aufstockung der Betriebsfläche, Ausweitung der Produktionskapazitäten in der Veredelungswirtschaft oder - in klimatisch begünstigten Lagen - durch Anbau von Sonderkulturen. Die dazu notwendigen hohen

Begründung
Land- und Forstwirtschaft

Investitionskosten werden die Betriebe nur aufbringen können, wenn ihnen die Kapitalbildung erleichtert wird.

Für die landwirtschaftlichen Betriebe insgesamt liegen bei den gegebenen Betriebsstrukturen und Produktionsbedingungen Entwicklungsmöglichkeiten vor allem im Bereich der Veredelung sowie der Spezial- und Dauerkulturen. Die Entwicklungsmöglichkeiten der baden-württembergischen Landwirtschaft werden wesentlich von den agrarpreis-, steuer- und strukturpolitischen Rahmenbedingungen beeinflußt. Insofern ist die Verbesserung der Struktur- und Einkommensverhältnisse der heimischen Landwirtschaft in starkem Maße von entsprechenden Maßnahmen und Hilfen des Bundes abhängig. Der Bund konzentriert seine Investitionsförderung in der Hauptsache auf entwicklungsfähige Einzelbetriebe und überbetriebliche Zusammenschlüsse (vgl. PS 2.4.3). Ergänzt wird die Bundesförderung durch spezifische Landesmaßnahmen im Rahmen landeseigener Förderprogramme im einzelbetrieblichen Investitionsbereich (Agrarkredit, Regionalprogramm).

Entwicklungsmöglichkeiten

Bei dem Bestreben, in der Landwirtschaft leistungsfähige Vollerwerbsbetriebe zu schaffen, dürfen aber die für die Sozialstruktur von Baden-Württemberg charakteristischen Kleinbetriebe, die Zu- und Nebenerwerbsbetriebe und die ländlichen Heimstätten, nicht vernachlässigt werden. Gerade sie sind oft für die Pflege und Erhaltung der Kulturlandschaft von erheblicher Bedeutung; vor allem in Räumen, in denen die natürlichen Ertragsbedingungen für Vollerwerbsbetriebe nicht ausreichen, stellen sie bereits heute die wichtigste Form der Landbewirtschaftung dar. Auch Nebenerwerbsbetriebe können nach den einzelbetrieblichen Förderungsprogrammen gefördert werden. Für die Nebenerwerbslandwirte ist es aber vordringlich, mehr Zeit für ihre außerlandwirtschaftliche Tätigkeit oder mehr Freizeit zu gewinnen; auch hierfür bietet sich eine Vereinfachung der Betriebsorganisation und ein überbetrieblicher Maschineneinsatz an. Zur Verwirklichung von PS 2.4.21 dienen vor allem die in PS 2.4.3 genannten agrarstrukturellen Maßnahmen.

Zur Verwirklichung des Plansatzes 2.4.1 sind für die land- und forstwirtschaftliche Nutzung gut geeignete Böden und Standorte nur in dem unausweichlich notwendigen Umfang für andere Nutzungsarten vorzusehen und in den Verdichtungsräumen und Entwicklungsachsen die Freiräume so auszuwählen und zu bemessen, daß eine rationelle Bodennutzung möglich ist.

Zu 2.4.22
Erhaltung
guter Böden

PS 2.4.22 geht davon aus, daß die land- und forstwirtschaftlich genutzte Fläche so zu erhalten ist, daß Feld und Wald als Produktionsflächen und als Bestandteile der Kulturlandschaft für die Erholung und den Umweltschutz wirksam bleiben (vgl. PS 2.1.26).

Die landwirtschaftlich genutzte Fläche aller Betriebe über 1 ha in Baden-Württemberg nahm in den letzten drei Jahrzehnten um mehr als 300 000 ha oder knapp 20 % ab. Sie ist am stärksten in den Verdichtungsräumen zurückgegangen; das wiegt dort besonders schwer, da gerade diese Räume günstige Absatzverhältnisse und in der Regel sehr gute Böden aufweisen. Unabhängig von der Bodengüte kann ein Standort auch dann für eine land- und forstwirtschaftliche Nutzung geeignet sein, wenn die Markt- und Absatzverhältnisse günstig sind; auch dann sind höhere Kapitalinvestitionen gerechtfertigt. Dies ist in der Regel in Verdichtungsräumen und in ihrem Umland der Fall. Die Unsicherheit über die künftige Verwendung der Fläche erschwert die Entscheidungen der Landwirte über die weitere Entwicklung ihrer Betriebe, begünstigt die Bodenspekulation und die Sozialbrache und behindert die Agrarstrukturverbesserung. Dieser Unsicherheit muß durch eine weit vorausschauende Bauleitplanung entgegengewirkt werden, die auf lange Sicht die Flächen ausweist, die einer land- und forstwirtschaftlichen Nutzung zu erhalten sind.

Wann und in welchem Umfang es „unbedingt notwendig" ist, gute Böden für eine außerlandwirtschaftliche Nutzung in Anspruch zu nehmen, ist im Einzelfall abzuwägen; dabei werden in Verdichtungsräumen wegen der besonderen Bedeutung der land- und forstwirtschaftlichen Bodennutzung strenge Maßstäbe anzulegen sein.

Einen wichtigen Beurteilungsmaßstab bilden die Ergebnisse der Flurbilanz. Im Rahmen dieser Arbeit wurden von den Landwirtschaftsämtern die landbauwürdigen Flächen, bei denen der landwirtschaftlichen Nutzung vor anderen Nutzungen ein Vorrang einzuräumen ist, als Vorrangflur Stufe I ausgewiesen. Die Flächen der Vorrangflur Stufe II sollen gleichfalls von nichtlandwirtschaftlichen Nutzungen ausgeschlossen bleiben.

Flurbilanz

Begründung
Land- und Forstwirtschaft

Landbauproblematische Flächen, auf denen andere Nutzungen auf längere Sicht in Betracht kommen können, wurden als Grenzflur ausgewiesen. Flächen, deren Bewirtschaftung jedoch Kosten verursachen, die stets über dem Ertrag liegen, wurden als Untergrenzflur eingestuft. Hier sind Fremdnutzungen durchaus zu befürworten, soweit sie landschaftspflegerischen Zielen nicht entgegenstehen.

In Gebieten mit einem hohen Waldanteil wurde zusätzlich die Mindestflur ausgewiesen. Sie dient der Erhaltung des Erholungswerts der Landschaft, der Sicherung des Wohnbereichs u.a.m.. Die Mindestflur umfaßt alle Flächen, die im Interesse der dort ansässigen wie der erholungsuchenden Bevölkerung von jeglicher Überbauung und Aufforstung freigehalten und auch dann gepflegt werden müssen, wenn die Flächen keinen Ertrag abwerfen (vgl. LT-DS 7/1873).

Überdurchschnittlich gute Waldböden wurden im Rahmen der „Vorrangflächenkartierung Holzproduktion" erfaßt. Diese Standorte dienen der Holzerzeugung in besonderem Maße und sind auf Dauer zu sichern.

Zu 2.4.3
Landwirtschaft

Zur Stärkung der Wettbewerbsfähigkeit der Landwirtschaft sowie zur Verbesserung der landwirtschaftlichen Arbeits- und Lebensbedingungen ist die Agrarstruktur zu verbessern.

Anpassung der Landwirtschaft

In Baden-Württemberg ist eine Agrarstruktur entstanden, die zeitgemäßen Produktionsmethoden und Betriebsformen oft hinderlich ist. Dies ist in erster Linie eine Folge der traditionellen Realteilung. Sie war früher die Voraussetzung zur Erhaltung der Bevölkerungsdichte und damit ausschlaggebend für die arbeitskräfteorientierte Industrialisierung. Diese ungünstige Agrarstruktur ist eine der Ursachen dafür, daß die Einkommen und die allgemeinen Lebensbedingungen in der Landwirtschaft meist deutlich hinter denen vergleichbarer Berufsgruppen zurückbleiben. Die historisch bedingten agrarstrukturellen Gegebenheiten haben vor allem auch die Wettbewerbssituation beeinträchtigt. Mit der gewachsenen internationalen Verflechtung der Agrarmärkte hat sich der Wettbewerb erheblich verschärft. Der strukturelle Anpassungsprozeß, in dem sich die baden-württembergische Landwirtschaft schon seit längerer Zeit befindet, muß deshalb weitergeführt werden. Dazu sind insbesondere die landwirtschaftlichen Arbeitsverfahren durch eine entsprechende Ausstattung mit technischen Hilfsmitteln - gegebenenfalls in überbetrieblicher Zusammenarbeit - zu rationalisieren, die Erzeugung auf wenige, leistungsfähige Betriebszweige mit hoher Arbeitsproduktivität zu beschränken und die Marktchancen durch horizontale und vertikale Integration und Kooperation besser zu nutzen. Vielfach läßt sich aber die betriebliche Rationalisierung und Anpassung nur über eine Verbesserung der Agrarstruktur erreichen.

Förderung der Landwirtschaft

Der Sicherung der Existenz und der Wettbewerbsfähigkeit der landwirtschaftlichen Betriebe sowie der Erhöhung der Leistungsfähigkeit der Landwirtschaft insgesamt tragen zahlreiche Vorschriften und Maßnahmen der EG, des Bundes und des Landes Rechnung. Vorhaben, die eine Verbesserung der Agrarstruktur zum Ziel haben, können durch Zuschüsse aus dem europäischen Ausrichtungs- und Garantiefonds gefördert werden. Mit Vorrang werden dabei Projekte behandelt, die gleichzeitig zu der harmonischen Entwicklung der Gesamtwirtschaft eines Raumes beitragen. Im EG-Bereich sind zumindest die gravierenden Wettbewerbsverzerrungen zu beseitigen, z.B. im Bereich der Energieversorgung und der Steuervergünstigungen in bestimmten Produktionsbereichen. Durch den Auf- und Ausbau rationeller Vermarktungseinrichtungen wurde bereits die Vermarktung landwirtschaftlicher Erzeugnisse weiter verbessert. Wie in der Vergangenheit wird sich die Förderung der landwirtschaftlichen Vermarktung auch künftig im wesentlichen auf die Be- und Verarbeitung konzentrieren.

Gemeinschaftsaufgabe und Landesförderung

Die Verbesserung der Agrarstruktur wird seit 1973 gemeinschaftlich von Bund und Ländern nach dem Gesetz über die Gemeinschaftsaufgabe „Verbesserung der Agrarstruktur und des Küstenschutzes" vom 3. September 1969 (BGBl. I S. 1573) finanziert. Schwerpunkte der Maßnahmen sind: Flurbereinigung, wasserwirtschaftliche und kulturbautechnische Maßnahmen im ländlichen Raum, einzelbetriebliche Investitionsförderung, Bergbauernförderung, Marktstrukturmaßnahmen. In ihrer gegenwärtigen Konstruktion reicht diese Gemeinschaftsaufgabe - unabhängig von der allgemeinen schwachen Finanzdecke von Bund und Land - nicht aus, um die notwendigen Verbesserungen zu erzielen. Deshalb ist eine landeseigene Förderung mit Schwerpunkt im einzelbetrieblichen Investitionsbereich von besonderer Bedeutung. Das Landwirtschafts- und Landeskulturgesetz (LLG) vom 14. März 1972 (GBl. S. 74) trägt - neben der wirtschaftlichen Ausrichtung auf die Erfordernisse des Marktes und der Gesamtwirtschaft - vor allem den Aufgaben der Land- und Forstwirtschaft für die Erhaltung der Landschaft und der natürlichen Lebensgrundlagen Rechnung.

Begründung
Land- und Forstwirtschaft

Insbesondere sind die Dorf-, Betriebs- und Flurverhältnisse durch Flurbereinigung, Aussiedlung, Althofsanierung, Wirtschaftswegebau, wasserbauliche und sonstige landeskulturelle Maßnahmen unter Berücksichtigung neuzeitlicher betriebswirtschaftlicher Gesichtspunkte, der Erfordernisse des Umweltschutzes und der Landschaftspflege zu ordnen und nach den Zielen der Dorfentwicklung auszurichten.

Zu 2.4.31
Strukturmängel, Flurbereinigung

In PS 2.4.31 sind die wichtigsten Maßnahmen zur Beseitigung der landwirtschaftlichen Strukturmängel genannt. In den meisten der noch nicht flurbereinigten Räume ist der Grundbesitz stark zersplittert; die einzelnen Besitzstücke sind oft für eine zweckmäßige Bewirtschaftung zu klein und zu ungünstig geformt, so daß Flurbereinigungen notwendig werden. Die Flurbereinigung wird deshalb auch weiterhin einen Schwerpunkt in der Agrarstrukturpolitik des Landes bilden, weil sie eine Strukturmaßnahme darstellt, die sich um eine Verbesserung der Produktions- und Arbeitsbedingungen in der Landwirtschaft bemüht. Darüber hinaus ist sie eine wichtige integrale Ordnungsaufgabe im ländlichen Raum, bei der gleichzeitig die Infrastruktur verbessert, das Erholungswesen ausgebaut und landschaftspflegerische Maßnahmen durchgeführt werden. Ihre früher überwiegend agrarische Zielsetzung wurde in wachsendem Maße um außeragrarische Aufgaben und Ziele erweitert. Einen besonderen Stellenwert erlangt die Flurbereinigung vor allem durch die Berücksichtigung der Belange von Naturschutz und Landschaftspflege (vgl. PS 2.1.27).

Auf Aussiedlungen landwirtschaftlicher Betriebe kann auch künftig nicht verzichtet werden; sie ermöglichen eine günstige Zuordnung von Betrieb und Wirtschaftsfläche. Aussiedlungen sind vordringlich in eng bebauten Dörfern, in Gemarkungen mit weiten Entfernungen oder beträchtlichen Höhenunterschieden und in schnell wachsenden verstädterten Orten und Gemeinden mit einer starken Verkehrsverdichtung. Die landwirtschaftlichen Gebäude sind oftmals überaltert und für eine rationelle Wirtschaftsführung nicht mehr geeignet. Daraus resultieren notwendige bauliche Maßnahmen, die entweder im Wege der Aussiedlung oder einer städtebaulichen Erneuerung im alten Ortskern durchgeführt werden. In bestimmten Fällen, z.B. bei übermäßiger Geruchsbildung in Betrieben mit intensiver Tierhaltung, ist eine Aussiedlung sogar unerläßlich.

Aussiedlung und Dorfentwicklung

Aussiedlungen schaffen vielfach erst die Voraussetzungen zur Auflockerung von Orten und erleichtern die bauliche Sanierung der im Dorf verbleibenden Betriebsgebäude. Aussiedlungen bedürfen allerdings einer sorgfältigen Abstimmung mit den bauleitplanerischen Maßnahmen im Rahmen der Dorfentwicklung (vgl. PS 2.2.32). Umfassende Erneuerungsmaßnahmen sind zwar für die gesunde Weiterentwicklung zahlreicher Dörfer unumgänglich. Damit werden zugleich Ziele zur Verbesserung der Wohnverhältnisse im ländlichen Raum generell verfolgt (vgl. PS 1.10.35). Aus Gründen der hohen Erschließungskosten und einer betriebswirtschaftlich kostensparenden Betriebsführung sowie im Interesse des sozialen Zusammenlebens in der bäuerlichen Gemeinschaft wie auch mit der Dorfbevölkerung insgesamt werden aber Aussiedlungen weniger als früher in Gruppen am Gemarkungsrand durchgeführt, sondern rücken an den Ortsrand heran. Nicht zuletzt kommen hierbei auch Gesichtspunkte der Landschaftspflege zum Tragen (vgl. PS 2.1.22 und 2.1.23).

Die landwirtschaftlichen Wege sind in ihrer Linienführung, Breite und Befestigung so anzulegen, daß sie dem modernen, voll motorisierten landwirtschaftlichen Verkehr mit seinen zahlreichen schweren Schleppern und Großgeräten zu jeder Jahreszeit gewachsen sind. Sie sollen relativ hohe Fahrgeschwindigkeiten ermöglichen. Sie können vielfach das Straßennetz entlasten, wenn sie einen Teil des Verkehrs zwischen den einzelnen Gemeindeteilen und Gehöftgruppen aufnehmen. Nur durch ein gut ausgebautes landwirtschaftliches Wegenetz ist es möglich, die landwirtschaftlichen Grundstücke zeit- und kostensparend zu bewirtschaften und den Maschinenpark wirtschaftlich auszunutzen.

Wirtschaftswege

Zur Sicherung und Verbesserung der landwirtschaftlichen Erträge sind auch wasserwirtschaftliche Maßnahmen notwendig, z.B. durch Verbesserung der Wasserläufe und Anlegung von Rückhaltebecken zum Schutz gegen Überschwemmungen. Durch den Ausbau der Wasserläufe werden gleichzeitig Vorfluter für Entwässerungen geschaffen. Entwässerungen sind vor allem notwendig in Räumen, die aufgrund ihrer geologischen Struktur stark tonige und wasserundurchlässige Böden aufweisen, so vor allem in den Keupergebieten der Hohenloher Ebene, im Donaugebiet und im Alpenvorland. Der zunehmende Einsatz schwerer Schlepper vergrößert die Gefahr schädlicher Bodenverdichtungen mit nachfolgender Vernässung und erhöht noch das Bedürfnis nach Entwässerung.

Landwirtschaftlicher Wasserbau

Begründung
Land- und Forstwirtschaft

Bewässerung ist vor allem in der Rheinebene, im unteren und mittleren Neckarraum und am Bodensee notwendig. Sie erfolgt heute ausschließlich als Beregnung; in diesen klimatisch begünstigten Räumen ist sie die Voraussetzung für einen ertragsreicheren Anbau von Sonderkulturen, vor allem von Obst und Gemüse.

Zu 2.4.32
Höhenlandwirtschaft

Insbesondere sind in den Mittelgebirgslagen und Höhengebieten zur Wahrung, Pflege und Gestaltung bevorzugter Erholungslandschaften die erschwerten Produktionsbedingungen durch geeignete Hilfen auszugleichen.

In den umfangreichen Mittelgebirgslagen und Höhengebieten des Landes erschweren ungünstige Produktionsbedingungen und geringe Erträge die Einkommensverbesserung durch Aufstockung der Betriebe und die Ausweitung der Tierhaltung; dort wird sich selbst in größeren Betrieben nur selten ein mit anderen landwirtschaftlichen Betrieben vergleichbares Betriebsergebnis erreichen lassen. In der Regel sind aber gerade diese „landwirtschaftlichen Problemgebiete" bevorzugte Erholungsräume, deren Anziehungskraft mit zunehmender Verwilderung durch ungepflegtes Brachland erheblich gemindert wird. Die Erhaltung der Höhenlandwirtschaft erfordert daher zusätzliche strukturelle Hilfen, wie sie nach dem Alb-, dem Schwarzwald- und dem Wälderprogramm des Landes möglich sind.

Förderung in Berggebieten

Um in Berggebieten und sonstigen benachteiligten Gebieten die weitere Ausübung landwirtschaftlicher Erwerbstätigkeit zu ermöglichen und gleichzeitig ein Minimum an Bevölkerungsdichte sicherzustellen und die Landschaft zu erhalten, wurde von der EG ein spezielles Förderprogramm verabschiedet. Die Mitgliedsstaaten wurden ermächtigt, in diesen Gebieten besondere Beihilferegelungen zugunsten der Landwirtschaft und zur Verbesserung der landwirtschaftlichen Einkommen zu treffen. In Baden-Württemberg, wo rd. 560 000 ha landwirtschaftlicher Fläche auf benachteiligte Gebiete entfallen, davon rd. 330 000 ha auf Berggebiete und Kerngebiete, erfolgt die Förderung im Rahmen der Gemeinschaftsaufgabe „Verbesserung der Agrarstruktur und des Küstenschutzes".

Zu 2.4.33
Erzeugung

Insbesondere ist die Anpassung der Erzeugung an den Markt zu unterstützen durch Bildung regionaler Schwerpunkte an den für Erzeugung und Absatz geeigneten Standorten sowie durch Bildung von betrieblichen Schwerpunkten und von Erzeugerzusammenschlüssen.

Der heutige Agrarmarkt verlangt ein Angebot möglichst großer Mengen in gleichbleibender Qualität. Bei der Erzeugung pflanzlicher und tierischer Produkte müssen daher regionale Schwerpunkte gebildet oder weiter ausgebaut werden. Dabei wird in Räumen mit hervorragenden Erzeugungsbedingungen der Anbau von Sonderkulturen (Wein, Obst, Gemüse, Hopfen, Tabak u.a.) zu bevorzugen sein, vor allem in geschlossenen Intensivanlagen.

Regionale Schwerpunkte

Die land- und forstwirtschaftliche Erzeugungsrichtung und die Intensität der Bodennutzung - und damit auch der Wirtschaftsertrag der Betriebe - sind durch die natürlichen Produktionsvoraussetzungen (Klima, Boden und Niederschläge) vorgezeichnet; sie sind aber auch den wirtschaftlichen Bedingungen (Markt- und Absatzmöglichkeiten, Betriebsgrößen und -typen) anzupassen. Die Anpassung erfolgt u.a. nach dem Landwirtschafts- und Landeskulturgesetz.

Damit der Einfluß des Standorts besser beurteilt werden kann, hat die Landwirtschaftsverwaltung das Land unter Berücksichtigung der geologischen, topographischen und klimatischen Gegebenheiten in landwirtschaftliche Vergleichsgebiete (Gebiete mit vergleichbaren Ertragsverhältnissen) unterteilt. Innerhalb dieser Vergleichsgebiete werden Betriebsdaten für Analysen und Prognosen erfaßt und nach modernen Verfahren ausgewertet; die Buchführungsergebnisse werden innerhalb der einzelnen Regionen überregional verglichen. Diese Ergebnisse und eine genaue Erfassung der Produktionsmöglichkeiten im pflanzlichen und tierischen Bereich stellen wertvolle Unterlagen dar für Entscheidungen der Landesagrarpolitik sowie für Gutachtertätigkeit und Beratung.

Betriebliche Schwerpunkte

Bei der betrieblichen Schwerpunktbildung wird die Produktion auf wenige Erzeugnisse beschränkt. Sie bietet nicht nur betriebs- und arbeitswirtschaftliche Vorteile; die so vereinfachte Erzeugung erleichtert auch die Marktübersicht und damit die Anpassung an die Bedürfnisse des Marktes. Die regionale und betriebliche Konzentration der Erzeugung darf aber die Bodenfruchtbarkeit nicht gefährden (vgl. PS 2.1.26). Die Landwirtschaft kann sich hier nicht ausschließlich nach kurzfristig erzielbaren Erträgen richten oder den Umweltschutz vernachlässigen (vgl. PS 2.1.35).

Begründung
Land- und Forstwirtschaft

Erzeuger-
zusammenschlüsse

Die Marktanpassung kann wesentlich erleichtert werden, wenn sich mehrere Betriebe zu Erzeugergemeinschaften zusammenschließen. Diese sind insbesondere bei der kleinbäuerlichen Struktur in Baden-Württemberg geeignet, dem Markt ein gleichbleibendes Angebot in ausreichenden Mengen bereitzustellen. Anerkannte Erzeugergemeinschaften werden daher vom Land gefördert (vgl. § 13 LLG).

Insbesondere sind die Schaffung und Verbesserung von Erfassungs-, Bearbeitungs-, Verarbeitungs- und Absatzeinrichtungen zu fördern, vor allem in Zentralen Orten.

Zu 2.4.34
Vermarktung

Ein geregelter Absatz von landwirtschaftlichen Erzeugnissen setzt wegen des Rückgangs des Direktverkaufs ab Hof, der zunehmenden Konkurrenz aus dem Ausland, der Konzentration der Nachfrage und der veränderten Verzehrgewohnheiten leistungsfähige, genügend große Vermarktungseinrichtungen zur Erfassung, Lagerung, Be- und Verarbeitung und zum Absatz voraus. Durch deren Auf- und Ausbau und Ausrichtung auf die jeweilige Markt- und Erzeugungsentwicklung wurde die Vermarktung landwirtschaftlicher Erzeugnisse bereits weiter verbessert. Zur Förderung von Vorhaben werden z.B. auch Mittel der EG aus dem Ausrichtungs- und Garantiefonds bereitgestellt, seit 1979 jedoch nur noch für Vermarktungsprojekte, die sich in spezifische Programme nach der Verordnung (EG) Nr. 355/77 einfügen. Als Standorte von Vermarktungseinrichtungen sind in erster Linie die Zentralen Orte geeignet, weil sie verkehrsgünstig liegen und gute Kontaktmöglichkeiten zu anderen Einrichtungen bieten.

Die Absatzmöglichkeiten können dadurch gesichert werden, daß zwischen Erzeugung und Vermarktung ein enger Verbund hergestellt wird, insbesondere durch Ausbau der Vertragslandwirtschaft und durch intensive Zusammenarbeit zwischen landwirtschaftlichen Betrieben und Vermarktungsunternehmen. Hierzu zwingen die ständigen Veränderungen der Absatzverhältnisse, denen sich Erzeugung und Vermarktung anpassen müssen. Mit zunehmender Konzentration des Lebensmittelhandels durch Einkaufsgenossenschaften, freiwillige Ketten, Warenhäuser und Großunternehmen mit zahlreichen Filialbetrieben hat sich die Art der Nachfrage nach landwirtschaftlichen Erzeugnissen wesentlich gewandelt. Sie verlangt große Mengen einheitlicher Ware in marktgerechter Sortierung und guter Qualität. Da das Angebot aus den traditionellen Agrarexportländern diese Ansprüche bereits weitgehend erfüllt, kann bei der zunehmenden Konkurrenz im Gemeinsamen Markt der Absatz heimischer Produkte nur gesichert werden, wenn sie den EG-Qualitätsnormen entsprechen.

Insbesondere sind die Aus- und Fortbildungsmöglichkeiten für die in der Landwirtschaft tätige Bevölkerung weiter auszubauen und das Beratungswesen zu verbessern.

Zu 2.4.35
Ausbildung und
Beratung

Die Fähigkeiten der landwirtschaftlichen Betriebsleiter und der anderen in der Landwirtschaft Tätigen sind von entscheidender Bedeutung für die weitere Entwicklung der Landwirtschaft, insbesondere für die Steigerung der Produktivität und für die Stärkung der Wettbewerbsfähigkeit der Betriebe. Dem landwirtschaftlichen Nachwuchs müssen die dafür notwendigen Kenntnisse vermittelt werden; die rasche Entwicklung auf allen Gebieten der Landwirtschaft und die ständig steigenden Anforderungen erfordern aber auch nach Abschluß der schulischen und praktischen Ausbildung vielfältige fachliche Fortbildungsmöglichkeiten (vgl. § 8 LLG).

Als Schulstandorte sind die Zentralen Orte besonders geeignet; dort kann ein großer Teil der künftigen hauptberuflichen Landwirte die Fachschule am besten erreichen (vgl. PS 2.8.26).

Die staatliche Beratung vermittelt den Landwirten neue Kenntnisse der Wissenschaft und praktische Erfahrungen in der Absicht, zur nachhaltigen Verbesserung der Lebens-, Arbeits- und Einkommensverhältnisse der in der Landwirtschaft Tätigen beizutragen. Sie hat somit die Aufgabe, im ökonomischen, familiären und sozialen Bereich Entscheidungshilfen zu geben. Sie erstreckt sich auf den Produktions-, Unternehmens-, sozialökonomischen, hauswirtschaftlichen und Vermarktungsbereich (vgl. § 9 LLG). Im Bereich der Nebenerwerbslandwirtschaft stehen Fragen der Betriebsvereinfachung und der zweckmäßigsten Betriebsorganisation im Vordergrund der Beratung. Die sozioökonomische Beratung soll den Landwirten Entscheidungshilfen geben, die eine nichtlandwirtschaftliche Tätigkeit aufnehmen, aber die Landbewirtschaftung im Nebenerwerb beibehalten wollen.

Begründung
Land- und Forstwirtschaft

Zu 2.4.4
Forstwirtschaft

Der Wald ist so zu erhalten, zu bewirtschaften, zu schützen und zu pflegen, daß er als Wirtschaftsfaktor sowie als Bestandteil der Kulturlandschaft für die Erholung wirksam bleibt und dazu beiträgt, die dauernde Leistungsfähigkeit des Naturhaushalts zu sichern.

PS 2.4.4 geht von dem Raumordnungsgrundsatz aus, daß für die Erhaltung, den Schutz und die Pflege des Waldes zu sorgen ist (§ 2 Abs. 1 Nr. 7 ROG). Während bereits PS 2.4.1 der Bedeutung des Waldes als Wirtschaftsfaktor stärker Rechnung trägt, hebt PS 2.4.4 mehr auf die Wohlfahrtswirkungen des Waldes ab, insbesondere für die Landschaft, für den Naturhaushalt und den Umweltschutz.

Bedeutung
des Waldes

Die Bedeutung des Waldes liegt in der Vielfalt seiner Funktionen, die er für die Allgemeinheit und den einzelnen Menschen wahrnimmt. Hierzu gehören in erster Linie seine Nutz-, Schutz- und Erholungsfunktionen. Als Wirtschaftsfaktor leistet der Wald in Baden-Württemberg in allen Besitzarten einen insgesamt noch beachtenswerten Einkommensbeitrag. Der Wald hat in der industrialisierten Welt durch seine notwendig gewordenen Schutzfunktionen mehr und mehr an Bedeutung für die Erhaltung und Pflege der Landschaft gewonnen; er prägt im Wechsel mit Wiesen und Feldern den Charakter der Kulturlandschaft. Darüber hinaus ist er für die Erholung der Bevölkerung unersetzlich und eine der wichtigsten natürlichen Voraussetzungen für die Entwicklung des Erholungswesens und des Fremdenverkehrs. Der Wald erhöht die natürliche Filterwirkung und die Speicherfähigkeit des Bodens; durch Verzögerung und Ausgleich des Wasserabflusses trägt er zur Nachhaltigkeit der Quellschüttungen bei. Der Wald reinigt die Luft von schädlichen Immissionen und schützt vor Lärm.

Allerdings zeigt die seit einigen Jahren in erschreckendem Maße um sich greifende Waldkrankheit, daß die natürliche Filterwirkung der Wälder vielerorts bereits erschöpft ist. Es sind daher dringend wirksame technische Maßnahmen zur Eindämmung der schädlichen Emissionen erforderlich (vgl. PS 2.4.43). Der Wald bewahrt den Boden vor Abtragungen durch Luft und Wasser; er schützt vor Rutschungen und Steinschlag an Steilhängen. Er mildert Klimaextreme und trägt so in hohem Maße zur Erhaltung des Gleichgewichts in der Natur und zur Sicherung der natürlichen Lebensgrundlagen bei.

Landeswaldgesetz

Grundlage für die Erhaltung der Wälder zur Sicherung natürlicher Lebensgrundlagen und naturnaher Erholungsräume sowie zu ihrer sachkundigen und pfleglichen Bewirtschaftung ist das Landeswaldgesetz (LWaldG) vom 10. Februar 1976 (GBl. S. 99). Zum wesentlichen Inhalt dieses Gesetzes gehört vor allem die Formulierung der forstpolitischen Zielsetzung, die Nutz-, Schutz- und Erholungsfunktionen des Waldes gleichrangig und nachhaltig zu gewährleisten und seine Bewirtschaftung zu sichern. Es enthält aber auch Grundsätze für die Förderung der Forstwirtschaft und die Regelung eines Interessenausgleichs zwischen der Allgemeinheit und den Waldbesitzern. Der Bedeutung des Waldes für die Erhaltung einer intakten Umwelt hat die Landesregierung in den letzten Jahren durch eine verstärkte Förderung forstwirtschaftlicher Maßnahmen Rechnung getragen. In ihrer Antwort auf die Große Anfrage der Fraktion der SPD betr. „Die Wälder in Baden-Württemberg" (LT-DS 8/1298) hat die Landesregierung in Verbindung mit einer Würdigung der vielfältigen Bedeutung des Waldes u.a. auch auf künftige forstwirtschaftliche Maßnahmen hingewiesen.

Forstliche
Rahmenplanung

Als wesentliches Hilfsmittel für die Verwirklichung der Zielsetzung des Landeswaldgesetzes dient die forstliche Rahmenplanung. Sie ist eine forstliche Fachplanung, die auf überbetrieblicher Ebene die Waldstruktur ordnet und verbessert und Ziele und Maßnahmen für eine funktionsgerechte Walderhaltung, Waldentwicklung und Waldbewirtschaftung aufzeigt. Eine wichtige Grundlage dafür, daß die Funktionen des Waldes entsprechend ihrem Stellenwert in der Landes-, Regional- und Bauleitplanung sowie in der Umweltvorsorge Berücksichtigung finden, stellt die Waldfunktionenkartierung dar. Diese Kartierung, die alle für die Allgemeinheit wesentlichen Funktionen des Waldes, insbesondere Schutz- und Erholungsfunktionen, aufzeigt, wurde von der Landesforstverwaltung in den Jahren 1975 bis 1979 flächendeckend für Baden-Württemberg durchgeführt. Zusammen mit den Ergebnissen der forstlichen Standortkartierung stehen mit den Waldfunktionenkarten wesentliche Grundlagen für die Planung und Verwirklichung leistungsfähiger und ökologisch stabiler Wälder zur Verfügung.

Zu 2.4.41
Strukturverbesserung

Dazu ist die Ertragsfähigkeit der Forstwirtschaft durch Strukturverbesserungen sowie durch Beratung, Betreuung und technische Hilfe zu sichern.

PS 2.4.41 geht von der Erkenntnis aus, daß die vielfältigen Wohlfahrtswirkungen des Waldes in der Regel am besten von einem pfleglich bewirtschafteten Wald erfüllt

Begründung
Land- und Forstwirtschaft

werden können. Die ständige fachkundige Pflege des Waldes ist auf lange Sicht aber ohne erhebliche Subventionen nur dann gewährleistet, wenn die Ertragsfähigkeit der Forstwirtschaft verbessert wird. Dies setzt zunächst die Erhaltung der bestehenden Waldflächen voraus. Die Ertragslage der Forstwirtschaft kann durch Steigerung des Holzertrags sowie durch weitere Rationalisierung verbessert und gesichert werden, insbesondere wenn die Strukturmängel im Privat- und Körperschaftswald beseitigt sind.

Die Strukturmängel werden vor allem im Kleinprivatwald, teilweise aber auch im Körperschaftswald durch zahlreiche Nachteile in der Wald- und Besitzstruktur (unbefriedigende Bestockung, mangelhafter Wegeaufschluß, starke Zersplitterung des Holzangebots oder mangelnde Voraussetzungen für eine sinnvolle Rationalisierung) offenkundig. Sie lassen sich aber durch eine Reihe von Maßnahmen beseitigen oder mildern. Dazu gehören z.B. Waldflurbereinigungen und forstwirtschaftliche Zusammenschlüsse. Im forstwirtschaftlichen Zusammenschluß ergeben sich u.a. Vorteile für die gemeinsame Beschaffung und Benutzung leistungsfähiger Forstmaschinen oder bei der gemeinsamen Vermarktung. Gegenwärtig bestehen in Baden-Württemberg 73 anerkannte forstwirtschaftliche Zusammenschlüsse mit einer Gesamtfläche von rd. 190 000 ha Wald sowie zahlreiche lockere Vereinigungen von Waldbesitzern zwecks Erfahrungsaustausch.

Maßnahmen

Zur Erschließung des Waldes ist ein ausreichendes Wegenetz notwendig, welches besonders bei starker Parzellierung des Waldbesitzes erst eine wirtschaftliche Pflege und Nutzung des Waldbestands ermöglicht. Im Rahmen der Gemeinschaftsaufgabe „Verbesserung der Agrarstruktur und des Küstenschutzes" wird deshalb der Waldwegebau im Privatwald durch die Landesregierung auch künftig gefördert. Weitere Mittel aus diesem Förderprogramm fließen in die Aufforstung von nichtlandbauwürdigen Flächen. Schließlich erfordert die Beseitigung forstwirtschaftlicher Strukturmängel im Kleinprivatwald eine besonders intensive fachliche Beratung und Betreuung.

Dazu sind Eingriffe in den Bestand des Waldes in Verdichtungsräumen und in andere Wälder mit besonderen Schutz- und Erholungsfunktionen, vor allem in Schutzwälder, Waldschutzgebiete und Erholungswälder, auf das Unvermeidbare zu beschränken; Verluste sollen möglichst in der Nähe der Eingriffe durch Aufforstung von nichtlandbauwürdigen Flächen ausgeglichen werden.

Zu 2.4.42
Vorrang der Walderhaltung

PS 2.4.42 verschärft den allgemeinen Grundsatz der Walderhaltung (vgl. PS 2.4.4) für Wälder mit besonderen Wohlfahrtswirkungen. Die wichtigsten Fälle, in denen der Wald besondere Wohlfahrtswirkungen hat - in Verdichtungsräumen, Naherholungsräumen, Wasserschutz- und Quellengebieten, erosionsgefährdeten Gebieten - sind in PS 2.4.42 genannt. In Verdichtungsräumen, den übrigen verdichteten Räumen, vielfach aber auch in der Nähe größerer Städte außerhalb dieser Räume sind die Wohlfahrtswirkungen des Waldes für die Lebensbedingungen von ganz besonderer Bedeutung; gerade dort war aber die Flächeninanspruchnahme für Siedlungszwecke besonders groß und die Waldflächenbilanz stark negativ.

Der LEP räumt deshalb bei Wäldern mit besonderen Wohlfahrtswirkungen dem Grundsatz der Walderhaltung einen prinzipiellen Vorrang ein, der bei der Abwägung mit anderen öffentlichen Belangen in Regionalplänen, in der Bauleitplanung und bei Entscheidungen über Einzelmaßnahmen zu beachten ist. Wann und inwieweit Eingriffe in Wälder mit besonderen Wohlfahrtswirkungen unvermeidbar sind, kann der LEP nicht generell und abstrakt festlegen. Nach dem Landeswaldgesetz unterliegen Waldinanspruchnahmen einer gesetzlichen Genehmigungspflicht. Dies gilt nicht für alle diejenigen Fälle, in denen Planfeststellungsverfahren, z.B. im Straßenbau durchgeführt werden. Wo Waldflächenverluste unvermeidbar sind, sollen sie durch Ersatzaufforstungen auf nichtlandbauwürdigen Flächen oder durch sonstige Schutz- und Gestaltungsmaßnahmen ganz oder teilweise ausgeglichen werden. Als erstes Land hat Baden-Württemberg darüber hinaus die Walderhaltungsabgabe nach § 9 Abs. 4 LWaldG eingeführt, die dann zu entrichten ist, wenn aus übergeordneten, landespolitischen Gesichtspunkten eine Waldinanspruchnahme für einen nichtöffentlichen Zweck für unverzichtbar gehalten wird.

Aufforstungen sind in den waldarmen Verdichtungsräumen im Hinblick auf die soziale und ökologische Bedeutung des Waldes und in den übrigen Gebieten des Landes u.a. im Hinblick auf den zunehmenden Rohholzbedarf grundsätzlich zu befürworten. Aufgrund des Mangels an Siedlungsflächen und der Schonung landwirtschaftlich wertvoller Böden werden Aufforstungen in den Verdichtungsräumen zukünftig jedoch kaum zu erwarten sein. Der agrarpolitische Zwang zu größeren

Aufforstung

Begründung
Land- und Forstwirtschaft

Betriebsflächen und die während vieler Jahre schlechte Ertragslage der Forstwirtschaft haben aber auch im ländlichen Raum zu einem spürbaren Rückgang der Aufforstungstätigkeit geführt. Mit der Einführung der Aufforstungsgenehmigung im Landwirtschafts- und Landeskulturgesetz, die eine Aufforstung dort nicht gestattet, wo die Verbesserung der Agrarstruktur behindert oder das Landschaftsbild oder die Ertragsfähigkeit benachbarter Grundstücke erheblich beeinträchtigt würden, wurden einer übermäßigen Aufforstungstätigkeit zusätzlich Grenzen gesetzt. Aufforstungen sind aber - trotz der vorstehenden Einschränkungen - überall dort notwendig und sinnvoll, wo die Pflege von Flächen auf Dauer nicht möglich oder zu aufwendig wäre. Streng zu beachten und abzuwägen sind auf jeden Fall die agrarpolitischen, landeskulturellen und naturschutzrechtlichen Belange.

Zu 2.4.43
Waldsterben

Dazu sind wirksame Maßnahmen zur Gesunderhaltung der Wälder zu ergreifen.

Wichtigste forstpolitische Aufgabe neben der Sicherung der Waldflächen ist die Gesunderhaltung der Wälder. Nur gesunde Wälder sind in der Lage, den vielfältigen Anforderungen in unserem dichtbesiedelten Land nachhaltig und bestmöglich gerecht zu werden. Dies ist durch den Aufbau stabiler Waldbestände unter angemessener Beteiligung des Laubholzes am ehesten gewährleistet.

Eine existenzielle Bedrohung der Wälder Baden-Württembergs geht vom sog. Waldsterben aus. Die Krankheit, die bis zum Herbst 1981 weitgehend auf die Tanne beschränkt blieb, hat mittlerweile auch auf die Fichte und andere Nadelbaumarten sowie auf das Laubholz übergegriffen. Nach einer ersten bundesweiten Waldschadenserhebung im Sommer 1982 wies Baden-Württemberg 52 000 ha erkrankte Tannen- und 70 000 ha erkrankte Fichtenbestände auf (vgl. Antwort der Landesregierung auf die Große Anfrage der CDU betr. „Ursachen und Auswirkungen des Tannensterbens" - LT-DS 8/3026).

Die Ergebnisse der im Sommer 1983 durchgeführten bundesweiten zweiten Waldschadensinventur zeigen eine deutliche Zunahme der bei der ersten Waldschadensinventur ermittelten Schadensfläche. Nach dieser Erhebung sind 49,5 % der baden-württembergischen Waldfläche von rd. 1,3 Mio ha mehr oder weniger stark erkrankt. Am stärksten geschädigt ist die Weißtanne, die nur noch zu 21 % gesund ist. Überraschend stark erkrankt ist auch die Kiefer. Bei der Fichte ist insbesondere der im Vergleich zu den anderen Baumarten wesentlich raschere Krankheitsfortschritt besorgniserregend. Beim Laubholz, das lange Zeit als unempfindlich gegen das Waldsterben angesehen wurde, weist rd. ein Drittel der Bäume Symptome des Waldsterbens auf. Zwar liegt der Schwerpunkt der Schädigung bei Beständen über 60 Jahren, jedoch werden in zunehmendem Maße auch jüngere Waldbestände, z.T. sogar Forstkulturen vom Waldsterben erfaßt.

Luftreinhaltung

Obwohl die zahlreichen Forschungsprojekte zum Waldsterben noch nicht abgeschlossen sind, gilt es heute als wissenschaftlich abgesichert, daß Luftverunreinigungen eine der wesentlichen Krankheitsursachen sind. Vor allem Schwefeldioxid als Hauptsäurebildner, aber auch Stickoxide, Fluor, Schwermetalle und Fotooxidantien sind dabei von großer Bedeutung.

Verringerung der Schadstoffbelastung der Luft, vor allem des Schwefeldioxids und der Stickoxide, auf ein für den Wald verträgliches Maß ist daher von äußerster Dringlichkeit. Dieses Ziel ist nur durch erhebliche Anstrengungen auf nationaler und internationaler Ebene zu erreichen.

Die Landesregierung hat bereits seit 1982 aufgrund der Beobachtungen des Ausmaßes und des Fortschreitens der Walderkrankungen im Lande wiederholt zum Ausdruck gebracht, welche Konsequenzen gezogen und welche Maßnahmen gegen das Waldsterben ergriffen werden müssen bzw. eingeleitet worden sind (vgl. Stellungnahmen zu verschiedenen Anträgen aller Landtagsfraktionen zur Bekämpfung des Waldsterbens, z.B. LT-DS 8/2621, 8/3249, 8/3290, 8/3434, 8/4056 und 8/4204).

Maßnahmen

Zu den erforderlichen Maßnahmen gehören:

– Strikte Anwendung der derzeit geltenden Rechtsvorschriften und Verwaltungsrichtlinien zur Emissionsbegrenzung;

– Verstärkung der Überwachung schadstoffemittierender Anlagen;

– Überarbeitung bestehender und Schaffung neuer Rechtsvorschriften mit dem Ziel einer kurzfristigen und deutlichen Absenkung der Emissionen aus gewerblichen und privaten Feuerungsanlagen;

– Verstärkung der Anstrengungen auf nationaler sowie auf europäischer Ebene hinsichtlich einer umgehenden und deutlichen Absenkung der Kfz-Abgaswerte;

– Verstärkung der Initiativen der Bundesrepublik in den Gremien der EG und Intensivierung der Verhandlungen mit den europäischen nicht der EG angehörenden Nachbarn mit dem Ziel, durch administrative und sonstige Maßnahmen eine deutliche Verbesserung der Luftqualität in Europa zu erreichen;

– Intensivierung der Forschung auf nationaler und internationaler Ebene über die Auswirkungen von Luftschadstoffen auf die belebte und unbelebte Umwelt, wobei den Waldgesellschaften wegen der akuten und großflächigen Schädigungen der Vorrang einzuräumen ist;

– Fortsetzung der Düngungsversuche in Waldbeständen und Prüfung, ob mit diesen Maßnahmen eine Reduzierung der Immissionsschädigungen möglich ist.

Mit der Aufstellung der Leitsätze der Landesregierung zur Luftreinhaltung im August 1983 wurde über die im Land bereits eingeleiteten Maßnahmen und die bisherigen Initiativen mit bundesweiter Wirkung hinaus ein Katalog weiterführender Maßnahmen gegen das Waldsterben vorgelegt. Dieser beschreibt ein Bündel der vordringlichsten konkreten Maßnahmen wie beispielsweise die Reduzierung der Schwefeldioxidemissionen im Wege der Verringerung des Schwefels im leichten Heizöl und Dieselkraftstoff und aus der eingeschränkten Verbrennung von schwerem Heizöl. Zu diesem Maßnahmenbündel gehört z.B. auch eine weitere Verschärfung der bereits novellierten TA-Luft vom 8. Dezember 1982 und der Großfeuerungsanlagen-Verordnung vom 22. Juni 1983 (BGBl. I S. 719).

Leitsätze zur Luftreinhaltung

Im Hinblick auf den fachübergreifenden Charakter aller dieser Maßnahmen zur Bekämpfung des Waldsterbens wird auch auf die entsprechenden Zielsetzungen in den Fachkapiteln Umweltschutz (vgl. PS 2.1.33 und 2.1.35), Wirtschaftsentwicklung (vgl. PS 2.3.1), Verkehr (vgl. PS 2.5.1) und Energieversorgung (vgl. PS 2.6.12) verwiesen.

Dazu ist die Erholungseignung der Wälder zu verbessern.

Zu 2.4.44
Erholungseignung der Wälder

Der Wald kann nur dann als Bestandteil einer harmonisch gegliederten Kulturlandschaft wirksam sein und seine Wohlfahrtswirkungen voll erfüllen, wenn er nachhaltig gepflegt wird. Pflege und Aufbau des Waldes sind wichtige Voraussetzungen für die wirksame Wahrnehmung der Erholungsfunktionen. Die Anziehungskraft des Waldes als Erholungsraum beruht im wesentlichen auf seiner als ursprünglich empfundenen Natürlichkeit und Vielfältigkeit, seiner guten Erreichbarkeit sowie dem Angebot an Erholungseinrichtungen. Da die Bedeutung des Waldes für die Nah- und die Wochenenderholung durch vermehrte Freizeit und ein verändertes Freizeitverhalten weiter zunehmen wird, kommt der Pflege des Waldes hinsichtlich seiner spezifischen Rolle als Erholungswald in Zukunft ein steigender Stellenwert zu. So ist beispielsweise darauf zu achten, daß geschlossene Aufforstungen (vgl. PS 2.4.42) die Erholungsfunktion des Waldes und zugleich den Erholungswert einer Landschaft nicht beeinträchtigen. Erfahrungsgemäß suchen Erholungsuchende bevorzugt die Waldränder auf und schätzen ein harmonisches Landschaftsgefüge im Wechsel von Wald und Flur. Maßnahmen zur Sicherung dieser Erholungsfunktion wie auch zur Verbesserung der Erholungseignung von Wäldern müssen deshalb die Erfordernisse der Landschaftspflege und des Umweltschutzes berücksichtigen (vgl. Plankapitel 2.1). Andererseits lassen sich Belastungen des Naturhaushalts und mögliche Veränderungen des Landschaftsbildes infolge einer Erholungsnutzung nicht immer und überall vermeiden. Ebenso werden zwangsläufig Erschwernisse und wirtschaftliche Nachteile, z.B. bei der Wirtschaftsführung in Erholungswäldern, als negative Folgen der Erholungsnutzung in Kauf zu nehmen sein.

Zu 2.5 **Verkehrswesen**

Das Verkehrswesen ist so zu gestalten, daß es zu der angestrebten Entwicklung des Landes, seiner Teilräume sowie zur Entwicklung des Netzes der Zentralen Orte und der Entwicklungsachsen beiträgt. Beim Ausbau der Verkehrswege sollen der Flächenverbrauch gering gehalten, die Bevölkerung und die natürlichen Lebensgrundlagen geschont sowie die Erfordernisse des Erholungswesens beachtet werden.

Zu 2.5
Verkehrswesen
Zu 2.5.1
Allgemeines Entwicklungsziel

Verkehr erschließt den Raum. Die Möglichkeiten für die Raumnutzung werden entscheidend bestimmt durch die Qualität der Verkehrssysteme und Verkehrsmittel. Deshalb gehören Raumordnung und Verkehr eng zusammen.

Begründung
Verkehrswesen

Die Ausstattung des Raumes mit Verkehrseinrichtungen ist eines der wirksamsten und wichtigsten Mittel, die Entwicklung des ganzen Landes und seiner Teilräume zu den angestrebten Zielen zu führen. Die Verkehrsplanung ist dabei vor drei Aufgaben gestellt: Sie muß den vorhandenen ebenso wie den zu erwartenden Aufgaben genügen und zugleich zur Verwirklichung strukturpolitischer Ziele beitragen. Durch PS 2.5.1 wird dem Grundsatz der Raumordnung nach § 2 Abs. 1 Nr. 1 Satz 3 ROG Rechnung getragen, „die verkehrsmäßige Aufschließung, die Bedienung mit Verkehrsleistungen und die angestrebte Entwicklung miteinander in Einklang zu bringen".

Generalverkehrsplan (GVP)

Die Gesichtspunkte der Raumordnung wurden schon im Generalverkehrsplan (GVP) 1975 in starkem Maße berücksichtigt. Dieser Plan ist, wie schon seine Vorgänger aus den Jahren 1955, 1959 und 1965, kein fachlicher Entwicklungsplan im Sinne von § 4 LplG; er ist vielmehr ein mittelfristiges Investitions- und Verkehrsprogramm, das eine wichtige Grundlage für die Anforderung von Mitteln zum Ausbau der Verkehrswege im Staatshaushaltsplan bildet. Der GVP 1975 wird auf der Grundlage der im LEP festgelegten langfristigen Grundsätze und Ziele fortgeschrieben.

Verzahnung von Verkehrs- und Umweltpolitik

Die Zielvorstellungen des GVP für den Ausbau der Verkehrswege werden noch stärker als früher auf eine Verringerung des Flächenverbrauchs, die Schonung und möglichst weitgehende Erhaltung der natürlichen Lebensgrundlagen und eine gute Einbindung in die Landschaft ausgerichtet sein (vgl. PS 2.1.2). Neben diesen erhöhten Anforderungen an den Schutz der Landschaft sind aber gleichzeitig, zum Teil sogar vorrangig, auch die Menschen in den vom Verkehr berührten oder durchfahrenen Siedlungen vor den nachteiligen Folgen des Verkehrs, insbesondere vor Lärm und Abgasen, zu schützen (vgl. PS 2.1.33). Außerdem sind Zerschneidungen von Siedlungsgebieten möglichst zu vermeiden (vgl. PS 2.1.24). Umweltschutz kann nicht am Rand der Siedlungen Halt machen. Zu den auf diese Belange besonders ausgerichteten Schutzmaßnahmen gehört vor allem der Bau von Umgehungsstraßen. Diese sollen in erster Linie den Verkehr stark befahrener Durchgangsstraßen aufnehmen, um Lärm- und Schadstoffimmissionen in den belasteten Wohngebieten auf ein möglichst geringes Maß zu reduzieren (vgl. PS 2.1.32 und 2.1.33). Dies gilt zwar in besonderem Maße bei den Kur- und Erholungsorten im Hinblick auf deren spezifische Funktionen und auf die daraus resultierenden besonderen Schutzbedürfnisse (vgl. PS 2.5.43), bildet aber auch ein allgemeines Abwägungsproblem in allen stark belasteten Wohngebieten.

„Ausbau vor Neubau"

Die umweltfreundliche Verkehrspolitik der Landesregierung setzt voraus, daß Verkehrswege gebündelt und wertvolle Landschaftsteile möglichst geschont werden. Anstelle von Neubauten sollen nach dem Grundsatz „Ausbau vor Neubau" vermehrt vorhandene Verkehrswege ausgebaut werden. Die Landesregierung hat in ihrer Stellungnahme zur Großen Anfrage der Fraktion der CDU betr. „Landschaftsverbrauch und Naturhaushalt in Baden-Württemberg" (vgl. LT-DS 7/1873) zugesichert, diese Forderungen zu berücksichtigen.

Die Verkürzung der Arbeitszeit und eine zunehmend höhere durchschnittliche Lebenserwartung der Menschen fordern in erhöhtem Maß Möglichkeiten für die Nah-, Wochenend- und Ferienerholung, die bei den Verkehrsplanungen ebenfalls zu berücksichtigen sind (vgl. PS 2.5.4 und 2.9.17).

Verminderung der Schadstoff- und Lärmbelastung

Ein wesentlicher Gesichtspunkt einer verzahnten Verkehrs- und Umweltpolitik ist die Ausschöpfung sinnvoller Möglichkeiten zur Verminderung der vom Straßenverkehr ausgehenden Schadstoff- und Lärmbelastungen (vgl. PS 2.1.33).

Die derzeit in der Bundesrepublik emittierten 3 Mio t Stickoxide stammen zu etwa 45 % aus dem Straßenverkehr. Neben Schwefeldioxid gelten Stickoxide, Kohlenwasserstoffe und die aus ihnen gebildeten Fotooxidantien als Mitursache des Waldsterbens (vgl. PS 2.4.43).

Die Verminderung des zulässigen Benzinbleigehalts (seit 1976) auf 0,15 g pro Liter hat zu einer wesentlichen Verringerung der Bleiemission des Verkehrs geführt. Der deutsche Benzinbleigehalt ist damit der niedrigste in Europa. Eine weitere Reduzierung ist durch Einführung bleifreien Kraftstoffs, der bei katalytischer Abgasreinigung benötigt wird, zu erwarten.

Anwohner stark frequentierter Straßen sind oftmals erheblichen, vom Straßenverkehr verursachten Lärmbelästigungen ausgesetzt. Zu hohe Lärmbelastungen können das Wohlbefinden beeinträchtigen und gesundheitliche Schäden herbeiführen. Die Landesregierung bemüht sich deshalb mit Nachdruck um eine Verminderung der zulässigen Geräuschgrenzwerte. Bei einer umfassenden Verringerung der Lärmbelastung müssen jedoch auch bauliche und verkehrslenkende Maßnahmen in Betracht kommen.

Im Rahmen ihrer landespolitischen Aktivitäten gegen die Luftverschmutzung hat die Landesregierung im August 1983 mit ihren Leitsätzen zur Luftreinhaltung bereits maßgebliche umweltpolitische Beschlüsse gefaßt und zahlreiche Maßnahmen eingeleitet. Ein Schwerpunkt liegt bei der Verringerung der Abgasbelastung durch Kraftfahrzeuge. So schöpft die Konzeption der Landesregierung vom 10. Oktober 1983 die technischen und rechtlichen Möglichkeiten zur Verringerung der Schadstoffemissionen durch Kraftfahrzeuge aus.

Leitsätze zur Luftreinhaltung

Dazu sind die großräumigen Verkehrsverflechtungen mit dem Ausland und allen Teilen Deutschlands mit dem Ziel zu verbessern, den bestehenden Verkehrsbedürfnissen zu genügen und die anzustrebende Entwicklung zu fördern.

Zu 2.5.11 Verkehrsverflechtung

Nach PS 2.5.11 ist die großräumige Verkehrsverflechtung mit allen Teilen Deutschlands zu verbessern. Nach § 1 Abs. 3 ROG hat die Raumordnung innerhalb des Bundesgebiets aber auch die räumlichen Voraussetzungen für die grenzüberschreitende Zusammenarbeit im europäischen Raum zu schaffen und zu fördern. Wegen der zentralen Lage des Landes im mitteleuropäischen Raum ist es besonders notwendig, das Hauptverkehrsnetz leistungsfähig auszubauen und in das Netz der übergeordneten europäischen Verkehrswege einzufügen. Für die Verkehrslinien im Land (Straßen, Eisenbahnen, Wasserstraßen und Luftverkehrslinien) ist der richtige Anschluß an die Verkehrswege der Nachbarländer und des Auslands eine wichtige Aufgabe (vgl. Karte 6). Durch die wachsende Verflechtung des europäischen Wirtschaftsraumes werden die Verkehrsbeziehungen mit den Nachbarländern in Zukunft eine noch größere verkehrspolitische Bedeutung haben als bisher. Nur ein leistungsfähiges Hauptverkehrsnetz mit zügigen Verbindungen für den weiträumigen Verkehr ermöglicht die notwendige Integrierung der Wirtschaft des Landes in die größeren Gemeinschaften und bewältigt die neuen Verkehrsströme, die durch die Aufhebung der wirtschaftlichen Grenzen innerhalb der Europäischen Gemeinschaften entstehen.

Karte 6

Dazu ist ein ausgewogenes, integriertes und arbeitsteilig auf die verschiedenartigen Verkehrserfordernisse der einzelnen Landesteile abgestimmtes Verkehrssystem anzustreben.

Zu 2.5.12 Verkehrssystem

Ein ausgewogenes Verkehrssystem kann die regional unterschiedlichen Verkehrsbedürfnisse durch die jeweils zweckmäßigsten Verkehrsmittel im bestmöglichen Maße befriedigen. Es ist vorzusehen, die Verkehrswege entsprechend diesen Erfordernissen auszubauen. Die Landesregierung tritt dabei, unbeschadet des auch im Verkehr erforderlichen Wettbewerbs, aus Gründen des Wohls der Allgemeinheit für ein ausgewogenes Verhältnis zwischen Schiene und Straße ein. Nach PS 2.5.12 ist anzustreben, daß die verschiedenen Verkehrsmittel und Verkehrswege - Straße, Schiene, Wasser, Luft - in dem gebotenen Maß aufeinander abgestimmt werden und daß im ganzen Land eine weitgehende Kooperation der öffentlichen Nahverkehrsmittel erreicht wird. Aufgrund der wachsenden Bedeutung des Radfahrerverkehrs in Arbeit, Schule und Freizeit ist in eine solche Kooperation - wenn auch mit Einschränkungen - generell auch das Fahrrad als Verkehrsmittel einzubeziehen. Allerdings müßte dessen Rolle unter dem Gesichtspunkt einer Entflechtung der Verkehrsströme zurückhaltend beurteilt werden. Der höhere Stellenwert des Verkehrsmittels Fahrrad dürfte bei der Erholung und der Freizeitgestaltung liegen. Dessen ungeachtet ist die Fürsorge für ein gut ausgebautes Radwegenetz von verkehrsplanerischer Bedeutung (vgl. PS 2.5.6).

Dazu ist ein leistungsfähiges Verkehrsnetz zu schaffen, das die Arbeitsteilung und den Leistungsaustausch innerhalb des Landes und über seine Grenzen fördert.

Zu 2.5.13 Verkehrsnetz

Leistungsfähige Verkehrsnetze sind wesentliche Voraussetzungen dafür, die Vorstellungen der Landesregierung zu erreichen: Die wirtschaftliche und kulturelle Kräftigung der außerhalb der verdichteten Räume liegenden Teilräume des Landes und die Anpassung der großen Industrielandschaften an die veränderte Welt von morgen. Voraussetzungen hierfür sind der weitere Ausbau der Arbeitsteilung und des Leistungsaustausches auf kulturellem und wirtschaftlichem Gebiet. Dazu bedarf es guter Verkehrsverbindungen der verdichteten Räume untereinander sowie mit den übrigen Landesteilen, insbesondere mit den schwach entwickelten Teilen des ländlichen Raums. Hierzu gehört u.a. die möglichst lückenlose Vervollständigung des Netzes leistungsfähiger Bundesfernstraßen sowie der Neu- und Ausbau von Strecken für den weiträumigen und schnellen Schienenfernverkehr (vgl. Karte 6).

Begründung
Verkehrswesen

Zu 2.5.14
Einfügung
in die Landschaft,
„Ausbau vor Neubau"

Dazu sind Verkehrsneubauten in die Topographie und in die Landschaft einzufügen und unvermeidbare Eingriffe soweit wie möglich landschaftsgerecht auszugleichen; dem Ausbau vorhandener Verkehrswege ist soweit wie möglich Vorrang vor dem Neubau einzuräumen; nicht mehr benötigte Verkehrsflächen sind zu rekultivieren.

Mit dem PS 2.5.14 wird das Ziel verfolgt, neue Straßen- oder Schienenverbindungen, aber auch andere größere Verkehrsneubauten, möglichst weitgehend den topographischen und landschaftlichen Gegebenheiten anzupassen. In Ortsnähe soll auch auf die historisch gewachsenen Ortsbilder Rücksicht genommen werden. Durch entsprechende Trassenwahl, Gestaltung der Bauwerke und Eingrünungen können Beeinträchtigungen der Landschaft und der Siedlungen weitgehend ausgeschlossen werden. Die Beeinträchtigung von Natur- und Landschaftsschutzgebieten sowie Erholungsräumen wird am besten durch Umfahrung dieser Gebiete vermieden. Soweit die Trennung zusammenhängender Landschaftsteile durch größere Verkehrsbaumaßnahmen, Gleisanlagen oder zweibahnige Fernstraßen unvermeidlich ist, sollen die davon herrührenden Nachteile durch eine angemessene Zahl von Über- bzw. Unterführungen ausgeglichen werden; in besonders wichtigen Fällen kommen dafür Führungen im Einschnitt oder im Tunnel (sog. Grünbrücken) in Betracht. PS 2.5.14 betont erneut den Grundsatz „Ausbau vor Neubau".

Die Landesregierung hat, um eine bessere Gesamtbeurteilung neuer Verkehrsplanungen zu ermöglichen, eine Straßenbaukommission mit der Ausarbeitung eines Katalogs raumordnerischer, verkehrlicher und ökologischer Kriterien beauftragt. Mit Hilfe dieses Kriterienkatalogs wird die raumordnerische, die verkehrliche und die ökologische Bewertung aller bedeutenden Straßenbauvorhaben vorgenommen (vgl. LT-DS 8/4354).

Zu 2.5.2
Verdichtungsräume,
Randzonen,
Verdichtungsbereiche
im ländlichen Raum

In den Verdichtungsräumen, ihren Randzonen und den Verdichtungsbereichen im ländlichen Raum ist anzustreben, Verkehrsengpässe zu beseitigen und die Verkehrseinrichtungen den zu erwartenden Verkehrsbedürfnissen rechtzeitig anzupassen.

PS 2.5.2 trägt dem Grundsatz in § 2 Abs. 1 Nr. 6 Satz 4 ROG Rechnung, der die Verbesserung der Verkehrsverhältnisse in den Verdichtungsräumen als eine Maßnahme anführt, um gesunde räumliche Lebens- und Arbeitsbedingungen sowie eine ausgewogene Wirtschafts- und Sozialstruktur zu sichern oder zu erreichen. Eine erhebliche Anzahl von Verkehrsengpässen wurde bereits in den letzten zwei Jahrzehnten durch Neubau von Ortsumgehungen und Verbesserungen der Leistungsfähigkeit bestehender Verkehrswege und -knoten beseitigt. Eine Reihe weiterer Maßnahmen zur Beseitigung von Verkehrsmißständen konnte aber in den verdichteten Räumen des Landes bisher noch nicht verwirklicht werden. Insbesondere bedarf der öffentliche Personennahverkehr (ÖPNV) einer weiteren Modernisierung und Leistungssteigerung sowie weiterer Verbesserungen der Zusammenarbeit der einzelnen Unternehmen (vgl. PS 2.5.5).

Die Lösung der Verkehrsprobleme kann aber nicht allein darin liegen, die Zentren der größeren Städte für den Kraftverkehr zu sperren. Sie könnten sonst ihre wichtigen zentralörtlichen und wirtschaftlichen Funktionen nicht mehr erfüllen. Das Land setzt sich deshalb für eine zügige Fortsetzung der Verbesserungsmaßnahmen ein. Die PS 2.5.21 bis 2.5.23 und 2.5.51 nennen eine Reihe von Maßnahmen, mit denen die Verkehrsverhältnisse in den Verdichtungsräumen, ihren Randzonen und den Verdichtungsbereichen im ländlichen Raum verbessert werden sollen.

Zu 2.5.21
Große Städte
und ihr Umland

Dazu sollen insbesondere das Straßennetz des überörtlichen Verkehrs und die anderen wichtigen Straßen in den großen Städten und ihrem Umland sowie die Schienenverkehrswege in gegenseitiger Abstimmung ausgebaut werden.

Die Lösung der Verkehrsprobleme in den Zentren der größeren Städte erfordert den weiteren Ausbau der überörtlichen Verkehrsnetze. Dabei sind die Straßenplanungen so auf die Planungen des ÖPNV abzustimmen, daß eine Konkurrenzierung des ÖPNV auf der Schiene durch den Kraftverkehr im Zuge der Verbindungen aus den Stadtzentren in das Umland vermieden wird. Keinesfalls dürfen die Einschränkungen des Straßenverkehrs aber so weit gehen, daß dies einer Sperrung der Stadtzentren für den Kraftverkehr gleichkäme.

Begründung
Verkehrswesen

Dazu sollen insbesondere die Verkehrsströme und nach Möglichkeit auch die Verkehrsarten in den Verdichtungszentren entflochten werden, soweit erforderlich durch den Übergang auf weitere Verkehrsebenen.

Zu 2.5.22
Entflechtung

Die Erreichbarkeit der Innenstädte und die Sicherheit der Verkehrsabläufe wurden in vielen größeren Städten durch die Entflechtung der Verkehrsströme verbessert: Durch den Bau oder die Anlage besonderer Fahrwege - im Zuge der Hauptsammelstraßen und an den Kreuzungspunkten auch durch den Bau verschiedener Verkehrsebenen - wurden der schienengebundene ÖPNV, der Kraftverkehr und der Fußgängerverkehr getrennt. Dadurch konnte in den Innenstädten die Attraktivität des ÖPNV verbessert und die Zahl der Verkehrsunfälle erheblich gesenkt sowie eine größere Anzahl Fußgängerzonen geschaffen werden. In den nächsten Jahrzehnten werden die Maßnahmen zur Entflechtung der Verkehrsarten vor allem in den Randbereichen der größeren Städte mit der gleichen Zielsetzung fortzusetzen sein.

Dazu sollen die Einrichtungen des öffentlichen Personennahverkehrs verbessert werden.

Zu 2.5.23
Personennahverkehr

Die Verkehrsverhältnisse in den Verdichtungsräumen können nur dann nachhaltig verbessert werden, wenn erhebliche Teile des Personennahverkehrs, vor allem des Berufsverkehrs, von den öffentlichen Nahverkehrsmitteln bewältigt werden (vgl. PS 2.5.51). Dabei sprechen die Umweltfreundlichkeit und die Leistungsfähigkeit des auf besonderen Bahnkörpern geführten Schienenverkehrs für dessen weiteren Ausbau im Zuge der Hauptströme des Berufsverkehrs und in den Entwicklungsachsen.

Eine bessere Koordinierung des Leistungsangebots kann wesentlich dazu beitragen, die Attraktivität dieses Verkehrs zu steigern. Die Landesregierung setzt sich deshalb seit geraumer Zeit dafür ein, die Zusammenarbeit der Unternehmen des ÖPNV auf freiwilliger Basis zu verstärken. Sie hat mit dem Nahverkehrsprogramm Baden-Württemberg, das am 6. April 1978 in Kraft gesetzt wurde (GABl. S. 387), Grundsätze für den Ausbau der Infrastruktur des ÖPNV und für die Verbesserung der Nahverkehrsbedienung sowie für begleitende Maßnahmen für alle Teilräume des Landes herausgegeben. Im Rahmen dieser Gesamtkonzeption wurde für den Raum Stuttgart im Zusammenwirken mit der Stadt Stuttgart und den vier Nachbarkreisen ein Verkehrs- und Tarifverbund gebildet. Eine weitere Verbundlösung wird - zusammen mit den Nachbarländern - für den Rhein-Neckar-Raum angestrebt (vgl. PS 2.5.53). Für den Raum Ulm/Neu-Ulm wurde - grenzüberschreitend - eine gemeinsame Nahverkehrskommission gebildet. Für die übrigen Teilräume des Landes werden auf der Ebene der Stadt- und Landkreise Nahverkehrsprogramme aufgestellt mit dem Ziel, auf freiwilliger Basis eine bessere Zusammenarbeit der Verkehrsträger und eine möglichst gute Koordination der Verkehrsbedienung zu erreichen.

Nahverkehrsprogramm

Dazu soll der ruhende Verkehr so untergebracht werden, daß die Funktionsfähigkeit der Städte erhalten bleibt.

Zu 2.5.24
Ruhender Verkehr

Trotz der Begrenztheit der Bauflächen in den Innenstädten konnte es bisher durch stadtplanerische und verkehrslenkende Maßnahmen erreicht werden, die Funktionsfähigkeit der historisch gewachsenen Stadtkerne zu erhalten. Die Stadtkerne wurden - in der Regel im Zuge des Wiederaufbaus - so umstrukturiert, daß sie den geänderten Lebensbedürfnissen der Bevölkerung bei stark vergrößerter Bevölkerungszahl genügen. Im Zuge dieser Umstrukturierung mußte dort, wo Parkraum fehlte, das Dauerparken verhindert und der ruhende Verkehr in Garagen, auf Einstellplätzen, öffentlichen Parkplätzen und in Parkhäusern untergebracht werden. Durch die Anlage weiterer Parkmöglichkeiten bei den Haltestellen der öffentlichen Verkehrsmittel am Stadtrand und im Vorfeld der Großstädte kann zur Verkehrsentlastung der Stadtkerne beigetragen werden (Umsteige-Parkplätze, P+R). Vor allem dürfen die verfügbaren Parkmöglichkeiten in den Hauptgeschäftsgebieten nur insoweit vom Berufsverkehr langzeitig belegt werden, als sie nicht kurzzeitig für den vorrangigen Stellplatzbedarf des Wirtschaftsverkehrs benötigt werden.

Im ländlichen Raum, insbesondere in seinen Teilen mit Strukturschwächen, soll eine Verkehrserschließung angestrebt werden, die rechtzeitig einen ausreichenden Verkehrsanschluß aller Gemeinden gewährleistet und die künftige Entwicklung fördert.

Zu 2.5.3
Ländlicher Raum

Verkehrserschließung und Verkehrsbedienung im ländlichen Raum sollen so gestaltet werden, daß eine leistungsfähige Versorgung der Bevölkerung und der Wirtschaft gewährleistet ist. Der Ausbau des großräumigen und überregionalen Verkehrsnetzes soll den ländlichen Raum mit den großen Verdichtungsräumen verbinden und zur Erschließung des ländlichen Raumes beitragen. Besondere Aufgaben bestehen bei der Anbindung der peripheren Räume durch die Bedienung vor allem der mittleren

Begründung
Verkehrswesen

und größeren Zentralen Orte im Fernverkehr der Deutschen Bundesbahn (Schnell- und Eilzugverkehr) und durch den Bau leistungsfähiger Fernstraßen. Die im ländlichen Raum bestehenden Nachteile der längeren Wege und eines schwachen oder ungenügenden Angebots im ÖPNV können durch die Verbesserung der Verkehrswege und durch die dadurch erzielte verbesserte Erreichbarkeit der Arbeitsstätten und zentralörtlichen Einrichtungen weitgehend ausgeglichen werden (vgl. PS 2.5.52).

Die Lebensfähigkeit des ländlichen Raumes hängt auch von der Gewährleistung einer angemessenen öffentlichen Verkehrsbedienung ab. Die Notwendigkeit von Maßnahmen zu deren Sicherung hat die MKRO mit ihrer Entschließung „Zur Sicherung des öffentlichen Personenverkehrs im ländlichen Raum" vom 16. Juni 1983 (vgl. Schriftenreihe „Raumordnung" des BMBau, H.06.049, Bonn 1983) unterstrichen und damit gleichzeitig Vorschläge für die weitere Umsetzung ihrer ÖPNV-Entschließung von 1979 unterbreitet.

Zu 2.5.31
Öffentliche
Verkehrsmittel

Dazu ist insbesondere die Verkehrsbedienung durch öffentliche Verkehrsmittel zu verstärken.

Im ÖPNV soll eine ausreichende Verkehrsbedienung in Abstimmung mit der Siedlungsstruktur gewährleistet sein. Auch in dünnbesiedelten Gebieten ist eine Bedienung durch den ÖPNV anzustreben, die es allen Bevölkerungsgruppen ermöglicht, Arbeitsplätze und zentralörtliche Einrichtungen mit zumutbarem Zeitaufwand zu erreichen. Die verschiedenen Verkehrsarten und -träger sollen so aufeinander abgestimmt werden, daß eine angemessene Erschließung gewährleistet wird (vgl. PS 2.5.52).

Zu 2.5.32
Zentrale Orte

Dazu sind insbesondere die Verkehrsverbindungen der Zentralen Orte mit ihren Verflechtungsbereichen sowie der Zentralen Orte untereinander zu verbessern.

Innerhalb des ländlichen Raumes soll das Verkehrssystem auf die Zentralen Orte entsprechend ihrer jeweiligen Funktion ausgerichtet werden. Die Zentralen Orte können ihre Aufgabe als Dienstleistungszentren und oft auch als Arbeitszentren, insbesondere aber als bevorzugte Standorte für Kultur- und Bildungseinrichtungen, nur dann voll wahrnehmen, wenn sie mit guten Verkehrsverbindungen zu ihren Verflechtungsbereichen sowie zu benachbarten und übergeordneten Zentren ausgestattet sind (vgl. PS 1.5.6). Die Verwirklichung von PS 2.5.32 kann deshalb dazu beitragen, die zentralörtliche Bedeutung einer Gemeinde zu stärken.

Zu 2.5.33
Entwicklungsachsen

Dazu sind insbesondere die Verkehrsverbindungen in und zu den Entwicklungsachsen so auszubauen, daß sie die angestrebte Entwicklung der Siedlungsbereiche in den Entwicklungsachsen fördern, insbesondere die Verbesserung der Standortgunst für nichtlandwirtschaftliche Arbeitsplätze.

Die Verkehrsverbindungen sind das Rückgrat der Entwicklungsachsen (vgl. Karten 1 und 6). Vor allem im ländlichen Raum hängt es von der Qualität der Verkehrsverbindungen ab, ob sich die Orte und Gemeinden in den Entwicklungsachsen in der angestrebten Weise entwickeln können (vgl. Plankapitel 1.6). Gute Verkehrsverbindungen zwischen den Orten und Gemeinden in den Entwicklungsachsen sind dabei ebenso wichtig wie die verkehrsgünstige Anbindung des Umlands. Beides hebt die Standortgunst für nichtlandwirtschaftliche Arbeitsplätze. In vielen Fällen sind die Entwicklungsachsen auf Vorleistungen bei der Ausstattung mit Verkehrswegen angewiesen. Die angestrebte Ausstrahlungskraft der Entwicklungsachsen auf den umliegenden Raum hängt wesentlich von den Verkehrsverbindungen von und zu den Entwicklungsachsen ab.

Zu 2.5.4
Erholungsräume

Für die Erholungsräume des Landes ist eine Verkehrserschließung anzustreben, die den besonderen Bedürfnissen der Erholung entspricht und den Erholungswert dieser Räume möglichst wenig beeinträchtigt.

Die Trassierung neuer Straßenverbindungen ist auf die besonderen Verkehrsbedürfnisse der Erholungsgebiete abzustimmen (vgl. Plankapitel 2.9, insbesondere PS 2.9.17, und Karte 5). Sie sollen aus allen Teilräumen des Landes, des übrigen Bundesgebiets und des Auslands gut erreichbar sein, nach Möglichkeit aber nicht durch mehrbahnige, leistungsfähige Verbindungen durchschnitten oder zertrennt werden. Soweit Durchfahrungen von Erholungsräumen aus besonderen topographischen Gründen unvermeidlich sind, soll der Zusammenhang zwischen den einzelnen Teilen des Erholungsgebiets durch geeignete bauliche Maßnahmen wie Anlage von Grünbrücken, Führung im Einschnitt, in Einzelfällen auch durch Tunnelbau, möglichst weitgehend erhalten bleiben.

Begründung
Verkehrswesen

Dazu sollen insbesondere die Verdichtungsräume mit den Naherholungsräumen durch gut ausgebaute Straßen verbunden, eine ausreichende Nahverkehrsbedienung der Naherholungsräume durch öffentliche Verkehrsmittel sichergestellt und für den ruhenden Verkehr ausreichender Parkraum möglichst am Rand der Naherholungsräume eingerichtet werden.

Zu 2.5.41
Naherholungsräume

Trotz erheblicher Verbesserungen der Verkehrsverbindungen aus den Verdichtungsräumen zu den Naherholungsgebieten (vgl. PS 2.9.11 und 2.9.12) bestehen im Bereich größerer Städte - insbesondere im Verdichtungsraum der Landesmitte - noch verschiedene Verkehrsengpässe, die besonders an den Wochenenden zu erheblichen Verkehrsstauungen führen. Diese Engpässe sind vorrangig zu beseitigen. Ergänzend dazu soll das Angebot öffentlicher Verkehrsmittel zu den Naherholungsräumen mit einer genügend attraktiven Bedienungsqualität auch an den Wochenenden beibehalten werden.

Der Ausbau von Parkplätzen am Rand der Wälder und Erholungsgebiete ist entsprechend der weiter steigenden Motorisierung fortzusetzen.

Dazu sollen insbesondere die Ferienerholungsräume gut an das Fernstraßennetz angeschlossen und beim Eisenbahnbetrieb berücksichtigt werden.

Zu 2.5.42
Ferienerholungsräume

Die Ferienorte werden von den Familien heute weit überwiegend mit dem Kraftfahrzeug besucht. Deshalb ist es für die Ferienerholungsräume (vgl. PS 2.9.14) wichtig, gute Anschlüsse an das Netz der leistungsfähigen Fernverkehrsstraßen zu erhalten. Für die Ferienerholung älterer und behinderter Menschen ist ergänzend dazu die Erreichbarkeit mit Eisenbahnen unerläßlich.

Dazu sollen insbesondere für Kur- und Erholungsorte möglichst Umgehungsstraßen für den Durchgangsverkehr angestrebt werden.

Zu 2.5.43
Umgehungsstraßen

Die Herausnahme des Durchgangsverkehrs aus Kur- und Erholungsorten kann wesentlich zur Steigerung ihrer Attraktivität und zur Verbesserung der städtebaulichen Situation beitragen. Soweit diese Orte noch nicht vom Durchgangsverkehr entlastet sind, ist deshalb der Bau von Umgehungsstraßen hier besonders vorrangig. Derartige Maßnahmen sind nicht zuletzt vor dem Hintergrund der stagnierenden bis rückläufigen Entwicklung des Kurverkehrs infolge der wirtschaftlichen Rezession besonders wichtig (vgl. PS 2.9.16), weil eine erfolgreiche Ankurbelung des Fremdenverkehrs in den Kur- und Erholungsorten durch fremdenverkehrswirtschaftliche Maßnahmen oder neuere medizinische Heilverfahren und damit verbundene Angebote von guten äußeren räumlichen Voraussetzungen abhängig ist.

Der öffentliche Personennahverkehr ist so zu gestalten, daß er in Abstimmung mit dem Individualverkehr zu einem sicheren, flüssigen Gesamtverkehr beiträgt und den Bedürfnissen der Verkehrsnutzer gerecht wird; der Grundsatz der Wirtschaftlichkeit ist zu beachten.

Zu 2.5.5
Öffentlicher
Personennahverkehr
(ÖPNV)

Der ÖPNV hat im Zuge der notwendig gewordenen Energieeinsparung und der sparmaßnahmebedingten Reduzierung des Straßenbaus sowie hinsichtlich der allgemeinen Verbesserung der Verkehrsverhältnisse ständig an Bedeutung gewonnen. Seine Funktionen sollen grundsätzlich alle Landesteile erreichen, jedoch sind diese im einzelnen in den verdichteten Gebieten (vgl. PS 2.5.51) anders gelagert und auch anders zu erfüllen als im ländlichen Raum (vgl. PS 2.5.52). Die Bedienung des ländlichen Raumes durch den ÖPNV dient in erster Linie der Sicherstellung einer gewissen Grundmobilität der Bevölkerung, während der ÖPNV in den verdichteten Gebieten wesentlich stärker einer Verbesserung der Verkehrsverhältnisse im Sinne der Behebung von Engpässen oder der Entflechtung dient und dort vor allem aus städtebaulichen und sozialen Gründen ausgebaut wird.

Die Verkehrsverhältnisse in den größeren Städten beispielsweise können nur dann nachhaltig verbessert werden, wenn namhafte Anteile des Berufs-, Ausbildungs-, Einkaufs- und Erholungsverkehrs mit öffentlichen Nahverkehrsmitteln abgewickelt werden. Der ÖPNV muß dazu so attraktiv wie möglich gestaltet werden. Hierzu gehört, daß die öffentlichen Verkehrsmittel möglichst weitgehend besondere Fahrspuren erhalten und an den Kreuzungspunkten nicht durch andere Verkehrsteilnehmer behindert werden (vgl. PS 2.5.22). Nicht zuletzt gehört hierzu die Steigerung der Attraktivität des ÖPNV durch eine verbesserte Koordinierung des Leitungsangebots (vgl. PS 2.5.53).

Begründung
Verkehrswesen

Zu 2.5.51
Verdichtungsräume, Randzonen, Verdichtungsbereiche im ländlichen Raum

Hierzu sind insbesondere in den Verdichtungsräumen, ihren Randzonen und in den Verdichtungsbereichen im ländlichen Raum abgestimmte Nahverkehrssysteme zu entwickeln; hierbei soll eine leistungsfähige Nahverkehrsbedienung durch die Deutsche Bundesbahn sichergestellt und in den Verdichtungszentren und bei der Anbindung größerer Siedlungsgebiete an diese Zentren der schienengebundene und vom Straßenverkehr unabhängige Verkehr mit Vorrang gefördert werden.

Die Verdichtungsräume, deren Randzonen und die Verdichtungsbereiche im ländlichen Raum (vgl. Karte 1) sind in der Regel Räume mit hohem Verkehrsaufkommen und je nach Größe bereits mit zahlreichen Nahverkehrseinrichtungen ausgestattet. Im Interesse einer guten, vor allem auch wirtschaftlichen Verkehrsbedienung empfiehlt sich die Abstimmung der verschiedenen Verkehrsträger auf Schiene und Straße zu einem modernen Nahverkehrssystem. Dabei soll in den Zentren der großen Verdichtungsräume und bei der Anbindung größerer Siedlungsschwerpunkte an diese Zentren der Schienenverkehr Vorrang vor anderen Beförderungsmitteln haben. Wesentliche Voraussetzung dafür ist jedoch, daß größere Siedlungsschwerpunkte grundsätzlich an oder mindestens im näheren Einzugsbereich von Schienenstrecken errichtet werden, weil nur dann deren Anbindung an die Zentren der Verdichtungsräume auf der Schiene möglich ist. Außerhalb dieser Gebiete soll neben dem Schienenverkehr ein leistungsfähiges Omnibus-Liniennetz Grundlage des ÖPNV sein.

Großraum Stuttgart

Die in PS 2.5.51 geforderte leistungsfähige Nahverkehrsbedienung erfolgt im Großraum Stuttgart im Rahmen des dortigen Integrierten Nahverkehrskonzepts (INVK) durch die Deutsche Bundesbahn über das nach und nach ausgebaute und auch noch weiterhin auszubauende S-Bahn-Netz und durch die Stuttgarter Straßenbahnen. Als Schwerpunkt des Nahverkehrssystems in der Region übernimmt der Schienenschnellverkehr der S-Bahn die sternförmige Anbindung der Region an das Verdichtungszentrum Stuttgart. Ergänzt und verdichtet wird dieses Netz in der Stadt durch die Stadtbahn (Stuttgarter Straßenbahn), den zweiten Schwerpunkt des Stuttgarter Nahverkehrssystems. Komplettiert wird das System durch die Zuordnung der übrigen flächendeckenden, insbesondere regionalen Omnibusverkehre auf die beiden Schienenverkehre. Organisatorisch und tariflich verknüpft werden die einzelnen Verkehrsträger durch den Verkehrs- und Tarifverbund Stuttgart (vgl. PS 2.5.53).

Jede Verbesserung der Leistungsfähigkeit und Attraktivität des ÖPNV trägt zu einem verstärkten Übergang vom Kraftfahrzeug auf den ÖPNV bei und läßt dessen verkehrliche, städtebauliche, umwelt- und energiepolitische Vorteile spürbar werden. Die Förderung des ÖPNV ist in den Verdichtungsräumen, ihren Randzonen und in den Verdichtungsbereichen im ländlichen Raum aber nicht nur aus verkehrlichen Gründen zur Entlastung der größeren Städte vom individuellen Kraftfahrzeugverkehr, sondern auch aus sozialen und siedlungsstrukturellen Gründen geboten.

Zu 2.5.52
Ländlicher Raum

Hierzu sind insbesondere im ländlichen Raum, vor allem in seinen Teilen mit Strukturschwächen, das Netz des öffentlichen Personennahverkehrs unter möglichst weitgehender Einbeziehung des Schülerverkehrs bedarfsgerecht auszubauen; hierbei sind vor allem in den Entwicklungsachsen und zur Verbindung der Zentralen Orte mit ihren Verflechtungsbereichen sowie der Zentralen Orte untereinander unter Einbeziehung des Schienennetzes der Deutschen Bundesbahn und der nichtbundeseigenen Eisenbahnen durchgehende Verkehre anzustreben.

Der PS 2.5.52 trägt dem Grundsatz in § 2 Abs. 1 Nr. 1 ROG Rechnung, wonach in allen Teilen des Bundesgebiets ausgewogene wirtschaftliche, soziale und kulturelle Verhältnisse gesichert und weiterentwickelt werden sollen. Auch im ländlichen Raum hat der ÖPNV soziale und wirtschaftliche, z.T. aber auch siedlungstrukturelle und städtebauliche Aufgaben zu erfüllen: Mehr als ein Drittel der Bevölkerung bleibt auch bei fortschreitender Motorisierung auf öffentliche Verkehrsmittel angewiesen. Dies gilt nicht nur für viele Ältere, Behinderte, Hausfrauen und Jugendliche, sondern auch für Erwerbstätige, denen kein Kraftfahrzeug zur Verfügung steht. Die MKRO hat auf diese vielgestaltige Aufgabenstellung mit ihrer Entschließung „Öffentlicher Personennahverkehr im ländlichen Raum" vom 12. November 1979 hingewiesen (vgl. GABl. 1981, S. 663).

Regionale Nahverkehrsprogramme

Die Landesregierung hat in ihr Nahverkehrsprogramm von 1978 Überlegungen und Hinweise einbezogen, wie die Versorgung des ländlichen Raumes mit öffentlichen Verkehrsmitteln verbessert und weiterentwickelt werden kann. Danach wurden zunächst für das gesamte Land Nahverkehrskommissionen auf regionaler Ebene gebildet, deren Aufgabe die Aufstellung regionaler Nahverkehrsprogramme auf der

Begründung
Verkehrswesen

Grundlage des Nahverkehrsprogramms der Landesregierung ist. Das Ziel dieser Programme besteht vor allem darin, den Stand des ÖPNV zu durchleuchten, um ihn ggf. verbessern zu können, insbesondere im ländlichen Raum. Verbesserungen sind z.B. bei der Zusammenarbeit des Schienenverkehrs der Deutschen Bundesbahn und der nichtbundeseigenen Eisenbahnen sowie der Linienverkehre mit Omnibussen unter Ausnutzung aller Rationalisierungsmöglichkeiten notwendig. Weitere Aufgaben sind u.a. die Abstimmung der Fahrpläne und Herausgabe eines gemeinsamen Fahrplans aller Verkehrsträger des Nahverkehrsraumes, die Anpassung und Harmonisierung der Abfertigungssysteme und Beförderungsbedingungen sowie die Bildung von Verkehrsgemeinschaften zur Erzielung eines integrierten Verkehrs- und Tarifangebots. Bei der Ausgestaltung des ÖPNV sollen vorrangig durchgehende Verkehrslinien geschaffen werden, welche die Zentralen Orte mit ihren Verflechtungsbereichen und untereinander verbinden.

Zu den Schwerpunkten der Nahverkehrspolitik des Landes gehört u.a. die Erarbeitung eines Fördersystems für den ÖPNV im Rahmen des kommunalen Finanzausgleichs, das der Finanzierung der Maßnahmen nach dem Nahverkehrsprogramm durch die Stadt- und Landkreise, wiederum insbesondere im ländlichen Raum, dienen soll. Flankierend zum Nahverkehrsprogramm wurden außerdem im Bodenseekreis und im Hohenlohekreis Modellversuche gefördert, mit denen Möglichkeiten für eine Verbesserung des ÖPNV im ländlichen Raum erprobt werden sollten. Der Modellversuch im Bodenseekreis erstreckt sich auf das bedarfsgesteuerte RUFBUS-Nahverkehrssystem, bei dem die Fahrgäste ihre Fahrtwünsche mittels Rufsäule, per Telefon oder durch Dauerauftrag anmelden. Ein anderes Modell zur Neuordnung des ÖPNV wird seit 1979 im Hohenlohekreis unter der Trägerschaft des Landkreises erprobt; es sieht eine Integration aller Verkehrsträger, Verkehrsarten und Erträge vor. Kernstück des Modells ist die Einbeziehung des freigestellten Schülerverkehrs in den öffentlichen Linienverkehr. In diesem Versuch soll erprobt werden, ob es Möglichkeiten gibt, das allgemeine Verkehrsangebot ohne nicht tragbare zusätzliche Kosten zu verbessern.

Modellversuche

Hierzu sind insbesondere die Attraktivität des Leistungsangebots im öffentlichen Personennahverkehr durch eine bessere Abstimmung der Verkehrsleistungen und eine stärkere betriebliche Kooperation zwischen den Nahverkehrsunternehmen entsprechend den Zielsetzungen des Nahverkehrsprogramms zu erhöhen; hierbei ist in den großen Verdichtungsräumen die Bildung von Verkehrsverbünden anzustreben.

Zu 2.5.53
Attraktivität
des Leistungsangebots

Eine stärkere betriebliche Zusammenarbeit und eine bessere Koordinierung des Leistungsangebots im ÖPNV kann wesentlich zur Steigerung der Attraktivität dieses Verkehrs beitragen. Die Landesregierung hat deshalb mit ihrem Nahverkehrsprogramm Hinweise für Verbesserungen der Zusammenarbeit und des Leistungsangebots im ÖPNV gegeben.

Für den Kernbereich des Verdichtungsraumes Stuttgart wurde im Zusammenwirken zwischen dem Bund, dem Land, der Stadt Stuttgart und den Nachbarkreisen Böblingen, Esslingen, Ludwigsburg sowie dem Rems-Murr-Kreis zum 1. Oktober 1978 ein Verkehrs- und Tarifverbund gebildet, der zum 1. Juni 1982 durch eine Verbundstufe II mit der teilweisen tariflichen Einbeziehung aller regionalen Verkehrsträger ergänzt wurde. Dieser Verbund verbessert die öffentliche Verkehrsbedienung durch Koordinierung der Planung, durch Harmonisierung der Betriebsleistungen in einem abgestimmten Fahrplan und durch einheitliche Fahrpreisgestaltung und Fahrgastbedienung in einem Gemeinschaftstarif. Eine weitere Verbundlösung wird - grenzüberschreitend - für den Rhein-Neckar-Raum von der Ende 1979 neu gebildeten Nahverkehrsgemeinschaft Rhein-Neckar vorbereitet. Nach Größe und Struktur erscheint nur noch dieser Raum als „verbundwürdig"; weniger aufwendige und umfassende Kooperationsmaßnahmen, z.B. die Bildung von Verkehrs- oder Tarifgemeinschaften, sind auch in anderen Räumen möglich.

Verkehrsverbünde

Das Straßennetz ist nach den vorhandenen und zu erwartenden Verkehrsbedürfnissen so auszubauen, daß es dem Fernverkehr, dem regionalen und dem örtlichen Verkehr gerecht wird und eine möglichst große Verteilung und Entflechtung des Verkehrs bewirkt. Es ist im ländlichen Raum so auszubauen, daß es den Erfordernissen eines bedarfsgerechten Linienverkehrs mit Omnibussen genügt.

Zu 2.5.6
Besondere
Entwicklungsziele,
Straßenbau

PS 2.5.6 nennt die Grundsätze und Ziele für den Ausbau des Straßennetzes. Die Bedürfnisse des Fernverkehrs, des regionalen und des örtlichen Verkehrs haben dabei gleichrangige Bedeutung. Die Verteilung und Entflechtung des Verkehrs soll einen sicheren und flüssigen Verkehrsablauf gewährleisten. Außer dem Leistungsaus-

Begründung
Verkehrswesen

tausch für die gewerbliche Wirtschaft und den Dienstleistungsbereich ist auch die Erschließungs- und Verbindungsfunktion für den Fremdenverkehr zu berücksichtigen.

In den Teilräumen des Landes, die nicht durch Eisenbahnen erschlossen sind, ist ein bedarfsgerechter ÖPNV mit Omnibussen in besonderem Maße auf verkehrssichere und genügend leistungsfähige Straßenverbindungen von den Zentralen Orten zu ihren Verflechtungsbereichen sowie zu den anderen Zentralen Orten und zu den Knotenpunkten des Schienenverkehrs angewiesen (vgl. PS 2.5.3 bis 2.5.33). Die Landesregierung hat sich wiederholt zur Vorrangigkeit des weiteren Ausbaus der für den ÖPNV benötigten Straßen bekannt (vgl. LT-DS 8/1776).

Klassifizierung und Kategorisierung des Straßennetzes

Das überörtliche Straßennetz ist nach Baulastträgern klassifiziert. Von dem klassifizierten Straßennetz in Baden-Württemberg (27 800 km) entfallen auf den Bund 5 800 km (21 %), das Land 10 200 km (37 %) und die Kreise 11 800 km (43 %). Den Straßen des jeweiligen Baulastträgers sind bestimmte Aufgaben und Funktionen zugeordnet. Klassifikation und Straßenfunktion stimmten jedoch häufig nicht mehr überein, insbesondere bei den Landes- und Kreisstraßen. Dieses Mißverhältnis wirkte sich durch die unterschiedliche Finanzierungsgrundlage der einzelnen Straßenarten nachteilig auf den Ausbau der Straßen aus, vor allem im ländlichen Raum. Eine Neuordnung und Neubewertung des Straßennetzes mit einer stärkeren Berücksichtigung der Verkehrsbedeutung und der verkehrlichen Funktionen wurde im Interesse einer ausgewogenen Ausgestaltung des Netzes deshalb unumgänglich.

Erste Vorarbeiten haben die Regionalverbände geleistet. Sie haben das Straßennetz in Baden-Württemberg im Rahmen der Aufstellung der Regionalpläne überprüft mit dem Ziel, straßenbauliche Infrastruktur mit den Forderungen und Zielsetzungen der Raumordnung in Einklang zu bringen. Als zusammenfassendes Ergebnis dieser Überprüfung legte die Arbeitsgemeinschaft der Regionalverbände im Februar 1980 einen Vorschlag für die Kategorisierung des Straßennetzes vor, bei der die zentralörtliche Gliederung (Versorgungsprinzip) und der gegenseitige Leistungsaustausch zwischen Orten und Gebieten (Verbindungsprinzip) sowie die sich aus den überregionalen Zusammenhängen ergebenden Verkehrsbedürfnisse berücksichtigt sind. Dieser Vorschlag leistet zugleich einen Beitrag zum Abbau von Zielkonflikten und zur Eindämmung des Landschaftsverbrauchs.

Neubewertung

Das überörtliche Straßennetz des Landes wurde außerdem im Rahmen eines verkehrswissenschaftlichen Gutachtens im Auftrag der Landesregierung funktional bewertet und kategorisiert. Wiederum wurden raumordnerische und landesplanerische Gesichtspunkte berücksichtigt, z.B. die Zentralen Orte und Entwicklungsachsen, Arbeitsmärkte sowie Erholungsräume. Die im Frühjahr 1982 vorgelegten Ergebnisse dieser funktionalen Kategorisierung waren eine wichtige Diskussionsgrundlage für die vom Landtag an die Landesregierung in Auftrag gegebene und 1983 durchgeführte Neubewertung des baden-württembergischen Straßennetzes. Der Schwerpunkt der Neuordnung und Neubewertung lag bei den Landesstraßen (vgl. PS 2.5.63).

Ausbau von Radwegenetzen

Die steigende Bedeutung des Fahrradverkehrs hat zur Folge, daß der Planung von Radwegen und dem Radwegebau erhöhtes Gewicht beizumessen ist. Die Erarbeitung der Konzeptionen dafür liegt in der gesetzlichen Zuständigkeit der Kommunen; das Land unterstützt die Städte, Gemeinden und Landkreise hierbei bei Bedarf durch seine Straßenbaubehörden, z.B. durch fachliche Beratung. Darüber hinaus sind alle Straßenbaulastträger an der Durchführung der Ausbauprogramme für Radwege mehr oder weniger beteiligt. Das Land hält es für erforderlich, in verstärktem Umfang Radwege auch im Zuge von Landesstraßen zu bauen. Die Ausbauplanung soll sich an den Radwegenetzplänen der Landkreise ausrichten. Für den Ausbau sollen die gleichen Einsatzkriterien wie bei Bundesstraßen gelten. An Bundesfernstraßen werden Radwege nach dem „Programm des Bundesministers für Verkehr zum Bau von Radwegen an Bundesstraßen in der Baulast des Bundes" angelegt. Hinweise für die Anlage von Radwegen und Grundsätze für das Programm des Bundes sind in der Verwaltungsvorschrift des Ministeriums für Wirtschaft, Mittelstand und Verkehr über Planung und Bau von Radwegen vom 6. April 1981 (GABl. S. 569) enthalten. Weitere Einzelheiten über den Radwegebau in Baden-Württemberg sind in der Antwort der Landesregierung auf eine entsprechende Kleine Anfrage aus der Fraktion der FDP/DVP (vgl. LT-DS 8/1758) dargelegt.

Begründung
Verkehrswesen

Das Straßennetz soll bestehen aus einem Netz von Bundesfernstraßen, das so ausgebaut werden soll, daß es dem weiträumigen Verkehr innerhalb des Landes dient und dabei insbesondere die Oberzentren miteinander verbindet, und daß es die Regionen des Landes an die benachbarten Bundesländer sowie an das europäische Ausland anbindet.

Zu 2.5.61
Bundesfernstraßen

Das Netz der Bundesfernstraßen (einschließlich Autobahnen) vergrößerte sich in Baden-Württemberg bis 1982 auf rd. 5 800 km. Durch die neuen Straßenverbindungen für den weiträumigen Verkehr konnte im letzten Jahrzehnt die Standortgunst bzw. Erreichbarkeit vieler Orte verbessert werden, so im Zuge der A 81 zwischen Würzburg und Singen/Konstanz, im Zuge der B 30 und der A 7 zwischen Heidenheim und Kempten und im Zuge der A 6 zwischen Heilbronn und Nürnberg.

Das Tempo des Fernstraßen-Neubaus wurde - im Einklang mit den Vorstellungen des Landes - zugunsten eines verstärkten Ausbaus bestehender Strecken zurückgenommen. Der Ausbau hat künftig Vorrang vor dem Neubau. Damit wird ein wichtiger Beitrag zur Eindämmung des Landschaftsverbrauchs geleistet (vgl. PS 2.1.2 und 2.2.14).

„Ausbau vor Neubau"

Aus strukturpolitischen Gründen und zum Abbau bestehender Engpässe kann aber auf den Neubau von Bundesfernstraßen nicht völlig verzichtet werden. Die östlichen Landesteile sind - abgesehen vom Raum Ulm - nach wie vor im weiträumigen Verkehr benachteiligt. Zum Abbau dieser Benachteiligungen ist die Schließung der restlichen Lücke im Zuge der A 7 zwischen Würzburg und Ulm sowie im Zuge der A 96 zwischen Memmingen und Lindau vorrangig erforderlich. Darüber hinaus sind eine Reihe von Netzergänzungen in Ost-West-Richtung erforderlich, und zwar insbesondere im Zuge der B 31 und der geplanten A 98 zwischen Lörrach, Singen (Hohentwiel) und Lindau.

Der derzeit gültige Bedarfsplan für die Bundesfernstraßen (Anlage zum 2. Gesetz über den Ausbau der Bundesfernstraßen in den Jahren 1971 bis 1985 in der Fassung vom 25. August 1980 - BGBl. I S. 1614) enthält die in Baden-Württemberg erforderlichen wesentlichen Ausbau- und Neubaumaßnahmen überwiegend in der Dringlichkeitsstufe I, zum Teil aber auch nur in der Dringlichkeitsstufe II oder als grundsätzliche Anerkennung des Bedarfs (sog. Aufdruckstrecken).

Im weiträumigen Verkehr mit dem benachbarten Ausland konnten durch den neuen zweibahnigen Rheinübergang Müllheim und durch die neue Zollabfertigung bei Basel frühere Engpässe beseitigt werden. In Anbetracht der weiterhin steigenden Motorisierungsziffern und des wachsenden Freizeit- und Urlaubsbedarfs werden im nächsten Jahrzehnt einige weitere Verbesserungen bei Grenzübergängen für den weiträumigen Verkehr erforderlich sein, u.a. südlich von Kehl/Straßburg und bei Rheinfelden (Baden).

Das Straßennetz soll bestehen aus einer genügenden Anzahl gut ausgebauter Straßenverbindungen im deutsch-französischen und deutsch-schweizerischen Grenzbereich, die so ausgebaut werden sollen, daß sie den Regionalverkehr mit dem Ausland verbessern.

Zu 2.5.62
Grenzbereich

An den Grenzen zur Schweiz und nach Frankreich besteht seit langem ein Bedarf nach besseren Übergangsmöglichkeiten für den regionalen Verkehr. Die für die Neuplanungen erforderlichen Untersuchungen sind abgeschlossen. Mit beiden Nachbarstaaten besteht grundsätzliches Einverständnis über die Lage der erforderlichen Rheinübergänge (vgl. Karte 6). Der Übergang Sasbach-Marckolsheim befindet sich im Bau (Fertigstellung 1985). Die Standorte für die anderen Übergänge sind von einer deutsch-französischen Studienkommission „Verkehrsuntersuchung Rheinübergänge" konkretisiert worden.

Das Straßennetz soll bestehen aus Landesstraßen, die so ausgebaut werden sollen, daß sie im Verbund mit den Bundesfernstraßen vorwiegend den durchgehenden Verkehr innerhalb des Landes und zu benachbarten Ländern aufnehmen und dabei insbesondere die Unterzentren mit den Zentralen Orten höherer Stufe sowie die Unterzentren untereinander verbinden.

Zu 2.5.63
Landesstraßen

Das Netz der Landesstraßen umfaßte Anfang 1984 rund 10 200 km. Sein Anteil am überörtlichen Straßennetz von Baden-Württemberg ist mit 37 % im Vergleich mit anderen Bundesländern überdurchschnittlich hoch. Darunter befanden sich bis 1983 allerdings auch Strecken, die nach ihrer Verkehrsfunktion nicht mehr in das Landesstraßennetz gehörten und entweder auf- oder abgestuft werden mußten.

Die Landesstraßen bilden untereinander oder in Verbindung mit den Bundesfernstraßen ein Verkehrsnetz, das vorwiegend dem durchgehenden Verkehr innerhalb des Landes und zu den benachbarten Ländern dienen soll. Es verbindet hierbei insbesondere die Mittelzentren und Unterzentren untereinander sowie - in Verbindung mit den Bundesfernstraßen - mit den Oberzentren.

Das Mißverhältnis zwischen Einstufung nach Baulastträger und Verkehrsfunktion hat eine Neuordnung der Landesstraßen verlangt, insbesondere in ihrem Verhältnis zu den Kreisstraßen. Vorschläge als Grundlagen für eine Neuordnung und Neubewertung haben die Arbeitsgemeinschaft der Regionalverbände im Jahre 1980 und vor allem ein von der Landesregierung beauftragtes wissenschaftliches Gutachterteam unterbreitet (vgl. Begründung zu PS 2.5.6). Das Netz der Landesstraßen wurde grundlegend neu geordnet und zum 1. Januar 1984 um rd. 2 500 km zugunsten der Kreisstraßen reduziert (vgl. PS 2.5.64).

Zu 2.5.64 Kreisstraßen

Das Straßennetz soll bestehen aus Kreisstraßen, die so ausgebaut werden sollen, daß sie den überörtlichen Verkehr zwischen benachbarten Kreisen und innerhalb der Kreise aufnehmen oder den Gemeinden den Anschluß an überörtliche Verkehrswege vermitteln und dabei insbesondere Kleinzentren untereinander und mit Zentralen Orten höherer Stufe verbinden.

Das Netz der Kreisstraßen ergänzt das Netz der Bundesfernstraßen und der Landesstraßen im regionalen Bereich. Der weitere Ausbau des Kreisstraßennetzes dient vor allem dazu, die Verbindungen der Kleinzentren untereinander und mit den Zentralen Orten höherer Stufe zu verbessern und allen Gemeinden einen leistungsfähigen Anschluß an das überörtliche Straßennetz zu schaffen. Infolge einer grundlegenden Neuordnung des Netzes der Landes- und Kreisstraßen zum 1. Januar 1984 (vgl. PS 2.5.63) ist das Kreisstraßennetz um rd. 2 500 km auf rd. 12 000 km (43 %) erweitert worden. Gleichzeitig wuchs damit die finanzielle Belastung der Kreise, die jedoch seitens des Landes durch entsprechende Ausgleichsleistungen, z.B. pauschale Zuweisungen aus dem Finanzausgleich, gemildert werden soll.

Zu 2.5.65 Gemeindestraßen

Das Straßennetz soll bestehen aus Gemeindestraßen, die so ausgebaut werden sollen, daß sie den Verkehr innerhalb der Gemeinden und zu den Nachbargemeinden, insbesondere zu den Zentralen Orten, bewältigen.

Nach PS 2.5.65 sollen alle Gemeinden ein den örtlichen Bedürfnissen entsprechendes gut ausgebautes Straßennetz erhalten. Die Kleinzentren können ihre zentralörtlichen Versorgungsaufgaben nur dann voll wahrnehmen, wenn zwischen ihnen und ihren Verflechtungsbereichen leistungsfähige Straßenverbindungen bestehen. Auch im Zusammenhang mit dem Bau öffentlicher Feld- und Waldwege können zweckmäßige Verbindungen zwischen den Gemeinden hergestellt werden, die die Straßen vom landwirtschaftlichen Verkehr sowie vom Radfahrer- und Fußgängerverkehr entlasten.

Zu 2.5.7 Eisenbahnen

Das Schienennetz in Baden-Württemberg soll nach den Bedürfnissen des Verkehrs und nach dem jeweiligen Stand der Technik weiterentwickelt werden. Eisenbahnstrecken, die im Zuge von Entwicklungsachsen verlaufen oder Mittelzentren, wichtige Erholungsräume oder Kurorte anbinden, sollen erhalten bleiben. Auch darüber hinaus ist die Erhaltung des Schienennetzes anzustreben. Soweit Eisenbahnstrecken wegen dauernden Rückgangs der Verkehrsnachfrage stillgelegt werden müssen, soll eine für das vorhandene und zu erwartende Verkehrsaufkommen ausreichende Ersatzbedienung auf der Straße sichergestellt sein.

Ein gut ausgebautes Eisenbahnnetz (vgl. Karte 6) ist für die Bevölkerung und die weit verzweigte, stark differenzierte Wirtschaft des Landes trotz der Zunahme des Kraftverkehrs von großer Bedeutung. Als Massentransportmittel ist die Eisenbahn besonders geeignet, große Teile der Verkehrsströme aufzunehmen. In den Verdichtungsräumen können Schienenverbindungen im Zuge der Hauptströme des Berufsverkehrs weitgehend zur Entlastung des Straßenverkehrs beitragen. Aber auch in den wirtschaftlich schwächeren und dünner besiedelten Räumen ist ein erheblicher Teil der Bevölkerung und der Wirtschaft nach wie vor auf leistungsfähige Schienenverbindungen angewiesen. In gebirgigen Lagen sind Massen- und Schwertransporte in besonderem Maße auf den Schienenweg angewiesen, weil eine ganzjährige Verkehrsbedienung erfahrungsgemäß nur mit Eisenbahnen gesichert werden kann.

Stillegungen

Vor der Stillegung von unrentablen Bahnstrecken ist in jedem Einzelfall eingehend zu prüfen, ob die Verkehrsbedeutung, die die Bahnstrecke derzeit und im Hinblick auf die angestrebte Entwicklung für ihren Einzugsbereich hat, nicht unabdingbar den weiteren Betrieb erfordert. Dies gilt entsprechend für die Umstellung von Strecken auf eingleisigen Betrieb und auf die Einschränkung von Abfertigungsbefugnissen. Das Land wird sich auch in Zukunft bemühen, Stillegungen von Bahnstrecken, die im öffentlichen Interesse weiter betrieben werden sollten, abzuwenden. Dies gilt in besonderem Maße für Strecken in Entwicklungsachsen und für Strecken, durch deren Stillegung bestehende Netzzusammenhänge zerstört würden. Wo es wegen des zu starken Rückgangs der Verkehrsnachfrage unvermeidbar ist, eine Bahnlinie stillzulegen, muß ein gut organisierter Ersatzverkehr die Verkehrsbedürfnisse im Personen- und im Güterverkehr befriedigen. Wenn wegen bestehender Entwicklungstendenzen oder wegen strukturpolitischer Zielsetzungen auf lange Sicht mit einem Wiederanwachsen der Verkehrsnachfrage gerechnet werden kann, sollte stets geprüft werden, ob zumindest der Unterbau der Strecke erhalten werden kann, um gegebenenfalls eine Wiederaufnahme des Betriebs auf der Strecke ohne größere Kosten und Verzögerungen zu ermöglichen.

Zur Verbesserung des Schienenverkehrs sollen die Strecke Mannheim–Stuttgart als Neubaustrecke, die Strecke Rastatt–Offenburg–Basel als Neubau- und Ausbaustrecke sowie die Strecke Mannheim–Frankfurt als Ausbaustrecke in das Grundnetz für den Schnellverkehr der Deutschen Bundesbahn und damit in das europäische Schnellfahrnetz einbezogen werden; in das Grundnetz für den Schnellverkehr ist nach Auffassung der Landesregierung ebenfalls die Strecke Stuttgart–Ulm(–München) einzubeziehen und durch im einzelnen noch näher festzulegende Maßnahmen qualitativ und quantitativ zu verbessern.

Zu 2.5.71
Schnellfahrnetz

Nach dem Bundesverkehrswegeplan 1980 soll der Anteil der Investitionen für den Schienenverkehr gegenüber den übrigen Verkehrsinvestitionen des Bundes erhöht werden mit dem Ziel, die Anlagen und Fahrzeuge der Deutschen Bundesbahn qualitativ und quantitativ an den Bedarf einer modernen Industriegesellschaft anzupassen.

Danach wird für die wichtigsten Verbindungen des weiträumigen Eisenbahnverkehrs (IC-Strecken) der Neubau ergänzender Streckenabschnitte und der Ausbau vorhandener Strecken auf Reisegeschwindigkeiten von 200 und mehr Stundenkilometer vorgesehen. Mit dem Bau der Neubaustrecke Mannheim–Stuttgart wurde 1976 begonnen. Mit diesen Neubau- und Ausbaustrecken werden sich die Reise- und Transportzeiten im innerdeutschen und europäischen Verkehr für die Räume an den Haltepunkten dieses Schnellfahrnetzes und im Bereich der Zubringerlinien erheblich verringern.

Zur Verbesserung des Schienenverkehrs sollen die Modernisierung der Eisenbahnanlagen und die Elektrifizierung des Fernverkehrsnetzes fortgesetzt werden, insbesondere der Ausbau der Nord-Süd-Verbindungen mit der Schweiz und Österreich sowie deren Verzweigungen im Bodenseeraum.

Zu 2.5.72
Modernisierung,
Elektrifizierung

Das Land hat schon bisher den Schienenverkehr im Rahmen von drei Elektrifizierungsabkommen planmäßig durch Zinszuschüsse für Investitionen der Deutschen Bundesbahn gefördert. Damit konnte u.a. die Elektrifizierung der Strecken Würzburg–Stuttgart–Singen, Offenburg–Villingen-Schwenningen–Singen–Konstanz und Schorndorf–Aalen vervollständigt werden.

Die weitere Elektrifizierung von Bundesbahnstrecken ist notwendig, um die Verkehrsbeziehungen zwischen den bedeutenden Wirtschaftsräumen des Landes zu intensivieren und gute Anschlüsse an das elektrische Eisenbahnnetz innerhalb und außerhalb des Landes zu schaffen. Unter diesen Gesichtspunkten ist die Elektrifizierung folgender Strecken für das Land von besonderem Interesse:

Heilbronn–Crailsheim, Goldshöfe–Crailsheim–Ansbach, Backnang–Hessental, Marbach–Backnang, Basel–Singen, Radolfzell–Lindau, Horb–Tübingen, Immendingen–Tuttlingen, Rottweil–Villingen, Neustadt–Donaueschingen, Ulm–Friedrichshafen, Aalen–Ulm.

Das Land hatte sich in Verhandlungen mit der Deutschen Bundesbahn für eine vorrangige Elektrifizierung der sechs erstgenannten Strecken eingesetzt. Bedingt durch die Kürzungen der Investitionsmittel der Bundesbahn konnte jedoch der Abschluß eines neuen Elektrifizierungsabkommens nicht erreicht werden. Lediglich die Strecke Goldshöfe–Crailsheim–Ansbach wird nunmehr von der Bundesbahn auf eigene Kosten elektrifiziert werden.

Als Voraussetzung für die Elektrifizierung der Strecke Basel–Singen haben sich das Land und die berührten Landkreise an der Finanzierung des zweiten Gleises zwischen Basel und Waldshut beteiligt (vgl. Karte 6).

Begründung
Verkehrswesen

Zu 2.5.73
Nahverkehrsbahnen

Zur Verbesserung des Schienenverkehrs sollen der Bau und Ausbau leistungsfähiger Nahverkehrsbahnen in den Verdichtungsräumen angestrebt sowie gute Übergänge zwischen Eisenbahn und anderen öffentlichen Nahverkehrsmitteln hergestellt werden.

Das gut ausgebaute Schienennetz der Deutschen Bundesbahn und der nichtbundeseigenen Eisenbahnen in den Verdichtungsräumen des Landes bietet günstige Voraussetzungen, dort den öffentlichen Nahverkehr zu verbessern (vgl. PS 2.5.51). In den Räumen Stuttgart und Mannheim/Ludwigshafen hat die Bildung von Verkehrsverbünden eine hervorragende Bedeutung für die Verbesserung des Berufsverkehrs (vgl. PS 2.5.53). Durch die Anlage von Omnibushöfen in Nähe der Haltestellen des Schienenverkehrs kann die Kooperation der Verkehrsunternehmen durch Erleichterung der Übergänge zwischen Bahn und Bus verbessert werden.

Zu 2.5.74
Nichtbundeseigene
Eisenbahnen

Zur Verbesserung des Schienenverkehrs sollen die nichtbundeseigenen Eisenbahnen vom Land weiterhin gefördert werden, soweit dies für die verkehrliche Versorgung der von ihren Strecken erschlossenen Räume notwendig ist und das vorhandene oder in naher Zukunft zu erwartende Verkehrsaufkommen die Fortführung des Betriebs rechtfertigt.

Die nichtbundeseigenen Eisenbahnen in Baden-Württemberg haben wesentliche Bedeutung im Berufs- und Schülerverkehr, versorgen die Wirtschaft und Landwirtschaft im Einzugsbereich der einzelnen Strecken und dienen als Zubringer zur Deutschen Bundesbahn. Auf diese Weise fördern sie die industrielle und wirtschaftliche Entwicklung besonders außerhalb der Verdichtungsräume und tragen wesentlich zur Entlastung der Straßen bei. Die Erhaltung verkehrswichtiger nichtbundeseigener Eisenbahnen wird deshalb, obwohl sie bei ihrer besonderen Verkehrsstruktur im allgemeinen nicht voll kostendeckend betrieben werden können, auch in Zukunft eine verkehrspolitische Aufgabe des Landes bleiben müssen.

Zu 2.5.75
Übergang zum
Flugzeug

Zur Verbesserung des Schienenverkehrs sollen kurze und bequeme Übergänge zwischen Eisenbahn und Flugzeug geschaffen werden, soweit dafür ein Verkehrsbedürfnis besteht.

Das beachtliche Verkehrsaufkommen im Luftverkehr erfordert einen reibungslosen Übergang auf andere Verkehrsmittel. Nach verkehrswissenschaftlichen Untersuchungen besteht für den Flughafen Stuttgart ein Verkehrsbedürfnis für den Anschluß an das Schienennetz. Aus diesem Grunde soll eine S-Bahnlinie von Stuttgart bis zum Flughafen Stuttgart geführt werden.

Zu 2.5.76
Kombinierter
Verkehr

Zur Verbesserung des Schienenverkehrs sollen Umschlagplätze für den kombinierten Verkehr mit Containern und Huckepackfahrzeugen mit guter Anbindung an das Schienen- und Straßennetz ausgebaut werden.

Die Bedeutung durchgehender Transportketten im kombinierten Verkehr nimmt weiterhin zu. Bei einem reibungslosen Ineinandergreifen der einzelnen Verkehrszweige können die Vorteile des schnellen und sicheren Transports und Umschlags mit den Vorteilen einer weiträumigen und kundennahen Verkehrsbedienung verknüpft werden. Der Warenaustausch im nationalen und internationalen Bereich kann dadurch intensiviert werden.

In Baden-Württemberg betreibt die Deutsche Bundesbahn bisher Umschlagplätze für Container in Ludwigsburg, Göppingen, Mannheim, Karlsruhe, Freiburg im Breisgau, Basel/Badischer Bahnhof, Singen (Hohentwiel), Villingen-Schwenningen, Offenburg, Reutlingen und Ulm/Neu-Ulm. Im Raum Stuttgart besteht für diese Verkehrsart eine Engpaßsituation, die durch die Erweiterung des Umschlagplatzes Ludwigsburg auf Markung Kornwestheim und durch einen Neubau am Stuttgarter Hafen beseitigt werden soll.

Zu 2.5.77
Gleisanschlußverkehr

Zur Verbesserung des Schienenverkehrs sollen für Gleisanschluß geeignete Flächen für Gewerbe- und Industrieansiedlungen gesichert werden.

Im Güterverkehr auf der Schiene wird der Gleisanschlußverkehr auch künftig Bedeutung haben. Er bietet dem Kunden beim Versand ganzer Wagenladungen einen umittelbaren Anschluß an das europäische Eisenbahnnetz. Die Deutsche Bundesbahn beförderte im Jahr 1981 77 % aller Wagenladungen im doppelseitigen Gleisanschlußverkehr; im einseitigen Gleisanschlußverkehr waren es 95,6 %. Diese Beförderungsart ist damit geeignet, wesentlich zur Entlastung des Straßennetzes beizutragen. Die MKRO hat in einer Entschließung vom 21. November 1968 (GABl. S. 431) zum Ausdruck gebracht, daß die Förderung des Gleisanschlußverkehrs durch Stammgleise und Privatanschlüsse für Industrie- und Gewerbegebiete im Interesse der Raumordnung und Landesplanung liegt.

Zur Unterstützung des weiteren Ausbaus dieser Verkehrsart sollen in den Bauleitplänen die für Gleisanschluß geeigneten Flächen für Gewerbe- und Industrieansiedlungen gesichert werden. Bei Planungen für Erweiterungen von Gewerbe- und Industriegebieten ist darauf zu achten, daß vorhandene Möglichkeiten für einen Gleisanschluß genutzt oder offengehalten werden.

Die Leistungsfähigkeit der bestehenden Großschiffahrtsstraßen, der öffentlichen Häfen und Umschlagstellen ist zu erhalten und zu verbessern, soweit die technische Entwicklung und die Bedürfnisse des Verkehrs es erfordern.

Zu 2.5.8
Wasserstraßen

Baden-Württemberg ist zur Versorgung mit Rohstoffen und Gütern des privaten und industriellen Bedarfs auf leistungsfähige Großschiffahrtsstraßen, Häfen und Umschlagstellen angewiesen. Großschiffahrtsstraßen im Land sind der Rhein, der Main und der Neckar von Mannheim bis zum Hafen Plochingen (vgl. Karte 6). Mit Ausnahme der Rheinstrecke Basel–Rheinfelden stehen diese Flüsse als Bundeswasserstraßen in der Verwaltung und Baulast des Bundes. Bei der Planung und Linienführung sind die Ziele und Erfordernisse der Raumordnung und Landesplanung zu beachten (§ 5 Abs. 4 ROG; § 13 Abs. 2 Bundeswasserstraßengesetz). Die Bedeutung der Großschiffahrtsstraßen Rhein (1982: 74,4 % der Umschlagleistung des Landes), Main (0,3 %) und Neckar (25,3 %) für das Land ergibt sich daraus, daß im Jahr 1982 fast 28 % der im gesamten Güterfernverkehr in Baden-Württemberg beförderten Mengen auf die Binnenschiffahrt entfiel.

Dabei ist am Oberrhein unterhalb der Staustufe Iffezheim einer Erosion des Rheinbettes durch Geschiebezugabe entgegenzuwirken und die Fahrwassertiefe dem künftigen Ausbauzustand zwischen Mannheim und St. Goar anzupassen.

Zu 2.5.81
Oberrhein

Der Ausbau des Oberrheins erfolgt seit den 50er Jahren aufgrund vertraglicher Regelungen zwischen der Bundesrepublik Deutschland und Frankreich. Zunächst wurde die im deutsch-französischen Vertrag vom 27. Oktober 1956 vereinbarte Teilkanalisierung des Abschnitts Breisach a.Rh.–Kehl/Straßburg durch Frankreich mit Fertigstellung und Inbetriebnahme der Staustufe Straßburg im Jahre 1970 abgeschlossen. Auf der Grundlage des Vertrags vom 4. Juli 1969 sind zur Verbesserung der Schiffahrtsbedingungen und zur Verhinderung der Erosion des Flußbettes die beiden Staustufen bei Gambsheim und Iffezheim erstellt worden. In der Zusatzvereinbarung vom 16. Juli 1975 war der Bau einer weiteren Staustufe bei Au/Neuburg vereinbart worden. Der Bundesverkehrsminister vertritt jedoch nunmehr die Auffassung, die zwischenzeitlich durchgeführten Naturversuche und die eingeholten Gutachten ließen eindeutig die Schlußfolgerung zu, daß die Geschiebezugabe eine geeignete Methode sei, um auf Dauer der Erosion des Rheinbettes entgegenzuwirken. Da sie gegenüber dem Staustufenbau die kostengünstigere und umweltfreundlichere Lösung darstelle, sei die Geschiebezugabe die geeignetere Lösung.

In einer am 6. Dezember 1982 unterzeichneten Vereinbarung zur Änderung und Ergänzung der Zusatzvereinbarung vom 16. Juli 1975 hat sich Frankreich damit einverstanden erklärt, daß der Bau der Staustufe ausgesetzt und die Geschiebezugabe angewendet wird. Die Staustufe muß nur dann gebaut werden, wenn es mittels der Geschiebezugabe nicht gelingt, im einzelnen festgelegte Bedingungen einzuhalten. Der Bundesverkehrsminister vertritt die Auffassung, daß der Bau einer Staustufe auch später nicht erforderlich werde. Deshalb hat sich das Land bereit erklärt, die Geschiebezugabe als Dauerlösung mitzutragen (vgl. LT-DS 8/3924).

Eng verbunden mit den Maßnahmen zur Lösung schiffahrtstechnischer Probleme sind die Belange des Hochwasserschutzes (vgl. Plankapitel 2.7) wie auch des Landschaftsschutzes und der Ökologie (vgl. Plankapitel 2.1). Alle im Zusammenhang mit einer Geschiebezugabe auftretenden Probleme erfordern deshalb immer eine sorgfältige Abwägung aller fachspezifischen Belange, insbesondere die der Wasserwirtschaft (vgl. PS 2.7.72 und 2.7.77). Diese Komplexität des Oberrheinausbaus hat ihren Niederschlag u.a. auch in einer Entschließung der Raumordnungskommission Rhein-Neckar und der obersten Landesplanungsbehörden der Länder Baden-Württemberg, Rheinland-Pfalz und Hessen vom 23. Oktober 1981 gefunden, die sich mit den raumbedeutsamen Vorhaben in den vier Sachbereichen Grundwasserhaushalt, Hochwasserschutz, Rheinausbau und Rohstoffsicherung vor dem Hintergrund einer grenzüberschreitenden Zusammenarbeit in der nördlichen Oberrheinebene zwischen Karlsruhe und dem Rhein-Main-Gebiet befaßt (vgl. PS 2.7.63).

Begründung
Verkehrswesen

Zu 2.5.82
Neckar

Dabei ist die Leistungsfähigkeit der Neckarwasserstraße zu erhalten und zu verbessern, insbesondere durch Vertiefung der Fahrrinne auf der Strecke Mannheim-Heilbronn und Räumung des Flußbettes auf der Strecke Heilbronn–Plochingen von Ablagerungen, die die Schiffbarkeit und den Hochwasserabfluß beeinträchtigen. Zur Unterbringung des dabei anfallenden Baggerguts sind geeignete Flächen für Entwässerung und Deponierung auszuweisen, und zur Verminderung von Ablagerungen sind flankierende Maßnahmen durchzuführen. Die Landesregierung strebt darüber hinaus eine Fahrrinnenvertiefung zwischen Heilbronn und Plochingen sowie den Bau dritter Schleusenkammern bei den Staustufen Schwabenheim und Kochendorf an. Die für eine Erweiterung der Schleusenanlagen notwendigen Flächen sind durch Freihaltemaßnahmen zu sichern.

Die ausgebaute Neckarwasserstraße weist noch keine durchweg gleichmäßigen Fahrwasserverhältnisse auf. In einem langfristigen Programm werden Maßnahmen zur Grundinstandsetzung, zum Umbau und zur Sicherung an Schleusen, in Vorhäfen und in Seitenkanälen durchgeführt. Auf der Strecke Mannheim–Heilbronn wird der Neckar zur Erhöhung der Verkehrssicherheit und der Wirtschaftlichkeit von 2,50 m auf 3,00 m vertieft. Dadurch wird eine Fahrrinnentiefe von 2,80 m erreicht. Mit der Fertigstellung dieser Arbeiten ist im Jahre 1984 zu rechnen. Das Land strebt an, daß der Bund anschließend auch den Abschnitt Heilbronn–Plochingen von gegenwärtig 2,70 m bzw. 2,80 m auf 3,00 m vertieft, so daß eine durchgehende Fahrrinnentiefe von 2,80 m erreicht wird. Der Bau einer dritten Schleuse bei Feudenheim wurde 1973 abgeschlossen. Das Land hält auch eine Erhöhung der Leistungsfähigkeit der Schleusenanlagen bei Schwabenheim und Kochendorf durch den Bau einer dritten Schleusenkammer (als Ersatz für eine bestehende Kammer oder zusätzlich) und die Sicherung der entsprechenden Erweiterungsflächen für erforderlich.

Beseitigung des Neckarbaggerguts

Zur Wiederherstellung bzw. Erhaltung der vollen Schiffbarkeit der Neckarwasserstraße, zur Wiederherstellung des vollen Hochwasserabflußprofils und auch zur Hebung der Wasserqualität ist es dringend erforderlich, auf der Strecke zwischen Heilbronn und Plochingen die Ausbaggerungen zu verstärken und entsprechende Ablagerungsmöglichkeiten für das Baggergut zu schaffen.

Das vom Regierungspräsidium Stuttgart 1980 dazu vorgelegte Gesamtkonzept von Standorten für die Behandlung und Beseitigung des im Neckar befindlichen Schlammes sah vor, in drei sog. Schlammbeseitigungsbereichen (Stadt/Landkreis Heilbronn, Landkreis Ludwigsburg, Stadt Stuttgart/Landkreis Esslingen) je eine Entwässerungsanlage und eine Deponie zu errichten. Gleichzeitig wurden jedoch neuere technische Verfahren zur Schlammbeseitigung geprüft, die sich als alternative Lösungsmöglichkeiten anbieten würden. Als geeignete Alternativen wurden vor allem die Verfestigung des Baggerguts durch Zusätze von Zement, Kalk o.ä. und die anschließende Ablagerung an Deponiestandorten oder die Herstellung von Baustoffen aus dem Baggergut in Betracht gezogen (vgl. LT-DS 8/3412 und 8/3493). Insbesondere letzteres Verfahren würde ein hohes Maß an Umweltfreundlichkeit und eine geringe Inanspruchnahme von Flächen versprechen, weil die Frage nach geeigneten Deponiestandorten nicht mehr gestellt werden müßte. Eine Einigung zwischen Bund und Land auf das Verfahren und seine Finanzierung konnte noch nicht erzielt werden.

Flankierende Maßnahmen

Zur Vermeidung von Ablagerungen sind vorbeugende Maßnahmen zur allgemeinen Gewässerreinhaltung einzuleiten. Hierzu gehören neben der seit längerer Zeit veranlaßten und bereits recht wirksamen intensiveren Abwasserbehandlung, z.B. im Rahmen des Neckarsanierungsprogramms (vgl. PS 2.7.4), flußbauliche Maßnahmen am Neckar selbst oder mittelbar wirksame Maßnahmen in seinem Einzugsbereich. Eine der Hauptursachen der Ablagerungen im Flußbett und der Verschlammung liegt in der fortwährenden Erosion des Neckars und seiner Zuflüsse. Deshalb gilt es vor allem, die Zufuhr von Erosionsmaterialien infolge erhöhter Bodenabtragung bei zu geringem Pflanzenbewuchs, z.B. in rebflurbereinigten Weinbaugebieten, einzudämmen und Uferabbrüche zu vermeiden. Aus diesem Grund stehen auch der Ausbau und die Erhaltung der Böschungen durch einen ausreichenden Bewuchs im Mittelpunkt flankierender Maßnahmen. Ebenso sind die stärkeren Ablagerungen aus der Fracht von Geschiebe und Schwebstoffen zwischen den Schleuseneinbauten im Auge zu behalten, was zu entsprechenden Maßnahmen bei der Flußstauhaltung führt.

Begründung
Verkehrswesen

Dabei ist anzustreben, für die Hochrheinstrecke zwischen Basel und der Aaremündung den späteren Ausbau als Großschiffahrtsstraße gemeinsam mit der Schweiz offenzuhalten.

Zu 2.5.83
Hochrhein

Nach einem Vertrag zwischen dem Deutschen Reich und der Schweiz über die Regulierung des Rheins zwischen Straßburg/Kehl und Istein vom 28. März 1929 war auch der spätere Ausbau des Hochrheins als Großschiffahrtsstraße auf der gesamten Strecke zwischen Basel und dem Bodensee vorgesehen. 1973 wurde bei deutschschweizerischen informatorischen Besprechungen über diese Frage übereinstimmend festgestellt, daß in künftigen zwischenstaatlichen Verhandlungen davon ausgegangen werden solle, für die Strecke von Basel bis zur Aaremündung den späteren Ausbau offenzuhalten und durch Freihaltemaßnahmen zu sichern, für die Strecke von der Aaremündung bis zum Bodensee jedoch auf einen Ausbau und eine Freihaltung zu verzichten.

Die Landesregierung hält bei der Verbesserung der Verkehrserschließung des Hochrheingebiets den Ausbau des Straßen- und Schienennetzes für vorrangig. Ein verkehrliches Bedürfnis für einen Ausbau des Hochrheins besteht gegenwärtig nicht, er wäre unter den gegenwärtigen Umständen nicht vertretbar. Die Möglichkeit für einen späteren Ausbau zwischen Basel und der Aaremündung sollte jedoch offengehalten werden.

Dabei ist in den öffentlichen Häfen mit entsprechend großem Einzugsgebiet der Bau von Umschlagseinrichtungen für Container und Roll-on-Roll-off-Verkehr vorzusehen;

der Bau neuer Lade- und Löschplätze für den allgemeinen Güterverkehr vorzusehen, soweit Verkehrsbedürfnisse auftreten, die durch die bestehenden öffentlichen Häfen nicht befriedigt werden können.

Zu 2.5.84
Häfen,
zu 2.5.85
Lade- und Löschplätze

Die Leistungsfähigkeit der bestehenden Anlagen für den Wasserumschlag muß durch den Ausbau und die Modernisierung technischer Einrichtungen erhalten werden. Insbesondere die Anpassung an neuere technische Möglichkeiten und bereits erprobte Praktiken im Güterverkehr ist zu verfolgen. Hieraus ergibt sich die Forderung nach Umschlagseinrichtungen für Container und Roll-on-Roll-off-Verkehr in PS 2.5.84. Soweit die Verkehrsbedürfnisse es erfordern, müssen die vorhandenen öffentlichen Häfen und Umschlagstellen vergrößert werden. Die Errichtung neuer Umschlagstellen ist angezeigt, wenn dadurch eine sinnvolle Verdichtung vorhandener oder eine erwünschte Ausbildung neuer Industriestandorte erzielt werden kann und die vorhandenen öffentlichen Häfen und Umschlagstellen zur zweckmäßigen Verkehrsbedienung nicht ausreichen. Dabei ist es besonders wichtig, die Einzugsbereiche neuer Umschlagstellen mit den Bereichen vorhandener Häfen und Umschlagstellen harmonisch abzustimmen.

Die Luftverkehrsverbindungen sind so zu verbessern und auszubauen, daß das Land für den Luftverkehr weiter erschlossen und ihm gute Anschlüsse an den innerdeutschen, den innereuropäischen und den Weltluftverkehr dauernd gesichert werden.

Zu 2.5.9
Luftverkehr

Der Luftverkehr hat für die stark entwickelte, exportorientierte Industrie und für den Fremdenverkehr des Landes hervorragende Bedeutung. Die Lage des Landes im Netz des europäischen und Weltluftverkehrs ist günstig. Vorteilhaft ist, daß die für den Weltluftverkehr bedeutsamen Flughäfen Frankfurt und Zürich dem Lande benachbart sind.

Hierzu ist insbesondere die Funktionsfähigkeit des Flughafens Stuttgart durch Ausbau und Modernisierung zu erhalten und zu verbessern.

Zu 2.5.91
Flughafen Stuttgart

Der Flughafen Stuttgart ist der einzige Verkehrsflughafen des Landes; er hat internationale Bedeutung. Diese Bedeutung wird durch die Verkehrsentwicklung während der 70er Jahre unterstrichen, die durch ständige Steigerungen der Verkehrsleistungen gekennzeichnet war. Der Flughafen Stuttgart wies regelmäßig überdurchschnittliche jährliche Zuwachsraten auf. So erreichte er 1980 ein Fluggastaufkommen von knapp 3 Mio Passagieren. Er lag damit und liegt weiterhin im Mittelfeld der deutschen Verkehrsflughäfen; dies gilt auch für das Frachtaufkommen. Diese Entwicklung kam infolge der veränderten Wirtschaftslage mit Beginn der 80er Jahre zum Stillstand; sie ist seitdem leicht rückläufig. Angesichts des aber nach wie vor erheblichen Verkehrsaufkommens des Flughafens Stuttgart besteht ein unverzichtbares öffentliches Interesse an der Erhaltung seiner Leistungs- und Funktionsfähigkeit. Konjunkturbedingte Schwankungen im Fluggast- und Frachtaufkommen ändern hieran nichts. Günstige Luftverkehrsverbindungen, und zwar sowohl für Fluggäste als auch für Fracht, sind für den Mittleren Neckarraum und darüber hinaus für das ganze Land

Begründung
Verkehrswesen

Baden-Württemberg im Hinblick auf seine stark exportorientierte Wirtschaft unerläßlich. Nicht zuletzt hat der Flughafen Stuttgart auch Bedeutung als Standortfaktor für das warenproduzierende Gewerbe und im Dienstleistungssektor.

Notwendigkeit des Ausbaus

Aus dem GVP 1975 wie auch aus seinem Fortschreibungsentwurf 1983 ergibt sich für das Land die Aufgabe, die infrastrukturellen Voraussetzungen für einen leistungsfähigen und bedarfsgerechten Luftverkehr unter Berücksichtigung benachbarter in- und ausländischer Flughäfen zu schaffen. Die Sanierung des Flughafens Stuttgart ist unabhängig von der künftigen Entwicklung der Luftverkehrsleistungen erforderlich; er muß seiner Funktion als Mittelstreckenflughafen auch künftig gerecht werden können. Ziel der Sanierung des Flughafens Stuttgart ist die Verbesserung des unzureichenden Sicherheitsstandards und die Erhaltung seiner Leistungs- und Funktionsfähigkeit. Ziel der Sanierung ist es hingegen nicht, die vorhandene Kapazität zu erweitern. Auf dieser Grundlage beruht das Sanierungskonzept der Landesregierung, das zu der luftrechtlichen Genehmigung des Ministeriums für Wirtschaft, Mittelstand und Verkehr vom 24. März 1980 geführt hat. Danach wird die westliche Landeschwelle um 885 m und die östliche Landeschwelle um 1380 m ostwärts verlegt. Die bestehende Start-/Landebahn von 2550 m Länge wird sich dadurch auf 3145 m (Starts in Richtung Westen) bzw. 3345 m (Starts in Richtung Osten) verlängern. Hierdurch wird die dringend erforderliche Einrichtung von Flugbetriebsverfahren für Schlechtwetter und für Blindlandungen ermöglicht. Außerdem ergibt sich durch Abrücken des Start-/Landebahnsystems von der Weidacher Höhe, einem Luftfahrthindernis im Westen des Flughafens, ein erheblicher Sicherheitsgewinn.

Durch umfangreiche Auflagen in der luftrechtlichen Genehmigung ist sichergestellt, daß den Erfordernissen des Lärmschutzes (vgl. PS 2.5.74), des Städtebaus, der Landwirtschaft, des Naturschutzes, der Landschaftspflege und der Ökologie soweit wie möglich und vertretbar Rechnung getragen wird. Insbesondere wurde durch Festschreibung der Fluglärmkonturen des Dauerschalls des Jahres 1978 für die Zukunft sichergestellt, daß trotz Verlegung des Start-/Landebahnsystems nach Osten auch für die östlich des Flughafens gelegenen Orte keine Zunahme des Dauerschalls eintritt. An das Genehmigungsverfahren schließt sich ein Planfeststellungsverfahren an. Dieses Verfahren umfaßt neben der Sanierung des Flughafens auch die Verlegung und Verbreiterung der Autobahn im Flughafenbereich; es ist im April 1983 eingeleitet worden.

Zu 2.5.92
Verkehrslandeplätze

Hierzu sind insbesondere leistungsfähige Verkehrslandeplätze auszubauen, die den Luftverkehr innerhalb des Landes, insbesondere mit dem Flughafen Stuttgart sowie mit den anderen Bundesländern und mit dem benachbarten Ausland fördern.

Bei der bisherigen starken Entwicklung und der auch künftig zu erwartenden Bedeutung des Luftverkehrs muß außer dem Verkehrsflughafen Stuttgart eine ausreichende Zahl gut erreichbarer und leistungsfähiger Verkehrslandeplätze vorgesehen werden, von denen aus Flüge zu anderen Flugplätzen im Bundesgebiet oder im benachbarten Ausland möglich sind. Gut ausgebaute Verkehrslandeplätze sind auch die Voraussetzung für eine Einbeziehung in ein binnenländisches Luftverkehrsnetz. Die MKRO hat in ihrer Entschließung vom 16. Juni 1971 „Raumordnung und Regionalluftverkehr" (LEB 1975, S. 152; GABl. S. 1008) die Bedeutung des Regionalluftverkehrs für die Raumordnung hervorgehoben.

Leistungsfähige Verkehrslandeplätze sollten in den Räumen um die Oberzentren des Landes in angemessener Entfernung zu den Oberzentren und für die Räume Aalen/Heidenheim, Offenburg, Göppingen/Schwäbisch Gmünd und Bad Mergentheim/Tauberbischofsheim zur Verfügung stehen. Die Landesregierung hat bereits 1973 ein Entwicklungsprogramm für den Ausbau der Verkehrslandeplätze beschlossen, das den Luftverkehr innerhalb des Landes fördern und bessere Anschlüsse an das innerdeutsche und internationale Luftverkehrsnetz schaffen soll. Mit Unterstützung des Landes wurden Investitionsmaßnahmen in Aalen-Elchingen, Baden-Baden, Freiburg i.Br., Offenburg, Mengen, Karlsruhe-Forchheim und Donaueschingen-Villingen durchgeführt.

Begründung
Verkehrswesen

Hierzu sind insbesondere im Bereich bestehender Flughäfen und Landeplätze oder solcher, die in Regionalplänen ausgewiesen sind oder für die ein Genehmigungsverfahren eingeleitet ist, alle Planungen und Maßnahmen, insbesondere die Ausweisung von Wohnbauflächen, so auszurichten, daß die Bevölkerung vor Gefahren des Luftverkehrs und Belästigungen durch Fluglärm soweit wie möglich geschützt wird.

Zu 2.5.93
Maßnahmen
gegen Fluglärm

Die Wohnbauentwicklung in der Umgebung von Flugplätzen hat in der Vergangenheit häufig nicht in ausreichendem Maße auf die durch Flugplätze verursachten Lärmimmissionen Rücksicht genommen. Die bestehenden Konflikte wurden dadurch verschärft. Dem Schutz vor Fluglärm muß größte Bedeutung beigemessen werden. Dies geschieht zunächst durch Freihaltung der durch Fluglärm besonders belasteten Zonen in Flugplatznähe von weiterer Bebauung. Handhaben hierfür bieten das Bundesbaugesetz und das Gesetz zum Schutz gegen Fluglärm vom 30. März 1971 (BGBl. I S. 282). Diesem Ziel dienen ferner flugbetriebliche Auflagen und sonstige Einschränkungen, z.B. die Festlegung lärmmindernder Flugwege und Flugverfahren.

Im Fall des Flughafens Stuttgart wurde darüber hinaus zur Verbesserung der Lärmsituation Einfluß auf die Bauleitplanung im Flughafenbereich durch Erlasse des Innenministeriums genommen. Ferner wurde ein generelles Nachtflugverbot für Flugzeuge mit Strahlturbinenantrieb erlassen. Es wurde die Stelle des Lärmschutzbeauftragten geschaffen, der Verbesserungsvorschläge macht und Beschwerden nachgeht, und es wurde zur Registrierung des Fluglärms eine Fluglärmmeßanlage eingerichtet. Die 1972 eingerichtete Fluglärmkommission hat durch zahlreiche Änderungs- und Verbesserungsvorschläge ebenfalls einen nachhaltigen Beitrag zur Verbesserung der gesamten Lärmsituation erbracht. Auch im Rahmen der Sanierung des Flughafens Stuttgart wird in besonderem Maße darauf geachtet werden, den Schutz der Bevölkerung vor Fluglärm wirksam zu verbessern.

Die Post- und Fernmeldedienste einschließlich der rasch fortschreitenden Einsatzmöglichkeiten neuer Kommunikationstechnologien sind entsprechend den sich wandelnden Interessen der Bevölkerung und den wachsenden Bedürfnissen der Volkswirtschaft weiterzuentwickeln. Die Erfordernisse des Post- und Fernmeldewesens sind zu beachten; dabei sind auch die Richtfunkstrecken zu berücksichtigen.

Zu 2.5.10
Post- und
Fernmeldewesen,
Neue Medien und
Kommunikations-
technologien

Voranzutreiben ist der Auf- und Ausbau eines leistungsfähigen, flächendeckenden Kommunikationsnetzes unter Einsatz der neuen Informations- und Kommunikationstechniken. Bei organisatorischen und technischen Maßnahmen der Deutschen Bundespost sollen die struktur-, wirtschafts-, verkehrs- und medienpolitischen Zielsetzungen des Landes und die Belange des Städtebaus und des Natur- und Landschaftsschutzes berücksichtigt werden.

Die starke Industrialisierung, die vielfältigen wirtschaftlichen Verflechtungen mit dem Ausland, die Zunahme des Dienstleistungsbereichs und das wachsende Kommunikationsbedürfnis einer fortschrittlichen Industriegesellschaft stellen an den Post- und Fernmeldedienst erhöhte Anforderungen. Diese können nur bei optimalem Einsatz der neuesten Entwicklungen der Nachrichtentechnik erfüllt werden. Der Ausbau der Fernsprech- und Datennetze ist deshalb unter Berücksichtigung der durch die informations- und kommunikationstechnischen Entwicklungen erweiterten Möglichkeiten zügig fortzusetzen.

Weiterer Ausbau

Die Anwendung der neuen Informations- und Kommunikationstechniken eröffnet auch den bisher verkehrsfern gelegenen ländlichen Räumen neue Möglichkeiten und Chancen zur Distanzüberwindung. Dazu müssen aber die Vermittlungseinrichtungen und Netze so zügig ausgebaut werden, daß eine flächendeckende Versorgung aller in Frage kommenden Anwender innerhalb einer überschaubaren Frist gewährleistet ist. Außerdem wird eine Regelung der Gebührenfrage erforderlich, mit der Benachteiligungen der ländlichen Räume gegenüber den verdichteten Räumen und der inländischen Teilnehmer gegenüber dem Ausland abgebaut werden.

Chancen für die
ländlichen Räume

Mit dem flächendeckenden Ausbau der Breitbandverkabelung in allen Teilräumen des Landes soll vorrangig der Kommunikationsbedarf der Wirtschaft abgedeckt werden. Zugleich können damit die derzeit teilweise unzureichenden technischen Voraussetzungen für die Versorgung der Bevölkerung mit Hörfunk- und Fernsehprogrammen weiter verbessert werden. Zur Gewährleistung eines zügigen Ausbaus der Einrichtungen und Netze ist es erforderlich, bei allen raumbedeutsamen Planungen und Maßnahmen auch die für die Aufrechterhaltung und den weiteren Ausbau der Dienstleistungen der Deutschen Bundespost erforderlichen Belange zu berücksichtigen. Dazu gehört auch eine bessere Abstimmung der amtlichen Fernsprechbücher

Belange der Post,
Verbesserungen der
Fernsprechbücher

Begründung
Energieversorgung

Abstimmung raumbedeutsamer Maßnahmen	mit der heutigen Kommunalstruktur im Land, um die Auffindbarkeit von Teilorten, die nicht zum gleichen Fernsprechbereich gehören, zu erleichtern.

Raumbedeutsame Planungen und Maßnahmen der Deutschen Bundespost sollen entsprechend der Entschließung der MKRO vom 19. September 1978 (GABl. 1981, S. 658) unter Mitwirkung der für die Raumplanung zuständigen Landesbehörden mit anderen raumbedeutsamen Planungen und Maßnahmen abgestimmt werden.

Richtfunkstrecken

Die wachsenden Bedürfnisse auf dem Gebiet der Informations- und Kommunikationstechniken erfordern den weiteren Ausbau des Fernliniennetzes und ein immer enger werdendes Richtfunknetz. Die MKRO hat mit ihrer Entschließung vom 15. Juni 1972 (GABl. 1973, S. 153) auf die Raumbedeutsamkeit und besondere Schutzbedürftigkeit der vorhandenen und künftig erforderlichen Richtfunkverbindungen der Deutschen Bundespost und deren Einrichtungen in Anbetracht ihrer überörtlichen Versorgungsfunktionen hingewiesen. Entsprechend dieser Entschließung sind nach Satz 2 von PS 2.5.10 in den Regional- und Bauleitplänen die Richtfunkstrecken für die Nachrichtenübermittlung im Einvernehmen mit der Deutschen Bundespost ausreichend zu berücksichtigen.

Wegen der physikalischen Eigenschaften der Funkwellen sollen die Richtfunktrassen zwischen den Sende- und Empfangsfunkanlagen jeweils durch eine Schutzzone von 100 m beiderseits der Sichtlinie (sog. Fresnel-Zone) gesichert und von störender Bebauung freigehalten werden. Dies bedeutet in aller Regel keine völlige Freihaltung von Bebauung, sondern lediglich eine Einschränkung der Bauhöhen. Einzelheiten hierüber sind jeweils mit dem zuständigen Fernmeldeamt abzuklären.

Großfunkanlagen

Zur Sicherung eines möglichst guten Empfangs für die Rundfunk- und Fernsehteilnehmer ist bei baulichen Maßnahmen in der Nähe von Großfunksende- und -empfangsanlagen (z.B. Fernsehgrundnetzsender einschließlich der Fernsehfüllsender sowie der von der Deutschen Bundespost betriebenen UKW- und Mittelwellen-Tonrundfunksender und Breitbandkabelanlagen) darauf zu achten, daß die neue Bebauung die Sende- und Empfangsqualität nicht beeinträchtigt. Einzelheiten hierüber sind jeweils mit der Oberpostdirektion Stuttgart als der für Baden-Württemberg federführenden Stelle abzustimmen.

Zu 2.6 Energieversorgung

Zu 2.6 Energieversorgung
Bedeutung

Die Energieversorgung ist als Grundlage jeder Lebensqualität für die wirtschaftliche wie auch für die räumliche Entwicklung des Landes und seiner einzelnen Teile von erheblicher Bedeutung. Eine ausreichende, vor allem langfristig gesicherte Versorgung mit preisgünstiger Energie bildet eine wesentliche Voraussetzung sowohl für das wirtschaftliche Wachstum als auch für die Erhaltung der Wettbewerbsfähigkeit vorhandener und für die Ansiedlung neuer Betriebe. Sie fördert Produktion und Rationalisierung in Industrie, Gewerbe und Landwirtschaft. Schließlich stellt die Energiewirtschaft selbst einen beachtlichen Wirtschaftsfaktor dar. Bei einer Verknappung und Verteuerung der Energie würden nicht nur Gefahren für eine große Zahl von Arbeitsplätzen, sondern für die gesamte Volkswirtschaft heraufbeschworen mit allen daraus resultierenden Negativfolgen für den allgemeinen Lebensstandard, die Lebensqualität und das Sozialsystem.

Die Energiepolitik ist als bedeutsamer Teilbereich der Wirtschafts- und Gesellschaftspolitik sehr eng mit der Raumordnungspolitik verknüpft. Beide Politikbereiche sind zur Erfüllung ihrer jeweiligen Zielsetzungen wechselseitig aufeinander angewiesen. Die Energieversorgung ist gleichermaßen Voraussetzung für wirtschaftliches Wachstum und für die Umsetzung raumordnungspolitischer Ziele, wie z.B. die Erhaltung und die Verbesserung des Arbeitsplatzangebots, die Verstärkung des Umweltschutzes, den weiteren Ausbau der Infrastruktur oder die Verbesserung der Wohnqualität. Trotz verbesserter Energienutzung erfordert dies eine vermehrte Bereitstellung von Energie, vor allem aber einen sorgsamen und sparsamen Umgang mit der Energie.

Energieprobleme

Die erhebliche Veränderung der Verhältnisse auf dem Energiesektor während der zurückliegenden 10 Jahre infolge des weltweit gestiegenen Energiebedarfs, der ungleichen Verteilung des Energieverbrauchs, der dadurch bedingten Entwicklung auf dem Welt-Energiemarkt, der gestiegenen Rohstoffpreise - vor allem für Rohöl - und der Begrenztheit der fossilen Brennstoffe hat für die weitere räumliche Entwicklung völlig neue Rahmenbedingungen geschaffen. Die Bewältigung der Energieprobleme ist zu einer zentralen politischen Aufgabe geworden, die sich um so schwieriger stellt, als die Bundesrepublik Deutschland zu rd. 60 % von Energieeinfuhren abhängig ist, Baden-Württemberg sogar in noch stärkerem Ausmaß. Die Energieprobleme

Begründung
Energieversorgung

gehören neben den veränderten demographischen Verhältnissen sowie der neuen wirtschafts- und arbeitsmarktpolitischen Situation zu den markantesten neueren Rahmenbedingungen für die Landesentwicklung. Die Fortschreibung des LEP hat diesen veränderten Bedingungen durch entsprechende Änderungen am Plankapitel 2.6 Rechnung getragen. Sie stützt sich dabei auf die erste Fortschreibung des Energieprogramms 1975 für Baden-Württemberg vom 22. Januar 1980. Im Hinblick auf das Energieprogramm beschränkt sich der LEP auf die wichtigsten raumrelevanten Grundzüge der Fachplanung.

Während des vergangenen Jahrzehnts hat sich ein grundlegender Strukturwandel des Energieverbrauchs vollzogen, der sich in auffälligen Verschiebungen zwischen den einzelnen Energieträgern äußert (vgl. Tabellen 7 und 8).

Entwicklung

Tabelle 7
Primärenergieverbrauch in Baden-Württemberg

Energieträger	1972		1979*)		1982*)	
	Mio t SKE	%	Mio t SKE	%	Mio t SKE	%
Feste Brennstoffe	5,25	13,5	4,56	9,8	5,55	13,0
Mineralöl	27,67	70,9	29,88	63,8	23,26	54,4
Gase	1,78	4,5	4,18	8,9	3,77	8,8
Wasserkraft	0,96	2,5	1,43	3,1	1,59	3,7
Kernenergie	0,97	2,5	2,83	6,0	4,75	11,1
Nettostrombezüge	2,38	6,1	3,95	8,4	3,86	9,0
Insgesamt	39,01	100	46,83	100	42,78	100

Tabelle 8
Endenergieverbrauch in Baden-Württemberg

Energieträger	1972		1979*)		1982*)	
	Mio t SKE	%	Mio t SKE	%	Mio t SKE	%
Feste Brennstoffe	1,94	6,7	1,25	3,6	1,77	15,9
Mineralöl	21,47	74,3	24,23	71,0	18,79	62,8
Gase	1,47	5,1	2,91	8,5	3,40	11,4
Strom	3,66	12,7	5,03	14,7	5,23	17,5
Fernwärme	0,35	1,2	0,74	2,2	0,72	2,4
Insgesamt	28,89	100	34,60	100	29,91	100

*) Revidierte Zahlen, mit 1972 nur bedingt vergleichbar. Quelle: Energiebericht 1982/83

Der in Baden-Württemberg wegen Rohstoffarmut und Revierferne zwangsläufig schon immer recht hohe Anteil des Mineralöls an den Primärenergieträgern wurde seit 1972 (knapp 71 %) zugunsten von Erdgas und Kernenergie bis 1982 bereits auf rd. 54 % (Bund: 44 %) zurückgedrängt, bestimmt aber weiterhin die baden-württembergische Energieversorgung. Auch beim Endenergieverbrauch dominiert zwangsläufig das Mineralöl, jedoch hat sich der Trend zu den leitungsgebundenen Energieträgern verstärkt. So haben die Energieträger Strom (17,5 %) und Gas (11,4 %) bereits mehr als ein Viertel des gesamten Verbrauchs erreicht.

Der Energieverbrauch wird trotz aller Unsicherheiten bei der realistischen Beurteilung der wesentlichen Einflußfaktoren auch künftig zunehmen. Das gestiegene Energiepreisniveau und die mannigfaltigen Aktionen zur rationelleren Energieverwendung lassen allerdings erwarten, daß der gesamte Energieverbrauch deutlich schwächer als das Wirtschaftswachstum zunehmen wird. Die leitungsgebundenen Energieträger (Fernwärme, Gas und Strom) sowie Steinkohle werden voraussichtlich ihre Anteile am Endenergieverbrauch zu Lasten des Mineralöls deutlich erhöhen. Weiterhin ist anzunehmen, daß gleichzeitig bei der Deckung des Primärenergiebedarfs Erdgas, Steinkohle und Kernenergie zu einer ausgewogeneren Verbrauchsstruktur beitragen werden.

Entwicklungstendenzen

Begründung
Energieversorgung

Zu 2.6.1 und
zu 2.6.11
Allgemeines
Entwicklungsziel

Die Energieversorgung soll bei möglichst sparsamem Verbrauch und geringer Umweltbelastung sowie unter Wahrung der Sicherheit für die Bevölkerung so ausgebaut werden, daß der Bevölkerung und der Wirtschaft in allen Teilen des Landes ein ausreichendes, langfristig gesichertes und möglichst vielfältiges Energieangebot zu günstigen Preisen zur Verfügung steht und die angestrebte Entwicklung des Landes gefördert wird.

PS 2.6.1 ist nur in enger Verbindung mit den PS 2.6.11 und 2.6.12 zu sehen; zusammen beinhalten sie die gleichrangigen Leitziele einer möglichst sicheren und preisgünstigen, sparsamen sowie umweltschonenden Energieversorgung des Landes. Diese Leitziele wurden bereits im Energieprogramm 1975 - der Gesamtkonzeption zur langfristigen Energieversorgung des Landes - niedergelegt und bei dessen Fortschreibung 1980 unverändert beibehalten. Die Landesregierung mußte dabei in erster Linie die besondere Situation Baden-Württembergs (Rohstoffarmut, Revierferne und Binnenlage, überwiegender Anteil des Öls am Primärenergieverbrauch, große Stromeinfuhr und hohe Strompreise) berücksichtigen; sie hat in die Formulierung ihrer energiepolitischen Zielsetzungen aber ebenso die weltweiten Zusammenhänge, die Bedeutung der Energieversorgung für die Arbeitsplätze, den Lebensstandard und die Lebensqualität, die erkennbaren technisch-wirtschaftlichen Entwicklungen und die ökologischen Erfordernisse einbezogen. Zu den wichtigsten Aufgaben gehören die Verringerung des überproportionalen Ölanteils bei der Energieversorgung, eine noch rationellere Energieverwendung und eine Angebotserweiterung zur Gewährleistung einer ausreichenden Energieversorgung zu wirtschaftlich vertretbaren Preisen. Zur Bewältigung der künftigen Energieprobleme müssen alle Energieträger herangezogen werden, deren Kosten und Umwelteffekte nicht außer Verhältnis zu ihrem Nutzen stehen, z.B. Erdgas, Kohle und Kernenergie sowie solche erneuerbaren Energiequellen, die sich in den Rahmen eines gemischten und damit am ehesten ökologisch verträglichen Gesamtsystems einfügen lassen.

Energieprogramm
des Bundes

Eine wichtige Voraussetzung für die Verwirklichung aller energiepolitischen Ziele ist das Zusammenwirken mit dem Bund, aber auch mit den Energieversorgungsunternehmen, den Gemeinden und nicht zuletzt mit allen Energieverbrauchern. Insofern ist vor allem von Bedeutung, daß das Energieprogramm des Landes mit dem des Bundes in Einklang steht. Nach der im Jahr 1981 verabschiedeten 3. Fortschreibung des Bundesenergieprogramms (vgl. BT-DS 9/983) legt auch der Bund seine energiepolitischen Schwerpunkte auf die rationale Energieverwendung, die Substitution des Mineralöls durch Erdgas, Steinkohle, und Kernenergie sowie die Angebotserweiterung zur Gewährleistung einer ausreichenden und preiswerten Energieversorgung. Außerdem betont er besonders die Unverzichtbarkeit der Abwägung von energie- und umweltpolitischen Gesichtspunkten.

Langfristige
Sicherung

PS 2.6.11 gibt einen der obersten energiepolitischen Leitsätze des Energieprogramms der Landesregierung wieder: Die Energieversorgung langfristig zu sichern und in möglichst vielfältiger Form anzubieten. Zur langfristigen Sicherung der Versorgung von Primärenergie gehört in Baden-Württemberg angesichts einer auch weiterhin bestehenden Abhängigkeit vom als Energieträger relativ unsicheren Mineralöl die bereits mehrfach erwähnte Verringerung seines Anteils. Das Öl soll durch Beiträge der leitungsgebundenen Energieträger Gas, Fernwärme und Strom und durch stärkere Nutzung erneuerbarer Energiequellen sowie im Wege der Erprobung und Nutzung neuer Technologien substituiert werden. Zur Frage der Ölersetzung hat sich die Landesregierung in ihrer Antwort auf die Große Anfrage der Fraktion der CDU betr. „Substitution von Mineralöl durch andere Energieträger" (vgl. LT-DS 8/495) ausführlich geäußert.

Energieeinsparung

Weiterhin ist zur Bereitstellung eines ausreichenden und langfristig gesicherten Energieangebots der sparsame und rationelle Umgang mit Energie notwendig. Eine langfristige Bedarfsdeckung kann nur gewährleistet werden, wenn durch Ausschöpfung aller wirtschaftlich vertretbaren technischen Möglichkeiten Energie effizienter genutzt wird. Aus diesem Grund hat das Land bereits 1977/78 ein Energiesparprogramm vorgelegt, mit dem eine Reihe von Energiesparmaßnahmen gefördert wurden, u.a. auf den Gebieten des Fernwärmeausbaus, der Förderung energiesparender Techniken sowie heizenergiesparender Investitionen im Wohnungsbau. Ergänzt wurde das Landesprogramm durch ein Bund-Länder-Programm. Die Energiesparaktivitäten des Landes werden seit 1980 mit einem eigenen Programm fortgesetzt. Die Landesregierung hat ihre Vorstellungen zur Energieeinsparung außerdem in der Stellungnahme zu „Maßnahmen zur Energieeinsparung" (vgl. LT-DS 8/806) dargelegt.

Begründung
Energieversorgung

Die Energieversorgung soll bei möglichst sparsamem Verbrauch und geringer Umweltbelastung sowie unter Wahrung der Sicherheit für die Bevölkerung so ausgebaut werden, daß Anlagen und Systeme, die die Umwelt weniger beeinflussen oder die zu einem rationellen Umgang mit Energie beitragen, verstärkt entwickelt werden und - mit Vorrang in stark belasteten oder schutzwürdigen Räumen - Verwendung finden.

Zu 2.6.12
Umweltschutz

PS 2.6.1 ist bei der Fortschreibung des LEP um das Ziel einer möglichst geringen Umweltbelastung und unter Wahrung der Sicherheit für die Bevölkerung erweitert worden, um - neben der Sicherung der Energieversorgung und dem sparsamen Umgang mit Energie -, den Belangen des Umweltschutzes (vgl. Plankapitel 2.1) auch bei der Gewinnung und Verteilung der Energie Rechnung zu tragen. Energiepolitik und Umweltpolitik verfolgen als Langfristpolitiken in gleicher Weise das Ziel der Ressourcenschonung und Ressourcensicherung vor dem Hintergrund der Sicherung und Verbesserung der Lebensbedingungen; sie schließen sich deshalb gegenseitig nicht aus. Die Notwendigkeit einer umweltschonenden Energieversorgung wurde durch die zusammenfassende Darstellung der sich hierbei stellenden Aufgaben auch im Energieprogramm des Landes dokumentiert.

Mit der Einfügung des neuen PS 2.6.12 in den LEP werden die Forderungen nach Maßnahmen zur Umweltschonung bei der Energieversorgung konkretisiert. Dieser Plansatz geht davon aus, daß Gewinnung, Umwandlung und Verbrauch von Energie die Umwelt beeinflussen und beinhaltet als weitere Möglichkeit einer umweltschonenden Energieversorgung auch die Intensivierung der Energieforschung. Im Vordergrund stehen dabei die Erhöhung des Nutzungsgrades von Energiesystemen, neue Technologien zur besseren Nutzung bereits eingesetzter Energieträger, Einsatzmöglichkeiten neuer Energieträger und die Reduzierung schädlicher Umwelteinflüsse durch Begrenzung der Abgabe von Schadstoffen, Radioaktivität und Wärme (vgl. PS 2.1.3).

Von besonderer Bedeutung sind die künftigen Aufgaben im Bereich der Luftreinhaltung. Ein Schwerpunkt liegt bei den Bemühungen um die Senkung der Schadstoffbelastung der Luft durch Anlagen der Energieversorgung. Die Luftschadstoffe, insbesondere Schwefeldioxid sowie Stickoxide und die aus ihnen gebildeten Fotooxidantien, sind maßgeblich am rasch um sich greifenden Waldsterben beteiligt (vgl. PS 2.4.43). Die Feuerungsanlagen der Energieversorgungsunternehmen tragen in erheblichem Umfang zur Immissionsbelastung bei. Zu den nachhaltigen immissionsmindernden Maßnahmen, die die Landesregierung entweder bereits ergriffen oder in ihrem Maßnahmenkatalog zu den Leitsätzen der Luftreinhaltung vom August 1983 als dringend erforderlich herausgestellt hat, gehören:

Luftreinhaltung

- Die verstärkte Überwachung der Immissionen und Emissionen durch die Gewerbeaufsichtsbehörden;
- die volle Ausschöpfung der nach dem Bundesimmissionsschutzgesetz gegebenen Möglichkeiten der Emissionsminderung;
- eine Verschärfung des immissionsschutzrechtlichen Instrumentariums mit dem Ziel, den Emissionsschutz bei Altanlagen zu erhöhen bzw. die Stillegungsfristen zu verkürzen;
- der verstärkte Einsatz umweltfreundlicher Technologien in Kraftwerken der öffentlichen Stromversorgung;
- die Förderung der Entwicklung von Rauchgasentstickungsanlagen;
- die Forcierung des Einsatzes umweltfreundlicher Energieträger.

PS 2.6.12 nennt auch die stark belasteten oder schutzwürdigen Räume als diejenigen, in denen entsprechende Anlagen und Systeme mit Vorrang eingesetzt werden sollen; dabei sind schon vorliegende Belastungserscheinungen in den Verdichtungsräumen wegen der großen Zahl von Benutzern besonders augenscheinlich. Einer umweltschonenden Energieversorgung kann auch der selektive Einsatz der einzelnen Energieträger dienen, wenn diese bevorzugt dort verwandt werden, wo ihre umweltfreundlichen Eigenarten am stärksten zur Wirkung kommen und sie am nötigsten sind.

Der Stromverbrauch in Baden-Württemberg hat sich seit 1970 nahezu verdoppelt; sein Anteil am Verbrauch aller Endenergieträger hat sich seitdem von knapp 13 % auf mehr als 17 % (1982) erhöht. Mehr als die Hälfte des Stromverbrauchs entfiel mit 51 % im Jahr 1982 auf die Verbrauchergruppe der Haushalte, öffentlichen Einrichtun-

Zu 2.6.2
Elektrizitätsversorgung
(Karte 9)

Begründung
Energieversorgung

gen sowie des Handels und Gewerbes, während die Industrie 41 % und der Verkehr 3 % benötigten. Steigendes Sozialprodukt und der Zwang zur rationellen Produktion in Industrie und Gewerbe, zur umweltfreundlichen Nutzung sowie zur ständig und überall gegebenen Verfügbarkeit sind Gründe, warum der Strombedarf auch in Zukunft noch wachsen dürfte.

Zu 2.6.21
Verbund zwischen Kern- und Speicherkraftwerken im Lande

Bei der Elektrizitätsversorgung ist insbesondere anzustreben, daß der Bedarfszuwachs an Strom überwiegend durch im Lande zu errichtende Kraftwerke gedeckt wird, wobei für die Grundlast in erster Linie Kernkraftwerke gebaut werden sollen, die im Verbund mit Anlagen zur Spitzendeckung (Speicherkraftwerke, Gasturbinen) eingesetzt werden.

Kernkraftwerke

In Baden-Württemberg besteht ein erheblicher Mangel an Kapazität zur Grundlastabdeckung. Da ein Ausbau der Laufwasserkraftwerke in nennenswertem Umfang ausscheidet, kommen für den Grundlastbereich vor allem Kernkraftwerke in Betracht. Sie erzeugen im Grundlastbetrieb den Strom billiger als herkömmliche Wärmekraftwerke, tragen also erheblich zur Verwirklichung des Ziels einer Verbesserung des Strompreisniveaus in Baden-Württemberg und damit zu einer preisgünstigen Energieversorgung bei (vgl. PS 2.6.11). Mit dem Bau von Kernkraftwerken kann außerdem ein wesentlicher Beitrag zur Umweltschonung (Luftreinhaltung z.B. durch mögliche Stillegungen von alten Kohle- und Ölkraftwerken mit besonders hohem Schadstoffausstoß) geleistet und die generelle energiepolitische Zielsetzung einer langfristig gesicherten Energieversorgung und einer Substitution von Mineralöl verwirklicht werden. Um größere Stromtransportkosten zu vermeiden, ein ausreichendes Maß an Eigenerzeugung zu wahren und um im westeuropäischen Verbund aktiv mitwirken zu können, sollen deshalb die zur Deckung des Bedarfszuwachses an Grundlast notwendigen Kernkraftwerke im Lande selbst errichtet werden. Der Strombezug von außerhalb der Landesgrenzen soll langfristig zwar zurückgehen, zur kurzfristigen Bedarfsdeckung bzw. zur Überbrückung von Versorgungsengpässen bis zur Errichtung bereits geplanter Kraftwerke wurden jedoch neue preisgünstige Importmöglichkeiten (Frankreich) erschlossen.

Die elektrische Nettoleistung der Kernkraftwerke in Baden-Württemberg betrug Mitte 1982 2 057 MW. Hiervon entfielen 328 MW auf Obrigheim, 795 MW auf Neckarwestheim I, 864 MW auf Philippsburg I sowie 70 MW auf zwei kleinere Reaktoren im Kernforschungszentrum Karlsruhe. Im Bau befindet sich das Kernkraftwerk Philippsburg II mit 1 280 MW. Für das Kernkraftwerk Neckarwestheim II mit 1 230 MW läuft das atomrechtliche Genehmigungsverfahren. Der Bau des Kernkraftwerks Wyhl mit 1 280 MW ist zunächst aufgeschoben.

Pumpspeicherkraftwerke

Pumpspeicherkraftwerke dienen sowohl zum Ausgleich des im Tagesverlauf schwankenden Strombedarfs als auch zur besseren Auslastung der Grundlastkraftwerke. In Baden-Württemberg werden Pumpspeicherkraftwerke mit einer elektrischen Leistung von 1 863 MW betrieben. Hiervon entfallen 1 270 MW auf das Hotzenwaldwerk, 460 MW auf das Schluchseewerk, 43 MW auf das Rudolf-Fettweis-Werk (Forbach, Landkreis Rastatt) und 90 MW auf das Werk Glems auf der Schwäbischen Alb. Die Voraussetzungen zur Errichtung weiterer Werke sind insbesondere im Schwarzwald gegeben. Die Planungen sehen einen Ausbau der Hotzenwaldgruppe des Schluchseewerks um 1 200 MW vor; der Zeitpunkt des Baubeginns ist noch offen. Soweit Spitzen nicht durch Pumpspeicherkraftwerke abgedeckt werden können, müssen Gasturbinen eingesetzt werden.

Zu 2.6.22
Bau großer Kraftwerksblöcke

Bei der Elektrizitätsversorgung ist insbesondere anzustreben, daß große Kraftwerksblöcke gebaut und im Regelfall mehrere solcher Blöcke an einem Standort zusammengefaßt werden.

Mit zunehmender Größe sinken die spezifischen Anlagekosten und damit letztlich die Stromerzeugungskosten eines Kraftwerks. Umweltschutzmaßnahmen lassen sich bei wenigen Großkraftwerken wirkungsvoller und wirtschaftlicher durchführen und besser überwachen als bei vielen Kleinkraftwerken. Die Errichtung mehrerer Blöcke aus Dampferzeuger, Turbine und Generator am gleichen Standort vermindert die spezifischen Kosten weiter, vom benötigten Gelände über Nebenanlagen, Material- und Reservehaltung bis hin zu den Personalkosten. Dies gilt insbesondere für Kernkraftwerke mit ihren hohen Anlage- und niedrigen Betriebskosten.

Begründung
Energieversorgung

Bei der Elektrizitätsversorgung ist insbesondere anzustreben, daß über die bereits bebauten oder genehmigten Kraftwerksstandorte hinaus eine ausreichende Anzahl von Standorten für Kraftwerke gesichert wird, die - einzeln oder bei einer Gesamtbetrachtung - sich unabhängig vom jeweiligen regionalen Bedarf auf alle nach ihren Voraussetzungen geeigneten Räume verteilen, günstig zum Verbundnetz und nicht zu weit von gegenwärtigen und künftigen Verbrauchsschwerpunkten entfernt liegen, unter Einsatz geeigneter Kühlverfahren eine Kühlung mit Flußwasser ermöglichen sowie die Belange des Umweltschutzes und die Sicherheit der Bevölkerung beachten.

Zu 2.6.23
Sicherung von
Kraftwerksstandorten

PS 2.6.23 beinhaltete bereits im LEP 1971 das grundlegende Ziel, eine ausreichende Zahl von Kraftwerksstandorten zu sichern; zusammen mit den PS 2.6.21 und 2.6.22 gehörte er auch zu den Grundlagen für die Aufstellung des Fachlichen Entwicklungsplans „Kraftwerksstandorte". Bei der Fortschreibung des LEP wurden nunmehr sowohl dieser fachliche Entwicklungsplan als auch die aktuellen Entwicklungen der letzten Jahre in der Praxis des Kraftwerksbaus und der damit in Zusammenhang stehenden Genehmigungsverfahren sowie die Empfehlung über Standortkriterien - Kraftwerke - des Hauptausschusses der MKRO vom 15. Mai 1982 (BBauBl. S. 692) berücksichtigt und die Zielaussagen in diesem Plansatz entsprechend korrigiert bzw. ergänzt. So soll die einleitende Ergänzung („über die bereits bebauten oder genehmigten Kraftwerksstandorte hinaus") rechtlich sicherstellen, daß das neue Planziel im Entwurf der sog. Kaiserstuhlnovelle zum Landesentwicklungsplan (vgl. heute PS 3.7.2 und 3.7.3), wonach die natürliche und kulturelle Eigenart des Kaiserstuhlgebiets erhalten bleiben soll, keinen Anfechtungsgrund gegen die Standortentscheidung der Landesregierung für den Bau eines Kernkraftwerks bei Wyhl liefert.

Die übrigen - fachlichen - Änderungen von PS 2.6.23 enthalten Gesichtspunkte für die Standortwahl für Kraftwerke, die auch dem Fachlichen Entwicklungsplan „Kraftwerksstandorte" vom 6. Juli 1976 (GBl. S. 545) zugrunde liegen. Durch diesen Plan soll das Gelände für 14 mögliche Kraftwerksstandorte von Nutzungen freigehalten werden, die den Bau von Kern- und Kohlekraftwerken an dieser Stelle beeinträchtigen können. Es handelt sich also um eine vorsorgliche und zeitlich befristete Sicherung von Flächen, die für einen Kraftwerksbau in Betracht kommen, deren tatsächliche Eignung sich aber in weiteren Untersuchungen erst noch bestätigen muß. Voraussichtlich werden dies nur 4 bis 5 Standorte sein. Der Fachliche Entwicklungsplan „Kraftwerksstandorte" beschränkt sich außerdem nur auf den Zeitraum bis 1985, weil vermieden werden sollte, daß man bei den zu erwartenden technologischen Neuerungen für Kernkraftwerke (neue Reaktortypen und Kühlmöglichkeiten) vorzeitig an nach herkömmlichen Techniken bestimmten Standorten gebunden wäre.

Fachlicher
Entwicklungsplan
„Kraftwerksstandorte"

Nähere Einzelheiten über die Funktion des Plans sind im Staatsanzeiger 1976 Nr. 86 dargelegt. Über seine rechtlichen Auswirkungen auf die Regionalplanung und die Bauleitplanung unterrichten die „Hinweise" des Ministeriums für Wirtschaft, Mittelstand und Verkehr und des Innenministeriums vom 15. März 1978 (GABl. S. 423). Nach Überprüfung aller für die Standorteignung maßgebenden Eigenschaften soll der Fachliche Entwicklungsplan „Kraftwerksstandorte" über das Jahr 1985 hinaus fortgeschrieben werden.

Unabhängig davon werden infolge aktueller Entwicklungen im Energiebereich und einer veränderten energiepolitischen Situation, z.B. durch neuere Berechnungen des Energiebedarfs, bereits seit längerem geplante Standorte überprüft und die Kraftwerks- und Stromversorgungsplanung unverzüglich revidiert. So haben beispielsweise neuere Annahmen von verringerten Stromzuwachsraten und preisgünstige Angebote von zusätzlichen Stromlieferungen aus Frankreich im Oktober 1983 eine Aktualisierung der Energiekonzeption bewirkt. Danach soll der Bau des Kernkraftwerks Neckarwestheim II unverzüglich realisiert, die Errichtung des Kernkraftwerks Wyhl hingegen zunächst aufgeschoben werden.

In PS 2.6.23 sind die wesentlichen aus raumordnerischer Sicht gegeneinander abzuwägenden fachspezifischen Belange und Anforderungen an die Kraftwerksstandorte verankert. Grundvoraussetzung ist die unter Einbeziehung raumordnerischer Zielsetzungen notwendige generelle Eignung eines Raumes für einen Standort unabhängig vom regionalen Bedarf. Dies entspricht dem Grundsatz, daß Kraftwerke im Versorgungsgebiet ausgewogen verteilt werden sollen, damit alle dafür geeigneten Räume zur Bedarfsdeckung mit Strom beitragen und der Strom an möglichst vielen Stellen in das Versorgungsnetz eingespeist werden kann. Das bedeutet, daß Kraftwerksstandorte günstig im Verbundnetz unterzubringen und in nicht allzuweiter Entfernung von Schwerpunkten des Stromverbrauchs zu legen sind. Auf diese Weise könnten zusätzliche lange Höchstspannungsleitungen im Interesse der Versorgungs-

Standortauswahl

Begründung
Energieversorgung

sicherheit und des Landschaftsschutzes vermieden werden. Kurze Leitungswege zwischen Stromerzeuger und Verbraucher eröffnen außerdem Möglichkeiten einer späteren Abwärmenutzung für Zwecke der Fernwärmeversorgung (vgl. PS 2.6.4).

Technische und ökologische Belange, Umweltschutz

Besonderes Augenmerk gilt den Kühlmöglichkeiten bei Kernkraftwerken unter Verwendung von Flußwasser. Der Erwärmung der Flüsse sind aus wasserwirtschaftlichen Gründen enge Grenzen gesetzt (Gewässerschutz, Trinkwasserversorgung). Um diese, insbesondere in Zeiten niedriger Wasserführung oder hoher Außentemperatur, nicht zu überschreiten, muß deshalb ein Kühlkreislauf mit Kühltürmen vorgesehen werden. Unabhängig davon werden für den Neckar derzeit Möglichkeiten zur Erhöhung der Abflußmenge bei Niedrigwasser geprüft. Auf längere Sicht wird die Entwicklung anderer Kühlmethoden unumgänglich werden.

Die im Zusammenhang mit der Kraftwerkskühlung entstehenden Probleme des Gewässerschutzes gehören zu den bei der Standortauswahl zu beachtenden Belangen des Umweltschutzes und mittelbar auch des Natur- und Landschaftsschutzes wie auch der Landschaftsökologie. Darüber hinaus gilt die Aufmerksamkeit dem Immissionsschutz (vgl. PS 2.1.33 und 2.6.12), und dem Strahlenschutz (vgl. PS 2.1.34). Andererseits dürfen Kernkraftwerke aus Sicherheitsgründen auch nicht in der Nähe bestimmter, das Werk gefährdender Anlagen errichtet werden. Die Landesregierung hat sich zu diesem Fragenkreis u.a. in ihrer Antwort auf die Große Anfrage der Gruppe GRÜNE betr. „Atomkraftwerksanlagen (AKW) in Baden-Württemberg" (LT-DS 8/904) geäußert.

Anforderungen an das Gelände

Die vorstehenden Merkmale machen deutlich, welche erheblichen Anforderungen Kraftwerke an das Gelände, auf dem sie errichtet werden sollen, hinsichtlich Größe und Qualität stellen. So erklären sich - unter Einbeziehung der bisher allein zur Verfügung stehenden Naßkühlung - die realisierten und vorgeschlagenen Standorte an den Flüssen Rhein, Neckar, Iller und Donau, vor allem am Oberrhein zwischen Breisach und Mannheim. Da geeignete Ufergrundstücke in Baden-Württemberg nur in begrenzter Zahl vorhanden sind, müssen die notwendigen Standorte rechtzeitig gesichert werden. Soweit sie an Grenzflüssen (Hochrhein, Oberrhein) liegen und der andere Uferstaat deren Kühlkapazität ebenfalls nützen möchte, sind entsprechende Vereinbarungen über die Aufteilung zu treffen. Das gleiche gilt, wo Ober- oder Unterlieger die Kühlkapazität eines Flusses mitnützen möchten. In Fragen der Energieversorgung besteht deshalb mit den angrenzenden Bundesländern und den Nachbarstaaten Schweiz und Frankreich seit Jahren eine enge grenzüberschreitende Zusammenarbeit (vgl. PS 2.6.24 und 1.2). Sobald geeignete Kühlverfahren im erforderlichen Maßstab zur Verfügung stehen, die eine Kühlung ohne Flußwasser möglich machen, soll geprüft werden, ob nach Abwägung aller maßgeblichen Gesichtspunkte auch eine Inanspruchnahme flußferner Standorte in Betracht kommt. Erforderlichenfalls steht einer Sicherung geeigneter Flächen nichts entgegen.

Zu 2.6.24
Zusammenarbeit beim Kraftwerksbau

Bei der Elektrizitätsversorgung ist insbesondere anzustreben, daß die auf dem Gebiet der Stromversorgung tätigen Versorgungsunternehmen in Baden-Württemberg bei der Planung und dem Bau der großen Kraftwerke, besonders der Kernkraftwerke, eng zusammenarbeiten und daß diese Planungen mit denen der Unternehmen außerhalb des Landes, vor allem der deutschen und europäischen Verbundpartner, soweit wie möglich grenzüberschreitend abgestimmt werden.

Eine optimale Nutzung der relativ wenigen Standorte für große Kraftwerke setzt eine abgestimmte Planung voraus. Der Bau solcher Kraftwerke ist zudem sehr kapitalintensiv. Daraus resultiert die Notwendigkeit einer Zusammenarbeit der Unternehmen bei der Planung und dem Bau der Anlagen. Die beiden großen Landesversorgungsunternehmen Badenwerk und Energie-Versorgung Schwaben, denen in erster Linie eine gleichmäßige, an den Zielen der Raumordnung und Landesplanung orientierte Versorgung sicherzustellen obliegt, haben bei der genannten Aufgabenerfüllung, z.B. beim Bau einer Gemeinschaftsanlage in Philippsburg bereits eine bewährte Zusammenarbeit praktiziert, die in Richtung einer Institutionalisierung der Kooperation langfristig vertieft und erweitert werden sollte. Auch regional bedeutsame Vorhaben sollten von solchen regionalen oder kommunalen Unternehmen, die auch künftig in der Stromerzeugung tätig sein werden, - nach Möglichkeit unter Mitwirkung des jeweiligen Landesversorgungsunternehmens - gemeinsam verwirklicht werden (vgl. PS 2.6.27).

Grenzüberschreitende Zusammenarbeit

In Westeuropa besteht ein Verbundbetrieb vor allem in Nord-Süd-Richtung zwischen den Wasserkraftwerken der Alpen und den Kohlekraftwerken an Rhein und Ruhr. Die großen deutschen Stromversorgungsunternehmen, darunter Badenwerk und Energie-Versorgung Schwaben, haben sich in der Deutschen Verbundgesellschaft Heidel-

Begründung
Energieversorgung

berg zusammengeschlossen. Die Grenzen der Versorgungsgebiete decken sich allerdings nicht überall mit den Grenzen des Landes. Aus diesen Gründen wurde die Zusammenarbeit mit den angrenzenden Bundesländern und den Nachbarstaaten in den bereits vorhandenen Gremien der die grenzüberschreitende Zusammenarbeit praktizierenden Institutionen vorangetrieben (vgl. PS 1.2). Die Abstimmung mit den angrenzenden Bundesländern geschieht z.B. über den Regionalverband Donau-Iller oder den Raumordnungsverband Rhein-Neckar und mit Hilfe der staatsvertraglich vereinbarten Zusammenarbeit bei der Raumordnung in den Räumen Mittlerer Oberrhein und Südpfalz. Die grenzüberschreitende Koordination mit Frankreich und der Schweiz erfolgt beispielsweise bilateral in der Deutsch-Schweizerischen Raumordnungskommission und in einer deutsch-französischen Arbeitsgruppe für Standortfragen. Die gegenseitigen Unterrichtungen und Abstimmungen erfolgen außerdem in der Deutsch-Französischen Kommission für Fragen der Sicherheit kerntechnischer Einrichtungen, im Rahmen der Internationalen Rheinschutzkommission und in der Deutsch-Französisch-Schweizerischen Kommission zur Prüfung und Lösung von nachbarschaftlichen Fragen. Die Landesregierung ist an einer noch stärkeren Intensivierung und Institutionalisierung der grenzüberschreitenden Zusammenarbeit und um den Abschluß weiterer Abkommen bzw. der Mitwirkung daran bemüht.

Bei der Elektrizitätsversorgung ist insbesondere anzustreben, daß Energieleitungen unter Wahrung der Gesichtspunkte der Siedlungsstruktur, des Städtebaus sowie des Natur- und Landschaftsschutzes möglichst kostensparend gebaut und weitgehend mit anderen Ver- und Entsorgungsleitungen gebündelt werden; die Transportleitungen im Land und über die Landesgrenzen hinaus weiter ausgebaut werden und daß für solche Leitungen rechtzeitig Trassen gesichert werden.

Zu 2.6.25 und zu 2.6.26
Bündelung von Energieleitungen

Das weitere Ansteigen des Stromverbrauchs erfordert ständig den Bau neuer und die Erweiterung bestehender Transport- und Verteilungsleitungen. Die Kosten für Transport und Verteilung machen einen erheblichen Teil der Gesamtkosten der Versorgung aus. Um günstige Strompreise zu erhalten (vgl. PS 2.6.11 und 2.6.29), sind daher in diesem Bereich alle Möglichkeiten der Kostenersparnis zu nutzen. Kostengründe sprechen neben betriebstechnischen und Sicherheitsgründen auch maßgeblich gegen eine Verkabelung von Hoch- und Höchstspannungsleitungen. Wesentlich zur Kostenersparnis tragen vor allem eine geringstmögliche Inanspruchnahme neuer Trassen für Hoch- und Höchstspannungsleitungen und eine noch engere Zusammenarbeit der Versorgungsunternehmen, die diese Leitungen bauen, bei. Dabei dürfen die übrigen im PS 2.6.25 genannten Gesichtspunkte jedoch nicht außer Acht gelassen werden. Sie bestimmen die Wahl der Trasse maßgeblich mit. Um eine Beeinträchtigung der Landschaft über das unvermeidliche Maß hinaus zu verhindern und eine geordnete Raumentwicklung zu sichern, sollen die Stromleitungen soweit wie möglich gebündelt werden. Der Bündelungseffekt würde um so größer, als Stromleitungen und Leitungen anderer Ver- und Entsorgungssysteme miteinander parallel geführt werden. Zahl und Länge der Trassen könnten dadurch verringert werden.

Für die bis Ende des Jahrhunderts benötigten Leitungen hat das Wirtschaftsministerium im Jahre 1981 die nichtförmliche Fachplanung „Höchstspannungstrassen" erarbeitet (Staatsanzeiger 1981 Nr. 38). Mit dieser Trassenvorsorge für die 220- bis 380-kV-Leitungen hat das Land einen weiteren entscheidenden Schritt zur landesplanerischen Sicherung der energiewirtschaftlichen Infrastruktur bis zur Jahrtausendwende getan (vgl. Karte 9). Eine rechtzeitige Trassensicherung ist vor allem deshalb erforderlich, weil die Schwierigkeiten, Höchstspannungsleitungen durch dichtbesiedelte Räume oder schützenswerte Landschaften zu führen, ständig zunehmen. Der Plan bindet alle Planungsträger insoweit, als zwischen dem Anfangs- und dem Endpunkt der einzelnen Leitungen mindestens eine ausreichende Trasse für die spätere Verwirklichung der Leitung freigehalten werden muß. Die in dem Plan ausgewiesenen 21 neuen Trassen für Stromleitungen sollen je nach der Bedarfsentwicklung gebaut werden; die genauen Trassenführungen werden im Verfahren nach § 14 LplG festgelegt. Dabei sind die in PS 2.6.25 enthaltenen raumordnerischen Gesichtspunkte zu berücksichtigen und die Leitungstrassen möglichst zu bündeln.

Fachplanung „Höchstspannungstrassen"

Bei der Elektrizitätsversorgung ist insbesondere anzustreben, daß die baden-württembergischen Stromerzeuger auch in der Stromgroßverteilung eng zusammenwirken.

Zu 2.6.27
Zusammenarbeit in der Stromgroßverteilung

Eine Kooperation in der Elektrizitätsversorgung ist nicht nur bei der Stromerzeugung notwendig, sondern auch beim Bau und Betrieb der Großverteilungsanlagen. PS 2.6.27 ist insofern lediglich eine Ergänzung von PS 2.6.24. Geeignete Leitungstras-

Begründung
Energieversorgung

sen, die andere öffentliche Belange nicht beeinträchtigen, sind, vor allem in Verdichtungsräumen, immer schwieriger zu finden; die Energieversorgungsunternehmen können deswegen nicht ohne Rücksicht aufeinander planen. Vielmehr sollen gebündelte Energieleitungen künftig von mehreren in einer Region tätigen Unternehmen genutzt und so festgelegt werden, daß sie für die Gesamtheit der Betroffenen unter den gegebenen Umständen optimal verlaufen.

Zu 2.6.28
Optimale
Versorgungsgebiete

Bei der Elektrizitätsversorgung ist insbesondere anzustreben, daß Versorgungsgebiete von wirtschaftlich sinnvoller Größe und gut durchmischter Abnahmestruktur erhalten oder geschaffen werden.

Im Bereich der Stromerzeugung und der Stromverteilung hat infolge der technischen wie auch organisatorischen Verbesserungen in der Elektrizitätswirtschaft bereits eine Strukturbereinigung stattgefunden, die sowohl Gesichtspunkte einer stärkeren Konzentration als auch kommunalwirtschaftliche Belange berücksichtigt hat. Ziel aller diesbezüglichen Bemühungen ist es, daß nur leistungsfähige Energieversorgungsunternehmen die Aufgaben der Stromverteilung erfüllen. Die Leistungsfähigkeit setzt den Maßstab für die einzelnen Unternehmen, die den weiter steigenden Anforderungen an die Investitionskraft und die personelle Ausstattung genügen müssen. Die Leistungsfähigkeit erfordert deshalb eine Mindestgröße des Versorgungsgebiets, die aber nicht allgemein fixiert werden kann, sondern von den jeweiligen Gegebenheiten abhängt.

Durch die Verwaltungsreform wurden für die Versorgungsbetriebe allgemein Möglichkeiten eröffnet, in Verbindung mit dem weiteren Konzentrationsprozeß (die Zahl der Stromversorgungsunternehmen hat sich allein zwischen 1975 und 1981 von 215 auf 190 verringert) auf Dauer leistungsfähig zu bleiben und ihre Versorgungsgebiete mit den neuen Gemeindegebieten in Einklang zu bringen. Eine lückenlose Anpassung der Versorgungsgebiete an die Gemeindestruktur wird jedoch kaum möglich sein; Überlappungen der Versorgungsgebiete werden sich nicht ausschließen lassen. Die optimale organisatorische Lösung der Versorgungsaufgaben stellt der in einer Hand konzentrierte Querverbund von Strom, Gas, Fernwärme und Wasser mit integrierter Planung dar. Deshalb stellt sich allen regional und landesweit bisher nur in der Stromversorgung tätigen Gesellschaften die Frage, ob sie in Zukunft im Interesse einer Erhaltung ihrer Versorgungsgebiete nicht ebenfalls in anderen Versorgungssparten tätig werden wollen.

Zu 2.6.29
Strompreisniveau

Bei der Elektrizitätsversorgung ist insbesondere anzustreben, daß die Strompreise im Land nach Möglichkeit weiter angeglichen und niedrig gehalten werden und die Kostenvorteile einer Konzentration der Stromerzeugung allen Abnehmern zugute kommen.

Das baden-württembergische Strompreisniveau ist sowohl im bundesweiten als auch im internationalen Vergleich relativ hoch. Die gestiegenen Stromkosten resultieren in erster Linie aus den gestiegenen Preisen für die Einsatzenergien. So hat sich z.B. der Preis für schweres Heizöl ab Raffinerie zwischen 1973 und 1981 verfünffacht. Angesichts der Ölabhängigkeit des Landes mußten diese Preissteigerungen im Lande besonders stark zu Buche schlagen. Mit dem infolge der zeitlichen Verzögerungen beim Bau neuer Kraftwerke weiter gestiegenen Anteil der Strombezüge kommt ein zusätzlicher verteuernder Faktor hinzu.

In dieser Situation wird deutlich, welche Bedeutung auch aus der Sicht der Preisgestaltung den energiepolitischen Zielsetzungen der Substitution von Mineralöl, der Begrenzung der Stromeinfuhren und der Schaffung von weiteren Erzeugungskapazitäten in der Grundlast im Lande selbst (vgl. PS 2.6.21) beigemessen werden muß. Langfristig preisdämmend könnte eine vermehrte Nutzung von Kernenergie wirken.

Ein zu hohes Strompreisniveau könnte sich längerfristig nicht nur nachteilig für die Bürger des Landes auswirken, sondern vor allem zu einer Gefahr für die weitere wirtschaftliche Entwicklung durch verringerte Wettbewerbsfähigkeit unserer Industrie und Auswirkungen auf den Arbeitsmarkt werden. Für die räumliche Entwicklung der einzelnen Landesteile ist eine wichtige Voraussetzung eine landesweite Ausgewogenheit in der Strompreisgestaltung.

Zu 2.6.3
Gasversorgung

Der Ausbau der Gasfernversorgung hat in Baden-Württemberg erst verhältnismäßig spät (1962) begonnen. Mit dem Bau eines ausgedehnten Fernleitungsnetzes in den 60er Jahren, welches von 1968 bis 1973 auf Erdgas umgestellt worden ist, begann ein völlig neues Stadium der Entwicklung der bis dahin auf örtlichen Kokereien beruhenden baden-württembergischen Gasversorgung im Lande. In diese Zeit fiel auch die Gründung der Gasversorgung Süddeutschland GmbH (GVS), die sich in

Begründung
Energieversorgung

kurzer Zeit zum Landesversorgungsunternehmen entwickelt hat. Das Gas hat in den 70er Jahren sowohl als Primär- als auch als Endenergieträger parallel zum Strom erheblich an Bedeutung gewonnen und seine Anteile zwischen 1972 und 1982 beim Primärenergieverbrauch von 4,5 % auf 8,8 % und beim Endenergieverbrauch im gleichen Zeitraum von 5,1 % auf 11,4 % gesteigert. Mit 55 % geht mehr als die Hälfte des gesamten Gasaufkommens in Baden-Württemberg zum Verbrauch an Endabnehmer, etwa 25 % verbraucht die Energiewirtschaft.

Bei der Gasversorgung ist insbesondere anzustreben, daß Erdgas aus verschiedenen Quellen über mehrere Einspeispunkte bezogen wird.

Zu 2.6.31
Sicherung der
Gasbeschaffung

Der bei der Fortschreibung neu in den LEP aufgenommene PS 2.6.31 trägt der wachsenden Nachfrage nach Erdgas Rechnung und fordert die Sicherstellung der Gasversorgung durch Verbesserung des Angebots aus verschiedenen Herkunftsländern. Die GVS bezieht Erdgas aus Norddeutschland, den Niederlanden und aus der Nordsee (Norwegen) sowie aus der Sowjetunion. Die Einspeisung in das baden-württembergische Leitungsnetz erfolgt über das westeuropäische Verbundnetz. Die Einspeisepunkte liegen nördlich von Mannheim und nördlich von Crailsheim. Eine dritte Einspeisung aus südlicher Richtung ist langfristig geplant.

Bei der Gasversorgung ist insbesondere anzustreben, daß das Fernleitungsnetz nach Maßgabe des Konzepts für die Erschließung bisher nicht versorgter Räume und für den Anschluß von Inselgaswerken unter Beachtung der Belange des Umweltschutzes weiter ausgebaut wird und sein Verbund über die Landesgrenzen hinaus verstärkt wird.

Zu 2.6.32
Ausbau des
Fernleitungsnetzes
Karte 10

Die ständig gestiegene Nachfrage nach Gas hatte einen umfangreichen Ausbau der Erdgasinfrastruktur des Landes zur Folge, der im Interesse einer langfristigen Sicherstellung der Erdgasversorgung und der Energieversorgung insgesamt auch weiterhin fortgesetzt werden muß. Das baden-württembergische Leitungsnetz konnte durch die Inbetriebnahme der Leitung im Raum Ravensburg und zwischen Konstanz und Rottweil in der zweiten Hälfte der 70er Jahre sowie durch die Fertigstellung der Leitung zur Versorgung der östlichen Landesteile zwischen Ulm und Crailsheim im Jahr 1980 erheblich ausgeweitet und verdichtet werden. Das Ferngasnetz von Baden-Württemberg beträgt inzwischen 1 400 km (vgl. Karte 10). Es wurde so trassiert und dimensioniert, daß sowohl der Verbund innerhalb des Landes verbessert als auch über die Landesgrenze hinaus weitere Anschlüsse an das europäische Erdgas-Verbundnetz hergestellt werden konnten. Ergänzt wurden die größeren Baumaßnahmen zur Netzerweiterung durch zahlreiche regionale Projekte. Mit der Fertigstellung und Inbetriebnahme der GVS-Hohenloheleitung von Schwäbisch Hall nach Heilbronn im Herbst 1983 wurde die letzte Lücke im Norden des GVS-Versorgungsgebiets geschlossen.

Die in Planung befindliche Netzerweiterung wird sich schwerpunktmäßig auf die südliche Verlängerung der Leitung durch Ostwürttemberg mit dem Bau der zweiten Oberschwabenleitung aus dem Raum Ulm nach Ravensburg und dem Anschluß an den geplanten Speicher bei Fronhofen konzentrieren (vgl. PS 2.6.33). Abgesehen von einigen Ring- und Parallelleitungen wäre der Ausbau des Netzes der Hochdruckfernleitungen der GVS, der im wesentlichen als bisheriges Erschließungs- und Ausbaukonzept im Energieprogramm des Landes verankert ist, weitgehend abgeschlossen.

Im Interesse der Ausschöpfung von Substitutionsmöglichkeiten mit Hilfe des Erdgases sind die GVS und die weiterleitenden regionalen Gasversorgungsunternehmen jedoch zu einem weiteren Ausbau des Erdgasnetzes bereit. Mit der Ausdehnung der gasversorgten Gebiete wird ein nicht unerheblicher Beitrag zur Erreichung des Ziels geleistet, den Erdgasanteil an der Energieversorgung zu Lasten des Öls weiter zu erhöhen. Erdgas gewinnt als umweltschonende Energieart besondere Bedeutung, vor allem in den Verdichtungsräumen und in Erholungsräumen.

Vor dem Hintergrund ihrer Bundesratsinitiative zur Reduzierung der Schwefeldioxidemissionen aus der Verbrennung von schwerem Heizöl hat die Landesregierung deshalb Ende 1983 ein Erdgas-Infrastrukturprogramm für die Jahre 1984 bis 1986 beschlossen. Vorgesehen ist insbesondere die weitere Erschließung des nördlichen Schwarzwalds, des Hochschwarzwalds und der Baar, von Teilen des Mittleren Neckarraumes, Ostwürttembergs und Oberschwabens sowie des Raumes zwischen Balingen und Sigmaringen.

Erdgas-
Infrastrukturprogramm

Ein solcher Ausbau kann nur mit staatlicher Unterstützung erfolgen, erst recht in den schwächer strukturierten Gebieten. Schon die bisherigen Ausbauvorhaben wurden im Rahmen des Ausbauprogramms des Landes auf der Grundlage des Energiepro-

Begründung
Energieversorgung

gramms 1980 und des Gesetzes über die Finanzhilfen des Bundes zur Förderung des Baus von Erdgasleitungen vom 29. Januar 1980 (BGBl. I S. 109) gefördert. Nach Auslaufen des Bund/Länder-Programms Ende 1983 stehen nur noch Landesmittel in eingeschränktem Umfang zur Verfügung. Allein das Erdgas-Infrastrukturprogramm umfaßt ein Fördervolumen von insgesamt 60 Mio DM.

Zu 2.6.33
Unterirdische
Gasspeicher

Bei der Gasversorgung ist insbesondere anzustreben, daß mindestens ein großer unterirdischer Speicher zum Ausgleich von Versorgungsengpässen und Bedarfsschwankungen angelegt wird.

Der PS 2.6.33 fordert unterirdische Speichermöglichkeiten für Erdgas; die verstärkte Errichtung von Erdgasspeichern fordern auch Landesregierung wie Bundesregierung in ihren Energieprogrammen. Speicher ermöglichen den Ausgleich zwischen dem gleichmäßigen Angebot seitens der Gaslieferanten, die eine gleichmäßige Abnahme während des gesamten Jahres verlangen, und der saisonal stark schwankenden Nachfrage, die vor allem auf dem jahreszeitlich schwankenden Heizenergiebedarf beruht. Neben der Verstetigung des Bezugs und damit der wirtschaftlicheren Gestaltung der Versorgung dient der Speicher auch der Bedarfsdeckung bei Lieferstörungen und damit der Versorgungssicherheit.

Unterirdische Speichermöglichkeiten - und nur solche kommen wegen des großen Volumens überhaupt in Betracht - bestehen neben einer geologischen Struktur in Sandhausen (Rhein-Neckar-Kreis) vor allem in dem demnächst leergeförderten Erdgasfeld Fronhofen/Illmensee (Landkreis Ravensburg). Beide Speicher liegen günstig zum europäischen Verbundnetz. Die für einen Saisonspeicher erforderliche Größe hat jedoch nur Fronhofen.

Zu 2.6.34
Umweltfreundlichkeit

Bei der Gasversorgung ist insbesondere anzustreben, daß das Erdgas vorrangig in Räumen mit hoher Luftbelastung oder besonderer Schutzwürdigkeit eingesetzt wird.

Erdgas gehört zu den umweltfreundlichen Energiearten und trägt entscheidend zur Umweltschonung bei. Sein Einsatz kann in Räumen mit besonderer Schutzwürdigkeit oder in dichtbesiedelten Räumen die Luftsituation verbessern (vgl. PS 2.6.12 und 2.1.33). Er kommt hier vor allem in Gebäudeheizungen und in vielen gewerblichen Feuerungsanlagen in Betracht.

Zu 2.6.4
Fernwärmeversorgung

Die Plansätze über die Fernwärmeversorgung wurden wegen der künftig erwarteten Bedeutung der Fernwärme als Endenergieträger neu in den LEP aufgenommen. Wenn die Fernwärme derzeit einen noch sehr geringen Anteil an den Endenergieträgern erreicht hat, so zeigen die Anteilwerte während des vergangenen Jahrzehnts doch eine leicht ansteigende Tendenz (1972: 1,2 %; 1982: 2,4 %); ca. 5 % aller baden-württembergischen Haushalte werden mit Fernwärme versorgt. Ziel der Landesregierung ist es, die Fernwärmeversorgung auszubauen, weil mit der Kraft-Wärme-Kopplung der Primärenergieeinsatz und die Wärmebelastung der Umwelt vermindert und zugleich Mineralöl substituiert werden kann (vgl. LT-DS 8/1458 und 8/1589).

Dem Ausbau der Fernwärmeversorgung sind jedoch einmal durch die vorhandene Siedlungsstruktur mit entsprechender Wärmedichte Grenzen gesetzt. Zum anderen führt der regelmäßig nur in Stufen vollziehbare Ausbau zu hohen Anlaufverlusten. Zur Überwindung der Anlaufschwierigkeiten haben Bund und Land bisher im Rahmen des 1980 ausgelaufenen Programms für Zukunftsinvestitionen (ZIP) geholfen und setzen diese finanzielle Hilfe seit 1981 in einem mittelfristigen Fernwärmeausbau-Programm fort.

Zu 2.6.41
Verbrauchsnahe
Fernwärmenetze

Bei der Fernwärmeversorgung (Kraft-Wärme-Kopplung) ist insbesondere anzustreben, daß in Räumen mit hoher Energieverbrauchsdichte Fernwärmenetze gebaut und - soweit möglich - nach und nach weiter ausgedehnt werden.

Fernwärme setzt eine hohe Verbrauchsdichte voraus, um auch im Interesse möglichst geringer Wärmeverluste, vor allem auf kurzen Transportwegen, eine möglichst große Zahl von Haushaltungen zu erreichen. Aus diesem Grund hat die Fernwärme bisher nur in den Stadtkernen einiger großer Städte und in geschlossenen Neubaugebieten Anwendung gefunden. Da in den fernwärmewürdigen Gebieten von den vorhandenen Kraftwerken schon weitgehend die Kraft-Wärme-Kopplung angewandt und die in einigen größeren Industriebetrieben anfallende Abwärme weitgehend genutzt wird, müssen auch neue Erzeugungskapazitäten geschaffen werden (vgl. PS 2.6.42). PS 2.6.41 fordert deshalb den Ausbau von Fernwärmenetzen in den Verdichtungsräumen mit Ausweitung auf die Randzonen, soweit dies von der Kostenseite aus vertreten werden kann. Unter Zugrundelegung der hohen Investitionen kann die für ein so kapitalintensives Verteilungssystem erforderliche hohe Verbrauchsdichte zunächst fast ausschließlich nur in den stärker verdichteten Gebieten des Landes gefunden werden. Die Bemühungen um die Schaffung eines regionalen Fernwärmeversorgungsnetzes konzentrieren sich deshalb in erster Linie auf Vorhaben in Mannheim und Stuttgart, den Zentren der beiden großen Verdichtungsräume des Landes. Hier ist auch das Investitionsvolumen insgesamt am höchsten angestiegen, gefolgt von Vorhaben in Karlsruhe, Ulm und Pforzheim sowie - jedoch bisher noch mit weitaus geringerem Investitionsaufwand - in den Mittelzentren wie z.B. in Heidenheim a.d.Br. und Rottweil.

Bei der Fernwärmeversorgung (Kraft-Wärme-Kopplung) ist insbesondere anzustreben, daß Wärme aus Kraftwerken mit Standort in der Nähe von Räumen mit hoher Energieverbrauchsdichte eingesetzt wird, soweit es technisch möglich und wirtschaftlich vertretbar ist.

Zu 2.6.42
Verbrauchsnahe
Kraftwerke

PS 2.6.42 sieht auf längere Frist vor, einen Teil der in Kraftwerken erzeugten Wärme für Fernheizzwecke einzusetzen. Eine langfristig gesicherte Nutzung von Fernwärme in größerem Umfang ist nur möglich, wenn neue Kraftwerke gebaut und zur gleichzeitigen Erzeugung von Strom und Fernwärme (Kraft-Wärme-Kopplung) eingerichtet werden. Durch diese Kraft-Wärme-Kopplung wird der Wirkungsgrad der Kraftwerke erhöht; es wird auch erreicht, daß in der Heizperiode weniger Abwärme an die Umgebung abgeführt werden muß. Maßgeblich für die Realisierung derartiger Vorhaben sind auch hier wiederum Fragen der Kostenentwicklung und der Wirtschaftlichkeit sowie der Technologien. Hierzu laufen auch neue Untersuchungen zur Auskopplung von Wärme aus den Kernkraftwerken Neckarwestheim und Philippsburg. Auch ein Kernkraftwerk Wyhl könnte für die Fernwärmeversorgung eine Rolle spielen.

Das Mineralöl ist in Baden-Württemberg trotz einer bereits recht erfolgreichen Ölsubstitution infolge Einsparung und Ersetzung durch andere Energieträger immer noch der mit Abstand wichtigste Energieträger und wird es zunächst auch noch bleiben. Der überwiegende Anteil des verarbeiteten Rohöls entfällt auf das Heizöl, das wichtigste Raffinerieprodukt für Energiezwecke. Bei der Rohölverarbeitung spielt das Raffineriezentrum am Oberrhein mit seinen baden-württembergischen Standorten in Karlsruhe und Mannheim sowie den linksrheinischen Anlagen in Speyer und Wörth eine wichtige Rolle. Gespeist werden diese Raffinerien über die Fernleitungen von den Mittelmeerhäfen Marseille, Genua und Triest (vgl. Karte 10).

Zu 2.6.5
Mineralölversorgung

Karte 10

Bei der Mineralölversorgung ist insbesondere anzustreben, daß die Preise für Mineralölprodukte in den übrigen Teilen des Landes denen der Raffineriezentren am Oberrhein durch Senkung der Transportkosten soweit wie möglich angepaßt werden.

Zu 2.6.51
Einebnung der
Preisunterschiede

Mit zunehmender Entfernung der Verbrauchsschwerpunkte von den Raffineriezentren steigen die Transportkosten und zwangsläufig die Endpreise der Mineralölprodukte. Daraus resultieren erhebliche regionale Unterschiede innerhalb des Landes, deren Einebnung nicht zuletzt aus strukturpolitischen Gründen erwünscht ist. Der Bau weiterer Raffinerien, der nach ursprünglichen Annahmen noch am ehesten eine Verringerung der Transportentfernungen bewirkt hätte, scheidet wegen inzwischen eingetretener Überkapazitäten der vorhandenen Raffinerien infolge der erfolgreichen Maßnahmen zur Öleinsparung und zur reduzierten Ölverarbeitung allerdings aus. Als billiges Transportmittel kommt aber weiterhin die Fernleitung für Mineralölprodukte in Betracht.

Bei der Mineralölversorgung ist insbesondere anzustreben, daß die Lagermöglichkeiten in allen Landesteilen dem künftigen Bedarf entsprechend und unter Beachtung ökologischer Belange ausgebaut werden.

Zu 2.6.52
Schaffung
ausreichender
Lagermöglichkeiten

Die hohe Importabhängigkeit der Bundesrepublik Deutschland beim Mineralöl macht es notwendig, für Störungen der Rohölzufuhr, u.U. auch für Störungen des Bezugs von Mineralölprodukten aus dem Ausland, Vorsorge zu treffen. Die langfristige Versorgungssicherheit ist eine außen- und handelspolitische Aufgabe des Bundes. Kurzfristigen Lieferungsunterbrechungen kann durch Vorratshaltung begegnet werden.

In verkehrsungünstig gelegenenen Räumen ist ferner nicht auszuschließen, daß bei schlechten Witterungsverhältnissen vorübergehende Schwierigkeiten beim Abtransport auftreten; auch hiergegen bietet ausreichender Tankraum Abhilfe. Es soll deshalb darauf hingewirkt werden, daß auch in Baden-Württemberg ein Teil der vorgesehenen Rohölreserve des Bundes gelagert wird. Da aus Kostengründen nur eine behälterlose unterirdische Lagerung in Betracht kommt, ist zu untersuchen, wo im Lande solche Speichermöglichkeiten bestehen. Dabei ist angesichts der veränderten

Begründung
Wasser- und Abfallwirtschaft

Situation beim Ölverbrauch vor allem auf den künftigen Bedarf abzuheben. Außerdem sind bei der Suche und möglichen Nutzung von entsprechendem Lagerraum die ökologischen Belange zu beachten (vgl. LT-DS 8/172). Neben einer Rohöllagerung sollen alle Möglichkeiten zu einer Verbesserung der Produktenlagerung und zu einer weiteren Regionalisierung der Vorratsbestände des Erdölbevorratungsverbands genutzt werden.

Zu 2.6.53
Rohrfernleitungen

Bei der Mineralölversorgung ist insbesondere anzustreben, daß Planungen von Rohrfernleitungen für den Transport von Rohöl und von Mineralölprodukten mit den Verkehrsplanungen abgestimmt werden. Dabei sind die Auswirkungen auf die Verkehrsstruktur und andere Belange, insbesondere der Energieversorgung und des Umweltschutzes, zu berücksichtigen.

Rohrfernleitungen für den Transport von Rohöl und Mineralölprodukten werden in der Regel von Mineralölgesellschaften geplant und ohne staatliche Förderung gebaut. Wegen der Auswirkungen auf die Wirtschafts-, Verkehrs- und Siedlungsstruktur sowie auf die Energieversorgung und den Umweltschutz, wegen der umfangreichen technischen Vorbereitungen und der erheblichen Investitionen sollten die Pläne der Mineralölwirtschaft frühzeitig mit den berührten Planungsträgern abgestimmt werden, um unwirtschaftliche Überkapazitäten im Energie-und Verkehrsbereich zu vermeiden, die angestrebte Siedlungs- und Wirtschaftsentwicklung zu berücksichtigen und eventuelle Beeinträchtigungen der Lebensbedingungen der Bevölkerung möglichst gering zu halten (vgl. dazu auch die Entschließung der MKRO vom 16. Juni 1971 „Raumordnung und Rohrfernleitungen" - GABl. S. 1009).

Beim Bau und der Erweiterung von Rohrfernleitungen für Mineralölprodukte entstehen an den Endpunkten der Leitungen, die im allgemeinen in den Zentren der großen Verdichtungsräume liegen und an denen sich in der Regel größere Tanklager befinden oder eingerichtet werden, neue Verkehrsströme. Dadurch können erhebliche Folgeinvestitionen - vor allem im Straßenbau - sowie andere zusätzliche verkehrliche Maßnahmen erforderlich werden. Es erscheint daher im öffentlichen Interesse geboten, in einem möglichst frühzeitigen Stadium der Planungen darauf hinzuwirken, daß die möglichen Auswirkungen auf die Verkehrsstruktur hinreichend berücksichtigt werden.

Zu 2.7 Wasser- und Abfallwirtschaft

Zu 2.7
Wasser- und Abfallwirtschaft
Zu 2.7.1
Allgemeines
Entwicklungsziel

Der Wasserschatz des Landes ist als natürliche Lebensgrundlage zu erhalten, zu mehren, zu schützen und pfleglich zu behandeln. Die für die angestrebte Entwicklung des Landes erforderlichen wasser- und abfallwirtschaftlichen Voraussetzungen sind rechtzeitig zu schaffen und auf lange Sicht zu sichern. Gefährdungen des Wasserschatzes durch Transport und Lagerung wassergefährdender Wirtschaftsgüter und Abfälle sind weitestgehend zu vermeiden.

Die Entwicklung der Lebens- und Wirtschaftsverhältnisse hängt entscheidend von wasserwirtschaftlichen Voraussetzungen ab. Die dichte Besiedlung, die zivilisatorische und technische Entwicklung haben zu einer ständigen Inanspruchnahme des Wassers geführt. Trotz stagnierender Bevölkerungsentwicklung muß auch künftig mit einem weiteren Anstieg des Wasserverbrauchs gerechnet werden. Dies bedeutet zugleich auch eine weitere Belastung des natürlichen Wasserkreislaufs durch die verschiedenartigen menschlichen Eingriffe. Damit erhöhen sich zwangsläufig auch die Gefahren durch Verschmutzung und Beeinträchtigung der Wasserqualität. Aus dem Nebeneinander von zunehmender Beanspruchung des Raumes für Siedlung, Verkehr, industrie-gewerbliche Produktion und Energieerzeugung einerseits und der Belastung des Wasser- und Naturhaushalts andererseits ergibt sich eine Vielfalt von Wechselwirkungen und Konflikten, die von der Raumordnung und der Wasserwirtschaft gemeinsam beachtet und bereinigt werden müssen. Schutz und Erhaltung des Wasserschatzes als natürliche Lebensgrundlage sind deshalb ein übergeordnetes Ziel. Die bisherigen, traditionsgemäß mit Schwergewicht auf die reine Nutzung der Gewässer ausgerichteten Zielsetzungen haben sich mehr und mehr auf Maßnahmen zum Schutz und zur Erhaltung der Wasservorkommen ausgeweitet bzw. verlagert.

Bei der Fortschreibung des LEP wurden deshalb die wasser- und abfallwirtschaftlichen Zielsetzungen unter Berücksichtigung dieser neuen Akzente geändert. Diese Akzentverschiebung steht außerdem in Einklang mit den Zielsetzungen zur Erhaltung und Sicherung der natürlichen Lebensgrundlagen und zu den Aktivitäten einer geringstmöglichen Belastung der Umwelt schlechthin (vgl. Plankapitel 2.1). Die Landesregierung hat u.a. in ihrer Antwort auf die Große Anfrage der Gruppe GRÜNE betr.

Begründung
Wasser- und Abfallwirtschaft

„Umfang und Qualität der Wasservorräte (insbesondere Grundwasser) in Baden-Württemberg" (LT-DS 8/1837) dargestellt, wie sie der zunehmenden Bedeutung der wasserwirtschaftlichen Zielsetzungen und Maßnahmen Rechnung getragen hat.

Dazu sind Wasserbedarf und Wasserdargebot so miteinander in Einklang zu bringen, daß für alle Landesteile in ausreichender Menge und Güte Trinkwasser, Betriebswasser und - wo möglich und nötig - Kühlwasser, Bewässerungswasser, Schleusungswasser, Wasser für Kraftwerke, Wasser für Fischzuchten und Wasser zur Erhaltung der natürlichen Funktionen fließender Gewässer zur Verfügung steht.

Zu 2.7.11
Deckung des
Wasserbedarfs

Eine wesentliche Komponente des übergeordneten Ziels in PS 2.7.1 ist die Deckung des Wasserbedarfs der zahlreichen unterschiedlichen Verbraucher durch eine auch künftig gesicherte Wasserbereitstellung. Dazu müssen Wasserbedarf und Wasserdargebot auf lange Sicht miteinander in Einklang gebracht werden. Sowohl jede weitere Siedlungstätigkeit als auch die Errichtung technischer Anlagen ist daher nur möglich, wenn die wasserwirtschaftlichen Voraussetzungen vorhanden sind oder mit vertretbarem Aufwand geschaffen werden können. Eine weit vorausschauende Planung muß ebenso sicherstellen, daß der Wasserbedarf für die in PS 2.7.11 aufgeführten Zwecke gedeckt werden kann. Die wichtigsten Maßnahmen zur Sicherstellung einer ausreichenden Wasserversorgung sind in den PS 2.7.2 und 2.7.3 dargestellt. PS 2.7.11 schließt auch den Wasserbedarf zur Erhaltung der natürlichen Funktionen fließender Gewässer ein; es kann vor allem aus biologischen und landschaftlichen Gründen und für den Umweltschutz notwendig sein, bei bestimmten Gewässern einen Mindestabfluß zu sichern.

Dazu sind Vorkehrungen zu treffen für ausgeglichene Abflußverhältnisse, die Erhaltung der natürlichen Überschwemmungsgebiete, eine naturhafte Gestaltung der Gewässer und für die Sicherung ihrer natürlichen Funktionen.

Zu 2.7.12
Hochwasserschutz

PS 2.7.12 enthält mit den Belangen des Hochwasserschutzes eine andere wichtige Komponente des übergeordneten Ziels in PS 2.7.1; er wurde bei der Fortschreibung des LEP jedoch über den reinen Hochwasserschutz hinaus ausgeweitet. Die zunehmende Überbauung der Talauen durch Siedlungen und Industrieanlagen hat zu einer starken Versiegelung der Oberfläche und zur Beseitigung natürlicher Überschwemmungsgebiete und Hochwasserrückhaltungen geführt. Als Folge davon können die Niederschläge nicht mehr versickern, fließen oberirdisch rascher ab und verursachen in den durch Siedlungen eingeengten Flußtälern Hochwasser. Dieser Entwicklung und ihren Schäden kann nur durch Hochwasserrückhaltungen und Erhaltung der noch verbliebenen natürlichen Überschwemmungsgebiete entgegengewirkt werden (vgl. PS 2.2.23 und 2.7.71). Eine ausgeglichene Wasserführung ist auch eine wichtige Vorbedingung für die Erhaltung der natürlichen Selbstreinigungskraft der fließenden Gewässer, vor allem in den warmen und niederschlagsarmen Jahreszeiten. Die wichtigsten Maßnahmen zum Hochwasserschutz sind unter PS 2.7.7 aufgeführt.

Dazu sind Wasserschutz- und Wasserschongebiete auszuweisen.

Zu 2.7.13
Wasserschutz- und
Wasserschongebiete

PS 2.7.13 ist bei der Fortschreibung neu in den LEP aufgenommen worden. Die hier geforderte Ausweisung von Wasserschutz- und Wasserschongebieten ist eine wesentliche Voraussetzung zum verbesserten Schutz der Wasservorkommen. Ein großer Teil der Schutzgebiete für genutzte Wasservorkommen ist bereits festgelegt, oder es sind Verfahren zur Ausweisung eingeleitet. In einigen Teilen des Landes, so in der Oberrheinebene und in Oberschwaben, befinden sich noch größere bisher ungenutzte Grundwasservorkommen, die für die Zukunft zur Versorgung wasserarmer Gebiete des Landes vorgehalten werden müssen. Sie sind dazu durch Festsetzung von Wasserschongebieten vor nachteiligen Einwirkungen zu schützen. Die vorsorgliche Sicherung solcher Grundwasservorkommen und die Einräumung eines Vorrangs vor konkurrierenden Flächennutzungen in der Regional- und Bauleitplanung stellt eine sinnvolle Ergänzung des Auftrags zur Daseinsvorsorge dar.

Die Wasserversorgung ist so auszubauen, daß der gegenwärtige und der durch die angestrebte Entwicklung zu erwartende Bedarf an Wasser von Trinkwasserqualität gedeckt werden kann.

Zu 2.7.2
Wasserversorgung

PS 2.7.2 entspricht dem Raumordnungsgrundsatz in § 2 Abs. 1 Nr. 7 ROG, daß für die Sicherung der Wasserversorgung ausreichende Sorge zu tragen ist. Für Baden-Württemberg hat die Sicherstellung der Wasserversorgung besonderes Gewicht, weil sein Wasserschatz begrenzt ist. Daraus ergibt sich zunächst, daß die Bemühungen, Wasser sparsam zu gebrauchen, in allen Bereichen zu verstärken sind, ohne

Begründung
Wasser- und Abfallwirtschaft

dabei den erlangten Lebensstandard und die Hygiene in Frage stellen zu wollen. Der trotzdem auch künftig zu erwartende, allerdings gedämpfte Bedarfszuwachs einerseits und die fast vollständige Nutzung örtlich gewinnbarer Grund- und Quellwasservorkommen andererseits zwingen dazu, nach der Inanspruchnahme der letzten örtlichen Wassergewinnungsmöglichkeiten in Zukunft noch stärker den übergebietlichen Ausgleich zwischen Wasserüberschuß- und Wassermangelgebieten zu nutzen. Im Auftrag der Landesregierung wurde deshalb am 8. Februar 1980 der „Sonderplan Wasserversorgung" (St Anz 1980 Nr. 13) als vorausschauende Konzeption zur Sicherstellung der Trinkwasserversorgung veröffentlicht. In diesem Plan wurden Wasserdargebot und Wasserbedarf einander gegenübergestellt, um so die künftigen Versorgungslücken nach Menge und räumlicher Verteilung zu ermitteln und Möglichkeiten zur langfristigen Sicherstellung der Versorgung aufzuzeigen.

„Sonderplan Wasserversorgung"

Der „Sonderplan Wasserversorgung" soll den Gemeinden und Zweckverbänden als Trägern der öffentlichen Wasserversorgung Orientierungshilfe und Grundlage für die rechtzeitige Inangriffnahme von Planungen sein; er ist aber auch ein Orientierungsrahmen, an dem sich die Wasserversorgungspolitik des Landes und das Handeln der Wasserwirtschaftsverwaltung, insbesondere bei der staatlichen Förderung kommunaler Vorhaben, ausrichtet.

Der „Sonderplan Wasserversorgung" behandelt nur die öffentliche Wasserversorgung, für die wegen seiner besonderen Eignung bevorzugt Grundwasser bereitgehalten werden muß. Obwohl der derzeitige und künftige Bedarf der öffentlichen und der industriellen Wasserversorgung aus dem Grundwasserdargebot in Baden-Württemberg gedeckt werden können, sind Interessenkonflikte zwischen öffentlicher und privater Wasserversorgung aus dem Grundwasser infolge örtlich oder regional begrenzter Engpässe nicht auszuschließen. Im Einzelfall könnte anstatt der Industrieentnahme von Grundwasser die Verwendung von Oberflächenwasser erwogen werden. Um einen landesweiten Überblick über die gesamte Versorgungssituation zu gewinnen und Engpässe sowie Konflikte überhaupt erkennen zu können, hat das Ernährungsministerium in Ergänzung zur öffentlichen Wasserversorgung mit den Arbeiten an einer großräumigen Darstellung auch der Wasserversorgung der Industrie begonnen.

Zu 2.7.21 und 2.7.22
Örtliche Vorkommen und überörtlicher Ausgleich

Zur Deckung des Bedarfs sind genutzte Wasservorkommen zu erhalten und zu schützen; nutzungswürdige Wasservorkommen zu schützen sowie für die örtliche Trinkwasserversorgung und für den überörtlichen Ausgleich zwischen wasserreichen und Gebieten mit Wassermangel - soweit erforderlich - zu erschließen.

Die öffentliche Wasserversorgung von Gemeinden und Verbänden stützt sich in erster Linie auf Wasservorkommen in der Umgebung. Das Land hat daher schon immer die Nutzung der örtlichen Wasservorkommen unterstützt und wird an diesem Grundsatz künftig auch dann festhalten, wenn ein Anschluß an eine überörtliche Versorgung hergestellt ist. Hierfür sprechen Gründe der zusätzlichen Versorgungssicherheit, der Notversorgung bei Störungen der überörtlichen Wasserbeileitung und wirtschaftliche sowie wasserwirtschaftliche Erwägungen. In weiten Gebieten des Landes kann der Wasserbedarf aus örtlichen Vorkommen aber nicht mehr voll gedeckt werden, so daß für einen Ausgleich zwischen den Gebieten mit Wasserreichtum und Wassermangel gesorgt werden muß. Den Wassermangelgebieten muß Zusatzwasser durch überörtliche Gruppenwasserversorgungen oder durch Fernwasserversorgungen zugeleitet werden.

Die Sicherstellung der Wasserversorgung ist zum einen von der Erhaltung und dem Schutz der bereits genutzten Wasservorkommen abhängig; sie bedarf zum anderen aber vor allem des Schutzes noch nicht erschlossener Vorkommen und deren schrittweiser Erschließung in Anpassung an den zu erwartenden Wasserbedarf. Dies betrifft insbesondere die großen Grundwasservorkommen in der Rheinebene, im Illertal und in Oberschwaben. Zur Gewährleistung eines nachhaltigen Schutzes vor quantitativen und qualitativen Schädigungen des Grundwassers ist die Ausweisung von Wasserschutz- und -schongebieten dringend geboten. Die Begrenztheit der Grundwasservorkommen zur Bedarfsdeckung in der öffentlichen Wasserversorgung erfordert in Zukunft, verstärkt auf Oberflächenwasser (derzeitiger Nutzungsanteil 20 %) zurückzugreifen, insbesondere aus dem Bodensee. Diesem Gesichtspunkt wird durch weitere Anstrengungen zu verstärkten Gewässerschutzmaßnahmen, insbesondere am Bodensee und an der Donau, Rechnung getragen (vgl. PS 2.7.34).

Hydrogeologische Kartierung

Zur genauen Erfassung und zum Schutz der nutzungswürdigen Grundwasservorkommen des Landes wurden die Landesanstalt für Umweltschutz und das Geologische Landesamt mit einer hydrogeologischen Kartierung Baden-Württembergs beauftragt. Diese Kartierung war 1981 für den Rhein-Neckar-Raum, einen der Schwerpunkte unter den Gebieten mit größeren Grundwasservorkommen, abgeschlossen. Mit der Kartierung, die grenzüberschreitend durchgeführt worden ist, sollte zunächst der Ist-Zustand analysiert werden, um darauf aufbauend die Grenzen einer möglichen Nutzung der Grundwasservorräte zu ermitteln und ihre Bewirtschaftungsmöglichkeiten für die Zukunft aufzeigen zu können (vgl. PS 2.7.33). Angesichts der ersten Anzeichen für eine Überbeanspruchung der Grundwasservorräte im Rhein-Neckar-Raum infolge dichter Besiedlung und hohen Verbrauchs sind eine pflegliche Behandlung des Wasserschatzes und eine Einschränkung der Grundwasserentnahme in diesem Raum besonders angezeigt. Die Erkenntnisse aus dieser Kartierung und auch aus anderen Forschungsarbeiten zu diesem Sachbereich im Rahmen des Umweltforschungsprogramms des Landes hat die Raumordnungskommission Rhein-Neckar (Rheinland-Pfalz, Hessen und Baden-Württemberg) zum Anlaß einer „Entschließung zur Raumordnung" (23. Oktober 1981) in den Sachbereichen Grundwasserhaushalt, Hochwasserschutz, Rheinausbau und Rohstoffsicherung genommen; sie enthält den Auftrag an die staatlichen und kommunalen Planungsträger, ein grenzüberschreitendes Konzept für einen Grundwasserbewirtschaftungsplan zu erarbeiten (vgl. Plankapitel 3.5).

Zur Deckung des Bedarfs sind Grundwasser, Abflußverhältnisse und Selbstreinigungsvermögen der Gewässer bei Eingriffen in die Landschaft durch Besiedlung, Anlage von Verkehrswegen und Abbau von Rohstoffen weder zu beeinträchtigen noch zu gefährden.

PS 2.7.23 unterstreicht die wiederholte Forderung nach der Beachtung ökologischer Belange bei allen Eingriffen in die Landschaft (vgl. PS 2.1.2) vor dem Hintergrund der hohen Empfindlichkeit des Wasserschatzes gegenüber allen möglichen Faktoren, die zu einer Beeinträchtigung oder Gefährdung führen können. Bei der Errichtung von Siedlungen und der Anlage von Verkehrswegen muß deshalb die außerordentlich große Bedeutung des Wassers als nicht ersetzbares Lebensmittel und als ein die Entwicklung und die Entwicklungsfähigkeit eines Raumes bestimmendes Merkmal beachtet werden. Vor allem der Abbau von Rohstoffen (Kies und Sand) in den Gebieten mit großen Grundwasservorkommen bedarf besonderer Sorgfalt (vgl. PS 2.1.25 und 2.3.63).

Zu 2.7.23
Ökologische Belange

Grundwasser galt bis vor wenigen Jahren als so gut geschützt, daß qualitätsbedingte Nutzungseinschränkungen für die Wasserversorgung im wesentlichen nur durch geogene Einflüsse gegeben schienen. Die in den letzten Jahren verstärkt bekannt gewordenen Grundwasserschadensfälle zeigen jedoch, daß auch Grundwasservorkommen vielfältigen Gefährdungen durch anthropogene Einwirkungen ausgesetzt sein können.

Grundwasserschutz

Qualitative Beeinträchtigungsmöglichkeiten bestehen insbesondere beim unsachgemäßen Umgang mit wassergefährdenden Stoffen (chlorierte Kohlenwasserstoffe, Mineralölprodukte usw., vgl. PS 2.1.31 und 2.1.35), bei intensiver landwirtschaftlicher Nutzung (Umbruch von Grünland in Acker, starke organische und mineralische Düngung, nicht zeitgerechte Aufbringung von Wirtschaftsdünger, nicht sachgemäße Anwendung von Pflanzenbehandlungsmitteln, vgl. PS 2.1.26), bei der unsachgemäßen Lagerung von Abfällen (Altlasten), bei der Freilegung von Grundwasser (u.a. Kiesabbau) und durch Straßenverkehr. Auch evtl. Grundwasserbeeinträchtigungen im Zusammenhang mit schadstoffbelasteten Luftimmissionen und Niederschlägen ist zukünftig erhöhte Aufmerksamkeit zu schenken (vgl. Stellungnahme der Landesregierung zum Antrag der SPD-Fraktion betr. „Gefahren für das Grundwasser in Baden-Württemberg, LT-DS 8/4103).

Die seitherigen Erfahrungen mit Grundwasserverunreinigungen verdeutlichen, daß Sanierungsmaßnahmen des Grundwassers, wenn überhaupt, nur mit sehr großem Aufwand durchgeführt werden können. Grundwasserverunreinigungen bedeuten in jedem Fall Erschwernisse für die Wasserversorgung, wenn nicht sogar den Verlust eines nutzbaren Grundwasserdargebots.

Dem vorbeugenden Schutz des Grundwassers, der regelmäßigen Überprüfung der Wirksamkeit von Schutzmaßnahmen und der systematischen Erfassung der Grundwasserbeschaffenheit, besonders bei der Früherkennung von negativen Entwicklungen, kommt daher auch für die Zukunft große Bedeutung zu.

Begründung
Wasser- und Abfallwirtschaft

Zu 2.7.3
Wassermangelgebiete,
Fernwasserversorgung

Die ausgedehnten Wassermangelgebiete des Landes sollen durch Fernversorgung mit zusätzlichem Wasser entsprechend dem gegenwärtigen und dem nach der angestrebten Entwicklung zu erwartenden Bedarf versorgt werden.

Baden-Württemberg hat trotz reichlicher mittlerer Jahresniederschläge von rd. 800 mm neben ausgesprochenen Wasserüberschußgebieten (Oberrheinebene, Donau- und Illertal, Oberschwaben) ausgedehnte, von Natur aus wasserarme Gebiete (ca. 75 % des Landes). Dazu gehören u.a. auch der Schwarzwald und der Odenwald, wo allerdings zahlreiche örtliche Wasservorkommen den Wassermangel eingrenzen. Große zusammenhängende geologisch und hydrogeologisch bedingte ausgesprochene Wassermangelgebiete dagegen liegen im Schwäbisch-Fränkischen Stufenland, das sich zwischen Schwarzwald und Schwäbischer Alb nach Norden ausbreitet und den größten Teil des Neckareinzugsgebiets umfaßt. Hier kommt zu der naturbedingten Wasserarmut infolge ungenügender Grundwasserbildung noch der hohe Zusatzbedarf dichter Siedlungsräume hinzu, z.B. im Mittleren Neckarraum. Diese Landesteile sind auf eine Fernversorgung angewiesen (vgl. Karte 11). Zur Deckung dieses Zusatzbedarfs wird das notwendige Wasser inzwischen als Grundwasser aus dem Donauried, als Karstgrundwasser am Südostrand der Schwäbischen Alb sowie als Oberflächenwasser aus der Donau bei Leipheim und aus dem Bodensee entnommen, teilweise aufbereitet und durch Fernleitungen in die Mangelgebiete geleitet (Landeswasserversorgung und Bodenseewasserversorgung).

Karte 11

In der übermäßigen Ausrichtung der naturbedingten und vielfach auch noch dichtest besiedelten Wassermangelgebiete auf Fernversorgung liegt aber auch ein Schwachpunkt der Fernwasserversorgung. Die potentielle Gefährdung einer nur großtechnischen Wasserversorgung über Fernleitungssysteme besteht in deren Krisenanfälligkeit. Die Gewährleistung einer Notversorgung soll zwar u.a. über Verbundmaßnahmen erreicht werden (vgl. PS 2.7.32), wird aber nicht in vollem Umfang möglich sein. Deshalb kommt auch verbrauchernahen Wasservorkommen zwecks Verbesserung der Eigenversorgung oder Sicherstellung einer Notversorgung eine nicht zu unterschätzende Bedeutung zu.

Zu 2.7.31
Fernversorgungs-
einrichtungen

Dabei sollen für die Fernversorgung Einrichtungen geschaffen werden, die eine bessere Ausnutzung der vorhandenen Abgabekapazität ermöglichen.

PS 2.7.31 ist bei der Fortschreibung neu in den LEP aufgenommen worden. Er stellt auf den Bau zusätzlicher verbrauchsnaher Behälter ab, um kurzfristige Abgabespitzen abzudecken, die Entnahme- bzw. Bezugsrechte besser nutzen zu können und ohne größere Investitionen eine höhere Jahreswasserabgabe zu ermöglichen. Damit kann z.B. auch die Erhöhung von Entnahmerechten aus dem Bodensee zeitlich hinausgeschoben werden (vgl. PS 2.7.34). Die Schaffung von weiterem Behälterraum trägt auch zur weiteren Verbesserung der Wirtschaftlichkeit und der Sicherheit der vorhandenen Wasserversorgungsanlagen bei.

Zu 2.7.32
Verbund

Dabei sollen für die Fernversorgung Verbundmaßnahmen - wo sinnvoll - durchgeführt werden.

Das bewährte System der öffentlichen Wasserversorgung in Baden-Württemberg besteht aus drei Versorgungsebenen: Örtliche Wasserversorgung, überörtliche Gruppenwasserversorgung und Fernwasserversorgung. In den großräumigen Wassermangelgebieten sind die Netze dieser Ebenen nebeneinander vorhanden, überlagern sich teilweise und sind größtenteils miteinander verbunden. Dieses Verbundsystem ist insgesamt zu intensivieren. Dabei fällt vor allem den Fernwasserversorgungen die Aufgabe zu, durch übergebietliche Versorgungssysteme einen Ausgleich zwischen Wasserüberschuß- und Wassermangelgebieten herzustellen (vgl. Karte 11). Eine Zusammenlegung der Versorgungsverbände ist darunter jedoch nicht zu verstehen und wird auch nicht angestrebt. Ein Verbund der Fernleitungssysteme kann bei Ausfällen in beschränktem Umfang eine Notversorgung ermöglichen. Im Normalbetrieb dienen Verbundmaßnahmen der Versorgungssicherheit und dem Dargebotsausgleich zwischen den Versorgungsunternehmen.

Zu 2.7.33
Erschließung weiterer
Grundwasservorkommen

Dabei sollen für die Fernversorgung weitere Wasservorkommen erschlossen werden, insbesondere Grundwasservorkommen im Illertal und in der Rheinebene im Raum westlich von Graben-Neudorf.

Die hydrogeologischen Untersuchungen und Kartierungsarbeiten im Lande haben ergeben, daß neben den umfangreichen Grundwasservorkommen in der Oberrheinebene zwischen Mannheim und Karlsruhe ähnliche Vorkommen auch im Illertal vorhanden sind, deren Menge und Qualität eine künftige Erschließung anzeigen (vgl. PS

2.7.22). In der Oberrheinebene beabsichtigt die Bodenseewasserversorgung, im Raum Dettenheim Grundwasser zur Versorgung der Mangelgebiete im Norden des Landes zu fördern. Das Umfeld der vorgesehenen Brunnenanlagen in der Rheinniederung soll als Wasserschutzgebiet ausgewiesen werden.

Dabei soll für die Fernversorgung durch geeignete Maßnahmen vorgesorgt werden, daß künftige Wasserentnahmen aus dem Bodensee für Zwecke der Trinkwasserversorgung möglich bleiben.

Zu 2.7.34
Wasser aus dem Bodensee

Trinkwasser wird in Baden-Württemberg derzeit zu rd. 80 % aus Grund- und Quellwasser und nur zu 20 % aus Oberflächenwasser (Bodensee und Donau) aufbereitet. Der Anteil des Oberflächenwassers wird jedoch infolge begrenzter Grundwasservorkommen bei gleichzeitigem Bedarfsanstieg stark zunehmen. Voraussetzung für eine vermehrte Verwendung von Oberflächenwasser ist ein umfangreicher und intensiver Gewässerschutz. An vorderster Stelle steht hier die Reinhaltung des Bodensees. Nach dem „Sonderplan Wasserversorgung" kann davon ausgegangen werden, daß durch die schon in Betrieb befindlichen Anlagen und durch rechtzeitige Verwirklichung der geplanten Vorhaben alle Teile des Landes bis Ende der 80er Jahre zuverlässig mit Wasser versorgt werden können. Zu Beginn der 90er Jahre wird es dann notwendig sein, auf weitere Wasserentnahmen aus dem Bodensee zurückzugreifen; das setzt vor allem eine Verbesserung seiner Wassergüte voraus. PS 2.7.34 weist deshalb allgemein auf die Notwendigkeit entsprechender Maßnahmen hin.

Dabei soll für die Fernversorgung der Bau von verbrauchsnahen Trinkwasserspeichern, insbesondere im Schwarzwald und im Mainhardter Wald, angestrebt werden.

Zu 2.7.35
Trinkwasserspeicher

Zur Sicherung des Wasserdargebots und zur Deckung künftiger Bedarfsspitzen soll auch Oberflächenwasser aus verbrauchsnahen Trinkwasserspeichern bereitgestellt werden. Als erste Anlage im Land ist die Trinkwassertalsperre „Kleine Kinzig" im nördlichen Schwarzwald gebaut worden; sie wurde bereits 1983 probeweise aufgestaut und soll 1984/85 in Betrieb gehen. Der Bau weiterer derartiger Anlagen, u.a. im Eyachtal bei Pforzheim und im Mainhardter Wald bei Wielandsweiler, ist in Erwägung zu ziehen. Dabei wird zu prüfen sein, ob solche Anlagen auch dazu dienen können, die Leistungsfähigkeit der Fernleitungssysteme besser auszulasten.

Die Abwässer sind zur Vermeidung hygienischer Mißstände und zum Schutz der oberirdischen Gewässer und des Grundwassers so weitgehend wie möglich zu sammeln, zu reinigen und in einen geeigneten Vorfluter einzuleiten. Die Belastung der Gewässer ist dabei so gering wie möglich zu halten.

Zu 2.7.4
Abwasserbeseitigung

PS 2.7.4 entspricht dem Raumordnungsgrundsatz in § 2 Abs. 1 Nr. 7 ROG, daß für die Reinhaltung des Wassers ausreichend Sorge zu tragen ist. Die Gewässerreinhaltung und damit die Ordnung der Abwässerverhältnisse ist neben dem Schutz und der Erschließung hinreichend großer Wasservorkommen die wichtigste wasserwirtschaftliche Aufgabe und ein wesentlicher Beitrag zum Umweltschutz. Eine übermäßige Gewässerverschmutzung würde schon in kurzer Zeit zum entscheidenden Engpaß der weiteren Entwicklung von Raum und Wirtschaft werden. Die Landesregierung hat als Grundlage für eine umfassende Gewässerschutzplanung im Jahre 1975 die „Abwassertechnische Zielplanung" erarbeitet; sie gibt einen Überblick über Bestand und künftigen Bedarf an Kläranlagen und dient als Entscheidungs- und Orientierungshilfe bei der Planung staatlicher und kommunaler Maßnahmen.

Zur Konkretisierung der „Abwassertechnischen Zielplanung" hat die Landesregierung Sanierungsprogramme für Bodensee und Rhein, Neckar und Donau verabschiedet. Im Rahmen dieser Sanierungsprogramme werden Abwassermaßnahmen im Hinblick auf ihre wasserwirtschaftliche Wirksamkeit eingestuft und verstärkt gefördert. Hierzu zählen im kommunalen Bereich der Bau, die Erweiterung und die Sanierung von Abwasserreinigungsanlagen und Ortskanalisationen einschließlich der Regenwasserbehandlungsanlagen, im gewerblich-industriellen Bereich die Verbesserung des Betriebs von Kläranlagen und die Sanierung der innerbetrieblichen Abwasserverhältnisse. Nach Möglichkeit sind die gewerblichen Abwässer zusammen mit den häuslichen Abwässern zu behandeln. Als einheitliche Planungsgrundlagen und Bewertungsmaßstäbe für Planung, Bau und Betrieb der Abwasserbeseitigungsanlagen durch die Kommunen, die seit der Novellierung des Wassergesetzes des Landes im Jahre 1976 zur Abwasserbeseitigung verpflichtet sind, dienen abwassertechnische Landesrichtlinien.

Sanierungsprogramme

Begründung
Wasser- und Abfallwirtschaft

Die starke Inanspruchnahme der Wasservorkommen des Landes zwingt dazu, die Belastung durch Abwässer in engen Grenzen zu halten und mit dem Selbstreinigungsvermögen der Gewässer sehr pfleglich umzugehen. Die hierzu geeigneten abwassertechnischen Möglichkeiten müssen voll ausgeschöpft werden. Dies erfordert, daß die Abwassermaßnahmen nicht nur im einzelnen sehr sorgfältig geplant werden, sondern daß sie sich auch in übergeordnete Planungen einfügen. Gewisse Zwänge zu fachübergreifenden Überlegungen und Planungen ergeben sich auch aus neueren Entwicklungsvorgängen oder Produktionsabläufen, z.B. daraus, daß die Umwelt verstärkt durch nicht oder nur schwer abbaubare Substanzen im Abwasser belastet wird; hier kann durch abwassertechnische Maßnahmen oft nicht abgeholfen werden. Daher muß durch innerbetriebliche Umstellungen bei der Produktion erreicht werden, daß solche Stoffe gar nicht erst ins Abwasser gelangen, mindestens aber, daß die Belastung auf ein Minimum herabgesetzt wird. Ein weiteres Beispiel für die Zusammenschau von abwassertechnischen und anderen fachlichen Belangen liefert der zunehmende Anfall von Klärschlamm mit einem sehr hohen Wassergehalt. Die endgültige Beseitigung von Klärschlamm auf Deponien und in Kompostwerken oder eine landbauliche Verwendung setzen eine der jeweiligen Verwendungs- oder Beseitigungsart entsprechende Entwässerung voraus (vgl. PS 2.7.55).

Zu 2.7.41
Kanalisationsnetze

Hierzu sind die Kanalisationsnetze einschließlich der Regenwasserbehandlungsanlagen systematisch weiter so auszubauen, daß sie den hygienischen Bedürfnissen und den wasserwirtschaftlichen Erfordernissen entsprechen.

Der Abwasseranfall hat sich durch die Entwicklung von Industrie und Gewerbe und durch die Verbesserung der sanitären Verhältnisse stark erhöht. Das Schmutzwasser muß zur Reinigung möglichst vollständig erfaßt werden. Dazu bedarf es einer gut ausgebauten Flächenkanalisation. Hier sind in den vergangenen Jahrzehnten bereits große Fortschritte erzielt worden, so daß inzwischen für rd. 95 % der Landesbevölkerung öffentliche Kanalisationen vorhanden sind. Da ein möglichst hoher Anteil der im jeweiligen Einzugsbereich anfallenden Schmutzstoffe von den Gewässern ferngehalten werden muß, ist in vermehrtem Umfang der Bau von Regenwasserbecken und ähnlichen Vorrichtungen erforderlich.

Zu 2.7.42
Sammelkläranlagen

Hierzu sind die Sammelkläranlagen mechanisch-biologisch auszubauen und, soweit es die Vorfluter oder die Beschaffenheit der Abwässer erfordern, durch Anlagen zur weitergehenden Abwasserreinigung zu ergänzen.

Die Reinhaltung der Gewässer ist in der Regel nur durch eine vollbiologische Abwasserreinigung gewährleistet. Die Ergänzung der vorhandenen mechanischen Sammelkläranlagen durch biologische Stufen kann am schnellsten die dringend nötige Entlastung der Gewässer bringen. Die Reinhaltung der Gewässer rechtfertigt die beträchtlichen Kosten, zumal diese - gemessen an dem zu erwartenden Erfolg - wiederum relativ gering sind. Der vollbiologische Ausbau der Sammelkläranlagen muß deshalb vorrangig betrieben werden. Eine generelle Forderung der weitergehenden Abwasserreinigung wird noch nicht erhoben. Zusätzliche Reinigungsstufen sind aber immer dann notwendig, wenn die Abwässer mehr als einen bestimmten Anteil an schwer abbaubaren Stoffen enthalten oder wenn ein stehendes Gewässer als Vorfluter dient.

Dank der in den vergangenen Jahren durchgeführten Abwassermaßnahmen konnten bereits beachtliche Erfolge erzielt werden. So konnte durch den Neubau und die Erweiterung von Kläranlagen und die Verbesserung ihres Betriebs die durchschnittliche Restkonzentration der organischen Inhaltsstoffe im Kläranlagenablauf erheblich reduziert werden. Die Gesamtzahl der Sammelkläranlagen hat so stark zugenommen, daß bereits für rd. 90 % der Landesbevölkerung Sammelkläranlagen vorhanden sind. Der Bau der noch fehlenden Anlagen wird eine erste Phase der Gewässerschutzpolitik abschließen. Dazu tragen vor allem die Bestimmungen des Wasserhaushaltsgesetzes bei, insbesondere die bundeseinheitliche Festsetzung von Mindestanforderungen an das Einleiten von Abwasser in Gewässer und das Abwasserabgabengesetz. In einer zweiten Phase der Gewässerschutzpolitik wird es dann verstärkt darauf ankommen, schwer abbaubare und giftige Schadstoffe bereits beim Hersteller zurückzuhalten (vgl. PS 2.7.4).

Begründung
Wasser- und Abfallwirtschaft

Hierzu sind bei Erweiterung der Bebauung, insbesondere der Neuansiedlung von Industriebetrieben, die wasserwirtschaftlichen Gegebenheiten und die abwassertechnischen Möglichkeiten zu berücksichtigen.

Zu 2.7.43
Erweiterung
der Bebauung

PS 2.7.43 soll verhindern, daß Siedlungen, insbesondere abwasserintensive Gewerbebetriebe, dort errichtet werden, wo eine einwandfreie Beseitigung des Abwassers nicht oder nur unter unvertretbar hohen Kosten möglich ist. Dies ist eine der wichtigsten Voraussetzungen für die Gewässerreinhaltung. Daher muß vor allem bei der Standortwahl und der Standortberatung gewerblicher Betriebe die Frage der Abwasserbeseitigung von Anfang an beachtet werden (vgl. PS 2.2.16).

Zu den abwassertechnischen Maßnahmen im Falle einer Erweiterung der Bebauung gehört in erster Linie die Prüfung eines Anschlusses an vorhandene Anlagen und ggf. deren Erweiterung oder Ergänzung, bevor zusätzliche Neubaumaßnahmen in Angriff genommen werden. Auf diese Weise können auch Abwasserreinigungsanlagen verbessert werden, deren Reinigungsleistungen ohnehin nicht mehr den Anforderungen genügt haben. Bei Ansiedlung von Gewerbe- oder Industriebetrieben ist vor allem an den Bau von betrieblichen Vorbehandlungsanlagen zu denken, um so mehr wenn Abwässer mit einem hohen Anteil an nicht oder nur schwer abbaubaren oder toxischen Stoffen anfallen würden.

Hierzu sind die zur Reinhaltung des Bodensees erforderlichen Abwassermaßnahmen vorrangig weiterzuführen.

Zu 2.7.44
Reinhaltung
des Bodensees

Die Erhaltung des Bodensees in seinem natürlichen Zustand ist für die Wasserversorgung des Landes und für die Bewahrung der Bodenseelandschaft mit ihren vielfältigen Wohlfahrtswirkungen von großer Bedeutung (vgl. PS 2.7.34 sowie 3.9.14 und 3.12.14). Der biologische Zustand des Sees und seine Wassergüte dürfen sich nicht weiter verschlechtern.

Vor diesem Hintergrund und im Hinblick auf die herausragende wasserwirtschaftliche Bedeutung des Sees hat die Landesregierung bereits vor Jahren ein Schwerpunktprogramm zur Reinhaltung des Bodensees aufgelegt, welches die Fördermaßnahmen zur Sanierung und Reinhaltung des Sees enthält. Das Programm ist auf der Grundlage des ebenfalls schon vor Jahren aufgestellten Bau- und Investitionsprogramms der „Internationalen Gewässerschutzkommission für den Bodensee" erarbeitet worden und wird zielstrebig verwirklicht. Bereits bis Mitte der 70er Jahre konnten alle Kläranlagen am Seeufer und die wichtigsten Kläranlagen im Hinterland fertiggestellt werden, inzwischen sind durch den Bau weiterer bedeutender Anlagen die abwassertechnischen Maßnahmen sehr weit gediehen. So arbeiten z.B. im Einzugsbereich des Bodensees die meisten kommunalen Kläranlagen fast ausnahmslos mit biologischen Reinigungsstufen, die größeren Anlagen zudem mit Einrichtungen zur Phosphorelimination. Die positiven Auswirkungen der bisherigen Maßnahmen sind zum Teil bereits heute konkret feststellbar, z.B. an den verbesserten Wassergüten in einzelnen Abschnitten des Bodenseeufers. Die Größe des Wasserkörpers und die limnologischen Gesetzmäßigkeiten bewirken jedoch, daß die Verbesserung des Gesamtgütezustands ein langwieriger Vorgang ist, der zudem durch eine ständige Fortschreibung der Programme und Fortsetzung der daraus abgeleiteten Maßnahmen kontrolliert und vorangetrieben werden muß. So sind z.B. die 1981 verabschiedeten „Grundsätze zum Schutz der Flachwasserzone des Bodensees" ein wichtiger fachplanerischer Beitrag zur Unterstützung der landespolitischen Bemühungen um die Erhaltung des Bodensees als Trinkwasserspeicher (vgl. Plankapitel 3.9 und 3.12); sie bauen auf den Grundlagen des 1975 von der Landesregierung aufgestellten Gesamtkonzepts für den Bodenseeraum sowie auf den Zielen des LEP 1971 auf.

Kläranlagen

Schutz der
Flachwasserzone

Eine andere wesentliche Voraussetzung für die Bewältigung der Reinhaltungsvorhaben am Bodensee ist die Fortsetzung der internationalen Zusammenarbeit aller Anliegerstaaten (vgl. PS 1.2), zu deren Früchten u.a. das „Internationale Leitbild für das Bodenseegebiet" zählt.

Es sind die Einrichtungen zu schaffen, die erforderlich sind, um die entstehenden Abfälle so zu beseitigen, daß das Wohl der Allgemeinheit nicht beeinträchtigt wird. Neben der Umweltverträglichkeit ist dabei die Sicherheit der Entsorgung bei wirtschaftlicher Zweckmäßigkeit zu beachten.

Zu 2.7.5
Abfallbeseitigung

Mit der zivilisatorischen und wirtschaftlichen Entwicklung wächst der Anfall an Abfällen. Unterschieden wird zwischen Hausmüll und Sonderabfällen, die wegen ihrer Art oder Menge nicht zusammen mit Hausmüll beseitigt werden können. Dazu zählen u.a. auch Tierkörper und Schlachtabfälle, Altöl, Altreifen, Autowracks und bestimmte Krankenhausabfälle.

Begründung
Wasser- und Abfallwirtschaft

In Baden-Württemberg fallen zur Zeit jährlich etwa 14 Mio t Abfälle an, die in unschädlicher, insbesondere in hygienisch und wasserwirtschaftlich einwandfreier Weise, beseitigt oder verwertet werden müssen. Hierzu bedarf es nicht nur vielfältiger technischer Maßnahmen (die derzeitigen Abfallmengen werden zu 91,8 % auf Deponien abgelagert, zu 7,5 % in Verbrennungsanlagen beseitigt und zu 0,7 % kompostiert), sondern auch einer umfassenden rechtlichen Regelung. Mit dem Abfallbeseitigungsgesetz des Bundes und dem Landesabfallgesetz wurden Anfang der 70er Jahre die rechtlichen Voraussetzungen für eine Neuordnung der Abfallbeseitigung geschaffen; beide Gesetze wurden inzwischen jeweils den neueren Erkenntnissen und Erfahrungen angepaßt. Darüber hinaus gelten für die Beseitigung von Sonderabfällen eigene Gesetze, z.B. das Tierkörperbeseitigungsgesetz, das Altölgesetz und für den Bereich der radioaktiven Stoffe das Atomgesetz.

Gesamtkonzept, Teilpläne

Die von der Landesregierung Anfang der 70er Jahre begonnene und seitdem konsequent fortgeführte Neuordnung der Abfallbeseitigung mündete in ein Gesamtkonzept, welches die technischen, wirtschaftlichen und ökologischen Erfordernisse berücksichtigt. Dieses Konzept wird von einer doppelten Zielsetzung geprägt, die erstens in einer geordneten Abfallbeseitigung besteht und zweitens - vor allem längerfristig gesehen - eine Entwicklung von der reinen Abfallbeseitigung zur Abfallwirtschaft anstrebt (vgl. Antwort der Landesregierung auf die Große Anfrage der Fraktion der CDU betr. „Abfallbeseitigung und Abfallwirtschaft in Baden-Württemberg", LT-DS 8/2707). Dieser Entwicklungsschritt, der von den Anstrengungen für die Wieder- und Weiterverwertung von Abfällen sowie für die allmähliche Reduzierung des Anfalls von Abfällen bei der Warenproduktion aber auch beim Verbraucher gekennzeichnet wird, ist eine der großen technisch-organisatorischen Zukunftsaufgaben, die bereits in Angriff genommen worden ist.

Vorerst liegt der Schwerpunkt der Abfallbeseitigung jedoch noch in der Aufstellung und vor allem in der Durchführung der Abfallbeseitigungspläne, die sich u.a. wegen des hohen Finanzaufwands beim Bau der Anlagen noch bis in die 80er Jahre erstreckt. Die je nach Abfallart unterschiedlichen Problemstellungen gaben Anlaß zur Aufgliederung des Gesamtkonzepts in Teilpläne. Berelts erstellt wurde der Teilplan „Hausmüll", der sowohl die Festlegung der Standorte der Beseitigungsanlagen als auch Angaben zu deren technischem Niveau bzw. zu technischen Qualitätsanforderungen enthält (vgl. PS 2.7.51).

Der LEP berücksichtigt die Erkenntnisse aus der systematischen Neuordnung der Abfallbeseitigung in Baden-Württemberg. Das allgemeine Entwicklungsziel trägt vor allem der Tatsache Rechnung, daß bei dieser Neuordnung neben den technischen Voraussetzungen für die Handhabung der Abfallbeseitigung ökologische und wirtschaftliche Erfordernisse und die Rückführung von Abfallstoffen in den Kreislauf (Recycling) an Bedeutung gewinnen.

Zu 2.7.51
Hausmüll

Hierzu sind insbesondere Anlagen zur Beseitigung des Hausmülls, des Erdaushubs und des Bauschutts in ausreichender Zahl zu erstellen.

Etwa ein Viertel der gegenwärtig jährlich anfallenden Gesamtabfallmenge sind Hausmüll und hausmüllähnliche Abfälle. Die Beseitigung dieser Abfälle erfolgt vorerst noch ausschließlich nach den erprobten Methoden der Deponierung, Kompostierung und Verbrennung. Mit dem Landesabfallgesetz vom 21. Dezember 1971 (GBl. 1972, S. 1) und dessen Neufassung vom 18. November 1975 (GBl. S. 757) wurde die Abfallbeseitigung Pflichtaufgabe der Stadt- und Landkreise. Die wichtigste Grundlage für die erfolgreiche Durchführung der Neuordnung der Abfallbeseitigung ist der von der Landesregierung aufgestellte Teilplan „Hausmüll" (LT-DS 7/3910), der zugleich das Kernstück der Abfallbeseitigungsplanung des Landes ist. Er legt aufgrund der örtlichen Gegebenheiten die Beseitigungsmethoden fest, bestimmt die Standorte der Anlagen und gibt Hinweise für die Einzugsgebiete der einzelnen Beseitigungsanlagen. Bei dieser Abgrenzung wurden aus technischen und wirtschaftlichen Gründen verschiedentlich stadt- und landkreisüberschreitende Lösungen vorgeschlagen. Insgesamt geht der Plan von etwa 80 Großanlagen aus. Bei der Auswahl der jeweils vorgeschlagenen Beseitigungsmethode wird neben der Wirtschaftlichkeit derjenigen Methode der Vorzug eingeräumt, die, in Übereinstimmung mit den Zielen der Raumordnung und Landesplanung, am betreffenden Standort gleichzeitig zur Erhaltung oder Verbesserung günstiger Umweltbedingungen beiträgt.

Begründung
Wasser- und Abfallwirtschaft

Die Änderung des PS 2.7.51 bei der Fortschreibung des LEP beruht auf dem Teilplan „Hausmüll". Da dieser alle Einzelheiten regelt, war eine Detaillierung an dieser Stelle entbehrlich. Einer besonderen Hervorhebung bedarf lediglich die der Beseitigung von Erdaushub und Bauschutt, obwohl es sich hier bereits um eine Art von Sonderabfall handelt. Die Einbindung in diesen Plansatz erscheint jedoch gerechtfertigt, weil Aushub und Schutt ähnlich dem Hausmüll nahezu überall und in großen Mengen anfällt und vielfach in Verbindung mit der Hausmülldeponierung beseitigt wird und entscheidend zur Rekultivierung beiträgt (vgl. PS 2.7.53). Zum größten Teil muß die Beseitigung von Erdaushub und Bauschutt allerdings mit anderen Ablagerungsmöglichkeiten verknüpft werden. So werden größere Mengen zur Verfüllung von Sand-, Kies- und Tongruben oder zur Errichtung von Lärm- und Sichtschutzwällen verwendet; die Kreise haben aber auch eine Vielzahl ausgesprochener Bauschutt- und Bodenaushubdeponien eingerichtet.

Hierzu sind insbesondere die erforderlichen Anlagen zur Beseitigung von Sonderabfällen zu erstellen.

Zu 2.7.52
Sonderabfälle

Im Bereich der industriellen Produktion von Waren und Gütern, zum Teil auch in Dienstleistungsbetrieben und Forschungseinrichtungen entstehen vielzählige und verschiedenartige Sonderabfälle, die wegen ihrer Art oder Menge nicht zusammen mit dem Hausmüll beseitigt werden können. An ihre Beseitigung müssen insgesamt höhere Anforderungen gestellt werden. Einige dieser Sonderabfälle würden bei unsachgemäßer Beseitigung den Naturhaushalt, Wasser, Luft und Boden stark gefährden. Das Hauptaugenmerk muß deshalb in erster Linie auf die industriellen Sonderabfälle gelenkt werden, die auch je nach Art, Menge und räumlicher Verteilung nach verschiedenen Verfahren beseitigt werden. Die Landesregierung hat diesen Belangen mit der Aufstellung des weiteren Teilplans „Sondermüll" Rechnung getragen. Dieser Plan erfaßt nicht die Beseitigung der übrigen Sonderabfälle, z.B. Autowracks, Altöle oder Krankenhausabfälle, die wiederum eine artspezifische Beseitigungstechnik und damit ein von der allgemeinen Sonderabfallbeseitigung unabhängiges Entsorgungssystem benötigt.

Die Beseitigung der Sonderabfälle wurde wegen ihrer spezifischen Techniken und wegen der in besonderem Maße zu beachtenden überörtlichen Grundsätze von der öffentlichen Abfallbeseitigung seitens der Stadt- und Landkreise ausgeschlossen. Das Land hat zusammen mit den Stadt- und Landkreisen, den Industrie- und Handelskammern und dem Verband der Baden-Württembergischen Industrie die „Gesellschaft zur Beseitigung von Sonderabfällen in Baden-Württemberg mbH" geschaffen, die sich - soweit erforderlich - der Beseitigung bzw. Verwertung der Sonderabfälle annimmt. In Baden-Württemberg werden die industriellen Sonderabfälle in verschiedenen Anlagen im Lande selbst behandelt und beseitigt. Darüber hinaus werden Anlagen in den benachbarten Bundesländern und in den angrenzenden Nachbarstaaten in Anspruch genommen.

Hierzu ist insbesondere die Rekultivierung ehemaliger Müllkippen zügig weiterzubetreiben.

Zu 2.7.53
Rekultivierung

PS 2.7.53 ist bei der Fortschreibung neu in den LEP aufgenommen worden. Die Rekultivierung ehemaliger Müllkippen ist dringlich, da von diesen ungeordneten Ablagerungen Belästigungen und Gefahren für die Umwelt ausgehen können. Die Übergangsdeponien, die noch einige Jahre bestehen werden, müssen umweltgerecht gestaltet und betrieben werden. Von den ursprünglich mehr als 3 800 Müllkippen sind derzeit bereits rd. zwei Drittel vollständig rekultiviert, der Rest befindet sich noch in Rekultivierung. Erheblich dazu beigetragen hat die Ablagerung von Erdaushub und Bauschutt (vgl. PS 2.7.51). Diese Nutzungsmöglichkeit erklärt auch einen großen Teil der noch in Gang befindlichen und auf mehrere Jahre ausgedehnten Rekultivierungen.

Hierzu sind insbesondere Technologien zu fördern, die es unter Beachtung der Gesamtwirtschaftlichkeit ermöglichen, Abfälle zu vermeiden oder zu verwerten (Recycling).

Zu 2.7.54
Recycling

PS 2.7.54 ist ebenfalls neu. Er unterstreicht die Einleitung einer neuen Phase der Abfallbeseitigungspolitik von der reinen Abfallbeseitigung zur Abfallwirtschaft und geht von der Erkenntnis aus, daß bei den derzeit gebräuchlichen Abfallbeseitigungsmethoden die in den Abfällen enthaltenen Wertstoffe nicht in dem anzustrebenden Umfang genutzt werden. Durch verschiedene Studien und durch die Energiekrise in den 70er Jahren wurde die Rückführung von Abfallstoffen (Recycling) als Maßnahme der Rohstoffsicherung in den Vordergrund gerückt. Eng verknüpft damit ist eine erhebliche Reduzierung der Abfallmengen, so daß die vorhandenen Deponieräume

Begründung
Wasser- und Abfallwirtschaft

länger reichen. PS 2.7.54 beinhaltet deshalb auch, die Anstrengungen für die Wieder- und Weiterverwendung von Abfällen dadurch zu ergänzen, daß Abfälle bei der industriellen Produktion und beim Verbraucher allmählich reduziert oder gar gänzlich vermieden werden.

Es wird davon ausgegangen, daß bestimmte häusliche und industrielle Abfälle wieder verwendet werden und das Müllvolumen um über 50 % verringert werden könnte, wenn entsprechende Recycling-Techniken zur Verfügung stünden und ein Markt für Sekundärrohstoffe aus Abfällen vorhanden wäre. Neben den technologischen Bedingungen (Entwicklungsstand, Betriebssicherheit und Materialeigenschaften) einer Rückführung von Abfallstoffen sind außerdem ökologische (Ressourcenschonung und Umweltbelastung) sowie ökonomische (Kosten, erzielbare Preise und Preisentwicklung) Bedingungen für das Ausmaß des Recycling maßgebend. Eine grundlegende Voraussetzung für die erfolgversprechende Rohstoffrückgewinnung aus Hausmüll ist die Trennung der wesentlichsten Abfallbestandteile voneinander, womit in der Praxis vielerorts bereits begonnen worden ist (Altglas, Altpapier). Der gesamte Fragenkreis bedarf jedoch noch weiterer Untersuchungen und Entwicklungsversuche und vor allem einer Zusammenarbeit zwischen Verwaltung, Wirtschaft und Bevölkerung.

Zu 2.7.55 Klärschlämme

Hierzu sind insbesondere geeignete Klärschlämme so aufzubereiten, daß sie für die Bodenverbesserung eingesetzt werden können.

Kommunaler Klärschlamm stellt ein Spezialproblem bei der Beseitigung und Verwertung von Abfallprodukten dar. Infolge der stark angestiegenen Zahl der Kläranlagen mit hohen Reinigungsleistungen hat auch der Anfall an Klärschlamm erheblich zugenommen. Der Anteil an organischen Substanzen und der teilweise hohe Gehalt an düngewirksamen Stoffen sind Anlaß, eine weitgehende landwirtschaftliche Verwertung anzustreben. Die landbauliche Verwertung von geeignetem Klärschlamm ermöglicht Rohstoff- und Energieeinsparungen und entspricht damit umweltpolitischen und -planerischen Erfordernissen. Durch eine weitere Verringerung der den Kläranlagen zugeführten Schwermetallfrachten sind die Voraussetzungen für die Verwertung auf landwirtschaftlich, forstwirtschaftlich und gärtnerisch genutzten Böden zu verbessern. Nicht verwertbare oder zur Verwertung nicht geeignete Klärschlämme müssen entweder nach ausreichender Entwässerung auf Deponien abgelagert, verbrannt oder weiterverarbeitet werden.

Zu 2.7.6 Damm- und Speicherbau

Schwankungen des Wasserdargebots der Gewässer sind - soweit möglich - dem Wasserbedarf anzupassen. Während Zeiten niedriger Fluß- und Grundwasserstände sind nachteilige Wassernutzungen nach Möglichkeit einzuschränken und - soweit erforderlich - auszugleichen.

Wasserbedarf und -dargebot sind jahreszeitlichen und örtlichen Schwankungen unterworfen. Während aber das Wasserdargebot im langjährigen Mittelwert nahezu konstant bleibt, wächst der durchschnittliche Wasserbedarf stetig; das Verhältnis von Niedrigwasser zum Hochwasserabfluß wird immer ungünstiger. Um durch zeitliches Zusammentreffen von großem Bedarf und geringerem Dargebot bedingte Versorgungsengpässe zu vermeiden, müssen Bedarf und Dargebot so miteinander in Einklang gebracht werden, daß möglichst zu Zeiten des höchsten Bedarfs auch das größte Dargebot verfügbar ist (vgl. PS 2.7.11 und 2.7.12). Ein Anpassen der Wasserführung an einen Bedarf beliebiger Größenordnung ist aus hydrologischen, technischen und auch finanziellen Gründen aber nicht möglich. Deshalb muß es in extremen Trockenzeiten möglich sein, nachteilige Wassernutzungen, wie z.B. Kühlwasserentnahmen, einzuschränken oder ganz einzustellen, um die öffentliche Wasserversorgung zu sichern und das biologische Leben in den Gewässern zu erhalten.

Zu 2.7.61 Ausleitungsstrecken

Dabei sind insbesondere wasserwirtschaftlich nachteilige Ausleitungsstrecken an Wasserläufen nach Möglichkeit zu beseitigen.

In fast allen Wasserläufen des Landes wird auf mehr oder minder langen Strecken das Wasser ausgeleitet. Dies rührt von Triebwerken und sonstigen Wassernutzungen aus früherer Zeit her. Da diese Ausleitungsstrecken oft über lange Zeit trocken liegen, treten mit zunehmender Besiedlung immer stärker Mißstände hervor. Durch unerlaubtes Einleiten von Abwasser und Einbringen von Abfällen entstehen Fäulnis und Pflanzenwucherungen. Außerdem verwittern die Uferbefestigungen. Die Ausleitungsstrecken müssen deshalb nach und nach beseitigt werden.

Begründung
Wasser- und Abfallwirtschaft

Dabei sind insbesondere die Nutzungsmöglichkeiten durch geeignete Maßnahmen, vor allem den Bau von Speicherbecken und die Anreicherung des Grundwassers, zu erhalten.

PS 2.7.62 enthält allgemein formulierte Zielsetzungen zur generellen Erhaltung der Nutzungsmöglichkeiten der Gewässer. Hier ergeben sich besonders enge Verknüpfungen mit den Belangen der Wasserversorgung (vgl. PS 2.7.2 und 2.7.3) und des Hochwasserschutzes (vgl. PS 2.7.7). Bauliche Maßnahmen in den Gewässern und in ihren Einzugsgebieten führen zu immer stärkeren Extremabflüssen; dadurch stoßen auch die Nutzungsmöglichkeiten immer mehr an Grenzen. Zur Abhilfe müssen natürliche Überschwemmungsgebiete freigehalten und Rückhaltebecken und Speicher angelegt werden (vgl. PS 2.7.74 und 2.7.75). Ihre Anlage erfordert ganz bestimmte topographische, geologische und nicht zuletzt hydrologische Voraussetzungen, die nur an wenigen Stellen im Lande gegeben sind. Diese Stellen müssen schon jetzt durch raumordnerische Maßnahmen von anderen Nutzungen freigehalten werden.

Zu 2.7.62
Erhaltung der
Nutzungsmöglichkeiten

Dazu ist insbesondere der Grundwasserbestand in der Oberrheinebene und im Illertal zu sichern und - soweit erforderlich - anzuheben.

Die Grundwasserstände in der Oberrheinebene und im Illertal sind infolge des rascheren oberflächlichen Abflusses von Niederschlägen durch die stark angewachsene Versiegelung der Oberfläche und infolge der Eintiefung der Flußbetten (vgl. PS 2.7.77) abgesunken. Dadurch hat sich die Pflanzenwelt teilweise völlig verändert. Nach PS 2.7.63 soll der Grundwasserstand gehalten und soweit erforderlich wieder angehoben werden (vgl. auch PS 2.7.22 und 2.7.33). Dieser Forderung tragen für die Oberrheinebene auch die deutsch-französischen Vertragsvereinbarungen Rechnung, die eine Reihe wasserbaulicher Maßnahmen im Zuge des Rheinausbaus (Bau von Wehren, Kulturwehren, Poldern, Rückhaltebecken u.a.m.) beinhalten. Ein großer Teil dieser Maßnahmen zur Stützung des Grundwassers sind bereits verwirklicht; weitere Maßnahmen müssen noch durchgeführt werden (vgl. PS 2.7.72). Für die nördliche Oberrheinebene zwischen Karlsruhe und dem Rhein-Main-Gebiet sind die raumbedeutsamen Vorhaben in den vier Sachbereichen Grundwasserhaushalt, Hochwasserschutz, Rheinausbau und Rohstoffsicherung vor dem Hintergrund einer grenzüberschreitenden Zusammenarbeit in der Entschließung der Raumordnungskommission Rhein-Neckar und der obersten Landesplanungsbehörden der Länder Baden-Württemberg, Rheinland-Pfalz und Hessen vom 23. Oktober 1981 zusammengefaßt.

Zu 2.7.63
Oberrheinebene
und Illertal

Der Schutz vor Schäden durch Hochwasser ist weiter zu verbessern. Der Erosion und der Auflandung ist - soweit erforderlich - entgegenzuwirken.

Alljährlich treten an den Flußläufen des Landes mehr oder minder starke Hochwässer auf, die oft erhebliche Zerstörungen anrichten. Die Schäden und Gefahren sind beträchtlich, weil in den hochwassergefährdeten Räumen und hinter den Deichen meist große Werte investiert sind. Der Hochwasserschutz muß deshalb weiter verbessert werden. Dazu hat die Landesregierung ein Sonderprogramm Hochwasserschutz aufgelegt, welches aus einem bis 1985 befristeten Dringlichkeitsprogrammteil und einem langfristigen Programmteil besteht. Das Sonderprogramm insgesamt sieht Verordnungen zur Sicherung der natürlichen Überschwemmungsgebiete und Rückhaltungen vor sowie Baumaßnahmen (einschl. ihrer zeitlichen Durchführung und Finanzierung) - wie z.B. Hochwasserdämme, Gewässerausbauten und Hochwasserrückhaltebecken - zur Sicherung des unbedingt notwendigen örtlichen Schutzes. Dieses Programm ist eine Prioritätenfestlegung für die Baumaßnahmen des Landes, der Gemeinden und Verbände. Alle Untersuchungen, die zur Verbesserung einer Hochwasservorhersage nötig sind und als Grundlage für eine künftige Konzeption zur langfristigen Regelung der Abflußverhältnisse an den größeren Gewässern des Landes dienen, sind eingeleitet worden.

Zu 2.7.7
Flußbau,
Hochwasserschutz

Dabei sind insbesondere Siedlungen und Verkehrsanlagen nur in hochwasserfreiem Gelände zu errichten.

Im Zuge der Siedlungsentwicklung wurden neue Wohnsiedlungen, Industriegebiete und Verkehrsbauten vielfach in den Flußniederungen angelegt. Dies setzte meist wasserbauliche Maßnahmen voraus, um das erforderliche Baugelände hochwasserfrei zu machen. Gleichzeitig wurden dadurch aber auch die natürlichen Rückhalteräume beseitigt und Abflußquerschnitte verengt mit der Folge verstärkter Erosionen. Bei Hochwasser führt dies zu einem starken Anstieg des Wasserspiegels und zu erheblichen Gefahren und wirtschaftlichen Schäden.

Zu 2.7.71
Siedlungstätigkeit

Begründung
Wasser- und Abfallwirtschaft

Im Hinblick auf die Errichtung von Flußübergängen werden sich Verkehrsbauten auch in hochwassergefährdeten Gebieten nicht gänzlich ausschließen lassen. Das bedeutet, daß bei aller Stringenz von PS 2.7.71 verkehrsbaulichen Maßnahmen in solchen Gebieten so lange nichts entgegensteht, als die Belange des Flußbaus und des Hochwasserschutzes gewahrt werden (vgl. PS 2.2.23 und 2.7.12).

Zu 2.7.72
Rückhalteräume
am Rhein

Dabei sind insbesondere Hochwasserrückhalteräume im Bereich des Rheins in ausreichender Anzahl und Größe zu sichern.

Verschiedene Eingriffe in das natürliche Abflußregime im Einzugsgebiet des Rheins und in seinem natürlichen Lauf, so vor allem die Juragewässerkorrektionen, die Erstellung großer Speicherräume in den Alpen, die Stauregelung am Hochrhein, die Tulla'sche Rheinkorrektion, der Ausbau des Oberrheins und der Nebenflüsse sowie Strukturänderungen im Einzugsgebiet haben im Verlauf der beiden letzten Jahrhunderte den Hochwasserabfluß des Rheins verstärkt und beschleunigt. Dies erfordert zwingend notwendige Abhilfemaßnahmen im Rahmen eines komplexen Hochwasserschutzes, um die Spitzenabflüsse und die Wasserfrachten der natürlichen Hochwasserwellen durch Rückhaltung zu vermindern. Dazu sind z.B. die schädlichen Abflußanteile einer Hochwasserwelle in künstlich geschaffene und gesteuerte Stauräume einzuleiten und so lange zurückzuhalten, bis die Verhältnisse im Unterlauf des Gewässers eine schadlose langsame Abgabe zulassen.

Die Landesregierung hat in Erkenntnis dieser wasserwirtschaftlichen Problematik bereits ab Mitte der 50er Jahre im Rahmen eines Sonderprogramms für den Oberrhein den Hochwasserschutz eingeleitet, der aber vor dem Hintergrund der vielfältigen Einflüsse des zwischen der Bundesrepublik Deutschland und Frankreich durch gemeinsame Maßnahmen beabsichtigten Oberrheinausbaus, vor allem zur Verhinderung der Erosion des Rheinbettes, neu überdacht werden mußte. Der Oberrheinausbau wirkt nicht nur verschlechternd auf den Hochwasserabfluß, sondern verändert die Grundwasserverhältnisse (vgl. PS 2.7.63) und die Auelandschaft entlang des Flusses, verursacht also auch erhebliche Eingriffe in die Ökologie. Die Komplexität der Hochwasserschutzmaßnahmen am Oberrhein resultiert also aus der gleichzeitigen gegenseitigen Abwägung wasserwirtschaftlicher und landeskultureller Belange mit schiffahrtstechnischen Problemen (vgl. PS 2.5.81).

Nachdem diese vielfältigen Einflüsse erkannt waren, und Problemlösungen gefunden werden mußten, wurde im Jahre 1968 die „Internationale Hochwasserstudienkommission für den Rhein" gebildet, die sich dieser Themen im einzelnen annahm und Vorschläge für Abhilfemaßnahmen unterbreitet hat. Jene Vorschläge sollten dann Grundlagen sein für Verhandlungen über Maßnahmen nach Artikel 9 des zwischen Frankreich und der Bundesrepublik Deutschland am 4. Juli 1969 abgeschlossenen Vertrags. Dieser Vertrag sah vor, zunächst zwei Staustufen bei Gambsheim und Iffezheim zu erstellen und unterhalb von Iffezheim das Weitergreifen der Erosion durch eine Sohlenpanzerung zu verhindern (vgl. PS 2.7.77). Der in der Zusatzvereinbarung vom 16. Juli 1975 als Alternative zur Sohlenpanzerung vorgesehene Bau einer weiteren Staustufe bei Au-Neuburg wurde durch die zusätzliche Vereinbarung zwischen Frankreich und der Bundesrepublik Deutschland im Jahre 1982 zugunsten der Geschiebezugabe schließlich zurückgestellt (vgl. PS 2.5.81).

Zu 2.7.73
Rheindeiche

Dabei sind insbesondere die Erhöhung und Verstärkung der Hochwasserdämme am Rhein weiterzuführen.

Die Möglichkeiten für die nach PS 2.7.72 geforderten Rückhalteräume reichen nicht aus, überall die Veränderungen der Hochwasserwellen rückgängig zu machen. Das vorhandene Deichsystem muß daher dort, wo es trotz der Rückhalteräume keinen ausreichenden Schutz bietet, der veränderten Wasserführung angepaßt werden.

Zu 2.7.74
Rückhaltebecken

Dazu sind insbesondere Rückhaltebecken zur Minderung des Hochwasserabflusses zu bauen, soweit natürliche Überschwemmungsgebiete nicht ausreichen.

PS 2.7.74 fordert generell den Bau von Rückhaltebecken, soweit natürliche Überschwemmungsgebiete zur Minderung des Hochwasserabflusses nicht ausreichen. Rückhaltebecken sind wasserwirtschaftlich besonders wirksam, wenn sie zugleich Speicher sind. Die Flüsse, in deren Einzugsbereichen Rückhaltebecken zu bauen sind, wurden im LEP 1983 nicht mehr aufgeführt.

Begründung
Bildungswesen und allgemeine Kulturpflege

Dazu sind insbesondere die Gewässer auf gefährdeten Strecken auszubauen, wo natürliche Überschwemmungsgebiete und Rückhaltebecken nicht ausreichen.

Zu 2.7.75
Ausbau von Flußläufen

Gewässerausbauten beschleunigen den Abfluß des Wassers aus dem Einzugsgebiet und verschärfen die Hochwassergefahr im Unterlauf. Nach PS 2.7.75 sollen Gewässerausbauten deshalb nur dort vorgenommen werden, wo sie zum Schutz von vorhandenen Siedlungen und Verkehrsanlagen nötig sind und nicht durch den Bau von Rückhaltebecken ersetzt werden können. Die zur Abführung von Hochwasser auszubauenden Flüsse sind nicht mehr namentlich aufgeführt.

Dabei sind insbesondere am Oberrhein die Mündungsstrecken der Seitengewässer an die durch den Bau von Staustufen veränderten Abflußverhältnisse anzupassen.

Zu 2.7.76
Anpassung der Seitengewässer

Der im Oberrheinvertrag von 1969 und in den zuvor mit Frankreich bereits geschlossenen Verträgen vereinbarte Ausbau des Oberrheins und die Veränderungen im Einzugsgebiet des Hochrheins führen zu Wasserstandserhöhungen im Rhein. Dadurch werden auch die einmündenden Gewässer angestaut. Diesen veränderten Verhältnissen muß die Lage und die Höhe der Hochwasserdämme angepaßt werden.

Dabei ist insbesondere der Erosion des Oberrheins, der Iller sowie der Gewässer mit Wildbachcharakter entgegenzuwirken.

Zu 2.7.77
Erosion

Die Begradigung von Oberrhein und Iller im vorigen Jahrhundert hat zu einer starken Erosion der Flußsohle und dadurch zum Absinken der Wasserstände der Flüsse selbst und des Grundwasserspiegels in den seitlich anschließenden Gebieten geführt; durch den (noch nicht abgeschlossenen) Ausbau beider Flüsse wird eine Erosion unterhalb der jeweils letzten Staustufe bewirkt. Die Erosion kann sich für die Schiffahrt, die Kraftnutzung, die Standfestigkeit der Bauwerke in und an den Flüssen für die angrenzende Uferlandschaft nachteilig auswirken; Erosionen verursachen auch eine Verminderung des Wasserdargebots in der Talniederung (vgl. PS 2.7.63). Bei Gewässern mit Wildbachcharakter können Erosionen zu Erdrutschen führen. Der Eintiefung der Flüsse muß deshalb entgegengewirkt werden.

Die Sohlenerosion kann entweder durch wasserbautechnische Maßnahmen (z.B. Bau weiterer Staustufen) oder durch Geschiebezugabe unterhalb der letzten Staustufe verhindert werden. Unterhalb der jeweils letzten Staustufe stellt sich das Erosionsproblem erneut, allerdings in abgeminderter Form. Zu beachten sind die zwischen der Sohlenerosion und dem Hochwasserschutz bestehenden wechselseitigen Abhängigkeiten. Deshalb ist vor allem auf die Zielsetzungen zum Hochwasserschutz in PS 2.7.72, ebenso aber auch auf die schiffahrtstechnisch bedingten Probleme und die daraus abgeleiteten konkreten Ziele in PS 2.5.81 zu verweisen.

Zu 2.8 Bildungswesen und allgemeine Kulturpflege

Die Veränderungen bei den Zielsetzungen für das Bildungswesen resultieren in erster Linie daraus, daß seit Aufstellung des LEP 1971 für einige Bereiche des Bildungswesens neue Grundlagen vorhanden sind und einige Fachplanungen bereits weitgehend vollzogen wurden. Anpassungen waren außerdem deshalb nötig, weil die Geburten- und Schülerzahlen in den letzten Jahren deutlich zurückgegangen sind und sich diese Entwicklung sowohl auf die Einzugsbereiche und die Schulstandorte als auch auf die Klassenstärken auswirkt.

Zu 2.8
Bildungswesen und allgemeine Kulturpflege

Eine grundlegende bildungs- und ausbildungspolitische Aufgabe besteht künftig in einer Abstimmung zwischen Ausbildungs- und Beschäftigungssystem, die zum einen die große Zahl von Auszubildenden und zum anderen den Bedarf unserer Gesellschaft - und damit die Berufsaussichten der Jugendlichen - berücksichtigt. In einzelnen Bereichen ist heute schon ein Überangebot an akademisch ausgebildeten Kräften vorhanden, während gleichzeitig ein Mangel an qualifizierten Facharbeitern besteht. Bei aller Eigenständigkeit des Bildungswesens muß deshalb künftig verstärkt darauf geachtet werden, daß sich die Ausbildung unserer Jugendlichen mehr an den Bedürfnissen der Gesellschaft orientiert.

Der erreichte Ausbaustand und die hohe qualitative Leistungsfähigkeit des Bildungswesens sowie die fachliche Gliederung und räumliche Verteilung der Bildungseinrichtungen sind zu erhalten.

Zu 2.8.1
Allgemeines Entwicklungsziel

Eine grundlegende Voraussetzung für eine Anpassung des Bildungswesens an die veränderten Rahmenbedingungen und für eine Lösung der damit verbundenen Probleme ist die Erhaltung der geschaffenen Bildungseinrichtungen. Dabei ist die vorhandene Differenzierung der gesamten Palette der Bildungseinrichtungen ebenso zu

Begründung
Bildungswesen und allgemeine Kulturpflege

bewahren und sicherzustellen wie deren fachliche Gliederung und räumliche Verteilung, die in dem erreichten flächendeckenden Ausbaustand zum Ausdruck kommt. Das Bildungswesen tritt wie in anderen Planungsbereichen auch von einer Entwicklungs- und Ausbauphase in eine Konsolidierungsphase, die vor allem von den Zielen einer qualitativen Verbesserung des Bildungsangebots gekennzeichnet ist. Wenn im Einzelfall die Schließung einer Bildungseinrichtung unvermeidlich ist, ist dabei auf eine ausgewogene räumliche Verteilung der verbleibenden Einrichtungen zu achten.

Regionale Unterschiede

Mit dem Ausbau des Bildungswesens konnten die regionalen Unterschiede in der Verteilung der Bildungseinrichtungen in den einzelnen Landesteilen erheblich verringert und das regionale und soziale Bildungsgefälle wesentlich abgebaut werden. Dies läßt sich u.a. recht deutlich an den Übergängen auf Realschulen und Gymnasien ablesen. Obwohl die Übergangsquoten in den Verdichtungsräumen noch weiter angestiegen sind, konnten die Unterschiede zu den ländlichen Räumen infolge des flächendeckenden Ausbaus und der besseren Erreichbarkeit der Realschulen und Gymnasien erheblich gemildert werden.

Zu 2.8.11
Bildungschancen

Insbesondere sind in allen Landesteilen jedem einzelnen die seiner Begabung entsprechenden Bildungsmöglichkeiten in zumutbarer Entfernung zum Wohnort anzubieten.

PS 2.8.11 trägt dem in der Landesverfassung verankerten Grundsatz der Gleichheit der Bildungschancen Rechnung: „Jeder junge Mensch hat ohne Rücksicht auf Herkunft oder wirtschaftliche Lage das Recht auf eine seiner Begabung entsprechende Erziehung und Ausbildung" (Artikel 11 Abs. 1 LV). Deshalb ist es besonders wichtig, die Bildungseinrichtungen in zumutbarer Entfernung zum Wohnort anzubieten und sicherzustellen, daß die vorhandene räumliche Verteilung der Einrichtungen erhalten bleibt.

Dieser Plansatz soll auch der Vielfalt der Begabungen Rechnung tragen. Er entspricht einer Bildungskonzeption, die alle Bereiche des Bildungswesens gleichberechtigt einschließt. Damit sollen Vorstellungen vermieden werden, daß die Ausbildungs- und Berufschancen der jungen Generation nur durch ein Hochschulstudium gewahrt würden.

Zu 2.8.12
Bildungswesen und Arbeitswelt

Insbesondere sind die Bildungseinrichtungen sowohl dem Bildungsbedarf als auch den Veränderungen der Wirtschafts- und Sozialstruktur anzupassen.

PS 2.8.12 geht davon aus, daß die derzeitigen tiefgreifenden strukturellen Anpassungsprozesse in der Wirtschaft sowohl die Berufsstrukturen in und zwischen den verschiedenen Wirtschaftszweigen als auch die qualitativen Anforderungen in einzelnen Berufen stark verändern werden. Eine solche Veränderung der Berufs- und Arbeitswelt macht entsprechende Umstrukturierungen im Bildungswesen erforderlich. Das System der Bildungseinrichtungen muß durch Inkaufnahme von Überlastquoten den Bildungs- und Ausbildungsbedarf der geburtenstarken Jahrgänge bewältigen und dabei gleichzeitig den veränderten Verhältnissen auf dem Arbeitsmarkt Rechnung tragen, die sich aus den zahlreichen Firmenzusammenbrüchen der letzten Zeit, den einschneidenden Konsolidierungs- und Rationalisierungsmaßnahmen sowie den sich teilweise abzeichnenden Sättigungstendenzen ergeben haben.

Zu 2.8.2
Schulwesen

Die verschiedenen schulischen Einrichtungen des Landes sind entsprechend ihrer Aufgabe im Rahmen der Gesamtkonzeption des Bildungswesens und ihrer Funktion im Netz der Zentralen Orte zu erhalten.

Das allgemeine Entwicklungsziel, die vorhandenen schulischen Einrichtungen und den hohen qualitativen Ausbaustand des Schulwesens zu erhalten und für die Zukunft zu sichern, ist die Grundlage einer bildungspolitischen Gesamtkonzeption zur langfristigen Bewältigung der quantitativen und qualitativen Anforderungen an das Bildungswesen.

Schulentwicklungsplanung

Die in den 60er und 70er Jahren aufgestellten Schulentwicklungspläne sind weitgehend vollzogen. Bei der Fortschreibung dieser Pläne müssen die veränderten Rahmenbedingungen der Bevölkerungsentwicklung, der Wirtschaft und des Arbeitsmarktes sowie die sich damit verändernden Anforderungen an das Bildungswesen berücksichtigt werden. Vor diesem Hintergrund ist eine Gesamtplanung zu verfolgen, die von der Erhaltung und Sicherung des Erreichten ausgeht und einen Ausbau lediglich im Sinne einer notwendigen Anpassung an veränderte Voraussetzungen anstrebt.

Begründung
Bildungswesen und allgemeine Kulturpflege

Das bildungspolitische muß vor allem mit dem beschäftigungspolitischen Gesamtkonzept in Einklang gebracht werden und sicherstellen, daß der jungen Generation auch in Zeiten technologischer, struktureller und sozialer Wandlungen der Arbeitswelt ausreichende Ausbildungs- und Berufschancen offenstehen. Das heißt, daß die Bewältigung der aus dem „Schülerberg" sowie der aus dem Abiturienten- und Studentenüberhang resultierenden Probleme nicht allein durch eine Erhöhung der Ausbildungskapazitäten der Hochschulen zu erreichen ist, sondern nur durch eine gleichzeitige Suche nach Alternativen zum Hochschulstudium und eine Verbesserung des Lehrstellenangebots. Die Wahl des Bildungs- und Ausbildungsweges muß mehr denn je vor dem Hintergrund der späteren beruflichen Möglichkeiten gesehen werden. Der Verknüpfung der ausbildungs- und beschäftigungspolitischen Konzeptionen kommt daher für eine Verbesserung der Berufschancen, insbesondere der jungen Generation, eine große Bedeutung zu. Darauf heben auch die in der Regierungserklärung vom 24. Juni 1980 enthaltenen bildungs- und ausbildungspolitischen Schwerpunkte künftiger Planungen und Maßnahmen ab, insbesondere im beruflichen Schulwesen, bei den Berufsakademien und bei den Fachhochschulen.

Ausbildung und Beruf

Im Vordergrund von PS 2.8.2 steht, die vorhandenen Schulen in ihrer fachlichen Gliederung und räumlichen Verteilung zu erhalten. Ziel im Rahmen der Fortschreibung der Schulentwicklungspläne ist also weder eine über die derzeitigen Pläne hinausgehende Konzentration noch die Bestimmung weiterer Standorte. Gleichzeitig weist der Plansatz auf die Bedeutung der schulischen Einrichtungen für die Ausstattung und Funktion der Zentralen Orte hin und macht deutlich, daß die Erhaltung der zentralörtlichen Funktionsfähigkeit eines Raumes, insbesondere für die dünner besiedelten ländlichen Räume, ein vorrangiges raumordnerisches Anliegen ist.

Durch eine bedarfsgerechte Unterhaltung von Kindergärten ist für alle kindergartenfähigen Kinder ein differenziertes Angebot im Elementarbereich sicherzustellen.

Zu 2.8.21
Elementarbereich

Die Kindergärten bleiben auch ohne räumliche und organisatorische Eingliederung in das öffentliche Bildungswesen ein unverzichtbarer Bestandteil des gesamten Bildungssystems. Die elementaren kulturellen und sozialen Fähigkeiten sowie Verhaltens- und Denkweisen sollen weiterhin durch geeignete Lern- und Tätigkeitsprogramme systematisch gefördert werden.

Im Grundschulbereich sind die vorhandenen Schulen - insbesondere im ländlichen Raum - nach dem Grundsatz der Leistungsfähigkeit und der Wohnortnähe zu erhalten.

Zu 2.8.22
Grundschulen

Ausgehend vom Grundsatz der Erhaltung des bisher geschaffenen Bildungsangebots ist im Grundschulbereich vorrangiges Ziel, bestehende Grundschulen zu erhalten und ihren künftigen Bestand zu sichern. Dabei sind in erster Linie die Gesichtspunkte der Wohnortnähe und der Leistungsfähigkeit zu beachten. Der Begriff der Leistungsfähigkeit beinhaltet grundsätzlich die Bildung von Jahrgangsklassen, läßt aber in dünnbesiedelten Gebieten auch kombinierte Klassen aus zwei Jahrgängen zu.

Die Hauptschulen sind unter Verwirklichung ihres erweiterten Bildungsauftrags in ihrem Bestand zu sichern. Insbesondere im ländlichen Raum fallen ihnen wichtige Funktionen als weiterführende Schulen zu. Bei schwierigen örtlichen Verhältnissen, vor allem bei großen Entfernungen, insbesondere im ländlichen Raum, sind auch einzügige Hauptschulen zu erhalten.

Zu 2.8.23
Hauptschulen

Der erweiterte Bildungsauftrag der nach den Grundsätzen des Schulentwicklungsplanes I gebildeten Hauptschule sieht unter anderem die allgemeine Anhebung des Ausbildungsniveaus und die Durchlässigkeit zu anderen weiterführenden Schulen vor.

Darüber hinaus gilt es, die Hauptschule auf die Anforderungen, die aus den jüngsten gesellschaftspolitischen Entwicklungstendenzen resultieren, auszurichten. Deshalb gehört es zu den Schwerpunkten der Bildungspolitik, der Hauptschule im Rahmen der Gesamtentwicklung ein eigenständiges Profil zu geben, welches von der wachsenden Nachfrage nach qualifizierten Arbeitskräften im Bereich der praktischen Berufe bestimmt ist. Vor dem Hintergrund der seit Jahren rückläufigen Übergangsquote laufen bereits seit 1975 intensive Bemühungen um die Stärkung der Hauptschule als gleichwertige Schulart neben Realschule und Gymnasium über das „Aktionsprogramm zur Weiterentwicklung der Hauptschule in Baden-Württemberg". Mit diesem Aktionsprogramm wurden bereits einige Neuerungen eingeführt, die unter anderem die Zusammenarbeit zwischen Hauptschule und beruflichen Schulen fördern sollen (vgl. Ausführungen zu 2.8.26).

Begründung
Bildungswesen und allgemeine Kulturpflege

PS 2.8.23 will darüber hinaus vor allem die Bedeutung der Hauptschule als weiterführende Schule im ländlichen Raum hervorheben und als wohnortnahe Alternative zu den anderen weiterführenden Schulen anbieten. Aus diesem Grund wird zugestanden, daß bei schwierigen örtlichen Verhältnissen oder unzumutbaren Entfernungen, insbesondere im dünnbesiedelten ländlichen Raum, bei rückläufigen Schülerzahlen auch einzügige Hauptschulen erhalten werden sollen.

Zu 2.8.24
Realschulen
und Gymnasien

Das Netz der Realschulen und Gymnasien ist zu erhalten und nur noch dann zu erweitern, wenn ein öffentliches Bedürfnis vorhanden ist. Standorte von Realschulen sind grundsätzlich Unterzentren und Zentrale Orte höherer Stufe, bei tragfähigen Einzugsbereichen auch geeignete Kleinzentren. Standorte von Gymnasien sind grundsätzlich Ober- und Mittelzentren, Unterzentren und Kleinzentren nur dann, wenn ihre Einzugsbereiche ausreichende Bildungsangebote in der Oberstufe ermöglichen.

In Baden-Württemberg ist der Ausbau der Realschulen und Gymnasien weitgehend abgeschlossen. Auch hier gilt zunächst die Zielsetzung, die vorhandenen Schulen zu erhalten und das derzeitige differenzierte Angebot langfristig zu sichern. Die hohen Geburtenzahlen der 60er Jahre einerseits sowie das flächendeckende Angebot und die stark gestiegene Attraktivität andererseits haben die Übergänge auf Realschule und Gymnasium kontinuierlich ansteigen lassen und insbesondere in den Verdichtungsräumen und ihren Randzonen zeitweilig zur Überfüllung einzelner Schulen geführt. Durch Ausweisung weiterer Schulstandorte wurden derartige Kapazitätsengpässe jedoch bereits weitgehend beseitigt. Auch aufgrund der seit 1966 stark rückläufigen Geburtenentwicklung wird das Problem der übergroßen Schulen schon in wenigen Jahren gelöst sein.

Wichtigste Voraussetzung für die Festlegung weiterer Standorte ist der Nachweis tragfähiger Einzugsbereiche unter Berücksichtigung der Auswirkungen auf benachbarte Schulen. In der Regel sind Schulstandorte Zentrale Orte. PS 2.8.24 ermöglicht jedoch unter Berücksichtigung der Tragfähigkeitsverhältnisse eine flexible Handhabung bei der Standortwahl.

Zu 2.8.25
Sonderschulen

Für bildungsfähige, jedoch körperlich, geistig, seelisch oder sittlich behinderte Kinder und Jugendliche ist eine angemessene Ausbildung durch die Erhaltung der bestehenden Sonderschulen sicherzustellen und - wo erforderlich - in zentraler Lage die Voraussetzung für eine solche zu schaffen.

Das Netz der Sonderschulen kann ebenfalls grundsätzlich als nahezu ausgebaut angesehen werden. Im Vordergrund steht deshalb, den erreichten hohen Standard zu erhalten.

Bei Sonderschulen ergibt sich wegen des spezifischen Schülerkreises vielfach die besondere, mit anderen Schularten nicht vergleichbare Situation, daß die Einzugsbereiche weit über die zentralörtlichen Verflechtungsbereiche hinausreichen. Da einige Sonderschulen als Heimschulen geführt werden, entfällt teilweise zudem die aus landesplanerischen Gründen angestrebte und bei den anderen Schularten übliche Standortverknüpfung mit einem Zentralen Ort. Im Interesse einer guten Erreichbarkeit aus dem gesamten Einzugsbereich ist aber eine allgemeine zentrale Lage sehr wichtig. Ebenso sollte bei der Standortwahl die Nutzung vorhandenen Schulraums eine gewichtige Rolle spielen.

Zu 2.8.26
Berufliche Schulen
(Berufs-, Berufsfach-
und Fachschulen,
Berufskollegs,
berufliche Gymnasien und
Berufsoberschulen)

Der Ausbau des beruflichen Schulwesens ist weitgehend abgeschlossen. Die noch erforderlichen Maßnahmen sollen sich auf die vorhandenen Standorte konzentrieren und insbesondere der Profilierung der beruflichen Bildungsgänge, der Sicherung des dualen Systems, der Verbesserung beruflicher Aufstiegswege und der Förderung benachteiligter und ausländischer Schüler dienen.

Der enge Zusammenhang zwischen der Leistungsfähigkeit des Bildungswesens und der wirtschaftlichen Entwicklung sowie der Situation auf dem Arbeitsmarkt macht es erforderlich, langfristig sicherzustellen, daß die Nachfrage der Schüler, Studenten und Auszubildenden nach ausbildungsbezogenen und -gerechten Arbeitsplätzen und die Nachfrage der Arbeitswelt nach Fachkräften unterschiedlicher Ausbildung und Qualifikation im ganzen Land in Einklang gebracht werden. Ersteres ist besonders vor dem Hintergrund des Überangebots an Arbeitskräften als Folge der geburtenstarken Jahrgänge von Bedeutung. Zu den Schwerpunkten der baden-württembergischen Bildungspolitik gehören deshalb entsprechende Maßnahmen im beruflichen Schulwesen und die Sicherung des dualen Systems.

Begründung
Bildungswesen und allgemeine Kulturpflege

Der Ausbau des beruflichen Schulwesens ist bereits sehr weit fortgeschritten, so daß nur gezielte und spezifische Einzelmaßnahmen erforderlich sind. Der von der Landesregierung in der Regierungserklärung vom 24. Juni 1980 besonders betonte Schwerpunkt der künftigen ausbildungspolitischen Aktivitäten und Maßnahmen im Berufsschulwesen liegt bei dessen qualitativer Ausgestaltung und Anpassung an die individuellen Bedürfnisse der Menschen und an die Erfordernisse der Arbeitswelt und der Gesellschaft. Grundlage dafür ist in erster Linie der 1977 vorgelegte mittelfristige Stufen- und Ausbauplan für das berufliche Schulwesen, der den Schulentwicklungsplan II aus dem Jahre 1971 fortschreibt und ständig den demographischen, ausbildungs-, arbeitsmarkt- und gesellschaftspolitischen Entwicklungen angepaßt wird.

Dem Stufen- und Ausbauplan für das berufliche Schulwesen liegen Zielsetzungen zugrunde, die in den wichtigen gesellschaftspolitischen Aufgaben der kommenden Jahre begründet sind. Dazu gehört in erster Linie die Sicherung der Ausbildungs- und Berufschancen der jungen Generation. Ein besonderes Augenmerk liegt auf der Bewältigung der Probleme der geburtenstarken Jahrgänge, deren Chancen sich nicht verschlechtern dürfen. Dieses Ziel ist weitgehend erreicht. Wichtigste Ziele der Fortschreibung von 1983 sind die Sicherung des dualen Systems im Rahmen der Abstimmung mit der Wirtschaft, die Abgrenzung zwischen allgemeinbildender und beruflicher Bildung, die Erhaltung und Verbesserung von beruflichen Aufstiegswegen für die Hauptschüler und berufsvorbereitende Maßnahmen zur Förderung benachteiligter und ausländischer Schüler (vgl. PS 2.10.5).

Stufen- und Ausbauplan

Das berufliche Schulwesen gewinnt zunehmend Bedeutung als Alternative zum Gymnasium und zur Hochschule. Der Umstand, daß heute viele Hochschulabsolventen keinen ihrer fachlichen Qualifikation entsprechenden Arbeitsplatz finden, verdeutlicht die Gefahr einer einseitigen Entwicklung im Bildungswesen. Es besteht sowohl ein bildungs- als auch ein arbeitsmarktpolitisches Interesse, das duale Ausbildungssystem als Schwerpunkt der Bildungspolitik in Kooperation zwischen der von der öffentlichen Hand unterhaltenen Berufsschule und dem von der privaten Wirtschaft gestellten betrieblichen Ausbildungsplatz mit Vorrang auszubauen, damit sich Ausbildungs- und Beschäftigungssystem nicht auseinanderentwickeln.

Duales System

Die bereits errichteten Berufsschulen bilden ein dichtes Netz, welches sich in das Netz der Zentralen Orte einfügt. Die noch erforderlichen Ausbaumaßnahmen sollen sich auf bereits vorhandene Standorte beschränken, um eine sinnvolle Konzentration im Interesse der schulischen Organisation, der fachlichen und fachübergreifenden Ausbildung und eines optimalen Einsatzes der finanziellen Mittel zu gewährleisten. Außerdem sind die regionalen Unterschiede und wirtschaftsstrukturellen Besonderheiten der einzelnen Landesteile zu berücksichtigen. Auf der anderen Seite sind insbesondere in wirtschafts- und strukturschwachen ländlichen Gebieten dem heutigen Ausbildungsniveau entsprechende Arbeitsplätze zu schaffen, um eine für die weitere Entwicklung dieser Räume folgenschwere Abwanderung der jungen Generation in die Verdichtungsräume zu verhindern.

Ein wesentlicher Grundsatz bei der fachlichen und räumlichen Konzentration der verschiedenen Ausbildungsgänge in Berufschulzentren ist die Berücksichtigung zumutbarer Entfernungen zwischen Wohn- und Schulort, damit die Auszubildenden zur Schule pendeln können.

Die überbetrieblichen beruflichen Bildungszentren sind zu erhalten und bei einem unzureichenden Angebot an betrieblichen Ausbildungsplätzen zur Stärkung der Ausbildungsbereitschaft der Betriebe punktuell auszubauen.

Zu 2.8.27
Überbetriebliche berufliche Bildungszentren

Der PS 2.8.27 wurde erstmals in den LEP 1983 aufgenommen. Er trägt dem von der Landesregierung 1975 beschlossenen Entwicklungsprogramm für überbetriebliche Ausbildungsstätten Rechnung, das zur Zeit hinsichtlich seines quantitativen Rahmens fortgeschrieben wird. Mit dem Programm wird das Ziel verfolgt, landesweit in räumlicher Nähe zu beruflichen Schulen ein fachlich und regional ausgewogenes Netz von überbetrieblichen beruflichen Bildungszentren zu errichten.

Die überbetrieblichen beruflichen Bildungszentren sind in den vergangenen Jahren in der Wirtschaft, vor allem im Handwerk, dem Bedarf entsprechend ausgebaut worden. In den kommenden Jahren müssen die Einrichtungen noch an einigen Standorten ergänzt werden. Im übrigen wird das Schwergewicht bei der Modernisierung und Anpassung an die technische Entwicklung liegen.

Begründung
Bildungswesen und allgemeine Kulturpflege

Überbetriebliche berufliche Bildungszentren sind eine entscheidende Voraussetzung für die Erhaltung und Stärkung des bewährten Systems der dualen Berufsausbildung; sie sollen dort helfen und sind dort weiter auszubauen, wo einzelne Betriebe nicht mehr in der Lage sind, die fachpraktische Ausbildung in vollem Umfang zu vermitteln. Die überbetriebliche Ausbildung ergänzt die betriebliche Unterweisung, indem sie Lücken schließt, die sich durch die Spezialisierung der Ausbildungsbetriebe und den schnellen technischen Wandel ergeben. Umschulungen in überbetrieblichen beruflichen Bildungszentren erleichtern den Übergang in eine andere berufliche Tätigkeit und verbessern die berufliche Beweglichkeit. Neben der Ausbildung wird die überbetriebliche Fortbildung in den kommenden Jahren weiter an Bedeutung gewinnen.

Zu 2.8.3
Hochschulen und
Berufsakademien

Die Leistungsfähigkeit der Hochschulen und der Berufsakademien ist unter Berücksichtigung der Bildung von fachlichen und regionalen Schwerpunkten im Netz der Zentralen Orte, vor allem der Ober- und Mittelzentren, zu sichern. Die differenzierte Aufgabenstellung der einzelnen Hochschuleinrichtungen ist zu erhalten und die Zusammenarbeit zwischen den Hochschulen, den Seminaren für Erziehung und Didaktik sowie den Berufsakademien zu gewährleisten.

Die bis Ende der 80er Jahre weiter ansteigenden Zahlen an Abiturienten und Studienbewerbern und die bereits jetzt für viele Hochschulabsolventen spürbaren Sättigungstendenzen auf dem Arbeitsmarkt verdeutlichen, wie notwendig die Einbindung des tertiären Ausbildungsbereichs mit seiner breiten Ausbildungspalette in die bildungspolitische Gesamtkonzeption ist. Bereits bei den Planungen für das allgemeinbildende und das berufliche Schulwesen müssen Konsequenzen für den Hochschulbereich mit bedacht werden, da nur so eine an der Aktualität ausgerichtete Flexibilität und Durchlässigkeit im gesamten Bildungswesen erreicht werden kann.

Der PS 2.8.3 wurde der zwischenzeitlich eingetretenen Entwicklung und den sich abzeichnenden Tendenzen angepaßt. Die veränderten bildungspolitischen Rahmenbedingungen und die zu erwartenden künftigen Anforderungen an den Hochschulbereich geben zudem Anlaß, die Gesamtplanung des tertiären Ausbildungsbereichs zu überdenken, zu aktualisieren und mit den veränderten Gegebenheiten abzustimmen. Ein wichtiger Gesichtspunkt für die Korrektur der bisherigen Zielsetzungen ist außerdem die Anpassung an die 1978 in Kraft getretenen baden-württembergischen Hochschulgesetze.

Anpassung
an veränderte
Anforderungen

Im Vordergrund der hochschulpolitischen Bemühungen steht die Erhaltung und Stärkung der Leistungskraft der Hochschulen und Berufsakademien vor dem Hintergrund der veränderten Anforderungen an die einzelnen Einrichtungen. Im Blick auf den raschen Wandel in Technik, Wirtschaft und Gesellschaft müssen Akzentverschiebungen vorgenommen werden; beispielsweise müssen an den Universitäten und Fachhochschulen zukunftsorientierte Disziplinen und Technologien wie Mikroelektronik und Informatik in Forschung und Lehre verstärkt oder neu eingerichtet werden, während die Kapazitäten der Lehramtsstudiengänge an den Pädagogischen Hochschulen und Universitäten vor dem Hintergrund stark rückläufiger Schülerzahlen und eines daraus resultierenden sinkenden Bedarfs an Lehrkräften nicht auf dem bisherigen hohen Niveau gehalten werden können.

Anpassung an den
Ausbildungsbedarf

Schon der Hochschulstrukturplan 1978 enthielt wesentliche Grundsätze für die Umstrukturierung und die künftige Entwicklung der Hochschulen des Landes sowie erste Maßnahmen zur Anpassung der Kapazitäten an den Ausbildungsbedarf der geburtenstarken Jahrgänge und an die Bedarfsveränderungen in den einzelnen Berufsbereichen, insbesondere im Lehramtsbereich. Eine insgesamt starke Überlastung der Hochschulen, die im Bereich der Lehre nur durch Bereitstellung sogenannter „Überlastmittel" zum Teil aufgefangen werden kann, sowie die Ausweitung und Einbeziehung der Ausbildungsmöglichkeiten an den Berufsakademien als Alternative zum Hochschulstudium kennzeichnen heute die Situation im tertiären Ausbildungsbereich.

Begründung
Bildungswesen und allgemeine Kulturpflege

Zu den wichtigsten Leitlinien bei der weiteren Entwicklung des Hochschulbereichs gehören die Erhaltung angemessener Studienchancen und Beschäftigungsmöglichkeiten für die junge Generation sowie die Stärkung der Leistungskraft der Hochschulen und der Berufsakademien. Wichtige Voraussetzung hierfür ist die Erhaltung der Selbständigkeit und der differenzierten Aufgabenstellung der einzelnen Hochschuleinrichtungen. Der zweite Satz von PS 2.8.3 weist jedoch gleichzeitig auf die Notwendigkeit einer Zusammenarbeit zwischen den Hochschulen, den Studienseminaren und den Berufsakademien unter gegenseitiger Beachtung der jeweiligen spezifischen Aufgabenbereiche und deren Ausfüllung hin.

Abstimmung im Hochschulbereich

Die Berufsakademien basieren auf der Konzeption, Abiturienten eine berufliche Ausbildung als Alternative zum Hochschulstudium anzubieten. Sie führt das im beruflichen Schulwesen bewährte duale System im Tertiären Bildungsbereich weiter. Kennzeichnend ist die Verbindung von fachwissenschaftlicher und berufspraktischer Ausbildung. Dies setzt eine enge Zusammenarbeit der Betriebe mit den staatlichen Berufsakademien voraus, leistet aber auch zugleich eine Abstimmung von Bildungs- und Beschäftigungssystem zur Minderung von wirtschafts- und arbeitsmarktpolitischen Problemen.

Berufsakademien

Die Erfahrungen aus der Modellphase der Berufsakademien haben gezeigt, daß sich die Berufsakademien mit ihren Angeboten an berufsqualifizierenden Bildungsgängen im Tertiären Bereich außerhalb der Hochschule bewährt haben, einen Beitrag zur strukturellen Veränderung des Bildungssystems leisten können und neben den Hochschulen eine Lücke im Bildungssystem schließen. In Baden-Württemberg sind die Berufsakademien durch das „Gesetz über die Berufsakademien im Land Baden-Württemberg" vom 4. Mai 1982 (GBl. S. 123) gesetzlich verankert.

Zu den Leitlinien gehört nicht zuletzt die Bereitstellung eines räumlich ausgewogenen Angebots an Studienmöglichkeiten. Die regionale Verteilung der Einrichtungen des Tertiären Bereichs bietet heute grundsätzlich jedem jungen Bürger die seiner Begabung entsprechenden Bildungsmöglichkeiten in zumutbarer Entfernung. Einer weitergehenden Regionalisierung sind durch die Notwendigkeit der Bildung räumlicher und fachlicher Schwerpunkte einerseits und die in den 90er Jahren rückläufigen Studienanfängerzahlen andererseits deutliche Grenzen gesetzt. Die Abgrenzung von „Hochschulregionen" und die Kooperationen der Einrichtungen innerhalb dieser Regionen verdeutlichen die feste Einbindung der Hochschulstandorte in gegebene überörtliche Strukturen. Die Standorte der Berufsakademien befinden sich in Oberzentren und Mittelzentren. Das mit der Verteilung der Einrichtungen geschaffene ausgewogene Verhältnis von bildungspolitisch notwendiger Schwerpunktsetzung und regionalpolitisch wünschenswerter Dezentralisierung erscheint hinreichend gewahrt.

Regionale Verteilung

Die Maßnahmen der Weiterbildung und der außerschulischen Jugendbildung sowie der Ausbau des öffentlichen Büchereiwesens und des Informationswesens sind auf die sonstigen bildungspolitischen Maßnahmen abzustimmen. Hierbei ist auch für die Teile des ländlichen Raumes mit geringer Bevölkerungsdichte ein ausreichendes Angebot sicherzustellen. Als Standorte für entsprechende Einrichtungen sind vorrangig die Zentralen Orte, insbesondere die Kleinzentren und Unterzentren, zu berücksichtigen. Dabei sind insbesondere die vorhandenen Schulzentren zu nutzen.

Zu 2.8.4
Weiterbildung und außerschulische Jugendbildung

Die schnelle Entwicklung von Wirtschaft und Technik und damit verbundene Umschichtungsprozesse verlangen eine fortwährende Auseinandersetzung des einzelnen mit neuen Erkenntnissen. Mit der wachsenden Freizeit kommt den Einrichtungen der Weiterbildung und der außerschulischen Jugendbildung, insbesondere den Volkshochschulen, Volksbildungswerken, Bibliotheken, Jugendhäusern, Jugendmusikschulen, Akademien und Sportstätten wachsende Bedeutung zu. Der hohe Stellenwert der Weiterbildung im Rahmen der Bildungspolitik des Landes kommt dadurch zum Ausdruck, daß das Land für diesen Bereich des Bildungswesens mit dem Gesetz zur Förderung der Weiterbildung und des Bibliothekswesens (GBl. 1980, S. 249) eine bildungspolitische Gesamtkonzeption geschaffen hat, die der pluralen Trägerstruktur dieses Bildungsbereichs Rechnung trägt und zugleich mit allen übrigen Konzeptionen des Bildungswesens abgestimmt ist. Neben der Festlegung der Förderkriterien bietet das Gesetz die Grundlage für eine breite Kooperation sowohl auf Landesebene als auch auf lokaler Ebene.

Begründung
Erholung und Fremdenverkehr; Sportstätten

Träger

Besondere Bedeutung haben bei der Weiterbildung neben den Volkshochschulen vor allem die zahlreichen freien Träger wie Kirchen, Gewerkschaften, Arbeitgeberverbände, Bauernverbände, Industrie- und Handelskammern und Handwerkskammern. Die einzelnen Träger werden vom Land auf der Grundlage des Weiterbildungsgesetzes je nach Art der Weiterbildung und auch Zuständigkeit gefördert.

Einrichtungen und Standorte

Die bereits große Verbreitung und Inanspruchnahme von Weiterbildungseinrichtungen kann nicht darüber hinwegtäuschen, daß ein gezielter weiterer Ausbau derartiger Einrichtungen in Verbindung mit einer möglichst breiten Streuung wünschens- und erstrebenswert ist. Für einen großen Teil dieser örtlichen und überörtlichen Einrichtungen sind als Standorte die Zentralen Orte besonders geeignet, weil die Einrichtungen dort am besten erreichbar sind und auch eine wirtschaftliche Auslastung erwartet werden kann.

Sowohl die Einrichtungen der Weiterbildung und der außerschulischen Jugendbildung selbst als auch die dort zu leistende Arbeit sind in enger Abstimmung mit den sonstigen bildungspolitischen Maßnahmen zu sehen und durchzuführen. Dabei spielen vor allem Bemühungen um eine ständige Anpassung der Weiterbildungsmöglichkeiten an die veränderten Situationen im Bildungswesen sowie im Bereich der Wirtschaft und des Arbeitsmarktes infolge des technischen Fortschritts eine ganz bedeutende Rolle. Geeignete Ansatzpunkte für derartige Aktivitäten und Maßnahmen bietet das breitgefächerte Angebot an vorhandenen Schulen und Schulzentren, die insbesondere im ländlichen Raum wichtige diesbezügliche Funktionen zu übernehmen haben.

Auf die Bedeutung der Sportstätten für die Erhaltung der Volksgesundheit wird bei Plankapitel 2.9 eingegangen.

Zu 2.8.5
Allgemeine
Kulturpflege

Für alle Teile des Landes sollen, möglichst in Zentralen Orten, kulturelle Einrichtungen und Voraussetzungen für kulturelle Veranstaltungen, insbesondere für Theater, Konzerte, Museen und Ausstellungen, erhalten oder geschaffen werden. Traditionelle kulturelle Besonderheiten der einzelnen Landesteile sollen bewahrt und gepflegt werden.

Die allgemeine Kulturpflege, insbesondere die Pflege der Schönen Künste, ist von grundlegender Bedeutung für das Bildungswesen, für jeden einzelnen Menschen und für die Gesellschaft. Für die Freizeitgesellschaft der Zukunft wird diese Bedeutung noch wachsen. Baden-Württemberg weist angesehene Theater, Orchester, Museen und ähnliche Einrichtungen auf. Deren Veranstaltungen sowie Kunstausstellungen und ähnliche Veranstaltungen sollen so dargeboten werden, daß die Bevölkerung des ganzen Landes am kulturellen Leben teilhaben kann. Ihre Vielfalt erhöht zugleich die Attraktivität des Landes für den Fremdenverkehr.

Zu 2.9 Erholung und Fremdenverkehr; Sportstätten

Zu 2.9
Erholung und Fremdenverkehr

Durch seine vielfältigen und reizvollen Landschaften ist Baden-Württemberg eines der wichtigsten Erholungsländer der Bundesrepublik. In der Zahl der Übernachtungen liegt es nach Bayern an zweiter Stelle unter den Bundesländern, obwohl die Wintersaison in Baden-Württemberg nur relativ schwach ausgeprägt ist. Der Fremdenverkehr ist also ein wichtiger Wirtschaftsfaktor im Land. Die Fremdenverkehrsorte haben sich günstig und auch weitgehend konjunkturunabhängig entwickelt.

Zu 2.9.1
Allgemeine
Zielsetzung

Geeignete Räume des Landes sollen für die Erholung genutzt und mit den dazu erforderlichen Einrichtungen ausgestattet werden; dabei sind die landschaftliche Eigenart, der Freizeitwert und die Tragfähigkeit des Naturhaushalts zu wahren. Bei der Ausstattung mit Einrichtungen sind die natürliche Eignung der Räume, die Erholungsform, die Bedürfnisse aller Gruppen der Gesellschaft und der voraussichtliche Bedarf zu berücksichtigen; ein Angebot an vielfältigen Betätigungsmöglichkeiten und eine ganzjährige Nutzung sind anzustreben.

Die vermehrte Freizeit, die zunehmende physische und psychische Belastung des Menschen durch die Veränderungen seiner Lebensweise und seiner Umwelt steigern das Erholungsbedürfnis und erfordern den Ausbau der vorhandenen und die Erschließung weiterer Erholungsräume. Dabei ist von den unterschiedlichen Erholungsbedürfnissen und den verschiedenen Erholungsformen auszugehen. Die erhöhte Mobilität der Bevölkerung und daraus entstehende räumliche Überlagerungseffekte unterschiedlicher Erholungsansprüche erschweren zusehends die Abgrenzung der einzelnen Erholungsformen hinsichtlich ihrer Raumbedeutung. Jede Erholungsform setzt aber eine bestimmte Nachfrage und damit verbundene Ansprüche voraus. Die tägliche Entspannung in der Naherholung, die länger dauernde Ferienerholung und die Kurerholung verlangen deshalb ein stark differenziertes und reichhaltiges Ange-

Begründung
Bildungswesen und allgemeine Kulturpflege

bot an Erholungsmöglichkeiten. Die einzelnen Erholungsformen werden im Fremdenverkehrsentwicklungsprogramm des Wirtschaftsministeriums von 1971 näher dargestellt; es enthält vor allem konkrete Vorstellungen über Maßnahmen zum Ausbau von Erholungs- und Fremdenverkehrseinrichtungen und regelt ihre Förderung durch staatliche Finanzhilfen (vgl. PS 2.3.15). Die Entwicklung des Fremdenverkehrs wird teilweise auch im Rahmen der Gemeinschaftsaufgabe „Verbesserung der regionalen Wirtschaftsstruktur" unterstützt. Weitere gebietsspezifische Maßnahmen werden im Rahmen des Albprogramms, des Schwarzwaldprogramms und des Wälderprogramms durchgeführt (vgl. PS 2.4.12).

Die Landschaft - vor allem Berge, Seen, Flüsse, der Wechsel von Wald und Feld und das Klima - ist neben Mineral- und Thermalquellen die unentbehrliche natürliche Voraussetzung für die Erholung. Nach dem Gesetz über die Anerkennung von Kurorten und Erholungsorten vom 14. März 1972 (GBl. S. 70) können Orte mit Bezeichnungen wie z.B. Heilbad, heilklimatischer Kurort, Kneippkurort, Luftkurort oder Erholungsort prädikatisiert werden, wenn bestimmte Voraussetzungen vorliegen und bestimmte Anforderungen erfüllt sind. Dadurch soll die besondere Aufgabenstellung der einzelnen Fremdenverkehrsgemeinde verdeutlicht und dem Heilung und Erholung suchenden Gast oder dem verordnenden Arzt die Wahl eines geeigneten Kur- oder Erholungsorts erleichtert werden.

Natürliche Voraussetzungen

Wegen ihrer zunehmenden raumbeanspruchenden Bedeutung sind die Belange der Erholung mit dem natürlichen Potential der Landschaft (vgl. Plankapitel 2.1) und anderen Nutzungsarten abzustimmen (vgl. PS 2.4.12). Eine stärkere Rücksichtnahme auf die naturgegebenen Voraussetzungen ist geboten, da gerade die landschaftlich besonders attraktiven, teilweise aber empfindlichen Erholungsräume bevorzugt werden; durch eine übermäßige Konzentration von Besuchern kann der Erholungswert beeinträchtigt werden. Auch die Erschließung der Erholungsräume und ihr Ausbau mit Einrichtungen darf nicht dazu führen, daß die natürlichen Voraussetzungen geschädigt werden, die oft für die Erholungseignung bestimmend sind. Neben der Erhaltung des natürlichen Erholungswerts der Landschaft ist die Wahrung ihrer Vielfalt und Eigenart (vgl. PS 2.1.12 und 2.1.13) ebenso anzustreben wie eine umfassende Freihaltung der Landschaft und ihre freie Zugänglichkeit, vor allem zu Landschaftsteilen mit einem hohen Freizeitwert (vgl. PS 3.9.14 und 3.12.14). Den Belangen von Erholung und Fremdenverkehr trägt außerdem das Landschaftsrahmenprogramm mit einem entsprechenden Fachkapitel (Nr. 2.2) Rechnung, welches zusätzliche Hinweise und weitere Vorgaben für eine landesweite Landschaftsplanung enthält.

Naturhaushalt und Landschaft

Die Erholungsräume des Landes werden - in der Regel nach Landschaftsbezeichnungen - im 3. Teil des LEP ausgewiesen; es sind größere, zusammenhängende Räume, die insbesondere wegen ihrer guten natürlichen Ausstattung, ihrer günstigen Lage zu verdichteten Räumen oder entwicklungsfähiger Ansätze unentbehrliche Voraussetzungen für Erholung und Fremdenverkehr bieten (vgl. Karte 5). Die Ausweisung als großräumig bedeutsamer Erholungsraum besagt aber weder, daß in allen Orten eine intensive Förderung des Erholungswesens und des Fremdenverkehrs erfolgen kann, noch daß eine gewerbliche Entwicklung überall verhindert werden soll. Als Wirtschaftsfaktor kommt der Fremdenverkehr deshalb letztlich nur in dafür geeigneten Räumen in Betracht (vgl. PS 1.10.34 und 2.3.5).

Erholungsräume Karte 5

In den Erholungsräumen müssen vor allem die sich direkt oder indirekt auf die Erholung auswirkenden Maßnahmen rechtzeitig mit den übrigen raumbedeutsamen Planungen und Maßnahmen koordiniert werden. Schon bei der Erschließung der Erholungsräume und dem Ausbau von Einrichtungen müssen die für die Erholungseignung bestimmenden natürlichen Voraussetzungen geschont und gesichert werden. Bei der Auswahl und beim Ausbau der Erholungsräume muß ferner auf die unterschiedlichen Bedürfnisse der Erholungsuchenden, etwa der verschiedenen Altersgruppen, geachtet werden. Fehlplanungen und -investitionen beim Ausbau von Erholungslandschaften sollten vermieden werden; deshalb ist vom künftigen Bedarf und von den Zukunftschancen des heimischen Fremdenverkehrs auszugehen und nicht nur von vorhandenen natürlichen Erholungseignungen. Bei allen Entwicklungsmaßnahmen ist von vornherein zwischen den verschiedenen Erholungsformen (Nah-, Ferien- oder Kurerholung) zu differenzieren (vgl. PS 2.9.11 bis 2.9.14), um Fehlentwicklungen vorzubeugen und falsche Strukturhilfen im ländlichen Raum zu vermeiden. Besonderes Augenmerk gilt u.a. den Bemühungen um eine möglichst ganzjährige Nutzung der Erholungseinrichtungen, soweit dies die klimatischen Voraussetzungen zulassen. Wenn es gelingt, die Saison weiter zu verlängern, kann auch die Wirtschaftlichkeit des Fremdenverkehrs gesteigert werden.

Abstimmung mit raumbedeutsamen Maßnahmen

Begründung
Bildungswesen und allgemeine Kulturpflege

Vorrang der Erholungsfunktion

In bevorzugten Erholungsräumen des Landes, z.B. am Bodensee und im Schwarzwald, ist die Landschaft einem zunehmenden Siedlungsdruck durch eine vermehrte Freizeitbebauung, z.B. Ferienhäuser und Zweitwohnungen, ausgesetzt; diese dienen vielfach weniger den Erholungsbedürfnissen der Allgemeinheit als vielmehr dazu, private Ferienwohnungen zu schaffen oder Geld sicher anzulegen. Solche Zweitwohnungen stehen die meiste Zeit des Jahres leer; sie belasten die freie Landschaft (vgl. PS 2.1.22), verursachen den Gemeinden nicht unerhebliche Folgelasten und führen vielfach während der Hauptsaison zu einer übermäßigen Beanspruchung der vorhandenen Erholungs- und Fremdenverkehrseinrichtungen. Den aus dieser Entwicklung recht bald erkennbar gewordenen Gefahren einer Beeinträchtigung der Erholungsräume ist das Innenministerium mit dem Bodensee-Erlaß vom 26. Juli 1971 (GABl. S. 988) und dem Schwarzwald-Erlaß vom 18. Mai 1973 (GABl. S. 654), die beide die Einschränkungen des eigengenutzten Freizeitwohnungsbaus regeln, entgegengetreten (vgl. PS 2.2.33).

Zu 2.9.11
Stadtnahe Erholung

Zur Verwirklichung von Plansatz 2.9.1 sind insbesondere in der Nähe größerer Siedlungen, vor allem in den Verdichtungsräumen, ihren Randzonen und den Verdichtungsbereichen im ländlichen Raum, leicht zugängliche Räume für die ortsnahe Erholung freizuhalten und zu gestalten.

Der Mensch verbringt einen großen Teil seiner Freizeit in oder in der Nähe seiner Wohnung, also im unmittelbaren Bereich seines Wohnorts. Der ortsnahen Erholung kommt daher für die täglich notwendige Regeneration seiner Kräfte entscheidende Bedeutung zu. Räume, die der stadtnahen Erholung dienen, sind aber häufig einem besonders starken Druck zur Errichtung von Siedlungen und Kleinbauten ausgesetzt; dadurch ist gerade in der Nähe größerer Städte, insbesondere in den verdichteten Räumen, der Zugang zur freien Natur vielfach erschwert; dort ist die Freihaltung ausreichender Räume für die Erholung und ihrer Ausstattung mit Erholungseinrichtungen besonders dringend. Diese müssen wegen der Kürze der verfügbaren Zeit leicht und verkehrsgünstig (vgl. PS 2.9.17) zu erreichen und sollten mit den städtischen Grünzügen möglichst verbunden sein; dann können stadtnahe Erholungsräume auch zur städtebaulichen Gliederung und Auflockerung beitragen oder landschaftsordnerische Aufgaben erfüllen. In den stadtnahen Erholungsräumen bedürfen die Wälder eines besonderen Schutzes (vgl. PS 2.4.42).

Die stadtnahe Erholung ist die eine Form der Nah- oder Kurzzeiterholung. Im LEP können dafür nur sehr allgemeine Grundsätze formuliert werden; vor allem muß darauf verzichtet werden, die stadtnahen Erholungsräume im 3. Teil auszuweisen. Die Festlegung der dafür geeigneten Flächen muß wegen der besseren lokalen Kenntnis der Städte und Gemeinden in der Bauleitplanung überlassen bleiben.

Zu 2.9.12
Tageserholung, Wochenenderholung

Zur Verwirklichung von Plansatz 2.9.1 sind insbesondere gut erreichbare Räume schwerpunktmäßig für die Tages- und Wochenenderholung sowie für den Ausflugsverkehr auszubauen.

Mit der Zunahme der Freizeit, der wachsenden Mobilität der Bevölkerung und dem weiteren Ausbau der Verkehrsinfrastruktur hat auch die andere Form der Nah- oder Kurzzeiterholung - die Tages- oder Wochenenderholung, die sich großenteils als Ausflugsverkehr abspielt - an Bedeutung gewonnen. Die erhebliche Ausweitung der Nachfrage nach Naherholungsmöglichkeiten wird durch den Erfahrungswert belegt, daß gegenwärtig über ein Drittel der städtischen Bevölkerung die Freizeit außerhalb der Städte verbringt. Im Gegensatz zur ortsnahen Erholung vollzieht sich der Ausflugsverkehr in größerer räumlicher Breite; er stellt deshalb auch erheblich mehr Ansprüche an den Raum und an die Infrastruktur, vor allem an das Verkehrswesen (vgl. PS 2.9.17).

Ausweisung der Erholungsräume

Im 3. Teil des LEP sind die großflächigen Räume genannt, in denen Einrichtungen für die Naherholung in Form der Tages- und Wochenenderholung nach Schwerpunkten gefördert werden sollen. Das bedeutet nicht, daß alle Orte der dort nur rahmenhaft ausgewiesenen Erholungsräume für die Erholung ausgebaut oder gefördert werden können, sondern daß die Eignung dafür gewährleistet sein und alle notwendigen Voraussetzungen erfüllt werden müssen. Das Schwerpunktprinzip beim Ausbau von Naherholungsräumen soll vor allem die Bewahrung und Pflege der Landschaft sichern. Durch die Erhaltung von Zonen der Ruhe neben dem Ausbau von Erholungsschwerpunkten kann dem Nutzungskonflikt zwischen Naherholung und Landschaftspflege entgegengewirkt werden, insbesondere dort, wo beispielsweise an Wochenenden und Feiertagen wertvolle und schützenswerte Landschaftsteile von der Bevölkerung für die Naherholung aufgesucht und übermäßig stark beansprucht werden. Voraussetzung dafür ist jedoch eine gewisse Lenkung des Besucherstroms durch Angebot und Standort von Erholungseinrichtungen.

Die Ausweisung als Naherholungsraum schließt einen Ausbau für die Ferienerholung nicht aus; diese wird hier aber in der Regel keine große Bedeutung erlangen können. Dagegen bieten in Baden-Württemberg fast alle für die Ferienerholung geeigneten Räume auch günstige Voraussetzungen für die Tages- und Wochenenderholung. Beide Erholungsformen überlagern sich hier vielfach so stark, daß im großrahmigen LEP auf eine räumlich getrennte Ausweisung verzichtet und diese Frage der Regionalplanung überlassen werden muß. Der im 3. Teil geforderte Ausbau als Erholungsraum umfaßt also sowohl den Ausbau für die Ferienerholung als auch den für die Tages- und Wochenenderholung. Beide Erholungsformen können sich auch durchaus ergänzen.

Der wirtschaftliche Nutzen der Nah- oder Kurzzeiterholung ist - im Vergleich zu dem der Ferienerholung - verhältnismäßig gering, die Investitionen für die Ausstattung der Erholungsräume und die Kosten für ihre laufende Unterhaltung aber sind hoch. Die einzelne Gemeinde im Naherholungsraum wird als Träger finanziell vielfach überfordert, für die Bewohner der verdichteten Räume die nötigen Erholungseinrichtungen zu schaffen und zu unterhalten; vor allem die Städte der Verdichtungsräume werden daher in Zukunft zum Ausbau der Naherholungsräume in den Gemeinden ihrer Umgebung beitragen müssen. Zur Finanzierung der Investitionen ist daher eine Kostenteilung zwischen den Gemeinden und Kreisen des Quell- und des Zielgebiets anzustreben. In ersten Fällen ist zu diesem Zweck bereits die Bildung von Naherholungsgemeinschaften realisiert worden, z.B. in der Rheinaue zwischen den Städten Mannheim, Ludwigshafen und Speyer und im Landkreis Esslingen (vgl. PS 2.9.13).

Naherholungsgemeinschaften

Zur Verwirklichung von Plansatz 2.9.1 sind insbesondere im Bereich geeigneter natürlicher und künstlicher Gewässer angemessene Flächen für die überörtliche Naherholung zu erschließen; dafür und zur Unterhaltung und Entsorgung dieser Anlagen sollen überörtliche Trägervereinigungen gebildet werden.

Zu 2.9.13
Überörtliche Naherholung

Dieser Plansatz ist bei der Fortschreibung neu in den LEP aufgenommen worden, weil den Bemühungen um die Sicherstellung und den Ausbau überörtlicher Erholungsgebiete sowie die Schaffung und Unterhaltung der dazu notwendigen Einrichtungen, insbesondere im Vorfeld der großen Städte der Verdichtungsräume, größere Bedeutung beigemessen werden muß. Besondere Aufmerksamkeit verdienen vor allem Gewässer als beliebte und vielbesuchte Erholungsgebiete.

Für die Naherholung in Waldgebieten ist die freie Zugänglichkeit und die unentgeltliche Erschließung und Entsorgung in der Regel durch die Forstverwaltungen gesichert. Für große Teile der Ufergelände an natürlichen und künstlichen Gewässern, u.a. auch an einer Reihe von Bagger- und Stauseen, gibt es noch keine dem Angebot im Wald vergleichbare Zugänglichkeit, Erschließung und Entsorgung. Gerade diese Landschaftsteile haben aber einen besonders großen Erholungswert und starke Anziehungskraft für junge Menschen und junge Familien. Die Gemeinden in den betreffenden Zielgebieten dieser Naherholung sind häufig überfordert, das vorhandene „Erholungspotential" in einem Umfang und in einer Weise zu erschließen und zu entsorgen, die den Erholungsbedürfnissen der Bevölkerung entspricht. Folge davon sind unerfreuliche Überlastungserscheinungen und Entsorgungsprobleme. Bei allen Maßnahmen zur Lösung dieser Probleme sind andererseits Beeinträchtigungen der Landschaft, z.B. Schädigungen oder Zerstörungen der Ufervegetation oder der Uferbefestigung, zu vermeiden.

Zur Lösung derartiger Naherholungsaufgaben könnten überörtliche Trägervereinigungen als Zusammenschluß der Zielgemeinden und der Gemeinden der Hauptaufkommensgebiete der Naherholung beitragen. Als vorbildlich für eine solche Vereinigung ist z.B. der Verein zur Sicherstellung überörtlicher Erholungsgebiete in den Landkreisen um München zu bezeichnen. In Baden-Württemberg hat sich der Landkreis Esslingen mit der Gründung von Naherholungsvereinen im Neckartal, auf der Schwäbischen Alb, im Schurwald und im Schönbuch-Fildergebiet hervorgetan. Ähnliches gilt für den Landkreis Heilbronn (Naherholungs-Zweckverband Breitenauer See) und den Ostalbkreis (Zweckverband Erholungsgebiet Rainau-Buch).

Naherholungsvereine

Begründung
Erholung und Fremdenverkehr; Sportstätten

Zu 2.9.14 Ferienerholung	*Zur Verwirklichung von Plansatz 2.9.1 sind insbesondere landschaftlich und klimatisch begünstigte sowie sonst besonders geeignete Räume für die Ferienerholung zu entwickeln und dabei in ihrer Eigenart zu erhalten und zu pflegen.*
Traditionelle Erholungslandschaften	Eine nachhaltige Regeneration aller körperlichen und seelischen Kräfte ist meist nur in einer längeren Ferienerholung im Urlaub möglich. Aufgrund seiner hervorragenden Naturraumausstattung bietet Baden-Württemberg eine breite Palette vielgestaltiger Erholungslandschaften. Die bekanntesten Gebiete sind der Schwarzwald und das Bodenseegebiet; sie stellen mit Abstand die räumlichen Schwerpunkte für die Ferienerholung im Land. Auf den Schwarzwald (naturräumlich, d.h. insbesondere ohne Hochrhein- und Oberrhein-Gebiet und ohne Baar) fallen allein 41,6 % aller Übernachtungen (Bodenseeraum, Ufer- und angrenzende Gemeinden: 7 %). Rund die Hälfte der prädikatisierten Fremdenverkehrsgemeinden des Landes liegen im Schwarzwald. Zunehmende Bedeutung gewinnt der Schwarzwald auch als Wintersportgebiet. Seine Stellung als eine der bevorzugtesten Erholungslandschaften des Landes und der Bundesrepublik resultiert vorwiegend aus der Naturvielfalt sowie aus der Qualität und Quantität der vorhandenen Erholungseinrichtungen. Um die Funktions- und Leistungsfähigkeit eines derartigen Erholungsraumes - dies gilt gleichermaßen für den Bodenseeraum und auch alle übrigen Erholungsräume des Landes - zu sichern oder zu verbessern, gilt es vor allem die Eigenart dieser Landschaften zu erhalten und zu pflegen. Bei der Sicherung und Entwicklung dieser Räume für die Erholung kann es allerdings nicht darum gehen, jeden einzelnen Ort wegen seiner Lage in einem großflächigen Erholungsraum zum Fremdenverkehrsort machen zu wollen, sondern Fremdenverkehrsentwicklung unter Berücksichtigung von Eignungsfaktoren und Entwicklungsansätzen, Funktionsteilungen oder auch Eignungseinschränkungen zu betreiben.
Alternativen	Auch außerhalb der bisher bevorzugten Erholungslandschaften kann eine ungestörte ländliche Umgebung einen hohen Erholungswert gewinnen, wenn dort die nötigen Einrichtungen vorhanden sind; so erfreut sich z.B. der „Urlaub auf dem Bauernhof" inzwischen landesweit großer Beliebtheit. Er trägt einerseits zur gesellschafts- und gesundheitspolitisch bedeutungsvollen Familienerholung bei und kann andererseits zugleich den Zuerwerb eines landwirtschaftlichen Betriebs in solchen Räumen sichern, die für die Erholung geeignet sind, aber ungenügende landwirtschaftliche Produktionsbedingungen haben. Landwirtschaftliche Betriebe sind Garanten für die Erhaltung und Pflege der Landschaft und deshalb zur Gewährleistung dieser wichtigen Aufgaben in einer Mindestzahl notwendig, um den Erholungswert einer Landschaft nicht durch Aufgabe der Bodennutzung in Gefahr zu bringen (vgl. PS 2.4.32). Wegen vielfacher Überbeanspruchung der bevorzugten weitbekannten Feriengebiete ist die Erhaltung anderer, noch nicht so überlaufener Erholungsgebiete im Interesse einer Auflockerung und Entflechtung ein wichtiges Ziel der Fremdenverkehrspolitik. Eine Überbeanspruchung kann außerdem vermieden werden, wenn weitere Räume nach ihren spezifischen Erholungseignungen erschlossen und attraktiv gestaltet werden. Dabei ist darauf zu achten, daß die Ausstattung der Erholungsräume die verschiedenen Erholungsansprüche und -bedürfnisse der einzelnen Bevölkerungs- und Altersgruppen von Erholungsuchenden berücksichtigt (vgl. PS 2.9.1).
Zu 2.9.15 Naturparke	*Zur Verwirklichung von Plansatz 2.9.1 sind insbesondere Naturparke auszuweisen und zu gestalten.*
	Dieser Plansatz ist ebenfalls erst bei der Fortschreibung in den LEP übernommen worden; er ergibt sich aus dem Naturschutzgesetz Baden-Württemberg, das in § 23 die Erklärung großräumiger Gebiete als vorbildliche Erholungslandschaften zu Naturparken vorsieht. Der besondere Wert des Naturparkgedankens liegt in dem Bemühen, eine lebensfähige Synthese zwischen Naturschutz und Landschaftspflege einerseits sowie der Erschließung der Naturschönheiten für die Erholungsuchenden andererseits zu finden. Die Hauptaufgabe der Naturparke liegt zweifellos in der Erschließung der Landschaft für Erholungszwecke. Dies kann allerdings zu weiteren Ansprüchen an die Landschaft, z.B. den Ausbau der Infrastruktur, und damit zugleich zu einer Belastung für die Landschaft führen. Deshalb muß die mit einer intensiven Erholungsnutzung verbundene Erschließung und Besiedlung in besonderem Maße die Erfordernisse der Landschaftspflege und der Ökologie berücksichtigen.
Karte 12	In Baden-Württemberg sind folgende fünf Naturparke ausgewiesen (vgl. Karte 12): Schönbuch (1972), Schwäbisch-Fränkischer Wald (1979), Stromberg-Heuchelberg, Neckartal-Odenwald und Obere Donau (alle 1980). Sie umfassen mit ca. 3 500 Quadratkilometern rund 10 % der Landesfläche. Die Betreuung der Naturparke liegt in

Begründung
Erholung und Fremdenverkehr; Sportstätten

den Händen von Trägervereinen, in denen neben den Gemeinden und Kreisen auch die land- und forstwirtschaftlichen Berufsvertretungen sowie das Land vertreten sind. Das Land unterstützt die Naturparke mit Zuschüssen, die u.a. für Maßnahmen der Landschaftspflege, Erholungsvorsorge und Sauberhaltung gewährt werden. Im Rahmen des von der Landesregierung beschlossenen Naturparkkonzepts werden für die vorstehenden vier in den Jahren 1979 und 1980 zu Naturparken erklärten Gebiete Naturparkpläne erstellt, die insbesondere die Entwicklungsziele für Landschaftspflege und die weitere Erholungsplanung festlegen.

Zur Verwirklichung von Plansatz 2.9.1 sind insbesondere Kurorte vor störenden Einwirkungen zu schützen.

Zu 2.9.16
Kurerholung

Die Kurerholung ist eine spezielle Form der Ferien- oder Langzeiterholung; sie soll die Gesundheit und Arbeitsfähigkeit wiederherstellen oder einem drohenden Gesundheits- und Leistungsverlust vorbeugen. Dies erfordert zum einen die Erhaltung und den Ausbau der Heilbäder und Kurorte als Gesundheitszentren hinsichtlich eines Schutzes ihrer örtlichen Heilmittel und des Kurmilieus und zum anderen eine ständige Anpassung der Behandlungsmethoden und der Kuranlagen an die neueren medizinischen und bäderwissenschaftlichen Erkenntnisse.

Die Bedeutung der Kurerholung für Baden-Württemberg spiegelt sich in dem hohen Anteil der Übernachtungen in seinen Heilbädern und Kurorten von knapp 40 % aller Übernachtungen im Land im Laufe eines Fremdenverkehrsjahres wider. Zählt man die Luftkurorte hinzu, wächst dieser Anteil sogar auf über 60 %. Räumlicher Schwerpunkt der Kurerholung ist der Schwarzwald infolge seiner großen Zahl von Luftkurorten. Einen weiteren Schwerpunkt bilden die Schwäbische Alb (Albrand) und Oberschwaben mit seinen Heil- und Moorbädern. Die Funktionsfähigkeit zahlreicher traditioneller Kurorte wird partiell vom saisonabhängigen Nah- und Wochenenderholungsverkehr gestört. Abhilfen verkehrslärmbedingter Beeinträchtigungen sind oft durch verkehrstechnische und städtebauliche Maßnahmen möglich (vgl. PS 2.5.43), insbesondere aber dadurch, daß für den Ausflugsverkehr zusätzliche Erholungsräume ausgebaut und attraktiv gemacht werden (vgl. PS 2.9.12, 2.9.13 und 2.9.15).

Die Entwicklung der Kurerholung wurde durch die wirtschaftliche Rezession der 70er Jahre gebremst; dies trifft in verstärktem Maße für die derzeitige Rezession zu. Die Übernachtungszahlen sind erheblich zurückgegangen und dürften wegen der allgemeinen konjunkturellen Schwierigkeiten auch künftig nicht sonderlich ansteigen. Um der drohenden Entwicklung entgegenzuwirken und die entstandenen Strukturprobleme zu lösen, hat die Landesregierung bereits im Jahr 1977 das „Heilbäderprogramm" verabschiedet und durch eine Marketing-Konzeption für Kurorte und Heilbäder 1980 ergänzt. Das Programm, das die Förderung von Rationalisierungs- und Modernisierungsmaßnahmen, Anpassungen an kurmedizinische Erfordernisse und Investitionen zur Verbesserung der Umweltbedingungen im Kurort vorsieht, wurde in großem Umfang angenommen.

Heilbäderprogramm

Zur Verwirklichung von Plansatz 2.9.1 sind insbesondere eine ausreichende Verkehrserschließung der Erholungsräume anzustreben und beim Bau öffentlicher Feld- und Waldwege zu berücksichtigen, daß sie Flur und Feld auch für die Erholung erschließen.

Zu 2.9.17
Verkehrserschließung

Eine wichtige Grundvoraussetzung für die Inanspruchnahme von Erholungsräumen ist deren ausreichende Verkehrserschließung. Dieser Plansatz ist deshalb in enger Verbindung mit den Zielsetzungen zu PS 2.5.4 zu sehen. Die stadtnahen Erholungsräume müssen täglich aufgesucht werden können; sie sollen durch öffentliche und private Verkehrsmittel leicht erreichbar sein und verkehrlich so erschlossen werden, daß eine übermäßige räumliche und zeitliche Verdichtung des Erholungsverkehrs vermieden wird (vgl. PS 2.5.41). Für die Ferienerholungsräume ist ein gut ausgebautes Netz der Fernverkehrsverbindungen auf Schiene und Straße wichtigste Grundlage, um die Erholungsuchenden an die Erholungsstätten heranzuführen (vgl. PS 2.5.42). Die Erschließung von Erholungsräumen kann zu einem großen Teil durch Maßnahmen des land- und forstwirtschaftlichen Wegebaus begünstigt werden, wenn dieser z.B. das bestehende Wander- und Radwegenetz ergänzt. Bei der Planung künftiger Wegeführungen sind deshalb die Erfordernisse der Erholung einzubeziehen; Mehrkosten sind in vertretbarem Umfang in Kauf zu nehmen. Die ergänzenden Zielsetzungen sind beispielsweise im Alb- und Schwarzwaldprogramm bereits berücksichtigt.

Begründung
Erholung und Fremdenverkehr; Sportstätten

Zu 2.9.18
Weitere
Voraussetzungen

Zur Verwirklichung von Plansatz 2.9.1 sind insbesondere weitere für Erholung und Fremdenverkehr einschließlich Städtetourismus erforderliche Voraussetzungen zu verbessern und zu schaffen.

Neben günstigen natürlichen Gegebenheiten, einer guten Verkehrserschließung und einem ausreichendem Angebot spezifischer Erholungseinrichtungen tragen noch zahlreiche weitere Voraussetzungen dazu bei, die Funktionsfähigkeit und die Attraktivität der Erholungsräume zu erhöhen. Dazu gehören u.a. ein leistungsfähiges Hotel- und Gaststättengewerbe, ein den Anforderungen der Erholungsuchenden entsprechendes Angebot an allgemeinen sozialen und kulturellen Einrichtungen, gepflegte Siedlungen oder die Reinhaltung von Gewässern. Wesentliche Voraussetzungen sind aber auch die Einstellung der Bevölkerung zu den Gästen und Erholungsuchenden, ihre psychologische Vorbereitung in für Erholung und Fremdenverkehr neu zu erschließenden Räumen, die Aus- oder Fortbildung der Kräfte des Fremdenverkehrsgewerbes, eine ehrliche und gezielte Werbung, eine leistungsfähige Organisation und eine verantwortungsvolle Zusammenarbeit aller für Erholung und Fremdenverkehr verantwortlichen Stellen (vgl. PS 2.9.12, 2.9.13 und 2.9.3).

Städtetourismus

Eine vornehmlich auf die Großstädte bezogene spezifische Fremdenverkehrsform ist der Städtetourismus, der sich vom Landschaftstourismus deutlich unterscheidet, für Baden-Württemberg aber bedeutend ist. Die Vielzahl der sehenswerten Städte und Gemeinden mit bedeutenden Kulturdenkmalen, Theatern, Museen und Einkaufsmöglichkeiten trägt neben dem reichhaltigen Angebot an schöner, noch intakter Landschaft ohnehin schon zu einer guten und breiten Basis für den Fremdenverkehr bei. Hinzu kommt aber außerdem, daß der großstädtische Fremdenverkehr mit kurzer Aufenthaltsdauer (Fachtagungen, Wochenendaufenthalte, Kurzbesuche) eine besondere Rolle hinsichtlich erhoffter wirkungsvoller Impulse für das kulturelle und wirtschaftliche Leben in den Städten spielen kann.

Zu 2.9.2
Sportstätten

In allen Landesteilen ist eine ausreichende Ausstattung mit gut erreichbaren Sport- und Spielstätten anzustreben. Sportstätten sollen vielseitig nutzbar sein und der ganzen Bevölkerung, vor allem dem Schulsport und dem Vereinssport, zur Verfügung stehen. Bei größeren Einzugsbereichen sollen Sportstätten vorrangig in Zentralen Orten errichtet werden.
Sportstätten, Erholungs-, Freizeit- und Fremdenverkehrseinrichtungen sind nach überörtlichen und übergeordneten Gesichtspunkten aufeinander abzustimmen.

Mit zunehmender Freizeit, höherem Lebensstandard und längerer Lebenserwartung ist auch das Interesse an sportlicher Betätigung gewachsen. Voraussetzung dafür sind ausreichende und leicht erreichbare Anlagen, die der Bevölkerung, den Schulen und Vereinen eine sportliche Betätigung ermöglichen. Größere zusammenhängende Spiel- und Sportstätten bieten nicht nur wirtschaftliche Vorteile; das vielseitige Angebot reizt auch mehr Menschen zur sportlichen Betätigung als getrennt liegende Einzelanlagen. Als Standorte dafür und für Sportstätten, deren Einzugsbereich mehrere Orte oder Gemeinden umfaßt, sind die Zentralen Orte wegen ihrer sonstigen Einrichtungen und ihrer verkehrsgünstigen Lage meist besonders geeignet.

Die Landesregierung hat dem ständig gestiegenen Interesse an Sport und Spiel in der Freizeit durch ihre Sportstättenplanung Rechnung getragen. Gegenstand dieser Planung war ein vielseitiges Angebot unter Berücksichtigung raumordnerischer Grundsätze; sie ist inzwischen abgeschlossen worden. Ihre weitere Konkretisierung und Ausformung bleibt Aufgabe der kommunalen Planungsträger.

Abstimmung
mit Freizeit- und
Fremdenverkehrs-
einrichtungen

Das Land fördert in vielfältiger Weise Einrichtungen für Sport, Erholung und Fremdenverkehr. Nahezu alle Ministerien befassen sich in irgendeiner Form mit Sport-, Erholungs- oder Fremdenverkehrsplanung, so u.a. das Strukturentwicklungsprogramm, das Fremdenverkehrsentwicklungsprogramm, das Heilbäderprogramm, die regionalen Strukturprogramme (Alb-, Schwarzwald- und Wälderprogramm), die mittelfristigen Umweltschutzprogramme oder die Fachplanung zum Schutz der Flachwasserzone des Bodensees. In den Rahmenplänen der Gemeinschaftsaufgaben „Verbesserung der regionalen Wirtschaftsstruktur" und „Verbesserung der Agrarstruktur und des Küstenschutzes" sind ebenfalls Mittel für den unmittelbaren oder mittelbaren Ausbau des Fremdenverkehrs vorgesehen. Vielfach übernehmen die Landkreise die Erschließung und den Ausbau von Teilen ihres Kreisgebiets für die Erholung, vor allem wenn kleinere Gemeinden finanziell dazu nicht in der Lage sind.

Begründung
Sozialwesen und Gesundheitswesen

Durch diese Zersplitterung kann aber ein wirkungsvoller Einsatz der Mittel erschwert und der mögliche Nutzen für die Erholung beeinträchtigt werden. Es ist daher eine enge Zusammenarbeit anzustreben, um alle für das Erholungswesen und den Fremdenverkehr sowie den Sport bedeutsamen Planungen und Maßnahmen aufeinander abzustimmen, geeignete Schwerpunkte zu ermitteln und Leitlinien für die weitere Entwicklung in bestimmten Räumen aufzustellen.

Zu 2.10 Sozialwesen und Gesundheitswesen

Die Sozialpolitik ist im vergangenen Jahrzehnt mehr und mehr zu einem Schwerpunkt der Landespolitik geworden. Schon zu Beginn der 70er Jahre hatte sich gezeigt, daß der stetige Ausbau der sozialen Sicherungssysteme zwar die Grundrisiken des Lebens absichern kann, daß sich aber daneben mit zunehmender Differenzierung der Lebensverhältnisse und durch den Wandel der gesellschaftlichen Anschauung viele neue soziale Bedürfnisse ergeben.

Dienste und Einrichtungen der Jugendhilfe, der Familienhilfe, der Altenhilfe, der Sozialhilfe, der Rehabilitation (Eingliederung) Behinderter und des Gesundheitswesens einschließlich der Ausbildungs-, Fortbildungs- und Weiterbildungseinrichtungen für das Personal sind in ihrer fachlichen Gliederung, ihren Größenordnungen und ihrer räumlichen Verteilung aufeinander und auf das Netz der Zentralen Orte abzustimmen. Sie sind so zu errichten oder auszubauen, daß in allen Landesteilen die sozialen, erzieherischen, therapeutischen und gesundheitlichen Bedürfnisse der Bevölkerung in einem breitgestreuten Angebot befriedigt werden. Dazu sollen ausreichend differenziert Sozialmaßnahmen in Form von offenen, teilstationären oder stationären Hilfen sowie Einrichtungen und Dienste des Gesundheitswesens in zumutbarer Entfernung angeboten werden.

Die soziale und wirtschaftliche Integration der bereits länger im Lande lebenden, vor allem der hier aufgewachsenen Ausländer ist fortzusetzen und zu verbessern.

Die verschiedenen Einrichtungen des Sozialwesens und des Gesundheitswesens sind nach fachlichen und raumordnerischen Gesichtspunkten aufeinander abzustimmen. Hierbei sind Größe und Standort überregionaler Einrichtungen von besonderer Bedeutung.

Wegen der vielfältigen Bedürfnisse und Indikationen im sozialen, erzieherischen und gesundheitlichen Bereich sind die erforderlichen Einrichtungen aufgaben-, alters-, art- und behandlungsspezifisch auszugestalten, wobei jedoch im Hinblick auf künftige Bedarfsänderungen Möglichkeiten einer anderweitigen Verwendung geprüft werden sollen. Der Plansatz beinhaltet auch, daß alle Träger derartiger Einrichtungen planvoll zusammenarbeiten und insgesamt eine bürgernahe Versorgung erreicht wird. Änderungen in der Verteilung und Struktur der Bevölkerung, im Alters- und Gesundheitsaufbau, im Familiengefüge und in den Wechselbeziehungen zwischen Wohn- und Arbeitsplatz sind frühzeitig in die Planung einzubeziehen.

PS 2.10.1 nennt ein breites Spektrum sozialer Dienste und Einrichtungen, die zu fördern und im Rahmen des Bedarfs auszubauen sind. Er umfaßt nicht nur die allgemeine Daseinsvorsorge und Hilfen für kranke, alte und behinderte Menschen, er trägt auch dem zunehmenden Bedürfnis nach individuellen und persönlichen Hilfen, nach Beratung in Problem- und Krisensituationen, nach Betreuung und Pflege und nach unmittelbarer menschlicher Zuwendung Rechnung.

Im Bereich der Jugendhilfe sind dies neben Beratungs-, Begegnungs- und Bildungsstätten sowie Wohnheimen und Einrichtungen der Heimerziehung vor allem Kindertagesstätten. In der Versorgung mit Kindergärten konnte das Land seine Spitzenposition unter den Bundesländern in den letzten Jahren weiter ausbauen. Es besteht jedoch weiterhin insbesondere in den Verdichtungsräumen ein Bedarf an Ganztageskindergärten. Die Bereitstellung solcher Einrichtungen wird daher weiterhin ein Schwerpunkt im Rahmen der Jugendhilfe sein.

Im Mittelpunkt der sozial- und gesellschaftspolitischen Bemühungen des Landes steht in den letzten Jahren eine aktive Politik für die Familie. Mit dem 1978 verabschiedeten Programm zur Förderung der Familie wurden die Voraussetzungen für eine Weiterentwicklung bewährter Maßnahmen, wie die der sozialen Beratungsdienste, der Sozialstationen, des Modellprojekts „Mutter und Kind" und der Erholungsangebote für Familien, Mütter und Kinder geschaffen. Daneben wurden neue Formen der Hilfe für Familien, wie das Geburtsdarlehen, die Stiftung „Familie in Not" und 1979 das Familiengeld für nichterwerbstätige Mütter eingeführt.

Marginalien:

Zu 2.10
Sozialwesen und Gesundheitswesen

Zu 2.10.1
Allgemeines Entwicklungsziel

Soziale Dienste und Einrichtungen

Jugendhilfe

Familienpolitik

Begründung
Sozialwesen und Gesundheitswesen

Altenhilfe

Für den Ausbau der Hilfen für ältere Menschen hat die Landesregierung im Jahre 1973 in der Denkschrift „Altenhilfe in Baden-Württemberg" klare Zielvorstellungen entwickelt, die inzwischen weitgehend realisiert werden konnten. So ist der Bedarf an Altenheimplätzen trotz dem Ansteigen des Anteils der älteren inländischen Bevölkerung auf inzwischen fast 16 % bereits weitgehend gedeckt. Der Schwerpunkt der Bautätigkeit soll daher in den kommenden Jahren auf der Schaffung zusätzlicher Pflegeplätze liegen. Vorrang wurde in den letzten Jahren generell dem Ausbau der offenen Hilfen, insbesondere der häuslichen und pflegerischen Dienste der Sozialstationen, eingeräumt. Der Aufbau eines flächendeckenden Netzes von Sozialstationen soll in den nächsten Jahren abgeschlossen werden.

Rehabilitation, Gefährdetenhilfe

Die medizinische Rehabilitation von behinderten Menschen muß mit der sozialen, beruflichen und gesellschaftlichen Rehabilitation verbunden werden.

Aufgabe der Sozialpolitik ist es auch, sich der Gefährdeten anzunehmen. Nachhaltige Bemühungen sind erforderlich, Obdachlose, Nichtseßhafte, sozial Abgesunkene und chronisch Süchtige zu betreuen und wieder in die Gesellschaft einzugliedern. Im Hinblick auf den wachsenden Suchtmittelmißbrauch wurde das 1974 verabschiedete Landesprogramm gegen den Drogen- und Rauschmittelmißbrauch 1980 fortgeschrieben. Schwerpunkte der Landesförderung sind der Ausbau der Beratungsstellen und der Einrichtungen für die stationäre Behandlung Suchtkranker.

Gesundheitswesen

Gesundheitspolitisch wichtigstes Ziel des Landes ist nach wie vor eine gleichwertige ambulante und stationäre Krankenversorgung in allen Landesteilen. 1972 wurde hierzu mit dem Gesetz zur wirtschaftlichen Sicherung der Krankenhäuser und zur Regelung der Krankenhauspflegesätze (Krankenhausfinanzierungsgesetz) eine erste wesentliche Voraussetzung geschaffen, da die Investitionskosten seither grundsätzlich von der öffentlichen Hand getragen werden. Zentrales Koordinations- und Steuerungsinstrument für die Versorgung mit Krankenhausleistungen ist der Krankenhausbedarfsplan des Landes. Er koordiniert die Planungen der verschiedenen Krankenhausträger und bildet unter Zugrundelegung von Versorgungsgebieten und nach Leistungsstufen, Größe und Funktion der Krankenhäuser differenzierten Standorten die Grundlage für den Krankenhausbau und die Investitionsförderung des Landes nach dem Krankenhausfinanzierungsgesetz (KHG).

Integration von Ausländern

Baden-Württemberg hat 1983 mit mehr als 900 000 Ausländern und einem Bevölkerungsanteil von rd. 10 % die höchste Ausländerquote unter den Bundesländern erreicht. Dieser hohe Anteil gewinnt aus der Sicht seiner regionalen Verteilung noch mehr an Gewicht; die Ausländer konzentrieren sich in Anlehnung an die wirtschaftlichen Strukturen der Landesteile auf die relativ eng begrenzten wirtschaftsstarken Verdichtungsräume. Insbesondere dies kann zu einseitigen räumlichen Belastungen einzelner Landesteile führen und die Lösung der aus dem Zusammenleben von ausländischer und einheimischer Bevölkerung resultierenden Probleme erschweren.

Seit dem Anwerbestop für Arbeitskräfte aus Nicht-EG-Ländern vom November 1973 ist die Zahl der ausländischen Arbeitnehmer zwar zurückgegangen, die Zahl der nichterwerbstätigen Familienangehörigen ist aber infolge des verstärkten Familiennachzugs und der hohen Geburtenüberschüsse erheblich angestiegen. Schon im Jahr 1980 war die Anzahl ausländischer Erwerbs- und Nichterwerbspersonen nahezu gleichgroß. Die überwiegend beschäftigungs- und arbeitsmarktpolitischen Aspekte der Ausländerprobleme der „ersten Generation" wurden während der letzten Jahre zunehmend von gesellschafts- und sozialpolitischen Problemen der Integration, insbesondere der hier aufgewachsenen „zweiten Ausländergeneration" verdrängt. Daraus resultiert die schwierige Zukunftsaufgabe des Landes, den ausländischen Familien die Möglichkeit zur gleichberechtigten Teilnahme am gesellschaftlichen Leben zu eröffnen, ohne sie ihrer nationalen Identität und kulturellen Eigenständigkeit zu entfremden. Andererseits stellen sich Fragen nach den Belastbarkeitsgrenzen des Raumes und der einheimischen Bevölkerung, die parallel dazu einer sorgfältigen Prüfung und Behandlung bedürfen. Die Integrationsbemühungen erweisen sich deshalb vor allem immer dann als problematisch, wenn Ausländergruppen aus außereuropäischen Kulturkreisen eingegliedert werden sollen.

Begründung
Sozialwesen und Gesundheitswesen

Die Landesregierung hat sich im Rahmen ihrer landespolitischen Aufgabenstellung bereits seit längerem intensiv der Lösung der ausländerpolitischen Fragen und Probleme zugewandt (vgl. Regierungserklärungen vom 31. August 1978 und vom 24. Juni 1980) und 1980 eine Konzeption zur Verbesserung der Situation der zweiten Ausländergeneration beschlossen. Diese Konzeption enthält ein Bündel gezielter Maßnahmen, insbesondere zur Verbesserung der schulischen und beruflichen Bildung der ausländischen Kinder und Jugendlichen (vgl. PS 2.10.5).

Für alle Landesteile ist entsprechend der Krankenhausbedarfsplanung eine bedarfsgerechte, wirtschaftliche, gleichwertige und patientennahe stationäre Krankenversorgung anzustreben. Hierzu ist ein nach Aufgabe und Einzugsbereich gestuftes Netz sich ergänzender Krankenhäuser auszubauen.

Zu 2.10.2
bis 2.10.25
Krankenhäuser,
Aufgabenteilung

Standorte von Krankenhäusern der Maximalversorgung mit allen Fachgebieten und ggf. Teil- und Spezialgebeiten hochdifferenzierter Diagnostik und Therapie sind grundsätzlich Oberzentren.

Standorte von Krankenhäusern der Zentralversorgung für Behandlungen in den medizinischen Grunddisziplinen mit höherer Anforderung an die personelle und technisch-apparative Ausstattung der Krankenhäuser und Behandlungen in einer größeren Zahl von Spezialdisziplinen sind grundsätzlich Oberzentren oder größere Mittelzentren

Standorte von Krankenhäusern der Regionalversorgung, als Hauptträger der Breitenversorgung bei besonders häufigen Erkrankungen in den Grunddisziplinen und verschiedenen Spezialdisziplinen sind grundsätzlich Mittelzentren.

Standorte von Krankenhäusern der Grundversorgung im Nahbereich sind grundsätzlich kleinere Mittelzentren oder geeignete Unterzentren, Standorte von Krankenhäusern der Ergänzungsversorgung im Nahbereich sind grundsätzlich Unterzentren oder geeignete Kleinzentren.

Standorte von Fachkrankenhäusern zur Versorgung von speziellen Erkrankungen, Langzeit- und Chronischkranken oder Kranken in der Nachsorge sind nach Fachrichtung und Größe entsprechend den Leistungsstufen des Krankenhausbedarfsplans Zentrale Orte in günstiger Zuordnung zu Krankenhäusern der Maximal-, Zentral- oder Regionalversorgung.

Der Krankenhausbedarfsplan des Landes (vgl. PS 2.10.1) ordnet die historisch und regional unterschiedlich entwickelte Struktur der Krankenhäuser neu mit dem Ziel, ein regional ausgewogenes und in Anlehnung an die zentralörtliche Struktur gestuftes Netz von Krankenanstalten zu schaffen, das eine bedarfsgerechte und wirtschaftlich tragbare Versorgung der Bevölkerung mit modernen diagnostischen, therapeutischen und pflegerischen Einrichtungen ermöglicht. Die seit 1977 vorliegende erste Stufe des Krankenhausbedarfsplans enthält die landeseinheitlichen Rahmenbedingungen für die Neuordnung und Weiterentwicklung des Krankenhauswesens.

Krankenhausbedarfsplan

Da im Lande ausreichend Krankenhausbetten vorhanden sind, liegt der künftige Schwerpunkt in der fachlichen und strukturellen Anpassung der Krankenhausversorgung. Hierbei kommt unter Berücksichtigung der Art, Schwere und Häufigkeit der Behandlungsfälle der Gliederung in die vier Leistungsstufen Grund- und Ergänzungsversorgung, Regelversorgung, Zentralversorgung und Maximalversorgung eine große Bedeutung zu. Grundsätzlich sollen allgemeine Krankenhausleistungen im Sinne einfacherer und häufiger auftretender Behandlungen dezentralisiert in in zumutbarer Entfernung gelegenen Krankenhäusern erbracht werden, während spezielle Krankenhausleistungen im Sinne schwierigerer und seltenerer Behandlungen im Interesse eines rationellen Mitteleinsatzes auf bestimmte Standorte und Einrichtungen konzentriert werden. In Überschußgebieten sollen Neubaumaßnahmen nur dann gefördert werden, wenn zugleich die Bettenkapazität in Altbauten abgebaut wird und die Gebäude anderen Verwendungen zugeführt werden.

Leistungsstufen
und Standorte

Eine zweite Stufe des Krankenhausbedarfsplans, die die bisherige Stufe I ablöst, ist seit dem 1. Januar 1983 in Kraft getreten. In ihr werden in Abstimmung mit den Beteiligten neben der Fortschreibung der Rahmenbedingungen der Stufe I die künftige Funktion, Größe und Leistungsstufe sowie die fachliche Gliederung jedes einzelnen Krankenhauses verbindlich festgelegt. Dies gilt auch für die klinisch-stationäre

Begründung
Sozialwesen und Gesundheitswesen

Versorgung von Geistes-, Nerven- und Gemütskranken, die ebenfalls Gegenstand der Krankenhausbedarfsplanung ist. Mit dem Krankenhausbedarfsplan II ist die stufenweise Aufstellung der Krankenhausplanung im wesentlichen abgeschlossen. Ihm liegen die Determinanten der derzeit erkennbaren Bedarfsentwicklung zugrunde. Das bedeutet, daß der Plan fortlaufend überprüft und ergänzt werden muß.

Zu 2.10.3
Ambulante ärztliche Versorgung

Für alle Landesteile ist eine bedarfsgerechte und gleichmäßige ärztliche Versorgung der Bevölkerung in zumutbarer Entfernung anzustreben. Die pflegerische Betreuung ist durch Ausbau eines Netzes von zentralen ambulanten Pflegediensten (Sozialstationen) zu ergänzen.

Eine der tragenden Säulen unseres Gesundheitswesens ist die ambulante ärztliche Versorgung der Bevölkerung durch frei praktizierende Ärzte. Lange Zeit war die Versorgung in den ländlichen Gebieten wesentlich ungünstiger als in den Städten. Niederlassungsanreize für die unterversorgten Gebiete und die Vermehrung der medizinischen Studienplätze haben aber die Zahl der freien Praxen in den 70er Jahren insbesondere hier deutlich steigen lassen und die durchschnittliche Versorgungsdichte im Lande von rd. 1 190 Einwohnern je frei praktizierender Arzt im Jahr 1970 auf 963 im Jahre 1980 verbessert. Diese Entwicklung hat sich in den Jahren 1981 und 1982 in etwa fortgesetzt.

Bereichsplanung

Zur Sicherstellung der künftigen ärztlichen Versorgung im Lande wurden von den Kassenärztlichen Vereinigungen auf der Grundlage von bundeseinheitlich, im Einvernehmen mit den Landesverbänden der Krankenkassen und im Benehmen mit den Sozialministerien festgelegten Kriterien Bedarfspläne aufgestellt, die den weiteren Entwicklungen angepaßt werden sollen. Die nach bundesrechtlichen Vorschriften aufgestellten Bedarfspläne basieren auf Planungsbereichen, die sich weitgehend an die zentralörtliche Bereichsgliederung (vgl. PS 1.5.2) anlehnen und je nach Ausweisung eines Ärztemangels einen Orientierungsrahmen für die Niederlassung eines Arztes darstellen.

Sozialstationen

Ergänzend hat die Landesregierung die ambulanten Pflegedienste für Kranke, Alte und Familien neu geordnet. Ziel ist der Ausbau der vorhandenen, mehrheitlich in der Trägerschaft der Kirchen und freien Wohlfahrtsverbände stehenden Einrichtungen zu einem flächendeckenden Netz von rd. 400 Sozialstationen im Lande. Nach der Grundkonzeption für Sozialstationen sollen hier vor allem Aufgaben sowohl auf dem Gebiet der Krankenpflege sowie der Haus- und Familienpflege als auch der Altenpflege gemeinsam wahrgenommen werden. Die Neuordnung dieser pflegerischen Dienste erfolgt auf der Grundlage von Mindesteinzugsbereichen und von einer Mindestpersonalausstattung (vgl. Förderrichtlinien vom 10. Februar 1977 - GABl. S. 336 in der Fassung vom 30. März 1979 - GABl. S. 436).

Zu 2.10.4
Rettungsdienst

Für alle Landesteile ist eine gleichmäßig gute Versorgung mit Rettungsdiensteinrichtungen sicherzustellen. Hierzu ist ein flächendeckendes Netz von Rettungswachen aufzubauen. Als Ergänzung zum straßengebundenen Rettungsdienst sind im erforderlichen Umfang der Einsatz von Rettungshubschraubern und Maßnahmen im Bereich der Berg- und Wasserrettung vorzusehen.

Grundlage für den systematischen Ausbau des straßengebundenen Rettungsdienstes, der Luft-, der Berg- und der Wasserrettung im Lande sind das Rettungsdienstgesetz in der Fassung der Bekanntmachung vom 1. September 1983 (GBl. S. 573) und der Rettungsdienstplan. Dieser als Rahmenplan erstellte Plan legt die Grundzüge einer bedarfsgerechten und wirtschaftlichen Versorgung der Bevölkerung mit leistungsfähigen Einrichtungen des Rettungsdienstes fest und enthält die flächendeckende Einteilung des Landes in Rettungsdienstbereiche.

Auf der Grundlage des Rettungsdienstplans erstellt der aus Vertretern der Leistungsträger (Rettungsdienstorganisationen) und der wesentlichen Kostenträger (z.B. örtliche Krankenkassen) gebildete Bereichsausschuß für den Rettungsdienstbereich einen Plan, der u.a. die Standorte der Rettungsleitstelle und der Rettungswachen festlegt. Nachdem der Bedarf an Rettungswachen in den letzten Jahren weitgehend gedeckt werden konnte, liegt der Schwerpunkt künftiger Maßnahmen in der Sanierung und Modernisierung bestehender Einrichtungen und der Modernisierung und Umstrukturierung der Ausstattung.

Begründung
Sozialwesen und Gesundheitswesen

Zur Integration von eingliederungswilligen Ausländern, insbesondere der im Lande aufgewachsenen zweiten Ausländergeneration, sind besondere Maßnahmen und Angebote in den Kindergärten, den Schulen, im beruflichen Bereich und im sozialen Umfeld zu fördern und auszubauen.

Zu 2.10.5
Integration
von Ausländern

Unverkennbare Zeichen einer verstärkten, bereits in Gang befindlichen Eingliederung von Ausländern sind deren längerer Aufenthalt mit der Tendenz zur verstärkten Haushaltsgründung in Deutschland, der zunehmende Anteil der Familien mit Kindern und der intensivere Schulbesuch bis hin zur Berufsausbildung. Die Ausländerintegration bleibt, was auch immer unter dem Stichwort „Integration" verstanden wird, eine längerfristige landespolitische Aufgabe. Ihre Lösung hängt allerdings in starkem Maße von der Bereitschaft der Ausländer selbst und von der Erfüllung bestimmter Voraussetzungen zur Eingliederung ab. Diese sind einerseits bei den verschiedenen Nationalitäten, andererseits aber auch zwischen den verschiedenen Altersgruppen unterschiedlich ausgeprägt und können durch Anreize zwar verbessert, jedoch insgesamt nicht aufgezwungen werden. Zweifellos dürfte die zweite Ausländergeneration die Voraussetzungen für eine Integration eher erfüllen.

Die schulische und berufliche Bildung der ausländischen Kinder und Jugendlichen bildet das Kernstück der am 10. Juni 1980 beschlossenen „Konzeption des Landes zur Verbesserung der Situation der zweiten Ausländergeneration". Hiermit hat die Landesregierung allerdings weder eine Gesamtkonzeption der Ausländerpolitik oder der Beschäftigungspolitik vorgelegt noch ein schlagartig alle Probleme lösendes Patentrezept angeboten, sondern Grundlagen für ein verstärktes Engagement sowohl von deutscher als auch von ausländischer Seite schaffen wollen, welche auf den Grundsätzen der künftigen baden-württembergischen Ausländerpolitik aufbauen. Dazu gehört, daß Ausländerpolitik in erster Linie Gesellschaftspolitik ist, die von sozial-ethischen Grundsätzen der Chancengleichheit, der sozialen Gerechtigkeit, der Mündigkeit und der Partnerschaft ausgeht (vgl. LT-DS 8/3499, 8/4477 und 8/4575).

Konzeption des
Landes

Zu den grundlegenden Aufgaben gehört der Abbau von Sprachdefiziten als wichtigste Voraussetzung für die Wahrnehmung jeglicher Ausbildungsmöglichkeiten. Dies muß bereits mit der Sprachförderung im Kindergarten beginnen und in Vorbereitungskursen zur Teilnahme am Regelschulunterricht, insbesondere im Grund- und Hauptschulbereich, fortgesetzt werden. Ziel ist es, die Ausbildung in allen Bildungsbereichen zu verbessern und zu verlängern. Erste Erfolge werden erkennbar an der erhöhten Bereitschaft der Ausländer, ihre Kinder überhaupt und auch regelmäßig zur Schule zu schicken, und am gesteigerten Interesse an einem Schulabschluß an Grund- und Hauptschulen. Ebenso wechseln auch bereits zunehmend mehr ausländische Schüler zu den weiterführenden Schulen über. Ergänzt werden sollen die Maßnahmen zur Sprachförderung durch Bereitstellung weiterer Lehrerdeputate und durch eine verbesserte Abstimmung des muttersprachlichen Zusatzunterrichts mit dem Regelunterricht, aber auch durch Intensivierung der außerschulischen Sprach-, Lern- und Hausaufgabenhilfen.

Verbesserung der
schulischen und
beruflichen Bildung

Ein weiterer Schwerpunkt der Konzeption besteht in den Bemühungen um die Eingliederung junger Ausländer ins Berufsleben über eine verbesserte berufliche Bildung. Sprachschwierigkeiten und fehlende Schulabschlüsse sowie eine geringere Mobilität stellen die ausländischen Jugendlichen im beruflichen Bereich vor eine sehr ungünstige Ausgangssituation. Zu den vorrangigen Fördermaßnahmen gehört auch hier in erster Linie die Verbesserung der Sprachkenntnisse, um die Berufsvorbereitung generell verbessern zu können. Dazu tragen verbesserte Angebote im beruflichen Schulbereich, in der Berufsberatung und der Absolvierung von Berufsvorbereitungsjahren und nicht zuletzt die Ausweitung von Arbeitsplatzangeboten bei.

Die Durchführung der Maßnahmen zur sozialen und beruflichen Eingliederung von Ausländern ist auf die intensive Mithilfe freier Träger der Sozialhilfe, der Kammern, Gewerkschaften und der Betriebe angewiesen. Ergänzt werden diese berufsvorbereitenden und berufsbildungsbezogenen Maßnahmen durch Leistungen von Organisationen und Verbänden in der allgemeinen Jugendarbeit und Freizeitgestaltung sowie darüber hinaus durch zusätzliche sozialpädagogische Betreuung. Mit der Veränderung der Alters- und Erwerbsstruktur der ausländischen Wohnbevölkerung hat sich insgesamt ein neuer Aufgabenschwerpunkt im Bereich der Betreuungstätigkeit ergeben, der zum größten Teil von den Verbänden der freien Wohlfahrtspflege und den Gewerkschaften übernommen wird. Aus diesen Aktivitäten ist erkennbar, daß ein gewisser Eingliederungsprozeß bei bestimmten Ausländergruppen bereits in Gang

Soziales Umfeld

Begründung
Sozialwesen und Gesundheitswesen

gekommen ist, sich aber bei anderen noch gar nicht oder nur zögernd abzeichnet. Die vielfach nur begrenzt vorhandene Integrationsbereitschaft und Integrationsfähigkeit läßt ohnehin keine kurzfristigen Erfolge der Integrationsbemühungen erwarten. Denjenigen Ausländern aber, die sich eingliedern wollen, ist die Eingliederung zu ermöglichen. Dazu bedarf es im gesellschaftlichen, bildungs- und arbeitsmarktpolitischen sowie sozialen Bereich noch vielfältiger Anstrengungen, die von einem entsprechenden Grundkonsens in Staat und Gesellschaft getragen sein müssen.

Begründung
Region Mittlerer Neckar

Zum 3. Teil:
Ziele der Raumordnung und Landesplanung für die Regionen

Zu 3.1 Region Mittlerer Neckar

Zur Region Mittlerer Neckar gehören der Stadtkreis Stuttgart, die Landkreise Böblingen, Esslingen, Göppingen, Ludwigsburg und der Rems-Murr-Kreis.

Die Region Mittlerer Neckar ist der Bevölkerungs- und Wirtschaftsschwerpunkt des Landes; sie stellt eine wirtschaftliche und kulturelle Einheit dar. Die Region umfaßt eine Fläche von 3 655 qkm, hatte mit rd. 2,36 Mio Einwohnern am 1. Januar 1983 mehr als ein Viertel der Landesbevölkerung und ist mit 646 Einwohnern pro qkm die weitaus am dichtesten besiedelte Region; etwa vier Fünftel ihres Gebiets liegen im verdichteten Raum. Infolge ihrer wirtschaftlichen Spitzenstellung und arbeitsmarktpolitischen Bedeutung - fast 30 % der nichtlandwirtschaftlichen Arbeitsplätze des Landes befinden sich hier - weist die Region Mittlerer Neckar mit 14 % einen extrem hohen Ausländeranteil auf (vgl. Tabellen 9 - 11).

Zu 3.1
Mittlerer Neckar

Raum und Bevölkerung

Tabelle 9
Bevölkerungsentwicklung 1961 – 1983

Jahr	Bevölkerung insgesamt	Ausländer insgesamt	in %	Bevölk. je qkm	Jahr	Veränderung abs.	in %
1961	1 950 225	69 517	3,6	534,0	61/70	324 533	16,6
1970	2 274 758	245 604	10,8	622,8	70/83	84 631	3,7
1974	2 373 268	331 044	13,9	649,3	70/74	98 510	4,3
1978	2 331 003	298 691	12,8	637,7	74/78	−42 265	−1,8
1983	2 359 389	329 316	14,0	645,5	78/83	28 386	1,2

1961 und 1970 VZ-Daten, alle übrigen Daten jeweils 1.1. des Jahres
Quelle: Statistisches Landesamt

Tabelle 10
Altersstrukturen 1970 und 1983

1970	bis unter 6	6 – unter 18	18 – unter 21	21 – unter 45	45 – unter 65	65 und älter
Insgesamt	9,4	16,8	3,8	37,3	21,5	11,2
Deutsche	9,3	17,5	3,6	34,0	23,0	12,5
Ausländer	9,7	11,0	6,0	63,3	9,1	1,0
1983	bis unter 6	6 – unter 18	18 – unter 21	21 – unter 45	45 – unter 65	65 und älter
Insgesamt	6,1	16,3	5,0	36,7	22,3	13,6
Deutsche	5,2	15,7	5,1	34,8	23,6	15,6
Ausländer	11,1	19,8	4,7	48,1	14,9	1,4

VZ 1970 und 1.1.1983

Tabelle 11
Versicherungspflichtig Beschäftigte 1974 – 1982

Jahr	Beschäftigte insgesamt	Land und Forst	Produz. Gewerbe	Dienstl. Bereich	Jahr	Veränderung insg. abs.	in %
1974	988 536	4 983	609 974	373 570	74/76	−64 246	−6,5
1976	924 290	4 665	546 143	373 447	76/78	18 174	2,0
1978	942 464	5 390	557 332	379 736	78/80	45 180	4,8
1980	987 644	6 132	573 582	407 763	80/82	−11 216	−1,1
1982	976 428	6 505	556 190	413 718	74/82	−12 108	−1,2

Alle Daten jeweils 30.6. des Jahres.
Quelle: Statistisches Landesamt

Begründung
Region Mittlerer Neckar

Regionalplanung

Die Verbandsversammlung des Regionalverbands Mittlerer Neckar hat den Regionalplan am 26. Oktober 1977 als Satzung beschlossen. Der Regionalplan wurde am 9. Mai 1979 vom Innenministerium genehmigt (StAnz 1979 Nr. 44) und ist seit dem 2. Juni 1979 verbindlich. Der von der Landesregierung am 14. März 1972 behördenverbindlich erklärte Gebietsentwicklungsplan für den Mittleren Neckarraum (StAnz 1972 Nr. 47 und 51; GABl. S. 1187) ist damit materiell überholt und durch Nichtaufnahme in das Gültigkeitsverzeichnis der Verwaltungsvorschriften auch formell außer Kraft getreten. In einem Landschaftsrahmenplan hat die Verbandsversammlung landschaftsökologische Aussagen getroffen, die - soweit erforderlich und nötig - in den Regionalplan aufgenommen werden sollen.

Die Raumnutzungskonzeption des Regionalplans wird von der auf das große Potential an Einwohnern und Arbeitsplätzen, Infrastruktureinrichtungen und Wirtschaftskraft zurückzuführenden Sonderstellung dieser Region geprägt, die sie zusammen mit der Landeshauptstadt in die Lage versetzt, über die Regionsgrenzen hinaus wichtige Aufgaben für das ganze Land zu erfüllen. Andererseits treten aber auch die nachteiligen Auswirkungen einer hochentwickelten und arbeitsteiligen Lebens- und Wirtschaftsweise besonders deutlich in Erscheinung. Im Vordergrund stehen deshalb Zielsetzungen zu einem sorgsamen Umgang mit den durch die bisherige Siedlungstätigkeit bereits stark dezimierten Freiflächen und zur Erhaltung zusammenhängender Freiräume, die vorrangig ökologische Aufgaben und Erholungsfunktionen übernehmen sollen.

Zu 3.1.1
Allgemeines
Entwicklungsziel

Im PS 3.1.1 sind die allgemeinen raumordnerischen Entwicklungsvorstellungen für die Region Mittlerer Neckar zusammengefaßt. Sie werden im Regionalplan sachlich und räumlich ausgeformt.

Zu 3.1.11
Wirtschafts- und
Kulturlandschaft

Die Region Mittlerer Neckar ist in ihrer Entwicklung so zu fördern, daß ihre großräumige Bedeutung als Wirtschafts- und Kulturlandschaft im nationalen und internationalen Rahmen gesichert und gesteigert wird.

PS 3.1.11 enthält die raumordnerische Zielsetzung für die Region aus europäischer Sicht, die räumlichen Voraussetzungen für die Zusammenarbeit im europäischen Raum zu schaffen und zu fördern. Er entspricht der in den Regierungserklärungen vom 13. Juni 1979 und 24. Juni 1980 festgelegten landespolitischen Richtlinie, welche die Pflege der großen Stadtlandschaften zu den wichtigsten Aufgaben unserer Zeit zählt.

Die zunehmende Differenzierung von Produktion und Konsum, die Umschichtung der Erwerbsstruktur und die Zunahme des Dienstleistungsbereichs sowie die verstärkten internationalen Verflechtungen auf fast allen Lebensgebieten haben weltweit zu einer starken Konzentration des Wirtschaftslebens auf große Verdichtungsräume geführt. Die großräumige Planung für die Region Mittlerer Neckar muß dieser auch in Zukunft zu erwartenden Entwicklung vorausschauend Rechnung tragen, damit die Region ihre günstige Stellung im Bundesgebiet und in Europa halten und weiter ausbauen kann.

Zu 3.1.12
Landesmitte

Die Region Mittlerer Neckar ist in ihrer Entwicklung so zu fördern, daß die der Landesmitte zukommenden zentralen Aufgaben voll wahrgenommen werden können.

PS 3.1.12 enthält die raumordnerische Zielsetzung für die Region Mittlerer Neckar aus der Sicht des Landes. Die Region ist nicht nur die geographische Mitte Baden-Württembergs, hier liegt auch das unbestrittene Zentrum des Landes. Es ist eine entscheidende Aufgabe der Raumordnungspolitik, eine Entwicklung vorzuzeichnen, die es der Landesmitte ermöglicht, ihre zentralen Aufgaben sozialer, kultureller und wirtschaftlicher Art jetzt und in Zukunft voll wahrzunehmen. Diese Zielsetzung kann sich nicht nur auf Stuttgart selbst beziehen; sie muß auch die benachbarten Teile der Region berücksichtigen. Diese sind mit dem Landeszentrum durchweg funktionell eng verflochten; gerade deren Zentrale Orte sind besonders geeignet, nachrangige zentrale Aufgaben wahrzunehmen.

Zu 3.1.13
Leistungsaustausch

Die Region Mittlerer Neckar ist in ihrer Entwicklung so zu fördern, daß ihr Leistungsaustausch mit den anderen für die Landesentwicklung bedeutsamen Räumen im Land und den benachbarten Wirtschaftsräumen außerhalb des Landes gesteigert wird.

PS 3.1.13 geht von der Erfahrung aus, daß die Entwicklung eines Raumes wesentlich vom Ausbau seiner innerregionalen Beziehungen und von seinen Kontakten zu anderen Wirtschaftsräumen abhängt. Wichtigste Grundlage dafür ist ein großräumiges Verkehrsnetz, welches die Landesteile untereinander sowie mit den Regionen und Wirtschaftsgebieten der Nachbarländer und dem Ausland verbindet. Von Bedeu-

Begründung
Region Mittlerer Neckar

tung für die Entwicklung der Region Mittlerer Neckar und des Landes ist vor allem ein enger Kontakt mit den anderen an der Rheinachse liegenden und dadurch in der Entwicklung begünstigten Verdichtungsräumen des Landes. Mit dem raschen Ausbau der großräumigen Verkehrsverbindungen (vgl. PS 2.5.71), insbesondere der Schnellbahnverbindung Mannheim–Stuttgart, ist sicherzustellen, daß die etwas abseits der Rheinachse gelegene Region Mittlerer Neckar auch weiterhin an dieser Entwicklung teilnimmt.

Die Region Mittlerer Neckar ist in ihrer Entwicklung so zu fördern, daß die Vielfalt ihrer räumlichen Nutzung erhalten wird und das Eigenleben ihrer Teilräume gewahrt bleibt.

Zu 3.1.14
Teilräume

Nach diesem Plansatz sollen spezifische strukturelle Vorteile des mittleren Neckarraumes erhalten und gesichert werden. Die Region Mittlerer Neckar verfügt über eine sozial-ökonomisch günstige strukturelle Vielfalt und ist weitgehend ausgeglichen. Ihre reiche landschaftliche Gliederung erschwert mitunter zwar die Siedlungsentwicklung und die Verkehrserschließung; sie hat aber dazu beigetragen, die kulturelle und gesellschaftliche Eigenständigkeit der Teilräume zu wahren und günstige Lebensbedingungen, vor allem den als Standortfaktor hoch einzustufenden Freizeitwert, zu erhalten.

Die Stadt Stuttgart ist so zu entwickeln, daß sie ihre Aufgabe als Landeshauptstadt und ihre Funktionen als Zentrum des Verdichtungsraumes Stuttgart wahrnehmen kann und daß dessen Rang innerhalb der europäischen Wirtschaftsräume gestärkt wird. Entsprechend sind die Voraussetzungen für eine Zunahme der Dienstleistungen und für die weitere Entwicklung standortgebundener Betriebe zu sichern.

Zu 3.1.2
Zentrum des
Verdichtungsraumes

PS 3.1.2 enthält die allgemeine landesplanerische Zielsetzung für das Zentrum des Verdichtungsraumes Stuttgart in der Region Mittlerer Neckar; er ist in enger Verknüpfung mit den PS 3.1.11 und 3.1.12 zu sehen. Die weitere Entwicklung des stark industrialisierten Verdichtungsraumes hängt wesentlich davon ab, wie die Attraktivität seines Zentrums Stuttgart gesteigert und dessen Führungsfunktionen ausgebaut werden können. Die Stellung Stuttgarts als Zentrum eines Verdichtungsraumes europäischen Ranges ist vor allem durch Verbesserung der Verkehrsverbindungen zu den anderen in- und ausländischen Zentren zu festigen (vgl. PS 3.1.8). Die Stadt Stuttgart kann ihre Spitzenfunktionen als Zentrum eines Verdichtungsraumes und als Landeszentrum nur wahrnehmen, wenn ihre Ausstattung im tertiären Sektor verbessert und den bereits vorhandenen Dienstleistungen hoher und höchster Art Erweiterungsmöglichkeiten geboten werden. Ferner bedürfen die kulturellen Einrichtungen der Landeshauptstadt auch künftig der Förderung.

Wo sich im Verdichtungsraum Stuttgart Verdichtungsfolgen abzeichnen, die zu unzuträglichen Lebens- und Arbeitsbedingungen führen, soll diesen entgegengewirkt werden. Die natürlichen Lebensgrundlagen sollen geschützt, die Qualität der Standorte für Wohn- und Arbeitsstätten soll, vor allem durch Maßnahmen des Umweltschutzes, des Städtebaus und des Verkehrs, verbessert werden.

Zu 3.1.3
Nachteilige
Verdichtungsfolgen

PS 3.1.3 konkretisiert die Zielsetzungen zur Entwicklung der Verdichtungsräume in Plankapitel 1.8. Entwicklungen, die zu ungesunden räumlichen Lebens- und Arbeitsbedingungen sowie zu unausgewogenen Wirtschafts- und Sozialstrukturen führen, soll entgegengewirkt werden. Es ist zu erwarten, daß sich im größten Verdichtungsraum Baden-Württembergs die Wohn- und Arbeitsplätze weiter verdichten. Inzwischen mehren sich aber auch in der Region Mittlerer Neckar Anzeichen von nachteiligen Verdichtungsfolgen, vor allem im Verkehrsbereich und durch Gefährdung der allgemeinen Umweltbedingungen, etwa durch Luft- und Wasserverschmutzung und durch Lärmbelästigung. Die nachteiligen Verdichtungsfolgen können jedoch dadurch zum Teil wieder gemildert werden, daß bei den Ver- und Entsorgungseinrichtungen umweltschonende Technologien eingeführt bzw. weiterentwickelt werden. Für diese Einrichtungen sind rechtzeitig die Standorte planerisch zu sichern. Dies gilt insbesondere für die Abfallbeseitigungsanlagen und die Kraftwerke (vgl. Plankapitel 2.7 und 2.6).

In der Region Mittlerer Neckar sind ausreichend Freiräume in ihrem landschaftlichen Zusammenhang zu sichern; dabei sind wegen ihrer Bedeutung für die Erholung und das Klima insbesondere die bis zum Verdichtungszentrum reichenden Waldgebiete im Westen und Südwesten von Stuttgart sowie beiderseits der Entwicklungsachsen im Neckar-, Fils- und Remstal und die damit im Zusammenhang stehenden Landschaftsteile von Bebauung freizuhalten.

Zu 3.1.4
Freiräume

Begründung
Region Mittlerer Neckar

In der Region Mittlerer Neckar ist die Landschaft als Träger natürlicher Lebensgrundlagen stärker zurückgedrängt als in anderen Räumen. Trotz der starken baulichen Nutzung verfügt die Region noch über einen Vorrat an freien, unbebauten Flächen. Deren natürliche Wohlfahrtswirkungen sind dabei um so größer, je enger sie mit dem angrenzenden Verdichtungszentrum in einem Zusammenhang stehen. Dies gilt vor allem für die siedlungsnahen Erholungswälder zwischen Stuttgart und Böblingen/Sindelfingen und dem Schurwald. Um den wertvollen Bestand an Freiflächen in der Kulturlandschaft zu sichern, sollen neue Siedlungsbereiche verstärkt in den Entwicklungsachsen sowie an den Endpunkten und geeigneten Haltepunkten der S-Bahn ausgewiesen werden (vgl. PS 3.1.5).

Zu 3.1.5
Entwicklungsachsen

Durch den Ausbau von Entwicklungsachsen sowie durch den Ausbau von Backnang und Herrenberg als Entlastungsorte ist die Verdichtung von Wohn- und Arbeitsstätten im Verdichtungsraum Stuttgart zu ordnen und einer ringförmigen Ausbreitung des Verdichtungsraumes entgegenzuwirken.

Überlastungserscheinungen im Verdichtungsraum sind bisher im wesentlichen noch auf seine am stärksten verdichteten Teile beschränkt. Sie drohen aber auch auf die angrenzenden Räume überzugreifen; vor allem dort besteht die Gefahr, daß sich die Verdichtung von Arbeitsplätzen, Wohnstätten und Verkehrsanlagen flächenhaft und ringförmig ausbreitet. Eine geordnete Entwicklung des Verdichtungsraumes und die Lenkung des weiteren Verdichtungsprozesses in den Randzonen kann durch den zielgerichteten Ausbau von Entwicklungsachsen mit unterschiedlichen Ordnungs- und Entwicklungsmaßnahmen erreicht werden. Ausgehend vom Verdichtungszentrum sollen sich die Entwicklungsachsen in die Randzonen bis in den ländlichen Raum erstrecken. Die Ausweisung der Entwicklungsachsen folgt teils der bisherigen siedlungsgeographischen Entwicklung, teils planerischen Vorstellungen, die abgestimmt mit dem bereits vorhandenen und dem noch auszubauenden S-Bahn-System zu verwirklichen sind.

Entlastungsorte

Herrenberg und Backnang weisen als geplante bzw. bestehende Endpunkte des S-Bahn-Systems besonders günstige Standorteigenschaften für ein hochwertiges Wohnflächenangebot und ein expandierendes Arbeitsstättenangebot auf. Zwischen ihnen und dem Verdichtungsraum liegen Freiräume, die nach Ausdehnung und Geländegestalt eine natürliche Trennfläche zu dem Zentrum des Verdichtungsraumes bilden. Diese Freiflächen sind ebenso zu sichern wie die für die Naherholung im Verdichtungsraum unentbehrlichen städtebaulichen Zäsuren in den Entwicklungsachsen zwischen Waiblingen/Fellbach und Winnenden sowie zwischen Stuttgart und Böblingen/Sindelfingen.

In Backnang hat die Landesregierung mit der durch Rechtsverordnung vom 20. Dezember 1982 (GBl. 1983, S. 7) nach dem Städtebauförderungsgesetz festgelegten städtebaulichen Entwicklungsmaßnahme bereits einen deutlichen Akzent bei den Bemühungen um eine Realisierung der für die Entlastungsorte formulierten Zielsetzungen gesetzt (vgl. PS 2.2.45). Mit dieser Maßnahme, die zunächst in der Ausweisung größerer Wohnbau- und Gewerbeflächen besteht, ist sowohl eine Stärkung der Attraktivität des Mittelzentrums Backnang als Wohn- und Gewerbestandort als auch gleichzeitig das Angebot eines Naherholungsgebiets verknüpft.

PS 3.1.5 nennt außerdem die Entwicklungsachsen der Region Mittlerer Neckar im einzelnen. Diese werden nach Maßgabe des Plankapitels 1.6 in den Regionalplänen durch die Gliederung in Siedlungsbereiche und Freiräume konkretisiert und räumlich ausgeformt.

Zu 3.1.6
Zentrale Orte

In PS 3.1.6 werden die Zentralen Orte der Region Mittlerer Neckar und ihre Stufen genannt. Bei der Fortschreibung des LEP wurde das bereits bisher ausgewiesene Netz der Zentralen Orte unverändert übernommen (vgl. Plankapitel 1.5). Die im LEP 1983 erstmals verbindlich abgegrenzten Mittelbereiche sind mit den ihnen zugeordneten Gemeinden im Anhang zu PS 1.5.21 aufgeführt und außerdem in Karte 4 dargestellt.

Zu 3.1.7
Erholungsräume

Murrhardter und Welzheimer Wald, Löwensteiner Berge und Schwäbische Alb sind schwerpunktmäßig als Erholungsräume auszubauen. Im Schönbuch, Glemswald, Schurwald, auf der Buocher Höhe, in den Berglen, im Albvorland, im Strohgäu und am Stromberg sind vor allem Einrichtungen für die Naherholung zu fördern. Die Mineral- und Heilbäder in Stuttgart sind zu sichern.

In PS 3.1.7 sind diejenigen überregional bedeutsamen Erholungsräume rahmenhaft ausgewiesen, die aus großräumiger Sicht für einen weiteren Ausbau des Erholungswesens und des Fremdenverkehrs im Lande nach Maßgabe von Plankapitel 2.9 und

PS 2.3.5 aufgrund ihrer Eignung in Betracht kommen (vgl. Karte 5). Die Formulierung, den Ausbau der Erholungsräume „schwerpunktmäßig" zu betreiben, stellt klar, daß mit der Festlegung der für die Erholung geeigneten Landschaften kein großflächiger Ausbau des gesamten Raumes für Erholung und Fremdenverkehr beabsichtigt ist. Die konkrete Ausformung dieser Räume, die Festlegung von kleinerräumigen Erholungsbereichen unter Berücksichtigung der spezifischen Erholungsformen und die Bestimmung von Schwerpunkten für den Ausbau erfolgt im Regionalplan in Verbindung mit der Fachplanung. Ihre weitere Konkretisierung bleibt der Bauleitplanung überlassen.

Für die Erholung der Bevölkerung der stark verdichteten Region Mittlerer Neckar ist der Zugang zur freien Landschaft besonders notwendig. Die reichgegliederte und reizvolle Landschaft der Region, insbesondere in den unter PS 3.1.7 aufgeführten Teilen, erleichtert es, dieses Bedürfnis zu erfüllen. Wegen ihrer Nähe zum Verdichtungsraum werden die genannten Landschaften vor allem für den Ausflugsverkehr und die Wochenenderholung genutzt. Neben dem Ausbau entsprechender Einrichtungen für die Naherholung (vgl. PS 2.9.12 und 2.9.13) - im Schwäbischen Wald und auf der Schwäbischen Alb stellenweise aber auch für die Ferien- und Kurerholung - kommt der Erhaltung stadtnaher Erholungswälder besondere Bedeutung zu (vgl. PS 2.4.42). Auch eine möglichst ungestörte Nutzung der umfangreichen Mineralwasservorkommen in Stuttgart liegt im Interesse des Landes, der Stadt Stuttgart und der Heil- und Erholungsbedürftigen.

Die Verkehrseinrichtungen sollen entsprechend der Bedeutung der Region Mittlerer Neckar sowie der Funktionen der Stadt Stuttgart als Landeshauptstadt ausgebaut werden. Im öffentlichen Personennahverkehr sind weitere Verbesserungen durch eine Einbeziehung der Regionalverkehre in den Verkehrs- und Tarifverbund Stuttgart anzustreben.

Zu 3.1.8
Verkehr

PS 3.1.8 fordert - über das in PS 2.5.2 formulierte Ziel hinaus - den Ausbau der Verkehrsverbindungen mit den anderen für die Entwicklung des Landes bedeutsamen Wirtschaftsräumen im In- und Ausland, auf die die Region Mittlerer Neckar als größte Konzentration an Bevölkerung und Wirtschaftskraft im Lande angewiesen ist und die insbesondere Stuttgart als Landeszentrum benötigt (vgl. PS 3.1.11 bis 3.1.13). Der Ausbau des Verkehrssystems muß die Region deshalb in das europäische Verkehrsnetz einbinden und leistungsfähige Verbindungen mit den benachbarten größeren Wirtschaftsräumen anstreben; er muß aber auch die Verbindung des Landeszentrums mit den anderen Landesteilen sicherstellen (vgl. PS 2.5.71 und 2.5.82). Dazu sind auch günstige Anschlüsse an den innerdeutschen, den innereuropäischen und den Weltluftverkehr nötig (vgl. PS 2.5.91).

Die weitere Entwicklung des Verdichtungsraumes Stuttgart hängt wesentlich von der Leistungsfähigkeit des öffentlichen Personennahverkehrs ab (vgl. PS 2.5.23 sowie 2.5.51 und 2.5.53). Mit dem Ausbau der Stadtbahn und dem Bau der S-Bahn sind bereits entscheidende Investitionen für ein modernes und attraktives ÖPNV-System erfolgt (vgl. PS 2.5.73). Der Ausbau des Stadtbahnsystems Stuttgart und die Weiterführung des S-Bahn-Betriebs werden dazu beitragen, daß für den Verdichtungsraum Stuttgart ein flächendeckendes integriertes Nahverkehrssystem zur Verfügung steht. Mit der Einbeziehung der Regionalverkehre in den Verkehrs- und Tarifverbund Stuttgart „VVS" - zunächst in Form einer tariflichen Kooperation zugunsten der umsteigenden Fahrgäste - ist eine kundenfreundliche Tarifstruktur geschaffen worden. Durch weitere Maßnahmen wie Fahrplanabstimmung und durch den Bau von zentralen Omnibusbahnhöfen kann die Verknüpfung von Schienen- und Omnibusverkehr noch verbessert werden.

Zu 3.2 **Region Franken**

Zur Region Franken gehören der Stadtkreis Heilbronn und die Landkreise Heilbronn, Hohenlohekreis, Schwäbisch Hall und Main-Tauber-Kreis.

Zu 3.2
Franken

Die den Nordosten des Landes ausfüllende und an Bayern grenzende Region Franken ist mit 4 765 qkm die flächenmäßig größte Region des Landes; sie hatte am 1. Januar 1983 715 000 Einwohner. Franken zählt zu den Regionen mit dem stärksten Bevölkerungsrückgang seit der landesweiten Trendumkehr von 1974 (vgl. Tabellen 12-14), der aufgrund der ausgeprägten innerregionalen Strukturgegensätze und der damit korrespondierenden Bevölkerungsverteilung in den einzelnen Regionsteilen sehr unterschiedlich verlaufen ist. Die Region Franken wird gerade durch dieses augenfällige Strukturgefälle zwischen den ländlich geprägten, zu einem erheblichen

Raum und Bevölkerung

Begründung
Region Franken

Teil sogar strukturschwachen Kreise (Landkreis Schwäbisch Hall, Hohenlohekreis und Main-Tauber-Kreis) einerseits und den beiden dichter besiedelten, zum Teil noch zum Verdichtungsraum gehörenden Kreisen (Stadt- und Landkreis Heilbronn) andererseits gekennzeichnet.

Tabelle 12
Bevölkerungsentwicklung 1961 – 1983
Region Franken

Jahr	Bevölkerung insgesamt	Ausländer insgesamt	in %	Bevölk. je qkm	Jahr	Veränderung abs.	in %
1961	619 176	6 460	1,0	129,9	61/70	76 958	12,4
1970	696 134	35 176	5,1	146,0	70/83	18 481	2,7
1974	717 969	55 856	7,8	150,7	70/74	21 835	3,1
1978	702 332	45 816	6,5	147,4	74/78	-15 637	-2,2
1983	714 615	54 588	7,6	150,0	78/83	12 283	1,7

1961 und 1970 VZ-Daten, alle übrigen Daten jeweils 1.1. des Jahres

Tabelle 13
Altersstrukturen 1970 und 1983

1970	Bevölkerung nach Altersgruppen in %					
	bis unter 6	6 – unter 18	18 – unter 21	21 – unter 45	45 – unter 65	65 und älter
Insgesamt	10,1	20,0	4,2	32,0	21,3	12,5
Deutsche	10,1	20,4	4,1	30,2	22,1	13,1
Ausländer	11,2	12,3	5,9	62,1	7,2	1,3
1983	bis unter 6	6 – unter 18	18 – unter 21	21 – unter 45	45 – unter 65	65 und älter
Insgesamt	6,4	18,4	5,4	32,8	22,3	14,6
Deutsche	6,0	17,9	5,4	31,8	23,2	15,7
Ausländer	11,5	24,3	5,1	44,6	12,7	1,9

VZ 1970 und 1.1.1983

Tabelle 14
Versicherungspflichtig Beschäftigte 1974 – 1982

Jahr	Beschäftigte insgesamt	Land und Forst	Produz. Gewerbe	Dienstl. Bereich	Jahr	Veränderung insg. abs.	in %
1974	226 958	2 763	145 086	79 097	74/76	-13 379	-5,9
1976	213 579	2 967	128 356	82 245	76/78	6 053	2,8
1978	219 632	3 278	131 539	84 815	78/80	18 293	8,3
1980	237 925	3 792	140 761	93 301	80/82	-503	-0,2
1982	237 422	4 023	137 884	95 509	74/82	10 464	4,6

Alle Daten jeweils 30.6. des Jahres. Quelle: Statistisches Landesamt

Regionalplanung

Die Verbandsversammlung des Regionalverbands Franken hat den Regionalplan am 17. Dezember 1980 als Satzung beschlossen. Der Regionalplan wurde am 15. Dezember 1981 vom Innenministerium genehmigt (StAnz 1982 Nr. 12 und 15) und ist seit dem 15. März 1982 verbindlich. Zu den vordringlichsten landes- und regionalplanerischen Aufgaben in dieser Region gehört, das ausgeprägte innerregionale Strukturgefälle durch die Schaffung von zusätzlichen nichtlandwirtschaftlichen Arbeitsplätzen im ländlichen Raum und die Verhinderung einer weiteren Bevölkerungsabwanderung aus diesem zu verringern. Die Ziele der Landesplanung in den baden-württembergischen und bayerischen Nachbarräumen werden in ständigem Kontakt zwischen den beiderseitigen obersten Landesplanungsbehörden aufeinander abgestimmt. Ebenso wie der Landesentwicklungsplan Baden-Württemberg und der Regionalplan Franken sehen auch die bayerischen Pläne und Programme vor, im dortigen Raum die nichtlandwirtschaftlichen Arbeitsplätze zu vermehren, Zentrale Orte auszubauen, Erholungsräume zu entwickeln und den Leistungsaustausch durch Verbesserung der Verkehrsverhältnisse zu intensivieren.

Begründung
Region Franken

Im PS 3.2.1 sind die allgemeinen raumordnerischen Entwicklungsvorstellungen für die Region Franken zusammengefaßt. Sie werden im Regionalplan sachlich und räumlich ausgeformt.

Zu 3.2.1
Allgemeines
Entwicklungsziel

Die Region Franken ist in ihrer Entwicklung so zu fördern, daß durch Vermehrung und Verbesserung der nichtlandwirtschaftlichen Erwerbsgrundlagen die Bevölkerung, insbesondere der natürliche Bevölkerungszuwachs, in der Region gehalten wird und Zuwanderungen aufgenommen werden können.

Zu 3.2.11
Erwerbsgrundlagen,
Bevölkerungsentwicklung

Im Vordergrund von PS 3.2.11 steht die Forderung, die Bevölkerung in der Region zu halten. Entscheidende Voraussetzungen dafür sind quantitativ und qualitativ ausreichende Erwerbsgrundlagen, die zugleich zur Stärkung der Wirtschaftskraft der Region beitragen. Um die Region vor Bevölkerungsverlusten durch ökonomisch induzierte Abwanderungen zu bewahren, ist deshalb das vorhandene Arbeitsplatzangebot zu erhalten und zu erweitern. Insofern konkretisiert PS 3.2.11 die Zielsetzungen von PS 1.4, wonach in den abwanderungsgefährdeten Landesteilen Voraussetzungen dafür geschaffen werden sollen, daß die Bevölkerung gehalten werden kann. Er geht aber auch davon aus, daß im Falle einer erfolgreichen Ansiedlung von nichtlandwirtschaftlichen Arbeitsplätzen Bevölkerungszuwanderungen ausgelöst werden könnten.

Als abwanderungsgefährdete Teile gelten diejenigen Regionen des Landes, deren Arbeitsmarktbilanz nach der voraussichtlichen Entwicklung von Bevölkerung, Erwerbspersonen und Arbeitsplätzen (vgl. die regionalisierte Prognose des Statistischen Landesamts von 1976, aber auch die aktuelleren Prognosen und Modellrechnungen für das Land) auch längerfristig einen Erwerbspersonenüberhang bzw. ein Arbeitsplatzdefizit befürchten läßt. Zu diesen gehört auch die Region Franken. Zweifellos wird der Bevölkerungsstand der Region bei der Tendenz zu einer allgemeinen Bevölkerungsstagnation oder gar einer Abnahme nicht immer zu halten sein. Der in diesem Plansatz gesetzte planerische Akzent soll verdeutlichen, daß eine Konzentration von Bevölkerung und Arbeitsplätzen auf die großen Verdichtungsräume des Landes das interregionale Gefälle nur noch vergrößern würde und daß die nachwachsende Generation nicht aus Mangel an qualifizierten Arbeitsplätzen ihre Heimat verlassen soll. Eine solche Entwicklung würde die Altersstruktur der Regionsbevölkerung längerfristig verschlechtern und Folgewirkungen verursachen. Bevölkerungsverschiebungen innerhalb der Region, vor allem innerhalb ihrer Mittelbereiche, können allerdings nicht ausgeschlossen werden.

Die Region Franken ist in ihrer Entwicklung so zu fördern, daß der Leistungsaustausch innerhalb der Region und mit dem Rhein-Neckar-Gebiet sowie mit den benachbarten Wirtschaftsräumen und Regionen innerhalb und außerhalb des Landes verstärkt wird.

Zu 3.2.12
Leistungsaustausch

PS 3.2.12 geht von der Erfahrung aus, daß die Entwicklung eines Raumes wesentlich vom Ausbau seiner innerregionalen Beziehungen und von seinen Kontakten zu anderen Wirtschaftsräumen abhängt. Wichtigste Grundlage dafür ist ein großräumiges Verkehrsnetz, welches die Landesteile untereinander sowie mit den Regionen und Wirtschaftsgebieten der Nachbarländer verbindet. Da der westliche Teil der Region Franken um Heilbronn im Spannungsfeld der Verdichtungen am mittleren und unteren Neckar liegt, sind dort solche Verflechtungen bereits weitgehend vorhanden. In anderen Teilen der Region muß versucht werden, das Leistungsangebot zu verbreitern. Durch die Verbesserung der Verkehrsverhältnisse, wie z.B. durch den Bau der Bundesautobahnen A 6 Mannheim–Heilbronn–Nürnberg und A 81 Stuttgart–Heilbronn–Würzburg, wurden wesentliche Voraussetzungen geschaffen, um den Leistungsaustausch mit anderen Räumen zu verstärken.

Die Region Franken ist in ihrer Entwicklung so zu fördern, daß sie am allgemeinen sozialen, kulturellen und wirtschaftlichen Fortschritt im Lande teilnimmt und das Gefälle zwischen den verdichteten Räumen und den übrigen Räumen der Region verringert wird.

Zu 3.2.13
Allgemeiner
Fortschritt

PS 3.2.13 konkretisiert die Zielsetzung von PS 1.4, daß alle Landesteile an der Entwicklung des Landes angemessen teilnehmen sollen. Dies setzt aber auch gleichwertige Lebensverhältnisse in allen Landesteilen im Sinne eines Mindestmaßes an sozialen, kulturellen und wirtschaftlichen Versorgungseinrichtungen voraus. Wichtige Voraussetzungen dafür sind sowohl die Sicherung der vorhandenen gesunden Raumstrukturen als auch der Abbau der innerregionalen strukturellen Gegensätze und die Verringerung des Gefälles zwischen leistungsstarken und leistungsschwachen Regionsteilen (vgl. PS 1.4.3). In der Region Franken bestehen derartige Gegensätze insbesondere zwischen den verdichteten Räumen um Heilbronn im Westen und

Begründung
Region Ostwürttemberg

den ländlichen, zum großen Teil strukturschwachen Regionsteilen im Osten. Die Angleichung der Lebensverhältnisse soll jedoch nicht zu einer strukturellen Nivellierung führen, sondern die eigenständige Prägung der Region wahren.

Zu 3.2.2
Zentrale Orte

In PS 3.2.2 werden die Zentralen Orte der Region Franken und ihre Stufen genannt. Bei der Fortschreibung des LEP wurde das bereits bisher ausgewiesene Netz der Zentralen Orte unverändert übernommen (vgl. Plankapitel 1.5). Die im LEP 1983 erstmals verbindlich abgegrenzten Mittelbereiche sind mit den ihnen zugeordneten Gemeinden im Anhang zu PS 1.5.21 aufgeführt und außerdem in Karte 4 dargestellt.

Oberzentrale Versorgung

Die Randlage der Stadt Heilbronn zu den östlichen Regionsteilen beeinträchtigt die Wahrnehmung ihrer oberzentralen Funktionen für die ganze Region. Trotz des Ausbaus der zahlreichen Mittelzentren in diesen Teilräumen ist der Ostteil der Region noch recht stark nach Zentren außerhalb der Region und des Landes orientiert. Einige Randzonen der Region sind der Anziehungskraft der großen Verdichtungen am mittleren und unteren Neckar ausgesetzt, andere wiederum sind mit bayerischen Zentren, z.B. Würzburg, verflochten. Die Bundesautobahnen A 6 und A 81 haben die entfernteren Teilräume im Osten inzwischen jedoch wesentlich besser an Heilbronn angeschlossen und damit zur Aufwertung des Oberzentrums Heilbronn beigetragen. Die Stadt könnte durch Ergänzung ihrer zentralörtlichen Ausstattung dennoch mehr als bisher kultureller und wirtschaftlicher Mittelpunkt für die gesamte Region werden.

Zu 3.2.3
Entwicklungsachsen

PS 3.2.3 nennt die Entwicklungsachsen der Region Franken. Diese werden nach Maßgabe des Plankapitels 1.6 im Regionalplan durch die Gliederung in Siedlungsbereiche und Freiräume konkretisiert und räumlich ausgeformt.

Zu 3.2.4
Erholungsräume

Tauber- und Maintal, mittleres Kocher- und Jagsttal, Löwensteiner Berge, Mainhardter Wald, Waldenburger Berge, Limpurger Berge sowie die südliche Frankenhöhe sind schwerpunktmäßig als Erholungsräume auszubauen. Im Neckartal ab Bad Friedrichshall und am Heuchelberg und Stromberg sind vor allem Einrichtungen für die Naherholung zu fördern.

In PS 3.2.4 sind diejenigen überregional bedeutsamen Erholungsräume rahmenhaft ausgewiesen, die aus großräumiger Sicht für einen weiteren Ausbau des Erholungswesens und des Fremdenverkehrs im Lande nach Maßgabe von Plankapitel 2.9 und PS 2.3.5 aufgrund ihrer Eignung in Betracht kommen (vgl. Karte 5). Mit der Formulierung, den Ausbau der Erholungsräume „schwerpunktmäßig" zu betreiben, wird klargestellt, daß mit der Festlegung der für die Erholung geeigneten Landschaften kein großflächiger Ausbau des ganzen Raumes für Erholung und Fremdenverkehr beabsichtigt ist. Die konkrete Ausformung dieser Räume, die Festlegung von kleinräumigen Erholungsbereichen unter Berücksichtigung der spezifischen Erholungsformen und die Bestimmung von Schwerpunkten für den Ausbau erfolgt im Regionalplan in Verbindung mit den Fachplanungen. Ihre weitere Konkretisierung bleibt der Bauleitplanung überlassen.

Die in PS 3.2.4 genannten Landschaften haben einen großen natürlichen Erholungswert. Sie bieten zusammen mit ihrem Reichtum an Kunstwerken und Kulturdenkmalen („Romantische Straße", „Burgenstraße") sowie ihrer verkehrsgünstigen Lage zu den Wirtschafts- und Verdichtungsräumen um Stuttgart, Heilbronn, Mannheim, Heidelberg, Frankfurt, Nürnberg und Würzburg alle Voraussetzungen für die Ausgestaltung zum Erholungs- und Reisegebiet. Durch den weiteren Ausbau von Fremdenverkehr und Erholungswesen können die Erwerbsgrundlagen für die ansässige Bevölkerung verbreitert werden.

Zu 3.3 Region Ostwürttemberg

Zu 3.3.
Ostwürttemberg
Raum und Bevölkerung

Zur Region Ostwürttemberg gehören die Landkreise Heidenheim und Ostalbkreis.

Die Region Ostwürttemberg liegt im Osten des Landes und grenzt an Bayern. Sie ist 2139 qkm groß und hatte mit 400 000 Einwohnern am 1. Januar 1983 die geringste Einwohnerzahl von allen Regionen des Landes. Bereits vor der landesweiten Trendumkehr im Jahre 1974, d.h. noch während der letzten allgemeinen Wachstumsphase von 1970 bis 1974, nahm die Bevölkerung in dieser Region stark ab, insbesondere die Gruppe der unter 25-Jährigen. Dies ist u.a. ein Indiz für einen Mangel an qualifizierten Arbeitsplätzen, deren Zahl sich infolge der veränderten Wirtschaftsbedingungen überdies stark verringert hat. Charakteristisch für die Erwerbsstruktur der Region ist dennoch der relativ hohe Industriebesatz und der im Gegensatz dazu nur schwach entwickelte Dienstleistungssektor (vgl. Tabellen 15-17).

Tabelle 15
Bevölkerungsentwicklung 1961 – 1983

Jahr	Bevölkerung insgesamt	Ausländer insgesamt	in %	Bevölk. je qkm	Jahr	Veränderung abs.	in %
1961	354 633	5 485	1,5	166,2	61/70	41 430	11,7
1970	396 063	22 651	5,7	185,6	70/83	3 540	0,9
1974	401 803	29 188	7,3	187,9	70/74	5 740	1,4
1978	395 016	26 618	6,7	184,8	74/78	−6 787	−1,7
1983	399 603	31 724	7,9	186,9	78/83	4 587	1,2

1961 und 1970 VZ-Daten, alle übrigen Daten jeweils 1.1. des Jahres

Tabelle 16
Altersstrukturen 1970 und 1983

1970	Bevölkerung nach Altersgruppen in %					
	bis unter 6	6 – unter 18	18 – unter 21	21 – unter 45	45 – unter 65	65 und älter
Insgesamt	10,4	20,2	4,2	32,4	21,2	11,7
Deutsche	10,3	20,6	4,1	30,7	22,0	12,3
Ausländer	11,8	13,4	5,9	59,7	7,9	1,2
1983	bis unter 6	6 – unter 18	18 – unter 21	21 – unter 45	45 – unter 65	65 und älter
Insgesamt	6,9	19,0	5,4	32,0	22,5	14,2
Deutsche	6,4	18,5	5,4	31,1	23,4	15,3
Ausländer	12,4	25,1	4,9	43,1	12,7	1,9

VZ 1970 und 1.1.1983

Tabelle 17
Versicherungspflichtig Beschäftigte 1974 – 1982

Jahr	Beschäftigte insgesamt	Land und Forst	Produz. Gewerbe	Dienstl. Bereich	Jahr	Veränderung insg. abs.	in %
1974	143 611	1 425	104 279	37 905	74/76	−10 287	−7,2
1976	133 324	1 317	93 942	38 057	76/78	1 130	0,8
1978	134 454	1 473	93 366	39 599	78/80	6 050	4,5
1980	140 504	1 760	96 962	41 636	80/82	−2 831	−2,0
1982	137 673	1 868	93 893	41 911	74/82	−5 938	−4,1

Alle Daten jeweils 30.6. des Jahres.   Quelle: Statistisches Landesamt

Die Verbandsversammlung des Regionalverbands Ostwürttemberg hat den Regionalplan am 10. Dezember 1979 als Satzung beschlossen. Der Regionalplan wurde am 11. September 1981 vom Innenministerium genehmigt (StAnz 1981 Nr. 79) und ist seit dem 3. November 1981 verbindlich.

Zu den vorrangigen Aufgaben in der Region gehört der Ausbau des Dienstleistungsbereichs. Für die Versorgung der Region mit höherwertigen zentralörtlichen Einrichtungen wird in Übereinstimmung mit den Zielvorstellungen des Regionalverbands zunächst eine für die vier Mittelzentren Aalen, Ellwangen (Jagst), Heidenheim a.d.Br. und Schwäbisch Gmünd ausgewogene Entwicklung angestrebt.

Im PS 3.3.1 sind die allgemeinen raumordnerischen Entwicklungsvorstellungen für die Region Ostwürttemberg zusammengefaßt. Sie werden im Regionalplan sachlich und räumlich ausgeformt.

Die Region Ostwürttemberg ist in ihrer Entwicklung so zu fördern, daß durch Vermehrung und Verbesserung der nichtlandwirtschaftlichen Erwerbsgrundlagen die Bevölkerung, insbesondere der natürliche Bevölkerungszuwachs, in der Region gehalten wird und Zuwanderungen aufgenommen werden können.

Im Vordergrund von PS 3.3.11 steht die Forderung, die Bevölkerung in der Region zu halten. Entscheidende Voraussetzungen dafür sind quantitativ und qualitativ ausreichende Erwerbsgrundlagen, die zugleich zur Stärkung der Wirtschaftskraft der

Begründung
Region Ostwürttemberg

Region beitragen. Um die Region vor Bevölkerungsverlusten durch ökonomisch induzierte Abwanderungen zu bewahren, ist deshalb das vorhandene Arbeitsplatzangebot zu erhalten und zu erweitern. Insofern konkretisiert PS 3.3.11 die Zielsetzungen von PS 1.4, wonach in den abwanderungsgefährdeten Landesteilen Voraussetzungen dafür geschaffen werden sollen, daß die Bevölkerung gehalten werden kann. Er geht aber auch davon aus, daß im Falle einer erfolgreichen Ansiedlung von nichtlandwirtschaftlichen Arbeitsplätzen Bevölkerungszuwanderungen ausgelöst werden könnten.

Als abwanderungsgefährdete Teile gelten diejenigen Regionen des Landes, deren Arbeitsmarktbilanz nach der voraussichtlichen Entwicklung von Bevölkerung, Erwerbspersonen und Arbeitsplätzen (vgl. die regionalisierte Prognose des Statistischen Landesamts von 1976, aber auch die aktuelleren Prognosen und Modellrechnungen für das Land) auch längerfristig einen Erwerbspersonenüberhang bzw. ein Arbeitsplatzdefizit befürchten läßt. Zu diesen gehört auch die Region Ostwürttemberg. Zweifellos wird der Bevölkerungsstand der Region bei der Tendenz zu einer allgemeinen Bevölkerungsstagnation oder gar einer Abnahme nicht immer zu halten sein. Der in diesem Plansatz gesetzte planerische Akzent soll aber verdeutlichen, daß eine Konzentration von Bevölkerung und Arbeitsplätzen auf die großen Verdichtungsräume des Landes das interregionale Gefälle nur noch vergrößern würde und daß die nachwachsende Bevölkerung nicht aus Mangel an qualifizierten Arbeitsplätzen ihre Heimat verlassen soll. Eine solche Entwicklung würde die Altersstruktur der Regionsbevölkerung längerfristig verschlechtern und Folgewirkungen verursachen. Bevölkerungsverschiebungen innerhalb der Region, vor allem innerhalb ihrer Mittelbereiche, können allerdings nicht ausgeschlossen werden.

Zu 3.3.12
Leistungsaustausch

Die Region Ostwürttemberg ist in ihrer Entwicklung so zu fördern, daß der Leistungsaustausch innerhalb der Region und mit anderen für ihre Entwicklung bedeutsamen Räumen im Land, insbesondere mit den Regionen Mittlerer Neckar, Donau-Iller und Franken sowie mit den benachbarten bayerischen Wirtschaftsräumen und Regionen, verstärkt wird.

PS 3.3.12 geht von der Erfahrung aus, daß die Entwicklung eines Raumes wesentlich vom Ausbau seiner innerregionalen Beziehungen und von seinen Kontakten zu anderen Wirtschaftsräumen abhängt. Wichtigste Grundlage dafür ist ein großräumiges Verkehrsnetz, welches die Landesteile untereinander sowie mit den Regionen und Wirtschaftsgebieten der Nachbarländer verbindet. Die Region Ostwürttemberg muß zunächst ihre Beziehungen zur Region Mittlerer Neckar, aber auch zu den Räumen um Ulm/Neu-Ulm und Heilbronn intensivieren. Darüber hinaus sind vor allem die Industrieregionen auf bayerischer Seite, z.B. um Würzburg und Nürnberg, von zunehmender Bedeutung. Für die Verstärkung des Leistungsaustausches mit diesen Räumen ist der Ausbau des überregionalen Verkehrsnetzes, besonders die zügige Fertigstellung der A 7 Würzburg–Ulm, wichtig.

Zu 3.3.13
Allgemeiner Fortschritt

Die Region Ostwürttemberg ist in ihrer Entwicklung so zu fördern, daß sie am allgemeinen sozialen, kulturellen und wirtschaftlichen Fortschritt im Lande teilnimmt.

PS 3.3.13 konkretisiert die Zielsetzung von PS 1.4, daß alle Landesteile an der Entwicklung des Landes angemessen teilnehmen sollen. Dies setzt aber auch gleichwertige Lebensverhältnisse in allen Landesteilen im Sinne eines Mindestmaßes an sozialen, kulturellen und wirtschaftlichen Versorgungseinrichtungen voraus. Wichtige Voraussetzungen dafür sind sowohl die Sicherung der vorhandenen gesunden Raumstrukturen als auch der Abbau der innerregionalen Strukturunterschiede, die in Ostwürttemberg auf die noch vorwiegend landwirtschaftliche Struktur mancher Teilräume, die teilweise ungenügende Verkehrserschließung, die stellenweise dünne Besiedlung, den Bedeutungsrückgang bodenständiger Gewerbearten und den Mangel an attraktiven Dienstleistungsarbeitsplätzen zurückzuführen sind. Die Angleichung der Lebensverhältnisse soll jedoch nicht zu einer strukturellen Nivellierung führen, sondern die eigenständige Prägung der Region wahren.

Zu 3.3.14
Dienstleistungsbereich

Die Region Ostwürttemberg ist in ihrer Entwicklung so zu fördern, daß der Mangel an Arbeitsplätzen im Dienstleistungsbereich gemildert wird.

Die Region Ostwürttemberg hat neben der Region Schwarzwald-Baar-Heuberg den geringsten Besatz an Dienstleistungsarbeitsplätzen im ganzen Land. Bei tendenziell geringen Expansionsaussichten des produzierenden Bereichs ist die Förderung des

Begründung
Region Mittlerer Oberrhein

Dienstleistungssektors wichtig, um die einseitige Wirtschaftsstruktur zu verbessern und Bevölkerungsabwanderungen entgegenzuwirken. Ansatzpunkte für die Schaffung von Dienstleistungsarbeitsplätzen sind die Zentralen Orte, vor allem jene, die für die Versorgung der Region mit höherwertigen zentralörtlichen Einrichtungen entwickelt werden sollen.

In PS 3.3.2 werden die Zentralen Orte der Region Ostwürttemberg und ihre Stufen genannt. Bei der Fortschreibung des LEP wurde das bereits bisher ausgewiesene Netz der Zentralen Orte unverändert übernommen (vgl. Plankapitel 1.5). Die im LEP 1983 erstmals verbindlich abgegrenzten Mittelbereiche sind mit den ihnen zugeordneten Gemeinden im Anhang zu PS 1.5.21 aufgeführt und außerdem in Karte 4 dargestellt.

Zu 3.3.2
Zentrale Orte

Weite Teile der Region sind in vieler Hinsicht einseitig auf Stuttgart und die Region Mittlerer Neckar ausgerichtet, da der Region Ostwürttemberg ein eigenständiger Zentraler Ort großstädtischer Prägung immer noch fehlt, der die Region mit hochqualifizierten Leistungen versorgen könnte. Diese Lücke im zentralörtlichen System des Landes sollte langfristig geschlossen werden. Der Regionalplan Ostwürttemberg sieht hierfür zunächst eine ausgewogene Entwicklung der vier Mittelzentren Aalen, Ellwangen (Jagst), Heidenheim a. d. Br. und Schwäbisch Gmünd vor, um deren Funktionsfähigkeit und Ausstattung mit höherwertigen Einrichtungen zu verbessern. Nach Abbau der noch bestehenden Strukturschwächen im tertiären Sektor wird zu prüfen sein, ob die Entwicklungschancen der Region durch die Ausweisung eines Oberzentrums verbessert werden können.

Oberzentrale Versorgung

PS 3.3.3 nennt die Entwicklungsachsen der Region Ostwürttemberg. Diese werden nach Maßgabe des Plankapitels 1.6 im Regionalplan durch die Gliederung in Siedlungsbereiche und Freiräume konkretisiert und räumlich ausgeformt.

Zu 3.3.3
Entwicklungsachsen

Schwäbische Alb, Ellwanger Berge und Frickenhofer Höhe sind schwerpunktmäßig als Erholungsräume auszubauen. Im Albvorland sind vor allem Einrichtungen für die Naherholung zu fördern.

Zu 3.3.4
Erholungsräume

In PS 3.3.4 sind diejenigen überregional bedeutsamen Erholungsräume rahmenhaft ausgewiesen, die aus großräumiger Sicht für einen weiteren Ausbau des Erholungswesens und des Fremdenverkehrs im Lande nach Maßgabe von Plankapitel 2.9 und PS 2.3.5 aufgrund ihrer Eignung in Betracht kommen (vgl. Karte 5). Mit der Formulierung, den Ausbau der Erholungsräume „schwerpunktmäßig" zu betreiben, wird klargestellt, daß mit der Festlegung der für die Erholung geeigneten Landschaften kein großflächiger Ausbau des ganzen Raumes für Erholung und Fremdenverkehr beabsichtigt ist. Die konkrete Ausformung dieser Räume, die Festlegung von kleinerräumigen Erholungsbereichen unter Berücksichtigung der spezifischen Erholungsformen und die Bestimmung von Schwerpunkten für den Ausbau erfolgt im Regionalplan in Verbindung mit der Fachplanung. Ihre weitere Konkretisierung bleibt der Bauleitplanung überlassen.

Die Region Ostwürttemberg, vor allem die in PS 3.3.4 genannten Räume, besitzen einen beachtlichen Freizeitwert und eignen sich vorzüglich für die Naherholung der Bevölkerung der Region selbst und der nahegelegenen verdichteten Räume, stellenweise sogar für den Wintersport. In weiten Teilen dieser Räume sind zugleich günstige natürliche Voraussetzungen für die Ferienerholung vorhanden. Hier ist der weitere Ausbau der Einrichtungen für Erholung und Fremdenverkehr erforderlich; dazu können auch die zahlreichen, aus wasserwirtschaftlichen Gründen angelegten zusätzlichen Wasserflächen für den Wassersport genutzt werden (vgl. PS 2.9.13).

Zu 3.4 Region Mittlerer Oberrhein

Zur Region Mittlerer Oberrhein gehören die Stadtkreise Karlsruhe und Baden-Baden sowie die Landkreise Karlsruhe und Rastatt.

Zu 3.4
Mittlerer Oberrhein

Die Region Mittlerer Oberrhein liegt zum überwiegenden Teil in der Oberrheinischen Tiefebene, erstreckt sich mit ihren Randgebieten aber auch noch auf den unmittelbar angrenzenden Schwarzwald und seine Vorberge sowie im Norden auf den Kraichgau. Sie ist nur 2137 qkm groß und damit die kleinste aller Regionen des Landes. Mit 871 000 Einwohnern am 1. Januar 1983 hatte sie jedoch immerhin knapp 10 % der Landesbevölkerung und mit 407 Einwohnern pro qkm eine entsprechend überdurchschnittliche Bevölkerungsdichte (vgl. Tabellen 18 - 20).

Raum und Bevölkerung

Begründung
Region Mittlerer Oberrhein

Tabelle 18
Bevölkerungsentwicklung 1961 – 1983
Region Mittlerer Oberrhein

Jahr	Bevölkerung insgesamt	Ausländer insgesamt	in %	Bevölk. je qkm	Jahr	Veränderung abs.	in %
1961	751 468	11 021	1,5	351,8	61/70	105 266	14,0
1970	856 734	48 542	5,7	401,1	70/83	14 226	1,7
1974	877 310	67 049	7,6	410,4	70/74	20 576	2,4
1978	864 040	59 516	6,9	404,2	74/78	−13 270	−1,5
1983	870 960	68 420	7,9	407,4	78/83	6 920	0,8

1961 und 1970 VZ-Daten, alle übrigen Daten jeweils 1.1. des Jahres

Tabelle 19
Altersstrukturen 1970 und 1983

1970	Bevölkerung nach Altersgruppen in %					
	bis unter 6	6 – unter 18	18 – unter 21	21 – unter 45	45 – unter 65	65 und älter
Insgesamt	9,1	18,2	4,3	34,4	21,9	12,2
Deutsche	9,0	18,5	4,1	32,8	22,7	12,9
Ausländer	10,7	12,2	6,3	60,0	9,1	1,7
1983	bis unter 6	6 – unter 18	18 – unter 21	21 – unter 45	45 – unter 65	65 und älter
Insgesamt	5,5	16,0	5,2	35,6	23,1	14,6
Deutsche	5,1	15,5	5,3	34,6	23,9	15,6
Ausländer	10,5	22,2	5,0	46,5	13,1	2,6

VZ 1970 und 1.1.1983

Tabelle 20
Versicherungspflichtig Beschäftigte 1974 – 1982

Jahr	Beschäftigte insgesamt	Land und Forst	Produz. Gewerbe	Dienstl. Bereich	Jahr	Veränderung insg. abs.	in %
1974	329 085	1 691	185 204	142 180	74/76	−23 949	−7,3
1976	305 136	1 577	161 491	142 048	76/78	9 033	3,0
1978	314 169	1 873	165 955	146 330	78/80	17 070	5,4
1980	331 239	2 030	172 841	156 343	80/82	−7 290	−2,2
1982	323 949	2 128	164 870	156 943	74/82	−5 136	−1,6

Alle Daten jeweils 30.6. des Jahres. Quelle: Statistisches Landesamt

Die Region Mittlerer Oberrhein ist gekennzeichnet durch eine hervorragende Verkehrssituation sowie durch Bereiche mit hoher Wirtschaftskraft in der vom Verdichtungsraum Karlsruhe ausgefüllten Regionsmitte und den umliegenden Zentralen Orten innerhalb der den Verdichtungsraum umgebenden weit ausgreifenden Randzone. Die im südlichen und nördlichen Teil der Region in einzelnen Bereichen noch vorhandenen sektoralen Strukturschwächen sollen durch das im LEP und im Regionalplan niedergelegte Entwicklungskonzept ausgeglichen werden.

Regionalplanung

Die Verbandsversammlung des Regionalverbands Mittlerer Oberrhein hat den Regionalplan am 12. Dezember 1979 als Satzung beschlossen. Der Regionalplan wurde am 5. Dezember 1980 vom Innenministerium genehmigt (StAnz 1981 Nr. 13 und 20) und ist seit dem 16. März 1981 verbindlich.

Im Mittelpunkt der Raumnutzungskonzeption für die Region Mittlerer Oberrhein stehen die aus einer regen Siedlungstätigkeit resultierende starke Belastung von Natur und Umwelt sowie die im Zuge der Wirtschaftsentwicklung an zunehmender Bedeutung gewinnenden Probleme des Umweltschutzes. Ein wichtiger Aufgabenschwerpunkt ist insbesondere der Schutz der reichen Grundwasservorkommen in der Rheinebene (vgl. PS 2.7.13, 2.7.21 - 23, 2.7.33 und 2.7.63), der mit weiteren Aufgaben im Bereich des Rheinausbaus (vgl. PS 2.5.81), des Hochwasserschutzes (vgl. PS

Begründung
Region Mittlerer Oberrhein

2.7.72 und 2.7.77) und der Rohstoffsicherung (vgl. PS 2.1.25 und 2.3.6) in engem Zusammenhang steht (vgl. Plankapitel 3.5). Die Flächenbeanspruchung durch den Abbau von Kies und Sand ist in dieser Region besonders groß. Wegen der zahlreichen konkurrierenden Nutzungsansprüche hat der Regionalverband dafür ein planerisches Konzept erstellt, das auf positive Standortaussagen ausgerichtet ist.

Zwischen der Region Mittlerer Oberrhein und den benachbarten Räumen im Elsaß und der Pfalz bestehen enge wirtschaftliche und kulturelle Beziehungen. Dies kommt auch in den verschiedenen Formen der grenzüberschreitenden Zusammenarbeit zum Ausdruck. So werden im „Zweiseitigen Regionalausschuß Nord", der eine Unterkommission der Deutsch-Französisch-Schweizerischen Regierungskommission (vgl. PS 1.2) ist, im Rahmen der Prüfung und Lösung von nachbarschaftlichen Fragen in den Grenzgebieten alle grundsätzlich die Bundesrepublik Deutschland und Frankreich betreffenden lokalen und regionalen Probleme behandelt. In diesem Ausschuß ist auch der Regionalverband Mittlerer Oberrhein vertreten.

Grundlage für die Zusammenarbeit mit Rheinland-Pfalz ist der „Staatsvertrag zwischen den Ländern Baden-Württemberg und Rheinland-Pfalz über die Zusammenarbeit bei der Raumordnung in den Räumen Mittlerer Oberrhein und Südpfalz" vom 8. März 1974 (GBl. 1975, S. 1). Nach diesem Vertrag wirken die obersten Landesplanungsbehörden darauf hin, daß die mit raumbedeutsamen fachlichen Planungen oder Maßnahmen befaßten Stellen grenzüberschreitend zusammenarbeiten. Im Rahmen einer Arbeitsgemeinschaft stimmen die Träger der Regionalplanung Einzelfragen ab und beraten über die Aufstellung und Fortschreibung der Regionalpläne für diese Räume. Über diese staatsvertraglich vereinbarte Zusammenarbeit hinaus ist die Region ferner in der „Arbeitsgemeinschaft von Gewählten für grenzüberschreitende Zusammenarbeit am Oberrhein" sowie in der „Arbeitsgemeinschaft Europäischer Grenzregionen" vertreten.

Grenzüberschreitende Zusammenarbeit

Im PS 3.4.1 sind die allgemeinen raumordnerischen Entwicklungsvorstellungen für die Region Mittlerer Oberrhein zusammengefaßt. Sie werden im Regionalplan sachlich und räumlich ausgeformt.

Zu 3.4.1
Allgemeines
Entwicklungsziel

Die Region Mittlerer Oberrhein ist in ihrer Entwicklung so zu fördern, daß ihre vielfältigen Eignungen für die Wirtschaft und als Erholungslandschaft genutzt werden und die großräumige Bedeutung des verdichteten Raumes um Karlsruhe gesichert und gesteigert wird.

Zu 3.4.11
Wirtschafts- und
Erholungslandschaft

Wirtschaftliche und natürliche Vorzüge haben im Raum um Karlsruhe zu hohen Verdichtungen von Wohn- und Arbeitsstätten geführt. Die im wesentlichen verkehrsbedingte Standortgunst von Karlsruhe bietet günstige Voraussetzungen für die Ansiedlung weiterer Wirtschaftszweige. Die Anziehungskraft des Zentrums des Verdichtungsraumes Karlsruhe greift auch auf die weiteren industriellen Schwerpunkte wie Rastatt und das Murgtal sowie Bretten und Bruchsal über. In dem zusammenwachsenden Wirtschaftsraum der Europäischen Gemeinschaften wird die Standortgunst des Oberrheintales noch weiter wachsen.

Die Landwirtschaft mit ihren vielfältigen Sonderkulturen bedarf dort, wo sie durch Boden und Klima besonders begünstigt ist, des Schutzes vor zu starker Flächeninanspruchnahme. Teile der Region weisen einen hohen Freizeitwert auf, insbesondere der für alle Erholungsformen geeignete Schwarzwald, aber auch die vor allem für die Naherholung geeigneten Bereiche in der Rheinebene (vgl. PS 3.4.4). Hier wiederum sind - u.a. im Interesse der Entwicklung von Wirtschaft und Erholungswesen - die wasserwirtschaftlichen Belange zu beachten, zu allererst die Erhaltung der Grundwasservorkommen und deren Nutzung für die überregionale Wasserversorgung (vgl. PS 2.7.22 und 2.7.33).

Die Region Mittlerer Oberrhein ist in ihrer Entwicklung so zu fördern, daß der Leistungsaustausch mit dem in Rheinland-Pfalz gelegenen Teil des Verdichtungsraumes Karlsruhe sowie innerhalb der Region und mit den benachbarten Wirtschaftsräumen innerhalb und außerhalb des Landes und im Ausland verstärkt wird und nachteilige Auswirkungen der Grenzen behoben werden.

Zu 3.4.12
Leistungsaustausch

PS 3.4.12 geht von der Erfahrung aus, daß die Entwicklung eines Raumes wesentlich vom Ausbau seiner innerregionalen Beziehungen und von seinen Kontakten zu anderen Wirtschaftsräumen abhängt. Wichtigste Grundlage dafür ist ein großräumiges Verkehrsnetz, welches die Landesteile untereinander sowie mit den Regionen und Wirtschaftsgebieten der Nachbarländer und dem Ausland verbindet. Die zentrale Lage im Gemeinsamen Markt und an der großen europäischen Wirtschaftsachse

Begründung
Region Mittlerer Oberrhein

zwischen Rotterdam und Basel verleiht dieser Region erhebliche wachstumsfördernde Impulse. Diese sind allerdings nur dann voll nutzbar, wenn vor allem die Zusammenarbeit mit den benachbarten Wirtschaftsräumen am mittleren und unteren Neckar und um Pforzheim sowie mit den im Zuge der Rheinachse liegenden in- und ausländischen Wirtschaftsgebieten weiter verstärkt wird.

Die wachsende Anziehungskraft des Verdichtungsraumes Karlsruhe strahlt zunehmend auch auf das linke Rheinufer aus, wo sich die Wirtschaftsstruktur ebenfalls sehr günstig entwickelt. Der einheitliche Wirtschaftsraum verlangt enge Kontakte zur Lösung zahlreicher gemeinsamer Probleme, insbesondere im Verkehrs-, Versorgungs- und Erholungswesen. Die weitere Verbesserung der Verbindungen und der Verkehrsbeziehungen nach Rheinland-Pfalz, dem Saarland und dem Elsaß wird einen verstärkten Leistungsaustausch und eine intensive grenzüberschreitende Zusammenarbeit ermöglichen.

Zu 3.4.13
Allgemeiner
Fortschritt

Die Region Mittlerer Oberrhein ist in ihrer Entwicklung so zu fördern, daß sie am allgemeinen sozialen, kulturellen und wirtschaftlichen Fortschritt im Lande teilnimmt.

PS 3.4.13 konkretisiert die Zielsetzung von PS 1.4, daß alle Landesteile an der Entwicklung des Landes angemessen teilnehmen sollen. Dies setzt aber auch gleichwertige Lebensverhältnisse in allen Landesteilen im Sinne eines Mindestmaßes an sozialen, kulturellen und wirtschaftlichen Versorgungseinrichtungen voraus. Wichtige Voraussetzungen dafür sind sowohl die Sicherung der vorhandenen gesunden Raumstrukturen als auch der Abbau der innerregionalen strukturellen Gegensätze. Die Angleichung der Lebensverhältnisse soll jedoch nicht zu einer strukturellen Nivellierung führen, sondern die eigenständige Prägung der Region wahren.

Zu 3.4.2
Zentrale Orte

Im PS 3.4.2 werden die Zentralen Orte der Region Mittlerer Oberrhein und ihre Stufen genannt. Bei der Fortschreibung des LEP wurde das bereits bisher ausgewiesene Netz der Zentralen Orte unverändert übernommen (vgl. Plankapitel 1.5). Die im LEP 1983 erstmals verbindlich abgegrenzten Mittelbereiche sind mit den ihnen zugeordneten Gemeinden im Anhang zu PS 1.5.21 aufgeführt und außerdem in Karte 4 dargestellt.

Oberzentrale Versorgung

Die Stadt Karlsruhe ist ein attraktives und durch seine Lage in der Rheinachse entwicklungsbegünstigtes Oberzentrum. Sein Verflechtungsbereich erstreckt sich für viele Funktionen auch auf den jenseits des Rheins gelegenen pfälzischen Raum. Die Stellung Karlsruhes als Universitätsstadt und als Sitz überregionaler und internationaler Einrichtungen kann noch weiter gefestigt werden. Auch die städtebaulichen, landschaftsordnerischen und verkehrstechnischen Maßnahmen müssen auf diese Zielsetzung ausgerichtet und genügend Flächen für entsprechende zentrale Dienstleistungseinrichtungen und standortgebundene Betriebe bereitgehalten werden.

Zu 3.4.3
Entwicklungsachsen

PS 3.4.3 nennt die Entwicklungsachsen der Region Mittlerer Oberrhein. Diese werden nach Maßgabe des Plankapitels 1.6 im Regionalplan durch die Gliederung in Siedlungsbereiche und Freiräume konkretisiert und räumlich ausgeformt.

Zu 3.4.4
Erholungsräume

Der Schwarzwald ist schwerpunktmäßig als Erholungsraum auszubauen. In der Rheinebene, insbesondere im Bereich von geeigneten Altrheinarmen, Rheinauen, Hardtwäldern und Baggerseen, und im Kraichgau sind vor allem Einrichtungen für die Naherholung zu fördern.

In PS 3.4.4 sind diejenigen überregional bedeutsamen Erholungsräume rahmenhaft ausgewiesen, die aus großräumiger Sicht für einen weiteren Ausbau des Erholungswesens und des Fremdenverkehrs im Lande nach Maßgabe von Plankapitel 2.9 und PS 2.3.5 aufgrund ihrer Eignung in Betracht kommen (vgl. Karte 5). Mit der Formulierung, den Ausbau der Erholungsräume „schwerpunktmäßig" zu betreiben, wird klargestellt, daß mit der Festlegung der für die Erholung geeigneten Landschaften kein großflächiger Ausbau des ganzen Raumes für Erholung und Fremdenverkehr beabsichtigt ist. Die konkrete Ausformung dieser Räume, die Festlegung von kleinerräumigen Erholungsbereichen unter Berücksichtigung der spezifischen Erholungsformen und die Bestimmung von Schwerpunkten für den Ausbau erfolgt im Regionalplan in Verbindung mit der Fachplanung. Ihre weitere Konkretisierung bleibt der Bauleitplanung überlassen.

Der Schwarzwald ist wegen seiner günstigen natürlichen Voraussetzungen besonders für länger dauernde Erholungs- und Ferienaufenthalte geeignet. Der Fremdenverkehr hat hier einen hohen Entwicklungsstand erreicht. Wegen der Nähe zu verdichteten Räumen ist der Schwarzwald auch ein bevorzugtes Naherholungsgebiet.

Begründung
Region Unterer Neckar

Allerdings beeinträchtigt der vielfach übermäßige Ausflugsverkehr die Erholungsmöglichkeiten in bevorzugten Erholungsorten, wie z.B. in Baden-Baden. Für die steigenden Erholungsbedürfnisse der Bevölkerung in den verdichteten Räumen um Karlsruhe, Pforzheim und Stuttgart ist deshalb die Erschließung weiterer leicht erreichbarer Räume und deren Ausstattung mit Einrichtungen für die Naherholung erforderlich. Voraussetzungen dafür sind vor allem in der Rheinebene gegeben.

Zu 3.5 Region Unterer Neckar

Zur Region Unterer Neckar gehören die Stadtkreise Mannheim und Heidelberg sowie die Landkreise Neckar-Odenwald-Kreis und Rhein-Neckar-Kreis.

Zu 3.5
Unterer Neckar

Raum und Bevölkerung

Die Region Unterer Neckar bildet den Nordwesten Baden-Württembergs. Durch ihre Anteile an der Oberrheinebene, am Odenwald und den angrenzenden Gäulandschaften ist sie naturräumlich vielgestaltig und weist erhebliche strukturelle Unterschiede auf. Sie ist 2442 qkm groß und mit 1,03 Mio Einwohnern am 1. Januar 1983 hinter dem Mittleren Neckar die zweitgrößte Region des Landes. Die Bevölkerungsdichte ist mit 423 Einwohnern pro qkm ähnlich hoch wie in der Nachbarregion Mittlerer Oberrhein (vgl. Tabellen 21-23). Allerdings leben rd. zwei Drittel der Regionsbevölkerung im nur ein Viertel der Regionsfläche ausfüllenden baden-württembergischen Teil des grenzüberschreitenden Verdichtungsraumes Rhein-Neckar. Dort treten deshalb Verdichtungsprobleme auf, während der östliche Regionsteil erheblich dünner besiedelt ist und Strukturschwächen aufweist.

Tabelle 21 Region Unterer Neckar
Bevölkerungsentwicklung 1961 – 1983

Jahr	Bevölkerung insgesamt	Ausländer insgesamt	in %	Bevölk. je qkm	Jahr	Veränderung abs.	in %
1961	899 685	16 659	1,9	368,2	61/70	105 839	11,8
1970	1 005 524	65 431	6,5	411,6	70/83	27 997	2,8
1974	1 034 846	95 747	9,3	423,7	70/74	29 322	2,9
1978	1 015 811	86 129	8,5	415,9	74/78	−19 035	−1,8
1983	1 033 521	102 679	9,9	423,2	78/83	17 710	1,7

1961 und 1970 VZ-Daten, alle übrigen Daten jeweils 1.1. des Jahres

Tabelle 22
Altersstrukturen 1970 und 1983

1970	Bevölkerung nach Altersgruppen in %					
	bis unter 6	6 – unter 18	18 – unter 21	21 – unter 45	45 – unter 65	65 und älter
Insgesamt	8,7	17,1	4,1	35,2	22,5	12,4
Deutsche	8,7	17,5	4,0	33,2	23,4	13,2
Ausländer	9,2	12,1	5,8	61,3	10,3	1,4
1983	bis unter 6	6 – unter 18	18 – unter 21	21 – unter 45	45 – unter 65	65 und älter
Insgesamt	5,5	15,2	5,1	37,2	22,7	14,4
Deutsche	5,0	14,6	5,1	36,0	23,6	15,7
Ausländer	9,5	21,0	5,4	47,3	14,4	2,3

VZ 1970 und 1.1.1983

Tabelle 23
Versicherungspflichtig Beschäftigte 1974 – 1982

Jahr	Beschäftigte insgesamt	Land und Forst	Produz. Gewerbe	Dienstl. Bereich	Jahr	Veränderung insg. abs.	in %
1974	402 570	1 767	233 881	166 891	74/76	−22 717	−5,6
1976	379 853	1 666	209 520	168 659	76/78	−46	−0,0
1978	379 807	1 797	207 235	170 764	78/80	18 570	4,9
1980	398 377	2 045	214 038	181 733	80/82	−6 310	−1,6
1982	392 067	2 147	205 679	184 229	74/82	−10 503	−2,6

Alle Daten jeweils 30.6. des Jahres Quelle: Statistisches Landesamt

Begründung
Region Unterer Neckar

Regionalplanung

Die Verbandsversammlung des Regionalverbands Unterer Neckar hat den Regionalplan am 30. April 1979 als Satzung beschlossen. Der Regionalplan wurde am 12. November 1980 vom Innenministerium genehmigt (StAnz 1981 Nr. 7) und ist seit dem 24. Februar 1981 verbindlich.

Der Regionalplan Unterer Neckar trägt mit einer ausgewogenen Entwicklungs- und Raumordnungskonzeption für alle Regionsteile den Besonderheiten der Region, die in den großen strukturellen Unterschieden zwischen dem wirtschaftsstarken und dichtbesiedelten Rhein-Neckar-Gebiet und dem überwiegend land- und forstwirtschaftlich geprägten Gebiet des Odenwalds, Kraichgaus und Baulands bestehen, Rechnung.

Im Teilgebiet Rhein-Neckar hat der Ausbau und die Koordination des öffentlichen Personennahverkehrs in Verbindung mit der Ordnung der Siedlungsstruktur besondere Bedeutung (vgl. PS 3.5.7). Ein wichtiger Aufgabenschwerpunkt für diesen Teil der Region und darüber hinaus für die gesamte Oberrheinebene ist ferner der Schutz des Grundwassers (vgl. PS 2.7.13, 2.7.21 - 23, 2.7.33 und 2.7.63), der mit weiteren Aufgaben im Bereich des Rheinausbaus (vgl. PS 2.5.81), des Hochwasserschutzes (vgl. PS 2.7.72 und 2.7.77) und der Rohstoffsicherung (vgl. PS 2.1.25 und 2.3.6) in engem Zusammenhang steht. Wegen der grenzüberschreitenden Auswirkungen dieser Fragen hat die Raumordnungskommission Rhein-Neckar eine Entschließung zu diesem Themenkreis erarbeitet, die am 23. Oktober 1981 verabschiedet wurde.

Im östlichen Teil der Region steht die Verbesserung der Wirtschaftsstruktur im Vordergrund. Die Notwendigkeit solcher Maßnahmen wird eindringlich dadurch belegt, daß die Arbeitsmarktregion Buchen als einzige in Baden-Württemberg auch nach der seit dem 1. Januar 1983 gültigen Neuregelung weiterhin als Fördergebiet der Gemeinschaftsaufgabe „Stärkung der regionalen Wirtschaftsstruktur" ausgewiesen ist (vgl. PS 1.11.3).

Grenzüberschreitende Zusammenarbeit

Die Region grenzt im Westen an Rheinland-Pfalz, im Norden an Hessen und am Nordostrand an Bayern. Die an der Neckarmündung gelegenen, unmittelbar benachbarten Teile der Länder Rheinland-Pfalz und Hessen sind mit ihr wirtschaftlich und kulturell eng verflochten und gehören zum Verdichtungsraum Rhein-Neckar.

Wegen dieser engen sozialökonomischen Verflechtung im Rhein-Neckar-Gebiet haben die drei Länder am 3. März 1969 einen Staatsvertrag über die Zusammenarbeit bei der Raumordnung in diesem Gebiet geschlossen (GBl. S. 151 und 208), auf dessen Grundlage die Raumordnungskommission Rhein-Neckar und der Raumordnungsverband Rhein-Neckar gebildet wurden. Der Raumordnungsverband konstituierte sich am 30. April 1970 und erarbeitete einen Raumordnungsplan, dem die drei Länder am 16. Juli 1979 zugestimmt haben und der damit ein verbindlicher Rahmen für die Regionalplanung in diesem Gebiet ist (StAnz Baden-Württemberg 1979 Nr. 61). Die Zielsetzungen des Raumordnungsplans und der drei Regionalpläne wurden parallel erarbeitet, so daß die gegenseitige Abstimmung und Einfügung in den übergeordneten Rahmen gewährleistet war.

Zu 3.5.1
Allgemeines
Entwicklungsziel

Im PS 3.5.1 sind die allgemeinen raumordnerischen Entwicklungsvorstellungen für die Region Unterer Neckar zusammengefaßt. Sie werden im Regionalplan sachlich und räumlich ausgeformt.

Zu 3.5.11
Wirtschafts- und
Kulturlandschaft

Die Region Unterer Neckar ist in ihrer Entwicklung so zu fördern, daß die großräumige Bedeutung des Verdichtungsraumes Rhein-Neckar als Wirtschafts- und Kulturlandschaft europäischen Ranges gesichert und gesteigert wird und die Vielfalt seiner räumlichen Nutzung erhalten bleibt sowie bei Planungen und Maßnahmen, insbesondere auf den Gebieten des Verkehrs, der Wasserversorgung, der Naherholung, der Siedlungsentwicklung und der Versorgung mit Dienstleistungen die engen grenzüberschreitenden Wechselbeziehungen zu beachten sind.

Der Verdichtungsraum Rhein-Neckar ist eine Wirtschafts- und Kulturlandschaft europäischen Ranges mit einem traditionell regen geistigen und kulturellen Leben, das von mehreren dicht beieinanderliegenden eigenständigen Zentren getragen wird. Insbesondere wegen seiner günstigen geographischen Lage an der beherrschenden europäischen Wirtschaftsachse entlang des Rheins ergibt sich eine nahezu ideale verkehrstechnische Bedienung mit besten Verbindungen auf dem Wasserweg, der Schiene und der Straße zu allen deutschen Wirtschaftszentren und zu zahlreichen der bedeutendsten europäischen Wirtschaftsräume. Diese besonderen Standortvorteile begünstigten die Konzentration ökonomischer Kräfte mit weitreichenden internationalen Verflechtungen. In dem zusammenwachsenden Wirtschaftsraum der Europäischen Gemeinschaften wird die Standortgunst des Oberrheintales noch weiter wachsen.

Der Rhein-Neckar-Raum zeichnet sich durch eine sozialökonomisch vorteilhafte Vielfalt der räumlichen Nutzung aus, die Branchenstruktur ist weit gestreut und vielseitig. Auch die Landwirtschaft spielt in dem klimatisch besonders bevorzugten Raum eine bedeutsame Rolle. Die intensive Nutzung der Böden und die hervorragenden Absatzverhältnisse für landwirtschaftliche Erzeugnisse gestatten eine einträgliche nebenberufliche Landnutzung. Die Landwirtschaft leistet somit einen wesentlichen Beitrag zur Erhaltung der Kulturlandschaft, zur Verbesserung der Lebensbedingungen und zur Krisenfestigkeit.

Eine wesentliche Voraussetzung für die Umsetzung der in PS 3.5.11 formulierten Zielsetzungen ist die Berücksichtigung aller grenzüberschreitenden Zusammenhänge und die Überwindung der in einem solchen Grenzgebiet räumlich wie sachlich auftretenden Schwierigkeiten im Rahmen der institutionalisierten grenzüberschreitenden Zusammenarbeit in der Raumordnungskommission Rhein-Neckar und im Raumordnungsverband Rhein-Neckar (vgl. PS 1.8.1). PS 3.5.11 ist eng mit den Zielen der PS 3.5.12 und 3.5.2 verknüpft.

Die Region Unterer Neckar ist in ihrer Entwicklung so zu fördern, daß der Leistungsaustausch mit den übrigen in Rheinland-Pfalz und Hessen gelegenen Teilen des Verdichtungsraumes sowie innerhalb der Region und mit den benachbarten Wirtschaftsräumen innerhalb und außerhalb des Landes und im Ausland gesteigert wird und nachteilige Auswirkungen der Ländergrenzen behoben werden.

Zu 3.5.12
Leistungsaustausch

PS 3.5.12 geht von der Erfahrung aus, daß die Entwicklung eines Raumes wesentlich vom Ausbau seiner innerregionalen Beziehungen und von seinen Kontakten zu anderen Wirtschaftsräumen abhängt. Wichtigste Grundlage dafür ist ein großräumiges Verkehrsnetz, welches die Landesteile untereinander sowie mit den Regionen und Wirtschaftsgebieten der Nachbarländer und dem Ausland verbindet. Dies gilt für die Region Unterer Neckar in besonderem Maße. Der Rhein-Neckar-Raum ist trotz der Zugehörigkeit zu drei verschiedenen Bundesländern ein eng verflochtener Wirtschaftsraum. Auch die weitere Entwicklung im baden-württembergischen Teil dieses Verdichtungsraumes wird deshalb vor allem davon abhängen, wie es gelingt, die Verbindung zu den linksrheinischen Teilräumen noch weiter auszubauen. Die räumliche Nähe und die schon bestehenden engen Verflechtungen erfordern gegenseitige Abstimmung und gemeinsame Planungen, insbesondere auf dem Verkehrs- und Versorgungssektor.

Die wirtschaftliche Entwicklung der gesamten Region hängt wesentlich auch davon ab, wie die innerregionalen Beziehungen zum Verdichtungsraum um die Oberzentren Mannheim/(Ludwigshafen) und Heidelberg sowie die Kontakte mit den Wirtschaftsräumen um Stuttgart, Karlsruhe, Heilbronn, Pforzheim und Würzburg weiter intensiviert werden können.

Die Region Unterer Neckar ist in ihrer Entwicklung so zu fördern, daß sie am allgemeinen sozialen, kulturellen und wirtschaftlichen Fortschritt im Lande teilnimmt und das Gefälle zwischen den verdichteten Räumen und den übrigen Räumen der Region verringert wird.

Zu 3.5.13
Allgemeiner Fortschritt

PS 3.5.13 konkretisiert die Zielsetzung von Plansatz 1.4, daß alle Landesteile an der Entwicklung des Landes angemessen teilnehmen sollen. Dies setzt aber auch gleichwertige Lebensverhältnisse in allen Landesteilen im Sinne eines Mindestmaßes an sozialen, kulturellen und wirtschaftlichen Versorgungseinrichtungen voraus. Wichtige Voraussetzungen dafür sind sowohl die Sicherung der vorhandenen gesunden Raumstrukturen als auch der Abbau der innerregionalen strukturellen Gegensätze und die Verringerung des Gefälles zwischen leistungsstarken und leistungsschwachen Regionsteilen (vgl. PS 1.4.3). In der Region Unterer Neckar bestehen derartige Gegensätze insbesondere zwischen dem Verdichtungsraum Rhein-Neckar und den ländlichen, zum großen Teil strukturschwachen östlichen Regionsteilen. Die Angleichung der Lebensverhältnisse soll jedoch nicht zu einer strukturellen Nivellierung führen, sondern die eigenständige Prägung der Region wahren.

Begründung
Region Unterer Neckar

Zu 3.5.2
Verdichtungsraum,
Freiräume

Wo sich im Verdichtungsraum Rhein-Neckar Verdichtungsfolgen abzeichnen, die zu unzuträglichen Lebens- und Arbeitsbedingungen führen, soll diesen entgegengewirkt werden. Im Verdichtungsraum und in der Randzone sollen die natürlichen Lebensgrundlagen geschützt und die Qualität der Standorte für Wohn- und Arbeitsstätten, vor allem durch Maßnahmen des Umweltschutzes, des Städtebaus und des Verkehrs verbessert werden. Freiräume sind in ihrem landschaftlichen Zusammenhang insbesondere dort zu sichern, wo sie der Luftregeneration und der siedlungsnahen Erholung dienen.

Der Verdichtungsprozeß ist in Baden-Württemberg im Mittleren Neckarraum und im Rhein-Neckar-Raum infolge einer starken Industrieansiedlung und reger Siedlungstätigkeit mit jeweils großem Flächenanspruch am weitesten fortgeschritten. Es ist zu erwarten, daß sich die Wohn- und Arbeitsstätten und Infrastruktureinrichtungen im Rhein-Neckar-Raum weiter verdichten. Raumordnungsplan und Regionalplan sehen vor (vgl. PS 1.8.1), daß durch Konzentration der Siedlungsentwicklung in den sog. regionalen Siedlungsachsen, insbesondere aber auch durch die Ausweisung von regionalen Grünzügen, nachteilige Verdichtungsfolgen vermieden werden. Dadurch können auch die landwirtschaftlich besonders gut zu nutzenden Böden erhalten sowie der Naturhaushalt und die Naherholungsräume geschont werden.

Schon seit längerer Zeit treten im Rhein-Neckar-Raum durch Massierung von Bevölkerung, Industrie und Verkehr stellenweise Überlastungserscheinungen auf. Sie äußern sich insbesondere in der Überlastung des Verkehrsnetzes, in einer zunehmenden Luft- und Wasserverschmutzung sowie in der Lärmbelästigung. In Anbetracht dieser Belastungen ist es für die weitere Entwicklung entscheidend wichtig, die Lebensverhältnisse zu verbessern und das natürliche Gleichgewicht zu stabilisieren. PS 3.5.2 wurde deshalb um Zielsetzungen für Maßnahmen ergänzt, die mit Schwerpunkt an der inneren Erneuerung des Verdichtungsraumes ansetzen und dazu beitragen, die Standortattraktivität dieses Raumes zu erhalten.

Zu 3.5.3
Zentrale Orte

Im PS 3.5.3 werden die Zentralen Orte der Region Unterer Neckar und ihre Stufen genannt. Bei der Fortschreibung des LEP wurde das bereits bisher ausgewiesene Netz der Zentralen Orte unverändert übernommen (vgl. Plankapitel 1.5). Die im LEP 1983 erstmals verbindlich abgegrenzten Mittelbereiche sind mit den ihnen zugeordneten Gemeinden im Anhang zu PS 1.5.21 aufgeführt und außerdem in Karte 4 dargestellt.

Oberzentrale Versorgung

Mit Mannheim (zusammen mit Ludwigshafen am Rhein) und Heidelberg besitzt die Region Unterer Neckar attraktive Oberzentren, deren Einzugsbereiche weit über die Region Unterer Neckar und über die Landesgrenzen hinausreichen. In Mannheim, Ludwigshafen am Rhein und Heidelberg sind zahlreiche typische Einrichtungen eines Oberzentrums in jeder der einzelnen Städte vorhanden; nur auf Teilbereichen besteht Funktionsteilung. Auch die Verflechtungsbereiche überlagern sich. Eine Funktionsteilung zwischen Mannheim und Ludwigshafen am Rhein wird derzeit noch durch die Landesgrenze behindert; sie wird im Rahmen des Staatsvertrags über die Zusammenarbeit bei der Raumordnung im Rhein-Neckar-Gebiet gefördert. Neue Einrichtungen sollten jeweils an dem für den ganzen Raum günstigsten Standort errichtet werden.

Durch ihre Lage in der Rheinachse am Schnittpunkt bedeutender Verkehrslinien und bei ihrer bisherigen starken Entwicklung, insbesondere auf wirtschaftlichem Gebiet, haben die Oberzentren Mannheim (zusammen mit Ludwigshafen am Rhein) und Heidelberg hervorragende Entwicklungsaussichten. Voraussetzung für ihre Verwirklichung ist allerdings, daß neben städtebaulichen Maßnahmen auch Verbesserungen in der Siedlungsstruktur und im Verkehrswesen vorgenommen werden (vgl. PS 3.5.11, 3.5.2 und 3.5.7). Einer Zersiedlung und einer weiteren Zersplitterung der Infrastruktureinrichtungen muß entgegengewirkt werden. Diese Maßnahmen sind durch eine Vergrößerung des Angebots an höherrangigen Dienstleistungen zu ergänzen.

Zu 3.5.4
Verdichtungszentrum
im Rhein-Neckar-Raum

Die Städte Mannheim (zusammen mit Ludwigshafen am Rhein) und Heidelberg sind so zu entwickeln, daß sie ihre Aufgaben als Zentrum des Verdichtungsraumes voll wahrnehmen können und dieser Verdichtungsraum seine wirtschaftliche und kulturelle Stellung innerhalb der europäischen Entwicklungsachse am Rhein stärken kann. Entsprechend ist in den Oberzentren eine wesentliche Zunahme der öffentlichen Dienstleistungen anzustreben und der Raum für die weitere Entwicklung standortgebundener Betriebe zu sichern.

Die Mittelpunktfunktion der in Baden-Württemberg gelegenen kooperierenden Oberzentren Mannheim und Heidelberg für den gesamten Rhein-Neckar-Raum wird durch das Oberzentrum Ludwigshafen am Rhein vervollständigt. Die Häufung dieser Zentren unmittelbar nebeneinander und die Tendenz zur Funktionsteilung zwischen ihnen kommt der erwünschten Auflockerung des Verdichtungsraumes entgegen. Andererseits haben die administrative Teilung des Verdichtungsraumes durch die Grenzen dreier Länder und seine Randlage innerhalb dieser Länder eine Konzentration jener zentralen Führungsfunktionen abgeschwächt, die nötig ist, damit sich das Zentrum eines so bedeutenden Verdichtungsraumes voll entfalten kann. Die Attraktivität kann gesteigert werden, wenn das Verdichtungszentrum als einheitliche Städtelandschaft entwickelt und wenn durch eine enge kommunalpolitische Zusammenarbeit der drei Großstädte nachteilige Folgen der polyzentrischen Raumstruktur überwunden und die Einrichtungen und Dienstleistungen geschaffen werden, die der wirtschaftlichen Bedeutung und den Lagevorteilen des Rhein-Neckar-Raumes entsprechen. Die Ansiedlung von Industriebetrieben wird so zu lenken sein, daß den Oberzentren die Wahrung ihrer besonderen Aufgaben im Dienstleistungsbereich besser ermöglicht wird (vgl. PS 3.5.31). Im Verdichtungszentrum sind solche Betriebe zu bevorzugen, die auf den ständigen Kontakt mit dessen vielfältigen Einrichtungen angewiesen sind.

PS 3.5.5 nennt die Entwicklungsachsen der Region Unterer Neckar. Diese werden nach Maßgabe des Plankapitels 1.6 im Regionalplan durch die Gliederung in Siedlungsbereiche und Freiräume konkretisiert und räumlich ausgeformt.

Zu 3.5.5
Entwicklungsachsen

Der Odenwald ist schwerpunktmäßig als Erholungsraum auszubauen. An der Bergstraße, im Kleinen Odenwald, Kraichgau, Neckartal und in der Rheinebene sind vor allem Einrichtungen für die Naherholung zu fördern, in der Rheinebene insbesondere im Bereich von geeigneten Altrheinarmen, Rheinauen und Baggerseen.

Zu 3.5.6
Erholungsräume

In PS 3.5.6 sind diejenigen überregional bedeutsamen Erholungsräume rahmenhaft ausgewiesen, die aus großräumiger Sicht für einen weiteren Ausbau des Erholungswesens und des Fremdenverkehrs im Lande nach Maßgabe von Plankapitel 2.9 und PS 2.3.5 aufgrund ihrer Eignung in Betracht kommen (vgl. Karte 5). Mit der Formulierung, den Ausbau der Erholungsräume „schwerpunktmäßig" zu betreiben, wird klargestellt, daß mit der Festlegung der für die Erholung geeigneten Landschaften kein großflächiger Ausbau des ganzen Raumes für Erholung und Fremdenverkehr beabsichtigt ist. Die konkrete Ausformung dieser Räume, die Festlegung von kleinerräumigen Erholungsbereichen unter Berücksichtigung der spezifischen Erholungsformen und die Bestimmung von Schwerpunkten für den Ausbau erfolgt im Regionalplan in Verbindung mit der Fachplanung. Ihre weitere Konkretisierung bleibt der Bauleitplanung überlassen.

Für die Bevölkerung der Verdichtungsräume mit ihrem erschwerten Zugang zur freien Natur sind leicht erreichbare Erholungsräume besonders notwendig. Neben den Naherholungsräumen an der Bergstraße, im Neckartal, im Kleinen Odenwald und in geeigneten Landschaften im Kraichgau bieten sich in der Rheinebene - vor allem im Bereich von Altrheinarmen, Rheinauen und Baggerseen - günstige Voraussetzungen für die Naherholung (vgl. PS 2.9.12 und 2.9.13). Dadurch können auch die Erholungsräume im Odenwald teilweise entlastet werden, die wegen ihrer Nähe zu den Verdichtungsräumen für die Naherholung, wegen ihrer landschaftlichen und klimatischen Vorzüge aber auch für die Ferienerholung geeignet sind.

Die Verkehrseinrichtungen sollen entsprechend der Bedeutung des Verdichtungsraumes Rhein-Neckar ausgebaut werden. Im öffentlichen Personennahverkehr sind weitere Verbesserungen durch einen grenzüberschreitenden Verkehrs- und Tarifverbund anzustreben.

Zu 3.5.7
Verkehr

Der Rhein-Neckar-Raum profitierte bei seiner bisherigen Entwicklung von seiner Verkehrsgunst. Seine innere Erneuerung und die Erhaltung seiner Leistungsfähigkeit (vgl. PS 3.5.2) hängen jedoch nicht nur von seiner großräumigen Verkehrsanbindung ab (vgl. PS 2.5.71), sondern ebenso von seiner Verkehrserschließung im Innern und vom Ausbau der dafür notwendigen Einrichtungen (vgl. PS 2.5.23, 2.5.51, 2.5.53 und 2.5.73). Nach gründlichen Voruntersuchungen durch das Land und den Regionalverband konnte - zunächst im Raumordnungsplan Rhein-Neckar und darauf aufbauend im Regionalplan Unterer Neckar - eine grenzüberschreitende Konzeption für den ÖPNV im Rhein-Neckar-Raum festgelegt werden. Durch die vertraglich verankerte Bildung einer erweiterten grenzüberschreitenden Nahverkehrsgemeinschaft sind auch die organisatorischen Voraussetzungen für die Verbesserung des ÖPNV geschaffen. Durch die westliche Einführung der Riedbahn in den Hauptbahnhof Mannheim wurde bereits eine Verlagerung vom Individualverkehr zum ÖPNV erreicht.

Begründung
Region Nordschwarzwald

Neben dem Ausbau des ÖPNV kann jedoch auf gezielte Maßnahmen zur Verbesserung des Individualverkehrs nicht verzichtet werden. Zu diesen notwendigen Vorhaben zählt im Rhein-Neckar-Raum insbesondere der zusätzliche Rheinübergang bei Altrip.

Zu 3.6
Nordschwarzwald

Raum und Bevölkerung

Zu 3.6 Region Nordschwarzwald

Zur Region Nordschwarzwald gehören der Stadtkreis Pforzheim und die Landkreise Calw, Enzkreis und Freudenstadt.

Die Region Nordschwarzwald wird maßgeblich vom Schwarzwald bestimmt, sie hat im Norden aber auch noch Anteil am Stromberg und Kraichgau sowie an den Gäulandschaften. Sie ist 2 340 qkm groß und hatte am 1. Januar 1983 503 000 Einwohner.

Die Region Nordschwarzwald besitzt infolge ihrer natürlichen Voraussetzungen eine weit überdurchschnittliche Erholungseignung und eine ausgeprägte Fremdenverkehrstradition. Daraus resultiert auch die große Bedeutung des Fremdenverkehrs als Wirtschaftsfaktor für diese Region. Die Wirtschaftsstruktur der Region ist infolge auffälliger innerregionaler Unterschiede im übrigen recht vielgestaltig. Große Teile der Region sind noch relativ stark von der Landwirtschaft geprägt, der verdichtete Raum um Pforzheim (vgl. PS 1.9.1) dagegen weist ein auf das produzierende Gewerbe konzentriertes Arbeitsplatzangebot auf (vgl. Tabellen 24 - 26). Kennzeichnend für die gesamte Region ist - abgesehen von den Fremdenverkehrsgemeinden - ein schwach vertretener Dienstleistungsbereich und eine insgesamt niedrige Beschäftigtenquote, weil ein erheblicher Teil der Arbeitnehmer aus den Randgebieten der Region in die benachbarten Zentren Böblingen und Sindelfingen des Mittleren Neckarraumes auspendelt.

Tabelle 24   Region Nordschwarzwald
Bevölkerungsentwicklung 1961 – 1983

Jahr	Bevölkerung insgesamt	Ausländer insgesamt	in %	Bevölk. je qkm	Jahr	Veränderung abs.	in %
1961	396 565	6 933	1,7	169,4	61/70	69 660	17,6
1970	466 225	34 022	7,3	199,2	70/83	36 987	7,9
1974	488 180	49 802	10,2	208,6	70/74	21 955	4,7
1978	488 077	46 155	9,5	208,6	74/78	-103	-0,0
1983	503 212	52 049	10,3	215,0	78/83	15 135	3,1

1961 und 1970 VZ-Daten, alle übrigen Daten jeweils 1.1. des Jahres

Tabelle 25
Altersstrukturen 1970 und 1983

	Bevölkerung nach Altersgruppen in %					
1970	bis unter 6	6 – unter 18	18 – unter 21	21 – unter 45	45 – unter 65	65 und älter
Insgesamt	9,8	18,9	3,9	33,7	21,1	12,6
Deutsche	9,7	19,4	3,7	31,4	22,2	13,5
Ausländer	10,9	13,1	6,1	59,9	8,7	1,3
1983	bis unter 6	6 – unter 18	18 – unter 21	21 – unter 45	45 – unter 65	65 und älter
Insgesamt	6,3	17,6	5,4	33,7	22,5	14,7
Deutsche	5,6	16,9	5,4	32,3	23,5	16,2
Ausländer	11,7	22,8	5,1	45,2	13,4	1,8

VZ 1970 und 1.1.1983   Quelle: Statistisches Landesamt

Begründung
Region Nordschwarzwald

Tabelle 26 Region Nordschwarzwald
Versicherungspflichtig Beschäftigte 1974 – 1982

Jahr	Beschäftigte insgesamt	Land und Forst	Produz. Gewerbe	Dienstl. Bereich	Jahr	Veränderung insg. abs.	in %
1974	169 565	1 887	113 255	54 416	74/76	−8 227	−4,9
1976	161 338	1 857	102 442	57 031	76/78	5 366	3,3
1978	166 704	1 958	104 094	60 649	78/80	5 823	3,5
1980	172 527	2 011	105 623	64 825	80/82	−5 434	−3,1
1982	167 093	2 101	98 462	66 525	74/82	−2 472	−1,5

Alle Daten jeweils 30. 6. des Jahres Quelle: Statistisches Landesamt

Die Verbandsversammlung des Regionalverbands Nordschwarzwald hat den Regionalplan am 31. Mai 1978 als Satzung beschlossen. Der Regionalplan wurde am 15. Februar 1980 vom Innenministerium genehmigt (StAnz 1980 Nr. 25) und ist seit dem 28. April 1980 verbindlich.

Regionalplanung

Die Zielsetzungen für die Region Nordschwarzwald müssen einer doppelten Aufgabenstellung Rechnung tragen, und zwar der Erholungsfunktion einerseits und der Wirtschaftsentwicklung andererseits. Für beides ist eine gute Verkehrserschließung notwendig, die z.B. durch den Bau der Autobahn A 81 Stuttgart-Singen verbessert worden ist. Wegen der besonderen Topographie der Region spielt die Verbesserung der Verkehrssituation eine besondere Rolle. Von großer regionalpolitischer Bedeutung in dieser Region ist die Erhaltung der stillegungsgefährdeten Bahnlinien, da sonst die Verkehrs- und Wirtschaftsstruktur, insbesondere im ländlichen Teil der Region, empfindlich getroffen würde. Der Regionalverband hat mit dem „Modellversuch Nagoldbahn" hierzu ein Konzept vorgelegt, das für die Bundesbahnstrecke Pforzheim–Calw–Nagold–Horb Verbesserungen des Bedienungsangebots vorsieht.

In PS 3.6.1 sind die allgemeinen raumordnerischen Entwicklungsvorstellungen für die Region Nordschwarzwald zusammengefaßt. Sie werden im Regionalplan sachlich und räumlich ausgeformt.

Zu 3.6.I
Allgemeines
Entwicklungsziel

Die Region Nordschwarzwald ist in ihrer Entwicklung so zu fördern, daß durch Vermehrung und Verbesserung der nichtlandwirtschaftlichen Erwerbsgrundlagen die Bevölkerung, insbesondere der natürliche Bevölkerungszuwachs, in der Region gehalten wird und Zuwanderungen aufgenommen werden können.

Zu 3.6.11
Erwerbsgrundlagen,
Bevölkerungsentwicklung

Im Vordergrund von PS 3.6.11 steht die Forderung, die Bevölkerung in der Region zu halten. Entscheidende Voraussetzungen dafür sind quantitativ und qualitativ ausreichende Erwerbsgrundlagen, die zugleich zur Stärkung der Wirtschaftskraft der Region beitragen. Um die Region vor Bevölkerungsverlusten durch ökonomisch induzierte Abwanderungen zu bewahren, ist deshalb das vorhandene Arbeitsplatzangebot zu erhalten und zu erweitern. Insofern konkretisiert PS 3.6.11 die Zielsetzungen von PS 1.4, wonach in den abwanderungsgefährdeten Landesteilen Voraussetzungen dafür geschaffen werden sollen, daß die Bevölkerung gehalten werden kann. Er geht aber auch davon aus, daß im Falle einer erfolgreichen Ansiedlung von nichtlandwirtschaftlichen Arbeitsplätzen Bevölkerungszuwanderungen ausgelöst werden könnten.

Als abwanderungsgefährdete Teile gelten diejenigen Regionen des Landes, deren Arbeitsmarktbilanz nach der voraussichtlichen Entwicklung von Bevölkerung, Erwerbspersonen und Arbeitsplätzen (vgl. die regionalisierte Prognose des Statistischen Landesamts von 1976, aber auch die aktuelleren Prognosen und Modellrechnungen für das Land) auch längerfristig einen Erwerbspersonenüberhang bzw. ein Arbeitsplatzdefizit befürchten läßt. Zu diesen gehört auch die Region Nordschwarzwald. Zweifellos wird der Bevölkerungsstand der Region bei der Tendenz zu einer allgemeinen Bevölkerungsstagnation oder gar einer Abnahme nicht immer zu halten sein. Der in diesem Plansatz gesetzte planerische Akzent soll verdeutlichen, daß eine Konzentration von Bevölkerung und Arbeitsplätzen auf die großen Verdichtungsräume des Landes das interregionale Gefälle nur noch vergrößern würde und daß die nachwachsende Generation nicht aus Mangel an qualifizierten Arbeitsplätzen ihre Heimat verlassen soll. Eine solche Entwicklung würde die Altersstruktur der Regionsbevölkerung längerfristig verschlechtern und Folgewirkungen verursachen. Bevölkerungsverschiebungen innerhalb der Region, vor allem innerhalb ihrer Mittelbereiche, können allerdings nicht ausgeschlossen werden.

Begründung
Region Nordschwarzwald

Zu 3.6.12
Wirtschafts- und Erholungslandschaft

Die Region Nordschwarzwald ist in ihrer Entwicklung so zu fördern, daß ihre vielfältigen Eignungen für die Wirtschaft und als Erholungslandschaft genutzt werden und die großräumige Bedeutung des verdichteten Raumes um Pforzheim gesichert und gesteigert wird.

Die Region Nordschwarzwald wird durch die Vielfalt ihrer natürlichen Ausstattung geprägt und weist daher einen hohen Erholungs- und Freizeitwert auf. Die Ausgestaltung der Erholungsräume ist hier eine vorrangige Aufgabe (vgl. PS 3.6.4). Zu diesen natürlichen Vorzügen kommt noch der Wirtschaftsraum Pforzheim/Mühlacker als bedeutender industrieller Schwerpunkt hinzu. Im Spannungsfeld zwischen den Verdichtungsräumen am mittleren Oberrhein und am mittleren Neckar haben sich hier Wohn- und Arbeitsstätten verdichtet; gerade die Lage in der Randzone zwischen den Verdichtungsräumen Karlsruhe und Stuttgart begünstigt die Entwicklung des Raumes Pforzheim. Angesichts der weit fortgeschrittenen Verdichtung von Infrastruktureinrichtungen sowie Arbeits- und Wohnstätten können für diesen Raum Zielsetzungen des LEP für Verdichtungsräume übernommen werden (vgl. PS 1.9.1). Der Regionalverband Nordschwarzwald hat in seinem Regionalplan von dieser Sonderregelung Gebrauch gemacht.

Zu 3.6.13
Leistungsaustausch

Die Region Nordschwarzwald ist in ihrer Entwicklung so zu fördern, daß der Leistungsaustausch innerhalb der Region und mit den benachbarten Wirtschaftsräumen innerhalb und außerhalb des Landes verstärkt wird.

PS 3.6.13 geht von der Erfahrung aus, daß die Entwicklung eines Raumes wesentlich vom Ausbau seiner innerregionalen Beziehungen und von seinen Kontakten zu anderen Wirtschaftsräumen abhängt. Wichtigste Grundlage dafür ist ein großräumiges Verkehrsnetz, welches die Landesteile untereinander sowie mit den Regionen und Wirtschaftsgebieten der Nachbarländer und dem Ausland verbindet. Die günstige Lage zwischen bedeutenden Verdichtungsräumen und die Nähe zu der großen europäischen Wirtschaftsachse im Rheintal verleihen der Region Nordschwarzwald erhebliche wachstumsfördernde Impulse. Für eine verstärkte Zusammenarbeit kommen in erster Linie die Verdichtungsräume Stuttgart und Karlsruhe, der Rhein-Neckar-Raum, das Rhein-Main-Gebiet und die Räume um Straßburg, Freiburg im Breisgau sowie Villingen-Schwenningen in Betracht.

Zu 3.6.14
Allgemeiner Fortschritt

Die Region Nordschwarzwald ist in ihrer Entwicklung so zu fördern, daß sie am allgemeinen sozialen, kulturellen und wirtschaftlichen Fortschritt im Lande teilnimmt und daß das Gefälle zwischen den verdichteten Räumen und den übrigen Räumen der Region verringert wird.

PS 3.6.14 konkretisiert die Zielsetzung von PS 1.4, daß alle Landesteile an der Entwicklung des Landes angemessen teilnehmen sollen. Dies setzt aber auch gleichwertige Lebensverhältnisse in allen Landesteilen im Sinne eines Mindestmaßes an sozialen, kulturellen und wirtschaftlichen Versorgungseinrichtungen voraus. Wichtige Voraussetzungen dafür sind sowohl die Sicherung der vorhandenen gesunden Raumstrukturen als auch der Abbau der innerregionalen strukturellen Gegensätze und die Verringerung des Gefälles zwischen leistungsstarken und leistungsschwachen Regionsteilen (vgl. PS 1.4.3). In der Region Nordschwarzwald bestehen derartige Gegensätze insbesondere zwischen dem verdichteten Raum um Pforzheim und den ländlich strukturierten, überwiegend vom Fremdenverkehr geprägten südlich von Pforzheim anschließenden Regionsteilen. Die Angleichung der Lebensverhältnisse soll jedoch nicht zu einer strukturellen Nivellierung führen, sondern die eigenständige Prägung der Region wahren.

Zu 3.6.2
Zentrale Orte

In PS 3.6.2 werden die Zentralen Orte der Region Nordschwarzwald und ihre Stufen genannt. Bei der Fortschreibung des LEP wurde das bereits bisher ausgewiesene Netz der Zentralen Orte unverändert übernommen (vgl. Plankapitel 1.5). Die im LEP 1983 erstmals verbindlich abgegrenzten Mittelbereiche sind mit den ihnen zugeordneten Gemeinden im Anhang zu PS 1.5.21 aufgeführt und außerdem in Karte 4 dargestellt.

Oberzentrale Versorgung

Seit der Bildung einer eigenen Region Nordschwarzwald hat das Oberzentrum Pforzheim seine Attraktivität und Eigenständigkeit erheblich festigen können. Neben seiner herausragenden Stellung als Zentrum der deutschen Schmuckwarenindustrie und seiner hohen Industriedichte ist es auch Standort bedeutender kultureller Einrichtungen. Für die weitere Entwicklung der Region ist besonders von Bedeutung, die Leistungsfähigkeit des Oberzentrums zu erhalten und durch Verbesserungen im Dienstleistungsbereich sogar noch zu stärken.

Begründung
Region Südlicher Oberrhein

PS 3.6.3 nennt die Entwicklungsachsen der Region Nordschwarzwald. Diese werden nach Maßgabe des Plankapitels 1.6 im Regionalplan durch die Gliederung in Siedlungsbereiche und Freiräume konkretisiert und räumlich ausgeformt.

Zu 3.6.3
Entwicklungsachsen

Der Schwarzwald ist schwerpunktmäßig als Erholungsraum auszubauen. Am Stromberg sind vor allem Einrichtungen für die Naherholung zu fördern.

Zu 3.6.4
Erholungsräume

In PS 3.6.4 sind diejenigen überregional bedeutsamen Erholungsräume rahmenhaft ausgewiesen, die aus großräumiger Sicht für einen weiteren Ausbau des Erholungswesens und des Fremdenverkehrs im Lande nach Maßgabe von Plankapitel 2.9 und PS 2.3.5 aufgrund ihrer Eignung in Betracht kommen (vgl. Karte 5). Mit der Formulierung, den Ausbau der Erholungsräume „schwerpunktmäßig" zu betreiben, wird klargestellt, daß mit der Festlegung der für die Erholung geeigneten Landschaften kein großflächiger Ausbau des ganzen Raumes für Erholung und Fremdenverkehr beabsichtigt ist. Die räumlich konkrete Ausformung dieser Räume und die Festlegung von kleinerräumigen Erholungsbereichen unter Berücksichtigung der spezifischen Erholungsformen und die Bestimmung von Schwerpunkten für den Ausbau erfolgt im Regionalplan in Verbindung mit der Fachplanung. Ihre weitere Konkretisierung bleibt der Bauleitplanung überlassen.

Der Schwarzwald ist wegen seiner günstigen natürlichen Voraussetzungen besonders für längerdauernde Erholungs- und Ferienaufenthalte geeignet. Der Fremdenverkehr hat hier einen hohen Entwicklungsstand erreicht. Wegen der Nähe zu verdichteten Räumen ist der Schwarzwald auch ein bevorzugtes Naherholungsgebiet. Allerdings beeinträchtigt der vielfach übermäßige Ausflugsverkehr die Erholungsmöglichkeiten in den Kurorten und Heilbädern oder anderen bevorzugten Erholungsorten. Die Störungen können zwar durch städtebauliche und verkehrstechnische Maßnahmen gemildert werden, z.B. durch den Bau von Umgehungsstraßen (vgl. PS 2.5.43). Für die steigenden Erholungsansprüche der Bevölkerung in den verdichteten Räumen um Karlsruhe, Pforzheim und Stuttgart aber ist deshalb die Erschließung weiterer leicht erreichbarer Räume und deren Ausstattung mit Einrichtungen für die Naherholung erforderlich. Voraussetzungen dafür sind vor allem im Bereich des Strombergs gegeben.

Zu 3.7 Region Südlicher Oberrhein

Zur Region Südlicher Oberrhein gehören der Stadtkreis Freiburg und die Landkreise Breisgau-Hochschwarzwald, Emmendingen und Ortenaukreis.

Zu 3.7
Südlicher Oberrhein

Die Region Südlicher Oberrhein bildet den Südteil der Oberrheinebene; sie hat auch Anteil am Schwarzwald. In ihr sind verschiedenartige Landschaften zu einer geschichtlichen, wirtschaftlichen und kulturellen Einheit verbunden. Sie umfaßt eine Fläche von 4 072 qkm und hatte am 1. Januar 1983 869 000 Einwohner. Der Südliche Oberrhein gehört zu den wenigen Regionen, die auch nach der landesweiten Trendumkehr im Jahre 1974 keinen Bevölkerungsrückgang zu verzeichnen hatte (vgl. Tabellen 27 - 29). Dies ist u.a. ein deutlicher Hinweis auf den hohen Wohn- und Freizeitwert dieser Region.

Raum und Bevölkerung

Die Wirtschaftsstruktur der Region Südlicher Oberrhein konnte trotz der großen Standortgunst innerhalb der Rheinachse mit der überaus positiven Bevölkerungsentwicklung insgesamt nicht Schritt halten. So hat die Region nach wie vor den geringsten Industriebesatz aller Regionen des Landes. Auch eine kräftige Ausweitung des Dienstleistungsbereichs konnte diese Schwäche bisher nicht kompensieren. Der gut entwickelte Dienstleistungssektor ist u.a. auf den Fremdenverkehr zurückzuführen, der sich im Schwarzwald teilweise bereits zum Massentourismus ausgewachsen hat. Die Voraussetzungen für die Überwindung gewisser Strukturschwächen sind günstig, da die Region innerhalb des Gemeinsamen Marktes über beträchtliche Standortvorteile verfügt. In dem zusammenwachsenden westeuropäischen Wirtschaftsraum nimmt die Region Südlicher Oberrhein eine zentrale Lage mit außerordentlicher Verkehrsgunst ein.

Die Verbandsversammlung des Regionalverbands Südlicher Oberrhein hat den Regionalplan am 5. April 1979 als Satzung beschlossen. Der Regionalplan wurde am 18. Juli 1980 vom Innenministerium genehmigt (StAnz 1980 Nr. 76) und ist seit dem 20. Oktober 1980 verbindlich. Der von der Landesregierung am 17. Januar 1972 behördenverbindlich erklärte Gebietsentwicklungsplan für das Südliche Oberrheingebiet (StAnz 1971 Nr. 90; GABl. S. 34), der einen großen Teil der heutigen Region Südlicher Oberrhein abdeckte, ist damit materiell überholt und durch Nichtaufnahme in das Gültigkeitsverzeichnis der Verwaltungsvorschriften auch formell außer Kraft getreten.

Regionalplanung

Begründung
Region Südlicher Oberrhein

Tabelle 27　　　　　　　　　　　　　　　　　　　　　　　Region Südlicher Oberrhein
Bevölkerungsentwicklung 1961 – 1983

Jahr	Bevölkerung insgesamt	Ausländer insgesamt	in %	Bevölk. je qkm	Jahr	Veränderung abs.	in %
1961	704 003	9 029	1,3	173,5	61/70	100 230	14,2
1970	804 233	31 154	3,9	198,2	70/83	65 242	8,1
1974	845 965	48 654	5,8	208,3	70/74	41 732	5,2
1978	849 252	44 168	5,2	209,1	74/78	3 287	0,4
1983	869 475	49 156	5,7	214,1	78/83	20 223	2,4

1961 und 1970 VZ-Daten, alle übrigen Daten jeweils 1.1. des Jahres

Tabelle 28
Altersstrukturen 1970 und 1983

1970	Bevölkerung nach Altersgruppen in %					
	bis unter 6	6 – unter 18	18 – unter 21	21 – unter 45	45 – unter 65	65 und älter
Insgesamt	10,3	20,1	4,6	32,6	20,3	12,0
Deutsche	10,2	20,4	4,6	31,6	20,8	12,5
Ausländer	11,5	13,0	6,7	56,1	10,4	2,2
1983	bis unter 6	6 – unter 18	18 – unter 21	21 – unter 45	45 – unter 65	65 und älter
Insgesamt	6,1	17,5	5,7	35,7	21,0	14,0
Deutsche	5,9	17,3	5,7	34,9	21,5	14,7
Ausländer	8,7	20,8	5,5	48,8	12,9	3,4

VZ 1970 und 1.1.1983

Tabelle 29
Versicherungspflichtig Beschäftigte 1974 – 1982

Jahr	Beschäftigte insgesamt	Land und Forst	Produz. Gewerbe	Dienstl. Bereich	Jahr	Veränderung insg. abs.	in %
1974	273 198	2 584	148 332	122 277	74/76	−10 631	−3,9
1976	262 567	2 784	134 932	124 843	76/78	5 016	1,9
1978	267 583	3 010	136 167	128 400	78/80	17 451	6,5
1980	285 034	3 559	143 438	137 964	80/82	−696	−0,2
1982	284 338	3 627	139 552	141 092	74/82	11 140	4,1

Alle Daten jeweils 30.6. des Jahres　　　　　　　　　　　　　Quelle: Statistisches Landesamt

Die dem LEP zugrunde liegende, vor allem aber im Regionalplan zum Ausdruck gebrachte Raumordnungskonzeption verfolgt für die Region Südlicher Oberrhein zwei grundlegende Zielsetzungen: Die ökologischen und landschaftlichen Gegebenheiten zu schützen und dabei insbesondere die ökologische Empfindlichkeit der Rheinebene hinsichtlich Klima, Grundwasser und Biotopen bei allen raumbedeutsamen Maßnahmen besonders im Auge zu halten sowie zur Stärkung der Wirtschaftskraft der Region die vorhandenen Arbeitsplätze zu sichern und zusätzliche zu schaffen.

Grenzüberschreitende Zusammenarbeit

Zwischen der deutschen Region Südlicher Oberrhein auf dem rechten und der französischen Region Elsaß auf dem linken Rheinufer bestehen seit alters über die gesamte Länge ihrer gemeinsamen Grenze vielfältige naturräumliche Gemeinsamkeiten sowie enge kulturelle und wirtschaftliche Verflechtungen. Daraus ergeben sich im Bereich der Raumordnung zwingende Notwendigkeiten und zahlreiche Ansatzpunkte für eine grenzüberschreitende Zusammenarbeit, die einen Schwerpunkt bei der gegenseitigen Abstimmung der raumordnerischen Vorhaben und Planungen im elsässischen und badischen Oberrheingebiet zwischen Deutschland und Frankreich hat, aber auch auf überregionaler und europäischer Ebene auch noch darüber hinausgreift. Die grenzüberschreitende Zusammenarbeit erfolgt in einer Reihe eigens dafür gegründeter Institutionen. Seit 1975 besteht die „Regierungskommission zur Prüfung und Lösung von nachbarschaftlichen Fragen" mit Regierungsvertretern aus der Schweiz, Frankreich und Deutschland. Regionale Fragen in den Grenzgebieten

Begründung
Region Südlicher Oberrhein

werden vorwiegend im „Zweitseitigen Regionalausschuß Nord" und im „Dreiseitigen Regionalausschuß Süd" behandelt (vgl. PS 1.2). Die Region Südlicher Oberrhein pflegt grenzüberschreitende Kontakte außerdem in weiteren auf regionaler, überregionaler und europäischer Ebene bestehenden Institutionen, z.B. „Internationale Koordinationsstelle der Regio Basiliensis", „Arbeitsgemeinschaft von Gewählten für grenzüberschreitende Zusammenarbeit am Oberrhein", „Konferenz Oberrheinischer Regionalplaner" oder „Arbeitsgemeinschaft Europäischer Grenzregionen".

In PS 3.7.1 sind die allgemeinen raumordnerischen Entwicklungsvorstellungen für die Region Südlicher Oberrhein zusammengefaßt. Sie werden im Regionalplan sachlich und räumlich ausgeformt.

Zu 3.7.1
Allgemeines
Entwicklungsziel

Die Region Südlicher Oberrhein ist in ihrer Entwicklung so zu fördern, daß durch Vermehrung und Verbesserung der nichtlandwirtschaftlichen Erwerbsgrundlagen die Bevölkerung, insbesondere der natürliche Bevölkerungszuwachs, in der Region gehalten wird und Zuwanderungen aufgenommen werden können.

Zu 3.7.11
Erwerbsgrundlagen,
Bevölkerungsentwicklung

Im Vordergrund von PS 3.7.11 steht die Forderung, die Bevölkerung in der Region zu halten. Entscheidende Voraussetzungen dafür sind quantitativ und qualitativ ausreichende Erwerbsgrundlagen, die zugleich zur Stärkung der Wirtschaftskraft der Region beitragen. Um die Region vor Bevölkerungsverlusten durch ökonomisch induzierte Abwanderungen zu bewahren, ist deshalb das vorhandene Arbeitsplatzangebot zu erhalten und zu erweitern. Insofern konkretisiert PS 3.7.11 die Zielsetzungen von PS 1.4, wonach in den abwanderungsgefährdeten Landesteilen Voraussetzungen dafür geschaffen werden sollen, daß die Bevölkerung gehalten werden kann. Er geht aber auch davon aus, daß im Falle einer erfolgreichen Ansiedlung von nichtlandwirtschaftlichen Arbeitsplätzen Bevölkerungszuwanderungen ausgelöst werden könnten.

Als abwanderungsgefährdete Teile gelten diejenigen Regionen des Landes, deren Arbeitsmarktbilanz nach der voraussichtlichen Entwicklung von Bevölkerung, Erwerbspersonen und Arbeitsplätzen (vgl. die regionalisierte Prognose des Statistischen Landesamts von 1976, aber auch die aktuelleren Prognosen und Modellrechnungen für das Land) auch längerfristig einen Erwerbspersonenüberhang bzw. ein Arbeitsplatzdefizit befürchten läßt. Zu diesen gehört auch die Region Südlicher Oberrhein. Zweifellos wird der Bevölkerungsstand der Region bei der Tendenz zu einer allgemeinen Bevölkerungsstagnation oder gar einer Abnahme nicht immer zu halten sein. Der in diesem Plansatz gesetzte planerische Akzent soll verdeutlichen, daß eine Konzentration von Bevölkerung und Arbeitsplätzen auf die großen Verdichtungsräume des Landes das interregionale Gefälle nur noch vergrößern würde und daß die nachwachsende Generation nicht aus Mangel an qualifizierten Arbeitsplätzen ihre Heimat verlassen soll. Eine solche Entwicklung würde die Altersstruktur der Regionsbevölkerung längerfristig verschlechtern und Folgewirkungen verursachen. Bevölkerungsverschiebungen innerhalb der Region, vor allem innerhalb ihrer Mittelbereiche, können allerdings nicht ausgeschlossen werden.

Die Region Südlicher Oberrhein ist in ihrer Entwicklung so zu fördern, daß der Leistungsaustausch innerhalb der Region und mit den benachbarten Regionen sowie mit dem Elsaß und dem Raum um Basel verstärkt wird.

Zu 3.7.12
Leistungsaustausch

PS 3.7.12 geht von der Erfahrung aus, daß die Entwicklung eines Raumes wesentlich vom Ausbau seiner innerregionalen Beziehungen und von seinen Kontakten zu anderen Wirtschaftsräumen abhängt. Wichtigste Grundlage dafür ist ein großräumiges Verkehrsnetz, welches die Landesteile untereinander sowie mit den Regionen und Wirtschaftsgebieten der Nachbarländer und dem Ausland verbindet. Innerhalb der Europäischen Gemeinschaften und bei der europäischen Zusammenarbeit werden dem Südlichen Oberrheingebiet dabei zunehmend überregionale Funktionen zukommen, die sich schon jetzt abzeichnen, so in der Entwicklung von Freiburg im Breisgau, Kehl und Breisach am Rhein zu Zentren internationaler Kontakte. Die Beziehungen zu Frankreich und zur Schweiz sind weiter zu vertiefen. Mit dem Ausbau der Verkehrsverbindungen mit dem Elsaß, z.B. der Anschluß an das französische Autobahnnetz gegenüber von Müllheim/Neuenburg, sind bereits wichtige Schritte für eine engere Zusammenarbeit und eine gewisse Arbeitsteilung unternommen worden. Der Leistungsaustausch mit dem Elsaß wird durch die Errichtung eines weiteren Rheinübergangs südlich von Kehl/Straßburg noch erheblich intensiviert werden können. Über diese internationalen Kontakte hinaus sind auch die Beziehungen zu den angrenzenden baden-württembergischen Regionen sowie zu den beiden großen Verdichtungsräumen des Landes am mittleren und am unteren Neckar für die weitere Entwicklung am südlichen Oberrhein von erheblicher Bedeutung.

Begründung
Region Südlicher Oberrhein

Zu 3.7.13
Allgemeiner
Fortschritt

Die Region Südlicher Oberrhein ist in ihrer Entwicklung so zu fördern, daß sie am allgemeinen sozialen, kulturellen und wirtschaftlichen Fortschritt im Lande und im benachbarten Ausland teilnimmt und das Gefälle zwischen den verdichteten Räumen und den übrigen Räumen der Region verringert wird.

PS 3.7.13 konkretisiert die Zielsetzung von PS 1.4, daß alle Landesteile an der Entwicklung des Landes angemessen teilnehmen sollen. Dies setzt aber auch gleichwertige Lebensverhältnisse in allen Landesteilen im Sinne eines Mindestmaßes an sozialen, kulturellen und wirtschaftlichen Versorgungseinrichtungen voraus. Wichtige Voraussetzungen dafür sind sowohl die Sicherung der vorhandenen gesunden Raumstrukturen als auch der Abbau der innerregionalen strukturellen Gegensätze und die Verringerung des Gefälles zwischen leistungsstarken und leistungsschwachen Regionsteilen (vgl. PS 1.4.3). In der Region Südlicher Oberrhein bestehen derartige Gegensätze insbesondere zwischen den verdichteten Räumen um Freiburg im Süden und Offenburg im Norden und den ländlichen, z.T. strukturschwachen Regionsteilen in der Oberrheinebene und im Schwarzwald. Dies ist auf die gehemmte wirtschaftliche Entwicklung infolge der früheren Randlage der Region und der lange Zeit zwischen Deutschland und Frankreich herrschenden politischen Spannungen zurückzuführen. Die Standortvorteile des südlichen Oberrheingebiets, die sich durch den Gemeinsamen Markt und aus der natürlichen Verkehrsgunst ergeben, sind deshalb weiterhin auszunutzen; dadurch wird der sich langsam abzeichnende grundsätzliche Wandel der Struktur der Region Südlicher Oberrhein beschleunigt und ein Ausgleich ihrer früheren lagebedingten Nachteile erreicht. Die Angleichung der Lebensverhältnisse soll jedoch nicht zu einer strukturellen Nivellierung führen, sondern die eigenständige Prägung der Region wahren.

Zu 3.7.14
Verdichtungsbereich
Offenburg/Kehl

Die Region Südlicher Oberrhein ist in ihrer Entwicklung so zu fördern, daß im Raum Offenburg/Kehl die räumlichen Voraussetzungen der wachsenden supranationalen Bedeutung von Straßburg entsprechen.

Die Attraktivität der Stadt Straßburg für den mittelbadischen Raum um Offenburg/Kehl beruht sowohl auf deren Versorgungsfunktionen, z.B. im Bereich des Einkaufs, als auch auf ihrer Bedeutung als Sehenswürdigkeit und Standort politischer und kultureller Veranstaltungen. Die Inanspruchnahme Straßburgs wird relativ stark von dem Faktor „Großstadtorientierung" und von der spezifisch französischen Angebotsvielfalt beeinflußt, zumal auf deutscher Seite eine vergleichbare Großstadt in der Nähe fehlt. Entsprechend weit reicht die Ausstrahlung von Straßburg in den mittelbadischen Raum hinein und z.T. auch über diesen hinaus. Neben dieser andererseits auch wieder nicht überzubewertenden oberzentralen Ausstrahlung hat sich der Raum Straßburg zu einem wirtschaftsräumlichen Schwerpunkt und wegen des Sitzes des Europarats und der Tagungen des Europäischen Parlaments in dieser Stadt vor allem zu einem Zentrum europäischer Prägung und supranationaler Bedeutung entwickelt. Dem fehlt auf deutscher Seite ein konkurrenzfähiges Gegenstück; die beiden Oberzentren Freiburg im Breisgau und Karlsruhe sind jeweils zu weit entfernt, und den Städten Offenburg und Kehl fehlt es noch an Größe und ausreichender Ausstrahlungskraft. Die bisherige Entwicklung hat im Raum Offenburg/Kehl jedoch die Herausbildung eines eigenständigen Verdichtungsbereichs bewirkt, der nicht nur aus regionaler Sicht ein günstiger Ansatzpunkt für die weitere Entwicklung dieses ländlichen Raumes ist, sondern der mit Unterstützung der Landesregierung durch flankierende Maßnahmen zu einem leistungs- und konkurrenzfähigen Partner im Verhältnis zum benachbarten elsässischen Raum um Straßburg entwickelt werden soll.

Zu 3.7.2
Kaiserstuhl

Das Gebiet des Kaiserstuhls und der anschließenden Rheinuferlandschaft (Kaiserstuhlgebiet) ist unbeschadet des Baus eines Kernkraftwerks bei Wyhl so weiterzuentwickeln, daß

3.7.21 die natürliche und kulturelle Eigenart dieser Landschaft erhalten bleibt,

3.7.22 die Land- und Forstwirtschaft, insbesondere der Weinbau, als prägende Bestandteile der Kulturlandschaft und als Erwerbsquelle für die Bevölkerung sowie

3.7.23 der Ausbau von Erholung und Fremdenverkehr Vorrang haben.

Diese Entwicklungsziele für das Kaiserstuhlgebiet sollen sicherstellen, daß beim Bau eines Kernkraftwerks bei Wyhl (vgl. PS 2.6.21 und 2.6.23) keine ungehemmte und ungesteuerte Industrialisierung ausgelöst wird; sie wurden 1979 als „Sondernovelle Kaiserstuhlgebiet" zur Anhörung gestellt.

Begründung
Region Südlicher Oberrhein

Zum Kaiserstuhlgebiet gehören außer der naturräumlichen Einheit Kaiserstuhl und der anschließenden Rheinuferlandschaft noch die ihnen unmittelbar benachbarten landschaftlichen Randzonen. Zu diesen zählen das nördliche Kaiserstuhlvorland, die Dreisamniederung im Osten und das südliche Kaiserstuhlvorland.

Das Gebiet des Kaiserstuhls ist ein weit bekanntes Weinbaugebiet; hier kommen für Mitteleuropa einmalige Tier- und Pflanzengesellschaften und geologisch-mineralische Besonderheiten vor. Die Eigentümlichkeit dieser intensiven Kulturlandschaft ist zu bewahren und von Nutzungen freizuhalten, die ihre natürliche Eigenart und ihre spezifischen Aufgaben gefährden.

Landschaftliche Eigenart, Weinbau

Die anschließende Rheinuferlandschaft besitzt ebenfalls eine besondere landschaftliche Eigenart und nimmt bedeutende landschaftsökologische Funktionen wahr; die Auewälder verbessern das örtliche Klima und bilden einen wirksamen Immissionsschutz.

Wie bereits in ihren „Leitsätzen zur künftigen Entwicklung des Kaiserstuhlgebiets" dargelegt, wird die Landesregierung darauf hinwirken, Gebiete im und am Kaiserstuhl, in der Rheinuferlandschaft und der Dreisamniederung so weit unter Schutz zu stellen, wie dies zur Erhaltung ihrer natürlichen Eigenart notwendig ist.

Kaiserstuhl und Rheinuferlandschaft bieten infolge ihrer natürlichen Voraussetzungen neben den traditionellen Erholungsräumen (Schwarzwald, Vorbergzone) zusätzliche Möglichkeiten für den Ausbau von Erholungswesen und Fremdenverkehr.

Fremdenverkehr

Im Rahmen dieser Zielsetzungen ist die Wirtschaftsstruktur im Kaiserstuhlgebiet durch Förderung des Dienstleistungsbereichs und einer maßvollen gewerblich-industriellen Entwicklung zu verbessern. Diese Entwicklung ist auf die Zentralen Orte zu konzentrieren.

Zu 3.7.3
Wirtschaftsstruktur

Eine darüber hinausgehende Industrieansiedlung ist auf geeignete Standorte im Zuge der Entwicklungsachsen (Offenburg)-Lahr-Emmendingen-Freiburg (-Lörrach/Weil) (3.7.5a) und Freiburg-Breisach (3.7.5c) zu lenken.

Das Kaiserstuhlgebiet ist mit nahegelegenen Dienstleistungen relativ ungünstig versorgt. Auch künftig wird ein erheblicher Teil des Dienstleistungsbedarfs für das Kaiserstuhlgebiet von Einrichtungen in Freiburg im Breisgau gedeckt werden; gleichwohl sind die Zentralen Orte am Kaiserstuhl weiter zu stärken.

Jede gewerblich-industrielle Entwicklung im Kaiserstuhlgebiet muß vereinbar bleiben mit den dort vorrangigen landschaftsbezogenen Aufgaben; sie ist deshalb nur in dem Umfang zuzulassen, der die Arbeitsplätze für seine Bewohner sichert. Die anzusiedelnden Betriebe dürfen nach Größe und Art den Zielsetzungen für das Kaiserstuhlgebiet nicht widersprechen, zu dem im Zuge der Entwicklungsachse Freiburg-Breisach auch die Gemeinden Bötzingen und Ihringen gehören.

Soweit weitere Industrieansiedlungen notwendig sind, um die einheimische Wirtschaft in ihrer Entwicklung zu fördern und die Vielfalt an Arbeitsmöglichkeiten zu vergrößern, kommen nur Flächen in geeigneten Standorten in den Entwicklungsachsen Freiburg-Breisach und Lahr-Emmendingen-Freiburg in Betracht. Bevorzugte Standorte sind hier die Räume Herbolzheim, Emmendingen/Teningen und die Städte Freiburg im Breisgau und Breisach am Rhein.

In Bötzingen ist eine gewerbliche und durch ökologische und siedlungsstrukturelle Randbedingungen beschränkte Industrialisierung möglich. Die Standortgunst dieser Räume müßte allerdings teilweise noch durch verschiedene Verkehrsmaßnahmen erhöht werden.

Im PS 3.7.4 werden die Zentralen Orte der Region Südlicher Oberrhein und ihre Stufen genannt. Bei der Fortschreibung des LEP wurde das bereits bisher ausgewiesene Netz der Zentralen Orte unverändert übernommen (vgl. Plankapitel 1.5). Die im LEP 1983 erstmals verbindlich abgegrenzten Mittelbereiche sind mit den ihnen zugeordneten Gemeinden im Anhang zu PS 1.5.21 aufgeführt und außerdem in Karte 4 dargestellt.

Zu 3.7.4
Zentrale Orte

Die Stadt Freiburg im Breisgau ist seit Jahrhunderten der unbestrittene kulturelle, wirtschaftliche und administrative Mittelpunkt des südlichen Oberreingebiets und des südlichen Schwarzwalds. Darüber hinaus kommt Freiburg wachsende Bedeutung als Stätte internationaler Kontakte zu. Für eine weitere Kräftigung dieser Funktion bieten seine wirtschaftliche und kulturelle Bedeutung, seine vorteilhafte Verkehrslage und die landschaftlich schöne Umgebung günstige Voraussetzungen. Vorrangig für das Oberzentrum Freiburg sind seine Weiterentwicklung als hochrangiger Dienst-

Oberzentrale Versorgung

Begründung
Region Schwarzwald-Baar-Heuberg

leistungsstandort in Verbindung mit einer Stärkung seiner Bedeutung als Arbeitsmarktzentrum. Die Anziehungskraft von Freiburg hat in der Region Südlicher Oberrhein zur Ausbildung eines eigenen kleinen Verdichtungsraumes geführt, der auf die Stadt und wenige unmittelbar angrenzende Randgemeinden beschränkt bleibt.

Im Norden der Region hat sich mit dem Mittelzentrum Offenburg und seinem Umland ein weiterer leistungsfähiger Kristallisationspunkt herausgebildet, der einzelne oberzentrale Funktionen wahrnimmt und langfristig ausbauen wird, und zwar besonders in jenen Bereichen, die aufgrund der Staatsgrenze durch Straßburg nicht wahrgenommen werden können. Die ausgesprochen günstige Lage in der Rheinachse am Kreuzungspunkt der Entwicklungsachsen Karlsruhe-Basel und Kehl-Haslach-Hausach-Wolfach hat Offenburg und sein Umland eine weiträumige, nicht auf die Stadt allein beschränkte, sondern insbesondere in Richtung Kehl/Straßburg verlaufende Entwicklung nehmen lassen. Dies hat zur Ausbildung eines eigenständigen Verdichtungsbereichs im mittelbadischen Raum geführt, dessen unbestrittener Kern die Stadt Offenburg ist und der als Zentrum regionaler Arbeitsmärkte und hochrangiger Dienstleistungen weiterentwickelt werden soll (vgl. PS 3.7.14). Dieser Zielsetzung trägt nicht nur der LEP, sondern vor allem auch der ihn ausformende Regionalplan Südlicher Oberrhein Rechnung. Der Regionalplan weist Offenburg bereits ausdrücklich als Mittelzentrum mit Teilfunktionen eines Oberzentrums aus und nimmt damit eine konkretere Funktionszuweisung vor, als sie der LEP im Rahmen seines vierstufigen zentralörtlichen Systems ohne formale Ausweisung von Zwischenstufen vornehmen könnte.

Zu 3.7.5
Entwicklungsachsen

PS 3.7.5 nennt die Entwicklungsachsen der Region Südlicher Oberrhein. Diese werden nach Maßgabe des Plankapitels 1.6 im Regionalplan durch die Gliederung in Siedlungsbereiche und Freiräume konkretisiert und räumlich ausgeformt.

Zu 3.7.6
Erholungsräume

Der Schwarzwald ist schwerpunktmäßig als Erholungsraum auszubauen. In den Vorbergen, am Kaiserstuhl und in der Rheinebene sind vor allem Einrichtungen für die Naherholung zu fördern, in der Rheinebene insbesondere im Bereich von geeigneten Baggerseen und Kulturwehren.

In PS 3.7.6 sind diejenigen überregionalen bedeutsamen Erholungsräume rahmenhaft ausgewiesen, die aus großräumiger Sicht für einen weiteren Ausbau des Erholungswesens und des Fremdenverkehrs im Lande nach Maßgabe von Plankapitel 2.9 und PS 2.3.5 aufgrund ihrer Eignung in Betracht kommen (vgl. Karte 5). Mit der Formulierung, den Ausbau der Erholungsräume „schwerpunktmäßig" zu betreiben, wird klargestellt, daß mit der Festlegung der für die Erholung geeigneten Landschaften kein großflächiger Ausbau des ganzen Raumes für Erholung und Fremdenverkehr beabsichtigt ist. Die konkrete Ausformung dieser Räume, die Festlegung von kleinerräumigen Erholungsbereichen unter Berücksichtigung der spezifischen Erholungsformen und die Bestimmung von Schwerpunkten für den Ausbau erfolgt im Regionalplan in Verbindung mit der Fachplanung. Ihre weitere Konkretisierung bleibt der Bauleitplanung überlassen.

Der Schwarzwald bietet wegen seiner landschaftlichen Schönheiten, seiner klimatischen Gegebenheiten und seiner zahlreichen Heilquellen nahezu ideale Voraussetzungen für alle Erholungsformen; er gehört zu den bekanntesten deutschen Erholungsräumen. Der Fremdenverkehr hat hier einen hohen Stand erreicht; die Kapazitäten der Fremdenverkehrseinrichtungen sind möglichst ganzjährig auszulasten. Die Ferien- und Kurerholung wird in bevorzugten Erholungsräumen allerdings vielfach durch übermäßigen Ausflugsverkehr beeinträchtigt. Dem muß durch städtebauliche und verkehrstechnische Maßnahmen sowie durch Ausbau der bestehenden und durch Erschließung weiterer Naherholungsräume begegnet werden. Die Voraussetzungen dafür sind besonders in den Vorbergen des Schwarzwalds günstig; in der Rheinebene bieten sich Baggerseen und der Bereich der Kulturwehre für Wassersport an.

Zu 3.8 Region Schwarzwald-Baar-Heuberg

Zu 3.8
Schwarzwald-Baar-Heuberg

Zur Region Schwarzwald-Baar-Heuberg gehören die Landkreise Rottweil, Schwarzwald-Baar-Kreis und Tuttlingen.

Raum und Bevölkerung

Die Region Schwarzwald-Baar-Heuberg liegt im Südwesten des Landes im Grenzbereich der beiden Mittelgebirge Schwarzwald und Schwäbische Alb, die mit ihren Ausläufern bzw. Rändern hier im spitzen Winkel aufeinanderstoßen und die Baar sowie die südwestlichen Gäulandschaften von Westen bzw. Osten begrenzen. Die Region ist 2529 qkm groß und hatte am 1. Januar 1983 435 000 Einwohner. Die

Begründung
Region Schwarzwald-Baar-Heuberg

Einwohnerzahl war insbesondere mit Beginn der Tendenzumkehr im Jahr 1974 rückläufig infolge starker Abwanderungen, vor allem der im Erwerbsleben stehenden Personen (vgl. Tabellen 30 - 32). Darin ist ein Indiz für nicht mehr ausreichende Erwerbsgrundlagen zu sehen. Insbesondere die rückläufige Beschäftigung im produzierenden Gewerbe hat sich in dieser Region ausgewirkt, zumal eine einseitige Branchenstruktur die ohnehin nicht gerade positive wirtschaftsstrukturelle Situation noch verschärfte. Dennoch hat die Region immer noch einen traditionsgemäß hohen Industriebesatz, der auf eine stark dezentralisierte und auf Veredelung eingestellte Industrie zurückgeht. Ein anderes Kennzeichen ist der unterdurchschnittliche Besatz mit Dienstleistungseinrichtungen, obwohl weite Teile der Region, allen voran die im Schwarzwald gelegenen, gut entwickelte Fremdenverkehrsgebiete sind.

Tabelle 30   Region Schwarzwald-Baar-Heuberg
Bevölkerungsentwicklung 1961 – 1983

Jahr	Bevölkerung insgesamt	Ausländer insgesamt	in %	Bevölk. je qkm	Jahr	Veränderung abs.	in %
1961	376 007	6 994	1,9	148,7	61/70	53 894	14,3
1970	429 901	31 953	7,4	170,0	70/83	5 280	1,2
1974	445 153	45 862	10,3	176,0	70/74	15 252	3,5
1978	434 901	39 062	9,0	171,9	74/78	−10 252	−2,3
1983	435 181	41 506	9,5	172,1	78/83	280	0,1

1961 und 1970 VZ-Daten, alle übrigen Daten jeweils 1.1. des Jahres

Tabelle 31
Altersstrukturen 1970 und 1983

1970	Bevölkerung nach Altersgruppen in %					
	bis unter 6	6 – unter 18	18 – unter 21	21 – unter 45	45 – unter 65	65 und älter
Insgesamt	10,2	19,8	4,0	33,1	20,9	11,9
Deutsche	10,2	20,3	3,7	31,0	21,9	12,8
Ausländer	10,3	13,7	7,4	58,5	8,9	1,2
1983	bis unter 6	6 – unter 18	18 – unter 21	21 – unter 45	45 – unter 65	65 und älter
Insgesamt	6,4	18,4	5,3	32,7	22,5	14,6
Deutsche	5,8	18,0	5,4	31,3	23,5	16,0
Ausländer	11,6	22,0	4,6	45,7	13,9	2,3

VZ 1970 und 1.1.1983

Tabelle 32
Versicherungspflichtig Beschäftigte 1974 – 1982

Jahr	Beschäftigte insgesamt	Land und Forst	Produz. Gewerbe	Dienstl. Bereich	Jahr	Veränderung insg. abs.	in %
1974	168 732	1 024	125 871	41 837	74/76	−14 996	−8,9
1976	153 736	983	109 859	42 877	76/78	4 570	3,0
1978	158 306	1 155	111 960	45 186	78/80	8 202	5,2
1980	166 508	1 244	117 034	48 202	80/82	−5 279	−3,2
1982	161 229	1 237	110 167	49 823	74/82	−7 503	−4,4

Alle Daten jeweils 30.6. des Jahres   Quelle: Statistisches Landesamt

Die Verbandsversammlung des Regionalverbands Schwarzwald-Baar-Heuberg hat den Regionalplan am 9. Dezember 1977 als Satzung beschlossen. Der Regionalplan wurde am 5. Oktober 1979 vom Innenministerium genehmigt (StAnz 1979 Nr. 95) und ist seit dem 28. Dezember 1979 verbindlich.

Regionalplanung

Die Schwerpunkte der landes- und regionalplanerischen Zielsetzungen für diese Region liegen in der Verbesserung der beschäftigungs- und arbeitsmarktpolitischen Situation durch eine vielseitigere Branchenstruktur im produzierenden Gewerbe (Diversifikation) und in einer Aufbesserung der Ausstattung mit Dienstleistungseinrichtungen im Interesse einer größeren wirtschaftsstrukturellen Ausgewogenheit. In

Begründung
Region Schwarzwald-Baar-Heuberg

diesem Rahmen ist aufgrund seiner guten Ansätze u.a. der Fremdenverkehr als bedeutender Wirtschaftsfaktor weiterzuentwickeln. Eine wichtige Vorleistung für eine wirtschaftliche Stärkung besteht in der weiteren Verbesserung der Verkehrsverbindungen als Grundlage für wirksame Vermittlungen von Impulsen von außen, aber auch im Regionsinnern.

Grenzüberschreitende Zusammenarbeit

Die Region Schwarzwald-Baar-Heuberg grenzt zwar im Süden im Bereich von Blumberg auf einer kurzen Strecke an den schweizerischen Kanton Schaffhausen, woraus durchaus auch gemeinsame Interessen mit der Schweiz resultieren; diese aber erreichen bei weitem nicht das Ausmaß und dadurch auch nicht den Stellenwert der beispielsweise in der benachbarten Region Hochrhein-Bodensee notwendigen grenzüberschreitenden Zusammenarbeit. Im Vordergrund grenzüberschreitender Entwicklungsmöglichkeiten, die eine gegenseitige Abstimmung der Planung erfordern, steht hier vor allem die weitere Verbesserung der Verkehrserschließung mit Anschlüssen zwischen den deutschen und schweizerischen Straßennetzen.

Zu 3.8.1
Allgemeines Entwicklungsziel

In PS 3.8.1 sind die allgemeinen raumordnerischen Entwicklungsvorstellungen für die Region Schwarzwald-Baar- Heuberg zusammengefaßt. Sie werden im Regionalplan sachlich und räumlich ausgeformt.

Zu 3.8.11
Erwerbsgrundlagen, Bevölkerungsentwicklung

Die Region Schwarzwald-Baar-Heuberg ist in ihrer Entwicklung so zu fördern, daß ihre räumliche Nutzung durch den Ausbau von vielfältigen und krisenfesten nichtlandwirtschaftlichen Erwerbsgrundlagen, vor allem im Dienstleistungsbereich, verbessert und die Bevölkerung, insbesondere der natürliche Bevölkerungszuwachs, in der Region gehalten wird und Zuwanderungen aufgenommen werden können.

PS 3.8.11 beinhaltet in seinem ersten Teil den Ausbau der nichtlandwirtschaftlichen Erwerbsgrundlagen als grundlegende Zielsetzung zur Stärkung der Wirtschaftskraft der Region. Er fordert darüber hinaus vor allem auch eine vielseitige Branchenstruktur zur Verbesserung der regionalen Wirtschaftsstruktur und zur Erhöhung der Krisenfestigkeit (vgl. PS 1.3.1 sowie 2.3.1 und 2.3.13). In dieser Region ist die Förderung des Dienstleistungssektors, der neben der Region Ostwürttemberg hier am geringsten im ganzen Land entwickelt ist, besonders wichtig. Bei tendenziell geringen Entwicklungsaussichten im produzierenden Bereich kann eine Verbesserung der Wirtschaftsstruktur u.a. erheblich durch die Schaffung von Dienstleistungsarbeitsplätzen bewirkt werden. Ansatzpunkte dafür sind die Zentralen Orte und die Fremdenverkehrsgemeinden.

Quantitativ und qualitativ ausreichende Erwerbsgrundlagen sind entscheidende Voraussetzungen dafür, die Bevölkerung in der Region zu halten oder Zuwanderungen auszulösen. Diesen Belangen trägt der zweite Teil von PS 3.8.11 Rechnung. Um die Region vor Bevölkerungsverlusten durch ökonomisch induzierte Abwanderungen zu bewahren, ist deshalb das vorhandene Arbeitsplatzangebot zu erhalten und zu erweitern, hinsichtlich der Branchenvielfalt und Krisenanfälligkeit vor allem aber noch zu verbessern. Insofern konkretisiert PS 3.8.11 die Zielsetzungen von PS 1.4, wonach in den abwanderungsgefährdeten Landesteilen Voraussetzungen dafür geschaffen werden sollen, daß die Bevölkerung gehalten werden kann.

Als abwanderungsgefährdete Teile gelten diejenigen Regionen des Landes, deren Arbeitsmarktbilanz nach der voraussichtlichen Entwicklung von Bevölkerung, Erwerbspersonen und Arbeitsplätzen (vgl. die regionalisierte Prognose des Statistischen Landesamts von 1976, aber auch die aktuelleren Prognosen und Modellrechnungen für das Land) auch längerfristig einen Erwerbspersonenüberhang bzw. ein Arbeitsplatzdefizit befürchten läßt. Zu diesen gehört auch die Region Schwarzwald-Baar-Heuberg. Zweifellos wird der Bevölkerungsstand der Region bei der Tendenz zu einer allgemeinen Bevölkerungsstagnation oder gar einer Abnahme nicht immer zu halten sein. Der in diesem Plansatz gesetzte planerische Akzent soll verdeutlichen, daß eine Konzentration von Bevölkerung und Arbeitsplätzen auf die großen Verdichtungsräume des Landes das interregionale Gefälle nur noch vergrößern würde und daß die nachwachsende Generation nicht aus Mangel an qualifizierten Arbeitsplätzen ihre Heimat verlassen soll. Eine solche Entwicklung würde die Altersstruktur der Regionsbevölkerung längerfristig verschlechtern und Folgewirkungen verursachen. Bevölkerungsverschiebungen innerhalb der Region, vor allem innerhalb ihrer Mittelbereiche, können allerdings nicht ausgeschlossen werden.

Begründung
Region Schwarzwald-Baar-Heuberg

Die Region Schwarzwald-Baar-Heuberg ist in ihrer Entwicklung so zu fördern, daß der Leistungsaustausch innerhalb der Region und mit den benachbarten Regionen sowie mit dem Bodenseeraum verstärkt wird.

Zu 3.8.12
Leistungsaustausch

PS 3.8.12 geht von der Erfahrung aus, daß die Entwicklung eines Raumes wesentlich vom Ausbau seiner innerregionalen Beziehungen und von seinen Kontakten zu anderen Wirtschaftsräumen abhängt. Wichtigste Grundlage dafür ist ein großräumiges Verkehrsnetz, welches die Landesteile untereinander sowie mit den Regionen und Wirtschaftsgebieten der Nachbarländer und dem Ausland verbindet. Mit dem Bau der Bundesautobahn A 81 Stuttgart–Singen wurden sowohl die Standortgunst der Region als auch ihre Kontaktmöglichkeiten nach außen erheblich verbessert. Neben den engeren Beziehungen zu den benachbarten Regionen Neckar-Alb und Nordschwarzwald sowie zum Bodenseeraum konnten auch die Verbindungen zum Mittleren Neckarraum intensiviert werden. Der Leistungsaustausch mit den Wirtschaftsräumen in der Rheinachse könnte verstärkt werden, wenn auch noch die großräumigen Verkehrsverbindungen in ost-westlicher Richtung verbessert würden.

Die Region Schwarzwald-Baar-Heuberg ist in ihrer Entwicklung so zu fördern, daß sie am allgemeinen sozialen, kulturellen und wirtschaftlichen Fortschritt im Lande teilnimmt.

Zu 3.8.13
Allgemeiner Fortschritt

PS 3.8.13 konkretisiert die Zielsetzung von PS 1.4, daß alle Landesteile an der Entwicklung des Landes angemessen teilnehmen sollen. Dies setzt aber auch gleichwertige Lebensverhältnisse in allen Landesteilen im Sinne eines Mindestmaßes an sozialen, kulturellen und wirtschaftlichen Versorgungseinrichtungen voraus. Wichtige Voraussetzungen dafür sind sowohl die Sicherung der vorhandenen gesunden Raumstrukturen als auch der Abbau der innerregionalen strukturellen Gegensätze. In der Region Schwarzwald-Baar-Heuberg bestehen derartige Gegensätze zwischen dem Verdichtungsbereich um Villingen-Schwenningen und den benachbarten Mittelzentren Rottweil, Donaueschingen und Tuttlingen einerseits und angrenzenden ländlichen Regionsteilen. Die Angleichung der Lebensverhältnisse soll jedoch nicht zu einer strukturellen Nivellierung führen, sondern die eigenständige Prägung der Region wahren.

In PS 3.8.2 werden die Zentralen Orte der Region Schwarzwald-Baar-Heuberg und ihre Stufen genannt. Bei der Fortschreibung des LEP wurde das bereits bisher ausgewiesene Netz der Zentralen Orte unverändert übernommen (vgl. Plankapitel 1.5). Die im LEP 1983 erstmals verbindlich abgegrenzten Mittelbereiche sind mit den ihnen zugeordneten Gemeinden im Anhang zu PS 1.5.21 aufgeführt und außerdem in Karte 4 dargestellt.

Zu 3.8.2
Zentrale Orte

Nachdem die Regionsbevölkerung mangels eines eigenen Oberzentrums lange Zeit die teilweise sehr entfernt liegenden Städte Stuttgart, Reutlingen, Tübingen, Freiburg im Breisgau oder Konstanz als Oberzentrum in Anspruch nehmen mußte, findet sie mit dem Oberzentrum Villingen-Schwenningen nunmehr einen eigenen Bezugspunkt in der Regionsmitte vor, der sich mehr und mehr zum beherrschenden Regionszentrum entwickelt. Dazu haben die bereits vor der Vereinigung der beiden früheren Städte Villingen und Schwenningen zu einer einheitlichen Stadt vorhandenen Ansätze, die zentrale Lage und die Verkehrsgunst, vor allem aber die verbesserte Verkehrserschließung und die für den Ausbau zu einem Oberzentrum gezielt angesetzten Entwicklungsmaßnahmen verschiedenster Art beigetragen. Damit konnten Voraussetzungen geschaffen werden, die auch den weiteren Ausbau zum vollen Oberzentrum für diese Region erleichtern werden. Um zum Ausdruck bringen zu können, daß gerade bei Villingen-Schwenningen für den zentralörtlichen Ausbau vergleichsweise noch erheblich größere Anstrengungen erforderlich sind als bei den anderen Zentralen Orten, bleibt die Zielsetzung erhalten, daß es zu einem Oberzentrum ausgebaut werden soll. Damit soll die strukturpolitische Bedeutung des Ausbaus von Villingen-Schwenningen betont werden.

Oberzentrale Versorgung

PS 3.8.3 nennt die Entwicklungsachsen der Region Schwarzwald-Baar-Heuberg. Diese werden nach Maßgabe des Plankapitels 1.6 im Regionalplan durch die Gliederung in Siedlungsbereiche und Freiräume konkretisiert und räumlich ausgeformt.

Zu 3.8.3
Entwicklungsachsen

Der Schwarzwald, die Schwäbische Alb und das obere Donautal sind schwerpunktmäßig als Erholungsräume auszubauen. Im Bereich des Albtraufs und des oberen Neckars sind vor allem Einrichtungen für die Naherholung zu fördern.

Zu 3.8.4
Erholungsräume

In PS 3.8.4 sind diejenigen überregional bedeutsamen Erholungsräume rahmenhaft ausgewiesen, die aus großräumiger Sicht für einen weiteren Ausbau des Erholungswesens und des Fremdenverkehrs im Lande nach Maßgabe von Plankapitel 2.9 und

Begründung
Region Hochrhein-Bodensee

des PS 2.3.5 aufgrund ihrer Eignung in Betracht kommen (vgl. Karte 5). Mit der Formulierung, den Ausbau der Erholungsräume „schwerpunktmäßig" zu betreiben, wird klargestellt, daß mit der Festlegung der für die Erholung geeigneten Landschaften kein großflächiger Ausbau des ganzen Raumes für Erholung und Fremdenverkehr beabsichtigt ist. Die konkrete Ausformung dieser Räume, die Festlegung von kleinerräumigen Erholungsbereichen unter Berücksichtigung der spezifischen Erholungsformen und die Bestimmung von Schwerpunkten für den Ausbau erfolgt im Regionalplan in Verbindung mit der Fachplanung. Ihre weitere Konkretisierung bleibt der Bauleitplanung überlassen.

Schwarzwald, Schwäbische Alb und Donautal bieten landschaftliche Schönheiten, günstiges Klima und Ruhe; sie sind für die Ferienerholung, wegen ihrer günstigen Lage zu dichter besiedelten Räumen aber auch für die Naherholung geeignet. Wegen ihrer Nähe zu verdichteten Räumen sind in den landschaftlich gut geeigneten Räumen des Albtraufs und am oberen Neckar Einrichtungen für die Naherholung auszubauen; dadurch können in bevorzugten Ferienerholungsorten im Schwarzwald vielfach auch Beeinträchtigungen durch den Ausflugsverkehr verringert werden.

Zu 3.9
Hochrhein-Bodensee

Zu 3.9 **Region Hochrhein-Bodensee**
Zur Region Hochrhein-Bodensee gehören die Landkreise Konstanz, Lörrach und Waldshut.

Raum und Bevölkerung

Die Region Hochrhein-Bodensee liegt im äußersten Südwesten des Landes; sie grenzt im Süden auf ihrer gesamten in Ost- West-Richtung verlaufenden Länge an die Schweiz und im Westen an Frankreich. Die Region ist 2756 qkm groß und hatte am 1. Januar 1983 567 000 Einwohner (vgl. Tabellen 33 - 35).

Tabelle 33
Bevölkerungsentwicklung 1961 – 1983
Region Hochrhein–Bodensee

Jahr	Bevölkerung insgesamt	Ausländer insgesamt	in %	Bevölk. je qkm	Jahr	Veränderung abs.	in %
1961	477 488	14 482	3,0	173,0	61/70	70 643	14,8
1970	548 131	42 931	7,8	198,6	70/83	18 868	3,4
1974	572 347	58 981	10,3	207,7	70/74	24 216	4,4
1978	559 251	50 032	8,9	202,9	74/78	-13 096	-2,3
1983	566 999	54 653	9,6	205,7	78/83	7 748	1,4

1961 und 1970 VZ-Daten, alle übrigen Daten jeweils 1. 1. des Jahres

Tabelle 34
Altersstrukturen 1970 und 1983

	Bevölkerung nach Altersgruppen in %					
1970	bis unter 6	6 – unter 18	18 – unter 21	21 – unter 45	45 – unter 65	65 und älter
Insgesamt	10,1	19,7	4,2	33,6	20,6	11,8
Deutsche	9,9	20,3	4,0	31,7	21,5	12,6
Ausländer	11,7	13,8	6,4	55,2	11,0	2,0
1983	bis unter 6	6 – unter 18	18 – unter 21	21 – unter 45	45 – unter 65	65 und älter
Insgesamt	5,9	17,5	5,4	33,9	22,7	14,6
Deutsche	5,4	17,0	5,4	32,7	23,6	15,8
Ausländer	10,2	22,0	5,6	45,0	14,2	3,0

VZ 1970 und 1.1.1983   Quelle: Statistisches Landesamt

Begründung
Region Hochrhein-Bodensee

Tabelle 35
Versicherungspflichtig Beschäftigte 1974 – 1982
Region Hochrhein-Bodensee

Jahr	Beschäftigte insgesamt	Land und Forst	Produz. Gewerbe	Dienstl. Bereich	Jahr	Veränderung insg. abs.	in %
1974	175 977	1 360	111 030	63 565	74/76	−8 238	−4,7
1976	167 739	1 371	100 413	65 895	76/78	3 392	2,0
1978	171 131	1 415	102 146	67 568	78/80	11 850	6,9
1980	182 981	1 721	108 641	72 560	80/82	−2 172	−1,2
1982	180 809	2 062	105 135	73 603	74/82	4 832	−2,7

Alle Daten jeweils 30.6. des Jahres   Quelle: Statistisches Landesamt

Zu den charakteristischen Merkmalen dieser Region gehören ihre landschaftliche Vielfalt und markante naturräumliche Gliederung in die typischen Mittelgebirgslagen des Schwarzwalds und die Tallandschaften des Oberrhein- und Hochrheintales in der westlichen und die Gäu- und Beckenlandschaften mit dem Bodensee in der östlichen Regionshälfte. Diese starken räumlichen Unterschiede, die außerdem durch die gebietliche Trennung der Region durch den schweizerischen Kanton Schaffhausen noch verschärft werden, haben in Verbindung mit der Grenzlage zum großen Teil auch die entsprechend differenzierte räumliche Nutzung und strukturelle Entwicklung der Region Hochrhein-Bodensee beeinflußt. Sowohl siedlungs- als auch wirtschaftsräumlich haben sich auffällige strukturelle Gegensätze zwischen den einzelnen Teilen der Region entwickelt, die in den Ansätzen eines Verdichtungsraumes um Lörrach/Weil (vgl. PS 1.9.1), im Verdichtungsbereich Singen-Radolfzell-Konstanz und in den ausgesprochen ländlich strukturierten, zum Teil sogar strukturschwachen Teilen der Region zum Ausdruck kommen.

Die Verbandsversammlung des Regionalverbands Hochrhein-Bodensee hat den Regionalplan am 6. Juli 1979 als Satzung beschlossen. Der Regionalplan wurde am 10. Oktober 1980 vom Innenministerium genehmigt (StAnz 1980 Nr. 98) und ist seit dem 7. Januar 1981 verbindlich. Der von der Landesregierung am 17. Januar 1972 behördenverbindlich erklärte Gebietsentwicklungsplan für das Südliche Oberrheingebiet (StAnz 1971 Nr. 90; GABl. S. 345), der auch einen Teil der heutigen Region Hochrhein-Bodensee abdeckte, ist damit materiell überholt und durch Nichtaufnahme in das Gültigkeitsverzeichnis der Verwaltungsvorschriften auch formell außer Kraft getreten.

Regionalplanung

Der Regionalplan trägt vor allem der besonderen räumlichen Situation der Region Rechnung; die Schwerpunkte seiner Zielsetzungen liegen einerseits in der Auseinandersetzung mit der unterdurchschnittlichen wirtschaftlichen Entwicklung, der ungünstigen Verkehrserschließung und den Strukturunterschieden innerhalb der Region, zu den benachbarten Regionen sowie zur Schweiz und andererseits in den topographischen Gegebenheiten und landschaftlichen Vorzügen.

Ein besonderes Augenmerk gilt dabei dem Uferbereich des Bodensees, der von Natur aus begünstigt und für vielfältige Nutzungen geeignet ist. Wegen der ökologischen Empfindlichkeit der Uferlandschaft, der limnologischen Bedeutung der Flachwasserzone und der vielfältigen Nutzungsansprüche für Erholung, Siedlung und gewerbliche Wirtschaft haben die beiden Regionalverbände Hochrhein-Bodensee und Bodensee-Oberschwaben einen Teilregionalplan „Bodenseeufer" (Bodenseeuferplan) erarbeitet. Der Regionalverband Hochrhein-Bodensee hat seinen Bodenseeuferplan am 13. Februar 1984 als Satzung beschlossen. Dieser Plan enthält vor allem Regelungen zum Schutz der Flachwasserzone; er geht dabei von den Grundsätzen des Ernährungsministeriums zum Flachwasserschutz am Bodensee aus. Der Schutz der Flachwasserzone darf sich nicht nur auf die Seeseite beschränken, sondern muß ergänzt werden durch den landseitigen Schutz vor Nutzungen, die die Funktionsfähigkeit der Flachwasserzone beeinträchtigen könnten.

Von besonderer Bedeutung für die Region Hochrhein-Bodensee sind die internationalen Kontakte infolge ihrer Grenzlage zur Schweiz und zu Frankreich. Grenzüberschreitende Koordinations- und Abstimmungsprobleme ergeben sich vor allem durch die grenznahe Agglomeration um Basel, die Häufung von Kraftwerksstandorten und anderen die Umwelt belastenden Anlagen im Hochrheintal, das wirtschaftliche Strukturgefälle zur Schweiz und das damit verbundene Grenzgängerproblem sowie bei der Reinhaltung des Bodensees. Diese Probleme werden in verschiedenen Institutionen grenzüberschreitender Zusammenarbeit behandelt, vor allem in der Deutsch-

Grenzüberschreitende Zusammenarbeit

Begründung
Region Hochrhein-Bodensee

Schweizerischen Raumordnungskommission und der Deutsch-Französisch-Schweizerischen Regierungskommission mit ihren Gremien „Dreiseitiger Regionalausschuß Süd" und „Arbeitsgruppe Umwelt" (vgl. PS 1.2). Die Deutsch-Schweizerische Raumordnungskommission hat das „Internationale Leitbild für das Bodenseegebiet", mit dem von allen Bodenseeanliegerstaaten eine gemeinsame Verantwortung für das gesamte Bodenseegebiet übernommen wird, am 18. November 1982 in Ravensburg unter baden-württembergischem Vorsitz verabschiedet. Diesem Leitbild hat auch die Deutsch-Österreichische Raumordnungskommission am 14. Oktober 1983 in Bonn zugestimmt.

Zu 3.9.1
Allgemeines Entwicklungsziel

In PS 3.9.1 sind die allgemeinen raumordnerischen Entwicklungsvorstellungen für die Region Hochrhein-Bodensee zusammengefaßt. Sie werden im Regionalplan sachlich und räumlich ausgeformt.

Zu 3.9.11
Erwerbsgrundlagen, Bevölkerungsentwicklung

Die Region Hochrhein-Bodensee ist in ihrer Entwicklung so zu fördern, daß ihre räumliche Nutzung durch den Ausbau von vielseitigen und krisenfesten nichtlandwirtschaftlichen Erwerbsgrundlagen verbessert wird und die Bevölkerung, insbesondere der natürliche Bevölkerungszuwachs, in der Region gehalten wird und Zuwanderungen aufgenommen werden können.

PS 3.9.11 beinhaltet in seinem ersten Teil den Ausbau der nichtlandwirtschaftlichen Erwerbsgrundlagen als grundlegende Zielsetzung zur Stärkung der Wirtschaftskraft der Region. Er fordert darüber hinaus vor allem auch eine vielseitige Branchenstruktur zur Verbesserung der regionalen Wirtschaftsstruktur und zur Erhöhung der Krisenfestigkeit (vgl. PS 1.3.1 sowie 2.3.1 und 2.3.13). Quantitativ und qualitativ ausreichende Erwerbsgrundlagen sind entscheidende Voraussetzungen dafür, die Bevölkerung in der Region zu halten oder Zuwanderungen auszulösen. Diesen Belangen trägt der zweite Teil von PS 3.9.11 Rechnung. Um die Region vor Bevölkerungsverlusten durch ökonomisch induzierte Abwanderungen zu bewahren, ist deshalb das vorhandene Arbeitsplatzangebot zu erhalten und zu erweitern, hinsichtlich der Branchenvielfalt und Krisenanfälligkeit vor allem aber noch zu verbessern. Insofern konkretisiert PS 3.9.11 die Zielsetzungen von PS 1.4, wonach in den abwanderungsgefährdeten Landesteilen Voraussetzungen dafür geschaffen werden sollen, daß die Bevölkerung gehalten werden kann.

Als abwanderungsgefährdete Teile gelten diejenigen Regionen des Landes, deren Arbeitsmarktbilanz nach der voraussichtlichen Entwicklung von Bevölkerung, Erwerbspersonen und Arbeitsplätzen (vgl. die regionalisierte Prognose des Statistischen Landesamts von 1976, aber auch die aktuelleren Prognosen und Modellrechnungen für das Land) auch längerfristig einen Erwerbspersonenüberhang bzw. ein Arbeitsplatzdefizit befürchten läßt. Zu diesen gehört auch die Region Hochrhein-Bodensee. Zweifellos wird der Bevölkerungsstand der Region bei der Tendenz zu einer allgemeinen Bevölkerungsstagnation oder gar einer Abnahme nicht immer zu halten sein. Der in diesem Plansatz gesetzte planerische Akzent soll verdeutlichen, daß eine Konzentration von Bevölkerung und Arbeitsplätzen auf die großen Verdichtungsräume des Landes das interregionale Gefälle nur noch vergrößern würde und daß die nachwachsende Generation nicht aus Mangel an qualifizierten Arbeitsplätzen ihre Heimat verlassen soll. Eine solche Entwicklung würde die Altersstruktur der Regionsbevölkerung längerfristig verschlechtern und Folgewirkungen verursachen. Bevölkerungsverschiebungen innerhalb der Region, vor allem innerhalb ihrer Mittelbereiche, können allerdings nicht ausgeschlossen werden.

Zu 3.9.12
Leistungsaustausch

Die Region Hochrhein-Bodensee ist in ihrer Entwicklung so zu fördern, daß der Leistungsaustausch innerhalb der Region und mit den benachbarten Regionen, dem Bodenseeraum sowie den benachbarten schweizerischen und elsässischen Räumen verstärkt wird und nachteilige Auswirkungen der Grenzen verringert werden.

PS 3.9.12 geht von der Erfahrung aus, daß die Entwicklung eines Raumes wesentlich vom Ausbau seiner innerregionalen Beziehungen und von seinen Kontakten zu anderen Wirtschaftsräumen abhängt. Wichtigste Grundlage dafür ist ein großräumiges Verkehrsnetz, welches die Landesteile untereinander sowie mit den Regionen und Wirtschaftsgebieten der Nachbarländer und dem Ausland verbindet. Die inzwischen wesentlich verbesserte Anbindung der Region Hochrhein-Bodensee an das überregionale Verkehrsnetz, insbesondere an die beiden Nord-Süd-Autobahnen A 5 Basel–Karlsruhe und A 81 Singen–Stuttgart, haben zu intensiveren Kontakten mit den benachbarten Regionen und darüber hinaus auch mit den entfernteren größeren Verdichtungsräumen um Karlsruhe und Mannheim/Heidelberg sowie Stuttgart geführt und auch Möglichkeiten für einen stärkeren Leistungsaustausch eröffnet. Dieser könnte inner- und interregional noch weiter verbessert werden, wenn auch die Hochrhein-Autobahn als ost-westliche Verkehrsachse realisiert würde. Damit könnten gleichzeitig die beiden Nord-Süd-Autobahnen miteinander verknüpft sowie die Anschlüsse an das französische Autobahnnetz im Westen und eine überregionale Anbindung des Bodenseeraumes im Osten hergestellt werden. Die bereits vorhandenen internationalen Verkehrsanschlüsse zwischen den deutschen, schweizerischen und französischen Autobahnnetzen tragen schon heute maßgeblich dazu bei, daß die nachteiligen Auswirkungen der Staatsgrenzen verringert werden.

Die Region Hochrhein-Bodensee ist in ihrer Entwicklung so zu fördern, daß sie am allgemeinen sozialen, kulturellen und wirtschaftlichen Fortschritt im Lande und im benachbarten Ausland teilnimmt und das Gefälle zwischen den verdichteten Räumen und den übrigen Räumen der Region verringert wird.

Zu 3.9.13
Allgemeiner
Fortschritt

PS 3.9.13 konkretisiert die Zielsetzung von PS 1.4, daß alle Landesteile an der Entwicklung des Landes angemessen teilnehmen sollen. Dies setzt aber auch gleichwertige Lebensverhältnisse in allen Landesteilen im Sinne eines Mindestmaßes an sozialen, kulturellen und wirtschaftlichen Versorgungseinrichtungen voraus. Wichtige Voraussetzungen dafür sind sowohl die Sicherung der vorhandenen gesunden Raumstrukturen als auch der Abbau der innerregionalen strukturellen Gegensätze und die Verringerung des Gefälles zwischen leistungsstarken und leistungsschwachen Teilen der Region (vgl. PS 1.4.3). In der Region Hochrhein-Bodensee bestehen derartige Gegensätze insbesondere zwischen den verdichteten Räumen um Lörrach/Weil (vgl. PS 1.9.1) und Konstanz/Radolfzell/Singen und den ländlichen, zum großen Teil strukturschwachen übrigen Teilen der Region. Die Angleichung der Lebensverhältnisse soll jedoch nicht zu einer strukturellen Nivellierung führen, sondern die eigenständige Prägung der Region wahren. Eine besondere Zielsetzung für die Region Hochrhein-Bodensee besteht vor allem in der Verringerung des Gefälles zu den benachbarten Wirtschaftsräumen der Schweiz, um u.a. die Grenzgängersituation zu entschärfen.

Die Region Hochrhein-Bodensee ist in ihrer Entwicklung so zu fördern, daß der Uferbereich des Bodensees unter Wahrung des Landschaftscharakters und Beachtung der limnologischen Erfordernisse als Erholungsraum weiter ausgebaut und - soweit ökologisch vertretbar - der Zugang zum Seeufer für die Allgemeinheit erweitert wird.

Zu 3.9.14
Uferbereich:
Natur und Landschaft,
Erholungsraum

Die Bodenseelandschaft weist eine Vielzahl natürlicher Vorzüge auf, die vor allem den Uferbereich zu einem hervorragenden Erholungsraum werden ließen, der weit über die Landesgrenze hinaus große Anziehungskraft ausübt. Auch für die Zukunft müssen die Voraussetzungen für eine weitere Entwicklung zu einer gepflegten und geordneten Erholungslandschaft gewahrt und verbessert werden. Dies beinhalteten bereits die Zielsetzungen des LEP 1971. Sie werden im „Gesamtkonzept für den Bodenseeraum" der Landesregierung von 1975 verdeutlicht. Der LEP 1983 orientiert sich auch an den Grundzügen des Internationalen Bodenseeleitbildes. Er trägt damit der Bedeutung des Bodenseeraumes für das ganze Land aus nationaler und internationaler Sicht Rechnung.

Der LEP lehnt somit die von wissenschaftlicher Seite vorgetragenen Vorstellungen ab, die dem Bodenseeraum vorrangig ökologische Ausgleichsfunktionen für entferntere Verdichtungsräume zuweisen wollen. Der Bodenseeraum erbringt im Bereich von Freizeit und Erholung oder bei der Trinkwasserversorgung (vgl. PS 2.7.34 und 2.7.44) durchaus Leistungen für andere Räume des Landes, hat aber ökologische Aufgaben vor allem für sich und seine Bevölkerung zu erfüllen. Eine gezielte Beschränkung der wirtschaftlichen Entfaltung würde die Lebens- und Arbeitsmöglichkeiten der Bevölkerung im Bodenseeraum unzumutbar beeinträchtigen (vgl. Antwort der Landesregierung auf die Große Anfrage der Fraktion der FDP/DVP betr. „Entwicklung des Bodenseeraumes" - LT-DS 8/883).

Kein ökologischer
Ausgleichsraum
für ferne
Verdichtungsräume

Zu den wesentlichen Voraussetzungen für die Entwicklung und Nutzbarmachung des Bodensee-Uferbereichs als Erholungsraum gehören der Zugang zum See und die Begehbarkeit des Ufers. Der Zugang ist aber wegen der bisherigen Siedlungsentwicklung in vielen Bereichen nicht mehr möglich und muß grundsätzlich erweitert werden. Er findet allerdings seine Grenzen dort, wo ökologisch wertvolle Funktionen beeinträchtigt werden.

Zugang zum Seeufer

Begründung
Region Hochrhein-Bodensee

Teilregionalplan „Bodenseeufer"

Schutz der Flachwasserzone

Der Erhaltung dieser Funktion dient auch der Bodenseeuferplan, der von den beiden Regionalverbänden Hochrhein-Bodensee und Bodensee-Oberschwaben als Teilregionalplan aufgestellt worden ist. Eine wichtige Grundlage für den Bodenseeuferplan sind die „Grundsätze zum Schutz der Flachwasserzone" des Ernährungsministeriums von 1981; sie sind zugleich „Maßstäbe für eine wirksame und die Belange des Umweltschutzes berücksichtigende Planung am Bodenseeufer". Je nach dem Grad der bereits eingetretenen und festgestellten Schädigung bestimmter Bereiche der Flachwasserzone, nach deren jeweiliger limnologischer Bedeutung und ihrer künftigen Nutzung sind die im Teilregionalplan ausgewiesenen Schutzzonen mit unterschiedlichen Nutzungseinschränkungen nach limnologischen Gesichtspunkten eingeteilt. Der Schutz der Flachwasserzone ist vor allem ein wesentlicher Beitrag zur Gewässerreinhaltung und Gewässergüte (vgl. PS 2.7.44), weil die Selbstreinigungskraft des Sees entscheidend von dem limnologischen Zustand der Flachwasserzone abhängt.

Zu 3.9.15
Uferbereich: Siedlungsentwicklung

Die Region Hochrhein-Bodensee ist in ihrer Entwicklung so zu fördern, daß die Siedlungsentwicklung auf geeignete seeabgewandte Standorte im Uferbereich, vorrangig aber in die im unmittelbar angrenzenden Hinterland gelegenen Zentralen Orte, gelenkt wird und daß dabei vor allem die unmittelbar an das Seeufer angrenzende Landschaft in ihrer natürlichen und kulturellen Eigenart weitestgehend erhalten wird.

Zum Uferbereich gehören die im Anhang „Uferbereich des Bodensees" aufgeführten Gemeinden.

See und Landschaft machen den Bodenseeraum so attraktiv, daß er auch in Zukunft ein bevorzugter Standort für Erholung, Wohn- und Arbeitsstätten sein wird. Dieser Siedlungsdruck durch eine weitere Wohnbebauung, die Ansiedlung von Arbeitsplätzen oder Fremdenverkehrseinrichtungen sowie die damit verknüpften Folgeleistungen, z.B. im Bereich der Verkehrsplanung, würden zu einem parallel zum Seeufer verlaufenden Siedlungsband und zu einer Abriegelung der seeferneren Landschaft führen. Im Uferbereich ist deshalb die Siedlungstätigkeit auf die Bedürfnisse der ansässigen Bevölkerung auszurichten. Deshalb und um eine zusätzliche Belastung vom Uferbereich fernzuhalten oder mindestens zu mildern, wird mit PS 3.9.15 eine Lenkung der Siedlungsentwicklung auf die seeabgewandten Standorte, vorrangig auf die Zentralen Orte im angrenzenden Hinterland, verfolgt. Zu den Voraussetzungen für eine verstärkte Siedlungsentwicklung im Hinterland gehören ausreichende Erwerbsmöglichkeiten und eine gesicherte Versorgung, um als Alternative gegenüber dem seenahen Bereich überhaupt akzeptiert zu werden. Ansatzpunkte dafür sind bereits vorhandene Schwerpunkte, vor allem die Zentralen Orte. Der seeferne Bereich kommt vor allem für die weitere industriell-gewerbliche Entwicklung in Betracht, aber auch für den Ausbau von Erholungsmöglichkeiten zur Entlastung des Uferbereichs.

Bodensee-Erlaß

Dieser Erlaß des Innenministeriums vom 26. Juli 1971 über die Bauleitplanung am Bodensee (GABl. S. 988) hat entscheidend dazu beigetragen, eine überdimensionierte Siedlungs- und Bautätigkeit im Uferbereich einzudämmen und eine ungezügelte Industrieansiedlung in unmittelbarer Nähe des Bodenseeufers zu verhindern (vgl. PS 2.2.33, 2.9.1 und 3.12.15).

Abgrenzung des Uferbereichs

Der Uferbereich des Bodensees wurde im Anhang zu den PS 3.9.15 und 3.12.15 (parallel für die Region Bodensee-Oberschwaben) nicht neu abgegrenzt. Er bleibt somit nach den früheren Gemeinden ausgewiesen, und seine Grenzen verlaufen daher zum Teil durch heutige Gemeinden. Die Beibehaltung der bisherigen Abgrenzung ist notwendig, da die Zielsetzungen in beiden PS 3.9.14 und 3.9.15, vor allem aber die Bestimmungen im Bodensee-Erlaß, ganz überwiegend nur die Probleme in diesem ufernahen Bereich des Bodenseeraumes erfassen. Eine Abgrenzung nach den heutigen, größeren Gemeinden würde zu einer erheblichen Ausweitung und damit vor allem auch zu Raumeinheiten führen, für die die Zielsetzungen des LEP 1983 über den Bodensee-Uferbereich in weiten Teilen nicht mehr paßten. Eine Festlegung des Bodensee-Uferbereichs nach anderen Kriterien, etwa nach Naturräumen, würde den spezifischen Problemen dieses Bereichs ebenfalls nicht gerecht.

Zu 3.9.2
Zentrale Orte

In PS 3.9.2 werden die Zentralen Orte der Region Hochrhein-Bodensee und ihre Stufen genannt. Bei der Fortschreibung des LEP wurde das bereits bisher ausgewiesene Netz der Zentralen Orte unverändert übernommen (vgl. Plankapitel 1.5). Die im LEP 1983 erstmals verbindlich abgegrenzten Mittelbereiche sind mit den ihnen zugeordneten Gemeinden im Anhang zu PS 1.5.21 aufgeführt und außerdem in Karte 4 dargestellt.

Begründung
Region Neckar-Alb

Obwohl die Region Hochrhein-Bodensee mit der Stadt Konstanz ein Oberzentrum hat, ist die oberzentrale Versorgung der gesamten Region infolge ihres Gebietszuschnitts erschwert. Konstanz wird wegen seiner Randlage nur von der Bevölkerung aus dem östlichen Regionsteil als Oberzentrum in Anspruch genommen. Das Oberzentrum Konstanz ist aufgrund seiner geschichtlichen und kulturellen Tradition sowie wegen seiner jüngsten Entwicklung als Universitätsstadt in erster Linie kultureller Mittelpunkt und Stätte geistigen Leistungsaustausches für den Bodenseeraum.

Der größere westliche Teil der Region orientiert sich dagegen überwiegend nach Freiburg im Breisgau, Basel oder Zürich. Da diese Oberzentren von einem Großteil der zu versorgenden Regionsbevölkerung überdurchschnittlich weit entfernt sind oder sogar im Ausland liegen, müssen vielfach Mittelzentren einzelne oberzentrale Versorgungsfunktionen übernehmen (vgl. PS 1.5.41). Dies trifft vor allem für das Mittelzentrum Lörrach/Weil zu, das deshalb nach dem Regionalplan als Mittelzentrum mit Teilfunktionen eines Oberzentrums ausgebaut werden soll.

Oberzentrale Versorgung

PS 3.9.3 nennt die Entwicklungsachsen der Region Hochrhein-Bodensee. Diese werden nach Maßgabe des Plankapitels 1.6 im Regionalplan durch die Gliederung in Siedlungsbereiche und Freiräume konkretisiert und räumlich ausgeformt.

Zu 3.9.3
Entwicklungsachsen

Am Bodensee sind Einrichtungen für die Ferien- und Wochenenderholung zu fördern; Einrichtungen für die Wochenenderholung sind an geeigneten Standorten schwerpunktmäßig zusammenzufassen. Schwarzwald, mittleres Wutachtal, Randen und Hegau sind schwerpunktmäßig als Erholungsräume auszubauen. In den Vorbergen und im Rheintal sind vor allem Einrichtungen für die Naherholung zu fördern, im Rheintal insbesondere im Bereich geeigneter Baggerseen und Kulturwehre.

Zu 3.9.4
Erholungsräume

In PS 3.9.4 sind diejenigen überregional bedeutsamen Erholungsräume rahmenhaft ausgewiesen, die aus großräumiger Sicht für einen weiteren Ausbau des Erholungswesens und des Fremdenverkehrs im Land nach Maßgabe von Plankapitel 2.9 und PS 2.3.5 aufgrund ihrer Eignung in Betracht kommen (vgl. Karte 5). Mit der Formulierung, den Ausbau der Erholungsräume „schwerpunktmäßig" zu betreiben, wird klargestellt, daß mit der Festlegung der für die Erholung geeigneten Landschaften kein großflächiger Ausbau des ganzen Raumes für Erholung und Fremdenverkehr beabsichtigt ist. Die konkrete Ausformung dieser Räume, die Festlegung von kleinerräumigen Erholungsbereichen unter Berücksichtigung der spezifischen Erholungsformen und die Bestimmung von Schwerpunkten für den Ausbau erfolgt im Regionalplan in Verbindung mit der Fachplanung. Ihre weitere Konkretisierung bleibt der Bauleitplanung überlassen.

Mit dem Bodensee und dem Schwarzwald verfügt die Region Hochrhein-Bodensee über Anteile an den bekanntesten deutschen Ferienerholungsräumen. Beide Räume bieten beste Voraussetzungen für nahezu alle Erholungsformen. Von besonderer Bedeutung für diese bevorzugten Erholungslandschaften ist eine Begrenzung und Steuerung des Baus von Zweit- bzw. Freizeitwohnungen (vgl. PS 2.2.33).

Durch die verbesserte überregionale Verkehrsanbindung des Bodenseeraumes und dessen schnellere Erreichbarkeit aus den verdichteten Gebieten, insbesondere aus dem Mittleren Neckarraum, ist diese Landschaft für die Wochenenderholung und den Ausflugsverkehr noch attraktiver geworden. Dies macht den gezielten Ausbau von Erholungsschwerpunkten notwendig, vor allem im Bodensee-Hinterland, um den Uferbereich zu entlasten.

Für die Bevölkerung der verdichteten Räume sind weitere leicht erreichbare Naherholungsräume auszubauen. Außer den landschaftlichen Vorzügen in den Vorbergen des Schwarzwalds lassen sich dazu in der Rheinebene Baggerseen oder die Wasserflächen im Bereich von Kulturwehren nutzen. Dadurch können auch Beeinträchtigungen, die die Ferien- und Kurerholung im Schwarzwald durch die Naherholung erfahren, vermindert werden.

Zu 3.10 Region Neckar-Alb

Zur Region Neckar-Alb gehören die Landkreise Reutlingen, Tübingen und Zollernalbkreis.

Zu 3.10
Neckar-Alb

Die Region Neckar-Alb grenzt im Norden an die Region Mittlerer Neckar und reicht im Süden bis in die Nähe der Donau. Sie umfaßt 2531 qkm und hatte am 1. Januar 1983 587 000 Einwohner. Ihre Bevölkerungsentwicklung ist aufgrund einer weit überdurchschnittlichen Zunahme im Landkreis Tübingen insgesamt positiv zu beurteilen, auch wenn diese Entwicklung seit 1974 erheblich langsamer verlaufen ist (vgl. Tabellen 36 - 38).

Raum und Bevölkerung

Begründung
Region Neckar-Alb

Naturräumlich wird die Region vor allem von der Schwäbischen Alb und ihrem Vorland geprägt. Der Regionsteil um das Oberzentrum Reutlingen/Tübingen ist noch Bestandteil des Verdichtungsraumes Mittlerer Neckar, der zusammen mit seiner Randzone ca. 30 % der Regionsfläche umfaßt. Die südliche Hälfte der Region dagegen gehört zum ländlichen Raum, der auf der Albhochfläche um Münsingen Strukturschwächen aufweist, im stark industrialisierten Südwesten um Balingen/Albstadt hingegen einen Verdichtungsbereich hat. Vor diesem Hintergrund ist auch die innerregional recht uneinheitliche Wirtschaftsstruktur zu sehen, die vor allem von dem Gefälle zwischen dem Verdichtungsraum einerseits und den Räumen mit Strukturschwächen und zum Teil einseitigen Branchenstrukturen andererseits gekennzeichnet wird.

Tabelle 36
Bevölkerungsentwicklung 1961 – 1983
Region Neckar-Alb

Jahr	Bevölkerung insgesamt	Ausländer insgesamt	in %	Bevölk. je qkm	Jahr	Veränderung abs.	in %
1961	469 905	8 747	1,9	185,7	61/70	79 667	17,0
1970	549 572	39 971	7,3	217,2	70/83	37 660	6,9
1974	577 701	58 014	10,0	228,3	70/74	28 129	5,1
1978	573 124	51 521	9,0	226,5	74/78	-4 577	-0,8
1983	587 232	57 847	9,9	232,1	78/83	14 108	2,5

1961 und 1970 VZ-Daten, alle übrigen Daten jeweils 1.1. des Jahres

Tabelle 37
Altersstrukturen 1970 und 1983

1970	Bevölkerung nach Altersgruppen in %					
	bis unter 6	6 – unter 18	18 – unter 21	21 – unter 45	45 – unter 65	65 und älter
Insgesamt	10,0	18,8	4,4	35,2	20,2	11,3
Deutsche	9,9	19,2	4,2	33,3	21,3	12,2
Ausländer	11,8	13,1	6,4	59,7	7,8	1,2
1983	bis unter 6	6 – unter 18	18 – unter 21	21 – unter 45	45 – unter 65	65 und älter
Insgesamt	6,4	17,3	5,4	36,5	21,1	13,3
Deutsche	5,9	16,7	5,4	35,5	22,0	14,7
Ausländer	11,3	23,4	5,1	45,4	13,1	1,6

VZ 1970 und 1.1.1983

Tabelle 38
Versicherungspflichtig Beschäftigte 1974 – 1982

Jahr	Beschäftigte insgesamt	Land und Forst	Produz. Gewerbe	Dienstl. Bereich	Jahr	Veränderung insg. abs.	in %
1974	214 565	1 711	147 892	64 962	74/76	-11 882	-5,5
1976	202 683	1 615	134 350	66 700	76/78	1 156	0,6
1978	203 839	1 817	132 547	69 475	78/80	8 366	4,1
1980	212 205	2 032	136 529	73 633	80/82	-5 465	-2,6
1982	206 740	2 234	128 127	76 379	74/82	-7 825	-3,6

Alle Daten jeweils 30.6. des Jahres   Quelle: Statistisches Landesamt

Regionalplanung

Die Verbandsversammlung des Regionalverbands Neckar-Alb hat den Regionalplan am 5. Dezember 1978 als Satzung beschlossen. Der Regionalplan wurde am 18. Januar 1980 vom Innenministerium genehmigt (StAnz 1980 Nr. 22) und ist seit dem 15. April 1980 verbindlich. Die Zielsetzungen des Regionalplans konzentrieren sich vorrangig auf eine ausgewogene weitere Entwicklung der Region; sie sind auf die natürlichen und landschaftlichen Besonderheiten der Region abgestimmt. Das Nebeneinander von Räumen, die bereits zur Überlastung neigen, und von Zonen, die dünner besiedelt sind, verschärft zwar die Probleme einer Region; diese Vielfalt bietet aber auch die Chancen, strukturelle Unterschiede innerhalb der Region auszugleichen.

Begründung
Region Neckar-Alb

In PS 3.10.1 sind die allgemeinen raumordnerischen Entwicklungsvorstellungen für die Region Neckar-Alb zusammengefaßt. Sie werden im Regionalplan sachlich und räumlich ausgeformt.

Zu 3.10.1
Allgemeines
Entwicklungsziel

Die Region Neckar-Alb ist in ihrer Entwicklung so zu fördern, daß ihre räumliche Nutzung durch den Ausbau von vielseitigen und krisenfesten Erwerbsgrundlagen, insbesondere im Dienstleistungsbereich, und durch die Entwicklung des Fremdenverkehrs verbessert und die Bevölkerung, insbesondere der natürliche Bevölkerungszuwachs, in der Region gehalten wird und Zuwanderungen aufgenommen werden können.

Zu 3.10.11
Erwerbsgrundlagen,
Bevölkerungsentwicklung

PS 3.10.11 beinhaltet in seinem ersten Teil den Ausbau der nichtlandwirtschaftlichen Erwerbsgrundlagen als grundlegende Zielsetzung zur Stärkung der Wirtschaftskraft der Region. Er fordert darüber hinaus vor allem auch eine vielseitige Branchenstruktur zur Verbesserung der regionalen Wirtschaftsstruktur und zur Erhöhung der Krisenfestigkeit (vgl. PS 1.3.1 sowie 2.3.1 und 2.3.13). Dazu gehört insbesondere in der Region Neckar-Alb die Verbesserung der unterdurchschnittlichen Ausstattung der Region mit Arbeitsplätzen im Dienstleistungsbereich. Quantitativ und qualitativ ausreichende Erwerbsgrundlagen sind entscheidende Voraussetzungen dafür, die Bevölkerung in der Region zu halten oder Zuwanderungen auszulösen. Diesen Belangen trägt der zweite Teil von PS 3.10.11 Rechnung. Um die Region vor Bevölkerungsverlusten durch ökonomisch induzierte Abwanderungen zu bewahren, ist deshalb das vorhandene Arbeitsplatzangebot zu erhalten und zu erweitern, hinsichtlich der Branchenvielfalt und Krisenanfälligkeit vor allem aber noch zu verbessern. Insofern konkretisiert PS 3.10.11 die Zielsetzung von PS 1.4, wonach in den abwanderungsgefährdeten Landesteilen Voraussetzungen dafür geschaffen werden sollen, daß die Bevölkerung gehalten werden kann.

Als abwanderungsgefährdete Teile gelten diejenigen Regionen des Landes, deren Arbeitsmarktbilanz nach der voraussichtlichen Entwicklung von Bevölkerung, Erwerbspersonen und Arbeitsplätzen (vgl. die regionalisierte Prognose des Statistischen Landesamts von 1976, aber auch die aktuelleren Prognosen und Modellrechnungen für das Land) auch längerfristig einen Erwerbspersonenüberhang bzw. ein Arbeitsplatzdefizit befürchten läßt. Zu diesen gehört auch die Region Neckar-Alb. Zweifellos wird der Bevölkerungsstand der Region bei der Tendenz zu einer allgemeinen Bevölkerungsstagnation oder gar einer Abnahme nicht immer zu halten sein. Der in diesem Plansatz gesetzte planerische Akzent soll verdeutlichen, daß eine Konzentration von Bevölkerung und Arbeitsplätzen auf die großen Verdichtungsräume des Landes das interregionale Gefälle nur noch vergrößern würde und daß die nachwachsende Generation nicht aus Mangel an qualifizierten Arbeitsplätzen ihre Heimat verlassen soll. Eine solche Entwicklung würde die Altersstruktur der Regionsbevölkerung längerfristig verschlechtern und Folgewirkungen verursachen. Bevölkerungsverschiebungen innerhalb der Region, vor allem innerhalb ihrer Mittelbereiche, können allerdings nicht ausgeschlossen werden.

Die Region Neckar-Alb ist in ihrer Entwicklung so zu fördern, daß der Leistungsaustausch innerhalb der Region sowie mit der Region Mittlerer Neckar und den anderen für die Region Neckar-Alb bedeutsamen Räumen verstärkt wird.

Zu 3.10.12
Leistungsaustausch

PS 3.10.12 geht von der Erfahrung aus, daß die Entwicklung eines Raumes wesentlich vom Ausbau seiner innerregionalen Beziehungen und von seinen Kontakten zu anderen Wirtschaftsräumen abhängt. Wichtigste Grundlage dafür ist ein großräumiges Verkehrsnetz, welches die Landesteile untereinander sowie mit den Regionen und Wirtschaftsgebieten der Nachbarländer verbindet.

Der nördliche, dichtbevölkerte und leistungskräftige Regionsteil um Reutlingen/Tübingen ist durch die natürlichen Gegebenheiten und die Verkehrsverhältnisse auf den Mittleren Neckarraum ausgerichtet; hier sind die gegenseitigen Verflechtungen bereits weit fortgeschritten. In den übrigen Teilen der Region müssen die Verbindungen zu leistungsstarken Räumen verstärkt werden. Dafür kommen sowohl der Mittlere Neckarraum als auch die nahegelegenen Verdichtungsbereiche um Villingen-Schwenningen, Ulm, Ravensburg und Konstanz in Frage, zu denen die Kontakte durch den Bau der Autobahn A 81 Stuttgart–Singen zum Teil bereits intensiviert werden konnten. Neben der Leistungsfähigkeit der Autobahnzubringer muß aber auch eine Verbesserung der überregionalen Ost-West-Verbindungen erreicht werden, insbesondere ist ein leistungsfähiger Albaufstieg unverzichtbar.

Begründung
Region Neckar-Alb

Zu 3.10.13
Allgemeiner Fortschritt

Die Region Neckar-Alb ist in ihrer Entwicklung so zu fördern, daß sie am allgemeinen sozialen, kulturellen und wirtschaftlichen Fortschritt im Lande teilnimmt und das Gefälle zwischen den verdichteten Räumen und den übrigen Räumen der Region verringert wird.

PS 3.10.13 konkretisiert die Zielsetzung von PS 1.4, daß alle Landesteile an der Entwicklung des Landes angemessen teilnehmen sollen. Dies setzt aber auch gleichwertige Lebensverhältnisse in allen Landesteilen im Sinne eines Mindestmaßes an sozialen, kulturellen und wirtschaftlichen Versorgungseinrichtungen voraus. Wichtige Voraussetzungen dafür sind sowohl die Sicherung der vorhandenen gesunden Raumstrukturen als auch der Abbau von innerregionalen strukturellen Gegensätzen und die Verringerung des Gefälles zwischen leistungsstarken und leistungsschwachen Regionsteilen (vgl. PS 1.4.3). In der Region Neckar-Alb bestehen derartige Gegensätze insbesondere zwischen den verdichteten Räumen um Reutlingen/Tübingen und Balingen/Albstadt sowie den ländlichen, zum großen Teil sogar strukturschwachen Regionsteilen auf der Alb. Die Angleichung der Lebensverhältnisse soll jedoch nicht zu einer strukturellen Nivellierung führen, sondern die eigenständige Prägung der Region wahren.

Zu 3.10.2
Zentrale Orte

In PS 3.10.2 werden die Zentralen Orte der Region Neckar-Alb und ihre Stufen genannt. Bei der Fortschreibung des LEP wurde das bereits bisher ausgewiesene Netz der Zentralen Orte unverändert übernommen (vgl. Plankapitel 1.5). Die im LEP 1983 erstmals verbindlich abgegrenzten Mittelbereiche sind mit den ihnen zugeordneten Gemeinden im Anhang zu PS 1.5.21 aufgeführt und außerdem in Karte 4 dargestellt.

Zur Frage der Ausweisung eines Teilzentrums Pfullingen wird auf die Ausführungen in der allgemeinen Begründung zu Plankapitel 1.5 Zentrale Orte verwiesen.

Oberzentrale Versorgung

Die Aufgaben eines Oberzentrums werden in der Region Neckar-Alb von den Städten Reutlingen und Tübingen gemeinsam wahrgenommen. Die Randlage des Oberzentrums innerhalb der Region kann durch den Ausbau leistungsfähiger Verkehrseinrichtungen ausgeglichen werden. Reutlingen ist vor allem der wirtschaftliche Mittelpunkt der Region; Tübingen ist in erster Linie Universitätsstadt und Standort anderer tertiärer Einrichtungen von überregionaler Bedeutung. Reutlingen nimmt aber auch auf dem kulturellen, Tübingen auch auf dem wirtschaftlichen Sektor bedeutende überregionale Funktionen wahr; der weitere Ausbau des gemeinsamen Oberzentrums setzt eine enge Zusammenarbeit der beiden Städte voraus.

Zu 3.10.3
Entwicklungsachsen

PS 3.10.3 nennt die Entwicklungsachsen der Region Neckar-Alb. Diese werden nach Maßgabe des Plankapitels 1.6 im Regionalplan durch die Gliederung in Siedlungsbereiche und Freiräume konkretisiert und räumlich ausgeformt.

Zu 3.10.4
Erholungsräume

Die Schwäbische Alb ist schwerpunktmäßig als Erholungsraum auszubauen. Im Schönbuch, im Rammert, im Bereich des Albtraufs und des oberen Neckars sind vor allem Einrichtungen für die Naherholung zu fördern.

In PS 3.10.4 sind diejenigen überregional bedeutsamen Erholungsräume rahmenhaft ausgewiesen, die aus großräumiger Sicht für einen weiteren Ausbau des Erholungswesens und des Fremdenverkehrs im Lande nach Maßgabe von Plankapitel 2.9 und PS 2.3.5 aufgrund ihrer Eignung in Betracht kommen (vgl. Karte 5). Mit der Formulierung, den Ausbau der Erholungsräume „schwerpunktmäßig" zu betreiben, wird klargestellt, daß mit der Festlegung der für die Erholung geeigneten Landschaften kein großflächiger Ausbau des ganzen Raumes für Erholung und Fremdenverkehr beabsichtigt ist. Die konkrete Ausformung dieser Räume, die Festlegung von kleinerräumigen Erholungsbereichen unter Berücksichtigung der spezifischen Erholungsformen und die Bestimmung von Schwerpunkten für den Ausbau erfolgt im Regionalplan in Verbindung mit der Fachplanung. Ihre weitere Konkretisierung bleibt der Bauleitplanung überlassen.

Die Schwäbische Alb zeichnet sich durch landschaftliche Schönheit und eine noch wenig gestörte ländliche Umgebung aus. Neben dem Familienurlaub gewinnt hier der Kurzurlaub - vor allem im Frühjahr und im Herbst - zunehmend an Bedeutung.

Im Schönbuch, im Rammert und entlang des Albtraufs bieten große Waldflächen, Ruhe und eine abwechslungsreiche Landschaft günstige Voraussetzungen für die Erholung. Wegen der Nähe zu den Bevölkerungsverdichtungen im nördlichen Albvorland vor Reutlingen/Tübingen und im Mittleren Neckarraum ist hier in erster Linie der Ausbau von Naherholungseinrichtungen zu fördern. Am oberen Neckar lassen sich zudem noch Mineralwasservorkommen für Erholungs- und Heilzwecke nutzen.

Begründung
Region Donau-Iller

Zu 3.11 Region Donau-Iller

Zur Region Donau-Iller gehören von Baden-Württemberg der Stadtkreis Ulm und die Landkreise Alb-Donau-Kreis und Biberach.

Zu 3.11
Donau-Iller

Raum und Bevölkerung

Der LEP enthält nur Zielsetzungen für den baden-württembergischen Teil der grenzüberschreitenden Region Donau-Iller, also für das Gebiet des Stadtkreises Ulm und der Landkreise Alb-Donau-Kreis und Biberach. Im folgenden wird dieser Teil der Region als „Region Donau-Iller" bezeichnet.

Die „Region Donau-Iller" wird von der Donau durchflossen und von ihr in zwei etwa gleich große Hälften geteilt. Der nördliche Teil gehört naturräumlich zur Schwäbischen Alb, der südliche zu den Donau-Iller-Platten. Die „Region Donau-Iller" ist 2886 qkm groß und hatte am 1. Januar 1983 412 000 Einwohner; mit 143 Einwohnern je qkm (Landesdurchschnitt: 259) hat sie die geringste Bevölkerungsdichte aller Regionen Baden-Württembergs (vgl. Tabellen 39 - 41). Dies ist im wesentlichen auf die dünne Besiedlung auf der Schwäbischen Alb zurückzuführen. Wie bei der Bevölkerungsverteilung zeigen sich auch in der allgemeinen raumstrukturellen Gliederung der Region recht krasse Gegensätze zwischen dem flächenmäßig weit überwiegenden Teil des ländlichen, weitgehend strukturschwachen Raumes und dem Verdichtungsbereich um Ulm/Neu-Ulm.

Tabelle 39 Region Donau-Iller
Bevölkerungsentwicklung 1961 – 1983

Jahr	Bevölkerung insgesamt	Ausländer insgesamt	in %	Bevölk. je qkm	Jahr	Veränderung abs.	in %
1961	354 825	5 316	1,5	123,1	61/70	39 354	11,1
1970	394 179	20 101	5,1	136,8	70/83	18 186	4,6
1974	404 661	30 534	7,5	140,2	70/74	10 482	2,7
1978	405 057	30 682	7,6	140,4	74/78	396	0,1
1983	412 365	34 794	8,4	142,9	78/83	7 308	1,8

1961 und 1970 VZ-Daten, alle übrigen Daten jeweils 1.1. des Jahres

Tabelle 40
Altersstrukturen 1970 und 1983

1970	Bevölkerung nach Altersgruppen in %					
	bis unter 6	6 – unter 18	18 – unter 21	21 – unter 45	45 – unter 65	65 und älter
Insgesamt	10,6	20,4	4,3	32,1	20,9	11,8
Deutsche	10,7	21,0	4,1	30,3	21,6	12,3
Ausländer	9,5	11,2	6,1	62,2	8,8	2,1
1983	bis unter 6	6 – unter 18	18 – unter 21	21 – unter 45	45 – unter 65	65 und älter
Insgesamt	6,9	19,0	5,5	33,9	21,1	13,6
Deutsche	6,4	18,7	5,6	32,7	22,0	14,7
Ausländer	13,0	21,9	4,6	46,6	12,0	2,0

VZ 1970 und 1.1.1983

Tabelle 41
Versicherungspflichtig Beschäftigte 1974 – 1982

Jahr	Beschäftigte insgesamt	Land und Forst	Produz. Gewerbe	Dienstl. Bereich	Jahr	Veränderung insg. abs.	in %
1974	147 171	1 655	94 187	51 329	74/76	−1 116	−0,8
1976	146 055	1 848	92 126	52 071	76/78	3 958	2,7
1978	150 013	2 017	93 895	54 095	78/80	6 555	4,4
1980	156 568	2 374	96 087	58 067	80/82	−3 321	−2,1
1982	153 247	2 384	91 183	59 667	74/82	6 076	4,1

Alle Daten jeweils 30.6. des Jahres Quelle: Statistisches Landesamt

Begründung
Region Donau-Iller

Regionalplanung

Durch den Staatsvertrag zwischen dem Land Baden-Württemberg und dem Freistaat Bayern über die Zusammenarbeit bei der Landesentwicklung und über die Regionalplanung in der Region Donau-Iller vom 31. März 1973 (GBl. S. 129, 223) wurde der grenzüberschreitende Regionalverband Donau-Iller geschaffen. Der Verband umfaßt neben den bereits genannten baden-württembergischen Stadt- und Landkreisen auf der bayerischen Seite die Gebiete der Kreisfreien Stadt Memmingen sowie der Landkreise Günzburg, Neu-Ulm und Unterallgäu. Die gesamte - grenzüberschreitende - Region Donau-Iller ist damit die flächengrößte Region, für die ein Regionalplan aufgestellt werden muß. Der Entwurf des Regionalplans wurde am 19. Dezember 1983 von der Verbandsversammlung des Regionalverbands Donau-Iller in die Anhörung nach Artikel 20 Abs. 2 des Staatsvertrags gegeben.

Die raumordnerischen Zielvorstellungen für die „Region Donau-Iller" richten sich - bedingt durch die Grenzüberschreitung - schwerpunktmäßig auf die vielfältigen grenzüberschreitenden Koordinierungsaufgaben aus, vor allem im Bereich des gemeinsamen Oberzentrums Ulm/Neu-Ulm und im Illertal bis Memmingen (vgl. PS 2.7.33, 2.7.63 und 2.7.77), wo sehr enge grenzüberschreitende Verflechtungen bestehen.

Zu 3.11.1
Allgemeines
Entwicklungsziel

In PS 3.11.1 sind die allgemeinen raumordnerischen Entwicklungsvorstellungen für die „Region Donau-Iller" zusammengefaßt. Sie werden im Regionalplan sachlich und räumlich ausgeformt.

Zu 3.11.11
Erwerbsgrundlagen,
Bevölkerungsentwicklung

Der baden-württembergische Anteil der Region Donau-Iller ist in seiner Entwicklung so zu fördern, daß durch Vermehrung und Verbesserung der nichtlandwirtschaftlichen Erwerbsgrundlagen die Bevölkerung, insbesondere der natürliche Bevölkerungszuwachs, in der Region gehalten wird und Zuwanderungen aufgenommen werden können.

Im Vordergrund von PS 3.11.11 steht die Forderung, die Bevölkerung in der Region zu halten. Entscheidende Voraussetzungen dafür sind quantitativ und qualitativ ausreichende Erwerbsgrundlagen, die zugleich zur Stärkung der Wirtschaftskraft der Region beitragen. Um die Region vor Bevölkerungsverlusten durch ökonomisch induzierte Abwanderungen zu bewahren, ist deshalb das vorhandene Arbeitsplatzangebot zu erhalten und zu erweitern. Insofern konkretisiert PS 3.11.11 die Zielsetzung von PS 1.4, wonach in den abwanderungsgefährdeten Landesteilen Voraussetzungen dafür geschaffen werden sollen, daß die Bevölkerung gehalten werden kann. Er geht aber auch davon aus, daß im Falle einer erfolgreichen Ansiedlung von nichtlandwirtschaftlichen Arbeitsplätzen Bevölkerungszuwanderungen ausgelöst werden könnten.

Als abwanderungsgefährdete Teile gelten diejenigen Regionen des Landes, deren Arbeitsmarktbilanz nach der voraussichtlichen Entwicklung von Bevölkerung, Erwerbspersonen und Arbeitsplätzen (vgl. die regionalisierte Prognose des Statistischen Landesamts von 1976, aber auch die aktuelleren Prognosen und Modellrechnungen für das Land) auch längerfristig einen Erwerbspersonenüberhang bzw. ein Arbeitsplatzdefizit befürchten läßt. Zu diesen gehört auch die „Region Donau-Iller". Zweifellos wird der Bevölkerungsstand der Region bei der Tendenz zu einer allgemeinen Bevölkerungsstagnation oder gar einer Abnahme nicht immer zu halten sein. Der in diesem Plansatz gesetzte planerische Akzent soll verdeutlichen, daß eine Konzentration von Bevölkerung und Arbeitsplätzen auf die großen Verdichtungsräume des Landes das interregionale Gefälle nur noch vergrößern würde und daß die nachwachsende Generation nicht aus Mangel an qualifizierten Arbeitsplätzen ihre Heimat verlassen soll. Eine solche Entwicklung würde die Altersstruktur der Regionsbevölkerung längerfristig verschlechtern und Folgewirkungen verursachen. Bevölkerungsverschiebungen innerhalb der Region, vor allem innerhalb ihrer Mittelbereiche, können allerdings nicht ausgeschlossen werden.

Zu 3.11.12
Leistungsaustausch

Der baden-württembergische Anteil der Region Donau-Iller ist in seiner Entwicklung so zu fördern, daß der Leistungsaustausch innerhalb der Region sowie mit den benachbarten Wirtschaftsräumen und Regionen innerhalb und außerhalb des Landes und im Ausland verstärkt wird und nachteilige Auswirkungen der Ländergrenze behoben werden.

PS 3.11.12 geht von der Erfahrung aus, daß die Entwicklung eines Raumes wesentlich vom Ausbau seiner innerregionalen Beziehungen und von seinen Kontakten zu anderen Wirtschaftsräumen abhängt. Wichtigste Grundlage dafür ist ein großräumiges Verkehrsnetz, welches die Landesteile untereinander sowie mit den Regionen und Wirtschaftsgebieten der Nachbarländer und dem Ausland verbindet.

Begründung
Region Donau-Iller

Wegen ihrer grenzübergreifenden Lage ist für die Gesamtregion der innerregionale Leistungsaustausch von besonderer Bedeutung; Entwicklungsimpulse kann die Region vor allem vom Verdichtungsraum Mittlerer Neckar, aber auch von den Industriegebieten am Albrand und auf der Alb, insbesondere vom ostwürttembergischen Raum um Heidenheim und Aalen, vom Bodenseeraum und auch von den bayerischen Industrieregionen Augsburg und Ingolstadt erwarten.

Die Belebung des Leistungsaustausches mit diesen Räumen hängt in hohem Maße vom Ausbau der überregionalen Verkehrsbeziehungen ab. Eine Intensivierung verspricht vor allem der Lückenschluß beim Bau der Bundesautobahnen A 7 Ulm–Würzburg und A 96 Memmingen–Lindau. Auch die Beziehungen zu den Wirtschaftsräumen in der Schweiz, Italien und Österreich können dadurch wesentlich verbessert werden. Dazu ist auch der Ausbau der überregionalen Bahnverbindungen erforderlich (vgl. PS 2.5.71 und 2.5.72).

Der baden-württembergische Anteil der Region Donau-Iller ist in seiner Entwicklung so zu fördern, daß er am allgemeinen sozialen, kulturellen und wirtschaftlichen Fortschritt im Lande teilnimmt.

Zu 3.11.13
Allgemeiner
Fortschritt

PS 3.11.13 konkretisiert die Zielsetzung von PS 1.4, daß alle Landesteile an der Entwicklung des Landes angemessen teilnehmen sollen. Dies setzt aber auch gleichwertige Lebensverhältnisse in allen Landesteilen im Sinne eines Mindestmaßes an sozialen, kulturellen und wirtschaftlichen Versorgungseinrichtungen voraus. Wichtige Voraussetzungen dafür sind sowohl die Sicherung der vorhandenen gesunden Raumstrukturen als auch der Abbau der innerregionalen strukturellen Gegensätze und die Verringerung des Gefälles zwischen leistungsstarken und leistungsschwachen Regionsteilen (vgl. PS 1.4.3). In der „Region Donau-Iller" bestehen derartige Gegensätze insbesondere zwischen dem verdichteten Raum um Ulm/Neu-Ulm und den ländlichen, zum Teil strukturschwachen Regionsteilen. Die Angleichung der Lebensverhältnisse soll jedoch nicht zu einer strukturellen Nivellierung führen, sondern die eigenständige Prägung der Region wahren.

Im Verdichtungsbereich Ulm/Neu-Ulm ist eine räumliche Struktur anzustreben, die zur Stärkung des Verdichtungsbereichs beiträgt und die es erleichtert, die Verdichtungsansätze durch konzentrierten Ausbau für die weitere wirtschaftliche Entwicklung so auszubilden, daß die Standortvoraussetzungen für vielseitige und qualifizierte Arbeitsplätze in der Region verbessert werden.

Zu 3.11.2
Verdichtungsbereich
Ulm/Neu-Ulm

PS 3.11.2 enthält Zielsetzungen für den grenzüberschreitenden Verdichtungsbereich Ulm/Neu-Ulm. Seine Abgrenzung und Zielsetzungen wurden von den obersten Landesplanungsbehörden von Bayern und Baden-Württemberg im Rahmen des Staatsvertrags über die Zusammenarbeit bei der Landesentwicklung und über die Regionalplanung in der Region Donau-Iller (s.o. zu 3.11) vereinbart, um den Verdichtungsbereich über die Landesgrenze hinweg einheitlich zu entwickeln.

Zu den wichtigsten Maßnahmen gehören hier der weitere Ausbau des Oberzentrums Ulm/Neu-Ulm als unbestrittenes Zentrum des Verdichtungsbereichs und der Region (vgl. PS 3.11.41), die einer Zersiedlung entgegenwirkende abgestimmte Gliederung in Siedlungsbereiche und Freiräume und in Verbindung damit eine an den Belangen des Verdichtungsbereichs ausgerichtete Zuordnung von Wohn- und Arbeitsstätten sowie Versorgungseinrichtungen zueinander, die Ausgestaltung eines leistungsfähigen öffentlichen Personennahverkehrs (vgl. PS 2.5.23) und die Verbesserung der Verkehrsverbindungen im Interesse einer Stärkung des inner- und interregionalen Leistungsaustausches.

Im übrigen gelten für den baden-württembergischen Teil des Verdichtungsbereichs Ulm/Neu-Ulm die Zielsetzungen für Verdichtungsbereiche im ländlichen Raum.

Zu 3.11.3

Dieser Plansatz stellt klar, daß unabhängig von der Ausweisung eines grenzüberschreitenden Verdichtungsbereichs dessen baden-württembergischer Anteil ebenso wie die anderen Verdichtungsbereiche im ländlichen Raum nach den Zielsetzungen des PS 1.10.4 entwickelt werden soll.

In PS 3.11.4 werden die Zentralen Orte der „Region Donau-Iller" und ihre Stufen genannt. Bei der Fortschreibung des LEP wurde das bereits bisher ausgewiesene Netz der Zentralen Orte unverändert übernommen (vgl. Plankapitel 1.5). Die im LEP 1983 erstmals verbindlich abgegrenzten Mittelbereiche sind mit den ihnen zugeordneten Gemeinden im Anhang zu PS 1.5.21 aufgeführt und außerdem in Karte 4 dargestellt.

Zu 3.11.4
Zentrale Orte

Begründung
Region Bodensee-Oberschwaben

Oberzentrale Versorgung

Die Stadt Ulm ist als Oberzentrum (zusammen mit Neu-Ulm) der unbestrittene Mittelpunkt der gesamten Region Donau-Iller. Ihr Verflechtungsbereich erstreckt sich für zahlreiche Funktionen weit in den benachbarten bayerischen Raum hinein. Die Randlage des Oberzentrums im Norden der Region wird durch gute Verkehrsbedingungen auf Straße und Schiene weitgehend ausgeglichen. Die Lage auf halber Strecke zwischen den bedeutenden Verdichtungen im Mittleren Neckarraum und um München sowie eine leistungsfähige, vielseitige Industrie werden den Städten Ulm und Neu-Ulm und ihrem Umland auch in Zukunft die Erfüllung ihrer Aufgaben für die Region ermöglichen. Die Leistungsfähigkeit des Oberzentrums kann durch den Ausbau der Dienstleistungseinrichtungen künftig sicher noch gesteigert werden. Die Universität Ulm wird die Mittelpunktfunktion auf dem kulturellen und sozialen Sektor weiter stärken.

Für den im Rahmen des grenzüberschreitenden Regionalverbands angestrebten Ausbau des gemeinsamen Oberzentrums ist ein Zusammenwirken der beiden Städte unerläßlich. Zur besseren Koordinierung des öffentlichen Personennahverkehrs zwischen dem Oberzentrum und seinem Umland besteht eine grenzüberschreitende Nahverkehrskommission Ulm/Neu-Ulm, in der die Stadt- und Landkreise Ulm, Neu-Ulm, Alb-Donau-Kreis und Günzburg vertreten sind. Die Geschäftsführung dieser Nahverkehrskommission obliegt dem Regionalverband Donau-Iller.

Zu 3.11.5 Entwicklungsachsen

PS 3.11.5 nennt die Entwicklungsachsen der „Region Donau-Iller". Diese werden nach Maßgabe des Plankapitels 1.6 im Regionalplan durch die Gliederung in Siedlungsbereiche und Freiräume konkretisiert und räumlich ausgeformt.

Zu 3.11.6 Erholungsräume

Die Schwäbische Alb ist schwerpunktmäßig als Erholungsraum auszubauen. In den Illerauen sind vor allem Einrichtungen für die Naherholung zu fördern. Die Entwicklung der oberschwäbischen Moorbäder ist zu fördern.

In PS 3.11.6 sind diejenigen überregional bedeutsamen Erholungsräume rahmenhaft ausgewiesen, die aus großräumiger Sicht für einen weiteren Ausbau des Erholungswesens und des Fremdenverkehrs im Lande nach Maßgabe von Plankapitel 2.9 und PS 2.3.5 aufgrund ihrer Eignung in Betracht kommen (vgl. Karte 5). Mit der Formulierung, den Ausbau der Erholungsräume „schwerpunktmäßig" zu betreiben, wird klargestellt, daß mit der Festlegung der für die Erholung geeigneten Landschaften kein großflächiger Ausbau des ganzen Raumes für Erholung und Fremdenverkehr beabsichtigt ist. Die konkrete Ausformung dieser Räume, die Festlegung von kleinerräumigen Erholungsbereichen unter Berücksichtigung der spezifischen Erholungsformen und die Bestimmung von Schwerpunkten für den Ausbau erfolgt im Regionalplan in Verbindung mit der Fachplanung. Ihre weitere Konkretisierung bleibt der Bauleitplanung überlassen.

Die Schwäbische Alb bietet günstige natürliche Voraussetzungen für die Nah- und Ferienerholung. Außer der - auch kunsthistorisch reichen - Landschaft bieten die umfangreichen Moorvorkommen günstige Voraussetzungen, die Bedeutung der „Region Donau-Iller" für die Erholung zu steigern. Die Moorheilbäder und Kneippkurorte entlang der südlichen Regionsgrenze haben sich zur „Schwäbischen Bäderstraße" zusammengeschlossen. Durch den Ausbau von Erholungseinrichtungen und durch Maßnahmen zur Verkehrsberuhigung ist dort eine weitere positive Entwicklung der Kur- und Ferienerholung zu erwarten.

Zu 3.12 Region Bodensee-Oberschwaben

Zu 3.12 **Bodensee-Oberschwaben**

Zur Region Bodensee-Oberschwaben gehören die Landkreise Bodenseekreis, Ravensburg und Sigmaringen.

Raum und Bevölkerung

Die Region Bodensee-Oberschwaben umfaßt mit dem Bodenseebecken den östlichen baden-württembergischen Teil des durch Schönheit der Landschaft und gemeinsame geschichtliche und kulturelle Tradition geformten Bodenseeraumes; an ihm haben auch der Freistaat Bayern, die Schweiz und Österreich Anteil. Naturräumlich gehören zur Region Bodensee-Oberschwaben auch das oberschwäbische und Westallgäuer Hügelland. Im Norden erstreckt sich die Region über das Donautal hinweg auf die Schwäbische Alb. Diese naturräumliche und landschaftliche Vielgestaltigkeit haben auch zu differenzierten strukturellen Verhältnissen geführt, die sich in der unterschiedlichen Besiedlung und Wirtschaftskraft in den Teilen der Region äußert.

Begründung
Region Bodensee-Oberschwaben

Die Region Bodensee-Oberschwaben ist 3500 qkm groß und hatte am 1. Januar 1983 518 000 Einwohner. Sie gehört zu den Regionen mit einer bereits lang anhaltenden kontinuierlichen Bevölkerungszunahme durch Geburtenüberschüsse und Wanderungsgewinne, die erst mit der Tendenzumkehr im Jahr 1974 verlangsamt worden ist (vgl. Tabellen 42 - 44). Am Bevölkerungszuwachs haben jedoch nicht alle Räume der Region teilgehabt. Bevorzugte Siedlungsräume sind der Uferbereich des Bodensees und das Schussenbecken mit den Zentren Ravensburg/Weingarten und Friedrichshafen. Die Attraktivität dieser Räume beruht auf ihrem hohen Freizeitwert und der Wirtschaftskraft.

Die Verbandsversammlung des Regionalverbands Bodensee-Oberschwaben hat den Regionalplan am 11. Dezember 1979 als Satzung beschlossen. Der Regionalplan wurde am 4. Februar 1981 vom Innenministerium genehmigt (StAnz 1981 Nr. 32) und ist seit dem 22. Mai 1981 verbindlich.

Regionalplanung

Tabelle 42 Region Bodensee-Oberschwaben
Bevölkerungsentwicklung 1961 – 1983

Jahr	Bevölkerung insgesamt	Ausländer insgesamt	in %	Bevölk. je qkm	Jahr	Veränderung abs.	in %
1961	405 174	6 906	1,7	115,5	61/70	68 420	16,9
1970	473 594	24 189	5,1	135,0	70/83	44 462	9,4
1974	500 173	36 968	7,4	142,9	70/74	26 579	5,6
1978	502 589	34 828	6,9	143,6	74/78	2 416	0,5
1983	518 056	40 139	7,7	148,0	78/83	15 467	3,1

1961 und 1970 VZ-Daten, alle übrigen Daten jeweils 1.1. des Jahres

Tabelle 43
Altersstrukturen 1970 und 1983

1970	Bevölkerung nach Altersgruppen in %					
	bis unter 6	6 – unter 18	18 – unter 21	21 – unter 45	45 – unter 65	65 und älter
Insgesamt	11,1	20,7	4,3	32,1	20,4	11,5
Deutsche	11,1	21,2	4,1	30,6	21,0	12,1
Ausländer	10,3	12,5	7,0	59,0	9,4	1,7
1983	bis unter 6	6 – unter 18	18 – unter 21	21 – unter 45	45 – unter 65	65 und älter
Insgesamt	6,7	19,6	5,7	33,7	20,6	13,8
Deutsche	6,3	19,2	5,7	32,7	21,3	14,8
Ausländer	11,3	23,3	5,4	45,0	12,5	2,4

VZ 1970 und 1.1.1983

Tabelle 44
Versicherungspflichtig Beschäftigte 1974 – 1982

Jahr	Beschäftigte insgesamt	Land und Forst	Produz. Gewerbe	Dienstl. Bereich	Jahr	Veränderung insg. abs.	in %
1974	154 966	2 859	98 782	53 325	74/76	-5 818	-3,8
1976	149 148	2 646	91 471	55 026	76/78	5 032	3,4
1978	154 180	2 764	93 814	57 583	78/80	12 290	8,0
1980	166 470	3 237	99 945	63 232	80/82	145	0,1
1982	166 615	3 261	97 218	66 113	74/82	11 649	7,5

Alle Daten jeweils 30.6. des Jahres Quelle: Statistisches Landesamt

Ein Schwerpunkt der Zielsetzungen des Regionalplans liegt in dem Bemühen um eine ausgewogene Entwicklung des Bodenseeraumes als Wirtschafts- und Kulturlandschaft, bei der die konkurrierenden Nutzungsansprüche an den Bodenseeraum insgesamt wie auch an den Uferbereich im besonderen, vor allem zwischen ökologischen und ökonomischen Gesichtspunkten sorgfältig abgewogen werden müssen.

Begründung
Region Bodensee-Oberschwaben

Der Bodenseeuferbereich ist von Natur aus begünstigt und für vielfältige Nutzungen geeignet. Wegen der ökologischen Empfindlichkeit der Uferlandschaft, der limnologischen Bedeutung der Flachwasserzone und der vielfältigen Nutzungsansprüche für Erholung, Siedlung und gewerbliche Wirtschaft haben die beiden Regionalverbände Hochrhein-Bodensee und Bodensee-Oberschwaben einen Teilregionalplan „Bodenseeufer" (Bodenseeuferplan) erarbeitet. Der Regionalverband Bodensee-Oberschwaben hat seinen Bodenseeuferplan am 14. Dezember 1983 als Satzung beschlossen. Dieser Plan enthält vor allem Regelungen zum Schutz der Flachwasserzone; er geht dabei von den Grundsätzen des Ernährungsministeriums zum Flachwasserschutz am Bodensee aus. Der Schutz der Flachwasserzone darf sich nicht nur auf die Seeseite beschränken, sondern muß ergänzt werden durch den landseitigen Schutz vor Nutzungen, die die Funktionsfähigkeit der Flachwasserzone beeinträchtigen könnten.

Andere regionalpolitisch bedeutsame Zielformulierungen des Regionalplans sind u.a. der Verbesserung der insgesamt unzureichenden Ausstattung mit qualifizierten Arbeitsplätzen und dem Schutz der umfangreichen Sand- und Kiesvorkommen gewidmet (vgl. PS 2.1.25 und 2.3.6).

Grenzüberschreitende Zusammenarbeit

Die Grenzlage der Region Bodensee-Oberschwaben erfordert wie in der Nachbarregion Hochrhein-Bodensee auch hier eine Abstimmung von Planungen mit den ausländischen Bodenseeanliegerstaaten. Grenzüberschreitende Probleme mit der Schweiz und Österreich ergeben sich insbesondere mit dem Bodensee. Sie werden vor allem in der Deutsch-Schweizerischen und der Deutsch-Österreichischen Raumordnungskommission sowie in der Bodenseekonferenz behandelt (vgl. PS 1.2). Die Deutsch-Schweizerische Raumordnungskommission hat das „Internationale Leitbild für das Bodenseegebiet", mit dem alle Bodenseeanliegerstaaten eine gemeinsame Verantwortung für das gesamte Bodenseegebiet übernehmen, am 18. November 1982 in Ravensburg unter baden-württembergischem Vorsitz verabschiedet. Diesem Leitbild hat auch die Deutsch-Österreichische Raumordnungskommission am 14. Oktober 1983 in Bonn zugestimmt. Alle grenzüberschreitenden Institutionen befassen sich auch mit gemeinsamen Verkehrsfragen und mit Problemen, die sich aus Vorhaben im benachbarten Ausland ergeben, z.B. mit dem zur Mineralöllagerung vorgesehenen Calanda-Projekt.

Zu 3.12.1
Allgemeines Entwicklungsziel

In PS 3.12.1 sind die allgemeinen raumordnerischen Entwicklungsvorstellungen für die Region Bodensee-Oberschwaben zusammengefaßt. Sie werden im Regionalplan sachlich und räumlich ausgeformt.

Zu 3.12.11
Erwerbsgrundlagen, Bevölkerungsentwicklung

Die Region Bodensee-Oberschwaben ist in ihrer Entwicklung so zu fördern, daß durch Vermehrung und Verbesserung der nichtlandwirtschaftlichen Erwerbsgrundlagen die Bevölkerung, insbesondere der natürliche Bevölkerungszuwachs in der Region gehalten wird und Zuwanderungen aufgenommen werden können.

Im Vordergrund von PS 3.12.11 steht die Forderung, die Bevölkerung in der Region zu halten. Entscheidende Voraussetzungen dafür sind quantitativ und qualitativ ausreichende Erwerbsgrundlagen, die zugleich zur Stärkung der Wirtschaftskraft der Region beitragen. Um die Region vor Bevölkerungsverlusten durch ökonomisch induzierte Abwanderungen zu bewahren, ist deshalb das vorhandene Arbeitsplatzangebot zu erhalten und zu erweitern. Insofern konkretisiert PS 3.12.11 die Zielsetzung von PS 1.4, wonach in den abwanderungsgefährdeten Landesteilen Voraussetzungen dafür geschaffen werden sollen, daß die Bevölkerung gehalten werden kann. Er geht aber auch davon aus, daß im Falle einer erfolgreichen Ansiedlung von nichtlandwirtschaftlichen Arbeitsplätzen Bevölkerungszuwanderungen ausgelöst werden könnten.

Als abwanderungsgefährdete Teile gelten die Regionen des Landes, deren Arbeitsmarktbilanz nach der voraussichtlichen Entwicklung von Bevölkerung, Erwerbspersonen und Arbeitsplätzen (vgl. die regionalisierte Prognose des Statistischen Landesamts von 1976, aber auch die aktuelleren Prognosen und Modellrechnungen für das Land) auch längerfristig einen Erwerbspersonenüberhang bzw. ein Arbeitsplatzdefizit befürchten läßt. Zu diesen gehört auch die Region Bodensee-Oberschwaben. Zweifellos wird der Bevölkerungsstand der Region bei der Tendenz zu einer allgemeinen Bevölkerungsstagnation oder gar einer Abnahme nicht immer zu halten sein. Der in diesem Plansatz gesetzte planerische Akzent soll verdeutlichen, daß eine Konzentration von Bevölkerung und Arbeitsplätzen auf die großen Verdichtungsräume des Landes das interregionale Gefälle nur noch vergrößern würde und daß die nachwachsende Generation nicht aus Mangel an qualifizierten Arbeitsplätzen ihre Heimat verlassen soll. Eine solche Entwicklung würde die Altersstruktur der Regionsbevölkerung längerfristig verschlechtern und Folgewirkungen verursachen. Bevölkerungsverschiebungen innerhalb der Region, vor allem innerhalb ihrer Mittelbereiche, können allerdings nicht ausgeschlossen werden.

Die Region Bodensee-Oberschwaben ist in ihrer Entwicklung so zu fördern, daß der Leistungsaustausch innerhalb der Region sowie mit den benachbarten Regionen und Räumen im Land, in Bayern, in der Schweiz und in Österreich verstärkt wird.

Zu 3.12.12
Leistungsaustausch

Plansatz 3.12.12 geht von der Erfahrung aus, daß die Entwicklung eines Raumes wesentlich vom Ausbau seiner innerregionalen Beziehungen und von seinen Kontakten zu anderen Wirtschaftsräumen abhängt. Wichtigste Grundlage dafür ist ein großräumiges Verkehrsnetz, welches die Landesteile untereinander sowie mit den Regionen und Wirtschaftsgebieten der Nachbarländer und dem Ausland verbindet. Für die östlichen Regionsteile sind die interregionalen Beziehungen stärker in den Wirtschaftsraum um Ulm/Neu-Ulm gerichtet, der westliche Teil der Region ist auf die stärker industrialisierten Verdichtungsbereiche der westlichen und nordwestlichen Nachbarregionen ausgerichtet. Engere Kontakte darüber hinaus, insbesondere mit den entwicklungsbegünstigten Gebieten im Zuge der Rheinachse, werden sich durch den Bau der Hochrheinautobahn ergeben. Ebenso können sich die Beziehungen zu den östlich gelegenen Wirtschaftsräumen und zu denen in der Schweiz, Italien und in Österreich durch einen weiteren Ausbau der zum Teil bereits in Angriff genommenen großräumigen Straßen- und Bahnverbindungen ausweiten und intensivieren (vgl. PS 2.5.72).

Die Region Bodensee-Oberschwaben ist in ihrer Entwicklung so zu fördern, daß sie am allgemeinen sozialen, kulturellen und wirtschaftlichen Fortschritt im Lande und im benachbarten Ausland teilnimmt.

Zu 3.12.13
Allgemeiner
Fortschritt

PS 3.12.13 konkretisiert die Zielsetzung von PS 1.4, daß alle Landesteile an der Entwicklung des Landes angemessen teilnehmen sollen. Dies setzt aber auch gleichwertige Lebensverhältnisse in allen Landesteilen im Sinne eines Mindestmaßes an sozialen, kulturellen und wirtschaftlichen Versorgungseinrichtungen voraus. Wichtige Voraussetzungen dafür sind sowohl die Sicherung der vorhandenen gesunden Raumstrukturen als auch der Abbau der innerregionalen strukturellen Gegensätze (vgl. PS 1.4.3). In der Region Bodensee-Oberschwaben bestehen derartige Gegensätze insbesondere zwischen den verdichteten Räumen im Bodensee-Uferbereich und im Schussenbecken und den ländlichen, zum Teil sogar strukturschwachen Regionsteilen. Die Angleichung der Lebensverhältnisse soll jedoch nicht zu einer strukturellen Nivellierung führen, sondern die eigenständige Prägung der Region wahren.

Die Region Bodensee-Oberschwaben ist in ihrer Entwicklung so zu fördern, daß der Uferbereich des Bodensees unter Wahrung des Landschaftscharakters und Beachtung der limnologischen Erfordernisse als Erholungsraum weiter ausgebaut und - soweit ökologisch vertretbar - der Zugang zum Seeufer für die Allgemeinheit erweitert wird.

Zu 3.12.14
Uferbereich:
Natur und Landschaft,
Erholungsraum

Die Bodenseelandschaft weist eine Vielzahl natürlicher Vorzüge auf, die vor allem den Uferbereich zu einem hervorragenden Erholungsraum werden ließen, der weit über die Landesgrenze hinaus große Anziehungskraft ausübt. Auch für die Zukunft müssen die Voraussetzungen für eine weitere Entwicklung zu einer gepflegten und geordneten Erholungslandschaft gewahrt und verbessert werden. Dies beinhalteten bereits die Zielsetzungen des LEP 1971. Sie werden im „Gesamtkonzept für den Bodenseeraum" der Landesregierung von 1975 verdeutlicht. Der LEP 1983 orientiert sich auch an den Grundzügen des Internationalen Bodenseeleitbildes. Sie trägt damit der Bedeutung des Bodenseeraumes für das ganze Land aus nationaler und internationaler Sicht Rechnung.

Der LEP lehnt somit die von wissenschaftlicher Seite vorgetragenen Vorstellungen ab, die dem Bodensee vorrangig ökologische Ausgleichsfunktionen für entferntere Verdichtungsräume zuweisen wollen. Der Bodenseeraum erbringt im Bereich von Freizeit und Erholung oder bei der Trinkwasserversorgung (vgl. PS 2.7.34 und 2.7.44) durchaus Leistungen für andere Räume des Landes, hat ökologische Aufgaben aber vor allem für sich und seine Bevölkerung zu erfüllen. Eine gezielte Beschränkung der wirtschaftlichen Entfaltung würde die Lebens- und Arbeitsmöglichkeiten der Bevölkerung im Bodenseeraum unzumutbar beeinträchtigen (vgl. Antwort der Landesregierung auf die Große Anfrage der Fraktion der FDP/DVP betr. „Entwicklung des Bodenseeraumes" - LT-DS 8/883).

Kein ökologischer
Ausgleichsraum für
ferne Verdichtungs-
räume

Begründung
Region Bodensee-Oberschwaben

Zugang zum Seeufer
Zu den wesentlichen Voraussetzungen für die Entwicklung und Nutzbarmachung des Bodensee-Uferbereichs als Erholungsraum gehören der Zugang zum See und die Begehbarkeit des Ufers. Der Zugang ist aber wegen der bisherigen Siedlungsentwicklung in vielen Bereichen nicht mehr möglich und muß grundsätzlich erweitert werden. Er findet allerdings seine Grenzen dort, wo ökologisch wertvolle Funktionen beeinträchtigt werden.

Teilregionalplan „Bodenseeufer"

Schutz der Flachwasserzone
Der Erhaltung dieser Funktionen dient auch der Bodenseeuferplan, der von den beiden Regionalverbänden Bodensee-Oberschwaben und Hochrhein-Bodensee als Teilregionalplan aufgestellt worden ist. Eine wichtige Grundlage für den Bodenseeuferplan sind die „Grundsätze zum Schutz der Flachwasserzone" des Ernährungsministeriums von 1981; sie sind zugleich „Maßstäbe für eine wirksame und die Belange des Umweltschutzes berücksichtigende Planung am Bodenseeufer". Je nach dem Grad der bereits eingetretenen und festgestellten Schädigung bestimmter Bereiche der Flachwasserzone, nach deren jeweiliger limnologischer Bedeutung und ihrer künftigen Nutzung sind die im Teilregionalplan ausgewiesenen Schutzzonen mit unterschiedlichen Nutzungseinschränkungen nach limnologischen Gesichtspunkten eingeteilt. Der Schutz der Flachwasserzone ist vor allem ein wesentlicher Beitrag zur Gewässerreinhaltung und Gewässergüte (vgl. PS 2.7.44), weil die Selbstreinigungskraft des Sees entscheidend von dem limnologischen Zustand der Flachwasserzone abhängt.

Zu 3.12.15
Uferbereich: Siedlungsentwicklung

Die Region Bodensee-Oberschwaben ist in ihrer Entwicklung so zu fördern, daß die Siedlungsentwicklung auf geeignete seeabgewandte Standorte im Uferbereich, vorrangig aber in die im unmittelbar angrenzenden Hinterland gelegenen Zentralen Orte, gelenkt wird und daß dabei vor allem die unmittelbar an das Seeufer angrenzende Landschaft in ihrer natürlichen und kulturellen Eigenart weitestgehend erhalten wird.

Zum Uferbereich gehören die im Anhang „Uferbereich des Bodensees" aufgeführten Gemeinden.

See und Landschaft machen den Bodenseeraum so attraktiv, daß er auch in Zukunft ein bevorzugter Standort für Erholung, Wohn- und Arbeitsstätten sein wird. Dieser Siedlungsdruck durch eine weitere Wohnbebauung, die Ansiedlung von Arbeitsplätzen oder Fremdenverkehrseinrichtungen sowie die damit verknüpften Folgeleistungen, z.B. im Bereich der Verkehrsplanung, würden zu einem parallel zum Seeufer verlaufenden Siedlungsband und zu einer Abriegelung der seeferneren Landschaften führen. Im Uferbereich ist deshalb die Siedlungstätigkeit auf die Bedürfnisse der ansässigen Bevölkerung auszurichten. Deshalb und um eine zusätzliche Belastung vom Uferbereich fernzuhalten oder mindestens zu mildern, wird mit PS 3.12.15 eine Lenkung der Siedlungsentwicklung auf die seeabgewandten Standorte, vorrangig auf die Zentralen Orte im angrenzenden Hinterland, verfolgt. Zu den Voraussetzungen für eine verstärkte Siedlungsentwicklung im Hinterland gehören ausreichende Erwerbsmöglichkeiten und eine gesicherte Versorgung, um als Alternative gegenüber dem seenahen Bereich überhaupt akzeptiert zu werden. Ansatzpunkte dafür sind bereits vorhandene Schwerpunkte, vor allem die Zentralen Orte. Der seeferne Bereich kommt vor allem für die weitere industriell-gewerbliche Entwicklung in Betracht, aber auch für den Ausbau von Erholungsmöglichkeiten zur Entlastung des Uferbereichs.

Bodensee-Erlaß
Dieser Erlaß des Innenministeriums vom 26. Juli 1971 über die Bauleitplanung am Bodensee (GABl. S. 988) hat entscheidend dazu beigetragen, eine überdimensionierte Siedlungs- und Bautätigkeit im Uferbereich einzudämmen und eine ungezügelte Industrialisierung in unmittelbarer Nähe des Bodenseeufers zu verhindern.

Abgrenzung des Uferbereichs
Der Uferbereich des Bodensees wurde im Anhang zu den PS 3.9.15 (parallel für die Region Hochrhein-Bodensee) und 3.12.15 nicht neu abgegrenzt. Er bleibt somit nach früheren Gemeinden ausgewiesen, und seine Grenzen verlaufen daher zum Teil durch heutige Gemeinden. Die Beibehaltung der bisherigen Abgrenzung ist notwendig, da die Zielsetzungen in den beiden PS 3.12.14 und 3.12.15, vor allem aber die Bestimmungen im Bodensee-Erlaß, ganz überwiegend nur die Probleme in diesem ufernahen Bereich des Bodenseeraumes erfassen. Eine Abgrenzung nach den heutigen größeren Gemeinden würde zu einer erheblichen Ausweitung und damit vor allem auch zu Raumeinheiten führen, für die die Zielsetzungen des LEP über den Bodensee-Uferbereich in weiten Teilen nicht mehr paßten. Eine Festlegung des Bodensee-Uferbereichs nach anderen Kriterien, etwa nach Naturräumen, würde den spezifischen Problemen dieses Bereichs ebenfalls nicht gerecht.

Begründung
Region Bodensee-Oberschwaben

In PS 3.12.2 werden die Zentralen Orte der Region Bodensee-Oberschwaben und ihre Stufen genannt. Bei der Fortschreibung des LEP wurde das bereits bisher ausgewiesene Netz der Zentralen Orte unverändert übernommen (vgl. Plankapitel 1.5). Die im LEP 1983 erstmals verbindlich abgegrenzten Mittelbereiche sind mit den ihnen zugeordneten Gemeinden im Anhang zu PS 1.5.21 aufgeführt und außerdem in Karte 4 dargestellt.

Zu 3.12.2
Zentrale Orte

Die Region Bodensee-Oberschwaben besitzt mit Ravensburg/Weingarten ein entwicklungsfähiges, verkehrsgünstig gelegenes Oberzentrum. Ravensburg hat als zentraler Standort des Wirtschaftsraumes im Schussenbecken große Bedeutung im nördlichen Bodenseeraum. Neben Ravensburg nimmt auch Weingarten wichtige Funktionen für den Mittel- und Oberbereich wahr. Ein weiterer Ausbau der oberzentralen Einrichtungen, vor allem des Hochschulzentrums und des Krankenhauses für die Zentralversorgung, wird die Stellung des Oberzentrums in der Region noch stärken. Wegen der engen städtebaulichen Verflechtung soll seine einheitliche Entwicklung sichergestellt werden; dabei sollen die städtischen Zentralbereiche aufgewertet werden. Für die Funktionsfähigkeit des Oberzentrums ist eine enge Zusammenarbeit mit den übrigen Gemeinden im mittleren Schussental notwendig. Dies ist auch eine Voraussetzung für die Lösung von Problemen des Städtebaus und des Verkehrs.

Oberzentrale
Versorgung

PS 3.12.3 nennt die Entwicklungsachsen der Region Bodensee-Oberschwaben. Diese werden nach Maßgabe des Plankapitels 1.6 im Regionalplan durch die Gliederung in Siedlungsbereiche und Freiräume konkretisiert und räumlich ausgeformt.

Zu 3.12.3
Entwicklungsachsen

Am Bodensee sind Einrichtungen für die Ferien- und Wochenenderholung zu fördern; Einrichtungen für die Wochenenderholung sind an geeigneten Standorten schwerpunktmäßig zusammenzufassen. Allgäu, Linzgau, obere Donau und Schwäbische Alb sind schwerpunktmäßig als Erholungsräume auszubauen. Die Entwicklung der oberschwäbischen Moorbäder ist zu fördern.

Zu 3.12.4
Erholungsräume

In PS 3.12.4 sind diejenigen überregional bedeutsamen Erholungsräume rahmenhaft ausgewiesen, die aus großräumiger Sicht für einen weiteren Ausbau des Erholungswesens und des Fremdenverkehrs im Lande nach Maßgabe von Plankapitel 2.9 und PS 2.3.5 aufgrund ihrer Eignung in Betracht kommen (vgl. Karte 5). Mit der Formulierung, den Ausbau der Erholungsräume „schwerpunktmäßig" zu betreiben, wird klargestellt, daß mit der Festlegung der für die Erholung geeigneten Landschaften kein großflächiger Ausbau des ganzen Raumes für Erholung und Fremdenverkehr beabsichtigt ist. Die konkrete Ausformung dieser Räume, die Festlegung von kleinerräumigen Erholungsbereichen unter Berücksichtigung der spezifischen Erholungsformen und die Bestimmung von Schwerpunkten für den Ausbau erfolgt im Regionalplan in Verbindung mit der Fachplanung. Ihre weitere Konkretisierung bleibt der Bauleitplanung überlassen.

Der Bodensee zählt wegen seiner landschaftlichen Schönheit zu den bekanntesten Ferienerholungsräumen. Durch die verbesserte überregionale Verkehrsanbindung des Bodenseeraumes und dessen schnellere Erreichbarkeit aus den verdichteten Gebieten, insbesondere aus dem Mittleren Neckarraum, ist diese Landschaft für die Wochenenderholung und den Ausflugsverkehr noch attraktiver geworden. Dies macht den gezielten Ausbau von Erholungsschwerpunkten notwendig, vor allem im Bodensee-Hinterland, um den Uferbereich zu entlasten. Von besonderer Bedeutung für diese bevorzugte Erholungslandschaft ist eine Begrenzung und Steuerung des Baus von Zweit- bzw. Freizeitwohnungen (vgl. PS 2.2.33).

Auch die übrigen in PS 3.12.4 genannten Räume sind wegen ihrer günstigen natürlichen Voraussetzungen für die Entwicklung als Erholungslandschaften gut geeignet. Die Moorvorkommen dieser Räume und das voralpine Reizklima des württembergischen Allgäus werden für Erholung und Gesundheit intensiv genutzt. Die Erholungs- und Verkehrseinrichtungen in den Kurorten und Fremdenverkehrsgemeinden im Bereich der sog. „Oberschwäbischen Bäderstraße" Isny i.A.–Kißlegg–Bad Wurzach–Bad Waldsee–Aulendorf und weiter nach Bad Schussenried–Bad Buchau sollen vor allem erhalten und bedarfsgerecht ausgebaut werden.

Anlagen zum Landesentwicklungsplan Baden-Württemberg vom 12. Dezember 1983

Anlagen
Stellungnahme des Landesplanungsrats

Stellungnahme des Landesplanungsrats zum Entwurf der Fortschreibung des Landesentwicklungsplans vom 11. Dezember 1981

1. *Grundsätzlich veränderte Ausgangssituation*
   Die Fortschreibung des Landesentwicklungsplans soll den wesentlichen Veränderungen der Rahmenbedingungen Rechnung tragen und die daraus folgenden Konsequenzen für die Landesentwicklungspolitik aufzeigen. Solche Veränderungen betreffen im wesentlichen vier Entwicklungen:

   a) *Anerkennung der Bedeutung der natürlichen Umwelt*
      Bereits in seiner Entschließung vom 24. September 1976 hat der Landesplanungsrat betont, daß der Schutz der natürlichen Lebensgrundlagen gewährleistet bleiben muß. Die im Fortschreibungsentwurf zum Ausdruck kommende Anerkennung dieses Ziels als wesentliche Aufgabe der Landesentwicklungsplanung ist in der Tat als ein wichtiger Fortschritt anzusehen, auch wenn die Verdichtung der umweltbezogenen Aussagen manchen zu weit geht und anderen unzureichend erscheint.

   b) *Veränderte wirtschaftliche und bevölkerungsmäßige Entwicklungsaussichten*
      Die wirtschaftlichen Entwicklungsaussichten sind auf absehbare Zeit deutlich ungünstiger als in den beiden letzten Jahrzehnten, so daß insgesamt weniger Möglichkeiten zur Durchführung größerer Entwicklungsvorhaben bestehen werden als in der Vergangenheit. Gleichzeitig werden sich aus einer veränderten Bevölkerungsentwicklung einschneidende Konsequenzen für die politischen Handlungsbereiche ergeben. Im Entwurf der Fortschreibung haben solche Gesichtspunkte, die z.B. die räumlich differenzierte Entwicklung der Beschäftigungssituation betreffen, nur wenig Niederschlag gefunden. Die Fortschreibung sollte noch stärker verdeutlichen, daß es in den nächsten Jahren neben auch weiterhin notwendigen Verbesserungen vor allem um das Sichern und Festigen einer vergleichsweise immer noch guten Wirtschafts- und Siedlungsstruktur gehen muß. Es wäre unrealistisch und schädlich, wenn der fortgeschriebene Landesentwicklungsplan nicht erfüllbare Erwartungen wecken würde.

   c) *Weitgehende Fertigstellung der Regionalpläne*
      Auch die Tatsache, daß die nach der Reorganisation der Landesplanung notwendige Aufstellung von Regionalplänen im wesentlichen abgeschlossen ist, stellt eine bedeutsame Veränderung der Voraussetzungen für die Fortschreibung des Landesentwicklungsplans dar. Praktisch sind alle im Landesentwicklungsplan von 1971/72 enthaltenen räumlichen und fachlichen Ziele in die Regionalpläne übernommen bzw. dort konkretisiert worden. Deshalb besteht die beim ersten Aufstellen des Landesentwicklungsplans gegebene Notwendigkeit vielfältiger detaillierter Äußerungen nicht mehr. Zugleich stellt sich aber der Landesplanung die neue Aufgabe, der in absehbarer Zeit erforderlich werdenen Fortschreibung der Regionalpläne für die aus Landessicht bedeutsamen Entwicklungen Rahmenzielsetzungen vorzugeben.

      Bezüglich der Vorgabe von Rahmenzielsetzungen hätte der Landesentwicklungsplan seine ihm zugedachte raumordnungspolitische Orientierungsfunktion auszusprechen und wahrzunehmen. Auch in dieser Hinsicht trägt der gegenwärtige Fortschreibungsentwurf der neuen Situation noch nicht voll Rechnung.

   d) *Überlegungen zur Neuordnung des Verhältnisses Land-Kommunen*
      Die Landesregierung hat mit der Einsetzung der Kommission Land-Kommunen einen Prozeß der Neubesinnung über die Verteilung der Aufgaben eingeleitet, der vom Landesplanungsrat ausdrücklich begrüßt worden ist. Der Fortschreibungsentwurf läßt bereits Auswirkungen dieser Neuorientierung erkennen.

2. *Grundsätzliche Überlegungen zur Forschreibung*
   Vor dem Hintergrund der dargestellten Ausgangssituation ergeben sich in bezug auf die Fortschreibung zwei Grundfragen:

   a) *Fortschreibung oder Neuaufstellung des Landesentwicklungsplans*
      Der Landesplanungsrat hat die Frage geprüft, ob in der gegebenen Situation das laufende Fortschreibungsverfahren zu Ende geführt werden soll oder aber einer grundlegend anderen Neuaufstellung des Landesentwicklungsplans der Vorzug zu geben ist. Nach Abwägung der mit beiden Möglichkeiten verbundenen Vor- und Nachteile empfiehlt der Landesplanungsrat, die eingeleitete

Anlagen
Stellungnahme des Landesplanungsrats

Fortschreibung so schnell wie möglich zu Ende zu führen und die Vorbereitungen von Grundsätzen für die Erstellung eines neuen Landesentwicklungsplans in Angriff zu nehmen. Damit könnte einerseits den praktischen Bedürfnissen der Kontinuität und der Rechtssicherheit für die Planungen auf der regionalen und der kommunalen Ebene Rechnung getragen und einem Auseinanderentwickeln der räumlich bedeutsamen Fachplanungen entgegengewirkt werden. Andererseits könnte eine grundlegende Neuaufstellung den veränderten institutionellen Bedingungen mehr Rechnung tragen, als die Fortschreibung es vermag; dabei wäre das wichtigste Ziel die aus landesweiter Sicht bedeutsamen Rahmenvorgaben und konkreten Aufgabenstellungen für die Fachplanungen und die Regionalplanung festzulegen. Ein so konzipierter neuer Landesentwicklungsplan könnte auf viele Aussagen verzichten, die in den geltenden Regionalplänen enthalten sind, und sich so auf die landesweit wichtigen besonderen Aufgaben konzentrieren.

b) *Beschränkung auf Ziele oder Einbeziehung des Ressourcenrahmens*
In der neuen Situation stellt sich noch mehr als früher die Frage, ob sich der Landesentwicklungsplan weiterhin im wesentlichen auf die Darstellung und Begründung der landesentwicklungspolitisch bedeutsamen langfristigen Ziele beschränken sollte oder aber ob in der gegebenen Situation nicht auch Aussagen zu den aus der veränderten Ressourcensituation folgenden Differenzierungsnotwendigkeiten sinnvoll wären. Der Landesplanungsrat würde es begrüßen, wenn im Landesentwicklungsplan klargestellt würde, daß kurz- und mittelfristig die Entwicklungsmöglichkeiten nicht für alle Teilräume gleich gut sind, und welchen räumlichen Entwicklungen die beschränkten öffentlichen (staatlichen) Förderungsmöglichkeiten deshalb in erster Linie zuteil werden sollten. Eine flächendeckende Förderpolitik nach dem „Gießkannenprinzip" kommt nach Ansicht des Landesplanungsrats in Zeiten knapper Ressourcen weniger denn je in Betracht. Solche Aussagen wären nicht als Ersatz, sondern als Ergänzung der notwendig bleibenden langfristigen Zielaussagen zu verstehen und unterlägen naturgemäß einer Revision, sobald sich die Rahmenbedingungen wesentlich verändern.

3. *Wichtige Einzelaspekte der Fortschreibung des Landesentwicklungsplans*

a) *Aussagen zur Siedlungsstruktur*
Der Landesplanungsrat begrüßt die Eindeutigkeit, mit der der Fortschreibungsentwurf an der Aufrechterhaltung des Prinzips der zentralörtlichen Struktur festhält. In der Tat ist dies im Hinblick auf die Versorgungsziele ein langfristig bedeutsames Element, das uneingeschränkt zu verfolgen ist.

In bezug auf die notwendige Verbesserung der Voraussetzungen für die wirtschaftliche Entwicklung, insbesondere in den ländlichen Räumen, sollte das Prinzip der Bündelung der Infrastruktur in wenigen und möglichst aussichsreichen Schwerpunkten noch stärker hervorgehoben und die Überlegung einer Konzentration auf geeignete Räume mit Verdichtungsansätzen weiter verfolgt werden, da alle Konzepte einer breiten Streuung wirtschaftlicher Entwicklung heute noch illusorischer erscheinen als schon vor einigen Jahren.

b) *Aussagen zur wirtschaftlichen Entwicklung*
Die sich verschlechternde Beschäftigungssituation sollte nach Meinung des Landesplanungsrats zumindest in zweierlei Hinsicht verstärkt im Landesentwicklungsplan berücksichtigt werden.

Einerseits sollte das Land sich klar für die Beibehaltung räumlicher Differenzierungen bei den Instrumenten der Wirtschaftsförderung entscheiden, um den bestehenden Unterschieden der Entwicklungsaussichten wenigstens teilweise entgegenzuwirken.

Andererseits sollte im Landesentwicklungsplan verdeutlicht werden, daß die je nach Raum unterschiedlichen Anforderungen an die Standortvorsorge und an beschäftigungspolitische Maßnahmen (insbesondere auch für Dienstleistungsstandorte in den „Kernen" der Verdichtungsgebiete und für die in den ländlichen Räumen für die nächste Zeit zu erwartenden überproportionalen Zuwächse an Erwerbspersonen) zu vorausschauenden Planungen führen müssen. Hier müssen Infrastrukturmaßnahmen geplant werden und entsprechende Flächenbereitstellungen erfolgen, ohne aber das Prinzip der Eingrenzung durch Richtwerte aufzugeben.

Anlagen
Stellungnahme des Landesplanungsrats

c) *Verhältnis Landesentwicklungsplan – Landschaftsrahmenprogramm*
Der Landesplanungsrat nimmt zustimmend zur Kenntnis, daß bereits in die jetzige Fortschreibung des Landesentwicklungsplans und als Vollzug des Naturschutzgesetzes wesentliche ökologische Aussagen des Entwurfs des Landschaftsrahmenprogramms aufgenommen werden konnten und befürwortet auch die Zuordnung der Aussagen zu den betroffenen Fachkapiteln.

Da im Landschaftsrahmenprogramm weitergehende ökologische Belange von regionalem und landesweitem Interesse enthalten sind, würde es der Landesplanungsrat begrüßen, wenn in einer bald vorliegenden Veröffentlichung die gesamte Darstellung dieser Belange als „ökologischer Orientierungsrahmen für Baden-Württemberg" einer breiten Öffentlichkeit zugänglich gemacht würde.*)

Es wird empfohlen, als zusätzliches Material die „Naturraumbewertung" beizugeben, um die konstruktive Auseinandersetzung von fachspezifischen und ökologischen Fragen zu erleichtern.

4. *Zukünftige Aufgaben des Landesplanungsrats*
Der Landesplanungsrat empfiehlt der Landesregierung, den 1982 neu zu berufenden Landesplanungsrat mit der Erarbeitung einer Empfehlung zur Neuaufstellung des Landesentwicklungsplans zu beauftragen, die vor allem die geänderte Aufgabenstellung und die Möglichkeiten eines entsprechend zu verbessernden Entwicklungsinstrumentariums konkretisieren sollte.

*) Anmerkung:
Das Landschaftsrahmenprogramm ist im Oktober 1983 veröffentlicht worden (vgl. Begründung zu 2.1).

Anlagen
Sachregister

Sachregister
Die fett gedruckten Zahlen geben die Plansätze und die dazugehörigen Begründungen, die normalgedruckten Zahlen nur die Begründungen an. Zahlen mit einem vorangestellten „E" verweisen auf die Einleitung der Begründung.

Abfallbeseitigung
　2.7.5
　2.1.34

Abwanderung
　1.3.4 B
　1.4
　1.4.3 B
　1.8.36 B
　1.10.2
　1.11.1
　2.2.31
　E 2.3
　s. auch Randwanderung

Abwasserreinigung
　2.7.4

Ärztliche Versorgung
　2.10.3

Aktionsprogramm
Neckar-Odenwald
　1.11.3 B
　2.3.3 B

Albprogramm
　2.4.12 B
　2.4.32 B
　2.9.17 B

Altenheime
　2.10.1

Altersstruktur
　3.1 bis 3.12 B
　　Tab. 10 bis 43
　E 3.1 u. Tab. 2
　E 3.2
　s. auch Bevölkerung

Arbeit(s)
　-markt
　　1.1.4 B
　　1.10.33
　　2.3 B
　　2.3.1 B
　　2.3.4 B
　　E 3.3
　-marktregion Buchen
　　1.11.3 B
　　2.3.3 B
　　Karte 2
　-plätze
　　1.3.5 B
　　1.6.23
　　1.10.34
　　1.11.1 B
　　2.3.3

　-stätten
　　1.3.5
　　1.3.8
　　1.4.2
　　1.4.4
　　E 2.3

„Ausbau vor Neubau"
　1.8.36
　2.1.2 B
　– beim Städte- u. Wohnungsbau
　　2.2.13
　　2.2.33
　　2.2.4 B
　– beim Straßenbau
　　2.5.14
　　2.5.61 B

Ausgleichsabgabe
　2.1.2 B
　2.1.3 B
　2.4.42 B
　s. auch Naturschutz

Ausländer
　2.10.1
　2.10.5
　3.1 bis 3.12 B
　　Tab. 9 (10) bis 42 (43)
　E 3.1 u. Tab. 1 u. 2
　E 3.2

Aussiedlung (landwirtsch).
　2.1.23
　2.4.31

Autobahnen
　2.5.61
　Karte 6

Baudenkmale
　2.2.6 B
　2.2.7

Bauflächenerlaß
　2.2.1 B

Bauleitplanung
　2.2.21
　2.2.22

Behinderte
　2.10.1

Bergbau
　2.3.6
　s. auch Rohstoffsicherung

Berggebiete
　2.4.32 B

Berufsakademien
　2.8.3

Berufsschulen
　2.8.26
　2.8.27

Beschäftigte
　3.1 bis 3.12
　　Tab. 11 bis 44
　E 3.1 u. Tab. 3

Bevölkerung(s)
　-entwicklung
　-prognose
　　E 3.2 u. Tab. 6
　-veränderung
　-verteilung
　　3.1 bis 3.12
　　　Tab. 9 bis 42
　　E 3.1 u. Tab. 1 u. 2

Biotope
　1.7.23 B
　2.1.11 B
　s. auch Ökologie

Bodenschätze
　2.3.6
　s. auch Rohstoffsicherung

Bodensee
　-Erlaß
　　2.2.33 B
　　2.9.1 B
　　3.9.15 B
　　3.12.15 B
　-Flachwasserzone
　　2.7.44 B
　　2.9.3 B
　　3.9.14
　　3.12.14
　-Gesamtkonzept
　　2.7.34
　　2.7.44
　-Uferbereich
　　3.9.15 u. Anhang
　　3.12.15 u. Anhang

Breitbandverkabelung
　2.5.10
　s. auch Neue Medien

Bruttoinlandsprodukt
　E 3.1 u. Tab. 4

Bündelung
　-Infrastruktur
　　1.5 B
　　1.6.1 B
　　1.8.34
　　2.1.24
　　E 2.3

303

Anlagen
Sachregister

-Verkehr
1.8.34
2.1.24
2.5.1 B
2.5.14

Bundesfernstraßen
2.5.61
Karte 6

Bundesraumordnungsprogramm
E 1.

Campingplätze
2.2.33 B

Containerbahnhöfe
2.5.76 B
Karte 6
s. auch Kombinierter Verkehr

Damm- und Speicherbau
2.7.35
2.7.6

Denkmalschutz
2.2.6

Deponien
2.7.53

Doppelzentren
1.5. B
1.5.1 B

Dorfentwicklung
1.10.35
2.2.32
2.4.31

Drogenbekämpfung
2.10.1 B

Eigenentwicklung
2.2.21

Einzelhandels-Großprojekte
1.5.31 B
2.2.34

Eisenbahnen
2.5.7
Karte 6

Elektrizitätsversorgung
2.6.2
Karte 9

Emissionen
2.1.32
s. auch Umweltschutz

Energie
 -bericht
 -programm
  2.6.1 B
  2.6.11 B

 -sparen
  2.6.11 B

-verbrauch
2.6 B
2.6.1
2.6.11
2.6.12
Tab. 7 u. 8

-versorgung
2.6.1
Karte 9

Entlastungsorte
1.9 B
2.2.45
3.1.5

Entwicklungsachsen
1.6
2.5.33
E 2.3
Karte 1
-namentlich
3.1 bis 3.12

Erdgas
2.6.3
2.6.31
-infrastrukturprogramm
2.6.32

Erholungsräume
1.6.23
2.4.44
2.5.4
2.9.1
Karte 5
-namentlich
3.1 bis 3.12

Erosion
2.5.81
2.5.82 B
2.7.7
2.7.77
– s. auch Flußbau

Erwerbsgrundlagen
1.3.1
3.2 B bis 3.12 B
E 3.1

Erwerbspersonen
E 3.2 u. Tab. 6

Export
2.3
s. auch Wirtschaftsentwicklung

Fachhochschulen
2.8.3 B

Ferienerholung
2.5.42
2.9.14
3.9.4
3.12.4
Karte 5

Fernleitungen
-Gas
2.6.31 B
2.6.32
Karte 10
-Öl
2.6.53
Karte 10
-Strom
2.6.25
2.6.26
Karte 9
-Wärme
2.6.41

Fernmeldewesen
2.5.10

Fernwärmeversorgung
2.6.4 B
2.6.41
2.6.42

Flächenverbrauch
1.8.33
2.1.2 B
2.2.14 B
2.4 B
2.5.61 B
E 2.2
E 3.1
s. auch „Ausbau vor Neubau"

Flugplätze
2.5.91
Karte 6
s. auch Luftverkehr

Flurbereinigung
2.1.27
2.4.31

Flurbilanz
2.4.22 B

Flußbau
2.5.81
2.5.82
2.7.7

Fördergebiete
-GA-Gebiete
1.11.3
Karte 2
-Landesfördergebiete
1.11.3
Karte 2
s. auch Strukturschwache Räume

Forstwirtschaft
2.4.4

Fortbildung
2.8.27
2.8.3 B

Anlagen
Sachregister

Freiräume
1.3.3
1.6.21
1.7.1
1.9.34
2.2.17
3.1.4
3.5.2
E 2.5

Freizeitwohnungen
2.2.33

Fremdenverkehr
1.10.34 B
2.3.15
2.3.5
2.9.1
Karte 5

Fühlungsvorteile
1.5.1 B
1.8.2 B
2.3.2 B
2.3.21
E 2.3

Gasversorgung
2.6.3
Karte 10
-speicher
2.6.32 B
2.6.33

Gemeinlastprinzip
2.1.3 B

Gemeinschaftsaufgaben
-Verbesserung d. Agrarstruktur u. d. Küstenschutzes
2.4.3 B

– Verbesserung d. regionalen Wirtschaftsstruktur (GA)
1.11.21 B
1.11.3
2.3.1 B
2.3.15 B
2.3.3 B
Karte 2
s. auch Strukturschwache Räume

Generalverkehrsplan (GVP)
2.5.1 B
2.5.63 B

Gewerbeförderung
1.11.1 B
2.3.12
Karte 2

Glasfasertechnik
2.5.10

Gleisanschlußverkehr
2.5.77

Grenzüberschreitende Zusammenarbeit
1.2
2.5.62
2.6.24
3.4 B bis 3.12 B

Grünordnungspläne
2.1.11 B
s. auch Landschaftsplanung

Grünzäsuren
1.6.3
1.7.22

Grundschulen
2.8.22

Grundversorgung
1.5.22
1.5.43 B
1.5.44 B
s. auch Zentrale Orte

Grundwasser
2.7.23
2.7.33
2.7.4
2.7.62
2.7.63

Gymnasien
2.8.24

Hafenausbau
2.5.84
2.5.85
Karte 6
s. auch Wasserstraßen

Hauptschulen
2.8.23

Hausmüll (Teilplan)
2.7.51 B

Heilbäderprogramm
2.9.16 B
s. auch Kurerholung

Hochschulen
2.8.3

Hochwasserschutz
2.7.12
2.7.62
2.7.7

Höchstspannungstrassen
2.6.26 B
Karte 9

Höhenlandwirtschaft
2.4.32

Immissionen
2.1.33
s. auch Emissionen
Luftreinhaltung

Industrie
-brache
2.2.43
s. auch Stadterneuerung

-geländeerschließung
1.4.2 B
2.3.31
s. auch Standortberatung

Infrastruktur
1.6.1
1.6.2
2.3.21
s. auch Bündelung, Entwicklungsachsen
-förderung
1.11.22
1.11.3
2.3.31
Karte 2
– s. auch Landesinfrastrukturprogramm

Internationale Zusammenarbeit
1.2.

Jugend
-hilfe
2.10.1

-häuser
-musikschulen
2.8.4 B

Kaiserstuhlgebiet
-Novelle
3.7.2
3.7.3

Kernkraftwerke
2.6.21
2.6.23
2.6.24
Karte 9
s. auch Kraftwerke

Kiesabbau
2.1.25
2.3.63
2.7.23
s. auch Rohstoffsicherung

Kindergärten
2.8.21
2.10.1 B

Kläranlagen
2.7.42
2.7.55
s. auch Abwasserreinigung

Kleinzentren
1.5.1
1.5.44

Kombinierter Verkehr
2.5.76
2.5.84

305

Anlagen
Sachregister

Kommission Land-Kommunen
 E 2.4
 E 4.
 E 5.4
 1.5.22 B

Kommunale Planungshoheit
 E 5.4

Kommunikationstechnologien
 2.5.10

Kraft-Wärme-Kopplung,
Kraftwerke
 2.1.34 B
 2.6.2
 2.6.41
 2.6.42
 E 5.3
 Karte 9

Krankenhäuser,
Krankenhausplanung
 2.10.1 B
 2.10.2

Kreisstraßen
 2.5.64

Kulturlandschaft
 1.1.2

Kulturpflege
 1.1.1
 1.1.2
 1.2
 2.8.5

Kurerholung,
Kurorte
 2.5.43
 2.5.7
 2.9.16
 3.11.6
 3.12.4
 Karte 5

Ländlicher Raum
 1.10.1 u. Anhang
 2.2.32
 2.2.82
 2.3.3
 2.5.3
 2.5.52
 E 2.2
 Karte 1

Lärmbekämpfung
 2.1.32
 2.1.33
 2.2.16
 2.5.93
 2.9.16

Lagerstätten
 2.3.61
 s. auch Rohstoffsicherung

Landesfördergebiete
 1.11.3
 1.11.21 B
 Karte 2
 s. auch Strukturschwache Räume

Landesinfrastrukturprogramm (LIP)
 1.11.22
 1.11.3 B
 Karte 2

Landessanierungsprogramm (LSP)
 2.2.4 B

Landesstraßen
 2.5.63

Landschaft(s)
 -pflege
  1.3.2
  2.1.2
  2.4.12 B
  2.5.14

 -rahmenprogramm,
 -rahmenpläne,
 -pläne
  2.1.11 B
  2.1.21 B
  2.1.32 B
  E 2.5

 -schutzgebiete
  2.1.2 B
  Karte 12

 -verbrauch
  1.8.33
  2.1.2 B
  2.2.14 B
  2.4 B
  2.5.61 B
  E 2.2
  E 3.1
  s. auch Siedlungsflächen

Lebensbedingungen (gleichwertige)
 1.4
 E 2.1
 s. auch Abwanderung

Lebensgrundlagen (natürliche)
 1.1.3
 2.1.11 B
 2.2.11 B
 2.4.12 B
 2.4.4 B
 2.5.1 B
 E 1.

Luft
 -reinhaltung (Leitsätze)
  2.1.33
  2.3.1 B
  2.4.43 B
  2.5.1 B
  2.6.12 B

 -verkehr
  2.5.75
  2.5.9
  Karte 6

 -verschmutzung
  2.1.32
  2.1.33
  2.2.16 B
  2.3.1 B
  2.5.1 B

Marktwirtschaft
 1.5.31 B
 E 1.

Militär-Übungsplätze
 2.2.82
 s. auch Verteidigungseinrichtungen

Mineralölversorgung
 2.6.5
 Karte 10

Ministerkonferenz für
Raumordnung (MKRO)
 1.5 B
 1.5.42 B
 1.8.1 B
 1.8.2 B
 1.10.2 B
 2.1.3 B
 E 2.1

Mittelbereiche
 1.5.21 u. Anhang
 E 2.4
 Karte 4

Mittelstand(s)
 2.2.34 B
 2.3.14
 -förderung
  2.3.1 B

Mittelzentren
 1.5.1
 1.5.42
 3.1. bis 3.12
 Karten 1 u. 4

Modernisierung
 2.2.
 s. auch Sanierung,
 Stadterneuerung

 -Eisenbahnen
  2.5.7
  Karte 6

Mülldeponien,
Müllkippen
 2.7.53
 s. auch Abfallbeseitigung

Museen
 2.8.5
 s. auch Kulturpflege

Anlagen
Sachregister

Nahbereiche
1.5.22
E 2.4

Naherholung
2.5.41
2.9.11 bis 2.9.13
Karte 5
– s. auch Erholungsräume

Natur
  -haushalt
  1.3.2
  2.1.2
  s. auch Ökologie

  -parke
  2.9.15
  Karte 12

  -schutz
  -schutzgebiete
  1.7.2 B
  2.1.2 B
  Karte 12

Neckarschlamm
2.5.82

Neubaustrecken
2.5.71
Karte 6

Neue Medien
2.5.10

Nichtseßhafte
2.10.1 B

Oberbereiche
1.5.2

Oberzentren
1.5.1
1.5.41
1.5.5
Karten 1 u. 4

Öffentlicher Personennahverkehr (ÖPNV)
2.2.15
2.5.23
2.5.31
2.5.5
2.5.6 B
2.5.73
3.1.8
3.5.7

Ökologie
1.3.2
1.3.3
1.3.5
1.7.1 B
2.1.11 B
2.7.23
s. auch Landschaftsverbrauch, Naturschutz, Umweltschutz

Omnibushöfe
2.5.73 B

Ordnungsräume
1.8.1
1.9.1

Ortsbildpflege
2.2.7

Parkhäuser, Parkplätze
2.5.24

„Passive Sanierung"
1.3.3 B
1.10.2 B
s. auch Abwanderung

Pendler
2.2.12

Post- und Fernmeldewesen
2.5.10

Prognose
E 3.2 u. Tab. 6

Pumpspeicherkraftwerke
2.6.21
Karte 9

Radioaktive Abfälle
2.1.34
s. auch Abfallbeseitigung

Radwege
2.5.12 B
2.5.6

Randwanderung
1.9.2 B
2.2.31 B
E 2.2
s. auch Abwanderung

Randzonen
1.4.2
1.9.1 u. Anhang
2.2.31
2.2.81
2.3.2
2.5.51
Karte 1

Raumkategorien
s. ländlicher Raum, Randzonen, Verdichtungsbereiche, Verdichtungsräume
Karte 1

Realschulen
2.8.24

Recycling
2.1.3 B
2.1.35 B
2.7.54

Regionale Grünzüge
1.6.3
1.7.21
2.1.21 B

Regionalförderung
1.11.2
1.11.21
1.11.3
2.3.1 B
2.3.32 B
Karte 2

Regionalplanung
2.2 B
3.1 bis 3.12
E 1.
E 5.3

Rehabilitation
2.10.1

Rettungsdienste
2.10.4

Richtfunkstrecken
2.5.10 B

Rohrfernleitungen
2.6.53
s. auch Fernleitungen

Rohstoffsicherung
2.1.25 B
2.3.6

Rückhaltebecken
2.4.31
2.7.74
s. auch Damm- u. Speicherbau

Rufbus (ÖPNV)
2.5.52 B

Ruhender Verkehr
2.5.24

Sanierung
1.4 B
1.8.31 B
1.10.35 B
s. auch „Ausbau vor Neubau"
Stadterneuerung

Schadstoffe
2.1.32

Schulentwicklungplanung
2.8.2 B

Schwarzwald
  -Erlaß
  2.2.23 B
  2.9.1 B
  -Programm
  2.4.12 B
  2.4.32 B
  2.9.17 B

Siedlung(s)
  -bereiche
  1.6.3
  2.2.22

  -entwicklung
  2.2.2

Anlagen
Sachregister

-flächen
E 3.1 u. Tab. 4
Karte 8
s. auch Landschaftsverbrauch

-struktur
1.9.3
2.2.3
2.4.13
E 2.1
E 2.3

Sonderabfälle
2.1.34
2.7.52

Sonderschulen
2.8.25

Sozialbrache
2.4.22 B
s. auch Landschaftsverbrauch

Sozialstationen
2.10.1 B
2.10.3

Splittersiedlungen
2.1.22 B
2.2.32

Sportstätten
2.9.2

Stadt- und Dorfentwicklungsprogramm
1.10.35 B
2.2.4 B

Stadterneuerung
1.8.36 B
2.2.31 B
2.2.4 bis 2.2.45

Stadtumland
2.2.31
E 2.2
s. auch Randwanderung

Städtetourismus
2.9.18

Standortberatung
1.4.2 B
2.3.11
2.3.12
s. auch Gewerbeförderung

Straßenbau
2.5.6
Karte 6
s. auch Bundes-, Landes-, Kreisstraßen

Stromversorgung
2.6.2
Karte 9

Strukturschwache Räume
1.11
2.3.3
2.5.3
Karte 2

Supermärkte
2.2.34

Systemanalyse
1.8.35 B
2.1.11 B
2.1.3 B
2.3.1 B

Technologie(n)
-förderung
2.3.1 B
2.3.13 B
2.3.3 B
2.8.3 B
-transfer
-zentren
2.3.1 B
-, „saubere"
2.1.35
2.7.54

Teilzentrum
1.5 B
3.10.2 B
s. auch Zentrale Orte

Theater
2.8.5

Überörtlicher Bedarf
1.5.22
1.5.43
1.5.44

Umwelt
-qualitätsberichte,
-schutzprogramme
2.1.3 B
-schutz
1.1.3
2.1.3
2.1.3 bis 2.1.34
2.1.4
2.6.12 B
-verträglichkeit
2.7.5

Universitäten
2.8.3

„Unser Dorf soll schöner werden"
2.2.7

Unterzentren
1.5.1
1.5.43
3.1. bis 3.12
Karte 1

Verbindlicherklärung (LEP 83)
E 4.

Verbrauchermärkte
1.5.31 B
2.2.34

Verbundsysteme (ÖPNV)
2.5.23 B
2.5.53

Verdichtung(s)
-bereiche
1.10.1 u. Anhang
1.10.4
2.2.31
2.2.81
2.3.2
2.5.51
Karte 1
-folgen
1.3.5 B
1.4.2
1.8.2
2.3.2 B
3.1.3
3.5.2
-räume
1.4.2
1.8.1 u. Anhang
2.2.31
2.2.81
2.3.2
2.5.51
E 2.2
Karte 1

Verflechtungsbereiche
1.5.2
1.5.3
1.5.4
E 2.4
s. auch Mittel-, Nahbereiche

Versorgungskern
1.5.1
1.5.3
s. auch Zentrale Orte

Verteidigungseinrichtungen
2.2.8

Verursacherprinzip
2.1.3 B
2.1.35 B
s. auch Natur-, Umweltschutz

Volkshochschulen
2.8.4 B

Vorrangbereiche
1.7.23
2.3.62

Vorsorgeprinzip
2.1.3 B

Waldfunktion
2.1.11 B
2.4.4 B
-s. auch Ökologie

Anlagen
Sachregister

Waldsterben
2.1.31
2.1.33
2.3.1 B
2.4.43
2.5.1 B
2.6.12 B

Wasser
-mangelgebiete
2.7.22
2.7.3

-schongebiete,
-schutzgebiete
1.7.2 B
2.7.13
s. auch Grundwasser

-speicher
2.7.62
s. auch Damm- u. Speicherbau

-straßen (Schiffahrt)
2.5.8
Karte 6

-versorgung
2.7.11
2.7.2
Karte 11

Wirtschaft(s)
-entwicklung
2.3
E 3.3
s. auch Gewerbeförderung

-förderungsprogramm (WIP)
1.11.21 B
2.3.1 B
2.3.32 B

-kraft
2.3.31
2.3.32

-wachstum
2.3 B

Wohnstätten
1.3.5
1.3.8
1.4.2
2.2.1
s. auch Siedlung

Wohnungsbau
1.8.36
2.2.5

Zentrale Orte
1.5.1
1.10.31
2.2.41 B
2.5.32
E 2.3
Karten 1 u. 4
s. auch Verflechtungsbereiche,
Ober-, Mittel-, Unter-, Kleinzentren

Zentralörtliche Einrichtungen
1.5.3
1.10.31 B
E 2.4
E 3.2
E 5.4

Zersiedlung
1.8.36
2.1.22
s. auch Landschaftsverbrauch

Ziele (Raumordnung
und Landesplanung)
E 4.

309